Zeichen des Aufbruchs

Kirchenbau und Liturgiereform im Bistum Augsburg seit 1960

Kunstverlag Josef Fink

Impressum:
1. Auflage 2018
ISBN 978-3-95976-096-6

Gestaltung
grafikbüro brandner, Leutkirch im Allgäu
Bildbearbeitung
Camscan, Stiefenhofen
Druck
Holzer, Weiler im Allgäu

Bibliografische Information der Deutschen Nationalbibliothek
Die Deutsche Bibliothek verzeichnet diese Publikation in der Deutschen Nationalbibliografie; detaillierte bibliografische Daten sind im Internet über >http://dnb.d-nb.de< abrufbar.

Zeichen des Aufbruchs

Kirchenbau und Liturgiereform im Bistum Augsburg seit 1960

Herausgegeben von Sabine Klotz

Mit Beiträgen von

Elke Hamacher
Winfried Haunerland
Sabine Klotz
Martin Kopp
Barbara Lukats
Michael Schmid
Stadtmüller.Burkhardt.Graf.Architekten
Matthias Weber
Walter Zahner

Inhalt

KATALOG

VERÄNDERUNGEN

ANHÄNGE

Grußwort

Zur 50. Wiederkehr des Endes des Zweiten Vatikanischen Konzils im Jahre 1965 stellten wir uns 2015 zum Aschermittwoch der Künstler die Frage: Welchen Einfluss hatte dieses Konzil auf die Bautätigkeit unserer Diözese? Unter dem Thema „Zeichen des Aufbruchs" wurde damals eine Ausstellung vorbereitet, die an wichtigen und wesentlichen Bauwerken zeigte, wie sich der pastorale Ansatz dieses Konzils auf die Liturgie und den sich daraus ergebenden Kirchenbau auswirkte.

Schon im Vorfeld des Konzils hat man in der Architektur Veränderungen ablesen können. In der Umsetzung der Konzilsbeschlüsse, sicher aber auch bedingt durch die gesellschaftlichen Veränderungen in der Nachkriegszeit, das Aufblühen eines großen Wirtschaftswachstums sowie durch die Ausprägung der Demokratie in unserem Lande, wurde ein deutlicher Wandel des Kirchenbaus sichtbar, nämlich in den Baumaterialien, der äußeren Gestalt sowie in der Neugestaltung der liturgischen Räume (Altar, Ambo, Position des Tabernakels, Positionierung der Orgel, Anordnung der Kirchenbänke). Dazu kam auch das Gemeindezentrum, das Kirche, Pfarrhaus, Pfarrheim und Kindergarten in einer Einheit verband. Es setzte eine große Bautätigkeit ein, die ihresgleichen heute sucht. Dieser Band bietet einen Überblick und stellt uns ausgewählte Kirchenbauten in der Diözese Augsburg vor. Wir begegnen den Anfängen, den Versuchen einer Neuausrichtung, die keinen Weg in die Zukunft zeigten, aber auch klaren charakteristischen Ensembles, die für diese Zeit stehen und bleibende Gültigkeit haben.

Prälat Dr. Eugen Kleindienst gibt als ehemaliger Generalvikar wie Finanzdirektor in seinem Interview einen Einblick in die damaligen Entscheidungen. Er kann aber auch aus seinen langjährigen Erfahrungen, die er in seiner Aufgabe als Geistlicher Botschaftsrat an der Botschaft der Bundesrepublik Deutschland beim Heiligen Stuhl gewonnen hat, klare Defizite sowie andere Sichtweisen benennen. Die Entwicklung bleibt nicht stehen, sie geht weiter.

Tabernakel in der Sakramentskapelle, Wandgestaltung von Georg Bernhard, Leitershofen, Zum Auferstandenen Herrn, Arch. Adolf Zach, Diözesanbauamt Augsburg (1969–1970)

Kirchenneubauten werden seltener, Umbauten und Verkleinerungen sind gefragt, die liturgischen Akzente orientieren sich anders. Kirchenbänke, Positionierung des Tabernakels, des Chores und der Orgel sind wieder eher einer traditionelleren Sichtweise zugeordnet. Neben dem Aspekt der Versammlung gewinnen die Sammlung und die Anbetung erneut stärker an Gewicht. Christus ist die Mitte, dies drückt sich in der Positionierung des Altares aus.

Wir werden sicher auch zukünftig zunehmend erfahren, dass sich eine stark verändernde Gesellschaft auf die Bautätigkeit der Kirche auswirkt. Die Bevölkerung wird älter, die Bindung an die Kirche stellt sich anders dar. Neue gesellschaftliche Gruppen sind präsent. Nicht nur eine Vielzahl von Ethnien, Kirchen beziehungsweise Glaubensgemeinschaften ist zu finden, auch die Gruppe der Agnostiker wird immer größer, quer durch alle Gruppierungen.

Form und Kultur werden immer für die Liturgie wesentlich sein. So wird der Kirchenneubau sich auch künftig an den höchsten Ansprüchen von Kunst und Architektur orientieren müssen, um in einer so stark pluralen Welt Orientierung und Sammlung schenken zu können.

Der Erhalt einer großen historischen Bausubstanz wie auch der Unterhalt moderner Pfarrzentren verlangen eine wirtschaftliche Kraft, die nicht unbedingt immer gegeben sein wird.

So kann dieser Band „Zeichen des Aufbruchs. Kirchenbau und Liturgiereform im Bistum Augsburg seit 1960" einen Einblick in die Bautätigkeit und die Gemeindestruktur der damaligen Zeit geben. Zugleich ermöglicht eine solche Rückschau, Kriterien für die Gestaltung der Zukunft zu gewinnen.

Ich bedanke mich bei allen, die durch Beiträge in Bild und Wort zum Gelingen dieses Bandes beigetragen haben. Besonderer Dank gilt Frau Dr. Sabine Klotz für ihre Arbeit bei der Erstellung und Herausgabe dieser Publikation und Frau Barbara Lukats für ihre biografische Recherche.

Domkapitular
Prälat Karlheinz Knebel
Bischofsvikar für Kirche und Kultur

NER KRAFT
ODEM EIN
ALLEZEIT
EN KANN
DICH SENDET GOTTES ALLMACHT AUS IM FEUER UND IN STURMES BRAUS
DU ŒFFNEST UNS DEN STUMMEN MUND UND MACHST DER WELT DIE WAHRHEIT KUND
LASS GLÆUBIG UNS DEN VATER SEHN SEIN EBENBILD DEN SOHN VERSTEHN
UND DIR VERTRAUN DER UNS DURCHDRINGT UND UNS DAS LEBEN GOTTES BRINGT

Winfried Haunerland

Liturgie als Bauherrin? Das Zweite Vatikanische Konzil und der Kirchenbau

Die Reform und Erneuerung der Liturgie nach dem Zweiten Vatikanischen Konzil wird mit guten Gründen als „die erste und sichtbarste Frucht des Konzils“[1] bezeichnet. In seinem ersten Beschluss, der Konstitution *Sacrosanctum Concilium* vom 4. Dezember 1963, drückte das Konzil den Wunsch aus, „eine allgemeine Erneuerung der Liturgie sorgfältig in die Wege zu leiten“ (SC 21). Die damit angestoßene Liturgiereform hat nicht nur die Gestalt des katholischen Gottesdienstes bis in die letzte Dorfkirche hinein verändert. Auch viele liturgische Räume sind in den vergangenen 50 Jahren verändert worden – und zwar in dem Bemühen, diese Kirchengebäude für die erneuerte Liturgie geeigneter zu machen und so konzilsgemäß zu handeln.[2]

Nicht alle Kirchenumgestaltungen fanden allgemeinen Beifall. Manches wurde anfangs kontrovers diskutiert, im Laufe der Zeit aber dann doch weitgehend akzeptiert oder sogar liebgewonnen. Anderes wiederum war zwar sicher gut gemeint, aber konnte auch nach längerer Zeit nicht befriedigen, so dass die erste Umgestaltung durch eine zweite fortgeführt oder auch rückgängig gemacht wurde. Das alles kann nicht verwundern und wird auch so bleiben, weil die Kirche eine lebendige Kirche ist und das Ringen um die angemessene Gestalt des Gottesdienstes spätestens bei einer aus anderen Gründen anstehenden Renovierung auch zu der Frage führen muss, ob im Kirchenraum alles bleiben soll, wie es ist. Insofern bleibt nicht nur zu fragen, wie sakral Kirchenbauten sein müssen, sondern wie sie denn überhaupt sein sollen, damit sie zu der vom Konzil angestoßenen Liturgie- und Kirchenreform passen.[3]

Im Folgenden sollen zuerst Bestimmungen in Erinnerung gerufen werden, die für Kirchengebäude bis in die Konzilszeit verbindlich waren. Vor diesem Hintergrund sind die Aussagen des Konzils zum Kirchenbau zu lesen und dann das Liturgieverständnis des Konzils exemplarisch auf die Konsequenzen für den Kirchenbau zu befragen. Abschließend wird die Sakralität des Kirchenbaus thematisiert.

Altarinsel, Mühlried, Heilig Geist, Arch. Reinhard Brockel und Erich Müller (1970–1973); Bildhauerarbeiten Blasius Gerg (1973), Glasmalerei und Schriftband Georg Bernhard (1980)

1. Welche kirchenrechtlichen Vorgaben gab es für den Bau und die Gestaltung katholischer Kirchen bis zur Mitte des 20. Jahrhunderts?

Grundlegend sind die Bestimmungen, die der Kodex des kanonischen Rechtes (CIC) aus dem Jahr 1917 enthält. Zu beachten sind allerdings auch Vorgaben, die die Ritenkongregation im Laufe der Zeit gemacht hat, nicht zuletzt in ihren authentischen Antworten auf Einzelfragen, die ihr im Laufe der Jahrhunderte vorgelegt wurden. Wie in anderen Bereichen beginnt nach dem Konzil von Trient (1545–1563) ein Prozess, der im Laufe der Zeit größere Verbindlichkeit und Einheitlichkeit auch in der Anlage und in der Ausstattung der katholischen Kirchengebäude bringt.[4]

Zentral ist die Ausrichtung auf den Hauptaltar, der allerdings weniger durch seine eigene Gestalt ins Auge fällt als vielmehr durch seine Aufbauten, das heißt meist eine Schauwand mit Bildern und vor allem den Tabernakel. Denn nach dem Konzil von Trient wird es für den katholischen Kirchenbau unter Einfluss des Mailänder Reformbischofs Karl Borromäus typisch, dass in der Regel der Tabernakel als Ort der Aufbewahrung der Eucharistie seinen festen Platz in der Mitte des Hauptaltares hat.[5] Can. 1268 § 2 CIC 1917 legt fest: „Näherhin soll das Allerheiligste an dem hervorragendsten und geziemendsten Platze der Kirche aufbewahrt werden. In der Regel wird daher für die ständige Aufbewahrung des Allerheiligsten der Hochaltar in Betracht kommen, sofern nicht mit Rücksicht auf die Verehrung und Anbetung, die man diesem großen Geheimnisse schuldet, die Aufbewahrung an einem andern Orte angebrachter und passender ist.“[6] Nach can. 1268 § 3 ist es aber „angebracht, daß wegen der in Kathedral-, Kollegiat- und Konventualkirchen beim Hochaltar stattfindenden Chorfunktionen das Allerheiligste in diesen Kirchen für gewöhnlich nicht auf dem Hochaltare, sondern auf einem andern Altare aufbewahrt wird.“[7]

Dass nicht nur das Stundengebet, sondern auch die Feier der Messe in einer Spannung zu einer zeitgleichen Verehrung des im Tabernakel aufbewahrten Allerheiligsten steht, wurde offensichtlich lange Zeit nicht wahrgenommen. Tatsächlich wurde die Feier der Messe als ein exklusives Handeln des Priesters verstanden. Die Gläubigen wohnten zwar der Messfeier bei, empfingen ihre spirituellen Anregungen aber durch außerliturgische Elemente (Messandachten, Messliedreihen, Rosenkranzgebet), zu denen im strengen Sinn auch die polyphonen Gesänge des Chores gehörten. Da auch die sakramentale Kommunion selten war, bildete der Blickkontakt zur Hostie, die nach der Wandlung erhoben und gezeigt wurde, das Element größter Beteiligung an der Messliturgie. In der Anbetung der Eucharistie, vor allem, wenn diese auch in der Monstranz gezeigt wurde, konnte diese Form der Teilhabe über den kurzen Augenblick innerhalb der Messfeier hinaus intensiviert werden.

Die Neuaufbrüche in der ersten Hälfte des 20. Jahrhunderts führen allerdings zu einer neuen Sensibilisierung. Nicht die bleibende Gegenwart des Herrn in der Eucharistie und ihre Verehrung außerhalb der Messe stehen im Mittelpunkt der Liturgischen Erneuerung, sondern die Feier des Messopfers, weshalb ein neues Bewusstsein für den Altar selbst wächst, der nicht erst durch Aufbauten, Altarbilder und den Tabernakel seine Würde und Bedeutung bekommt. So heißt es schon 1949 in Richtlinien, die im Auftrag und unter Mitwirkung der von der Fuldaer Bischofskonferenz errichteten „Liturgischen Kommission" im Blick auf die Gestaltung von Kirchen verfasst wurden: „Es wäre falsch, bei der Planung des Innenraumes nicht vom eucharistischen Opfer, sondern, wie es manchmal geschehen ist, vom Kult der eucharistischen Gegenwart Christi auszugehen und den Raum daher einseitig auf Anbetung und Kontemplation zu stimmen. So zu verfahren wäre falsch, weil in der Stufenleiter der Zwecke des Gotteshauses der Kultus der eucharistischen Gegenwart nicht an erster Stelle steht.

Das mit der Konkurrenz der verschiedenen Zwecke des Gotteshauses gegebene Problem läßt sich auf befriedigende Weise nur dadurch lösen, daß man, wo es möglich ist, den Raum für die eucharistische Opferfeier von dem für den eucharistischen Kult bestimmten Raum irgendwie sondert und womöglich auch noch für die Sakramente der Taufe und der Buße eigene Räume vorsieht. Dann könnte jeder Teil die seiner besonderen Bestimmung entsprechende bauliche Gestaltung erfahren."[8]

Was in der Vergangenheit nur für Kathedralen und Klosterkirchen vorgesehen war, wird jetzt tendenziell als Ideal katholischer Kirchen herausgestellt.

Neben dem Altar und dem Tabernakel gehört eine Kanzel zu den charakteristischen Bestandteilen der meisten katholischen Kirchen dieser Zeit. Während es im Mittelalter häufig bewegliche Predigtstühle gegeben hatte, hatte sich seit dem 14. Jahrhundert der Brauch entwickelt, in den Kirchen feste Kanzeln zu errichten. Wieder ist es Karl Borromäus, der zumindest für jede Pfarrkirche eine solche Kanzel fordert. Auch wenn schon seinerzeit ein möglichst kurzer Weg zwischen Altar und Kanzel gewünscht wird, so orientiert sich der Platz der Kanzel doch mehr an den akustischen Notwendigkeiten, weshalb die Kanzel meist im vorderen Drittel des Kirchenschiffes positioniert wird. Zwingende Vorschriften gibt es nicht. Sie sind auch unter liturgierechtlichem Gesichtspunkt nicht notwendig, da die Predigt nicht als Teil der (Mess-)Liturgie gilt, sondern entweder als Unterbrechung der Messe verstanden wird oder vor oder nach dem Amt ihren Platz bekommt, wenn sie nicht ganz als eigenständiges gottesdienstliches Geschehen angesetzt wird. Im Kontext der Liturgischen Bewegung wandelt sich das a-liturgische Verständnis der Predigt, und Ambonen ergänzen oder ersetzen zunehmend die Kanzel, bis diese nach der Liturgiereform des Zweiten Vatikanischen Konzils faktisch ihre Funktion vollständig verlieren wird.

Ein eigentlicher Vorstehersitz ist bis zur Liturgiereform funktionslos. Während in den Bischofskirchen eine Kathedra für den Bischof errichtet werden muss,[9] gibt es für den zelebrierenden Priester und seine Assistenz Sitzgelegenheiten, die aber gerade dann genutzt werden, wenn keine liturgischen Handlungen ausgeübt werden, etwa, wenn im Hochamt der Priester darauf wartet, dass der Chor den Gesang des Gloria oder Credo beendet.[10] Lediglich im Beichtstuhl, der nach den Bestimmungen des CIC von 1917 für die Beichte von Frauen vorgeschrieben und in Kirchen oder Kapellen aufzustellen ist,[11] hat sich ein wirklich liturgischer Vorstehersitz erhalten.[12]

Seit dem 15. Jahrhundert errichtete man – zuerst in den Predigerkirchen – Sitzgelegenheiten auch für die Gläubigen, während bis dahin nur ein Chorgestühl für die Kleriker üblich war. Die festen Sitzbänke, die dann in den Kirchen der Reformation zu finden sind, werden in den katholischen Kirchen durch Kniebänke ergänzt.[13] Denn da zumindest bei der stillen Messe die Gläubigen nicht an den verschiedenen Teilriten beteiligt waren, pflegten sie der Messfeier kniend beizuwohnen. In Absetzung vom Protestantismus konnte man darin auch ein Bekenntnis zur realen Gegenwart des Herrn im eucharistischen Sakrament sehen. Wieder ist es die Liturgische Bewegung, die den liturgischen Haltungen der Gläubigen mehr Aufmerksamkeit schenkt.[14] Aber erst die liturgischen Bücher nach dem Zweiten Vatikanischen Konzil werden das Tun der Gläubigen berücksichtigen und damit neue Herausforderungen für die Anordnung und Gestaltung ihrer Plätze bringen.[15]

2. Was sagt das Zweite Vatikanische Konzil zum Kirchenbau?

Konkrete Aussagen zum Kirchenbau finden sich in der Liturgiekonstitution des Zweiten Vatikanischen Konzils nur wenige. Sie stehen im 7. Kapitel, das über sakrale Kunst und die liturgischen Geräte und Gewänder handelt. Dort findet sich in SC 124 die Anweisung: „Beim Bau von Kirchen ist sorgfältig darauf zu achten, daß sie für die liturgischen Feiern und für die tätige Teilnahme der Gläubigen geeignet sind."

Zumindest für den Neubau von Kirchen ist damit deutlich, dass alle Überlegungen zur Gestaltung ein entscheidendes Kriterium darin haben, dass die Kirchengebäude für die Feier der Liturgie geeignet sein müssen. Es ist kein Zufall, dass unmittelbar damit die Forderung verbunden ist, dass die Räume für die tätige Teilnahme der Gläubigen geeignet sein müssen. Denn die bewusste, tätige und leicht zu vollziehende Teilnahme aller Gläubigen wird von der Liturgiekonstitution selbst als der oberste Grundsatz *(norma primaria;* vgl. SC 79) bezeichnet und an vielen Stellen der Konstitution aufgegriffen und herausgestellt.

Die Konstitution wünscht sodann, dass weiterhin Heiligenbilder in den Kirchengebäuden verehrt werden, vor allem aber, dass bei der Kunst und damit sowohl bei der Architektur wie bei der Ausstattung der Kirchen weniger auf äußerlichen Aufwand, sondern vielmehr auf edle Schönheit *(nobilis pulchritudo,* vgl. SC 124) geachtet werden soll.[16] Doch außer diesen eher allgemeinen Aussagen finden sich keine konkreten Anweisungen, wie denn nachkonziliar ein Kirchengebäude aussehen soll.

Dass die Erneuerung der Kirchenräume allerdings als Teil der Liturgiereform gesehen wird, ergibt sich aus den Ausführungen in Artikel 128. Dort heißt es: „Die Canones und kirchlichen Statuten, die sich auf die Gestaltung der äußeren zur Liturgie gehörigen Dinge beziehen, sind zugleich mit den liturgischen Büchern im Sinne von Art. 25 unverzüglich zu revidieren.

Das gilt besonders von den Bestimmungen über würdigen und zweckentsprechenden Bau der Gotteshäuser, Gestalt und Errichtung der Altäre, edle Form des eucharistischen Tabernakels, seinen Ort und seine Sicherheit, richtige und würdige Anlage des Baptisteriums, schließlich von den Bestimmungen über die rechte Art der heiligen Bilder, des Schmuckes und der Ausstattung der Kultgebäude.

Bestimmungen, die der erneuerten Liturgie weniger zu entsprechen scheinen, mögen abgeändert oder abgeschafft werden; solche aber, die sie fördern, sollen beibehalten oder neueingeführt werden."

Spätestens durch diesen Artikel 128 wird unmissverständlich klar, dass die liturgische Erneuerung nicht nur auf Texte und liturgische Riten im engeren Sinn zielt, sondern auf das gottesdienstliche Geschehen mit allen seinen Dimensionen bezogen sein soll. Die neuen liturgischen Ordnungen und Bücher dürfen und sollen Konsequenzen für die Kirchenbauten und ihre Ausstattung haben, weil die Gebäude für die Feier der erneuerten Liturgie geeignet sein müssen.

Die biblisch begründete Vorstellung, dass neuer Wein in neue Schläuche gehört (vgl. Mt 9,17), begünstigte an einzelnen Orten eine Dynamik, die nicht nur Zugewinn, sondern auch Verluste gebracht hat. Ein kritischer Rückblick braucht deshalb Kriterien, was denn wirklich eine Veränderung war, die der erneuerten Liturgie geschuldet war und weiterhin geschuldet ist, und wo möglicherweise subjektive Vorlieben des Pfarrers und der Gremienmitglieder das Konzil, die Liturgiekonstitution und die erneuerte Liturgie instrumentalisieren konnten. Deshalb muss es in einem zweiten Schritt darum gehen, das Liturgieverständnis des Konzils daraufhin zu befragen, was sich daraus für den nachkonziliaren Kirchenbau ergeben sollte.

3. Welche Konsequenzen hat das Liturgieverständnis des Konzils für den Kirchenbau?

Für die Gestaltung eines Kirchenraumes ist von grundlegender Bedeutung, welche Gottesdienstformen in diesem Raum Platz finden sollen. Natürlich muss eine Kirche für die Feier der Sonntagsmesse der ganzen Gemeinde geeignet sein. Aber sie ist auch der Raum für Messfeiern kleiner Gemeinschaften, für die verschiedenen Sakramentenfeiern ebenso wie für die Tagzeitenliturgie und verschiedene Andachten. Und schließlich darf nicht vergessen werden, dass der Kirchenraum in der Regel auch der Ort der Aufbewahrung der Eucharistie ist und ein privilegierter Ort des persönlichen Gebetes Einzelner sein soll. Für ein umfassendes Pflichtenheft „Kirchenbau" wäre das natürlich alles zu beachten.[17] Drei Akzente des konziliaren Liturgieverständnisses sollen näher betrachtet und auf ihre Konsequenzen für den Kirchenraum als Ort der eucharistischen Versammlung, der Messe, befragt werden.

3.1 Der dialogische Charakter der Liturgie

Vorherrschend war über Jahrhunderte hinweg die Vorstellung, die Liturgie, der Gottesdienst der Kirche, sei allein Ausdruck der Gottesverehrung und damit der höchste Ausdruck des christlichen Kultes, das heißt also *cultus publicus* im engeren Sinn, nämlich der öffentliche und offizielle, amtliche Vollzug der Anbetung Gottes. Diese Dimension von Liturgie wird vom Konzil nicht abgelehnt, sondern ausdrücklich aufgegriffen, aber doch in eine Beziehung zu einer zweiten Dimension gesetzt, die in den Liturgietheologien der Vergangenheit, aber auch in der

Volksfrömmigkeit und in der liturgischen Pastoral und Disziplin weit weniger Beachtung fand: Gottesdienst ist der Ort, an dem sich Gott selbst seinem Volk zuwendet und ihm Heiligung schenkt.
Auch wenn das Konzil keine Liturgiedefinition im strengen Sinn vorlegt, so bietet es doch eine Umschreibung, die für das Liturgieverständnis des zweiten Vatikanums erhellend ist: „Mit Recht gilt (...) die Liturgie als Vollzug des Priesteramtes Jesu Christi; durch sinnenfällige Zeichen wird in ihr die Heiligung des Menschen *[sanctificatio hominis]* bezeichnet und in je eigener Weise bewirkt und vom mystischen Leib Jesu Christi, d. h. dem Haupt und den Gliedern, der gesamte öffentliche Kult *[cultus publicus]* vollzogen" (SC 7).
Liturgie wird vom Konzil also nicht nur als höchster Ausdruck der kirchlichen Gottesverehrung angesehen, sondern auch und zwar in der Darstellung sogar zuerst als wirkmächtiges Ereignis, in dem die Menschen von Gott her Heil empfangen. In der Liturgie nähern sich also nicht nur die Menschen Gott, um ihm die Ehre zu erweisen, sondern Gott kommt auf sie zu und schenkt ihnen das, was sie zu ihrer Heiligung brauchen. Eigentlich müsste dies selbstverständlich sein: Denn der Gottesdienstraum ist nicht nur Ort der Anbetung und Gottesverehrung, sondern auch der Ort, an dem Gott zu uns spricht im Wort der Heiligen Schrift und an dem wir durch die Sakramente geheiligt, gestärkt und getröstet werden (vgl. SC 7). So gibt es eine aufsteigende Linie gottesdienstlichen Handelns vom Menschen zu Gott und eine absteigende Linie von Gott zum Menschen. Diese doppelte Bewegung kann auch als dialogischer Charakter der Liturgie bezeichnet werden: Gott spricht zu seinem Volk, und das Volk antwortet ihm in Lobpreis, Dank und Bitte.[18]

3.2 Die tätige Teilnahme aller Gläubigen

Hinter dem bereits oben erwähnten formalen Gestaltprinzip der tätigen Teilnahme aller steht die liturgietheologische Grundüberzeugung, dass die Liturgie Feier der ganzen Kirche ist.[19] Bekanntlich hat das Zweite Vatikanische Konzil die lange Zeit dominante ekklesiologische Vorstellung korrigiert, nach der nur der Klerus zu wirklich kirchlichem Handeln befähigt ist. Dieser hierarchiezentrierten Ekklesiologie entsprach eine Gottesdiensttheologie, nach der allein die Kleriker liturgisch im vollen Sinn handeln, die übrigen Gläubigen dagegen den gottesdienstlichen Feiern nur beiwohnen und bestimmte Früchte empfangen können.
Hier setzt die Liturgiekonstitution an, wenn dort sogar im Blick auf die Messfeier das Ziel herausgestellt wird, „daß die Christen diesem Geheimnis des Glaubens nicht wie Außenstehende und stumme Zuschauer beiwohnen; sie sollen vielmehr durch die Riten und Gebete dieses Mysterium wohl verstehen lernen und so die heilige Handlung bewußt, fromm und tätig mitfeiern, sich durch das Wort Gottes formen lassen, am Tisch des Herrenleibes Stärkung finden. Sie sollen Gott danksagen und die unbefleckte Opfergabe darbringen nicht nur durch die Hände des Priesters, sondern auch gemeinsam mit ihm und dadurch sich selber darbringen lernen" (SC 48).
Solche Aussagen und das damit verbundene ekklesiologische und liturgietheologische Anliegen lassen deutlich erkennen, dass eine scharfe Trennung der Feiergemeinde in Liturgen und Zuschauer, in aktiv Handelnde und passiv Empfangende nicht möglich ist. Das aber muss Konsequenzen für den Kirchenraum haben. Der sogenannte Altarraum, in dem die zentrierenden Handlungen vollzogen werden, ist keine Bühne und der Platz der Gemeinde kein Zuschauerraum. Natürlich können verschiedene Aktionsräume unterschieden werden. Aber diese Räume müssen in einer lebendigen Verbindung stehen und dürfen nicht als streng voneinander abgetrennte Welten erfahren werden (dass in der Nachkonzilszeit viele Kommunionbänke aus den Kirchen entfernt wurden, dürfte hier seinen theologischen Hintergrund haben. Die Kommunionbank wurde eben nicht mehr als Verlängerung des Altares gesehen, sondern als eine Art Lettner, der faktisch Altarraum und Gemeinde auseinanderriss).
Für die Gestaltung der Kirchenräume nach dem zweiten Vatikanischen Konzil ergab sich also als neue Frage, wie ein Raum aussehen muss, in dem sich prinzipiell alle Teilnehmer als Träger des Gottesdienstes erfahren können. Die Konzilslehre, dass die tätige Teilnahme aller Getauften vom Wesen der Liturgie gefordert sei, ist theologisch überzeugend und darf auch nicht in Frage gestellt werden. Diese theologische Überzeugung steht allerdings in einer gewissen Spannung zu der Erfahrung, dass manche Getaufte gelegentlich oder auch grundsätzlich sich gerade nicht als aktive Träger fühlen, sondern eher wie Gäste und Beobachter im Gottesdienst einen Platz hinter der Säule und in der Anonymität des Halbschattens suchen.[20] Es wird sich zeigen, ob und wie das bei der Gestaltung von Kirchenräumen zu beachten ist.
Architektonisches Merkmal der Liturgiereform nach dem Zweiten Vatikanischen Konzil sind faktisch die sogenannten Volksaltäre geworden. Allerdings enthält die Liturgiekonstitution keine Anweisung, dass solche Altäre in Zukunft gefordert seien. Erst die nachkonziliaren Reformdokumente, die von den dafür bestimmten römischen Organen im Auftrag des Papstes erlassen wurden, greifen die Frage auf. So enthält schon die (erste) Instruktion „zur ordnungsgemäßen Ausführung der Konstitution über die heilige Liturgie" *Inter Oecumenici* vom 26. September 1964 den Hinweis, es sei „erlaubt, die Messe zum Volk hin zu feiern"[21]. Die Bestimmungen dieser Instruktion traten am 7. März 1965 in Kraft. Bald darauf, am 30. Juni, meinte Kardinal Lercaro, der Vorsitzende des Rates zur

Ausführung der Liturgiekonstitution, „eine ganz allgemeine Bewegung für die Feier der heiligen Messe zum Volk hin“[22] feststellen zu können. Obwohl es keine entsprechende Anweisung gegeben hatte, hatte diese Altarlösung offensichtlich für viele eine solche Plausibilität, dass manche dafür weder dem heiligen Geschehen noch ästhetisch angemessene Provisorien in Kauf nahmen.
Jenseits der Frage der Umgestaltung von Kirchen zögerte Kardinal Lercaro allerdings nicht, die sogenannte Zelebration zum Volk „vom pastoralen Standpunkt her die vorteilhafteste“ zu nennen und in Neubauten „die Errichtung des Altares versus populum zu befürworten“. Ganz auf dieser Linie liegt auch die Bestimmung des Missale Romanum von 2002/2008, die sagt:
„Der Altar ist von der Wand getrennt zu errichten, so dass man ihn leicht umschreiten und die Feier an ihm dem Volk zugewandt vollzogen werden kann“ (GORM 299).
Warum aber wird diese Positionierung empfohlen, weitgehend selbstverständlich aufgenommen und schließlich auch in den liturgischen Büchern festgeschrieben? Die Frage ist für das Liturgieverständnis und damit auch die architektonische Gestaltung unserer Kirchen von großer Bedeutung. Rezeptionsästhetisch könnte nämlich der Eindruck entstehen, bei dieser Form der Feier gehe es um eine deutlichere Herausstellung des Gegenübers von Priester und Volk. Populartheologisch sehen dann manche den dialogischen Charakter der Liturgie in den Dialogen zwischen Vorsteher und Gemeinde verwirklicht und übersehen damit, dass die Liturgie als Dialog zwischen Gott und den Menschen verstanden wird. In Reaktion auf dieses Missverständnis hat es eine gewisse Plausibilität, wenn die gemeinsame Ausrichtung der Gläubigen mit dem Priester auf einen Altar im Osten der Kirche als die bessere Lösung beschworen wird.
Bei allen Überlegungen, welche Raumkonzepte und welche Zuordnungen von Altar, Priester und Gläubigen sachgerecht sind, muss also gefragt werden, was denn zum Ausdruck kommen soll, wenn von einer Zelebration zum Volk gewandt gesprochen wird, und ob dies in der jeweiligen Lösung auch von den Feiernden erfahren werden kann. Dabei ist eine weitere Aussage aus dem zitierten Abschnitt des Missale hilfreich. Es heißt dort: „Der Altar ist (...) so aufzustellen, dass er wahrhaft den Mittelpunkt bildet, dem sich die Aufmerksamkeit der ganzen Versammlung der Gläubigen von selbst zuwendet“ (GORM 299).
Wenn der Altar so aufgestellt wird, dass er umschritten werden kann, und wenn der Priester nicht zwischen der Gemeinde und dem Altar steht, dann soll deutlich werden, dass der Altar selbst die Mitte ist, um die sich alle versammeln. Grundlegend ist das alte Verständnis, dass der Altar selbst ein zentrales Christussymbol ist.[23] Die sogenannte Zelebration zum Volk hin ist also das Minimum einer architektonischen Lösung, in der die Getauften, Priester wie Laien, als *circumstantes* sich vom Altar sammeln lassen.
Diese Anordnung löst auch ein weiteres Problem: Nur ein Altar, der freistehend und von allen gut sichtbar in der Mitte des Raumes steht, erlaubt den Blick auf die Schale mit dem Brot und den Kelch mit dem Wein. Brot und Wein sind aber die Primärzeichen der Eucharistiefeier. Es ist unangemessen, wenn diese durch den zelebrierenden Priester (aber natürlich auch durch Blumen- und Kerzenschmuck, Messbuchständer und Altarkreuze) den Blicken der Gläubigen entzogen werden. Andere Symbole, wie zum Beispiel das Bildprogramm auf den Rückseiten der Messgewänder, werden dann leicht dominant.
Zunehmend wurde es allerdings vielen fraglich, ob die Idee der gemeinschaftlichen Versammlung um den Altar mit einer neuen Aufstellung des Altares schon gelöst ist und zumindest in längs ausgerichteten Kirchen überhaupt gelöst werden kann. Zu Recht haben viele Gemeinden und Architekten sich deshalb inspirieren lassen, den Kirchenbau insgesamt als Zentralraum zu gestalten oder zumindest den Altar so zu platzieren, dass sich die Gottesdienstfeiernden als von Christus und um den Altar versammelte Gemeinde der Getauften erfahren. Eine architektonische Antwort auf das Missverständnis, die sogenannte Zelebration zum Volk entspreche einer Liturgie, die als Dialog zwischen dem Priester und dem Volk verstanden wird, ist das Konzept der orientierten Versammlung, das Johannes Krämer entwickelt[24] und in einer überzeugenden Weise in der Bonifatius-Kapelle des Mainzer Priesterseminars umgesetzt hat.[25]

3.3 Die Würde der Heiligen Schrift und der Verkündigung

Neben dem dialogischen Charakter der Liturgie und der vom Wesen der Liturgie her verlangten tätigen Teilnahme aller ist noch an die neue Wertschätzung der Heiligen Schrift und der gottesdienstlichen Verkündigung zu erinnern. Programmatisch stellt die Liturgiekonstitution heraus, dass die Heilige Schrift „von größtem Gewicht für die Liturgiefeier“ sei, und verweist dann zuerst darauf, dass aus ihr „Lesungen vorgetragen und in der Homilie ausgedeutet“ werden (SC 24). 50 Jahre nach dem Konzil klingt das für alle Nachgeborenen und damit für fast alle, die im aktiven Berufsleben stehen, geradezu selbstverständlich.[26]
Zu bedenken ist jedoch, dass bis zur Liturgiereform auch die Schriftlesungen grundsätzlich lediglich auf Latein und – zumindest in der stillen Messe – nur leise und für die Gläubigen unhörbar vom Priester gelesen wurden, nicht etwa in Richtung des Volkes, sondern zum Altar gewandt, der üblicherweise an der Ostwand im Hochchor der Kirche stand und vor Erfindung des Lautsprechers auch

keinen akustischen Kontakt mit den anwesenden Gläubigen ermöglichte. Die Predigt selbst war kein wirklicher Bestandteil der Liturgie, sondern hatte ihren Platz häufig vor oder nach dem eigentlichen Amt oder wurde – wenn sie innerhalb der Messfeier vorgesehen war – als Unterbrechung der Liturgie verstanden. Konsequenterweise fand sie auch nicht dort statt, wo die anderen Teile der Messe vom Priester vollzogen wurden, im Altarraum. Vielmehr gab es für die Predigt mit der Kanzel einen eigenen Ort, der schon aus akustischen Gründen meist weit entfernt vom Altar inmitten der Gläubigen, aber hoch über ihren Häuptern errichtet war.

Es ist eine Konsequenz des erneuerten Liturgieverständnisses des Konzils, dass heute im Prinzip zu jeder liturgischen Feier mindestens eine biblische Schriftlesung gehört, die mit Selbstverständlichkeit in der Sprache des Volkes vorgetragen wird. Auch die Auslegung dieser Schriftlesung, die Homilie, wird schon vom Konzil „als Teil der Liturgie selbst sehr empfohlen" (so SC 52 für die Messfeier) und ist ebenfalls in den allermeisten nachkonziliaren liturgischen Ordnungen vorgesehen.

Tatsächlich fordert das Konzil einen möglichst passenden Ort für die Predigt (*locus aptior sermonis*) in den verschiedenen liturgischen Ordnungen, meint aber damit nur den Platz innerhalb der jeweiligen Feier (vgl. SC 35,2). Über den Ort im Kirchenraum finden sich in der Liturgiekonstitution keine Angaben. Allerdings hatte schon die Instruktion *Inter oecumenici* von 1964 für die Verkündigung der Schriftlesungen Ambonen für zweckdienlich gehalten.[27] Normativ wird vom Missale für die Feier der Messe vorgeschrieben:

„Die Würde des Wortes Gottes verlangt einen geeigneten Ort in der Kirche, von dem aus es verkündigt wird und dem sich in der Liturgie des Wortes die Aufmerksamkeit der Gläubigen von selbst zuwendet.

Normalerweise soll dieser Ort ein feststehender Ambo sein, nicht ein einfaches tragbares Lesepult. Der Ambo muss der Gestalt des jeweiligen Kirchenraums entsprechend so aufgestellt sein, dass die geweihten Amtsträger und die Lektoren von den Gläubigen gut gesehen und gehört werden können" (GORM 309; vgl. AEM 272).

Mit dem Ausdruck *ad quem … fidelium attentio sponte convertatur* nennt das Messbuch hier dasselbe Kriterium wie in GORM 299 für den Altar, jetzt lediglich eingeschränkt auf den Wortgottesdienst.

Außer in ganz kleinen Kapellen und Gottesdiensträumen gehört ein Ambo heute sicher zur Standardausrüstung jeder Kirche. Ob allerdings überall Lösungen gefunden wurden, die der Würde des Wortes Gottes entsprechen, wäre durchaus zu prüfen. Nicht selten wird gerade in älteren Kirchen ein gewisses Dilemma ins Auge fallen: Neben einer Kanzel, die in ihrer gesamten Anlage eine hohe Wertschätzung der Verkündigung zum Ausdruck bringt, steht ein nachkonziliar aufgestellter Ambo, der gestalterisch unbedeutend ist und allenfalls wie ein besseres Lesepult wirkt, aber kaum die Aufmerksamkeit der Gläubigen wie von selbst auf sich zieht. Diese Beobachtung ist kein Plädoyer, alle unansehnlichen Ambonen durch die alten Kanzeln zu ersetzen, sondern will nur deutlich machen, dass noch nach besseren architektonischen und künstlerischen Lösungen als Antwort auf die hohe Wertschätzung der Verkündigung der Heiligen Schrift innerhalb der Liturgie gesucht werden muss. Die sogenannten Communio-Räume, bei denen Altar und Ambo als Brennpunkte einer Ellipse aufeinander bezogen sind, sind ein solcher Versuch, die hohe Wertigkeit der Verkündigung und des Wortgottesdienstes in Analogie zur Eucharistiefeier auch in der Raumgestalt zum Ausdruck zu bringen.[28]

4. Welchen Stil braucht Kirchenbau nach dem Zweiten Vatikanischen Konzil?

Wie vom Konzil gewünscht und in den vorausgehenden Überlegungen schon angedeutet, finden sich wesentliche Aussagen zum Kirchenbau in den liturgischen Büchern und unterstreichen damit, dass der Kirchenbau primär der Ort der Liturgie ist. Eine eigenständige rechtliche Vorgabe des kirchlichen Gesetzgebers zum Kirchenbau gibt es nicht. Die Liturgiekommission der Deutschen Bischofskonferenz hat deshalb erstmals 1988 zusammenfassende „Leitlinien für den Bau und die Ausgestaltung von gottesdienstlichen Räumen" herausgegeben, deren 6. Auflage aus dem Jahr 2002 mittlerweile vergriffen ist und die spätestens nach Vorlage der authentischen Ausgabe des Messbuches auf der Grundlage der Editio typica tertia des Missale Romanum von 2002 beziehungsweise 2008 fortgeschrieben werden muss.[29] Diese Leitlinien setzen aber kein eigenes Recht, sondern wollen nur die Vorschriften zusammenfassen, die den verschiedenen Rechtsquellen, vor allem also den liturgischen Büchern und dem CIC von 1983, zu entnehmen sind. Die Publikation ist in der Tat ein hilfreiches Summarium, was alles beim Kirchenbau nach dem Zweiten Vatikanischen Konzil zu beachten ist, damit der jeweilige Kirchenbau für den liturgischen Bedarf der konkreten Gemeinde geeignet ist und ihr eine lebendige Feier der Liturgie im Sinne der liturgischen Erneuerung nach dem Zweiten Vatikanischen Konzil ermöglicht.

Es wäre aber sicher eine Verengung, wenn nur die praktische Eignung für einen rubrikengerechten und liturgietheologisch angemessenen Vollzug bestimmter gottesdienstlicher Handlungen als Kriterium für den Kirchenbau herangezogen würde. Denn die architektonische und künstlerische Gestaltung hat immer einen symbolischen

Mehrwert. Darüber hinaus bleibt noch zu fragen, ob die Würde des Gottesdienstes und das Selbstverständnis der Kirche nicht auch bestimmte Anforderungen an Qualität und Stil des Kirchenbaues verlangen.

Unbefangener als in den ersten Jahrzehnten nach dem Zweiten Vatikanischen Konzil wird heute der Wunsch nach Sakralität geäußert und von sakralen Inszenierungen in der Architektur und von Sakralbauten gesprochen.[30] Darin zeigt sich vermutlich das religiöse Gespür dafür, dass der ganz spezielle Charakter des liturgischen Dialoges zwischen Gott und Mensch auch eine ganz spezielle Raumhülle verdient, die sich von anderen Nutz- und Kulturbauten unterscheiden soll. Bei allen möglichen Anleihen an säkularen Raumkonzepten muss offensichtlich deutlich bleiben, dass es im Gottesdienst und damit in der Kirche nicht allein um einen innerweltlichen Dialog geht.

In nicht wenigen Zeiten und Gegenden hat es geradezu kanonische Vorstellungen von der Sakralität eines Kirchenbaus gegeben. Nicht selten entstand dann der Eindruck, dass nur bestimmte Baustile erlaubt und dass vor allem moderne Ausdrucksformen verboten seien. Dies korrigiert das Zweite Vatikanische Konzil, wenn es im Blick auf die Kunst allgemein sagt: „Die Kirche hat niemals einen Stil als ihren eigenen betrachtet" und „Die Kunst unserer Zeit und aller Völker und Länder soll in der Kirche Freiheit der Ausübung haben" (SC 123).

Das gilt sicher nicht nur für die Einrichtungsgegenstände sowie die liturgischen Gefäße und Gewänder, sondern auch für den Kirchenbau selbst. Jede Zeit darf selbst eigene Ausdrucksformen suchen und nutzen, sofern diese nur „den heiligen Riten mit der gebührenden Ehrfurcht und Ehrerbietung" dienen (SC 123). Und nicht nur für die Ausstattung einer Kirche, sondern für den Kirchenbau selbst muss gelten, dass alle Gestaltungsformen und Gestaltungselemente zu vermeiden sind, „die dem Glauben, den Sitten und der christlichen Frömmigkeit widersprechen und die das echt religiöse Empfinden verletzen" (SC 124).

Krematorium Baumschulenweg, Berlin, Axel Schultes und Charlotte Frank (1999–2000)

Ohne dass also eine bestimmte Ästhetik verlangt oder favorisiert wird, geht es dem Konzil für den Kirchenbau um eine Gestalt, die der Ehrfurcht und Frömmigkeit nützt. Anders gesprochen: Eine Sakralität, die sich auf das Konzil berufen kann, darf keine Ästhetik haben, die religiöse Gefühle verletzt und mangelnde Ehrfurcht fördert.

Eine solche eher negativ abgrenzende Kriteriologie ergibt sich auch aus der oben zitierten Forderung, mehr auf edle Schönheit als auf bloßen Aufwand zu achten (vgl. SC 124). Also werden weder äußerer Aufwand und kostspielige Ausstattung noch eine neobarocke Anhäufung von Schmuckelementen und Goldfassungen durch das Konzil legitimiert.

Artikel 34 hatte für die liturgischen Riten eine edle Einfachheit (*nobilis simplicitas*; vgl. SC 34) gefordert. Dem entspricht hier die Forderung nach einer *nobilis pulchritudo*. Die edle Schönheit wird offensichtlich einer überbordenden Ausdrucksfülle (*potius ... quam meram sumptuositatem*) entgegengestellt, die nach dem Urteil des Konzils dem Gottesdienst und dem Gotteshaus nicht angemessen sei. Die Editio typica tertia des Missale Romanum von 2002 nimmt dies ausdrücklich auf und fordert, die Ausstattung der Kirche habe „eher ihrer edlen Einfachheit zu dienen als der Prachtentfaltung (*potius quam ad pompam*)" (GORM 292). Ob diese Einschätzung wirklich allgemeingültig ist oder doch vielleicht eher Ausdruck einer zeitgebundenen Ästhetik und Spiritualität, ist eigentlich nebensächlich. Sie scheint zumindest im Kontext der Gegenwart etwas Gültiges zu treffen.

Albert Gerhards hat in der Zeitschrift *Das Münster* auf die „Ästhetik der Leere" (Friedhelm Mennekes) verwiesen, die sich im modernen Kirchenbau immer wieder entdecken lässt. Gerhards erinnert an Rudolf Schwarz und die Kirche St. Fronleichnam in Aachen sowie an viele Kirchenbauten in der Nachkriegszeit, aber auch an neuere Raumkonzepte wie in St. Moritz in Augsburg (John Pawson), die neue Propsteikirche in Leipzig (Schulz und Schulz Architekten) oder auch den Siegerentwurf des Wettbewerbs für die St.-Hedwigs-Kathedrale in Berlin (Leo Zogmayer). Gemeinsam ist diesen Bauten, dass sie von einer starken Reduktion geprägt sind, die allerdings leicht durch sekundäres Dekor, durch falschen Schmuck und durch raumfüllende Ausstattung konterkariert und um ihre Authentizität gebracht werden kann.[31] Eine Sakralität, die durch edle Einfachheit und edle Schönheit zum Ausdruck kommen soll, verlangt offensichtlich einen Raum, der schon in seiner Grundgestalt eine Ausstrahlung hat und nicht erst durch nachträglich eingefügten Zierrat Würde und Erhabenheit bekommt.

Audimax, Biomedizinisches Centrum, LMU München, K9 Architekten (2011–2016)

Nun ist eine solche sakrale Ästhetik nicht ein Alleinstellungsmerkmal der Kirchen. Das Berliner Krematorium Baumschulenweg, das 1999 nach Plänen von Axel Schultes und Charlotte Frank fertiggestellt wurde und ausdrücklich keiner Religionsgemeinschaft verpflichtet ist, soll doch ein sakraler Raum sein.[32] Auf andere Weise und eher irritierend ist es, wenn das Audimax im neuen Biomedizinischen Centrum der Ludwig-Maximilians-Universität in München wie eine säkulare Kathedrale wirkt, in der eigentlich nur der Altar fehlt. Solche Beispiele verlangen die Klärung, ob es eine spezifisch christliche Sakralität geben kann, die nicht nur durch jene edle Einfachheit und Schönheit bestimmt ist, die auch in säkularen Bauten realisiert werden können. Kein Problem dürfte dies sein, wenn der Kirchenraum seine Eindeutigkeit im liturgischen Vollzug erhält. Aber bekommt ein Kirchengebäude seine christliche oder gar katholische Unverwechselbarkeit am Ende doch nur durch die Ausgestaltung, also durch Altar und Ambo, Kruzifix und Tabernakel?

Vielleicht ist das Programm edler Einfachheit als ein Weg zur Inszenierung der Sakralität nur im Kontext und Kontrast einer Kultur der Reizüberflutung denkbar. Entsprechend wäre es verständlich, wenn in einer Mangelgesellschaft eher die überbordende Fülle, also auch sichtbarer Aufwand und äußerer Schmuck, rezeptionsästhetisch als Ausdruck der Sakralität wahrgenommen würde. Weil aber Seh- und Erlebniserfahrungen individuell unterschiedlich sind, wird auch nachvollziehbar, dass eine Ästhetik der Einfachheit und Klarheit, der Reduktion und Offenheit in den Gemeinden nicht von allen in gleicher Weise als sakral empfunden wird und die nachträgliche Ausschmückung moderner Kirchenbauten durch die Nutzer kein Einzelfall ist.

Es muss wohl noch stärker danach gefragt werden, worin denn jene edle Schönheit besteht, die das Zweite Vatikanische Konzil fordert. Offensichtlich geht es ihm um mehr als um ästhetisch befriedigende und ansprechende Lösungen. Kunst und – so wird ergänzt werden können – eine künstlerisch angemessene Architektur sollen durch ihre Schönheit helfen, „den Sinn der Menschen in heiliger Verehrung auf Gott zu wenden" (SC 122). Sie können das, weil sie nach Auffassung des Konzils ausgerichtet sind „auf die unendliche Schönheit Gottes, die in menschlichen Werken irgendwie zum Ausdruck kommen soll" (SC 122). Die edle Schönheit der Kirchen soll also etwas ahnen lassen von der unendlichen Schönheit Gottes. Die Schönheit Gottes dürfte aber eine religiöse Metapher sein, die weder in heutiger Theologie noch in heutiger Spiritualität Hochkonjunktur hat.[33] Ob auch das ein Grund ist, warum die Suche nach gültigen künstlerischen und architektonischen Lösungen unserer Zeit schwerfällt?

[1] Kasper 2015, S. 104–118.
[2] Vgl. zur Thematik insgesamt etwa Gerhards 2011; Kopp 2011.
[3] Vgl. dazu etwa Richter 1998.
[4] Vgl. zu den einschlägigen Vorschriften Witte 1951; instruktiv auch Weyres 1959, S. 95–120; Schädel/Schilling 1959, S. 377–426, hier v. a. S. 411–426.
[5] Vgl. zur Geschichte und Verbreitung des Altartabernakels insgesamt Nußbaum 1979, S. 427–454.
[6] Der deutsche Text von can. 1268 folgt Jone 1952, S. 498.
[7] Ebd.
[8] Klauser 1965, S. 166.
[9] Vgl. Caeremoniale Episcoporum 1886, I, XIII 3.
[10] Vgl. zum Priestersitz insgesamt Keplinger 2015, v. a. S. 141–154.
[11] Vgl. can. 909 f. CIC 1917.
[12] Vgl. Keplinger 2015, S. 154–157.
[13] Vgl. Art. Gestühl (Kirchenbänke), in: Berger 2013, S. 141.
[14] Vgl. etwa das erstmals 1922–1925 erschienene Werk Guardinis in Guardini 2004.
[15] Vgl. SC 31: „Bei der Revision der liturgischen Bücher soll sorgfältig darauf geachtet werden, daß die Rubriken auch den Anteil der Gläubigen vorsehen."
[16] Auch nach Presbyterorum Ordinis 5 sollen die Gottesdiensträume schön sein: „Das Gotteshaus, in dem die Heiligste Eucharistie gefeiert und aufbewahrt wird, in dem die Gläubigen sich versammeln und die Gegenwart des auf dem Opferaltar für uns dargebrachten Erlösers zur Hilfe und zum Trost der Gläubigen verehrt wird, soll schön sein, geeignet zu Gebet und heiliger Handlung."
[17] Vgl. dazu etwa Emminghaus 1990, S. 347–416.
[18] Vgl. Lengeling 1981. – Es ist hier nicht der Ort, die christologische Vermittlung dieser doppelten Handlungsrichtung näher auszudeuten. Nicht nur die Heilsvermittlung geschieht durch den Hohenpriester Jesus Christus, sondern auch die Antwort der Kirche ist nicht eine rein menschliche Handlung der zufällig anwesenden Gläubigen, denn die Kirche und damit auch die konkrete Feiergemeinde handelt immer nur zusammen mit Christus, ihrem Haupt. Ob und wie dies im Kirchenbau zum Ausdruck kommen kann, wäre zu prüfen.
[19] Vgl. Haunerland 2009, S. 585–595; Haunerland 2013, S. 381–392.
[20] Die Frage nach solchen Formen der Teilnahme oder nach sogenannten niederschwelligen Gottesdiensten, Gottesdiensten des 2. Programms und Feiern im Vorhof der Völker stellte sich offensichtlich den Konzilsvätern vor 50 Jahren nicht. Sie steht aber mittlerweile nicht nur in Diasporagebieten auf der Tagesordnung, ohne dass abzusehen ist, ob dies auch Konsequenzen für den Kirchenbau haben kann oder soll. Vgl. zu diesen Gottesdiensten etwa Lätzel 2004; Kranemann 2011, S. 253–273; Haunerland 2016, S. 78–91.
[21] Instruktion „zur ordnungsgemäßen Ausführung der Konstitution über die heilige Liturgie" *Inter Oecumenici* vom 26.9.1964, Nr. 95: EDIL/DEL 199–297, hier 293.
[22] J. Kardinal Lercaro, Brief des „Consilium" vom 30.6.1965: EDIL/DEL 406–417, hier 414.
[23] Vgl. Haunerland 2008, S. 80–89.
[24] Vgl. Krämer 2001, S. 81–83; Krämer 2003, S. 191–196.
[25] Vgl. Bentz 2009, S. 142 f.
[26] Vgl. Bärsch 2003, S. 222–241.
[27] Vgl. *Inter oecumenici* Nr. 96: EDIL/DEL 294.
[28] Vgl. etwa Communio-Räume, Gerhards/Sternberg/Zahner 2003; zu instruktiven Beispielen Gerhards 1999, S. 30–55.
[29] Vgl. Leitlinien 1988.
[30] Vgl. Haepke 2013.
[31] Vgl. Gerhards 2015, S. 253 f.
[32] Vgl. Wöhler 2005, S. 60 f. Neben Kirchen, Moscheen und Synagogen finden sich in dem Band mehrere Aussegnungshallen u. ä. als Beispiel moderner Sakralbauten. – Über Axel Schulte und dessen Krematorium in Berlin-Treptow urteilt Hanno Rautenberg 2000: „Sein Krematorium ist die Kirche einer Gesellschaft, die nach göttlichem Trost sucht, ohne Gott dabei finden zu wollen."
[33] Zur Schönheit als liturgietheologischem Topos bereitet derzeit Andreas Geisenhofer eine Dissertation in München vor.

Walter Zahner

Zeichen des Aufbruchs – Der Kirchenbau des Bistums Augsburg im Licht des Zweiten Vatikanischen Konzils

1. Grundlegung

Baut eine Kirchengemeinde ein Kirchengebäude oder ein Pfarrzentrum, bestehend aus Kirche, Jugendheim und Pfarrsaal, erhält sie eine Wohnstatt; Räume, in denen sie sich zum geselligen Beisammensein wie zur festlichen Liturgiefeier, zum Verweilen und zum Nachdenken, zum Lachen und zum Weinen, zum Beten, zum Bitten und zum Danken zusammenfindet.[1] Zugleich ist dieser Ort etwas Besonderes. Hier ist Er anwesend, denn dort versammeln sich zwei oder drei in Seinem Namen (Mt 18,20).

Die ersten Christen benötigten noch keinen speziellen Ort für ihre Versammlungen. Sie trafen sich in den Synagogen oder den eigenen Häusern, später auch in den Katakomben. Die frühen Schriften schildern, dass man Tag für Tag zum Brechen des Brotes und Verteilen des Weines zusammenkam (Apg 2,42–47; vgl. auch Didache), ganz so, wie Jesus es mit den Seinen, den Aposteln, beim Letzten Abendmahl getan hatte (Mt 26,20–29, vgl. die Parallelen bei Mk und Lk). Das zentrale Ereignis, die Mitte des Lebens und Glaubens, war diese Zusammenkunft, weil man unter den Zeichen von Brot und Wein, die Ihn repräsentieren, eingebunden in ein beziehungsweise bei einem anschließenden gemeinsamen Mahl im Glauben und in der Hoffnung gestärkt, im Erleben des Miteinanders gekräftigt worden war.

Damit tritt die frühe Christengemeinde in die Nachfolge dessen ein, der „das Brot des Lebens" (Joh 6,48) ist, dessen Becher, den er reicht, der „Becher des Neuen Bundes" (1 Kor 11,25; Lk 22,20) ist. In diesem Neuen Bund sind alle Teil des einen Leibes Christi (1 Kor 10,17 u. ö.), haben nicht nur Anteil, sondern sind „das auserwählte Geschlecht, die königliche Priesterschaft, das heilige Volk, die Gemeinde, die Gott zu eigen gehört" (1 Petr 2,9).

Paulus drückt dies so aus: „Wisst ihr nicht, dass ihr Gottes Tempel seid und Gottes Geist in euch wohnt? Wer immer Gottes Tempel vernichtet, den wird Gott vernichten! Denn Gottes Tempel ist heilig – und der seid ihr" (1 Kor 3,16 f.). Der Tempel, Seine Gegenwart, ist also kein Bauwerk aus einfachen oder handfesten, sondern eines aus lebendigen Steinen (1 Petr 2,5).

Greifenberg, Maria Immaculata, Arch. Alexander von Branca (1958/1959)

Hier ist nicht der Ort, die weitere Entwicklung des Kirchenbaus zu reflektieren. Nachdem die ersten Kirchen im 4. Jahrhundert dem Typus der Basilika folgten, kennen wir aus späterer Zeit die romanischen Gottesburgen;[2] abgelöst werden sie von den sogenannten gotischen Himmelsstädten: Die Kathedralbauten wurden immer lichter, die Wände lösten sich nahezu auf. Als Bild dafür wählten die Interpreten das „Himmlische Jerusalem". Im Barock sprechen wir dann vom Thronsaal Gottes.

2. Wandel am Beginn des 20. Jahrhunderts

Im ausgehenden 19. Jahrhundert war der Kirchenbau weitestgehend dem Historismus verhaftet. Die damalige Fertigstellung unvollendeter mittelalterlicher Dome[3], etwa in Köln oder in Regensburg, war eine nationale Angelegenheit und ist nicht zuletzt ein Zeichen für das Wiederaufleben der Gotik. So wundert es kaum, dass der Kölner Kardinal Antonius Fischer noch im Jahr 1912 per Erlass dekretiert, wie die Kirchen in seiner Erzdiözese zu bauen seien: „Neue Kirchen sind der Regel nach nur in romanischem oder gotischem bzw. sog. Übergangsstile zu bauen. Für unsere Gegenden empfiehlt sich durchgängig am meisten der gotische Stil."[4]

Am Beginn des 20. Jahrhunderts tritt ein neues Phänomen auf, das wir Liturgische Bewegung oder Erneuerung zu nennen gewohnt sind. Mönche aus Solesmes und Maria Laach, beides benediktinische Klöster, eines in Belgien, das andere in Deutschland, sowie zahlreiche Mitglieder der katholischen Jugendbewegung suchten nach dem Ursprung, den eigentlichen Quellen der Liturgie. Begleitet von der Bibelbewegung, erkannten sie die Wurzeln allen Glaubens und Lebens in der Gestalt des Mahles wieder. Sie suchten sie von Neuem in der Versammlung der Gemeinschaft um den einen Tisch des Herrn. Ein Zeitgenosse, der Münchner Theologe Aloys Goergen, fasst es in die folgenden Worte: „An der Schwelle des Jahrhunderts, aus der erfahrenen Mächtigkeit gemeinsam gelebten Lebens ereignete sich der Überschritt vom autonomen Ich zur Entdeckung des Du, des Wir, der Gemeinschaft, der Kirche. Da war weder Revolte noch Rebellion, noch Ungehorsam am Werk."[5]

Altar und Ewig-Licht, Burgkapelle, Burg Rothenfels, Arch. Rudolf Schwarz (Aufnahme um 1935)

Ein Ort, an dem sich diese Veränderungen festmachen lassen, ist Burg Rothenfels am Main, in der Nähe von Würzburg gelegen. Kurz nach dem Ersten Weltkrieg vom katholischen Jugendbund Quickborn gekauft, wurde die insgesamt ziemlich verwahrloste Anlage ab 1924 vom Burgarchitekten Rudolf Schwarz unter aktiver Beteiligung des späteren Burgkaplans Romano Guardini umgestaltet. Was dort geschah, kann für den deutschen Katholizismus im Allgemeinen, aber auch im Hinblick auf das Zweite Vatikanische Konzil nicht hoch genug eingeschätzt werden. Im Rahmen zahlreicher Fest- und Werkwochen übten die Jugendlichen einen neuen Umgang mit dem Wort, der Gestik und dem Gesang ein. Die neu gestalteten Räume, Kapelle, Ritter- wie Speisesaal oder auch die weiteren Versammlungsorte veranschaulichten diese Veränderungen auf ganz eigene Weise. Dies hatte insbesondere Auswirkungen auf den Kirchenbau, vor allem den katholischen, der folgenden Jahre und Jahrzehnte.

Auf das gesamte Phänomen richtet sich die folgende Äußerung von Papst Pius XII.; gemeint ist dabei selbstverständlich auch die im besten Sinne als Initiationsort zu bezeichnende Burg Rothenfels, wenn der Heilige Vater bei seiner Abschlussrede zum Ersten Internationalen Pastoralliturgischen Kongress in Assisi im September 1956 über die Liturgische Bewegung sagte, sie sei „wie ein Zeichen der providentiellen Fügungen Gottes über die heutige Zeit sichtbar geworden, wie ein Einströmen des Heiligen Geistes in seine Kirche“[6].

Romano Guardini,[7] Anreger und Gestalter der Liturgischen Bewegung (so von Hans Maier bezeichnet), eröffnete mit seinen kleinen Bändchen „Vom Geist der Liturgie“,[8] „Liturgische Bildung“[9] und „Von heiligen Zeichen“[10] eine neue Sichtweise. Er sucht in aller Lauterkeit Antworten auf die Fragen seiner Zeit und gibt Hinweise für konkretes Tun, weist eine Denkrichtung an. Dabei erläutert er die Verhältnismäßigkeit von Privatfrömmigkeit, Volksandachten und den Hochformen der Liturgie, stellt die Zwecklosigkeit aller Liturgie, die schließlich auf Gott ziele, klar heraus, greift die einfachen Zeichen und Handlungen auf und betont, dass ein ruhiges Betrachten, ein ernsthafter Nachvollzug, wieder zu deren ursprünglichem Wesen zurück und zu einer angemessenen Haltung führe. Seine Diagnose lautet: „Aus innerer Notwendigkeit wird unsere Zeit reif zur Liturgie. (...) Wir müssen lernen, unser Inneres im Äußeren auszudrücken, und aus dem Äußeren das Innere abzulesen. Wir müssen wieder symbolfähig werden.“[11]

Guardinis Überlegungen und Ideen betreffen das Grundverständnis der Liturgie und führen damit, sofern sie ernst genommen und umgesetzt werden, zu einer Veränderung des gläubigen Lebens – dies gilt bis heute.

3. Exemplarische Umsetzung – Burg Rothenfels

Einen besonderen und vor allem gestalteten Ausdruck fanden diese als theoretische Schriften beziehungsweise als Wegweisungen formulierten Arbeiten Romano Guardinis auf der Burg Rothenfels, insbesondere bei der Umgestaltung der Kapelle und des Rittersaals[12] durch den Architekten Rudolf Schwarz. Die kleine Kapelle, die sich inmitten der mittelalterlichen Burg befand und seit 1910 von den Bewohnern des Dorfes Bergrothenfels als Kirche genutzt wurde, räumte der Burgarchitekt erst einmal aus. In einem ersten Rückblick schreibt er: „Wir fühlten, daß durch unser Tun hier etwas zerstört wurde, denn was wir schufen, war zuerst ein leerer Raum (...). Weil wir etwas ganz Neues erproben wollten, fanden wir den Mut, das

Tischgebet auf Burg Rothenfels (Aufnahme um 1930)

Romano Guardini auf Burg Rothenfels (Aufnahme um 1935)

Alte zu zerstören. In Wahrheit sollte ja auch keine Leere, sondern eine andere Fülle entstehen“[13] – eine Fülle, die von denjenigen getragen war, die sich hier zum Gebet und zur Feier der Eucharistie zusammenfanden.
Noch klarer formulierte Schwarz die Idee des „neuen Kirchenbaus“ bei der Umgestaltung des Rittersaals in einen Fest- und Feierraum. „Als einzige Ausstattung erhielt der Raum Hunderte Schemel, kleine schwarze Würfel aus Holz. Das war alles. Die Architektur war zu einem reinen, weißen Behälter verhalten. Das andere, den lebendigen Raum, mußte die Gemeinde durch ihre Versammlung erschaffen. Hier wurde damit Ernst gemacht, daß eine Gemeinde aus sich heraus Raumgestalten hervorbringen kann. (…) Es ist schön, wenn der heilige Raum ganz in der Gemeinde und ihrem Tun gründet, aus der Liturgie errichtet wird und mit ihr wieder versinkt, und auf jede architektonische Veranstaltung verzichtet wird, anfangs nichts da ist als Weltraum und nachher nichts da bleibt als Weltraum: der Herr ging vorüber.“[14]
Schwarz umschreibt diese beiden Raumlösungen mit den Begriffen des „offenen“ und „geschlossenen Rings“. Diese Wortschöpfungen gleichen Urbildern. Sie sind Begriffe einer ersten Architektur, entwickelt aus den Grundformen des kultischen Verhaltens.[15] Der Baumeister Rudolf Schwarz möchte mit ihnen Wesenheiten erfassen, die Ausdruck menschlichen Denkens und Tuns sind. So stellt er sich beim „offenen Ring“ einen quadratischen Raum vor, in dem sich eine Gemeinde in der Art einer Hufeisenform, entsprechend drei Seiten dieses Raumes, einem Zentrum zuwendet, wo der durch Stufen erhöhte Altar steht. Alle Blicke richten sich auf ihn, werden gebündelt und weisen über diese Form aus dem Raum hinaus. Beim „geschlossenen Ring“ geht er hingegen von der Idealform des Kreises aus. In dessen Mitte, im Zentrum steht der Altar. Alles richtet sich auf ihn aus. „Um das heilige Mahl des Herrn zu feiern, braucht man einen nicht allzu großen Raum von gutem Ausmaß, in seiner Mitte einen Tisch und darauf eine Schüssel mit Brot und einen Kelch mit Wein. Den Tisch kann man mit Kerzen schmücken und mit Sitzen für die Gemeinde umgeben. Das ist alles, Tisch, Raum und Wände bilden eine einfachste Kirche.“[16]

4. Augsburgs Beitrag zur Liturgischen Erneuerung

Das, was sich im Rahmen einer besonderen Konstellation, während der Zusammenkunft von Jugendlichen und unter Anleitung und Begleitung etwa Romano Guardinis und seiner Mitstreiter, der Vorhut der Liturgischen Bewegung, auf Burg Rothenfels ereignete, hatte selbstverständlich eine Art Nährboden, aus dem es erwachsen konnte und mit dem es sich in regelmäßigem Austausch entwickelte.
Dieser Nährboden waren einzelne Jugendgruppen, die im damaligen Deutschen Reich vielfältig aktiv waren, aber auch einige Gemeindekreise oder Gemeinschaften, die in kleineren Gruppen ihren Glauben feierten. Deren Suche nach dem Eigentlichen, dem, was den Kern der Zusammenkunft ausmachte, spiegelte sich in dem wider, was wir auf Burg Rothenfels finden. Dort wird das alles auch noch in eine neue architektonische Gestalt überführt, die wir umschreiben können; dort wird viel reflektiert und besprochen sowie niedergeschrieben, so dass wir dies noch heute bis zu einem gewissen Grad nachvollziehen können.
Was sich vor Ort, in den Pfarrgemeinden, deren Jugendgruppen, aber auch in manchen Schulen oder Klöstern ereignete, was dort bereits in den 1920er (beziehungsweise dann in den frühen 1930er) Jahren versucht oder schon umgesetzt wurde, ist wenig(er) bekannt, da kaum oder nur rudimentär überliefert. Hierzu gibt es bereits weitergehende Untersuchungen mit regionalen Schwerpunktsetzungen, etwa von Theodor Maas-Ewerd[17] über die Pfarrgemeinden Heilig-Geist in Frankfurt/Main, St. Paul in München, St. Marien in Mülheim und St. Leo-

pold in Wien oder die von Andreas Poschmann über das Leipziger Oratorium[18]; notwendig und hilfreich sind außerdem Publikationen zur Rezeption der Liturgiereform des Zweiten Vatikanischen Konzils.[19]

Über das Bistum Augsburg ist in der gängigen Literatur, was die regionale Entwicklung liturgischer Fragen betrifft, wenig bekannt. Zuletzt findet sich ein Hinweis in einem Überblickswerk zum christlichen Gottesdienst,[20] wo es im Hinblick auf die Gemeinschaftsmesse und deren erste Feier heißt, sie sei „1921 ungefähr zeitgleich in der Krypta von Maria Laach, auf Burg Rothenfels und in Augsburg" aufgekommen. Der Bezugspunkt für diesen Hinweis ist P. Gregor Lang OSB, und gemeint ist sein Wirken im Augsburger Quickborn.

P. Gregor „war seit 1912 Lehrer am humanistischen Gymnasium und seit 1924 bis zu seinem Tod am 18.1.1962 Rektor der Hochschule bei St. Stephan".[21] Somit wird deutlich, dass es eine Gruppe Jugendlicher aus dem Augsburger Benediktinergymnasium St. Stephan mit Drang zur Natur und zum Beisammen-Sein war, die von P. Gregor als kleine Gemeinschaft geformt und begleitet wurde. Diese war eine der Quellen für die liturgischen Neuerungen auf Burg Rothenfels. P. Gregor, der ein Mann der Tat und des gesprochenen Wortes, weniger der Verschriftlichung war, ging mit ihnen ganz offensichtlich nicht nur auf Wanderschaft, sondern führte die Gruppe auch als religiöse Gemeinschaft. Als Teil der Aktivitäten dürfen wir uns Gruppenabende, gemeinsame Reisen und Gottesdienste in kleiner Runde vorstellen. Ähnliches berichtet Romano Guardini von seiner Arbeit mit den Jugendlichen in Mainz.[22]

Was in Augsburg im Einzelnen geschah, entzieht sich bisher unserer Kenntnis. Festzuhalten gilt es, dass diese Augsburger Gruppe, die dem Quickborn zugezählt werden kann, frühzeitig unter Führung von P. Gregor zu den großen Jahrestreffen auf Burg Rothenfels kam. Im Rahmen dieser Quickborntage, bei denen sich zunächst nur einige Hundert, beim 4. Quickborntag im Jahr 1922 sogar knapp 1500 Jugendliche aus dem gesamten Deutschen Reich auf Burg Rothenfels versammelten, ereignete sich etwas, das wir – zugegeben etwas unscharf – als Kairos der Erneuerung der Liturgie bezeichnen könnten. Die Keimzellen für das, was auf Rothenfels geschah, lagen in den kleinen Gruppen, die vor Ort – in Augsburg oder Mainz wie anderswo wohl auch – im Bereich der Liturgie im kleinsten Kreis experimentierten. Angeleitet und begleitet von wachen Geistlichen, machten sie sich auf die Suche nach dem Ursprünglichen der kultischen Erfahrung, suchten sie nach den Wurzeln der Liturgie als Erleben von Gemeinschaft im Herrn.

5. Urbilder für den Kirchenbau

Zurück zu den grundlegenden Überlegungen: Rudolf Schwarz hatte mit der neugestalteten Kapelle sowie dem Rittersaal auf Burg Rothenfels Gemeinschaftsformen erschaffen, die er in theologisch-baukünstlerische Bilder übersetzt als „offenen" und „geschlossenen Ring" bezeichnete, wie schon beschrieben. Eine weitere Grundform, von der er berechtigterweise spricht, ist die des „Weges". Sie sieht er als Ausformung des „offenen Ringes", als Versammlungsmöglichkeit für die größere Gemeinschaft. Denn in der gemeinsamen Ausrichtung der Einzelnen vollendet sich die Fokussierung auf den Altar. Man kann dem Herrn im gemeinsamen Zug entgegengehen. Die gedachte Prozession hat somit ein Ziel.

Im Kirchenraum selbst ergeben sich für Schwarz dabei drei Zonen: der Raum dieser Welt, in dem das Volk zusammenkommt, die Gegend der Schwelle, dort, wo Christus wohnt, und dahinter „Gottes unzugänglicher Raum", der Ort, auf den hin wir unsere Gebete sprechen, die Dimension, von der her wir Gottes Antwort vernehmen[23]. Mit diesen Idealplänen (die weiteren müssen uns hier nicht interessieren) schafft Rudolf Schwarz eine Grundlage, der sich die Kirchenbaudiskussion bis in unsere Tage nicht entziehen kann. Sie sind in sich gültig und umgreifen letztlich auch jeden Rückblick in die Geschichte des Sakralbaus, sind in ihnen doch die „zwei große(n) Grundformen (...), die zentrale Form und die lange Form, Zentralbau und Langbau" entwickelt.[24]

Zugleich war auf Burg Rothenfels etwas geschehen, was Spuren hinterlassen musste. Die Unmittelbarkeit der Wahrnehmung, das Erleben der kultischen Memoria im kleinen wie im großen Kreis – bildlich und auch ganz real –, all das wirkte sich auf die weitere Entwicklung des Verständnisses von Liturgie aus. Da waren zum einen die vielen, die an diesen Feiern und Gesprächsrunden auf der Burg teilgenommen hatten und diese Ideen weitertrugen. Zum anderen hatte sich etwas ereignet, hinter das man nicht mehr zurückgehen konnte. Die Gegenwart des Herrn war aufgeleuchtet, das „numen praesens" hatte seine Wohnung unter uns genommen. Der Tisch war in die Mitte der Welt gerückt.

Romano Guardini,[25] der väterliche Begleiter des Quickborn, hat unabhängig von einem konkreten Ereignis die Stimmung am Beginn der 1920er Jahre in die Worte gefasst: „Ein religiöser Vorgang von unabsehbarer Tragweite hat eingesetzt: Die Kirche erwacht in den Seelen."[26] Dieses Bild passt auch als Umschreibung der zeitgeschichtlichen Situation, der sich der Katholizismus in den folgenden Jahren und Jahrzehnten gegenübersah.

So einmalig die personelle Konstellation und die Umstände auf Burg Rothenfels waren, die ausgesäten Samenkörner gingen auf und trugen Früchte. „Es geschah

Altarraum mit Zelebrationsaltar, St. Fronleichnam, Aachen, Arch. Rudolf Schwarz (1929/1930, Aufnahme um 1985)

nicht auf Rothenfels, aber ohne Rothenfels wäre es nicht geschehen, daß die Muttersprache das Latein in der Kirche ganz selbstverständlich ablöste, ohne jeden revolutionierenden Gestus. Es geschah nicht auf Rothenfels, daß die Gemeinde am eucharistischen Becher teilhatte, aber ohne Rothenfels wäre es nicht geschehen. Denn es war unmöglich, daß aus dem Schmerz des Verzichts, den die Kirche dieser Entdeckergeneration abgefordert hatte, eine neue, aus der älteren hervorgegangene Jugend bei Wahrung ihrer Wahrhaftigkeit und Identität hätte weiter verfahren können und sollen wie die Älteren."[27]

In der Entwicklung des Kirchenbaus des 20. Jahrhunderts in Deutschland könnte man vergröbernd von zwei Grundtendenzen sprechen, die vereinfacht mit den Namen der Kirchenbaumeister Rudolf Schwarz (1897–1961) und Emil Steffann (1899–1968)[28] zu fassen sind. Rudolf Schwarz versteht Kirchenbau als Darstellung und Umsetzung heiliger Pläne, geht also von einer theologischen oder auch baukünstlerischen Idee aus; Emil Steffann hingegen fasst den Raum von der Gemeinde und deren Feier der Liturgie her.

Beide berufen sich dabei – teils deutlich abgrenzend, teils eher vereinnahmend – auf die Geistlichen Johannes van Acken und Romano Guardini. Über Guardinis Position haben wir schon einiges gehört; wichtig ist aber auch, dass sie auf Burg Rothenfels einen Ort fand, wo sie erprobt und umgesetzt werden konnte. Johannes van Acken, ein Gemeinde-, später Krankenhauspfarrer aus dem Rheinland, formulierte mit seiner Schrift „Christozentrische Kirchenkunst" aus dem Jahr 1922[29] die grundlegende Anfrage an das Verständnis des Kirchenbaus, indem er die Konzentration der Architektur und der Liturgie auf den Altar als das eigentliche Zentrum des Raumes anmahnte. Er schreibt: „Der Altar als der ‚mystische Christus' sollte Ausgangspunkt und der gestaltende Mittelpunkt des Kirchenbaus und der Kirchenausstattung sein." Damit wusste er sich dem Christusprogramm von Papst Pius X. eng verbunden. Und er sah dies noch viel umfassender; er fährt nämlich fort: „Die gesamte gottesdienstliche bildende Kunst soll bei durchgeistigter Kenntnis der Überlieferung wesentlich aus dem liturgischen Zweckgedanken heraus wahre und edelste Gegenwartsformen schaffen, dabei im Hauptraume ein einheitliches Gesamtkunstwerk erreichen, völlig beherrscht vom göttlichen Magister artium."[30]

Auf diese Schrift gab es zahlreiche Reaktionen: Von theologischer Seite her wurde daran erinnert, dass die eigentliche Theozentrik, der Bezug auf Gott, durch eine zu starke und einseitige Hervorhebung Christi nicht verloren gehen dürfe. Aber auch unter Architekten gab es konkrete Bezugnahmen; etwa von Dominikus Böhm, der zu dieser Zeit mit Martin Weber im sogenannten „Atelier für Kirchenbaukunst", einer Art Architektengemeinschaft, zusammenarbeitete. Direkt und unmissverständlich machten sie klar, dass die angebotenen Kirchenbaubeispiele wenig hilfreich seien. Böhm und Weber übersandten Johannes van Acken deshalb eigene Entwürfe, die unter dem Namen *Circumstantes* bekannt wurden und in die 2. Auflage der Schrift von van Acken (sie erschien bereits 1923) Eingang gefunden haben.

Romano Guardini, der noch grundsätzlicher beim Wesen der Liturgie ansetzte,[31] betonte in besonderer Weise die Objektivität der liturgischen Feier und deren Auswirkung auf die Gestaltung. Ihm folgte neben Rudolf Schwarz unter anderem Emil Steffann, der mit seinen sogenannten Scheunenkirchen der Nachkriegszeit einen eigenen Stempel eines Anspruchs der „Bescheidenheit" aufprägte.

Van Acken wie Guardini wussten um die aktuellen architektonischen Tendenzen, etwa den sogenannten Bauhausstil der 1920er Jahre, und akzeptierten, ja unterstützten die Nutzung und Verwendung der neuesten Materialien.

Als konkretes Beispiel hierfür wie auch als eine Art Prototyp für eine Wege-Kirche sei eine der ersten mit ausgefachtem Eisenbeton erbauten Kirchen in Deutschland genannt: die St. Fronleichnamskirche in Aachen.[32] Der damalige Leiter der Aachener Kunstgewerbeschule Rudolf Schwarz fertigte mehrere (insgesamt mindestens vier) Entwürfe im Laufe des Jahres 1929. Auch nach dem Baubeginn an Ostern 1930 nahm er noch weitere kleinere Änderungen vor; letzte Details sind sogar erst während des Baus entschieden worden. Am 21. Dezember 1930 feierte die Gemeinde die Einweihung ihrer Kirche. Dieser Kirchenbau ist zu einem Fanal des 20. Jahrhunderts geworden; nicht nur in Deutschland, sondern weit über dessen Grenzen hinaus. Hermann Baur, ein mit Rudolf Schwarz gut bekannter Schweizer Architekt, meint, dass mit St. Fronleichnam alles, was im Kirchenbau dieser späten 1920er Jahre in der Luft gelegen habe, in eine gültige Form gebracht worden sei; alles nur Akzidentielle, all das dekorative Formenwesen, das sich um den Kirchenbau angesetzt hatte, sei wie ausgelöscht, sei weggefegt. In letzter Nacktheit, so Baur, steht hier Architektur da, Hülle eines Raumes, gefügt mit vollendetem Maß, das Urelement der Lichtführung, dem Kult und dem Sinn des Hauses Gottes dienstbar gemacht.

Die wohl aussagekräftigste Beschreibung dieses Baus stammt von Schwarz selbst:

„Damals kam mir der Auftrag, die Fronleichnamskirche in Aachen zu bauen. Die Bezeichnung stammte vom Bauherrn, der mit der Kirche einen besonderen eucharistischen Kult verbinden wollte, uns wurde sie aber zum Namen, der Bau sollte nicht nur Herrenleib heißen, sondern auch werden.

Diese Kirche ist schnell beschrieben, denn sie hat nur wenige Bestandteile, eigentlich ihrer nur zwei, den ungewöhnlich hohen Gemeinderaum und ein ganz niedriges Nebenschiff. Beide zusammen bilden im Grundriss ein genaues Rechteck. Bis zur Höhe des Nebenschiffs ist der Bau rundum geschlossen, er hat dort keine Fenster, und die Türen sind glatte Stahltafeln, die mit Kupfer bezogen sind. Hinter den geschlossenen Mauern ist reiner Innenraum. Man betritt in der hintersten Ecke des Nebenschiffs eine Vorhalle, die all ihr Licht durch eine Glaswand aus dem Hochschiff bekommt. Das Glas ist als Baustoff gewählt, weil es den Blick auftut, aber den Durchgang verwehrt. Man sieht aus der Vorhalle durch die Glaswand in das Nebenschiff mit seinen Beichtstühlen, dem Kreuzweg und dem Marienaltar, und durch dieses hindurch die geschlossene Gegenwand des Hochschiffs und ganz am Ende den Altar. Vor die allerheiligste Gegend ist so ein Schleier von Räumen gelegt, und der Weg dorthin ist mehrfach gebrochen. Das Nebenschiff ist zum Hochschiff auf die ganze Länge offen, nur ein einziger Pfeiler trägt in der Mitte die Hochwand. Das Hochschiff ist ein reiner Einraum. Der mit dunklem Blaustein belegte Boden erhebt sich in Stufen zum Altar, er wird auch kostbarer dort, aus Marmor des Vorkommens von Namur hergestellt wie der Altar, aber es gibt kein abgetrenntes Allerheiligstes, das Volk und sein Herr sind in dem gleichen gemeinsamen Raum, der von den hohen weißen Wänden umragt wird. Das Licht fällt von hoch oben durch eine Kette von quadratischen Fenstern, steigt am Altar herab und erlischt dann. Die Altarwand ist fensterlos.

Wir haben versucht, die Ausstattung auf ganz einfache kubische Grundformen zu bringen, wobei zu erwähnen ist, dass die Weihekreuze nur zylindrische Steinsiegel sind. Die künstliche Beleuchtung geschieht durch Soffitten, die an seideumsponnenen Drähten spiralisch von der Decke herab angebracht sind. Sie können in Gruppen geschaltet werden, und so kann der Raum durch das Licht gestaltet werden, das Licht wurde Baustoff.“[33]

Mitten in der chaotischen Vorstadtbebauung Aachens entstand somit ein Kirchenraum, dessen Prinzip der „Kasten“, der säulenlose Einraum ist. Über die Kahlheit dieses Raumes ist (bis heute) viel diskutiert worden; und dabei gibt bereits Romano Guardini in seiner Beschreibung dieses Kirchenraumes,[34] die kurz nach der Fertigstellung dieses Baus entstanden ist, den wichtigen Hinweis auf das in der Tradition der mittelalterlichen Mystik stehende Moment, das diesem Baugedanken innewohnt: „Das ist keine Leere; das ist Stille! Und in der Stille ist Gott.“ Und er führt weiter aus: „Was die Bildlosigkeit des heiligen Raumes betrifft, so ist dessen Leere ja doch selbst ein Bild. Ohne Paradox gesagt: Die richtig geformte Leere von Raum und Fläche ist keine bloße Negation der Bildlichkeit, sondern deren Gegenpol. Sie verhält sich zu dieser wie das Schweigen zum Wort. Sobald der Mensch für sie offen wird, empfindet er in ihr eine geheimnisvolle Anwesenheit. Sie drückt vom Heiligen das aus, was über Gestalt und Begriff geht.“

6. Weitere Beispiele des Kirchenbaus bis 1930, mit einem speziellen Blick in das Bistum Augsburg

Etwa zeitgleich plante Dominikus Böhm,[35] der 1880 im schwäbischen Jettingen geboren wurde (er starb 1955 in Köln), mehrere Kirchenbauten, unter anderem für Köln (St. Engelbert) und Regensburg (St. Wolfgang).

Bevor wir einen kurzen Blick auf diese beiden Pfarrkirchen werfen, die aus der Idee des Zentralraums entstanden sind, sei hingewiesen auf Böhms Umbau der Neu-Ulmer Kirche St. Johann Baptist[36] – ein „Schlüsselbau der modernen Sakralarchitektur“,[37] wie er in der neueren Literatur bezeichnet wird. Er entstand etwa zeitgleich mit Rudolf Schwarz' Umbauten auf Burg Rothenfels; hier handelt es sich allerdings um einen Kirchenbau für eine Gemeinde und nicht um eine Art Sondernutzung,

Altarraum nach der Umgestaltung durch Reinhold A. Grübl (1980), Neu-Ulm, St. Johannes Baptist, Arch. Dominikus Böhm (1922–1926)

wie wir die Zusammenkünfte auf Burg Rothenfels bezeichnen könnten.
Kurz zur Historie: Die Kriegergedächtnis- und Pfarrkirche wird zwischen 1857 und 1862 errichtet. Anstatt des Baus einer Filialkirche entscheidet sich die Gemeinde im Jahr 1921, den bestehenden Kirchenbau zu erweitern und umzubauen. Der Auftrag geht direkt an Dominikus Böhm. Mit einer (finanziell bedingten) Unterbrechung zwischen 1923 und 1926 errichtet er hier „einen der ersten expressionistischen Sakralbauten Deutschlands", der zu einem „Eckstein der Entwicklung des modernen Kirchenbaus" werden sollte.[38] Das „Herausrücken des Hauptaltars aus der Apsis Richtung Laienraum" ist einerseits der Einrichtung der Kriegergedächtniskapelle in der Apsis geschuldet, hat aber andererseits den theologischen Hintergrund der Umsetzung der Idee der Circumstantes beziehungsweise eines christozentrischen Kirchengrundrisses im Sinne von Johannes van Acken[39].
Die Kirche wird im März 1945 erneut schwer beschädigt, und Dominikus Böhm erhält abermals den Auftrag zum Wiederaufbau (1946–1951). Auf Wunsch der Gemeinde wird durch die Verbreiterung der Fenster sowie den Einbau zusätzlicher Lichtquellen der „einstmals ins Halbdunkel getauchte Raum (...) um ein Vielfaches heller".[40]

Außenansicht, Köln, St. Engelbert, Arch. Dominikus Böhm (1931/1932)

Noch heute sind neben der markanten, durch drei Spitzbögen gekennzeichneten Fassade die beiden kleinen Nebenräume, die Auferstehungs- und die Taufkapelle, bekannt und vielfach publiziert. Dabei dürfen wir nicht übersehen, dass der Baumeister Dominikus Böhm bei sämtlichen gestalterischen Fragen intensiv mitwirkte, weshalb hier die Rede von der „Kirche als Gesamtkunstwerk" durchaus angebracht erscheint. Die Umsetzung dieser Idee soll zu einer besonderen Form des Zusammenwirkens von Architektur und Liturgie führen. Die sich im Geiste Christi versammelnde Gemeinde will eins sein, möchte sich gemeinsam auf den Weg zur „Opferstätte"[41], das heißt zum Herrn, machen.

Von den Kirchen, die Böhm am Anfang der 1930er Jahre plante, greife ich hier zwei weitere heraus. Beide folgen der Idee des Zentralraumgedankens, und doch finden wir zwei sehr unterschiedliche Formen der Umsetzung.

St. Engelbert in Köln (1931/1932),[42] im Volksmund alsbald „Zitronenpresse" genannt, wird auf einem kreisförmigen Grundriss mit acht ineinandergreifenden, parabelförmigen Betonschalen errichtet. Über eine große Freitreppe erreicht man den zurückhaltend beleuchteten Innenraum, der über eine weitere Stufenanlage hin zum exzentrisch angehängten, hell erleuchteten Altarraum führt. Obwohl die Forderung eines Zentralbaus umgesetzt wurde, ist in dieses Rund für die 600 geforderten Sitzplätze eine deutliche Richtung eingeschrieben. Unterstützt von den beiden Treppenanlagen wie der Lichtführung, wird der Raum auf den Altar hin konzentriert.

St. Wolfgang in Regensburg,[43] ähnlich früh geplant, wurde wenige Jahre später, zwischen 1938 und 1940, erbaut; auch hier gibt es einen Entwurf, der dem für St. Engelbert, nunmehr auf ellipsoider Basis, nahekommt. Der Bauherrenvertreter Kommerzienrat Josef

Habbel bestand auf einer konsequenten Umsetzung des Zentralraumgedankens. Ausgeführt wird der Kirchenbau schließlich wegen der kriegsbedingten Materialknappheit nicht mit Eisenbeton außen und Stahlstützen im Innern, wie eigentlich geplant, sondern mit steinernen Bögen und damit wuchtiger wirkend, auf einem dem griechischen Kreuz nachempfundenen Grundriss. Einem niedrigen und dabei weiträumigen Zugang folgt ein hoher, heller, insgesamt relativ enger Hauptraum. Dieser nahezu kathedralhafte Eindruck wird durch die Anordnung der liturgischen Orte noch verstärkt. Das mittig aufgestellte, große Altarpodest mit dem frei und zentral stehenden Altarblock dürfen wir als wegweisend für die Entwicklung von Kirchenbau und Liturgie in Deutschland (und darüber hinaus) einordnen.

7. Der neue Aufbruch im Kirchenbau nach 1945

Nach dem Zweiten Weltkrieg mussten zahlreiche Kirchen wieder aufgebaut oder neu errichtet werden. Hier gab es im Sinne der Fortführung der Schwarz'schen Gedanken sowohl zahlreiche Wege-Kirchen, also Bauwerke, die dem eher traditionellen Plan eines gerichteten Kirchenraums folgten, als auch Kirchenbauten, die die Ideen der Liturgischen Bewegung umsetzten und damit das Zweite Vatikanische Konzil und dessen Veränderungen vorbereiteten. Eine der herausragenden Kirchen des 20. Jahrhunderts, die weit über Deutschland hinaus Aufmerksamkeit und Anerkennung gefunden hat, ist die 1955 von Emil Steffann und Siegfried Östreicher, München, erbaute St. Laurentius-Kirche in München-Gern.[44]

Heinrich Kahlefeld,[45] einer der Bauherren, hatte vorweg festgehalten: „Man soll dem Baumeister nicht in seine Kunst, welche die Räume umbauend erbaut, hinein-

Innenraum zum Altar hin, München, St. Laurentius, Arch. Emil Steffann und Siegfried Östreicher (1954/1955)

reden; aber man soll ihm sagen, was sich im Raum ereignen will.“[46] Die beiden Architekten entwickelten aus diesen Vorgaben einen zentral akzentuierten Kirchenraum, der noch heute durch seine ursprünglichen Qualitäten besticht. Dies ist umso bemerkenswerter, als er die vielfach in katholischen Kirchen nach dem Zweiten Vatikanischen Konzil von 1965 notwendig gewordenen räumlichen Veränderungen (insbesondere bezüglich des Altares und des Ambos) nicht benötigte. Es ist vielmehr geradewegs umgekehrt; das, was Steffann und Östreicher entwarfen, darf als ein Modell für den nachkonziliaren Kirchenbau bezeichnet werden. Mit dieser einfachen, der Idee des Rittersaals in Burg Rothenfels nachempfundenen Scheunenkirche setzten sie das „Leitbild Reduktion“[47] um, einen zentralen Gedanken, der den Kirchenbau des 20. Jahrhunderts bestimmte und der in der unmittelbaren Nachkriegszeit seine größte Blüte hatte.

Am 27. November 1955 nach circa 18-monatiger Planungszeit eingeweiht, galt St. Laurentius von Anfang an als Schlüsselwerk Steffanns[48] wie des deutschen Kirchenbaus überhaupt. Dabei zeichnet sie sich durch Bescheidenheit und Angemessenheit im Architektonischen aus. Oder, wie Emil Steffann es formuliert: durch „Armut und Einfachheit“,[49] durch „Materialgerechtigkeit und Materialechtheit“[50]. Als Kirchenbau für eine Gemeinde mit 8.000 bis 9.000 Seelen überzeugt sie, weil sie den Wunsch des Bauherrn, der Priestergemeinschaft der Oratorianer, verwirklicht und der Feier der Liturgie als Versammlung um den Tisch des Herrn ein baumeisterliches Bild zu geben versteht.

Mit einer einfachen, in den Außenraum ausgreifenden Konche im Norden ist die Kirche aus massivem tragendem Ziegelmauerwerk errichtet, was kostengünstiger als die Ausführung einer Betonkonstruktion war. Die Außenhaut bilden hell verfugte Hartbrandsteine. Die Innenwände des Gotteshauses sind weiß geschlämmt, der Dachstuhl, ohne Stützen mit Holzbindern konstruiert, ist mit blau angemalten Fichtenbrettern im Fischgrätenmuster ausgeführt, am Boden wurde grauer Naturstein, bei den Bänken, Türen und Beichtstühlen dunkel geräucherte Eiche verwendet.

Man betritt die Kirche über ein vorgelagertes niedrigeres Schiff, das über fünf Bögen den Blick in den großen, querrechteckig gelagerten Gemeinderaum gewährt. Der scheunenartige Kirchenraum versammelt die Gemeinde in drei Blöcken um den aus der Apsis sich entwickelnden, zungenartig vorgezogenen Altarraum. Der Kreis um den frei stehenden Tisch des Herrn wird von einer großen Priesterbank geschlossen. Die Bank an der Apsiswand ist für den Chor gedacht. Der Tabernakel, der Ort für die Aufbewahrung der Eucharistie, hat seinen Platz auf einem eigenen Altar gegenüber dem am Eingang befindlichen Taufstein am Ende des Seitenschiffes. Diese Anordnung musste vom zuständigen Münchner Kardinal Julius Döpfner eigens genehmigt werden, da sie den liturgischen Bestimmungen der 1950er Jahre nicht entsprach. Auch der frei, inmitten der Gemeinde stehende Altar war für die 1950er Jahre äußerst ungewöhnlich.

Die Beschreibung des Ursprungszustandes könnte problemlos fortgesetzt werden, da er bis heute Bestand hat. St. Laurentius in München hat schon zu seiner Erbauungszeit wegweisend gewirkt. Die Versammlung der Gemeinde um die geistige Mitte, den Altar, ist nach wie vor ein gültiges Bild für den Kirchenbau, auch nach dem Jahr 2000.[51]

Zeitgleich wurde eine kleine Wallfahrtskirche in den südlichen Vogesen erbaut: Notre Dame du Haut in Ronchamp.[52] Diese Kirche ist über die Maßen bekannt geworden, weil ihr Architekt, der Schweizer Le Corbusier, von Haus aus bekennender Atheist, vom Dominikanerpater Marie-Alain Couturier,[53] einem der Herausgeber der französischen Zeitschrift „L’Art sacré“ und zugleich Befürworter der Einbeziehung der besten Vertreter eines Faches bei kirchlichen Aufgabenstellungen, aufgefordert wurde und von der Idee schließlich selbst gänzlich überzeugt war.

Le Corbusier verwirklicht hier die Idee einer Bauskulptur, die einem nicht bis zum Letzten beschreibbaren Zweck zugeordnet ist. Er bedient sich dabei neuester technischer Möglichkeiten. Auf dem Berg gelegen, überrascht sie die Besucher noch heute; die plastische Formung von außen, der Umgang mit Farbe und Licht im Innern sind gewöhnungsbedürftig und einnehmend zugleich. Unter baukünstlerischen Gesichtspunkten wirkt sie teils bis heute stilbildend – im Hinblick auf die liturgischen Möglichkeiten ist der Innenraum wenig fortschrittlich, der Außenaltar bereits ein Hinweis auf die aktuellen Veränderungen. St. Laurentius in München war hier deutlich klarer.

In den deutschen (Erz-)Bistümern entstanden nach dem Ende des Zweiten Weltkriegs eine Vielzahl von Kirchenbauten. Das geht zum einen auf die kriegsbedingten Zerstörungen zurück, die die Renovierung und den Wiederaufbau vieler Kirchengebäude notwendig machten. Zum anderen hatten die Siegermächte die zahlreichen Flüchtlinge konfessionell so verteilt, dass in katholische Gegenden vorwiegend evangelische Christen und in Bereichen mit vermehrt evangelischer Bevölkerung vor allem Katholiken angesiedelt wurden. Daraus folgte die Notwendigkeit der Gründung zahlreicher neuer Pfarrgemeinden. Außerdem wurde 1950 die bis heute gültige Form der Erhebung der Kirchensteuer[54] eingeführt, was im Hinblick auf die sich zunehmend konsolidierende wirtschaftliche Lage und den allgemeinen Wirtschaftsaufschwung steigende Einnahmen brachte und alsbald auch zur Errichtung einer großen Zahl an Kirchenneubauten führte. Es gibt keine genauen Angaben über die konkrete Zahl der

Neu- beziehungsweise Um- und Wiederaufbauten. Zählt man die verstreut wiedergegebenen Auflistungen zusammen, so kommt man alleine in Deutschland auf mehrere Tausend Kirchenneubauten.[55]

8. Erste Kirchenbauten im Bistum Augsburg nach 1945

Auch im Bistum Augsburg werden nach 1945 neben zahlreichen Wiederaufbauten insbesondere Kirchenneubauten errichtet.[56] Von den Beispielen aus der Zeit der 1950er Jahre, das heißt vor dem Beginn des Zweiten Vatikanischen Konzils, sollen hier nur einzelne benannt, auf eines wenigstens kurz eingegangen werden.
Die Jahre nach dem Ende des Zweiten Weltkriegs waren schwierig. Und doch verzeichnen wir alsbald erste Anstrengungen für den Wiederaufbau zerstörter Kirchen. Die Jahre nach 1945 werden in der Forschung im Blick auf den Kirchenbau mit der Bezeichnung „Leitbild Reduktion"[57] charakterisiert. Zum einen fehlten überall die finanziellen Mittel; zum anderen waren diese Jahre aber auch davon (mit-)bestimmt, in Demut und unter Verwendung von Trümmersteinen oder zumindest mit einfachsten Materialien zuerst Provisorien, alsbald aber zumeist einfache Kirchenbauten zu errichten. Dazu gab es katholischerseits und auch bei den evangelischen Landeskirchen sogenannte Notkirchenprogramme, auf die hier nicht näher eingegangen werden kann. Im Blick auf das Bistum Augsburg sei an dieser Stelle der Wiederaufbau von St. Maximilian und St. Moritz erwähnt,[58] beide in der Stadt Augsburg gelegen. Diese Baumaßnahmen wurden von keinem Geringeren als Dominikus Böhm durchgeführt. Über die durchaus nicht einfache Entstehungsgeschichte gibt es einige Berichte. Bei St. Maximilian[59] war der Architekt nach dem Abschluss der Arbeiten nicht wirklich begeistert, war doch die „Innenraumgestaltung ohne seine Mitwirkung" erfolgt. Auch bei St. Moritz[60] gab es reichlich Diskussionsstoff, hier jedoch konnte Böhm deutlich mehr von seinen Vorstellungen durchsetzen. Zur letztlich versöhnten Sichtweise dürfte auch das Bayerische Landesamt für Denkmalpflege seinen Teil beigetragen haben. Von dort heißt es nämlich: „Voll des Lobes wurde der Wiederaufbau mit den ‚Formen der eigenen Zeit' als beispielhaftes Ergebnis dargestellt."[61]
Bereits Diözesanbaurat Valentin Müller verweist in seinem Überblick auf 20 Jahre Bautätigkeit im Bistum Augsburg nach dem Ende des Zweiten Weltkriegs darauf, dass der damalige Diözesanbischof Joseph Freundorfer „eine relativ große Zahl von architektonisch und künstlerisch bedeutsamen Kirchenbauwerken" ausdrücklich gewünscht hatte.[62] Dies zeigte sich nicht zuletzt darin, dass die „‚Liturgiebewegung' langsam mit entscheidendem Einfluß auf die Gestaltung der Kirchen, vor allem in bezug auf den Innenraum, einzuwirken begann."

Nach einer „Zeit zur Reifung" sollte noch zum Ende der 1950er Jahre ein sogenannter Einraum entstehen; „den gemeinsamen Raum von Priester und Volk" finden wir auf dem Augsburger Bistumsgebiet erstmals in der Greifenberger Maria-Immaculata-Kirche.[63]
Dem Münchner Architekten Alexander Freiherr von Branca gelang dieser schlichte Bau, 1958/1959 errichtet, nachdem er zuvor schon in seiner Heimatstadt mit der Herz-Jesu-Kirche in der Buttermelcherstraße auf sich aufmerksam gemacht hatte.[64] Zur Kirchenanlage in Greifenberg gehören ein frei stehender Turm, die Sakristei und eigene Jugendräume.[65] Den basilikal anmutenden Kirchenraum betritt man über einen kleinen Vorhof. Der werktägliche Eingang führt ins mit Ziegelsteinen tonnengewölbte Seitenschiff, von dem auch der Taufort über einige Stufen nach unten zu betreten ist. Der ruhige Hauptraum wird durch „verfugtes und geschlämmtes Ziegelmauerwerk" bestimmt, „die Decke des Hauptschiffes besteht aus einer einfachen Verbretterung"[66]. Die beiden Bankreihen sind auf den Altarbereich ausgerichtet. Dieser ist von einer sehr reduziert ausgeführten Kommunionschranke akzentuiert. Der großformatige Altar, der Ambo und die Tabernakelstele ergeben eine liturgische Achse. Diese wird vom großen Triumphkreuz überragt. Der Einraum, den wir hier in der Form einer Wege-Kirche vorfinden, führt Gemeinde und Priester zusammen, betont den zentralen Ort des liturgischen Geschehens und wird doch als Gemeinschaftsraum erlebt. Die besondere Qualität dieser Kirche liegt in der architektonischen Reduktion; und diese ist gepaart mit künstlerischen Arbeiten von hoher Strahlkraft (zum Beispiel Triumphkreuz: Heinrich Kirchner, es wurde nur wenig später zum Münchner Eucharistischen Kongress, 1960, in ähnlicher Form von ihm als Entwurf vorgelegt; Vortragekreuz und Ambo: Johannes Dumanski; Tabernakel: Max Oloffs, Mosaikarbeiten an den Apostelkreuzen: Maria Munz-Natterer).

9. Ausblick

Als Papst Johannes XXIII. am 25. Januar 1959 in St. Paul vor den Mauern, Rom, ein allgemeines Konzil für die Weltkirche ankündigte, waren die wenigen anwesenden Kardinäle überrascht.[67] Niemand ahnte zu diesem Zeitpunkt, was daraus werden sollte. Das zurecht als Weltereignis bezeichnete Zweite Vatikanische Konzil veränderte die Kirche wie auch insbesondere die Gestalt der Kirchenräume grundlegend.
Beispielhafte neue Kirchenbauten entstanden auch im Bistum Augsburg; zu nennen wären etwa die Augsburger St.-Don-Bosco-Kirche von Thomas Wechs (Nr. 1), die von Siegfried Östreicher aus München errichtete Pfarrkirche Zum Heiligen Abendmahl in Wörthsee (Nr. 3), der Neu-

Taufkapelle, Greifenberg, Maria Immaculata, Arch. Alexander von Branca (1958/1959)

bau der Landsberger Kirche Zu den Heiligen Engeln (Nr. 12) von Josef Wiedemann, ebenso aus München, oder die vom selben Architekten erbaute Pfarrkirche Maria Heimsuchung beziehungsweise Maria am Wege in Windach (Nr. 14), die auch als Autobahnkirche bekannt ist. Diese sowie einige weitere Beispiele des Augsburger Kirchenbaus zeigen eine außerordentliche Qualität. Das bezieht sich zum einen auf die Architektur zum anderen auf die Ausgestaltung der Kirchenräume. Die Einbeziehung zeitgenössischer Maler, Bildhauer und Metallbildner hat im Bistum Augsburg im Rahmen von Kirchenneu-, aber auch -umbauten schon in den 1950er Jahren eine gute Tradition, die in den folgenden Jahrzehnten und bis heute fortgesetzt wird.

Die Kirchen der unmittelbaren Konzils- wie auch die der Nachkonzilszeit im Bistum Augsburg waren und sollen heute wieder „Zeichen des Aufbruchs" sein. Deren ursprüngliche Aufgabenstellung ist keineswegs überholt, sie steht vielmehr heute immer wieder von Neuem vor uns. Ein wichtiger Auftrag der Bistümer ist derzeit, die uns überkommenen Kirchen neu zu gestalten oder umzugestalten. Insofern sind die Visionen der Väter des Konzils sowie die Versuche der ersten Übersetzung in bauliche Gestalten durch eine Vielzahl guter Architekten hier im Bistum Augsburg eine bleibende Aufforderung, aber auch eine Herausforderung, der es sich zu stellen gilt.

Unsere Kirchen sind Orte für die Zusammenkunft der Gläubigen wie für die einzelnen Betenden; aus der Liturgie heraus oder im privaten Gebet erwächst in ihnen immer wieder die Möglichkeit zum Austausch zwischen Gott und Mensch (Emil J. Lengeling). Sie offen zu halten und alle Menschen einzuladen, sie zu besuchen, das ist ein Zeichen der Zeit, das die Kirche von heute 50 Jahre nach dem Ende des Zweiten Vatikanischen Konzils in die Gesellschaft hinein aussendet.

[1] Diese Formulierung lehnt sich an die Äußerungen des Architekten Ottokar Uhl an, die er bei der Übergabe der Schlüssel im Rahmen der Kirchweihe der von ihm erbauten Judas-Thaddäus-Kirche in Karlsruhe fand; vgl. Franz 1998, S. 2.

[2] Zu den hier genutzten Bezeichnungen vgl. Meyer 1984.

[3] Vgl. dazu beispielsweise Borger-Keweloh 1986.

[4] Vgl. die Hinweise bei Weyres 1957, S. 27; zum Ganzen vgl. ebd., S. 13, S. 26–29 (mit ausführlichen Zitaten aus dem Erlass vom 7.2.1912).

[5] Goergen 1984, S. 12; erneut abgedruckt in: Goergen 2005, S. 15–27; ebd., S. 127 eine kurze Vita von Aloys Goergen.

[6] Pius XII. 1956, S. 234.

[7] Einführend zu Leben und Werk vgl. Gerl 1985, überarbeitet neu erschienen als Gerl-Falkovitz 2005, und Debuyst 2009.

[8] Guardini 1918, seither zahlreiche Auflagen.

[9] Guardini 1923.

[10] Guardini 1922/1923.

[11] Guardini 1923, S. 13 und S. 30.

[12] Vgl. dazu ausführlich Zahner 1998.

[13] Schwarz 1929, S. 28.

[14] Schwarz 1960, S. 37 und S. 41.

[15] Vgl. Muck 1964/65, S. 414.

[16] Schwarz 1938, S. 25.

[17] Maas-Ewerd 1969.

[18] Poschmann 2001.

[19] Siehe zum Beispiel Klöckener/Kranemann 2002 sowie Bärsch/Haunerland 2010 oder auch Kranemann/Raschzok 2011.

[20] Vgl. Bärsch 2015; das folgende Zitat findet sich dort auf S. 164. Der Autor dankt Prof. Bärsch, Eichstätt, für weitergehende Hinweise.

[21] Zitiert nach Langenbahn 2004, S. 91. Ebd., S. 90–95 finden sich vielfältige Informationen und weiterführende Literaturhinweise zu Leben und Wirken von P. Gregor Lang OSB.

[22] Vgl. Guardini 1984, S. 28–30, aber auch Gerl-Falkovitz 2005, S. 75–80.

[23] Vgl. Schwarz 1960, S. 24.

[24] Schwarz 1952, S. 65.

[25] Vgl. dazu u. a. Debuyst 1994/1995/2003.

[26] Guardini 1922, S. 1.

[27] Goergen 1984, S. 16.

[28] Zu dessen Werk vgl. zuletzt Grisi 2014 (mit zahlreichen Literaturhinweisen).

[29] Zu Johannes van Acken und seiner Schrift „Christozentrische Kirchenkunst“ vgl. bspw. Neuheuser 2012, S. 93 ff.

[30] Van Acken 1922, S. II.

[31] Vgl. Guardini 1918, des Weiteren Debuyst 2009.

[32] Vgl. Zahner 1998, S. 193–220.

[33] Schwarz 1960, S. 16 f.

[34] Guardini 1931; die folgenden Zitate finden sich ebd. S. 267.

[35] Vgl. Hoff 1930; Hoff/Habbel 1943; Böhm 1962 und Voigt/Flagge 2005.

[36] Vgl. die Hinweise bzw. Abbildungen bei Hoff 1930, Tafeln 2–10; Hoff/Habbel 1943, S. 2 u. S. 31–34; Hoff/Muck/Thoma 1962, S. 110–127 u. S. 503 f. und Voigt/Flagge 2005, S. 128 f.

[37] So bezeichnet bei Klauser 2010; zum Bau und zur Ausstattung vgl. auch schon AK Neu-Ulm 2004.

[38] Beide Zitate nach AK Neu-Ulm 2004, S. 3.

[39] So Klauser 2010, S. 23 f., S. 45–49 sowie die im Anhang abgedruckten Erläuterungsberichte (S. 89 ff.), Zitat ebd., S. 23.

[40] AK Neu-Ulm 2004, S. 28; das folgende Zitat ebd., S. 23.

[41] So Dominikus Böhm in seinem Erläuterungsbericht vom 7. Februar 1926, abgedruckt bei Klauser 2010, S. 93–102, hier S. 99.

[42] Vgl. dazu die Hinweise bei Hoff/Habbel 1943, S. 120–125; Hoff/Muck/Thoma 1962, S. 264–279 (wobei Projekt III verwirklicht wurde, Abb. ab S. 269) u. S. 508 sowie bei Voigt/Flagge 2005, S. 145/147.

[43] Vgl. hierzu Hoff/Habbel 1943, S. 220–230, Hoff/Muck/Thoma 1962, S. 364–375 u. S. 512 f. und Voigt/Flagge 2005, S. 145 f.

[44] Die Beschreibung erfolgt in Anlehnung an Zahner 2000.

[45] Weitergehende Informationen zu dessen Lebensweg sowie zu seiner fruchtbaren Beteiligung am Bau der St.-Laurentius-Kirche finden sich bei Debuyst 2009, S. 129–139.

[46] Kahlefeld 1955, S. 284.

[47] Vgl. die gleichnamige Arbeit von Pantle 2005 a.

[48] Zum Architekten vgl. Heimbach 1995 sowie Lienhardt 1999.

[49] Vgl. Pehnt 1983, S. 253.

[50] Vgl. Emil Steffanns gleichnamigen Vortrag aus dem Jahr 1963, abgedruckt in Hülsmann/Sundermann 1981, S. 102 f.

[51] Vgl. Karnapp 1996, S. 53–55.

[52] Aus der umfangreichen Literatur dazu nur drei Hinweise: Tschaschel 2002, AK Hildesheim 2009, S. 70–83 und zuletzt Crippa/Caussé 2014.

[53] Zu dessen Leben und Werk vgl. Bischof 2009, S. 6–16 sowie Bischof 2007.

[54] Vgl. den Hinweis bei Anders 2014, S. 45; allgemein zum „Diasporakirchenbau im 20. Jahrhundert“ ebd. S. 37–66.

[55] Schnell 1973, S. 77, nennt für beide Konfessionen hierzulande die Zahl von 8.000 und zählt dazu die Wiederherstellung alter Kirchen und Kapellen; er meint sowohl Umbauten als auch Erweiterungen sowie Neubauten.

[56] Vgl. dazu Müller 1966. Die folgenden Zitate ebd., S. 271; und Würmseher 2007.

[57] Vgl. ausführlich dazu Pantle 2005, aber auch Kappel 2008.

[58] Vgl. die Hinweise zu beiden Kirchen bei Pantle 2005 a, S. 300–305, zu St. Maximilian bei Würmseher 2007, S. 25 f. u. S. 186–192, zu St. Moritz ebd., S. 192–200.

[59] Vgl. dazu auch Hoff/Muck/Thoma 1962, S. 415–420 u. S. 515 sowie Böhm 2005, S. 163 f.

[60] Vgl. auch Böhm 1962, S. 408–414 u. S. 514 f. sowie Voigt/Flagge 2005, S. 161/163.

[61] Beide Zitate nach Pantle 2005 b, S. 60.

[62] Dieses wie die folgenden Zitate sind entnommen: Müller 1966, S. 271.

[63] Müller 1966, S. 274, vgl. auch die Abbildungen ebd., S. 284 und S. 285, sowie die kurzen Erläuterungen bei Karnapp 1996, S. 101 (mit weiteren Literaturhinweisen).

[64] Planungs- und Bauzeit war 1953–1955, vgl. dazu Blum 2003, S. 10 f., und Karnapp 1996, S. 46 (mit zahlreichen weiteren Literaturhinweisen).

[65] Heute ist hier eine kleine Werktagskapelle eingerichtet.

[66] Zitiert nach Karnapp 1996, S. 101.

[67] Ausführlich dazu Alberigo 1997, hier bes. S. 1 ff.

Sabine Klotz

„Form und Emotion"[1] Der Kirchenbau im Bistum Augsburg seit 1960

In der Diözese Augsburg wurden in den Jahren um 1960 aufgrund des Bevölkerungswachstums und wirtschaftlichen Aufschwungs mehr Kirchen gebaut als in jedem anderen Vergleichszeitraum des 20. Jahrhunderts. Seit 1960 entstanden im Bistumsgebiet 87 Kirchen als Neu- und 65 als Erweiterungsbauten, die meisten davon in der Zeitspanne bis 1975, was bis dahin einen Schnitt von annähernd sechs Kirchen pro Jahr bedeutet.[2] Zu diesem immensen Bauvolumen kommen noch die Pfarrhäuser und Kindergärten sowie die Restaurierungs- und Instandsetzungsarbeiten am historischen Baubestand hinzu. In der gesamten Bundesrepublik wurden seit Kriegsende bis 1963 über 8.000 Kirchen neu errichtet oder wiederaufgebaut, was Architekturkritiker feststellen ließ, dass avancierte moderne Architektur damals vorwiegend im Kirchenbau stattfand.[3] Die Suche nach neuen Formen in Architektur und Liturgie führte zu einer derartigen Annäherung von katholischem und evangelischem Kirchenbau, dass an den Bauten die Unterscheidung der Konfession auf den ersten Blick bisweilen schwierig ist.

Eine kaum zu überblickende Fülle an Publikationen in Form von Aufsätzen und Buchausgaben setzt sich damals wie heute mit der Bauaufgabe „Kirche" und ihren verschiedenen Aspekten und Funktionen auf lokaler, regionaler wie internationaler Ebene auseinander.[4] Der Kirchenbautätigkeit im Bistum Augsburg widmete die Zeitschrift *Das Münster*, die seit 1947 ein wichtiges Diskussionsforum zur alten wie aktuellen sakralen Kunst ist, im Jahr 1966 eine eigene Heftnummer; Valentin Müller, der als Leiter des Diözesanbauamts die Epoche selbst mitgestaltete, verfasste diesen Überblick mit den Stationen Wiederaufbau, liturgische Bewegung und zweites Vatikanisches Konzil.[5] Eine Auswahl der damaligen Neubauten dokumentierte gleichzeitig Erich Maier für einen Münchner Verlag.[6] Von Hugo Schnell stammt 1973 der nach wie vor grundlegende Überblick über den Kirchenbau des 20. Jahrhunderts in Deutschland, in dem er die Augsburger Situation mit vielen wertvollen Informationen, zu denen er als Zeitzeuge direkten Zugang hatte, mit den anderen Diözesen in Beziehung setzte.[7] Wiederaufbau und Neubautätigkeit bis 1970 im Bistum Augsburg war auch das Thema von Markus Würmseher, der dazu 2007 ein unverzichtbares Nachschlagewerk vorlegte.[8]

Das nun vorliegende Buch *Zeichen des Aufbruchs* setzt einen anderen Akzent. Es möchte keinen lückenlosen Gesamtüberblick geben, sondern anhand ausgewählter Beispiele die Vielfalt der Kirchenbaukonzepte seit 1960 vorstellen. Ausgangspunkt der Untersuchung ist dabei nicht die Zäsur des Zweiten Weltkriegs, sondern das Zweite Vatikanische Konzil, das weitreichende Veränderungen brachte. Religiöse, liturgische und gesellschaftliche Umbrüche auf der einen sowie bautechnische Neuerungen auf der anderen Seite führten damals zu einer völlig veränderten Auffassung von Sakralarchitektur – eine Entwicklung, die jedoch seit den 1970er Jahren rückläufig war, als man sich wieder stärker auf die Traditionen besann. Vielen ist die architektonische und künstlerische Reduktion ein Zeichen von allgemeiner Willkür und Sinnleere der Moderne und weniger der adäquate bauliche Ausdruck einer gewandelten, offenen Gesellschaft, den Kirche, Bauherrn und Architekten anstrebten. Die Innovation und Schöpferkraft dieser ebenso kurzen wie produktiven Zeitspanne, ihre Weiterentwicklung und Veränderungen, aber auch der derzeitige Veränderungsdruck der Kirchenlandschaft durch Umnutzung, anderswo auch durch Profanierung oder gar Abriss lassen eine fundierte Auseinandersetzung mit diesem kulturellen Erbe umso notwendiger erscheinen.

Der Kirchenbau als theologische, liturgische, technische, künstlerische, finanzielle und pfarrgemeindliche Herausforderung wurde in enger Zusammenarbeit mit dem Diözesanbauamt, den beauftragten Architekten und Künstlern sowie mit der örtlichen Pfarrgemeinde entwickelt. „Der Kirchenbau einer bestimmten Zeit gibt Auskunft über das Selbstverständnis der Kirche in dieser Zeit."[9] Die gebaute Kirche blieb dabei auch immer ein Produkt lokaler Gegebenheiten: Was man in der einen Gemeinde realisieren konnte, muss deswegen nicht für eine andere geeignet oder von ihr gewollt sein.

Viele Kirchen jener Jahre lassen, wie überhaupt die Baukunst der späteren Nachkriegsmoderne, allein schon durch die Wirkung der reinen Konstruktion und Material-

Blick zur Orgelempore, Weidach-Oberkottern, St. Josef der Arbeiter, Arch. Sepp und Peter Zwerch, (1966–1969) verwendung so manchen Betrachter und Gottesdienstbesucher in einer emotionalen Ratlosigkeit zurück. Denn gerade im Kirchenbau geht es neben der Funktionalität ganz entscheidend auch um Empfindungsqualitäten.

In den 1960er Jahren ging ein nie gekannter Reichtum an Bauformen mit der Verwendung von den aus der Industriearchitektur stammenden Materialien Stahl, Beton, Glas und Kunststoffen einher, die die katholische Kirche noch 1932 als einem Sakralbau unwürdig abgelehnt hatte.[10] Der zunehmende Verzicht auf Repräsentation und sakrale Würdeformeln brach zusätzlich mit emotional fest verankerten Raum-, Form- und Materialgewohnheiten. Manche Bauten wurden mit Schmähbegriffen diffamiert, beispielsweise als „trostlose Bunkersilos“, die an die Bauten des Westwalls erinnerten, „Kläranlage“ (Syrgenstein, Nr. 29), „christliches Kieswerk“ (Königsbrunn, Nr. 17) oder „Parkhaus Gottes“ (Bobingen, Nr. 7). Der architekturhistorische Begriff des *Brutalismus* befördert dabei negative Konnotationen, obgleich er sich nicht vom Wort Brutalität herleitet, sondern aus dem französischen *béton brut* = roher Beton. Man fürchtete damals in Bayern die „unheilvolle(n) Vorbilder im Norden Deutschlands“[11]. Fortschrittliche Geister vertraten dagegen die Auffassung, dass „die religiöse Stagnation auf dem Lande kein Vorbild für den engagierten Christen sein kann“[12]. Vorbehalte gegen den Bau einer modernen Kirche gab es in einzelnen Orten sehr wohl, doch gelang es in den meisten Fällen, die Bedenken durch die Vermittlung des Architekturkonzepts zu zerstreuen, und in der Regel wurden die Kirchen auch gerne angenommen, da sie sehr gut funktionierten. Hitzige Debatten, die wie in Breitbrunn (Nr. 9) oder Utting (Nr. 47) ein Bauvorhaben jahrelang blockierten oder gar Unfrieden in die Gemeinden brachten, waren die Ausnahme.

Vorgeschichte

Der Kirchenbau des 20. Jahrhunderts im Bistum Augsburg kann nicht nur vor dem Hintergrund der allgemeinen und internationalen Architekturentwicklung betrachtet werden. Nur beispielhaft verwiesen sei hier auf die Leuchttürme der katholischen wie evangelischen Moderne, etwa Notre-Dame du Raincy (Auguste Perret, 1923), St. Anton in Basel (Karl Moser, 1927), die evangelische Stahlkirche auf der Ausstellung „Pressa“ in Köln (Otto Bartning, 1928), die Petri-Nikolaikirche in Dortmund (Karl Pinno und Peter Grund, 1930), St. Engelbert in Köln-Riehl (Dominikus Böhm, 1932), die Fronleichnamskirche in Aachen (Rudolf Schwarz, 1930) oder die Ikonen der modernen Betonkirchen schlechthin, nämlich die Kapelle von Ronchamp (Le Corbusier, 1955) und der Mariendom in Neviges (Gottfried Böhm, 1972). Es waren die neuen liturgischen Anforderungen – die Feier des Messopfers unter der tätigen Teilnahme aller Gläubigen und die Aufwertung des Wortgottesdienstes –, die mit dem Ritus auch die Bauten änderten, in denen der Gottesdienst gefeiert wird.[13] Doch weder begründet die Entwicklung des Raumes aus geistig-liturgischen Grundsätzen unweigerlich eine baukünstlerische Innovation, noch bezeichnen moderne Materialien und Konstruktionstechniken automatisch einen liturgisch modernen Bau.

Das Ringen um einen zeitgemäßen Ausdruck des christlichen Kultbaus nahm seinen Anfang in den liturgischen Bewegungen des frühen 20. Jahrhunderts und einer lebhaften Diskussion in theologischen wie (bau-)künstlerischen Fachkreisen, die jedoch als einzelne intellektuelle Aufbrüche zunächst ohne allgemeinen Widerhall blieben.[14] Die unmittelbaren Nachkriegsjahre hielten mit der herkulischen Aufgabe des Wiederaufbaus, der Behebung der Wohnungsnot durch Kriegszerstörungen und dem Zuzug von Vertriebenen zunächst dringlichere Arbeiten bereit. Vieles, was dann aber in der Zeit des Wirtschaftswunders, vor allem ab 1955, dem wachstumsstärksten Jahr in der Geschichte der Bundesrepublik, wieder an kirchlichen Neubauten realisiert werden konnte, war in der kurzen, aber ungeheuer schöpferischen Zeitspanne zwischen den beiden Weltkriegen bereits grundgelegt. Die Zäsur des Nationalsozialismus hatte in erster Linie die innovative Gestaltungskraft und weniger die Quantität der in diesen Jahren in Bayern errichteten katholischen Kirchen betroffen; zum Erliegen war das kirchliche Bauwesen erst in den Kriegsjahren gekommen.[15]

Seit dem frühen 20. Jahrhundert wirkten im Bistum Augsburg Architekten, die mit ihren Leistungen im Kirchenbau zu anerkannter überregionaler, teils sogar internationaler Wahrnehmung gelangten, allen voran der aus Jettingen stammende Dominikus Böhm (1880–1955), daneben Michael Kurz (1876–1957) und Thomas Wechs (1893–1970). In Neu-Ulm gestaltete Dominikus Böhm ab 1922 die aus dem 19. Jahrhundert stammende Pfarrkirche St. Johannes Baptist zu einem der frühesten expressionistischen Kirchenbauten in Deutschland mit von der Apsisrückwand gelöstem Altar sowie separater Tauf- und Auferstehungskapelle um. Michael Kurz schuf mit St. Anton in Augsburg (1924–1927) ein international beachtetes Bauwerk in Eisenbetonkonstruktion mit seriell gefertigten Holzlamellen im Gewölbe und einer Verblendung aus hartgebranntem Klinker. Im Inneren weitet sich das Hauptschiff zur Halle, die sich – um die Gemeinde an der Messfeier unmittelbarer teilhaben zu lassen – an einen Einheitsraum ohne architektonische Aussonderung des Chorbereichs mit einem von der Rückwand gelösten Altar herantastet. Thomas Wechs, der nach dem Krieg zur führenden Figur im Kirchenbau der Diözese Augsburg werden sollte, kommt das Verdienst zu, mit der Heilig-

Betonkuppel über dem Tabernakel, Kaufbeuren-Neugablonz, Heiligstes Herz Jesu, Arch. Thomas Wechs (1955–1957, Aufnahme 1956)

Kreuz-Kirche in Oberpfaffenhofen (1932–1934) die erste Dorfkirche im Bistumsgebiet aus Beton im Stil der Neuen Sachlichkeit errichtet zu haben. Sie besitzt zwar nicht die räumliche und asketische Radikalität ihres Vorbildes – der Fronleichnamskirche in Aachen von Rudolf Schwarz –, distanziert sich aber in Form und Material deutlich vom damals vorherrschenden historisierenden Kirchenbau.[16]
Eine erste liturgische Neuorientierung setzte im Bistum Augsburg mit dem Wiederaufbau der kriegszerstörten Augsburger Kirche St. Max ein, den Dominikus Böhm leitete. Erstmals konnte der örtliche Pfarrer Martin Achter hier den Tabernakel in einer separaten Stele hinter dem von der Wand abgerückten Hochaltar aufstellen. Nicht verwirklicht wurde Böhms Entwurf einer querrechteckigen Erweiterung, was für die Zeit im süddeutschen Raum eine einmalige und vorausweisende Lösung gewesen wäre. Zudem galten St. Max und auch St. Moritz, ebenfalls in Augsburg, als Musterbeispiele für die Denkmalpflege in Süddeutschland.[17] Etwa gleichzeitig ordnete Michael Steinbrecher in der neuen Pfarrkirche in Penzberg (1949–1951) den Tabernakel hinter dem Altar an.[18]
Für die neu erbaute Kirche Heiligstes Herz Jesu in Neugablonz (1954–1957) fand Thomas Wechs eine interessante Lösung für den Standort des Tabernakels: Auch am Außenbau ablesbar, steht das Allerheiligste hinter dem Altar in einer zylindrisch hochgeführten Apsis, in die durch eine – von Glasbausteinen durchsetzte – kleine Betonkuppel das Licht wirkungsvoll auf den Hauptaltar und Tabernakel strömt.[19] Insgesamt aber blieb der vom Altar getrennte Tabernakel bis zum Zweiten Vatikanischen Konzil (1962–1965) die Ausnahme.[20]

Die Mehrheit der nach dem Zweiten Weltkrieg im Bistum Augsburg zumeist purifiziert und vereinfacht wiederaufgebauten, aber auch der neu errichteten Kirchen orientiert sich am Schema der traditionellen längsgerichteten Wege-Kirche mit der Gegenüberstellung von Altarraum für die Zelebranten und Kirchenschiff für die versammelte Gemeinde (St. Ulrich, Söcking, Georg Werner, 1957–1958). Dabei ist mit dem zunehmenden Verzicht auf einen ausgeschiedenen Chorraum eine Tendenz zum Einheitsraum zu beobachten, die mit der Aufweitung des Kirchenschiffs einherging. Es war Wechs, der in Lindau (Maria, Königin des Friedens, 1957–1958) das räumlich stark wirkende Kirchenschiff in Form eines Sektors weitete, um ein stärkeres Miteinander der feiernden Gemeinde zu ermöglichen. Alexander von Branca realisierte in Greifenberg (Maria Immaculata, 1958–1959) eine Einraum-Kirche unter Verwendung von Konstruktionselementen in Sichtbeton. In St. Ulrich in Walchensee (Clemens Holzmeister, 1958–1960), die in einer Art neuem Heimatstil errichtet ist, in der Kirche Verklärung Christi in Rohrbach (Alexander von Branca, 1959–1960) und in

Gottesdienst in Söcking, St. Ulrich, Arch. Georg Werner (1956–1958, Aufnahme um 1958)

St. Josef in Nördlingen (Hansjakob Lill, 1960–1962) wurden zudem hinter dem Altar Priestersitze installiert, denen man bis zu der liturgischen Erneuerung keine Beachtung geschenkt hatte.[21]

Von besonderer Bedeutung für die Entwicklung eines Raumkonzeptes für das neue Liturgieverständnis waren die gleichwohl kaum beachteten Kirchenerweiterungen von Thomas Wechs, der bereits in der Zwischenkriegszeit der Circumstantes-Bewegung nahegestanden war.[22] Die barocke Pfarrkirche Mariä Himmelfahrt in Buchloe erweiterte er 1937/1938 durch die Anfügung eines Chorumgangs, so dass die neuen Bänke seitlich nahe an den Hochaltar heranrückten und sich bis zu 300 Gläubige um den Altar versammeln konnten, der damals freilich noch einen Tabernakel und einen hohen Aussetzungsthron trug. Bei den ab 1957 vorgenommenen Erweiterungen der beiden Pfarrkirchen in Illertissen und Pfaffenhofen a. d. Roth entwickelte Wechs das Buchloer Schema der Chorraumerweiterung weiter, stellte zusätzlich die Altarmensa frei und konnte ihr an drei beziehungsweise vier Seiten die Laienbänke zuordnen.

Insgesamt aber war der Kirchenbau im Bistum Augsburg selbst im süddeutschen Vergleich weder liturgisch noch bautechnisch wegweisend oder gar experimentell.[23] Es gab keine gegen die Raummitte gesetzte Altarinsel (Venio-Kapelle, München, Siegfried Östreicher, 1952; St. Laurentius, München-Gern, Emil Steffann und Siegfried Östreicher, 1955), kein sichtbares Flächentragwerk aus Stahl (Maria Hilf, Frankfurt a. M., Alois Giefer und Hermann Mäckler, 1951), keine gewagten Betonschalen oder Dachformen (Jesus Christus Salvator, Stuttgart-Giebel, Hans Herkommer, 1957), keine formale Reduktion auf den Kubus und auch keine organisch geschwungenen Zentralbaukörper (Maria zum rauhen Wind, Kälberau, Hans Schädel, 1957). Die Avantgarde des Kirchenbaus befand sich in den Bistümern Köln, Aachen und Essen sowie in den von diesen beeinflussten Gebieten. 1963 lehnte der Heidenheimer Architekt Hermann Mayer, bekannt für seine architektonisch wie liturgisch bemerkenswerte Dreifaltigkeitskirche in Heidenheim (1962), die Teilnahme an einem vom Bischöflichen Ordinariat in Augsburg ausgeschriebenen Wettbewerb auch deshalb ab, weil er nach der Besichtigung der neuen Kirchenbauten in Augsburg, Nördlingen und Illertissen zur Überzeugung gekommen war, „daß die baulichen Folgerungen der Liturgie-Bewegung im Bereich Ihrer Diözese noch nicht verwirklicht werden dürfen“[24].

Heutige Situation der Chorraumerweiterung, Buchloe, Mariä Himmelfahrt, Arch. Thomas Wechs (1937/1938, Aufnahme 2016)

Bei aller Anknüpfung an überlieferte Vorbilder zeichnen sich die Kirchen im Baugebiet der Augsburger Diözese in Fortführung der bayerischen Bautradition der Zwischenkriegszeit durch solide und geschmackvolle Lösungen von hoher baulicher und künstlerischer Qualität aus. Teils entstanden dabei eigenständige Schöpfungen von großer Gestaltungskraft. Gerade in den Kirchenbauten der älteren Architektengeneration – bei Georg Werner oder Thomas Wechs – verrät sich die Prägung durch die bayerische Postbauschule, die ein aus der handwerklichen Tradition kommendes Architekturverständnis mit der unverfälschten Materialverwendung verknüpft hatte.[25]

Anders als im evangelischen Kirchenbau seit 1951 gab es keine für alle deutschen Diözesen verbindlichen Baurichtlinien, und die wenigen kirchenamtlichen Verlautbarungen zur Gestalt des Kirchenbaus schwanken zwischen Offenheit und Beharren und lassen in der Uneindeutigkeit ihrer Formulierung ein breites Spektrum an Interpretationen zu – von nahezu reaktionär-traditionsgebunden bis experimentierfreudig.[26] Die römische Kurie gestand 1952 zwar die Anwendung neuer Formen im Kirchenbau zu, betonte aber gleichzeitig die Beachtung der christlichen Überlieferung und lehnte eine Angleichung an Profanbauten entschieden ab. Als am besten geeigneter Platz für die Aufbewahrung der heiligsten Eucharistie galt nach wie vor der Hochaltar.[27] 1957 betonte ein Dekret der Ritenkongregation nochmals, dass der Tabernakel „fest mit dem Altar verbunden sein“ muss und dass an diesem Altar – in der Regel der Hochaltar – der Priester nicht zum Volk gewandt zelebrieren könne. „Ganz streng verboten“ wurden „eucharistische Tabernakel, die außerhalb des Altars gestellt sind, z. B. in der Wand, seitwärts oder rückwärts des Altares oder in vom Altar getrennt stehenden Häuschen oder Säulen“.[28]

Dagegen hatten bereits die Richtlinien für die Gestaltung des Gotteshauses, die 1949 unter Mitwirkung der neu gegründeten liturgischen Kommission auf der Fuldaer Bischofskonferenz erarbeitet worden waren, in der Darlegung des „idealen Gotteshauses“ viele Punkte der nachfolgenden Entwicklung vorweggenommen: Das katholische Gotteshaus wurde darin als „Zelt Gottes unter den Menschen“ und als ein besonderes, von Gottes Gegenwart erfülltes und geweihtes Gebäude definiert, das der liturgischen und außerliturgischen Versammlung der Gemeinde dient, aber auch als Andachtsstätte des einzelnen Gläubigen. Zu den Wesensmerkmalen des modernen Kirchenbaus seit den 1960er Jahren wurden die in den Richtlinien geforderte Errichtung von Pfarrzentren mit einer halböffentlichen Besinnungszone, mit Räumen für das Gemeindeleben, Werktags- und Sonntagsgottesdienst, die Betonung der Mahlgemeinschaft gegenüber der eucharistischen Gegenwart Christi, der freistehende Altar und der eigene Ort für den Tabernakel, die Zelebration zum Volk, die Verwendung eines Ambos, die Platzierung der Kirchenmusik in der Nähe zur Gemeinde und die räumliche Konzentration auf den Altar hin, bei Vermeidung von Nebenaltären. Bemerkenswert ist in diesem Zusammenhang die Rolle, die man der bildenden Kunst zuwies: „Es wäre falsch“, heißt es in dem Dokument von 1949, die Ausstattung eines vorbildlichen Gotteshauses „der Willkür des jeweiligen Pfarrers oder Stifters oder dem Zufall zu überlassen.“ Architektur und künstlerische Ausstattung müssten nach einem „theologisch wie pädagogisch wohldurchdachten Plan“ gestaltet sein. Dabei dürfte der gottesdienstlich gestaltete Raum weder „die Behaglichkeit des bürgerlichen Hauses“ noch die „Dürftigkeit des Proletarierheims“ atmen. Die Aufgabe der Architekten, Künstler und Bauherren bestand also darin, in enger und liturgisch wie künstlerisch anspruchsvoller Zusammenarbeit nicht nur eine funktionsgerechte Hülle für die in der Kirche stattfindenden Ereignisse zu schaffen, sondern „das Göttliche dessen, was im Inneren des Gotteshauses geschieht, auf eine ebenso würdige wie beredte Weise in seinem Äußeren anzukündigen und das Gotteshaus dabei doch auf eine harmonische Weise in seine Umgebung einzuordnen“.[29]

Zeitenwende: Der Eucharistische Weltkongress in München 1960

Im Erzbistum München-Freising hatte unter Kardinal Joseph Wendel die Kirchenarchitektur bereits in den 1950er Jahren in weit stärkerem Maß als in Augsburg die neuen Tendenzen aufgegriffen. Auf dem Eucharistischen Weltkongress in München konnten sich 1960 die neuen liturgischen Strömungen vor einem Massenpublikum entfalten.[30] Es war das erste international bedeutsame Großereignis im Nachkriegsdeutschland, das damit zum Katalysator künftiger theologischer und liturgischer Entwicklungen wurde. Nicht die Prozession mit der

Altarinsel auf der Theresienwiese, Eucharistischer Weltkongress in München (1960)

Monstranz stand im Mittelpunkt des Programms – diese hatte 1910 in Montreal noch sieben Stunden gedauert[31] –, sondern die Feier der Messe, zu der sich Tausende von Gläubigen auf der Theresienwiese einfanden. Beim Gottesdienst nahm Kardinal Wendel programmatisch zentrale Elemente der liturgischen Bewegung auf, indem er nicht wie im Tridentinischen Ritus üblich mit dem Rücken zum Volk, sondern mit dem Blick auf die zur Messe Versammelten zelebrierte und das Evangelium nicht in Latein, sondern auf Deutsch vortrug.

Ein vielfältiges Programmangebot, das historische wie gegenwärtige künstlerische, liturgische und theologische Strömungen reflektierte, begleitete die Gottesdienste und liturgischen Tagungen.[32] Ein vom Münchner Kardinal einberufener Künstlerausschuss, dem unter anderem der Architekt Josef Wiedemann und der damals bereits für das Bistum Augsburg tätige Maler Franz Nagel angehörten, war sowohl für die Gestaltung der Plakate als auch des architektonischen Rahmens der Gottesdienste auf der Theresienwiese verantwortlich. Die von ihnen gestaltete erhöhte Altarinsel unter dem prägnanten Zeltdach sollte ein zentraler Ausgangspunkt neuer Kirchenarchitektur werden.[33] Eine Ausstellung zum deutschen Kirchenbau der Gegenwart – ursprünglich war eine internationale Schau geplant gewesen – präsentierte wegweisende Bauten und Chorlösungen für die neuen liturgischen Bestrebungen, wie sie vor allem seit den bautechnisch-formalen Neuerungen in den 1920er Jahren von Rudolf Schwarz, Hans Schädel und Emil Steffann realisiert wurden. In den für die Ausstellungsplanung verantwortlichen Künstlerausschuss waren die namhaftesten Künstler und Architekten aus ganz Deutschland berufen worden, darunter auch Alexander von Branca, Josef Henselmann, Hans Schädel, Hugo Schnell, Rudolf Schwarz und Sep Ruf, der die künstlerische Leitung innehatte.[34] Ein internationaler katholischer Künstlerkongress beschäftigte sich mit aktuellen Fragen des Kirchenbaus in der Welt.[35]

Füssen, Zu den Acht Seligkeiten, Arch. Oskar Wittek (1964–1966, Aufnahme um 1966)

Zeichen des Aufbruchs im Bistum Augsburg seit 1960

Seit etwa 1960 breiteten sich auch im Bistum Augsburg freiere Formen der immer mehr bevorzugten zentralen Raumfigur aus. Quadratische Räume mit freistehendem Altar in den Diagonalen und freistehenden Tabernakelgehäusen wurden nun gebaut (St. Afra, Feuchtwangen, Georg Barnert, 1960–1961; Mariä Himmelfahrt, Ronsberg, Matthias Abele, 1960–1962). Grundrisse aus dem Drei-, Fünf-, Sechs- oder Achteck wurden entwickelt (Wörthsee, Nr. 3; Schongau, Nr. 6; Zu den Acht Seligkeiten, Füssen, Oskar Wittek, 1960–1966). Die neue Pfarrkirche in Diedorf (Nr. 5) ragt in ihrem organischen Schwung als Besonderheit aus der mehrheitlich kubischen Bauweise heraus, die Pfarrkirche Maria Hilf in Krumbach (Nr. 11) in ihrer betonten Asymmetrie.
Ein allgemeinverbindliches Regelwerk über die Gestaltung eines Gotteshauses und seines Altarraums gab es auch innerhalb der Diözese Augsburg nicht. Die Bauprogramme waren individuell auf die jeweilige örtliche Situation zugeschnitten und ergeben unter Berücksichtigung lokaler Voraussetzungen folgende Grundlinien der architektonischen und liturgischen Planung: Die Kirche zu Beginn der 1960er Jahre hatte einen traditionell mit ihr in baulicher Verbindung stehenden Turm. Der zum Altar hin ausgerichtete Raum wurde zum Ausgangspunkt der Bauentwürfe; an ihm sollte sowohl *versus orientem* als auch *versus populum* zelebriert werden können. Ferner sollte er möglichst nahe an das Volk rücken, jedoch durften sich die Kirchenstühle dort nicht gegenüberstehen, weswegen er nicht raumgreifend die Mitte besetzen konnte. Die Zelebration zum Volk hin erforderte einen neuen Ort für die Aufstellung des Tabernakels, der zudem dem Allerheiligsten einen besonders würdigen Rahmen verleihen sollte. Im Wesentlichen wurden dafür zwei Varianten gewählt: Die Gestaltung einer Tabernakelstele im oder nahe dem Altarraum oder in einer separaten Sakramentskapelle, die – eigentlich ein klassischer Raumteil des Barock – nun aber als Werktagskapelle und als stiller Ort des persönlichen Gebets diente. Oftmals war im Raumprogramm noch ein Seitenaltar für die Aufnahme des Tabernakels vorgesehen, doch verzichtete man auf diesen zumeist noch während der laufenden Arbeiten. Der Ambo ersetzte rasch die Kanzel, und Kommuniongitter sollten, wo sie noch gewünscht waren, nur in leichter und unaufdringlicher Form eingeplant werden. Für Orgel und Sänger waren Emporen vorgesehen, doch durften die Orte für Kirchenmusik auch „versuchsweise" in die Nähe des Altars rücken.[36] Eine gewisse Uneindeutigkeit in den Formulierungen unterstreicht die abwartende Haltung der Bistumsleitung und sollte offenbar Raum lassen für die lokal gewünschte Ausgestaltung,

denn nicht überall waren die liturgischen Neuerungen gleichermaßen etabliert. Der Ortspfarrer von Wörthsee (Nr. 3) beispielsweise wollte ausdrücklich eine Kirche für den neuen Ritus. Anderswo dagegen hielt man verstärkt an Traditionen fest (Heilige Familie, Rott am Lech, Adolf Kreutzer und Robert Gerum, 1962–1966; St. Bartholomäus, Oberstimm, Hannes Rappel, 1961–1965). Den in der Fuldaer Bischofskonferenz von 1949 angeregten Bau einer Unterkirche hatte man trotz des großen architektonischen Aufwandes mehrfach realisiert (Wörthsee, Nr. 3; Augsburg-Hochzoll, Nr. 4).

Die *Konstitution über die Heilige Liturgie,* die im Dezember 1963 auf dem Zweiten Vatikanischen Konzil verabschiedet wurde, äußerte sich mit der Formulierung, dass „beim Bau von Kirchen“ sorgfältig darauf zu achten sei, „daß sie für die liturgischen Feiern und für die tätige Teilnahme der Gläubigen geeignet“ sein müssen, nur sehr vage zur Frage, wie eine zeitgemäße Kirche auszusehen hat, gestand aber ausdrücklich der Moderne ihren Raum in Kirchen zu und forderte besondere Aufmerksamkeit für die sakrale Kunst.[37] Ein Dreivierteljahr später, im September 1964, definierte die erste *Instruktion zur ordnungsgemäßen Durchführung der Konzilskonstitution über die heilige Liturgie,* die 1965 in Kraft trat, nähere Bestimmungen dazu. Sie legte fest, dass der von der Rückwand getrennte Hochaltar „in den heiligen Raum hineingestellt sein (soll), dass er wirklich die Mitte ist, der sich von selbst die Aufmerksamkeit der ganzen versammelten Gemeinde zuwendet“. Nebenaltäre sollte man „richtiger vom Hauptraum der Kirche getrennt in Seitenkapellen unterbringen“. Die Instruktion empfahl immer noch den Hoch- oder einen besonders ausgezeichneten Seitenaltar als würdigste Orte für den Tabernakel, erlaubte aber, „wenn rechtmäßige Gewohnheiten vorliegen, und in besonderen Fällen, die vom Ortsordinarius anerkannt werden müssen“, „die Aufbewahrung der Heiligen Eucharistie auch an einer andern wirklich vornehmen und würdig hergerichteten Stelle in der Kirche“. Auch wenn ein kleiner, passender Tabernakel auf dem Altar steht, durfte die Messe zum Volk hin gefeiert werden. Der Platz für Kirchenchor und Orgel sollte so gewählt sein, „dass Vorsänger und Organist deutlich als Teil der versammelten Gemeinde in Erscheinung treten und zugleich ihr liturgisches Amt möglichst gut ausüben können“. „Bei Errichtung und Ausstattung der Taufstätte soll sorgfältig darauf geachtet werden, dass die Würde des Taufsakramentes deutlich hervortritt und dass der Ort für gemeinsame Feiern geeignet ist.“[38] Bei keiner dieser Anweisungen handelt es sich um eine Festschreibung von Neuerungen, sondern um die Formulierung von an vielen Orten inzwischen gängiger Praxis. Die konkrete Ausdeutung und Umsetzung der Konzilsbeschlüsse oblag den einzelnen Bistümern.

Personenkonstellation

Der moderne Kirchenbau im Bistum Augsburg ist nicht nur eine Folgeerscheinung des Zweiten Vatikanischen Konzils, sondern auch das Ergebnis einer bestimmten Personenkonstellation. Mit Joseph Freundorfer stand der Diözese seit 1949 ein Bischof vor, der auch Kunstreferent auf der Fuldaer Bischofskonferenz war und allzu traditionsgebundene Kunstvorschriften ablehnte. Seine „Einstellung, daß jeder Kirchenbau Form besitzen müsse, hob das Gesamtniveau.“[39] Er holte renommierte auswärtige Baumeister wie Dominikus Böhm und Clemens Holzmeister, der wiederum mit dem Jesuitenpater und Begründer des Instituts für Kirchenbau an der Akademie der Bildenden Künste in Wien, Herbert Muck, in Verbindung stand,[40] in das Bistumsgebiet, aber auch jüngere aufstrebende Architekten, was durch den Generationswechsel die Umsetzung moderner Gedanken beförderte. Valentin Müller prägte als leitender Diözesanbaudirektor zwischen 1958 und 1981 die gesamte Bautätigkeit in der Diözese.[41] Unter ihm, der für sein tiefes liturgisches Verständnis und seine rege Anteilnahme an aktuellen Diskussionen bekannt war, wurden Wettbewerbe unter ausgewählten Architekten bei Kirchenbauprojekten die Regel; erst später in den 1980er Jahren war die Konkurrenzierung frei und zog eine dementsprechend große Anzahl von Bewerbern an.[42] Alexander von Branca und Siegfried Östreicher waren seit den 1950er Jahren mit ihren Münchner Architekturbüros erfolgreich, und Branca errichtete in Greifenberg seinen ersten Kirchenbau im Bistumsgebiet. Hans Schädel hatte es als Dombaumeister in Würzburg schon längst zu internationalem Ansehen gebracht, als er den Wettbewerb für die neue Kirche in Augsburg-Haunstetten (Nr. 2) gewann, und für Josef Wiedemann, 1955 auf den Lehrstuhl für Entwerfen, Denkmalpflege und Sakralbau an der TH München berufen und 1956 in die Bayerische Akademie der Schönen Künste gewählt, war 1960 der Wettbewerb für eine neue Pfarrkirche in Füssen die erste Einladung im Bistum Augsburg. Die jüngere, zunehmend räumlich mobile Architektengeneration, die ab etwa 1960 im Bistumsgebiet selbständig tätig wurde, brachte unterschiedliche Ausbildungsbiografien mit. Robert Gerum, Adolf Kreutzer und Hermann Öttl waren einst Mitarbeiter bei Wechs, Gerhard Knopp hatte auch bei Wiedemann und Georg Werner gearbeitet, Kreutzer hatte den Bau von Werners neuen Pfarrkirche in Söcking geleitet, Gerum und Erhard Fischer konnten Erfahrungen im Büro Branca sammeln, Hubert Schmidtler war bei Östreicher unter anderem im Zusammenhang mit dessen Veniokapelle tätig, Friedrich Strunz bei Wiedemann, Peter Zwerch bei Paul Schneider-Esleben in Düsseldorf, und Hans Engel verbrachte eine Zeit bei John Poulsen in England.

Nicht immer war es das Diözesanbauamt, das die Auftragsvergabe steuerte, manchmal kam die Initiative für die Beauftragung eines bestimmten Baumeisters auch von der Pfarrei. In Wörthsee beispielsweise setzte der Ortspfarrer gegen die Entscheidung des Preisgerichts die Realisierung des Entwurfs von Siegfried Östreicher durch, der schon im Münchner Raum mit liturgisch wie bautechnisch fortschrittlichen und überregional beachteten Kirchen (Veniokapelle, 1951; St. Hildegard, 1960–1962) reüssiert hatte.

In Augsburg brachte bereits vor Abschluss des Zweiten Vatikanischen Konzils der Bischofswechsel einen enormen Innovationsschub. Nach dem Tod Freundorfers im April 1963 folgte Josef Stimpfle mit 47 Jahren als damals jüngster katholischer Bischof in Deutschland im September 1963 auf den Augsburger Bischofsstuhl. Bischof Stimpfle war einer der Konzilsväter des Zweiten Vatikanischen Konzils in der zweiten Session vom 29. September 1963 bis zum 4. Dezember 1963, also genau in dem Zeitraum, in dem die Konstitution über die heilige Liturgie erarbeitet wurde.[43] Der neue Bischof holte gleich im Herbst 1963 Martin Achter, der als Pfarrer von St. Max die Freistellung des Tabernakels durchgesetzt hatte, als Generalvikar in die Leitung der Diözese Augsburg. Hugo Schnell nannte ihn einen „Vorkämpfer für neuen Kirchenbau".[44] Der dem Neuen gegenüber aufgeschlossene Monsignore Josef Kunstmann – Theologe, Philosoph und Kunsthistoriker, bis 1952 Sekretär von Bischof Freundorfer – wurde 1966 Bischöflicher Referent für sakrale Kunst in der Diözese Augsburg.[45] Stimpfle war über sein Bistum hinaus auch in der Weltkirche engagiert und kam über diese Verbindungen mit dem in Afrika und später auch in Asien bauenden Schweizer Architekten Justus Dahinden in Kontakt, der eine der bedeutendsten Kirchen in der Region errichten sollte.[46] Nicht vergessen werden sollte in diesem Zusammenhang auch die Rolle der staatlichen Baubehörden, die für die Genehmigungsverfahren zuständig waren. Anton Recknagel etwa, Hochbaureferent der Regierung von Schwaben, studierte bei Theodor Fischer, einem der einflussreichsten Architekten Süddeutschlands im ersten Drittel des 20. Jahrhunderts, sammelte erste Berufserfahrung bei der Oberpostdirektion München und war später Mitglied der Bischöflichen Kunstkommission.[47]

Dieser Personenkreis baute auf unterschiedlichen Ebenen einen Dialog zwischen Kirche, Architekten und bildenden Künstlern auf. So wurde nach Köln (ab 1949) und München (ab 1955) auch in Augsburg 1967 die Institution des „Aschermittwochs der Künstler" eingeführt,[48] und legendär sind noch heute die Kamingespräche, die in wechselnder Besetzung, aber mit einem festen Kern – Valentin Müller, Martin Achter, Josef Kunstmann, Robert Gerum, Reinhold A. Grübl – im Haus St. Ulrich stattfanden und bei denen alle Fragen zu religiöser Kunst und

Blick zum Altar, Wettbewerbsentwurf für eine neue Pfarrkirche in Landsberg a. L., Arch. Josef Wiedemann (1963) (Architekturmuseum der TU München)

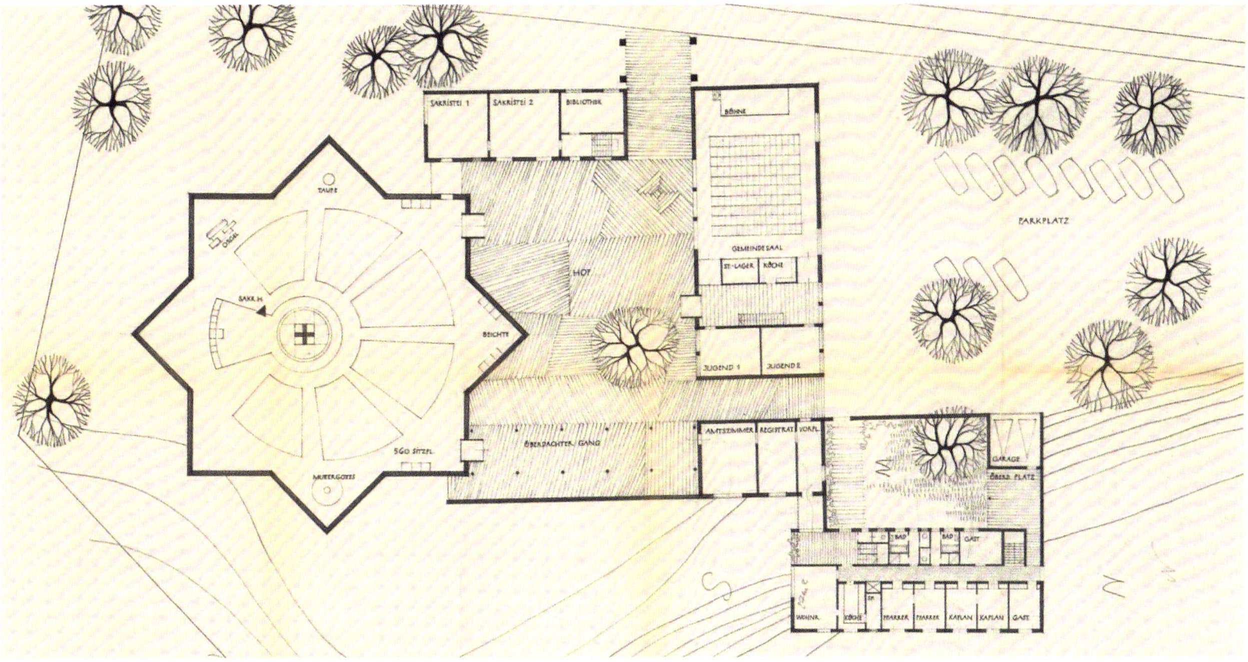

Grundriss, Entwurf für eine neue Pfarrkirche in Landsberg a. L., Arch. Josef Wiedemann (1963)

Architektur erörtert wurden. Die seit 1964 regelmäßig veranstalteten Kirchenbautagungen intensivierten zusätzlich den Informationsaustausch über die diözesanen Grenzen hinaus.[49]

Nachkonziliarer Kirchenbau im Bistum Augsburg

Wie schwierig es war, in der Umbruchsphase bis 1964 mit den sich im Fluss befindenden liturgischen Vorstellungen eine Kirche zu planen, davon zeugen einige, damals ergebnislos verlaufene oder in mehreren Stufen durchgeführte Wettbewerbe und Umplanungen von bereits angestoßenen Projekten. Welche Richtung der Kirchenbau nach Stimpfles Amtsantritt einschlagen würde, zeigte sich schon bald bei der seit 1962 laufenden Planung zur Kirche Zu den Heiligen Engeln in Landsberg (Nr. 12). Hatte der verstorbene Bischof Freundorfer noch die Errichtung eines Longitudinalbaus mit Turm nach dem Entwurf von Josef Wiedemann favorisiert,[50] so bevorzugte nun Stimpfle Wiedemanns Zentralbauanlage auf sternenförmigem Grundriss, die er sich für die neue Liturgie noch besser mit mittigem Altar unter dem höchsten Punkt des Dachs vorstellen konnte.[51] Clemens Holzmeister musste für Zwölf Apostel in Augsburg-Hochzoll (Nr. 4) zwischen 1962 und 1965 mehrfach die Altarsituation verändern, bis schließlich ein weit in den Laienraum vorgeschobenes Altarpodium einen umschreitbaren Zelebrationsaltar erhielt und Kanzel, Kommuniongitter sowie Seitenaltäre verschwanden. Auch in Schongau (Nr. 6) wich bei Fertigstellung der Kirche der noch 1963 im Bauprogramm geforderte Seitenaltar einer aufragenden Tabernakelstele.

Auszüge der *Instruktion zur ordnungsgemäßen Durchführung der Konstitution über die heilige Liturgie* wurden ab 1965 als Beilage zu den Wettbewerbs- und Bauprogrammen zur maßgebenden Gestaltungsrichtlinie für die liturgische Planung – allerdings mit wenigen, aber entscheidenden Änderungen: Für die Aufbewahrung der Eucharistie sah man eine Art Sakramentshäuschen in der Nähe des Altars vor, und Nebenaltäre kamen darin gar nicht mehr vor.[52] Der nachkonziliare Kirchenbau im Bistum Augsburg setzt bereits bestehende räumlich-liturgische Tendenzen fort. Der zentralräumliche Baukörper kam dabei der Forderung nach der tätigen Teilnahme der Gläubigen entgegen, denn der Altar musste als wirkliche, geistige Mitte des Raumes aufgestellt werden, was nicht zwingend das geometrische Raumzentrum meinte. Die mehreckige Grundrissfigur in regelmäßiger wie freier Wabenform war dabei wegen ihrer beliebigen Erweiterungsmöglichkeiten besonders geschätzt. Mit der großen Bedeutung, die das Konzil der Taufe zuwies – ebenfalls eine Entwicklung, die zu Beginn des 20. Jahrhunderts ihren Anfang nahm –, erfuhr auch die Taufstelle eine räumlich gestalterische Aufwertung zu einem würdigen Ort für den liturgischen Akt. Hierbei wurde sie zu einem räumlich ausgeschiedenen Bereich oder gar einer separaten Kapelle, in der die Gemeinschaft die Aufnahme in die christliche Gemeinde feiert. Mancherorts wurde der Taufstein zur Aufbewahrung des Taufwassers zum symbolhaften

Chorraumgestaltung, Entwurf für eine neue Pfarrkirche in Augsburg-Hochzoll, Arch. Clemens Holzmeister (1962)

Taufbrunnen mit fließendem Wasser als Zeichen des Lebens und der Sendung (Gersthofen, Nr. 10; Neu-Ulm, Nr. 16; Günzburg, Nr. 26; Pfuhl, Nr. 28). Auch andere Funktionsbereiche wie Besinnung und Buße wurden vom zentralen Gemeinderaum abgetrennt.

Taufkapelle, Neu-Ulm, St. Johannes Baptist, Arch. Dominikus Böhm (1923–1926, Aufnahme 2013)

Baumaterial und Konstruktion

Die 1960er Jahre waren eine auch kritisch betrachtete Zeit des Experimentierens, in der verschiedene Grundrisslösungen von Zentralräumen, unterschiedliche Flächentragwerkskonstruktionen, Falt-, Hänge- oder Schalendächer aus Beton, Holz und Metall zum Einsatz kamen, die den Altar als eigentliche Mitte der versammelten Gemeinde auch nach außen betonen konnten.[53] Leitmotiv für das moderne Gotteshaus, das in vielfacher Ausprägung seinen formalen Niederschlag auch in der Augsburger Kirchenarchitektur fand, wurde das Bild des Zeltes Gottes unter den Menschen als eine Behausung für das wandernde Gottesvolk in Geschichte und Zeit – eine theologische Grundidee des Zweiten Vatikanischen Konzils (St. Ulrich, Neuburg, Karl Sendlinger, 1964; Landsberg, Nr. 12; Breitbrunn, Nr. 9; Ottmarshausen, Nr. 13; Windach, Nr. 14; Geltendorf, Nr. 19; Wigratzbad, Nr. 32; Syrgenstein, Nr. 29). Siegfried Östreicher hatte es mit der Kirche in Wörthsee (Nr. 3) in das Diözesangebiet eingeführt. Speziell in Augsburg erhielt diese Aussage noch eine besondere Konnotation dadurch, dass Bischof Stimpfle die Worte „Plebi Dei peregrinanti" (Im Dienste des Gottesvolkes auf der Pilgerreise) zu seinem Wahlspruch gemacht hatte.
Ob sich das von Josef Wiedemann für Landsberg entworfene Faltdach, eine komplizierte Konstruktion in räumlichem Stabfachwerk aus Kanthölzern mit Stahllaschen und -schuhen an den Knotenpunkten, überhaupt realisieren ließe, war lange umstritten.[54] Sein aufstrebendes Windacher Kirchendach (Nr. 14) aus spiralförmig angeordneten Holzbindern mit eingespannten und axial

gegeneinander verschobenen Holzflächen wurde im Bistum Augsburg zum stetig variierten Ausgangspunkt weiterer Zeltdachkirchen, die vorzugsweise im (vor-) alpenländischen Raum des Allgäus entstanden, nicht zuletzt wegen ihrer formalen Kommunikation mit der umgebenden Landschaft (Oy, Nr. 30; Kempten, Nr. 33 und Nr. 34; St. Georg und Mauritius, Seifriedsberg, Karl Sendlinger, 1969–1971; St. Ulrich, Obermaiselstein, Eduard Heilmeier und Heinrich Zuth, Augsburg 1973–1974; St. Christoph, Sonthofen-Rieden, Robert Reutter, 1977–1978).

Technisch und materialästhetisch wurde auch im Augsburger Bistum Beton zum herrschenden Baumaterial. Neu war damals im katholischen Kirchenbau nicht seine Verwendung,[55] sondern, dass man die Ingenieurleistung der konstruktiven und tektonischen Elemente als Stahlbetonskelette oder monolithische Flächen in einer völlig neuen Ästhetik sichtbar beließ und nicht überputzte oder mit Ziegel oder Naturstein verblendete (Maria Immaculata, Greifenberg, Alexander von Branca, 1958–1959; St. Ulrich und Afra, Feuchtwangen, Georg Barnert, 1960–1961; Augsburg, Nr. 1, Nr. 2, Nr. 4; Wörthsee, Nr. 3; Schongau, Nr. 6; Diedorf, Nr. 5). Thomas Wechs' St. Don Bosco (Nr. 1) war nicht nur der erste reine Zentralbau einer Pfarrkirche im Bistum Augsburg, sondern auch die erste Kirche, die Sichtbeton als ästhetisches Gestaltungsmittel konsequent zeigte. In Neugablonz, Memmingen (Mariä Himmelfahrt, 1955–1956) und Senden (St. Josef der Arbeiter, 1958–1960) hatte Wechs bereits zuvor ursprünglich betonsichtige, später jedoch überdeckte Gewölbe und Wandflächen gewagt.

Eine Besonderheit von Beton ist die Einheit von Konstruktion und Oberfläche. Die Schalungsstruktur, bei der nichts dem Zufall überlassen ist, eröffnet schier unendliche Möglichkeiten, die Oberfläche lebendig zu gestalten und durch das Spiel von Licht und Schatten zusätzlich zu beleben (Bobingen, Nr. 7; Breitbrunn, Nr. 9; Neu-Ulm, Nr. 16; Königsbrunn, Nr. 17; Neusäß, Nr. 27; Kempten, Nr. 34). Die Bandbreite der Betongestaltung erstreckt sich über den Abdruck von Holzmaserung oder Hobelspuren und die Ausrichtung der Schalbretter bis zum Einsatz von Waschbetonplatten, Betonformsteinen oder Betonglassteinen und zur Formung von Reliefs. Selbst die liturgischen Orte auf der Altarinsel ließ man mitunter (Bobingen, Nr. 7; Breitbrunn, Nr. 9; Neu-Ulm, Nr. 16; Pfuhl, Nr. 28) in Beton herstellen.

Beton mit und ohne die Verbindung mit Bewehrungseisen ermöglicht durch seine Materialeigenschaften weitgespannte Räume, die für eine hohe Anzahl von Sitzplätzen in zentralen Räumen erforderlich waren, und dabei völlig neue konstruktive und plastische Raumformen, was zu einer bislang unbekannten Formenvielfalt in der archi-

Altarraum, Memmingen, Mariä Himmelfahrt, Arch. Thomas Wechs (1954–1956, Aufnahme um 1956)

Glockenträger, Bodolz, Pfarrzentrum St. Johannes der Täufer, Architekt Willy Hornung (1970–1971, Aufnahme 1972)

tektonischen Gestaltgebung führte. Während etwa eine gewagte Schale den Baukörper der Kirche Zum Guten Hirten in Friedrichshafen (Wilfried Beck-Erlang, 1962) formt, wollte man im Augsburger Raum die vielfältigen Möglichkeiten des Betons nicht tatsächlich ausschöpfen. Josef Wiedemann ersann für die neue Pfarrkirche in Füssen in einer seiner Entwurfsvarianten in Anlehnung an Bauten des spanisch-mexikanischen Architekten Félix Candela einen Zentralbau mit einer auffälligen Dachkonstruktion aus hyperbolischen Paraboloiden, die jedoch aufgrund der klimatischen Bedingungen – starke Temperaturschwankungen und Schneefall – nicht für die Ausführung in Frage kam.[56] Bei der Planung des kirchlichen Umfelds dachte er in großstädtischen Dimensionen und entwarf eine Trabantenstadt mit Wohnblöcken in Form von fünfgeschossigen, 140 Meter langen Zeilen, die aber als dort nicht realisierbar galt.[57]

Man begann jedoch, betonsichtig belassene Türme oder Glockenträger plastisch durchzubilden (Augsburg, Nr. 4; Marktoberdorf, Nr. 15; Krumbach, Nr. 11; Breitbrunn, Nr. 9; Bodolz, Nr. 25). Bald schon wurde die Mischbauweise zurückgedrängt und die gestalthaft plastische Betonkirche rezipiert (Bobingen, Nr. 7; Krumbach, Nr. 11), wobei man den kubischen Baumassen gegenüber organisch geschwungenen Baukörpern den Vorzug gab. Nach der Weihe der Maria-Hilf-Kirche in Krumbach (Nr. 11) soll Bischof Stimpfle voller Begeisterung gesagt haben: „Jetzt hat die Diözese Augsburg ihr Ronchamp."[58] Besonders hervorzuheben sind in diesem Zusammenhang die gesteinsähnliche Großplastik von Justus Dahinden in Königsbrunn (Nr. 17) und Alexander von Brancas Baugruppe in Neusäß (Nr. 27).

Pfarrzentren

Entscheidend für das neue kirchliche Selbstverständnis seit den Jahren um das Zweite Vatikanische Konzil war die Vorstellung von der lebendigen Gemeinde als Zelle der Kirche. So wurde die Bauaufgabe Kirche zunehmend zu einem Bauabschnitt innerhalb der Bauaufgabe Pfarrzentrum. Fast alle neuen Kirchen waren – seit Wechs mit St. Don Bosco den Anfang gemacht hatte – deshalb als Gemeindezentren geplant, die neben den seelsorgerischen auch vielfältige kulturelle, karitative und soziale Aufgaben zu erfüllen hatten. „Ein Gemeindezentrum ist der Lebensraum der christlichen Gemeinde, in dem das fortgeführt wird, was in der Feier der heiligen Eucharistie begründet wird: die Gemeinschaft der Gläubigen."[59]

Die Errichtung von kirchlichen Gruppenbauten, die mehrere Funktionen auf einem Gelände vereinen sollen, war zwar um 1960 keine neue Erfindung – bereits um 1900 war der Gedanke sowohl im protestantischen, katholischen wie jüdischen Kultbau aufgekommen –, doch nun wurde das Konzept beinahe die Regel. Selbst in kleineren Orten wurden aufwendige Bauprogramme für Pfarr- und Gemeindezentren realisiert. Gerade in den Neubaugebieten der städtischen Ballungsräume wie auch in ländlichen Strukturen sah die Kirche ihre Rolle darin, als Anwalt für künftige Generationen auch außerhalb der Liturgie Gemeinschaft zu fördern, Heimat und Hilfestellungen zu bieten. Deshalb mussten Räume für sämtliche Bereiche des Gemeindelebens und mitmenschliche Begegnungen geschaffen werden – für Kinder-, Jugend- und Seniorenarbeit, für Bildungsangebote, sinnvolle Freizeitgestaltung und informelle Kommunikation.[60] Innerhalb der undifferenzierten, oftmals eintönigen neuen Wohngebiete kam den neuen Pfarrzentren auch eine ästhetische und infrastrukturelle Bedeutung städtebaulicher Zentrumsbildung zu, an der sich mitunter auch die weitere künftige Bebauung orientieren sollte (Königsbrunn, Nr. 17).

Baustopps und Kosteneinsparungen

Bis Mitte 1967 mussten die Kirchenstiftungen 20 Prozent der Baukosten und die kompletten Aufwendungen für die Innenausstattung tragen. Angesichts der steigenden Kosten wurde es vielen Bauherrn jedoch zunehmend unmöglich, diese Regelung einzuhalten, weswegen die Bischöfliche Finanzkammer in der Bauausschusssitzung im Juni 1967 beschloss, den gesamten Bau vorzufinanzieren; die Kirchenstiftungen mussten dann zehn Prozent der Kosten zurückerstatten.[61]

Wegen wesentlicher Kostenüberschreitung bei fast allen Bauvorhaben musste auch in Augsburg wie in den meisten deutschen Bistümern[62] der Kirchenbau in mehreren Wellen gedrosselt werden. Den bischöflichen Haushalt belasteten stetig steigende Baustoffpreise und Personalkosten, rückläufige Kirchensteuereinnahmen, hohe Ausgaben für Hilfen für die Dritte Welt, aber auch oftmals nur sehr grobe und unrealistische Kostenschätzungen von den Architekten und speziell die Kostenexplosion beim Bau des Hauses St. Ulrich in Augsburg (Alexander von Branca, 1972–1974). Im März 1967 erfolgte deshalb erstmals ein Baustopp für mehrere Monate,[63] von Mitte November 1971 bis Ende September 1972 wurden erneut alle kirchlichen Neubauvorhaben für fast ein Jahr ausgesetzt und 1991 ein weiteres Mal.[64] Sämtliche Planungen waren dann sofort einzustellen, und ausgeführt werden durfte nur noch Notwendigstes wie etwa die Sicherung der Rohbauten zum Überwintern. Die Kosteneinsparung durch Baustopps war jedoch geringer als erhofft, denn wegen der mühsamen Wiederaufnahme der Arbeiten, inzwischen weiter angezogener Materialpreise, des geringen Personaleinsatzes der Baufirmen, die in den unsicheren Phasen zudem oft nur noch auf Regie arbeiteten, entstanden, ganz im Gegenteil, häufig beträchtliche Mehrkosten.[65] Verstärkte Eigenleistungen der Pfarrmitglieder konnten die Bauverzögerungen nicht wirklich abfangen.[66]

Schon in den Bauprogrammen aus den Jahren um 1965 hatte das Bischöfliche Ordinariat den Architekten zur Auflage gemacht, besonderen Wert auf „eine einfache, aber gediegene Gestaltungsweise" zu legen. Nun aber konnten weitere Bauvorhaben tatsächlich nur durch die Erarbeitung kostensparender Lösungen[67] sowie durch eine gewissenhafte Prüfung der geschätzten Kosten und der technischen Durchführbarkeit der Entwürfe realisiert werden, wobei die düsteren Haushaltsprognosen vielerorts die in ihrer sozialen Verantwortung weitsichtigen Bauprogramme weiter bedrohten (Pfuhl, Nr. 28; Neusäß, Nr. 27).[68]

Durch die Reduktion eines Kirchturms auf seine Funktion als Glockenträger konnte viel Geld eingespart werden. Theo Wieland schlug dies bereits 1964 für Breitbrunn vor, da er zudem befürchtete, dass ein hoher Kirchturm die zentrale Bedeutung des Altars als „geistiger Mittelpunkt der Gemeinde" verwässern würde.[69] Auch in Windach wurde schon früh aus dem hoch aufragenden Turm des Vorprojekts ein niedriger offener Glockenstuhl, der sich deutlich dem markanten Kirchdach unterordnete und zusätzlich die Funktion eines Eingangsportals übernahm. Einige Gemeinden verzichteten aus finanziellen und gesellschaftspolitischen Gründen gänzlich auf den Bau des geplanten Kirchturms zugunsten einer raschen Bauausführung des projektierten Kindergartens (Neu-Ulm, Nr. 16; Neusäß, Nr. 27). Es gab aber auch Orte, vorzugsweise auf dem Land, in denen sich die Gläubigen nachdrücklich gegen eine Kirche ohne Turm wehrten. In Lauben (Nr. 23) akzeptierte die Gemeinde schließlich ihre Kirche ohne Turm,[70] und in Syrgenstein (Nr. 29) einigte man sich auf einen niedrigen Glockenträger, der den kirchlichen Eindruck des Gebäudes zu bewahren half und deshalb die Menschen zufriedenstellte. In den Städten und größeren modernen Siedlungsgebieten hingegen konnten auch städtebauliche Überlegungen zum Verzicht auf den Kirchturm führen, denn „mit der Höhe, die früher ein Charakteristikum der Wichtigkeit für eine Kirche in einem Gemeinwesen war", konnte man – so beispielsweise die Argumentation der Architekten Kammerer und Belz in Memmingen (Nr. 31) – „angesichts der hohen Häuser in der Umgebung nichts erreichen. Es musste durch die Grundrissform, die Anordnung der einzelnen Baukörper geschehen".[71]

Die Beschränkung der architektonischen und konstruktiven Mittel auf das Notwendige forderte gleichzeitig eine ebenso asketische Haltung in der Materialgebung, was zusammen mit dem Turmverzicht zu einer zunehmend nüchternen oder gar gefühlt profanen Gestalt einer Kirche führte. Beton galt als adäquates Mittel, um der „Einfachheit der Gesinnung" baulichen Ausdruck zu verleihen. „Mit derselben Schlichtheit, mit der man früher den geringsten unter den Steinen, den Tuff, verwendet hat, um Gebäude zu errichten, verwenden wir heute gebundenen Kies, Beton."[72] Nicht zuletzt auch in diesem Zusammenhang ist der Siegeszug von Fertigbauteilen und Beton zu sehen. Beton ist ein einfach herzustellendes Baumaterial, das man als besonders rissbeständig und im Gegensatz zum konventionellen Steinbau als nahezu wartungsfrei und damit kostengünstig einschätzte. Man rechnete damals – wie wir heute wissen, fälschlicherweise – mit einer Karbonatisierungstiefe von nur zwei Millimetern in 20 Jahren, weswegen „nach dem heutigen Stand der Technik (...) auch in 100 Jahren kein Anstrich erforderlich sein" würde.[73] Adolf Zach schlug für den Bau der neuen Betonkirche in Leitershofen (Nr. 22) die Versiegelung der Außenwände mit Epoxydharz vor,[74] was ein sehr frühes Beispiel von Betonschutz darstellen würde; ob diese Maßnahme tatsächlich ausgeführt wurde, lässt sich allerdings nicht mehr rekonstruieren. Auf Fachtagungen wie den Kirchenbautagungen stand die vorfabrizierte Kirche zur Diskussion.[75]

Einfach herzustellende Dachkonstruktionen wurden nicht mehr verkleidet, sondern bewusst zur Schau gestellt, um die Schlichtheit der Architektur zu demonstrieren. Hatte Hans Schädel in St. Pius in Augsburg (Nr. 2) dem räumlichen Tragwerk der Flachdecke noch eine Holzdecke untergehängt, so wagte Hermann Öttl nun in Günzburg (Nr. 26), die Stahlfachwerkkonstruktion sichtbar zu lassen. In Augsburg lehnte die Gemeinde von St. Simpert (Nr. 24) dieses Konstruktionssystem jedoch ab, „da dieses an ein Fabrikdach erinnere".[76] Für die Eindeckung des Pfarrzentrums in Kempten-Freudental (Nr. 18) wählte Robert Gerum eine Systemholzdecke, die vorrangig bei gewerblichen Hallenbauten zum Einsatz kam.[77] Einfache Deckenkonstruktionen wie in Lauben (Nr. 23) oder Memmingen (Nr. 31) überdeckten auch Sportstätten, weil der Holzleimbau kostengünstig ist, ein niederes Gewicht und eine kurze Montagezeit hat. Und Bitumenschindeln beispielsweise waren um gut 50 Prozent erschwinglicher als Naturschiefer, weswegen das Diözesanbauamt ihre geringere Lebensdauer in Kauf nehmen wollte.[78]

Die gesamte Materialästhetik hatte sich in den 1960er Jahren gewandelt und die moderne Architektur in unerschütterlichem Fortschrittsglauben in sämtlichen Aufgaben der boomenden Baubranche endgültig ihren Siegeszug angetreten; internationale Einflüsse mit permanenter Innovation strömten wie nie zuvor ins Land. Die nahezu flächendeckende Durchsetzung moderner Materialien, Techniken und Gestaltgebung selbst im Kirchenbau hatte aber auch eine ganz wesentliche ideelle und theologische Komponente. Die nachkonziliare katholische Kirche verstand sich weit weniger als in den vorangegangenen liturgischen Bewegungen als Herrschaftsinstitution mit Macht und Stärke, sondern als „Volk Gottes“ und „Dienerin der Menschheit“. Seit dem Konzil kam das Wort „Gemeinde“ zunehmend in Gebrauch, das ein „Miteinander“ besser bezeichnet, während man zuvor von der „Pfarrei“ gesprochen hatte.[79] Bauherr und Architekt setzten sich intensiv mit den Fragen auseinander, wie aus einzelnen Menschen eine Gemeinde entsteht, welche Räume und Formen dieser Prozess erfordert, damit Gemeinschaft erlebt werden könnte, und welche Raumordnung für die Feier der Liturgie geeignet ist.[80]

Nicht nur der Kirchturm, auch andere Formen architektonischer Herrschaftszeichen, Hierarchie und Monumentalität wurden als „im bisherigen Sinn nicht mehr in unsere Zeit“ passend abgelehnt.[81] Repräsentative Fassaden, Symmetrie oder prachtvolle Feierlichkeit beruhten auf „einer überholten Vorstellung von der christlichen Gemeinde“, „so nämlich, als wäre die Gemeinde in der Rolle des Zuschauers im Theater“.[82] Die überwundene Trennung von Pfarrer und Laien und die Verankerung der Kirche in der Welt hatte schon seit Längerem im kirchlichen Raumgefüge und im Bau der Pfarrzentren sowohl in der Gesamtanlage als auch in der Wahl der gestalterischen Mittel ihren architektonischen Ausdruck gefunden.

1968 beschleunigte sich die Entwicklung. „Mitten in dieser Welt“ war das Motto des 82. Katholikentags in Essen. Dorthin blickte auch das Diözesanbauamt Augsburg und verfolgte dessen Architekturentwicklung, die in der Frage der Modernität in liturgischer wie baulicher Hinsicht überaus fortschrittlich war.[83]

Mehrzweckkirchen

Der angestrebten Verdichtung gesellschaftlichen Lebens innerhalb des Pfarrzentrums folgte der Wunsch, „mehr Beweglichkeit zu haben für den Einsatz der allgemeinen Pfarreiräume für die Gemeinde“, was führende Liturgiker aus Österreich, der Schweiz und auch in Deutschland unterstützten.[84] Nicht mehr nur durch die additive Aneinanderreihung einzelner Räume wollte man das Raumprogramm erfüllen, zunehmend wurden fließende Übergänge und eine Verwobenheit der Räume etwa durch Falt- und Schiebewände ermöglicht, durch die das Raumangebot kostensparend dem jeweiligen Bedürfnis angepasst werden konnte. Die Wandelbarkeit der Räume wurde umso bedeutsamer, je spürbarer die angespannte Haushaltslage umfassende Bauprogramme beschnitt.

Dieser Gedanke kulminierte im Mehrzweckraum, das heißt, in der Konzeption von Gottesdiensträumen, die neben der Liturgie auch außerkultischer Nutzung offen standen – ein Baugedanke, der aus der evangelischen Diskussion in die katholische Debatte eingeführt worden war. „Rund um den Altar“ konnten nun verschiedene Veranstaltungen wie Versammlungen, Vorträge, Diskussionen, musikalische oder theatralische Vorführungen stattfinden. Die angestrebte Verflechtung von profanem und sakralem Leben verband sich auf diese Weise ökonomisch mit der Kosteneinsparung bei Bau und Unterhalt, da auf einen insgesamt doch nur selten genutzten Pfarrsaal verzichtet werden konnte. Die Befürworter derartiger Raumlösungen hatten eine ganze Historie außerliturgischer Nutzungen von Sakralräumen auf ihrer argumentativen Seite und betonten, dass die „These vom sakralen Ausschließlichkeitscharakter der Kirche“ verhältnismäßig jung sei. Doch niemals war für sie der Mehrzweckraum ein Allzweckraum; auch für die Fürsprecher gab es Funktionen, die von vornherein ausgeschlossen waren, und die Eucharistie blieb für sie der Höhepunkt und die zentrale Wirklichkeit der Liturgie.[85]

Das Konzept der Mehrzweckkirche wurde in Augsburg – anders etwa als im Bistum Würzburg[86] – als adäquate bauliche Antwort auf die Forderungen der Gegenwart bereitwillig aufgegriffen. In mehreren internen und nach außen gegebenen Verlautbarungen positionierten sich das Diözesanbauamt und damit auch die Bistumsleitung in der damaligen Architekturdiskussion. Josef Kunstmann und Valentin Müller forderten einen Gemeinderaum mit fließenden Grenzen, der die Gläubigen aufnehmen und wieder in die Welt entlassen sollte, und ein von ihm ausgegliedertes „Allerheiligstes“ als Raum der Stille und Sammlung. Dieser Raum sollte kostbar als Sakramentskapelle und nicht nur als Werktagskirche dem stillen Beter ein kirchlicher Intimraum sein.[87] Der Versammlungsraum selbst musste mehrere Möglichkeiten der Verwendung zulassen, ein separater Beicht- und Sprechraum war einzurichten, ein offener Hof sollte sich gegen Straße und Gebäudekomplex öffnen, Nebenräume ganz im Sinne eines „Kulturzentrums“ würden sich von selbst ergeben. Den Gemeinderaum selbst stellte sich Kunstmann „in Form und Farbe ausgesprochen fröhlich“ vor.[88] Türme seien teuer und würden, selbst wenn man repräsentieren wolle, von profanen Bauten überragt. Die neue Kirche sollte ein Baukörper „mitten in der Welt“ sein.[89] Man war fest davon überzeugt, dass „man nicht mehr wie früher Kirchen bauen“ könnte, „die auf Jahrhunderte ohne Veränderungen ihren Zweck erfüllen können“. Dagegen sprächen „die sich heute rasch wandelnden Lebensgewohnheiten und Lebensbedingungen der Menschen“. Das bedeute „größtmögliche Flexibilität der Räume und deren Einrichtungen“.[90]

Das erste Projekt dieser Art im Bistumsgebiet war 1968 baureif. Es war unter der Federführung des Diözesanbau-

Südansicht, Augsburg, St. Johannes Baptist, urspr. Notkirche 1987, mit Erweiterung von 2008

amts selbst entwickelt worden, ohne vorangegangenen Architekturwettbewerb. Adolf Zach, stellvertretender Leiter des Diözesanbauamts, erprobte in seinem Bauvorhaben in Leitershofen (Nr. 22) gleich zwei aktuelle Forderungen, nämlich die Verwendung von Fertigbauteilen und die Mehrfachnutzung des Gemeinderaums. Das neuartige Pfarrzentrum besaß eine Kirche mit separater Sakramentskapelle, mobiler Einzelbestuhlung, ein auch als Bühne nutzbares Podium für Chor und Orgel, einsetzbare Trennwände, die den Altar bei außerliturgischen Veranstaltungen abschirmen konnten, und keinen Glockenturm. Für die Konstruktion wurde ein Baukastensystem aus vorfabrizierten, aneinandergefügten Teilen entwickelt, das als variabler, kostensparender Serienbau zum Einsatz kommen sollte. Alle Elemente wurden auf der Baustelle hergestellt, Material und Konstruktion verbilligten den Kirchenbau um rund zwanzig Prozent.[91] Die „Montagekirche", wie Zach diesen Typus selbst benannte, war weder als typisiertes Bauprinzip gedacht noch als Vorlage für eine demontierbare Interimskirche, sondern als dauerhafter Bau, in dem Wirtschaftlichkeit durch Vorfabrikation und Serienfertigung angestrebt war, ganz ähnlich wie dies damals etwa auch Ottokar Uhl oder Josef Lackner in Österreich entwickelten.[92] Doch konnte bei dem hochkomplizierten Herstellungsverfahren weder die Gemeinde mit wesentlichen Eigenleistungen eingebunden werden – im Gegenteil, die enge Verzahnung mit Sonderfachleuten war unumgänglich –, noch erlaubte die massiv geschlossene Gebäudehülle flexible Umgangsformen in der Zukunft. In der kräftigen farblichen Innenraumgestaltung kam Kunstmanns Vorstellung eines fröhlichen Raumes zum Tragen, in dem man nicht mehr verschämt anderen Kirchgängern zunicke, sondern seinen Sitznachbarn die Hand gebe und in Zukunft „in organischer Weise (...) sprechend, singend, diskutierend, betend bis zum Höhepunkt der heiligen Handlung" aufsteige.[93]

Demontierbar waren im Bistum Augsburg nur die Notkirchen, die seit dem frühen 20. Jahrhundert bis in die jüngste Zeit immer wieder in einfachster Holzkonstruktion als provisorische, temporäre Gotteshäuser errichtet, wieder abgebaut und bei Bedarf an anderen Orten erneut aufgestellt werden konnten. Ein derartiges Gebäude ist noch in Augsburg-Göggingen erhalten, inzwischen als dauerhafte, sogar baulich erweiterte Einrichtung.

Als zweite „Mehrzweckkirche" entstand ab 1969 das neue Pfarrzentrum Maria Himmelfahrt in Au bei Illertissen, das Robert Gerum und Reinhold Grübl ab 1966/1967 gemeinsam entwickelt hatten.[94] Der dortige Pfarrvikar, Franz Xaver Janssen, ein gebürtiger Holländer, dessen Ruf als fortschrittlicher und gewissenhafter Geistlicher bald über die Diözesangrenzen hinausdrang,[95] setzte sich intensiv mit dem zeitgenössischen Kirchenbau auseinander und teilte seine Reflexionen über „Die Kirche der Zukunft" schon 1966 sowohl dem planenden Architekten als auch dem Bischöflichen Ordinariat mit. Für ihn waren die zwei Wesensbestimmungen der Kirche, einerseits „Haus Gottes" und andererseits „Haus der Gemeinde" zu sein, nicht gleichzeitig in einem Raum miteinander vereinbar: Das „Haus der Gemeinde" wäre Versammlungsraum und Abendmahlsaal ohne „ausgesprochen religiöses Gepräge", der auch für andere religiöse Veranstaltungen der Gemeinschaft zu dienen habe und den Bau eines Pfarrsaals überflüssig mache, weswegen er keine Kniebänke, aber dafür eine Garderobe brauche. Das „Haus Gottes" hingegen war für Janssen der betont reli-

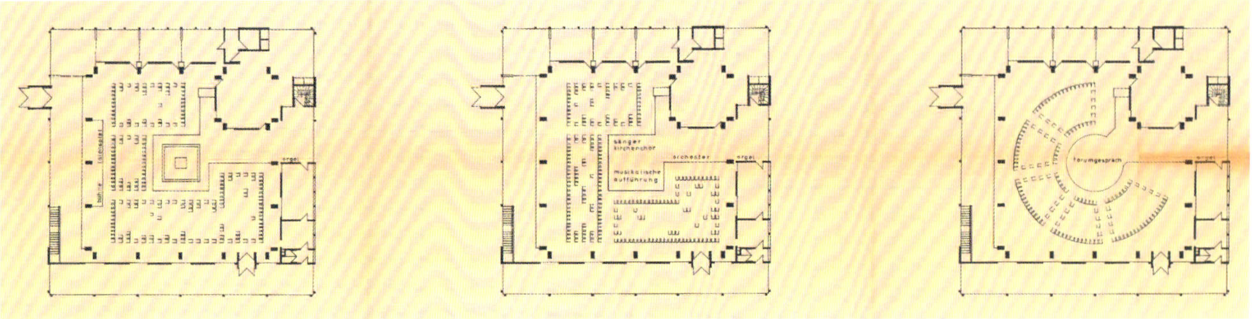

Bestuhlungsvarianten in der Gemeindekirche, Wettbewerbsentwurf für ein neues Pfarrzentrum in Bodolz, Arch. Willy Hornung (1969)

giös gestaltete Raum für die Aufbewahrung der Eucharistie, das persönliche Gebet, für die Taufe, Beichte, Trauung und die Eucharistiefeier im kleinen Kreis. Interessanterweise wird nach einem derartigen Konzept die bestehende historische Pfarrkirche aufgewertet, da ihr in Ergänzung zum neuen Gemeinderaum die Funktion des „Hauses Gottes" in seiner ursprünglichen Bedeutung zuwächst. So würde es „notwendig sein, sie zu pflegen und zu renovieren, insoweit dies erforderlich ist für die Erhaltung des Gebäudes und für eine richtige Gestaltung der Gottesdienste nach den Normen der erneuerten Liturgie".[96]

Gerum und Grübl gehörten zu den bedeutendsten Protagonisten der Mehrzweck- und Fertigteilkirchen im Raum Augsburg und München. Ihre Studiengruppe Kirchenbau bestand seit wenigstens 1967, als sie dem Diözesanbauamt ihr Projekt über Fertigteilkirchen vorstellten.[97] Sie äußerten sich in Publikationen zu diesen Themenkomplexen und behandelten dabei auch Aspekte wie die Stellung der Kirche in der Welt, die Sichtbarmachung des Glaubens und die Senkung der Baukosten. Die Lösung sahen die beiden im Bauen mit vorgefertigten Teilen, weil dies „in der Lage ist, auf einfache und wirtschaftliche Weise eine flexible Raumstruktur zu geben". „Ein in der Konstruktion gleichbleibendes, aber in der Größe wandelbares Skelett einschließlich Decken und Dach", dessen Umhüllung und innere Aufteilung sich nach den örtlichen Bedingungen richtet und sich bis in die Ausstattung fortsetzt, sei dabei jedoch keine „aus der finanziellen Lage geborene Notlösung", sondern die Darstellung der „Kirche als ein integrierter Teil eines größeren Ganzen, das bei den Wohnungen und Arbeitsstätten der Menschen beginnt und sich (…) zum eigentlichen Zentrum der Gesellschaft, zum Altar, hin verdichtet". Sie überlegten, dass der „Zugang zum religiösen Bereich" weniger „über die Sakristei", sondern vielmehr über das „zu betretende Sozialbüro" möglich wäre, denn gerade die jüngere Generation sei oftmals „allergisch" gegen „bloße Repräsentation, formale Feierlichkeit". Auch müsste es „gelingen, den Gottesdienst wieder zum Fest zu machen", zu dem die ganze Gemeinde ihren Teil beitragen könne. Aus diesen Gründen könne „Kirchenarchitektur nicht wesentlich unterschieden sein (…) von den sonstigen Architekturen eines Gemeinwesens". Das Für- und Miteinander der christlichen Gemeinschaft sei das Hauptanliegen der Seelsorge, und dafür seien „Flexibilität einander zugeordneter Elemente (…) innerhalb eines nicht starr fixierten Raumes" nötig.[98] „Die ‚Sakralität' eines solchen Bauwerks wird sich weniger in christlichen Symbolen, als vielmehr in der wohlgeordneten und organischen Gestaltung des Gesamtbereichs ausdrücken."[99] Die Debatte gipfelte damals in der Frage, ob angesichts der Not in der Welt sowie der fehlenden Wohnungen, Schulen und Kindergärten im eigenen Land überhaupt noch Kirchen gebaut werden sollten.

In rascher Folge entstanden ab 1968 neuartige Gemeindezentren in Kempten (Nr. 18), Lauben (Nr. 23), Augsburg (Nr. 24), Bodolz (Nr. 25), Günzburg (Nr. 26), Neusäß (Nr. 27) und Pfuhl (Nr. 28). Die angestrebte Mehrfachnutzung erforderte ein hohes Maß an Flexibilität in der Ausstattung des Kirchenraums durch lose Bestuhlung und wandelbare Altarpodeste, die die Architekten in ihren Wettbewerbsbeiträgen visualisierten (Augsburg, Nr. 24; Bodolz, Nr. 25). Obligatorisch war nun die Einrichtung einer separaten Sakramentskapelle, nachdem im Mai 1967 die *Instruktion über Feier und Verehrung des Geheimnisses der Eucharistie* darauf hingewiesen hatte, dass die eucharistische Gegenwart Christi nicht schon zu Beginn der Messe gegeben sei.[100] Trotz Mehrfachnutzung verschwand aber der Tabernakel (Leitershofen, Nr. 22; Neusäß, Nr. 27; Kempten, Nr. 18; Geltendorf, Nr. 19; Günzburg, Nr. 26; Lauben, Nr. 23) nicht immer komplett aus dem Raumgefüge der Gemeindekirche.

Der gewagteste Bau dieser Zeit ist sicherlich die Pfarrkirche Christi Himmelfahrt in Kempten (Nr. 18). Nicht nur, dass ihre äußere Gestalt von einem Profanbau nicht zu unterscheiden ist, sie hat darüber hinaus eine eigene Sakramentskapelle, die ein halbes Geschoss unterhalb des Kirchenraums ohne verbindenden Zugang eingerichtet ist. Eine derartige Mehrzweckkirche brach mit allen architektonischen Konventionen, denn in Frage gestellt wurden damit auch die herkömmlichen Begriffe des „Sakralbaus“ und der „sakralen Kunst“.

Doch obgleich allen diesen Kirchenbauprogrammen mit angestrebter Mehrfachnutzung die Erklärungen *Zur geistigen Haltung des Kirchenraums* zugrunde lagen, in denen die wesentlichen Punkte der gewünschten Kirche der Gegenwart definiert sind und nichts weniger gefordert war als ein Pfarrzentrum für den neuen Stil im Leben der katholischen Gemeinden, konnte die architektonische Umsetzung dieser Idee ganz unterschiedliche Gestalt annehmen. Mit den betont profanen und klarlinigen Architekturen in Kempten (Nr. 18), Lauben (Nr. 23), Günzburg (Nr. 26), Pfuhl (Nr. 28) und Augsburg (Nr. 24) wollte man die Verankerung der modernen Kirche in der Welt sichtbar machen, mitunter zeichenhaft unterstützt durch große, transparente Glasfronten. Form und Auswahl der Materialien sollten einen wohnlichen Charakter ausstrahlen und dadurch Schwellenängste abbauen. Kirchenarchitektur wollte „Hilfe zur Begegnung zwischen Gott und Mensch“ sein.[101]

Adolf Zach hatte für Leitershofen (Nr. 22) einen weltabschließenden Baukörper gewählt, und auch Branca blieb in Neusäß bei seinen introvertierten, bergenden und behütenden Kirchenburgen, die mit dem geplanten Bewuchs schon fast an Ruinenromantik erinnern. Ebenso komponierte Justus Dahinden, dessen Architekturpositionen durch seine reiche publizistisch-theoretische Tätigkeit unmittelbar nachvollzogen werden können, Baukörper aus asymmetrischen Polygonen mit indirekt oder getönt einfallendem Licht.

Das Kirchenvolk war jedoch nicht immer bereit, den modernen Weg der Bistumsleitung mitzugehen. Es gab Proteste gegen Kirchen ohne Glockenturm und ohne Kniegelegenheit (Leitershofen, Nr. 22; Lauben, Nr. 23; Kempten, Nr. 18), und so manche Veröffentlichung eines Bauprojekts führte offenbar zu scharfen Auseinandersetzungen, auch wenn sich solche Konflikte nur vereinzelt in den Archivalien niederschlugen. Die Menschen wollten eine „richtige Kirche haben“, ein „Gebäude auf dem Grundriss eines länglichen Rechtecks (…), das die Umgebung erheblich überragt, daneben einen Turm, davor eine repräsentative Fassade (…). Die ‚richtige Kirche‘ ist also die hergebrachte Kirche“.[102]

Das Diözesanbauamt war sich jedenfalls der Schwierigkeiten bewusst, betonte, dass es sich bei den neuen Pfarrzentren keineswegs um eine „Entsacralisierung“ handelte, und hielt sich mit Veröffentlichungen zurück, „um zu vermeiden, daß diese Konzeptionen, die (…) eine längst dringende Erfordernis in unserer Zeit sind, nicht bereits im Keime erstickt werden“. Valentin Müller sah sich sogar 1969 veranlasst, in einem Rundschreiben die Positionen des Bauamts zu erläutern, und auf einem Vortrag in Kempten verteidigte er das Konzept der neuen Christi-Himmelfahrtskirche (Nr. 18).[103] Monsignore Kunstmann erklärte in der Festschrift zur Einweihung des neuen Gemeindezentrums in Günzburg dessen „Gestalt und Gehalt“ (Nr. 26), wohlwissend, dass man den Betrachter nicht daran hindern könne, „aus seiner Erinnerung Assoziationen hervorzuholen“, sich etwa „an eine Fabrik erinnert“ zu fühlen. „Jederzeit hat in früherer Zeit jeder Architekt die jeweils neuesten Techniken anwenden dürfen, auch und gerade im Bau von sakralen Räumen.“ Die Sichtbarkeit der Konstruktion sei „zweifellos das Ehrlichste“.[104]

In den Ausschreibungstexten und Bauprogrammen taucht der Begriff des „Mehrzweckraums“ nicht auf, um keine „unnötigen Verwirrungen“ auszulösen, aber auch, um den Gemeinden den Freiraum zu lassen, ihre neuen Kirchen so zu verwenden, wie es vor Ort gewünscht war. „Wer nämlich den großen Versammlungsraum = ‚Kirche‘ nur für kultische Veranstaltungen verwenden will, für den ändert die neue Konzeption außer der Errichtung der Sakramentskapelle nichts so Wesentliches. Er hat lediglich auf den Turm zu verzichten und auf die Verwendung von den bisher üblichen aufwendigen Materialien. Auch das feste Gestühl kann eingebaut werden, allerdings nach unserer Meinung auf die Gefahr hin, daß es wahrscheinlich nach einigen Jahren von der nachfolgenden Generation durch lose Bestuhlung ausgewechselt wird.“[105] Die Zukunft sollte jedoch einen anderen Weg einschlagen als damals erwartet.

Das ökumenische Gemeindezentrum hingegen spielte im Bistum Augsburg keine Rolle. Trotz vereinzelter Ansätze wie etwa in Memmingen (Nr. 31) oder Gersthofen (Nr. 10) und der Veranstaltung des ökumenischen Pfingsttreffens in Augsburg 1971 war die Förderung der Ökumene in einem gemeinsamen Baukomplex offenbar kein Anliegen der Kirchenleitungen.

Paradigmenwechsel und neue Sakralität

Die Mehrzweckkirche markiert zugleich den Höhe- und Endpunkt einer Entwicklung, an dem sich eine wiederholte Wende in der Baukultur der Kirche vollzog. Denn der Mehrzweckraum hatte keine Klarheit in die Diskussion um die zeitgemäße Kirche gebracht. „Mir scheint der Mehrzweckraum, der anstelle des sakralen Raumes gefordert wird, auch eine Ausflucht zu sein aus dem immer wieder durch Kitsch verfremdeten, dem künstlerisch verfeierlichten Sakralraum, eine scheinbare Befreiung vom Schein Heiligen“, sagte Josef Wiedemann 1969 auf einem Vortrag in der Akademie der Bildenden Künste in München.[106]

Die „Mehrzweckkirche“ war nicht nur zu einem unglücklichen Schlagwort, sondern zu einem regelrechten, polemisch aufgeladenen Kampfbegriff geworden, zum Inbegriff dessen, dass „der künstlerisch sakrale Raum“ im „rauhen Reif des Profanen dem natürlichen Kältetod ausgesetzt“ sei.[107] Alle möglichen modernen Kirchen der 1960er Jahre wurden als Mehrzweckkirchen bezeichnet, auch solche, bei denen die Multifunktionalität gar kein Planungskriterium war (Gersthofen, Nr. 10).[108] Nur scheinbar, so lautete die Kritik, hätten sich hier das „Zweckmäßige und das theologisch Richtige“ verbunden; tatsächlich seien es Räume ohne Eigenschaften geworden. Von einer Zeit des Niedergangs, von „Hippis-Veranstaltungen“[109] und „Partys“, die abends in den Kirchenräumen gefeiert würden,[110] war die Rede. Man beklagte eine „Entkultung“, den „Verlust des Mysteriums“ im Gottesdienst[111] und die Beurteilung der Kirchenarchitektur unter rein rationellen, effizienten und ökonomischen Gesichtspunkten.[112] „Verrationalisierung“ führe zu „radikaler“ geistiger „Verarmung“.[113]
Es waren Veröffentlichungen wie diejenige über das neue Gemeindezentrum St. Philip and St. James in Hodge Hill (Birmingham, Martin Purdy, 1967–1968, 2008 abgerissen), in dessen Kirche Kinder Ball spielten, die die Angst vor der „Entsakralisierung“ der Gottesdiensträume auch in den deutschen Diözesen schürten, Zweifel an der beschrittenen Richtung säten und letztlich zu einer Abkehr führten. Von einem „Mißverständnis der letzten Jahre“, von einem „verfehlten Experiment“ war nun die Rede.[114] Nicht nur in fachinternen Diskussionen setzten sich Theologen, Architekten und Soziologen mit der Frage nach der „zeitgerechten Gestalt des Kirchenraumes“[115] auseinander, auch eine ganze Reihe von öffentlichkeitswirksamen Ausstellungen widmete sich am Ende der 1960er Jahre dem Problemkreis. 1969 stellte die Deutsche Gesellschaft für christliche Kunst in ihrer Ausstellung zum „Kirchenraum nach dem Konzil“ in München die Frage, ob der bisherige Kirchenbau „für die heilige Versammlung“ wirklich so falsch gewesen sei und ob der Mehrzweckraum alle Probleme lösen könne.[116] Eine von dem Wiener Theologen und Kunsthistoriker Herbert Muck kuratierte Wanderausstellung zum Thema „Neue Formen kirchlicher Präsenz“ mit Beispielen aus ganz Europa wurde 1971 ebenfalls in München gezeigt.[117] 1973 veranstaltete wiederum die Deutsche Gesellschaft für christliche Kunst eine große Ausstellung mit Begleitprogramm und dem programmatischen Titel „Kirchenbau in der Diskussion“[118], die in einer umfassenden Retrospektive über das vergangene Jahrzehnt die „Probleme des heutigen Kirchenbaus“ darstellte. „Fragen wir“ also „anstatt nach der guten nach der richtigen Architektur“, forderte Justus Dahinden noch Jahre später.[119] Monumentalität „‚ging‘ nicht mehr, und die sturen Verfechter des Betonbaus wurden unsicher“.[120]
Gleich zwei Mal reflektierte die Diözese Augsburg in lückenlosen Dokumentationen ihre Bautätigkeit nach dem Zweiten Vatikanischen Konzil in großen Fotoausstellungen, die von Valentin Müller und Monsignore Kunstmann gestaltet wurden. Die Schau von 1973, im Jahr des 1000. Todestages des hl. Ulrich, führte in drei

trennten, nicht noch immer unsichtbar aufgerichtet sind. Außerdem kommt die Kirche in den Trabantenstädten meist zu spät, dann, wenn sich schon andere Strukturen und Kommunikationsmöglichkeiten gebildet oder die Menschen schon resigniert und sich eingeigelt haben.

Zwei unter einem Dach

Ein Ausweg, den auch die „Fernstehenden“ abnehmen (auch wenn sie deshalb noch lange nicht in die Kirche gehen) wäre der gemeinsame Kirchenbau der beiden Kirchen. Das Beispiel des kirchlichen Zentrums auf dem Olympiagelände scheint weiter Schule zu machen: Zwei Kirchenräume zwar noch, aber immerhin unter einem Dach. In der Trabantenstadt Perlach ist ein ähnliches Zentrum beider Kirchen geplant. Das würde auch Kosten für nicht „sakral“ genützte Räume und die angesprochenen Dienste der Kirche sparen. Und in der täglichen Begegnung, vielleicht sogar einer gemeinsamen Verwaltung, könnte die Ökumene die Feuertaufe fernab der Theologie bestehen.
Das Kirchengebäude, ob evangelisch oder katholisch, aber muß wieder ein Haus der offenen Tür werden, das dem Menschen bei der Bewälti-

Zeitungsbericht mit einer Aufnahme von Ball spielenden Kindern in Birmingham, St. Philip and St. James in Hodge Hill, Arch. Martin Purdy (1967–1968, Aufnahme 1971)

Stufen zur Augsburger Version der Mehrzweckkirche hin, „die kommende Kirche (...) dienend mitten in der Welt".[121] Fünf Jahre später firmierte die mit aktuellen Projekten erweiterte Ausstellung unter dem Titel „Chorraum- und Altargestaltung nach dem zweiten Vatikanischen Konzil im Bistum Augsburg", die im Anschluss daran auch von der Deutschen Gesellschaft für christliche Kunst in München gezeigt wurde. Sie beschränkte sich dabei jedoch nicht auf die Neubauten, sondern bezog in die gezeigten 80 Objekte auch die Altarraumgestaltung in historischen Kirchen mit ein.[122]

Auf katholischer wie evangelischer Seite wurden die Stimmen lauter, die für den Gottesdienst Räume forderten, die „das Vernehmen der Realität, auf welcher unser Dasein ruht", wieder möglich machten, Räume, in denen der Mensch „aus dem akustischen und optischen Getöse (Kauf dies, trink das, iß jenes, amüsiere dich hier, demonstriere für oder gegen), aus diesem pausenlosen Angeschrien werden immer wieder einmal heraustreten" könne.[123] Viele Menschen waren der Meinung, dass „Kirche vor allem und zuerst Kirche bleiben sollte".[124] Sie beklagten, dass moderne Kirchen einen Mangel an Geborgenheit ausstrahlten, keine Frömmigkeit oder Andachtsgefühl entstehen ließen und der Beter nicht mehr vor Gott knie.[125]

Einer der Wortführer der neuen Sakralität war Joseph Ratzinger, der zuvor zwischen 1962 und 1965 zu einem der wichtigsten Konzilsberater und Konzilstheologen geworden war: „Die Versammlung, die Kirche darstellen will, muss ganz vom Gedächtnis des Herrn durchprägt sein", muss „sakral" sein.[126] „So muss ein Kirchengebäude auch ein Raum sein, der über den gemeinsamen Gottesdienst hinaus einlädt zum Verweilen, zum Gebet, zum Stillesein vor dem Herrn, dessen eucharistische Nähe über die gemeinsame Feier hinaus stehen bleibt." Kirchen sollten den ganzen Tag Kirchen bleiben. „Eine Kirche, die nur noch ‚funktioniert', nur ‚funktional' ist, wirkt gerade das nicht mehr, was ihr Besonderes ist: Der Raum zu sein, in dem wir aus der Welt der Zwecke heraustreten in die Freiheit Gottes hinein." Die Aufgabe, solche Räume zu bauen, schien Ratzinger umso lohnender, als der moderne Mensch in den Wohntürmen der Städte vereinsame. Aber auch außerhalb liturgisch-theologischen Denkens wurde man sich verstarkt bewusst, dass die „Sehnsucht der Gesellschaft" in „Richtung auf Bauwerke" gehe, „mit denen der Stadt eine ‚zusätzliche Seele' eingehaucht wird".[127] Schwindendes Vertrauen in den Fortschritt und Kritik an der Architekturentwicklung sowie am Städtebau, die führende Architekten wie Günter Behnisch, Frei Otto, Hans Kammerer oder Justus Dahinden formulierten,[128] bewirkten eine Rückbesinnung auf „als gesichert geltende Bereiche".[129]

Was nun aber einen Raum zu einem sakralen Raum macht, ist nicht leicht zu definieren, zumal schon allein der Begriff „sakral" unscharf umrissen ist und Sakralität per se nichts mit Raumstimmung zu tun hat. Auf unterschiedlichen Ebenen bedeutet Sakralität, wenn man nicht von magischen Handlungen und Vorstellungen spricht, im christlichen Verständnis: dem profanen Gebrauch entzogen, übernatürliche Wirklichkeit, Liebe Gottes, Werk der Erlösung oder das dialogische Verhältnis von Gott und Mensch. Dementsprechend vielstimmig war die Diskussion darüber, ob und wie eine Kirche über ihre Funktionsfähigkeit hinaus zu einem eindeutigen, sakral „sinnfälligen Zeichen" werden kann oder gar muss.[130]

Die Krise des Kirchenbaus wurde auf katholischer wie evangelischer Seite seit der ersten Hälfte des 20. Jahrhunderts beklagt. Das historistische 19. Jahrhundert hatte das vorrangige Problem in der Wahl des richtigen Baustils und der Konfessionszugehörigkeit des Baumeisters gesehen. In der ersten Hälfte des 20. Jahrhunderts wurde die Debatte zu einer Auseinandersetzung mit Sakralität und Profanität, als es um den Einsatz industrieller Baumaterialien und neuer Raumformen für neue Liturgieformen ging. In den 1960er Jahren produzierten Theologen und Philosophen wie Soziologen und Architekten eine große Fülle an Abhandlungen zum Thema, deren Positionen an dieser Stelle nicht einmal ansatzweise zusammengefasst werden können,[131] weswegen im Folgenden die Konzentration auf den für das Bistum Augsburg tätigen Architekten liegt.

Auch wenn Josef Wiedemann der Ansicht war, dass „der sakrale Raum (...) als solcher nicht gemacht werden" könne,[132] ging es nicht nur ihm immer darum, für die religiösen Riten adäquate Räume zu schaffen, die mehr darstellten als reine Vortragssäle, also ihre besondere Bedeutung eben doch aus der Raumstimmung und ihrer Aura schöpfen. Die Fixierung auf die traditionelle Form stellt dabei nur eine oberflächliche Annäherung an den Problemkreis dar, und auch das Vorhandensein von einem festen Altar und Kniebänken begründet noch keine sakrale Raumstimmung. Ebenso wenig schaffen christliche Symbole automatisch einen religiösen Gehalt, wie Hansjakob Lill darlegte.[133]

Wiedemann war ein Verfechter der Position, dass das Sakrale „nicht mehr durch architektonische Mittel zu erreichen versucht (...) werden sollte, sondern im Ereignis selber geschehen wird", weshalb „das Geschehen im sakralen Raum (...) eine gemachte ‚Stimmung' nicht" notwendig hätte.[134] Denn der Kirchenbau erschöpfe sich nicht in funktionalen Aspekten, vielmehr sei die „Begegnung mit dem Transzendenten" der Sinngehalt, „auf dem die Kirche der Gegenwart aufbauen kann". Voraussetzung für eine gelungene Kirche waren seiner Ansicht nach „Lesbarkeit der Konstruktion, die Intensivierung des Ma-

terials und die Spannung der Verhältnisse". Auch betonte er, dass die stimmungsvolle Kirche Kunst brauche.[135]
Alexander von Branca sah die „immer größere Hinwendung zum Technischen, zum rein Zweckdienlichen inklusive der Vermarktung – gewissermaßen die Marktgerechtigkeit einer Sache" und den „Wandel vom Stil zur Mode" als die Problematik der aktuellen Architektur an. „Material und die Führung des Lichts" waren für ihn die Grundthemen architektonischer Gestaltung.[136]
Justus Dahinden setzte sich intensiv mit der „Gefühlsansteckung bei der Wahrnehmung" von Architektur und mit ihren Empfindungsqualitäten auseinander, das heißt, mit der Gestaltpsychologie hinter dem Entwurf. Er unterteilte Architekturen in Spannungsraum, Entspannungsraum, Imponierraum, Einschüchterungsraum, Animierraum, Illusionsraum und Gleichgültigkeitsraum. „Kirchenbauten sollten sich zu erkennen geben im urbanen Umfeld" und drei Qualitäten aufweisen, nämlich ihre Eignung für die Wortverkündung, das eucharistische Mahl und die Andacht.[137] Dabei war für ihn die Unterstützung „der kultischen Bereitschaft" durch die architektonische Form und durch die Mittel der Raumgestaltung die Wurzel seiner Planung; die Baugestalt – auch der Mehrzweckkirche – musste seiner Meinung nach „wegführen von der profanen Umwelt".[138] „Konstruktiv Zweckhaftes" und „das sinnlich Gestalthafte"[139] einer Architektur erzeugen Raumstimmungen, die durch ihre Erscheinung „als Manifestation des Geistes" „die Nutzung motivieren"[140]. Schlichtheit der Materialien im Inneren wie Äußeren – vorzugsweise Beton, Metall, Holz, Glas – und Schmucklosigkeit sind für ihn Ausdruck „unserer heutigen Auffassung von der Kirche der ‚Armen'". Eine ausgeklügelte Lichtregie galt Dahinden als besonderer kompositioneller Bestandteil, um Raumbildungseffekte zu schaffen, das Übernatürliche zu visualisieren und die Konzentration der Gläubigen auf das liturgische Geschehen zu lenken. Denn Licht im Raum kann bergen, wärmen, festlich sein, heimelig, mystisch, erhaben, pompös, theatralisch, verunsichernd oder banal. „Die Lichteinwirkung in einem Raum ist umso nachhaltiger, je konsequenter die Verbindung zum normalen Tageslicht unterbunden wird. Davon lebt die Gefühlswelt der Introversion."[141] Die Konzentration nach innen war für Dahinden das Wesen eines Kirchenraums auch innerhalb eines „Kontaktzentrums", wie er die Planungsvorstellung von der Mischung der „vielfältigen Aktivitäten kirchlicher und gesellschaftlicher Art auf engem Raum" bezeichnete.[142] Von den „architektonischen Qualitäten" und nicht von der „Funktionsbezeichnung" hänge die Erfüllung auch irrationaler Forderungen an den Kirchenbau ab.[143] Symbole und Zeichen waren – obgleich wichtig – für ihn im Kirchenbau nur zweitrangig.[144] „Funktion folgt der Form" war sein Motto, nicht das moderne Schlagwort von „form follows function".[145]
Vor allem das Licht, das zum Beispiel auch für Le Corbusier „der Schlüssel" war,[146] spielt im Zusammenklang mit den Proportionen und der Materialauswahl eine entscheidende Rolle bei der Schaffung von Formen und Räumen, sei es durch die Modellierung mittels Lichtöffnungen oder durch transluzente Wände (St. Pius, Meggen, Franz Füeg, 1966).[147]
1970 legte Bischof Stimpfle – nicht ohne die skeptische Begleitung der diözesanen Baufachleute – den künftigen Weg des Kirchenbaus fest, indem er forderte, dass „die Würde des sakramentalen Raums (...) wieder mehr betont werden" soll, was eine Akzentverschiebung von der Kirche als Haus der Gemeinde zur Kirche als Haus Gottes bedeutete. Es sollten wieder bewusst sakramentale Räume gebaut werden, deren Äußeres sich „gegenüber der Umgebung abschirmt" und deren Inneres „zum Zentrum des Heiligen hinführt". Die Anbetung Gottes wurde wieder betont und in diesem Zusammenhang auch der Anbetungsgestus des Kniens. Stimpfles eigentlicher Wunsch war „die Anordnung eines Gestühlsblocks in der herkömmlichen Form". Um der dabei drohenden Gefahr durch eine „falsche Monumentalisierung" oder „Erstarrung der kirchlichen Innenarchitektur" zu begegnen, betonten Müller und Kunstmann die Bedeutung künstlerisch hochwertiger Arbeiten, die künftig drei Grundkonstanten zu berücksichtigen hätten: die Betonung des fixen Altars, die Aufstellung des Tabernakels im Altarraum und die Installation herkömmlicher Knie- und Sitzbänke. Ein Hindernis für andere Veranstaltungen im Kirchenraum sah Kunstmann darin nicht; sie „brauchen sich nicht am Altar zu stören und der Altar stört sie nicht".[148]
Bei manchen, durch die Baustopps verzögerten Projekten ist der Umschwung noch im Planungsverlauf festzustellen. Zwischen dem Wettbewerb und der Weihe der neuen Kirche Christi Auferstehung in Memmingen im Jahr 1975 (Nr. 31) lagen fünfeinhalb Jahre, in denen sich Entscheidendes verändert hatte. 1974 wünschte Stimpfle in dem 1970 als Mehrzweckkirche mit Sakramentskapelle geplanten Bauwerk die Aufstellung des Tabernakels im Hauptraum, denn „bei einer ständigen Aufbewahrung des Allerheiligsten in der Kapelle" sei „zu befürchten, daß aus dem Sakralraum irgendein Mehrzweckraum wird, der nicht geweiht zu werden brauchte"; nur einer temporären Aufbewahrung in der Nebenkapelle konnte er zustimmen. Außerdem musste jetzt der zunächst flexibel gedachte Altar fest im Boden verankert werden. Künftig sollte der Bau einer Werktagskapelle generell entfallen, da er sie bei Kirchen dieser Größenordnung als nicht notwendig erachtete. Eine weitere Debatte betraf den anfänglich geplanten Einbau eines Teppichbodens, dem er dann „in diesem Falle (...) ausnahmsweise nochmals (letztmals)" zustimmte, und die ursprünglich vorgesehenen Einzelstühle, die zu Bankreihen wurden.

Denn Bischof Stimpfle sah „die Angelegenheit nicht nur als eine bauliche, sondern als eine theologische und pastorale Frage“ an und empfahl „eine grundsätzliche Rückkehr zur Kniebank“. [149] Auch in St. Simpert in Augsburg konnte zwar der vom Bischof abgelehnte Teppichboden doch noch eingezogen werden,[150] doch im Hinblick auf das Gestühl musste eine Kompromisslösung gefunden werden: Anstelle der Einzelstühle entschied man sich für schlichte, hölzerne Zweisitzer ohne Wangen, aber mit Knie- und Armbrettern, die zu festen Blöcken verschraubt wurden.[151] So manches Wagnis, das man in einzelnen Orten „im Ringen mit dem Ordinariat“ bereits eingegangen war, wurde später „wieder verboten oder durch mangelndes Verständnis der Bevölkerung abgeblockt. Geblieben sind Konzerte, Adventsingen, Diavorträge“.[152] In Kempten wurde 1974 gar die gesamte bisherige Planung für die neue Kirche St. Franziskus verworfen: Aus dem funktionalen Pfarrzentrum wurde eine Zeltkirche mit eindeutig definiertem Sakralraum unter einem Zeltdach.

Augsburg, Priesterseminar St. Hieronymus, Arch. Alexander von Branca (1983–1987)

Gegenüber dem in den 1960er Jahren bevorzugten skulptural aufgefassten Betonbau emanzipierte sich zunehmend die Stahlkonstruktion. Gottfried Böhm, der berühmte Protagonist architektonischer Großplastiken aus Beton, gab dem Kirchenbau im Bistum Augsburg neue Impulse. Er schuf mit seiner Sühnekirche Herz Jesu und Mariä in Wigratzbad (Nr. 32) eine Zeltstadt aus vorfabrizierten Stahlfertigteilen, die wie eine Zusammenstellung bescheidener, blechverkleideter Schuppen wirkt. Da zur Bauzeit noch nicht klar war, ob sich die Pilgerstätte auf Dauer behaupten würde, erlaubte die ausgeklügelte Konstruktion, bei Bedarf die gesamte Anlage zu demontieren und an einem anderen Ort wieder aufzubauen. Für die damalige Architekturkritik barg die Gebetsstätte in Wigratzbad „den Zukunftskeim (...) der totalen Absage der monumentalen ‚Betonburgen‘ und ihrer überzogenen Symbolik, die sich hier in neuer Beweglichkeit, Materialverwendung, Raum- und Symbolauffassung auf dem Weg zum Kirchenbau unserer Zeit manifestiert hat“.[153]
Einen ganz ähnlichen Baugedanken hatten ein wenig früher die für die evangelische Kirche tätigen Münchner Architekten Ludwig Bauer und Franz Lichtblau verfolgt, die in Augsburg das evangelische Gemeindezentrum St. Andreas errichtet hatten (1967 eingeweiht).[154] Sie entwickelten eine Kirche aus einem Aluminiumskelett, das nur aus den zwei Bauteilen Sparrenstütze und U-Träger

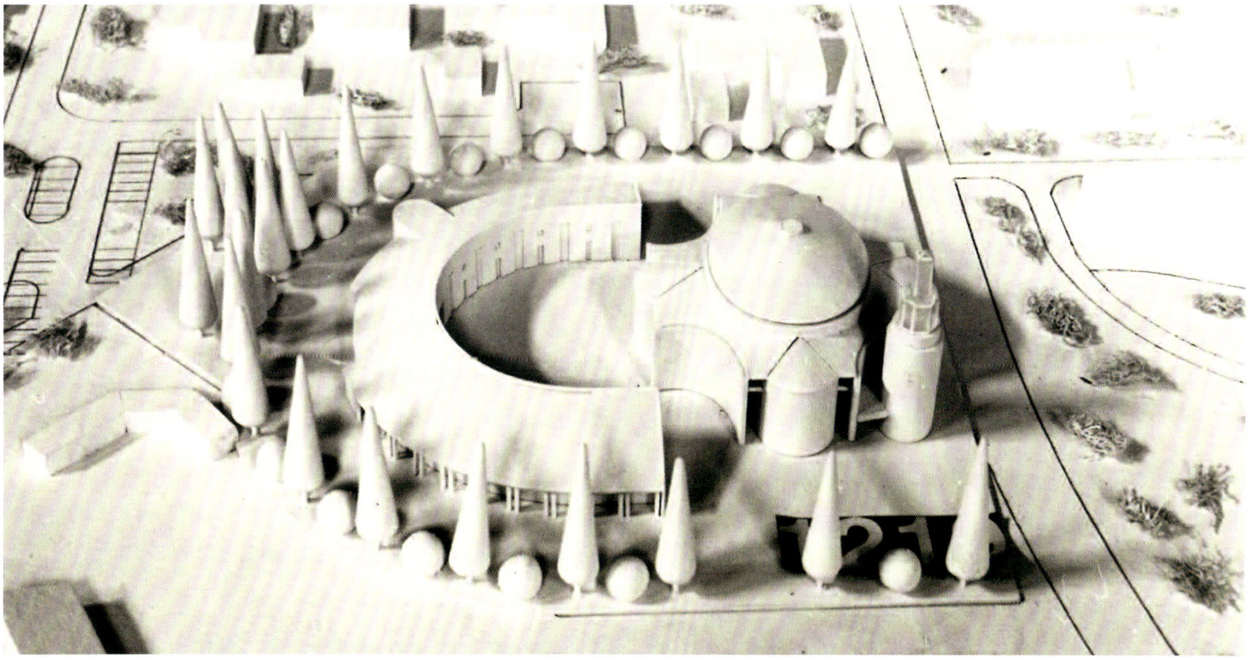

Modell, Wettbewerbsentwurf für eine neue Pfarrkirche in Königsbrunn, Arch. Alexander von Branca (1987)

für die Decke besteht und mit verschiedensten Stoffen ausgefacht werden konnte. Mit einer äußerst kurzen Bauzeit von etwa fünf Monaten und der größtmöglichen Flexibilität innerhalb einer Vielzahl möglicher Raumvariationen und -kombinationen auf dreieckigem Grundraster wurde das System als Ausweg aus der Krise des Kirchenbaus gepriesen; jederzeit veränderbar, konnte damit Gemeindeaufbau und Kirchenbau Hand in Hand gehen.[155]

In der Diözese Augsburg kam in der Folgezeit der Stahlbau jedoch nicht wegen seiner Eignung für den variablen Montagebau zum Einsatz – eine Ausnahme bildet hierbei die Sühnekirche in Wigratzbad (Nr. 32) –, sondern, weil er wegen seines relativ geringen Eigengewichts als Tragkonstruktion Vorteile hatte und überdies ästhetisch geschätzt war. Mit ausgewählten Materialien und edlem Weiß verband sich der leicht wirkende Stahlbau zu einem würdigen Raum für die Liturgiefeier. Bei der Kirchenerweiterung in Utting (Nr. 47) formte die Krümmung der Stahlrohre eine baldachinartige Bedachung, in Königsbrunn (Nr. 38) tragen die filigranen Stahlsäulen ein Zeltdach.

Man baute wieder Kirchen, die die Eigenständigkeit des Sakralbaus in seiner Funktion und Dominanz innerhalb einer Anlage auch nach außen betonen. „Es ist eine Kirche – keine Halle!", frohlockte die Presse anlässlich der Weihe der neuen Pfarrkirche St. Ulrich in Dillingen (Nr. 35)[156] und machte damit deutlich, dass auf der Suche nach Sakralität wieder auf dezidiert historische Würdeformeln zurückgegriffen wurde. Für eine neue Kirche in Königsbrunn erdachte Alexander von Branca 1986/1987 eine (nicht ausgeführte) introvertierte, von der Außenwelt abgeschottete Anlage in nahezu barockem Gestus mit bewegten und gekurvten Grundrisslinien und Zitaten von historischen Platzräumen und Zentralbauten. Man setzte also erneut auf bewährte Baulösungen und Raumkonzepte und verwendete wieder den traditionellen Ziegel als Baumaterial; beliebt waren offene Dachstühle mit von oben einfallendem Licht, Symmetrie und geneigte Dachflächen. Nur selten fehlte in den formal erwartbaren, vorzugsweise hell und weiß gehaltenen Räumen eine ästhetisch ansprechende, feierlich-festliche Raumstimmung. Verstärkt wurden wieder Emporen für Orgel und Sänger errichtet, um eine Ablenkung vom Gottesdienst durch die Nähe der Kirchenmusik zum Altar zu vermeiden.[157] Auch Kirchtürme gehörten wieder zum Bild, als Zeichen für „ein steingewordenes Evangelium gerade für eine weithin säkularisierte Umwelt".[158] 1978 gab es sogar einen Grundsatzbeschluss der Turmbebauung im Bistumsgebiet.[159] Bei aller Rückbesinnung auf traditionelle Werte und Architekturformen blieb die Gemeinde weiterhin um den Altar versammelt, und der oktogonale Zentralraum – seit dem Frühchristentum eine prominente Kirchenbauform – behauptete sich als eine der beliebtesten Raumformen. Die Kirchenbaukonzepte erschöpften sich dabei jedoch nicht in architektonisch-formalen Bedeutungskriterien, sondern es handelt sich um Sakralbauten, in denen fein aufeinander abgestimmte theologische Überlegungen und Bezüge Raum- und Ausstattungsprogramme bestimmen (Dillingen, Nr. 35; Königsbrunn, Nr. 38; Sonthofen, Nr. 37).

Erst 1988, als die große Zeit des modernen Kirchenbaus längst vorbei war, fasste die Liturgie-Kommission der Deutschen Bischofskonferenz in einer Arbeitshilfe die Leitlinien für den Bau und die Ausgestaltung von gottesdienstlichen Räumen zusammen.[160] Darin ist ein „guter Kirchenraum" als „Sakralraum" definiert, der „zur Ehrfurcht" einlädt und Transzendenzerfahrung ermöglicht. „Die Qualität des Raumes hat Auswirkungen auf die Qualität der Versammlung. Ein gelungener Raum umschließt die Gemeinde und fördert Gemeinschaft." Die Bestimmungen der *Instruktion zur ordnungsgemäßen Durchführung der Konstitution über die heilige Liturgie* von 1965 blieben der Wesenskern der liturgischen Anforderungen, wobei einzelne Aspekte eine Klarstellung oder leichte Akzentverschiebung erhielten. Neu war, dass Bänke wie variable Bestuhlung für die Gemeinde mit Kniemöglichkeit zu versehen sind. Es wird empfohlen, den Tabernakel wie bisher in einem besonders ausgezeichneten Raumteil der Kirche oder auch in einer abgetrennten Kapelle aufzustellen, wobei die Betonung darauf liegt, dass „die Aufstellung des Tabernakels in der Mittelachse (…) dem heutigen Verständnis der Liturgie weniger angemessen (ist) und … nach Möglichkeit vermieden werden" sollte; aber „bei historischen Altarausstattungen wird man Ausnahmen zulassen". Darüber hinaus wurde festgelegt, dass der Sängerchor als Teil der Gemeinde auf einer Empore oder im Rücken der Gemeinde aus liturgischen Gründen nicht günstig ist. Die Bestimmungen für den Ort des Organisten hingegen sind etwas vage gehalten, betonen aber, dass er einen engen Kontakt mit Gottesdienstleiter, anderen Mitwirkenden und Gemeinde erfordert. Ein liturgiegerecht gestalteter Vorplatz gehört mit zum Raum der Gemeinde.[161]

Die Richtlinien, die das Bistum Augsburg für den eigenen Geltungsbereich im Jahr 2008 veröffentlichte, gingen in einigen wenigen Punkten über diese Empfehlungen hinaus. In der Frage, wie der Kirchenraum einzurichten sei, liegt die Betonung darauf, dass der Aufbau der Gemeinde, „d.h. des Volkes Gottes am Ort in seiner hierarchischen Gliederung erkennbar wird, und andererseits die Einheit des ganzen heiligen Volkes deutlich zum Ausdruck kommt". Dies bedeutete, dass der Altar als optischer Mittelpunkt der Gemeinde erlebbar „als Mitte des Gesamtraumes" nicht zu weit von den Gottesdienstbesuchern entfernt liegen darf, aber auch nicht mehr so deutlich wie in den Jahren zuvor als räumliche Mitte gestaltet werden muss. In Pfarrkirchen ist ein tragbarer Altar nicht gestattet, er muss „fest mit dem Boden“ verbunden sein.[162] Obwohl zum Ort des Tabernakels die Augsburger Formulierung mit den Vorgaben der Deutschen Bischofskonferenz weitgehend übereinstimmt, kam es in der Praxis zu erheblichen Abweichungen, denn es wurde in Neubauten wie bei Umgestaltungen zur Regel, den Tabernakel in der Hauptachse hinter dem Altar zu platzieren, um auf diese Weise die Anwesenheit Gottes im Brot zu betonen.

Ausstattung

Die katholische Kirche schrieb der bildenden Kunst schon immer einen hohen Stellenwert zu, und die Augsburger Bistumsleitung forderte in ihren Leitlinien übereinstimmend mit den Architekten, bei der Berufung von Künstlern „anspruchsvolle Maßstäbe“ anzulegen.[163] Wiedemann bedauerte, dass in Augsburg zwar eine Bischöfliche Kunstkommission existiere, diese aber eigentlich nie einberufen worden war. Auch Künstlerwettbewerbe zur Ausstattungsthematik sollte es seiner Meinung nach häufiger geben.[164]
Seit der Zwischenkriegszeit und dann verstärkt in den 1960er Jahren waren die bildenden Künste als Gestaltungsfaktoren im Kirchenraum zurückgedrängt worden. Gleichzeitig hatte es lange gedauert, bis die moderne Kunst Einzug in die Kirchen erhielt. Der Festraum mit der Imaginierung des Göttlichen war der Schlichtheit und Einfachheit gewichen. Die Auseinandersetzungen um das Wesen einer christlichen Kunst nahmen dadurch jedoch nicht ab, wie die zeitgenössische Kritik feststellte.[165] Figurale Bildwerke als plastische oder malerische Arbeiten gab es nur noch selten in Kirchenräumen; sie setzten nun einzelne, ausgewählte Akzente, etwa als Kreuze, Marienfigur, Darstellungen des Kirchenpatrons oder, seltener, als Kreuzweg. An Bedeutung gewann dagegen die plastische Durchformung architektonischer Elemente – der Altäre, Ambonen, Tabernakel und Sakramentshäuschen, Tauforte und ganzer Wandabschnitte oder Deckenflächen, ja der architektonischen Hülle insgesamt.[166] Neben den traditionellen Materialien Holz, Stein, Bronze und Edelmetall konnten nun auch moderne Kunststoffe wie Acryl- oder Plexiglas (Augsburg, Nr. 1; Neusäß, Nr. 27; Syrgenstein, Nr. 29), Aluminium (Krumbach, Nr. 11) und vor allem Edelstahl auch in industrieller Fertigung in der Ausstattung liturgische und ästhetische Funktion übernehmen.[167]
Der leere, nur durch die Anwesenheit Gottes erfüllte Raum im Sinne von Rudolf Schwarz[168] war innerhalb der Diözese wohl niemals der tatsächlich gewünschte Endzustand eines Kirchenneubaus. Zwar ist nicht jede Architektur gleichermaßen geeignet für Ausstattungskunst, doch zumeist waren es ökonomische Zwänge gewesen, die zu einer sehr sparsamen Ausstattung der fertiggestellten Kirchenräume geführt hatten. Selbst in der extrem nüchternen Gemeindekirche Christi Himmelfahrt in Kempten (Nr. 18) hätte nach ursprünglicher Vorstellung die Rückwand hinter der Altarzone künstlerischen Schmuck erhalten sollen;[169] realisiert werden konnte dort jedoch nur ein graphisches Lilienornament ähnlich demjenigen, das später in St. Franziskus verwirklicht wurde (Nr. 33).
Aber auch eine vorläufige Leere erfordert eine künstlerische Durchbildung, die nur eine enge Zusammenarbeit von Künstler und Architekt gewährleisten kann und die auf diese Weise von eher kunstgewerblicher Dekorationskunst zu hochwertiger Kirchenkunst wird. Dabei beließ das Diözesanbauamt in der Regel den Architekten die letzte Entscheidung über die Auswahl der Künstler, um Harmonie und Qualität zu sichern.[170] Robert Gerum war mit Reinhold A. Grübl eng vernetzt, mit dem auch Alexander von Branca oder Hermann Öttl gerne arbeiteten; Letzterer war zudem mit ihm freundschaftlich verbunden.[171] Josef Wiedemann zog für künstlerische Ausstattungsfragen bevorzugt Blasius Gerg hinzu, von dem er sagte, dass dieser „sich wie kein anderer in die Vorstellungen des Architekten vom Gesamten her“ einfüge, „ohne dabei seine eigenen Ideen hintanzustellen“.[172]
Selbst als man auch im Bistum Augsburg mit großer Begeisterung die später vielgeschmähten Mehrzweckkirchen baute, bedauerte man hier, dass „die herrschende theologische Richtung unserer Tage“ leider „bilderfeindlich“ sei, und stellte fest: „Eine neue Theologie des Bildes tut not“.[173] Die Bistumsleitung erkannte das Verlangen der Gläubigen nach Bildern und Zeichen an und forderte sogar, dass „mit besonderer Aufmerksamkeit (…) der Hauptraum für die verschiedenen Formen der Volksfrömmigkeit ausgestattet werden“ sollte, etwa für den Rosenkranz, den Kreuzweg oder die ewige Anbetung, und dass besondere Devotionsorte auch Zonen mit Kniebänken neben freiem Gestühl erhalten müssten.[174] Die Rücksichtnahme auf volksfromme Bedürfnisse äußerte sich auch darin, dass in beinahe jeder neuen Kirche ein Ort für die Marienverehrung eingerichtet wurde.
Im Ringen um die Qualität waren Architekten und Diözesanbauamt oftmals Verbündete. „Wir wollen auch keine Mühe und Zeit scheuen, um den Kirchenraum vor nichtssagender Dutzendware zu bewahren; der Blumen-‚schmuck‘ an den Altären lässt uns zwar wenig Hoffnung. Umso mehr hoffen wir auf Ihre Hilfe“, schrieb Wiedemann im Zusammenhang mit der Ausstattung seiner neuen Kirche in Landsberg (Nr. 12) an Baudirektor Müller.[175]
Seit den späteren 1970er Jahren ist wieder eine verstärkte Tendenz zur bildlichen Bereicherung von Kirchen-

Innenraum, Aystetten, St. Martin, Arch. Philipp Dreher, Ulm (1964–1966, Aufnahme um 1966)

Innenraum nach der Neugestaltung, Aystetten, St. Martin, Konzept Arch. Ulrich Reitmayer (1987–1990)

räumen festzustellen. In zwei Kemptener Neubauten ist diese Vorliebe besonders augenfällig: Nachdem St. Franziskus (Nr. 33) vom Flachdachbau zum markanten Zelt umgeplant worden war und die Gemeinde den Künstler Paul Brandenburg durchgesetzt hatte, entspann sich ein Kampf um die künstlerische Einheit von immer noch klarliniger Architektur und plastischer Ausstattung. Das Diözesanbauamt war nicht glücklich mit dem Entwurf des Berliner Bildhauers und verlangte ausdrücklich eine enge Verzahnung mit der für den Bau zuständigen Architektengemeinschaft Zwerch und Zwerch, denn „die Ausstattung des Altarraumes bedeutet für den Architekten der Kirche eine Existenzfrage. Je nachdem kann der Sinn der Architektur erst klar vertreten oder aber zerstört werden. Jedes Maßverhältnis ist entscheidend."[176] In St. Hedwig in Kempten (Nr. 34) knüpfte man wenige Jahre später in einer überbordenden Fülle an Schalungsstrukturen und von figuralen Details auch ikonographisch an den reichen Bilderschatz Jahrtausende währender christlicher Kunst an.

Nach und nach wurden die häufig karg ausgestatteten Kirchen der 1960er Jahre mit Bildwerken oder Textilkunst bestückt, was bei sensibler Berücksichtigung der Architektur und räumlichen Vorgaben der ursprünglichen Planung nicht zuwiderlief. Außerdem erkannten die Architekten die Lebendigkeit des Gottesdienstraumes in den Veränderungen an.[177] Das Bemühen, die „Kirchenräume der vergangenen Jahrzehnte von ihrer Bilderlosigkeit zu erlösen wie auch nach alter Tradition mit Bildtheologie zu füllen"[178], glückte jedoch nicht immer. Oft werden die bewussten Freiräume innerhalb der Kirchen vollgestellt mit Gebrauchsmobiliar und Pflanzenschmuck.[179] Nicht wenige in den 1960cr und 1970er Jahren neu errichtete Kirchen waren schon bald nach ihrer Fertigstellung Sanierungsfälle. Vor allem die Dächer und der Beton machten aufwendige Instandsetzungen notwendig. In Aystetten etwa wurde im Zuge umfangreicher baulicher

Betonsanierung, Neusäß, St. Thomas Morus (Aufnahme um 1990)

Instandsetzungsmaßnahmen aus einem sehr elementaren Raum mit textil wirkenden, gänzlich durch Betonformsteine in Licht aufgelösten Wänden eine architektonisch banale, längsgerichtete Saalkirche mit Satteldach, farbigen Fenstern und dominantem Bildmotiv an der Stirnseite. Vor allem Betonschäden waren nicht selten ein willkommener Anlass, auch die Außenarchitektur durch den Auftrag von Spritzbeton von ihrer inzwischen ungeliebten Betonsichtigkeit zu befreien. So freute sich die Pfarrgemeinde in Neusäß (Nr. 27) nach Abschluss der Maßnahmen, dass „das Trutzige, Wehrhafte, Abweisende, das vor allem unsere Kirche vor der Sanierung gekennzeichnet hat", nun „verschwunden" war.[180]
Den Höhepunkt der bilderfreudigen Jahre im Bistumsgebiet zwischen 1975 und 1990 markiert sicherlich die Kirche St. Hedwig in Kempten (Nr. 34), die für einen begrenzten Zeitraum die Reduktion als Leitmotiv der Moderne unterbrach. Strenge und Schlichtheit sakraler Räume haben sich in ihrer „Multidimensionalität" – ästhetisch, religiös, gesellschaftlich-ethisch, wirtschaftlich – in den letzten Jahren durchgesetzt.[181] Wie die Entwicklung weitergeht, bleibt abzuwarten.

Augsburg, St. Moritz, Neugestaltung durch Arch. John Pawson London (2013)

1 Zitat eines Buchtitels von Dahinden 2014.
2 Siehe dazu den Anhang zu den Neu- und Erweiterungsbauten in diesem Buch.
3 Kirchenbau 1963, S. 77.
4 In Auswahl seien hier genannt: Zahner 2012; Körner/Wiener 2010; Wittmann-Englert 2006; Stock 2002; Kahle 1996.
5 Müller 1966, S. 269 ff.
6 Maier 1967.
7 Schnell 1973.
8 Würmseher 2007.
9 Wettbewerbsprogramm zu Maria unterm Kreuz in Königsbrunn, 1986; DBA 13.740, BO.
10 Siehe zum Beispiel Schnell 1973, S. 31 ff. und Kahle 1990, S. 28 ff. zum Kirchenbau zwischen den beiden Weltkriegen.
11 Carl B. Lievert, Partenkirchen, Leserbrief, Zeitungsausschnitt AZ, 1970; KBK, Ordner Neuer Kirchenbau, BO.
12 Gerhard Held, Augsburg, Leserbrief, Zeitungsausschnitt AZ, 4.6.1970; KBK, Ordner Neuer Kirchenbau, BO.
13 Der Blick auf den liturgischen Raum ist der Ausgangspunkt bei Kahle 1996.
14 Zur liturgischen Bewegung und den neuen Liturgieformen siehe die Beiträge von Walter Zahner und Winfried Haunerland in diesem Buch.
15 Zum Kirchenbau in der NS-Zeit siehe Karnapp 1993, S. 302 ff.
16 Zu den Werken von Dominikus Böhm, Michael Kurz und Thomas Wechs als Kirchenbaumeister siehe Pehnt 1999; AK Frankfurt a. M. 2006; Laible 2003; Laible 2005, S. 17 ff.
17 Zu den Wiederaufbauplänen von St. Max siehe Schnell 1973, S. 87 und S. 128; Würmseher 2007, S. 63 f., 186 ff.
18 Schnell 1973, S. 87.
19 KBK, Baumappen (Kaufbeuren-Neugablonz, Hlst. Herz Jesu), BO.
20 Siehe die Kirchenbauten bei Müller 1966, S. 269 ff.; Würmseher 2007, S. 9.
21 Zum Priestersitz siehe den Beitrag von Winfried Haunerland in diesem Buch.
22 Zur liturgischen Bewegung und den Circumstantes, der den Altar umstehenden Gemeinde, siehe den Beitrag Zahners in diesem Buch.
23 Siehe dazu etwa die Publikationen von Rombold 1966, S. 1 ff.; Schnell 1963, S. 377 ff.; Schnell 1973, S. 75 ff.
24 Hermann Mayer an DBA, 12.8.1963; DBA 2.788, BO.
25 Zur Bautradition der Zwischenkriegszeit und der Postbauschule in Bayern siehe Aicher/Drepper 1990.
26 Kahle 1990, S. 84 ff.; Schnell 1973, S. 80 ff.
27 Instruktion der römischen Kongregation des hl. Offiziums 1952.
28 Dekret der Ritenkongregation 1957.
29 Richtlinien für die Gestaltung des Gotteshauses, 1949.
30 Fellner 2013; Egenter 1961.
31 Marini 2010, S. 12 ff.
32 Die Ausstellung zur „Bayerischen Frömmigkeit" beispielsweise, die der Freistaat Bayern finanzierte, lieferte einen Überblick über 1400 Jahre Christentum in Bayern, die Präsentation „Eucharistia" war die offizielle Ausstellung zum Weltkongress, siehe AK München 1960 a.
33 Zur Rolle Wiedemanns und Nagels in München siehe auch Backmeister-Collacott 2006, S. 150 f.
34 AK München 1960 b; Ansprachen anlässlich der Ausstellungseröffnung und Ausstellungskritik siehe in: *Das Münster* 13, 1960, S. 285–312.
35 Zum internationalen katholischen Künstlerkongress siehe *Das Münster* 13, 1960, S. 312–325 und die Sammlung von Vorträgen in Kirchenbau 1962. Von den zahlreichen damaligen Publikationen zum Thema Kirchenbau sei an dieser Stelle noch genannt: Muck 1961.
36 Siehe die Bauprogramme für Kirchenbauten in der Diözese Augsburg zwischen 1960 und 1964 bzw. den Katalog der Neubauten in diesem Buch.
37 Konstitution über die Heilige Liturgie 1963, Artikel 124.

[38] Instruktion zur ordnungsgemäßen Durchführung der Konzilskonstitution über die Liturgie, 1964.
[39] Schnell 1973, S. 128.
[40] Zu Holzmeister und Muck siehe auch Achleitner 2006, S. 84.
[41] Zu Valentin Müller siehe das Material in KBK, Ordner Personen L–Z, BO.
[42] Tätigkeitsbericht des DBA, o. D. (fortgeschrieben bis 1985); KBK, Ordner Akte X, BO.
[43] Siehe Artikel „Josef Stimpfle".
[44] Widmung von Hugo Schnell an Achter in Schnell 1973, in der Bibliothek des KBK, BO.
[45] Zu Josef Kunstmann siehe das Material in KBK, Ordner Personen A–K, BO.
[46] Zu Dahindens Architekturpositionen und seinen Bauten für die Mission in Afrika und Asien siehe zum Beispiel Dahinden 1966, S. 59 speziell zu Stimpfles Vorstellungen eines Kirchenbaus.
[47] Siehe Artikel „Anton Recknagel".
[48] Schnell 1973, S. 86.
[49] Zu den Tagungen und der Ausstellungstätigkeit auf katholischer Seite siehe Schnell 1973, S. 192 ff.
[50] DBA an I. Kergl, 5.4.1963; DBA 1.607, BO.
[51] DBA, AN, Bespr. mit seiner Exzellenz, 4.11.1963 und DBA an I. Kergl, 4.12.1963; DBA 1.607, BO.
[52] Siehe die Bauprogramme für Kirchenbauten in der Diözese Augsburg ab 1965.
[53] Einen Überblick über realisierte und projektierte Flächentragwerke gibt zum Beispiel Polónyi 1966.
[54] Siehe dazu den umfangreichen Schriftwechsel zwischen Statiker und Architekt in den Bauakten DBA 1.621 und 1.622, BO.
[55] Zu den Betonkirchen siehe bspw. Erne 2014.
[56] Urteil des Preisgerichts, 1960; KBK, Baumappen BO; Backmeister-Collacott 2007, S. 153 ff. zu Wiedemanns Entwürfen für Füssen.
[57] Würmseher 2007, S. 338.
[58] Gschwind 1991, S. 58.
[59] Grußwort Bischof Stimpfles, in: Festschrift Christi Auferstehung 1975, o. S.
[60] Greinacher 1973, S. 216 ff.
[61] DBA an Stadtpfarramt Donauwörth, 20.7.1967; DBA 8.182, BO.
[62] Siehe Schnell 1973, S. 182 zu den Sparmaßnahmen.
[63] Festschrift Zur Göttlichen Vorsehung 1971, o. S.
[64] DBA an Theo Wieland und Fritz Wegmann, 22.11.1971; DBA 4.418, BO und die entsprechenden Schriftstücke in DBA 6.303 oder DBA 4.444, BO; Festschrift Christi Auferstehung 1975, o. S.
[65] Kreutzer und Knopp an DBA, 25.8.1972; DBA 2.822, BO.
[66] So zum Beispiel in Schrobenhausen-Mühlried (Nr. 20); Festschrift Heilig Geist 1973b, o. S.
[67] Artikel: Der Kirchturm wird eingespart, in: Augsburger Allgemeine, 29.11.1968; KBK, Ordner Neuer Kirchenbau, BO. DBA an Architekt Molitor, 5.1.1972; DBA 4.647, BO.
[68] Ein Zeitungsartikel zitierte in diesem Zusammenhang den Caritasdirektor Mons. Hermann Lutz mit den Worten: „Weil der Dienst am Menschen vordringliche Aufgabe des Christen ist", in: Ulrichsblatt, 24. Jg., Nr. 7, 16.2.1969, S. 12; KBK, Baumappe (Heilig Kreuz, Pfuhl), BO.
[69] Erläuterungsbericht Theo Wielands, 1.12.1966; DBA 572, BO.
[70] Pfarramt St. Ulrich (Lauben) an DBA, 14.6.1968; DBA 4.017, BO.
[71] Festschrift Christi Auferstehung, 1975, o. S. Siehe auch das Interview mit Robert Gerum in diesem Buch.
[72] Festschrift Heilig Geist 1971, S. 24.
[73] Alfred Kunz GmbH & Co an Dieter Heiler, 28.1.1986; DBA 9.790, BO.
[74] Erläuterung Adolf Zach, 1968; DBA 3.767, BO.
[75] Robert Gerum/Reinhold A. Grübl: Erläuterungen zum Projekt Fertigteilkirchen, 1967. KBK, Ordner Neuer Kirchenbau, BO.
[76] Protokoll der Bau- und Finanzausschusssitzung, 29.9.1972; DBA 5.085, BO.
[77] Hinweis von Dipl.-Ing. Martin Kopp (Kempten) im März 2017.
[78] BN zum Bau von St. Franziskus in Kempten, 16.6.1977; DBA 4.644, BO.
[79] Festschrift Maria, Königin des Friedens 1978, S. 27.
[80] Fellerer 1969, S. 6 ff.
[81] Siehe dazu etwa exemplarisch die Ausführungen in Festschrift Maria, Königin des Friedens 1978, S. 17 und Pfarramt St. Ulrich (Lauben) an DBA, 14.6.1968; DBA 4.017, BO.
[82] Josef Kunstmann (?): Über den Bau neuer Kirchen im Bistum Augsburg, o. J.,Typoskript, wohl 1968/1969; KBK, Ordner Neuer Kirchenbau, BO.
[83] Die Publikation von Kleffner/Küppers 1966 über den Kirchenbau im Bistum Essen befindet sich in der Bibliothek des DBA.
[84] Justus Dahinden an Bischof Stimpfle, 4.6.1968; DBA 4.716, BO.
[85] Schnell 1973, S. 187 zur früheren außerkultischen Nutzung von Kirchen; Rombold 1973, S. 238.
[86] Kahle 1996, S. 61 zur ablehnenden Haltung des Bistums Würzburg.
[87] Josef Kunstmann: Mehrzweckräume, Typoskript, 13.5.1968; KBK, Ordner Neuer Kirchenbau, KBK, BO. Josef Kunstmann (?): Über den Bau neuer Kirchen im Bistum Augsburg, o. J., Typoskript, wohl 1968/1969; KBK, Ordner Neuer Kirchenbau, BO.
[88] Josef Kunstmann: Mehrzweckräume, Typoskript, 13.5.1968; KBK, Ordner Neuer Kirchenbau, BO.
[89] Josef Kunstmann (?): Über den Bau neuer Kirchen im Bistum Augsburg, o. J., Typoskript, wohl 1968/1969; KBK, Ordner Neuer Kirchenbau, BO. Rombold 1973, S. 238.
[90] Valentin Müller: Rundschreiben des DBA zum Bau von neuen Pfarrzentren, o. D.; KBK, Ordner Neuer Kirchenbau, BO.
[91] Ulrichsblatt, 25. Jg., Nr. 23, 7.6.1970, S. 20.
[92] Siehe dazu etwa Achleitner 1971, S. 21 ff.
[93] Josef Kunstmann: Mehrzweckräume, Typoskript, 13.5.1968; KBK, Ordner Neuer Kirchenbau, BO.
[94] Würmseher 2007, S. 166 ff.; KBK, Baumappe (Mariä Himmelfahrt, Au), BO.
[95] Zu Janssen siehe bspw. den Artikel von Karl Forster: Weil es dem Bischof so gefällt, in: *Die Zeit*, Nr. 48, 20.11.1981.
[96] F. X. Janssen: Die Kirche der Zukunft, Typoskript, 29.12.1966; KBK, Ordner Neuer Kirchenbau, BO.
[97] Gerum/Grübl: Erläuterungen zum Projekt Fertigteilkirchen, Typoskript und Pläne, 5.7.1967; KBK, Ordner Kirchenbau, BO.
[98] Erläuterungen Gerums in: Festschrift Christi Himmelfahrt 2011, S. 11.
[99] Gerum/Grübl: Erläuterungen zum Projekt Fertigteilkirchen, Typoskript und Pläne, 5.7.1967; KBK, Ordner Kirchenbau, BO. Gerum/Grübl 1973, S. 215 f.
[100] Instruktion über Feier und Verehrung des Geheimnisses der Eucharistie 1967, Art. 55: „Daher entspricht es vom Zeichen her gesehen eher dem Wesen der heiligen Feier, wenn nach Möglichkeit nicht schon zu Beginn der Messe infolge der Aufbewahrung der heiligen Gestalten im Tabernakel die eucharistische Gegenwart Christi gegeben ist, die doch Frucht der Konsekration ist und als solche erscheinen muss." Fellerer 1969, S. 18.
[101] Festschrift St. Simpert 1974, S. 65.
[102] Josef Kunstmann (?): Über den Bau neuer Kirchen im Bistum Augsburg, o. J., Typoskript, wohl 1968/1969; KBK, Ordner Neuer Kirchenbau, BO.
[103] Valentin Müller: Rundschreiben des DBA zum Bau von neuen Pfarrzentren, o. D. (1968/1969); KBK, Ordner Neuer Kirchenbau, BO. Zeitungsausschnitt aus der Allgäuer Zeitung, 4.3.1969, über den Vortrag Müllers in Kempten; KBK, Ordner Neuer Kirchenbau, BO.
[104] Festschrift Zum Heiligen Geist 1973, o. S.
[105] Josef Kunstmann (?): Über den Bau neuer Kirchen im Bistum Augsburg, o. J., Typoskript, wohl 1968/1969; KBK, Ordner Neuer Kirchenbau, BO.
[106] Wiedemann 1969, S. 17.

[107] Buchmann 1973, S. 212.
[108] Siehe den Zeitungsartikel zur neuen Pfarrkirche in Gersthofen, in: AZ Sonderbeilage, 5.6.1969, S. 11; KBK, Baumappe (Maria, Königin des Friedens), BO.
[109] Pfarrvikar Johann May (Syrgenstein) an Bischof Stimpfle, 11.3.1969; DBA 2.788, BO.
[110] Ratzinger 1973, o. S.
[111] Höffner 1973, S. 223.
[112] Siehe auch Kahle 1990, S. 211 zur Kritik an modernen Kirchen.
[113] Mehrzweckraum 1971, S. 15.
[114] Alle vorangegangenen Zitate aus Mehrzweckraum 1971, S. 15.
[115] Vorwort von Kardinal Döpfner, in: AK München 1973, S. 3; Schnell 1972, S. 1 ff; Schnell 1973, S. 228 mit einer umfangreichen Liste an Schrifttum über den Kirchenbau seit 1960.
[116] Fellerer 1969, S. 12. Zu Ausstellung und Publikation siehe auch Schnell 1970, S. 53 ff.
[117] Mehrzweckraum 1971, S. 15.
[118] AK München 1973.
[119] Dahinden 1984, S. 19.
[120] Peters, Paulhans: Kirchenbau – heute?; Zeitungsausschnitt o. O. o. J.; KBK Ordner Neuer Kirchenbau, BO.
[121] KBK, Ordner Nachkonziliarer Kirchenbau im Bistum Augsburg I, BO. Zitat aus der Ausstellungskritik Streichers 1973, S. 296. Im selben Jahr stellte eine weitere Ausstellung „Kirchliche Geräte und Gewänder unserer Zeit“ vor, siehe AK Augsburg 1973.
[122] KBK, Ordner Nachkonziliarer Kirchenbau im Bistum Augsburg II, BO.
[123] Ratzinger 1973, o. S.
[124] Nur noch Nebenher-Kirchen?, in: Ulrichsblatt, 11.5.1969, S. 3; KBK, Ordner Neuer Kirchenbau, BO.
[125] Auszüge aus dem Besucherbuch zur Fotoausstellung im Kapitelsaal des Augsburger Domes, 1978; KBK, Ordner Nachkonziliarer Kirchenbau im Bistum Augsburg II, BO.
[126] Ratzinger 1973, o. S.; aus diesem Vortrag anlässlich der Ausstellung in München auch die folgenden Zitate.
[127] Bunsmann 1973, S. 214.
[128] Zur Kritik an der Moderne siehe bspw. Dahinden 1970, S. 393 ff.; Dahinden 1973, S. 39 ff.; Kistenmacher 1977, S. 206 ff.
[129] AK München 1983, S. 47. Grundlegend in seiner Zwischenbilanz aus der Zeit heraus immer noch AK Frankfurt a. M. 1984.
[130] Zum Begriff des Sakralen siehe bspw. Werner 1968, S. 64 ff.; Fellerer 1969, S. 8 f.; Pieper 1969, S. 481 ff.; Schnell 1973, S. 182 ff.
[131] Schade 1973, S. 239 ff.; Kahle 1990, S. 214 ff. oder Wittmann-Englert 2006, S. 141 ff. etwa haben versucht, die Diskussion zusammenzufassen. Zur Fülle des Schrifttums zwischen 1960 und 1973 über den Kirchenbau siehe etwa die Bibliografie bei Schnell 1973, S. 228 ff.
[132] Wiedemann 1969, S. 13 ff.
[133] Lill 1973, S. 227; Schade 1973, S. 239 ff.
[134] Wiedemann 1966, S. 373 ff.
[135] Wiedemann 1969, S. 17; Josef Wiedemann: Gedanken über den Kirchenbau, o. O. 1965; KBK Ordner Neuer Kirchenbau, BO; in Auszügen publiziert in Wiedemann 1965, S. 377.
[136] Branca 2001, S. 92 ff.
[137] Dahinden 2005, S. 76.
[138] Dahinden 1966, S. 87.
[139] Dahinden 2005, S. 21.
[140] Dahinden 2014, S. 8.
[141] Dahinden 2014, S. 30.
[142] Dahinden 1973, S. 200 zu Königsbrunn.
[143] Dahinden 1970, S. 393.
[144] Dahinden 1966, S. 89 ff.
[145] Dahinden 2005, S. 69. Siehe dort auch das Kapitel „Das Wagnis Kirchenbau“, S. 76 ff.
[146] Nerdinger 2006, S. 58.
[147] Stock 2006, S. 108 ff.
[148] Besprechungsnotiz, Gespräch zwischen Stimpfle, Achter, Müller, Zach, Kunstmann u. a., 5.11.1970, und Kunstmann: Der Sakramentale Raum, Typoskript zum Gespräch am 5.11.1970; beides in KBK, Ordner Neuer Kirchenbau, BO.
[149] Besprechungsnotiz 27.2.1974; DBA 3.415, BO.
[150] Pfarramt St. Simpert (Augsburg) an DBA, 7.5.1973; DBA 5.085, BO.
[151] Kunstmann an Stimpfle, 1.8.1974; DBA 5.085, BO.
[152] Festschrift Heilig Geist 1996, S. 5.
[153] Schnell 1977, S. 9.
[154] Festschrift St. Andreas 1967.
[155] Gemeindestützpunkte 1971, o. S.; realisiert wurden nach diesem Modell zum Beispiel die Versöhnungskirche in Geretsried, die Apostelkirche in Rosenheim oder der Kindergarten in St. Georgen.
[156] Sonntagszeitung, 27./28.11.1993.
[157] Wettbewerbsprogramm zu Maria unterm Kreuz in Königsbrunn, 1986; DBA 13.740, BO.
[158] Stimpfle an Zach, 4.4.1978; DBA 4.647, BO.
[159] Stimpfle an Zach, 4.4.1978; DBA 4.647, BO.
[160] Leitlinien 1988.
[161] Sekretariat der Deutschen Bischofskonferenz 1988, S. 17 ff.
[162] Richtlinien im Bistum Augsburg 2008, S. 15 ff.
[163] Richtlinien im Bistum Augsburg 2008, S. 11.
[164] Wiedemann 1969, S. 22.
[165] Schade 1969, S. 21 ff.
[166] Burkart 1969, S. 5.
[167] Siehe dazu den Beitrag von Michael Schmid in diesem Buch.
[168] Siehe dazu den Beitrag von Walter Zahner in diesem Buch.
[169] Aktenvermerk zur Besprechung des Neubaus Christi Himmelfahrt in Kempten, 1.7.1969; DBA 1.402, BO.
[170] Aktennotiz zur Besprechung zum Bau von St. Thomas Morus in Neusäß zwischen DBA und Alexander von Branca, 28.7.1969; DBA 1.957, BO.
[171] Auskunft von Frau Öttl (2016).
[172] Wiedemann an DBA, 23.2.1966; DBA 1.621, BO.
[173] Josef Kunstmann (?): Über den Bau neuer Kirchen im Bistum, o. J., Typoskript, wohl 1968/1969; KBK, Ordner Neuer Kirchenbau, BO. Zur Rückkehr zum Bild siehe bspw. auch Dahinden 1984, S. 21.
[174] Josef Kunstmann (?): Über den Bau neuer Kirchen im Bistum, o. J., Typoskript, wohl 1968/1969; KBK, Ordner Neuer Kirchenbau, BO.
[175] Wiedemann an Müller, 24.4.1968; DBA 1.621, BO.
[176] Kunstmann an Kuratie St. Franziskus in Kempten, 22.11.1977; DBA 4.647, BO.
[177] Siehe dazu auch das Interview mit Robert Gerum in diesem Buch.
[178] Vortrag Monsignore Schnells: Der Zeichner und Maler Georg Bernhard (Typoskript, o. D.); KBK Ordner Kunst und Künstler A–E, BO.
[179] Zu den problematischen Veränderungen siehe auch Struck 2015, S. 271 ff.
[180] Festschrift St. Thomas Morus 1990, S. 6.
[181] Pantle 2015, S. 263.

Sabine Klotz

Bauen im Bestand

Trotz der beeindruckend großen Anzahl von kirchlichen Neubauten in den Jahren seit 1960 betrafen die weitaus meisten liturgischen Neugestaltungen historische Pfarr-, Filial-, Expositur-, Kuratie- und Wallfahrtskirchen,[1] von denen im Bistum Augsburg über 1.300 existieren, sowie größere Kapellen. 1967 hatte die Mehrzahl der Priester im Bistum den Wunsch, zum Volk hin zu zelebrieren, was sich in den bestehenden Kirchen nicht immer ohne Weiteres verwirklichen ließ, denn die Hochaltäre befinden sich dort am Chorende der Kirche und sind mit dem Retabel unlösbar verbunden. Die liturgische Neuordnung konnte je nach den lokalen Voraussetzungen lediglich die Aufstellung eines Zelebrationsaltars bedeuten, aber auch die Umgestaltung des Altarraums bis hin zur Neugestaltung des gesamten Innenraums. Alle diese Maßnahmen greifen unterschiedlich tief in den historischen Bestand ein. Auch in nicht wenigen wertvollen Dorfkirchen im Bistum Augsburg ist es damals zum Kahlschlag gekommen, zur „Entrümpelung" von Seiten- und sogar Hochaltären, Chorgestühlen, Beichtstühlen und Kommunionbänken, auch wenn im gesamtdeutschen Vergleich dort die Eingriffe relativ überschaubar waren. Monsignore Josef Kunstmann, seit 1966 Bischöflicher Referent für sakrale Kunst in der Diözese Augsburg, konnte oftmals mäßigend auf die Modernisierungswünsche der Pfarrer einwirken, und Diözesanbaudirektor Valentin Müller plädierte schon 1968 für den Erhalt der alten Kirchen, insbesondere der für die Region so gewichtigen Barockkirchen, und sprach ausdrücklich nicht von deren „Umgestaltung", sondern nur von deren „Verwendung" für die neue Liturgie.[2]
Getrieben vom missverstandenen Streben nach Fortschritt, wurden in Eigeninitiative von den Pfarreien, aber bisweilen auch in Rücksprache mit den Genehmigungsbehörden – dem Bischöflichen Ordinariat wie dem Bayerischen Landesamt für Denkmalpflege – ohne liturgische Notwendigkeit Mobiliar und Artefakte entfernt und dann dem Verfall oder dem Kunsthandel überlassen (St. Georg, Augsburg-Haunstetten, 1964–1966; St. Anna, Frauenstetten, um 1965; St. Valentin, Bonsal, um 1965; St. Martin, Ebershausen, 1969; St. Vitus, Streitheim, um 1966; St. Magnus, Oberbergen, um 1966). Insbesondere

Altarbezirk, Dießen, Werktagskirche St. Stephan, Arch. Josef Wiedemann (1980–81); Bildhauerarbeiten Blasius Gerg

Purifizierter Innenraum, Memmingen, St. Johann, Arch. Willy Hornung (1960–1964)

die Kirchenausstattungen des 19. und frühen 20. Jahrhunderts sah man als minderwertig an. Nur in Ausnahmefällen zollte man dem Historismus gebührende Aufmerksamkeit, wie etwa in Obermauerbach (St. Maria Magdalena), wo sich Josef Kunstmann für den Erhalt der Schreinergotik einsetzte.[3] Aber auch Werke der älteren Kunstepochen wollte man häufig nicht erhalten. Architekten ergriffen dann die Gelegenheit, die Architektur für den reinen Raum auszuräumen. Selbst vor der Entfernung barocker Deckenmalerei (St. Martin, Mertingen, 1962) und (neu-)gotischer Gewölbe und Bauteile (St. Johannes Baptist, Memmingen, 1960–1964; St. Jakobus d. Ä., Wollmetshofen, 1976–1977) oder der Reduzierung historischen Deckenstucks (St. Martin, Ebershausen, 1969) machte man nicht unbedingt halt, obgleich diese Maßnahmen tatsächlich in keinerlei Bezug zur notwendigen liturgischen Neuordnung standen.[4] Neubarocke Ausstattungen aus dem frühen 20. Jahrhundert waren jedoch wegen ihrer stilistischen Angleichung an das späte 17. und 18. Jahrhundert nur in Ausnahmefällen von den Bereinigungen betroffen. Eine derartige Welle der Purifizierung ist jedoch kein Merkmal ausschließlich der 1960er Jahre: Der Barock eliminierte vielfach die Gotik, das historistische, mittelalteraffine 19. Jahrhundert wiederum nicht selten den Barock, die Moderne dann den historistischen Überschwang.

„Aktualisierung" historischer Bauten

Obgleich die Aufstellung eines Zelebrationsaltars nur in Neubauten Vorschrift war und es in alten Kirchen genügte, sich beim Wortgottesdienst ans Volk zu wenden,[5] besaßen bald die meisten Pfarrkirchen einen eigenen Zelebrationsaltar. Seine Aufstellung war die einfachste aller liturgischen Neuordnungen, die jedoch nicht selten an die räumlichen Grenzen des historischen Kirchenraums stieß, der in der Regel einheitlich und konsequent durchgebildet ist. Aus Platzgründen wurde für die liturgische Nutzbarmachung gerne das Chorgestühl entfernt – eines behielt man gelegentlich als Priestersitz – oder die Kommunionbänke, die jedoch den modernen Ritus nicht zwingend störten. Preisgegeben wurden nicht nur Speisgitter aus dem 20. Jahrhundert, sondern, mit Zustimmung oder gar auf Empfehlung des Bayerischen Landesamts für Denkmalpflege, auch zahlreiche barocke. In nur wenigen Kirchen des Bistums konnte die Kommunionbank in situ bewahrt werden. Außerdem war die historische Architektur nicht auf die Belichtungsverhältnisse für den meist bis zum Triumphbogen vorgezogenen neuen Altar ausgerichtet. Die meisten in Folge des Zweiten Vatikanischen Konzils aufgestellten Volksaltäre waren Provisorien und viel zu groß, da sie sich häufig an den Hochaltären orientierten. Sie genügten den ästhetischen Ansprüchen nicht und wurden dementsprechend als „Waschbänke" oder „Ladentische" bezeichnet.[6]

Eine künstlerisch-gestalterische Auseinandersetzung mit dem Volksaltar tat not. Für Kunstmann konnten anspruchsvoll gestaltete, demontierbare Altäre aus würdigen Materialien eine Lösung sein, die er „amovibel" nannte und die nach der Zelebration wieder entfernt werden sollten, so wie die Tragaltäre der Prälaten im Mittelalter. Er dachte an leichte und durchsichtige Möbel, etwa nach der Art historischer Falttische gebildet, möglicherweise unter Verwendung abgebauter Kommunionbänke, mit Zunft- oder Bruderschaftsstangen als Unterbauten, oder auch zeitgemäß gestaltet aus Metall bei hochwertigem Design. Das Diözesanbauamt präsentierte im Winter 1968/1969 einen tragbaren Altar, der als Anregung für zeitgenössische Gestaltungen dienen sollte.[7] Für die Pfarrkirche in Batzenhofen schlug das Diözesanbauamt einen beinahe unsichtbaren Tragaltar vor, um die Raumstimmung mit der wertvollen historischen Ausstattung nicht zu stören.[8] Als vorbildhafte Lösungen galten zum

Vorschlag für einen Tragaltar mit Pult und Stuhl, Josef Kunstmann (1967)

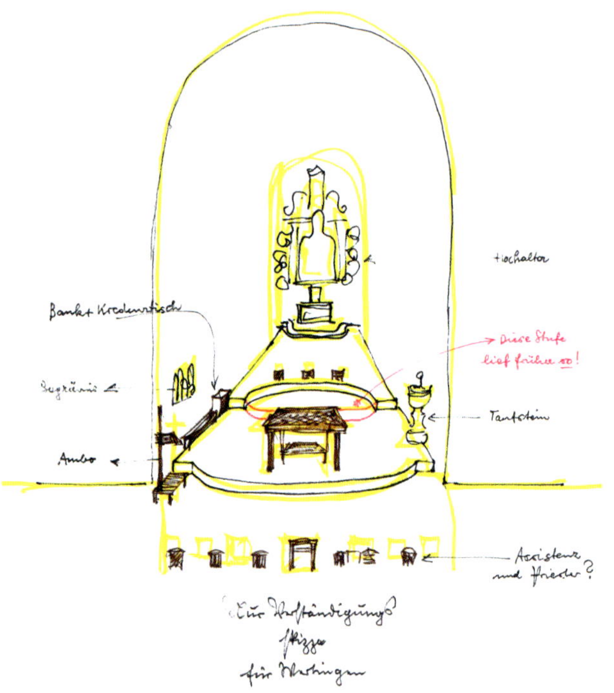

Vorschlag für die Chorraumgestaltung in Wertingen, St. Martin, Josef Kunstmann (1967)

Chorraumgestaltung mit Zelebrationsaltar, Füssen, St. Mang, Entwurf: Hermann Jünger (Aufnahme 1973)

Beispiel die Altartische in St. Georg und Michael in Göggingen und in St. Mang in Füssen, die Stephan Geiger (Westheim) 1964 aus Bronze beziehungsweise Hermann Jünger (München) 1971/1972 aus Edelstahl und Plexiglas gestaltet hatten.[9] Vielfach wurden aber vor Ort Volksaltäre bevorzugt, die – nicht selten als eher plakative und einfache gefasste Schreinerarbeiten – dem historischen, zumeist barocken Stil des Altarbestands angeglichen wurden, wodurch sie jedoch in Konkurrenz zum Hochaltar traten und in ihrer geschlossenen Blockhaftigkeit eher abschrankten, als die heiligen Handlungen der versammelten Gemeinde näherzubringen.

Die Konzentration auf die Gestaltung des neuen Zelebrationsaltars und seine Anordnung im Raum erfolgte auch deshalb, weil in den räumlich beengten historischen Wege-Kirchen die Verbindung von Liturgie und Gemeindebereich nur mit massiven baulichen Eingriffen am Gesamtbaukörper und mit hohem finanziellen Einsatz zu erreichen war. Bei der Bestandsbewahrung der überwiegend längsgerichteten Gotteshäuser konnte eine neue Mitte überhaupt nicht ausgebildet werden. Versuche, die Sitze des Priesters und der Konzelebranten vor dem neuen Altar und dem Chorbogen im Kirchenschiff zu platzieren, brachten auch keine befriedigende Lösung.

Nachkonziliare Raumgestaltung in Auchsesheim, St. Georg (1970)

Liturgische Neugestaltung des Ostchores, Augsburg, Dom, Arch. Alexander von Branca (1970–1972, Aufnahme 1975)

Eine Ausnahme stellte damals die liturgische Neuordnung in der klassizistischen Pfarrkirche St. Georg in Auchsesheim dar, wo man 1964 im Einverständnis mit dem Landesamt für Denkmalpflege die komplette historische Ausstattung aus dem Klassizismus und dem Rundbogenstil entfernt hatte und dann 1970 einen neuen Tischaltar auf einem Podium im Südosten des Schiffs aufstellte, so dass sich die Einzelstühle in Schiff und entleertem Chorraum um den Volksaltar gruppierten.[10] Beim Augsburger Dom näherte man sich 1968 über einen Künstlerwettbewerb der Komplexität der liturgischen Neugestaltung. Die neue Ordnung des Ostchores unter der Leitung des Münchner Architekten Alexander von Branca (1970–1972) ersetzte ein provisorisches, dem Ostchor vorgesetztes Altarpodium.

Die Aufbewahrung der Eucharistie erfolgte in der Regel im Tabernakel des Hochaltars; ein neues, separates Sakramentshaus wurde auf diese Weise nicht notwendig. Zwar gab es in Einzelfällen Überlegungen sowie auch deren Umsetzung, anstelle der abgebauten Seitenaltäre neue Orte für den Ambo und die Aufbewahrung der konsekrierten Hostien zu schaffen. Gelegentlich stellte man hier auch den Taufstein auf (St. Georg, Haunstetten),[11] der auf diese Weise aus einem unansehnlichen Winkel der Kirche in den Blickpunkt der Gemeinde rückte. In nicht wenigen Dorfkirchen hinterließ jedoch die nicht grundsätzlich mit den Genehmigungsbehörden abgestimmte eigenmächtige Entfernung der Hoch- und Seitenaltäre eine schmerzliche gestalterische Lücke an den Chorschultern, die man dann häufig durch die Aufstellung oder Wandmontage historischer Skulpturen aus den abgebauten Altären zu mildern versuchte (Oberbergen, St. Magnus, oder Augsburg-Haunstetten, St. Georg). Wenig Aufmerksamkeit zollte man bei diesen Umgestaltungen den Sedilien und der Gestalt des Ambos, für den meist ein einfaches Notenpult mit feierlichem Überwurf genügte[12] oder der ebenso wie der neue Volksaltar in massiger Form und Ornamentik einen historischen Stil nachbildete.

Verlängerung des Kirchenschiffs

Nach dem Zweiten Weltkrieg waren vielerorts die bestehenden Kirchen für die wachsende Bevölkerung zu klein geworden. Weder kompromisslose Erneuerung noch dogmatisches Festhalten an der Tradition waren geeignet, Raumprobleme zu lösen und mit liturgischer Modernisierung, lokaler Identifizierung und gewachsener Frömmigkeitshaltung glücklich zu verbinden. Tatsächlich wurden

Chorraumgestaltung, Ebershausen, St. Martin, Friedrich Koller (1968, Aufnahme 2014)

Kreuzförmige Erweiterung, Wollmetshofen, St. Jakobus d. Ä., Arch. Mumm und Nigg (1976–1977)

im Gebiet der Diözese Augsburg aber nur wenige historische Kirchen komplett für Neubauten geopfert (St. Ulrich, Feuchtwangen; St. Jakob, Nordendorf; St. Georg, Seifriedsberg; St. Maximilian, Steibis; St. Vitus, Ottmarshausen; St. Josef, Untermaxfeld; St. Josef, Klingsmoos; Maria Immaculata, Asbach-Bäumenheim).

Die überwiegende Mehrheit der heute noch erhaltenen schwäbischen, oberbayerischen und auch fränkischen Pfarrkirchen im Bistumsgebiet entstand im 14. und 15. Jahrhundert, als überall in der Diözese rege Bautätigkeit herrschte, die selbst die kleinsten Landgemeinden erfasste. Der Turm reicht oftmals, zumindest in den unteren Mauerwerksabschnitten, noch weiter zurück, bis in die Zeit der Romanik. Im Zuge der wirtschaftlichen Konsolidierung nach dem Ende des Dreißigjährigen Krieges (1618–1648) wurden dann die Kirchen in Architektur und Ausstattung barockisiert, wobei man nicht selten das Kirchenschiff erweiterte oder in größeren Abmessungen erneuerte.

Die denkmalverträglichste Form der Kirchenerweiterung ist die Verlängerung des Kirchenschiffs, die wegen der gängigen Ostausrichtung der Kirchen in der Regel nach Westen vorgenommen wurde. Schon im 19. und frühen 20. Jahrhundert wurden die inzwischen häufig zu klein gewordenen Pfarrkirchen auf diese Weise vergrößert. Da im Bistumsgebiet historische Westwerke nicht vorkommen, die Türme sich zumeist im nördlichen Chorwinkel erheben und die westlichen Giebelwände nur selten als repräsentative Schauseiten ausgebildet waren, hielt sich beim Abbruch der Westwand der Substanzverlust in Grenzen, und die architektonische Angleichung des Anbaus an den Bestand ließ sich problemlos bewerkstelligen. Die Denkmalpflege bevorzugte naturgemäß diesen Weg. Die dadurch noch weiter in die Länge gestreckte Form des Kirchenschiffs lief allerdings den Vorstellungen der neuen Liturgie zuwider, die die tätige Teilnahme der Gläubigen und ihre Versammlung um den Altar anstrebte. So wundert es kaum, dass in den Jahren, in denen sich der liturgische Aufbruch mit Verve durchzusetzen begann, diese Lösung nur vergleichsweise selten angestrebt wurde; am ehesten dann, wenn die Geländebeschaffenheit oder Dichte der örtlichen Bebauung keine andere Möglichkeit zuließen (St. Stephanus, Hilgertshausen, 1963–1964; Maria Immaculata, Nordheim, 1964–1965). In St. Margaretha in Bühl wurde 1964–1965 die einfache Verlängerung nach Westen zum Anlass genommen, den historischen Dachstuhl vollständig zu erneuern, das Gewölbe zu eliminieren und den Innenraum seiner kompletten neugotischen Ausstattung zu berauben.[13]

Erstaunlicherweise spielten kreuzförmige Erweiterungen historischer Kirchen kaum eine Rolle, obwohl sie gleichermaßen prädestiniert wären für den Altar als Mitte der Gemeinde und für eine dem Ortsbild angepasste Erweiterungsarchitektur. In der vorkonziliaren Planung für St. Benedikt in Untermühlhausen (1962–1964) hatte man die Zentralisierungstendenz des Raumes noch nicht ausgeschöpft und stattdessen in den auskragenden Raumteilen Beichtgelegenheit und Emporenaufgang untergebracht. In St. Jakobus d. Ä. in Wollmetshofen (1976–1977) dagegen verwirklichten die Architekten die Forderungen der Liturgie wie diejenige nach der Bestandsangleichung, opferten dafür aber den gotischen Polygonalchor und die komplette historische Altarausstattung.

Der bevorzugte Augsburger Weg der Kirchenvergrößerung nach dem Zweiten Weltkrieg bestand darin, wenigstens den Chor und den Turm als historische Verweise stehen zu lassen – also ganz ähnlich wie im 17. und 18. Jahrhundert – und darüber hinaus die neue Gemeindekirche mit historischen Bildwerken aus den abgetragenen Bauteilen auszustatten, die dann aber meist, ihrem ursprünglichen Sinnzusammenhang entrissen, rein dekorativ im Raum verteilt sind. Die Erweiterung war immer mit der Restaurierung der alten Bauteile gekoppelt. Ohne denkmalpflegerisches Feigenblatt ging kaum eine der tiefgreifenden baulichen Veränderungen vonstatten, denn vordergründig war immer der schlechte bauliche Zustand der Kirche der Auslöser für einen Teilabriss. Den Erhalt von Chor und Turm forderte das Denkmalamt als Kompromiss, um wenigstens auf diese Weise den künstlerischen und historischen Zeugniswert der alten Kirche zu bewahren. Nur in Einzelfällen wie in Holzhausen (St. Johannes Baptist), wo 1969 im Zuge einer Renovierungsmaßnahme das Langhaus einstürzte, oder in Ichenhausen (St. Johannes Baptist), wo 1964 der unvermittelte Turmeinsturz Chor und Teile des Kirchenschiffs zerstörte, war ein verheerendes Unglück der Auslöser für den Neubau.[14]

Blick vom neuen Kirchenschiff in den ehemaligen Chor, Reichertshofen, St. Margaretha, Thomas Wechs (1930/1931, Aufnahme 2015)

Neubau des Kirchenschiffs

Die in der Raumkapazität erweiterte Neuerrichtung eines Kirchenschiffs in direktem Anschluss an den älteren Chorraum war bereits im baufreudigen Barock gängige Praxis und galt auch in der zweiten Hälfte des 20. Jahrhunderts als Lösung (St. Martin, Günzburg 1962–1965, Willy Hornung; St. Martin, Ebenhausen, 1963–1964, Hansjakob Lill; St. Stephan, Bonstetten, 1980–1982, Hans Engel). Doch gegenüber der Anfügung eines neuen Kirchenschiffs an einen historischen Chor, in oder vor dem der Altar nach wie vor steht, wurden unter dem Eindruck der Liturgiereform Erweiterungen bevorzugt, die dem Kirchenraum einen annähernd zentralräumlichen Grundriss und dadurch eine entsprechende architektonische Hülle für die liturgische Neuordnung verliehen. Das neu errichtete Kirchenschiff, das Teile der historischen Umfassungsmauern aufnehmen konnte, wurde zur neuen, mit einem Altar ausgestatteten Gemeindekirche und der alte Chorraum zu einem Kapellenanbau, der nun, ganz im Sinne der erneuerten Liturgie, als Sakraments-, Tauf-, Beicht- oder Andachtskapelle diente. Dabei konnte im Vergleich zum Vorgängerbau die Gebetsrichtung gedreht werden, um 90 Grad (St. Peter und Paul, Ecknach, Adolf Zach, 1971–1972) oder auch um 45 Grad (St. Johannes Baptist, Holzhausen, Wilhelm und Norbert Gaertner, 1971–1972).

Der erste Kirchenbau dieser Art, der nach dem Zweiten Weltkrieg im Gebiet der Diözese Augsburg realisiert wurde, war die Erweiterung der Pfarrkirche in Jettingen (Nr. 40) durch Alexander von Branca. Doch auch in diesem Fall war es eigentlich Thomas Wechs, der als Kirchenbaumeister Bedeutendes geleistet und schon lange zuvor ein derartiges Raumkonzept entwickelt hatte. Bereits 1930/1931 hatte der Augsburger Architekt die Pfarrkirche St. Margaretha in Reichertshofen durch den Anbau eines neuen Schiffs mit rechteckigem Chorraum in sachlich-modernen Formen erweitert und den reich ausgestatteten Rokokochor als seitlich angegliederte Tauf- und Beichtkapelle erhalten. Die gesamte Ausstattung des Schiffs – Stuck, Malereien, Seitenaltäre –, ein geschlossenes Ensemble aus der 2. Hälfte des 18. Jahrhunderts, wurde damals der neuen Bauidee geopfert; lediglich ausgewählte barocke Skulpturen hatte man in den Neubau integriert.

Brancas Projekt für Jettingen wurde 1965 nicht überall mit Begeisterung aufgenommen. Anton Recknagel, als Hochbaureferent der Regierung von Schwaben für die Baugenehmigung zuständig, hegte anfangs große Bedenken, dass dieser Entwurf, bei dem die Wände der historischen Umfassungsmauern geöffnet werden mussten, „eventuell weiter Schule machen könnte“.[15] Brancas Argument, dass auf diese Weise mehr Bausubstanz erhalten blieb als bei einem kompletten Abriss des Kirchenschiffs, verfing auch später, denn tatsächlich gab es in der Folgezeit eine Gruppe von Erweiterungsbauten, die mit nicht unerheblichem Bauaufwand historische Strukturen bewahrten, obgleich dabei historische Bauteile letztlich komplett ausgewechselt werden mussten. In Wielenbach (Nr. 43) blieben nach der Erweiterung vom historischen Kirchenschiff weder die oberen Mauerteile noch das Deckengewölbe erhalten; bewahrt wurde in erster Linie das äußerliche Kennzeichen der historischen Westfassade und der Dachstuhl.

Bei einem kompletten Neubau der Gemeindekirche im Anschluss an den historischen Chor und Turm wählte man gerne dezidiert moderne Formen, um den neuen Bau selbstbewusst vom alten abzusetzen. Dabei hat es allerdings den Anschein, dass sich die schöpferische Auseinandersetzung mit der überlieferten Substanz in der Sichtbarmachung der verschiedenen Zeitebenen genügte. Auch dort, wo man mit traditionellen Dachneigungen spielte (Ecknach), das Dach des Neubaus in Konstruktion und Neigung der Dorflandschaft anpassen wollte (Tandern, Nr. 42), entstanden wuchtige Fremdkörper, die sich wegen ihrer ungeheuren Baumasse gerade nicht in das Ortsbild des gewachsenen Siedlungszusammenhangs einfügen, da letztlich auch städtebauliche oder landschaftliche Pendants fehlten.

Insbesondere im Vergleich mit derartigen Bauten wird die Qualität von Brancas Erweiterungsarchitektur in Jettingen deutlich, in der er die Übereinstimmung der „wirkliche(n) Moderne mit dem verantworteten Bewahren“ suchte.[16] Die wesentlichen, ortsbildprägenden Charakteristika des Gebäudes – hochaufragende Giebelfassade im Westen, Chor, Turm, ja scheinbar die komplette Kubatur – blieben in der Hauptansicht von Südwesten erhalten. Die Erweiterung nach Norden, die angegliederte Taufkapelle im Westen und die neue Apsis dagegen setzen sich in Umrisslinie, Höhenentwicklung und Dachform klar vom Alt-

Erweitertes Kirchenschiff, Frieding, St. Pankratius, Arch. Adolf Zach (1975, Aufnahme 1983)

Westfassade mit Erweiterung des Kirchenschiffs, Winterrieden, St. Martin, Arch. Franz Xaver Gärtner und Peter Jenkel, Pölling (1987–1988)

bestand ab, ordnen sich in ihrer Baumasse aber erkennbar der Überlieferung unter, auf der eindeutig der wirkungsvolle Fokus liegt. Die einheitliche Oberfläche aus Putz und Tünche befördert zusätzlich die harmonische Gesamterscheinung.

In Frieding (St. Pankratius, 1975) ging Adolf Zach einen entscheidenden Schritt weiter, indem er durch die Erweiterung des Schiffs die Gemeinde an zwei Seiten um den neuen Volksaltar versammeln konnte, ohne den Bau zu entkernen oder zu purifizieren. Es ist dieses Prinzip, nach dem auch Leonhard Riemerschmid später in Utting (Nr. 47) einen ästhetisch wie liturgisch überzeugenden Einheitsraum schuf, obwohl er hier einen in Umrisslinie, Konstruktion, Material und Form komplett eigenständigen Baukörper neben den Altbau setzte, die Gebetsrichtung drehte und die Übergangsstelle zwischen alt und neu durch einen schmalen Fensterschlitz zusätzlich betonen ließ.

In den 1970er Jahren, als die Kritik an der modernen Architektur lauter wurde, weil sie nun als Ausdruck von ästhetischer Rücksichtslosigkeit und Unmenschlichkeit galt, und als man erkannte, dass bei den Umgestaltungen unersetzliche Verluste entstanden waren, besann man sich wieder stärker auf den Wert der Überlieferung. Die kunst- und architekturhistorische Forschung begann, sich mit der historistischen Epoche zu befassen,[17] und mit dem Erlass des Bayerischen Denkmalschutzgesetzes wurden 1973 die Handlungsspielräume des Landesamts für Denkmalpflege größer.[18]

Man bevorzugte wieder einfühlsamere Erweiterungen durch die Anfügung von Seitenschiffen (St. Vitus, Streitheim, 1976–1977, zuvor bereits purifiziert; St. Peter und Paul, Holzheim, 1980–1982; St. Michael, Ottmaring,

1982–1984), die den Außenbau weniger stark veränderten, die innere Organisation behielten und die räumliche Beengtheit dadurch entzerrten, dass der neue Raumteil entweder weitere Bänke aufnehmen oder den Taufstein in eine würdige Umgebung rücken konnte. Auch behutsame Verlängerungen, die den Bestand am wenigsten antasteten und sich den historischen Bauformen angleichen konnten, wurden seit den 1980er Jahren wieder durchgeführt (St. Maria Magdalena, Handzell, 1983–1984; St. Georg, Lützelburg, 1991; Mater Salvatoris, Börwang, 2000–2002).

Massive Um- oder Erweiterungsbauten wurden selten. Der Kirchenschiffneubau in Zusamzell (St. Nikolaus, 1975–1976) geht auf einen Wettbewerb von 1970 zurück. Nach Beendigung des Baustopps wurde 1974 nicht nur vereinfacht, sondern auch den dörflichen Verhältnissen angepasst geplant. In Haldenwang (St. Maria Immaculata, 1977–1982), hatte man sich beim noch ganz der polygonalen Tradition der Jahre um 1970 verhafteten Kirchenschiffsneubau allerdings um den Erhalt der wertvollen historischen Deckenfresken bemüht. Nachdem die erste kühne Idee, das Hauptfresko baldachinartig in der Mitte des neuen Raumes aufzuhängen, sich als ästhetisch unbefriedigend herausgestellt hatte, fand es einen neuen Platz in St. Johannes d. T. in Heimpersdorf.[19] In Winterrieden ließ man die barocke Pfarrkirche durch zweihüftige Anbauten zu einer dreischiffigen Kirche erweitern (St. Martin, 1987–1988), wobei man die mit Pilastern gegliederten Seitenwände nach Art einer Pfeilerbasilika öffnete, ansonsten aber die Architektur und die Raumschale aus dem Rokoko erhalten konnte.

Kirchenraum nach der Neugestaltung, Ebershausen, St. Martin, Konzept und Ausführung Anne Hitzker-Lubin (2015)

Die Schaffung eines neuen Raumgefüges im Sinne der neuen Liturgie war nicht mehr das Hauptanliegen einer Kirchenerweiterung. Vielmehr ging es darum, vergrößerte Einheitsräume unter Respektierung des Bestandes zu kreieren. In den 1980er Jahren begann man, die unbefriedigenden Bauzustände im Sinne einer Raumreparatur wieder auszugleichen (St. Magnus, Oberbergen; St. Martin, Ebershausen; Mariä Himmelfahrt, Maihingen; St. Felizitas, Anried). In Auchsesheim hatte die nachkonziliare Einrichtung von 1970 bis 1992 Bestand, als unter Verwendung erhaltener Bankwangen und Altargemälde und neu angefertigter, schlichter neubarocker Retabel die alte Wege-Kirche wiederhergestellt wurde.

Umnutzungen zu Kirchen

Eine Sonderstellung nehmen die Kirchenräume ein, die zwischen 1979 und 1982 in Dießen (Nr. 45) und Oberbernbach (Nr. 46) kurz hintereinander in historischen Ökonomiegebäuden eingerichtet wurden. Pflege und Bauunterhalt von zwei Kirchen in einem Ort bedeuten für eine Gemeinde eine große Belastung, doch waren durch die Tandemlösung Werktags- und Sonntagskirche mit klar zugewiesenen Funktionen auf einem Areal so zusammengespannt, dass eine Vernachlässigung des Altbaus nur selten zu beklagen war; problematischer ist die Situation in Gemeinden mit damals neu errichteten Pfarrzentren an den Ortsrändern, wo persönliches Engagement für Pflege und Erhalt der alten Dorfkirche gefordert ist (Diedorf, St. Bartholomäus; Derching, St. Fabian und Sebastian; Feldafing, St. Peter und Paul).

Baulich isolierte Erweiterungen

Mit dem Anbau an die Pfarrkirche St. Hippolyt in Weilheim-St. Pölten (Nr. 41) hatte Hans Strobel 1966–1968 einen anderen Weg in der Erweiterung von Kirchenräumen aufgezeigt, der damals ziemlich einzigartig war. Denn dort war man sich von Anfang an einig, dass die älteste Kirche Weilheims unbedingt erhalten bleiben muss, weswegen Strobel sie mit einer großen Rotunde erweiterte, für deren Anschluss nur die Westseite der alten Kirche für einen Durchgang geöffnet werden musste. Bau und Ausstattung des nun als Werktagskirche dienenden Rokokoraumes sowie Ortsbild blieben ansonsten komplett unangetastet. Das zweite Projekt dieser Art ist die Mehrzweckkirche in Au bei Illertissen von Robert Gerum und Karl Rubner, die 1969 begonnen wurde. Erst Mitte der 1970er Jahre wurde dann dieses Lösungsmodell wieder aufgenommen. Neue Gemeindekirchen im Verbund mit historischen Werktags- oder Andachtskirchen stehen in Schnuttenbach (St. Ursula, 1977–1978), Betlinshausen (St. Johannes Baptist, 1980–1981), Sehensand (St. Stephanus, 1983–1985), Langenbruck (St. Katharina, 1987–1989) und Ellgau (St. Ulrich, 1993–1994) nebeneinander. In Münster (St. Peter und Paul, 1979–1980) und Herrsching (St. Nikolaus, 1988–1990) hatte man im Zuge der Baumaßnahme bereits im 19. beziehungsweise im 20. Jahrhundert vorgenommene Verlängerungen des Kirchenschiffs rückgängig gemacht und die kleinen alten Pfarrkirchen innerhalb des modernen Baukomplexes wieder auf ihr ursprünglich gotisches oder barockes Maß gebracht.

Nur zwei Mal, in Dinkelscherben (Nr. 44) und in Thalfingen (St. Laurentius, 1983–1984), gelang es den Architekten, die neue Sonntagskirche baulich komplett von den barocken Pfarrkirchen zu lösen, die somit durch ihre Freistellung als Baudenkmal ihre architektonische Autonomie und örtliche Dominante vollständig behielten. Anhand des Planungsverlaufs in Dinkelscherben lassen sich die verschiedenen Denkmalpflege- und Architekturkonzepte in ihrer historischen Entwicklung ablesen. Dort ließ man 1965 von sechs namhaften Architekten die künftige städtebauliche Situation untersuchen. Der Ausschreibungstext für den Bau einer Sonntagskirche mit 700 Sitzplätzen, Sakristei und Pfarrhof mit Wohn- und Amtsräumen ließ den Teilnehmern große Planungsfreiheit und bot vier Planungsoptionen: 1. den Neubau des Kirchenraums unter Beibehaltung von Chor und Turm, 2. den Bau einer neuen Kirche nur unter Beibehaltung des Turms, 3. den gänzlichen Abbruch und völligen Neubau oder schließlich 4. die Erweiterung des Bestandes entsprechend dem geforderten Raumprogramm auf der Grundlage der *Instruktion zur ordnungsgemäßen Durchführung der Konstitution über die heilige Liturgie* von 1964.

Die eingereichten Vorprojekte spielten denn auch alle zugelassenen Varianten durch. Hansjakob Lill lieferte damals zwei Vorschläge: einen völligen Neubau auf kreisrundem Grundriss und einen Erweiterungsvorschlag nach Norden. Alexander von Branca projektierte einen von der alten Kirche durch einen Hofraum abgesetzten, geschlossen-burgartigen Neubau. Josef Wiedemanns Grundgedanke war ähnlich, gab jedoch die barocke Innenausstattung preis und dem unmittelbar anschließenden Anbau ein Faltdach, und Willy Hornung schließlich schloss an den übernommenen Chor einen querovalen Baukörper an. Zu einer Bauempfehlung konnte sich das Preisgericht jedoch nicht durchringen, weswegen man wenig später Lill in einem Direktauftrag eine neue Kirche auf einem alternativen Bauplatz planen ließ, was jedoch ebenfalls nicht weiterverfolgt wurde.[20] Als man sich schließlich im Klaren darüber war, dass man, da die Gemeinde gleichmäßig vom Ortskern in die Peripherie gewachsen war, den zentralen Standort für den Kirchenneubau doch nicht aufgeben wollte, kam der von der Kirchenverwaltung zunächst favorisierte Abbruch der alten, im Kern gotischen, später barockisierten Pfarrkirche St. Anna aus denkmalrechtlichen Gründen nicht mehr in Frage. Die Zeit, in der man bereit war, selbst hochkarätige Kirchen von überregionaler Bedeutung für das Neue zu opfern, war damals vorüber.

1 Zur Aufgabe liturgischer Neuordnung in historischen Kirchen siehe z. B. Widder 1968.
2 Siehe die Äußerungen von Valentin Müller zum Wert von und Umgang mit alten Kirchen im Zeitungsartikel „Der Kirchturm wird eingespart", in: Augsburger Allgemeine, 29.11.1968, S. 19; KBK, Ordner Neuer Kirchenbau, BO.
3 Kunstmann an Pfarramt Mariä Himmelfahrt (Klingen), 21.11.1967; KBK, Ordner Durchschläge H–R, BO.
4 In Ebershausen war Friedrich Koller für die Neugestaltung im Sinne der erneuerten Liturgie verantwortlich; Festschrift St. Martin 2015, S. 28 f.
5 Schreiben Kunstmanns zur geplanten Altargestaltung in der Stadtpfarrkirche Illertissen, 10.6.1974; KBK, Ordner Durchschläge von Msgr. Kunstmann und Kosel H–R, BO.
6 Josef Kunstmann: Amovible Altäre, ms., o. D. (1967); KBK, Ordner Durchschläge von Msgr. Kunstmann und Kosel A–G, BO.
7 Kunstmann an Pfarramt Mariä Himmelfahrt (Altdorf), 29.1.1969; KBK, Ordner Durchschläge von Msgr. Kunstmann und Kosel A–G, BO.
8 Kunstmann an Pfarramt St. Martin (Batzenhofen), 16.6.1970; KBK, Ordner Durchschläge von Msgr. Kunstmann und Kosel A–G, BO.
9 Josef Kunstmann: Amovible Altäre, ms., o. D. (1967); KBK, Ordner Durchschläge von Msgr. Kunstmann und Kosel A–G, BO.
10 Neureiter 1997, o. S., zur Umgestaltung ab 1964.
11 Seit etwa 1990 steht das Taufbecken in St. Georg wieder am Eingang; siehe auch den Kirchenführer St. Georg 1991.
12 Kunstmann an Pfarramt St. Valentin (Buch, Lkr. Neu-Ulm), 2.2.1974; KBK, Ordner Durchschläge von Msgr. Kunstmann und Kosel A–G, BO.
13 Hagen/Wegener-Hüssen 2004, S. 26.
14 In Tandern (Katalog Nr. 42) befürchtete der Pfarrer bei einer Sanierung der historischen Pfarrkirche – für ihn ein fragwürdiges Unternehmen – eine ähnliche Katastrophe wie in Holzhausen bei Buchloe; Pfarrer an DBA, 16.4.1972, DBA 2.821, BO.
15 Branca an Diözesanbaudirektor Müller, 20.5.1965; DBA 5.960, BO.
16 Zitat von Alexander von Branca, nach Hagen/Wegener-Hüssen 2004, S. 204.
17 Über den komplexen Prozess der Umgestaltung historischer Räume und die Fehler der Vergangenheit siehe z. B. Bellm 1976, S. 271 ff.
18 Würmseher 2007, S. 103 ff. zu Kirchenbau und Denkmalpflege im Bistum Augsburg.
19 Kunstmann an das Bayerische Landesamt für Denkmalpflege, 17.4.1979; KBK, Ordner Durchschläge von Msgr. Kunstmann und Kosel A–H, BO.
20 Zur Planungsgeschichte zahlreiche Schriftstücke und Entwürfe in DBA 1.972, BO.

Michael Schmid

Kunst im Sakralraum – Kunst am Bau – Kunst im Dienste der Kirche?

Beim modernen Kirchenbau „im Zeichen des Aufbruchs" um das Zweite Vatikanische Konzil erfordert es nicht selten einen zweiten Blick, um die Anteile der bildenden Kunst im Raum entsprechend wahrzunehmen. Bei fast allen Kirchen dieser Zeit steht die Architektur selbst an erster Stelle. Die landläufigen Urteile von den „kahlen" oder „nüchternen" modernen Kirchen verstellen allerdings eine unvoreingenommene Betrachtung der Werke der Künstler, wobei an sich aber unstrittig ist, dass die früheren Epochen zweifellos darstellungsfreudiger waren.
In der Summe findet man jedoch einen durchaus beachtlichen Bestand an Zeugnissen der bildenden Kunst in den modernen Kirchen der Diözese Augsburg, die sich hinsichtlich Umfang und Qualität gut im Vergleich mit anderen Bistümern im deutschsprachigen Raum behaupten kann.

Unterschiede im Verständnis von historischen und modernen Kirchenbauten

Dass es beim Verhältnis zwischen Bauwerk und künstlerischer Ausstattung fundamentale Unterschiede zu den früheren Epochen gibt, lässt sich kaum bestreiten. Viele sind direkt oder indirekt von neuen Vorstellungen zur Liturgie[1] mit der aktiven Teilnahme der Gläubigen beeinflusst, wobei sich die Gemeinde um den einen Altar versammeln sollte; andere resultieren vielleicht eher aus allgemeinen Tendenzen der modernen Architektur und den gewaltigen gesellschaftspolitischen Veränderungen in den 1960er und 1970er Jahren. Die Ästhetik moderner Raumkonzepte im Profanbau blieb nicht ohne Folgen für die Kirche.[2]
Daher ist es immer grundlegend, den genauen Planungszeitpunkt von Neubauten zu beachten: Eine 1966 fertig gestellte Kirche, die seit etwa einem halben Jahrzehnt geplant worden war und zudem von Architekten und Künstlern aus einer älteren Generation gestaltet wurde, die noch vor dem Zweiten Weltkrieg ihre Ausbildung erhalten hatten, wird sich in ihrer Grundphilosophie meist viel stärker von einer 1971 konsekrierten Kirche unterscheiden, als das bei einer Kirche von 1955 gegenüber einer aus dem Jahr 1930 der Fall wäre.
Innerhalb der späteren 1960er Jahre lag zweifellos der mit Abstand größte gesellschaftliche Umbruch in der Geschichte der Bundesrepublik Deutschland vor der Wiedervereinigung, der sich fast umgehend auch in vielen architektonischen Entwürfen spiegelte: Glockentürme und andere, als traditionelle hierarchische Würdezeichen deutbare Motive schienen in diesen Jahren schlagartig überholt und gerieten ins Abseits gegenüber den sozialen Belangen des Gemeindelebens. Nie zuvor und danach waren sich katholische und evangelische Bauprogramme im Allgemeinen so ähnlich wie in den Jahren unter Bundeskanzler Willy Brandt. Kaum zu trennen sind davon jedoch auch profanere Gründe wie die finanziellen Probleme in den deutschen diözesanen Haushalten um 1970, weshalb die Verantwortlichen in den Bischöflichen Finanzkammern verbreitet Projektstopps verhängen oder zumindest auf große Sparsamkeit in den Konzepten und in der Ausführung drängen mussten.[3] Dass diese Jahre für die bildende Kunst im Kirchenraum sicher nicht einfach waren, was Umfang und Entfaltungsmöglichkeiten betrifft, ist kaum überraschend.[4] Entsprechend findet man in einigen der neuen Kirchenzentren auch eine sehr reduzierte Altarausstattung, die an funktionale Bauhaus-Klassiker anknüpfte, aber sonst weitgehend bild- und ornamentlos blieb.[5]
Zukunftseuphorie und heftige Kritik an einem Ausschließlichkeitsanspruch der Moderne lagen um 1970 eng beisammen.[6] Auch auf die nachträgliche Ausstattung der zeitgenössischen Kirchenräume mit Kunst musste sich diese Haltung natürlich auswirken. Manche Zutat sollte sicher für mehr Sakralität[7] und katholische Identität sorgen oder könnte auch durch den Wunsch von Gläubigen und nachfolgenden Pfarrern nach mehr „Wohnlichkeit" ausgelöst worden sein. Sosehr viele moderne Kirchen wohl schon von Anfang an auf Zuwachs bei der künstlerischen Ausstattung angelegt gewesen sein dürften,[8] so fragwürdig ist es sicher in manchen Fällen, ob Zutaten ab ungefähr der Mitte der 1970er Jahre bis in die Gegenwart noch dem ursprünglichen Konzept und der beabsichtigten Raumwirkung insgesamt entsprochen haben. Umgekehrt stellt sich die Frage, ob ein Kirchenzentrum – abgesehen von gesetzlichen Bestimmungen

Altarbereich mit Stein- und Metall-Bildhauerarbeiten von Josef Henselmann, Tafelbild von Franz Nagel und Relief von Josef Lang (Entwurf Reinhold A. Grübl), Schongau, Verklärung Christi zum Urheberrecht – in seinem Anspruch ausschließlich ein architektonisches Gesamtkunstwerk sein darf, das keine Veränderung duldet, oder ob in einem gewissen Rahmen auch Veränderungen durch die Nutzer geschehen dürfen, mit allen Risiken, dass man aus einer späteren Perspektive manches auch als Irrweg ansieht und möglicherweise wieder zurückbaut.

Bevor es in diesem Überblick um die für den Kirchenbau der Diözese Augsburg besonders prägenden Künstler geht, sollen zunächst einige Überlegungen zur anschaulichen baukünstlerischen Wirkung eines modernen Kirchenbaus und zu den zentralen Entwicklungen im Sakralbau dieser Jahre angestellt werden.

Große Teile der süddeutschen Sakrallandschaft werden wesentlich von den zahlreichen Barockkirchen geprägt, von Raumkunstwerken, in denen Ornamentik, Skulptur und besonders Malerei eine große Rolle spielen. Inhaltlich verstehen sich diese als ein Thronsaal Gottes auf Erden und wollen die Glaubenswahrheiten bildgewaltig veranschaulichen.

Selbst der Großteil der katholischen Kirchen aus dem 19. und beginnenden 20. Jahrhundert unterscheidet sich darin nicht grundlegend. Besonders die neubarocken Bauten um 1900[9] ließen der bildenden Kunst erneut reiche Entfaltungsmöglichkeiten einschließlich größerer Deckengemälde. Allerdings sind bei den Kirchen aus der ersten Hälfte des 19. Jahrhunderts zahlreiche Fälle bekannt, wo die entsprechende künstlerische Ausgestaltung nicht zuletzt aufgrund finanzieller Not erst viele Jahre später erfolgte. Der rationalistische Geist der Aufklärungszeit hatte jedoch auch einen spürbaren Anteil daran, dass sie nicht mehr mit den Beispielen des mittleren 18. Jahrhunderts vergleichbar waren.

Bei fast allen älteren Kirchen sind größere Altaraufbauten mit Skulpturen und Altargemälden sowie Fresken verbreitet. Über Jahrhunderte geradezu klassisch ist die Dreizahl an Altären, die schließlich mitsamt dem Grundtypus der klar auf einen Zielpunkt ausgerichteten Wege-Kirche aber schon wenige Jahre vor dem Zweiten Vatikanischen Konzil mehr und mehr aufgegeben wurde.

Im Folgenden sollen verschiedene Strömungen rund um den katholischen Kirchenbau seit dem Ersten Weltkrieg kurz skizziert werden.[10] Letztlich enthalten viele Bautypen und Raumkonzeptionen der Moderne oft schon grundlegende Weichenstellungen, ob und in welchem Ausmaß bildende Kunst ihren Platz finden konnte. Wenn etwa bereits die Wandoberflächen eine ornamentale Textur bekamen, blieb zumeist entsprechend wenig Entfaltungsraum für Malerei oder Plastik.

Bereits seit den 1920er Jahren bildeten sich unterschiedliche Auffassungen heraus, wie intensiv künstlerische Ausstattung im Kirchenraum mitsprechen sollte. Eine damit verbundene Frage ist, wie stark der Bau als solcher bereits mit künstlerischen Mitteln arbeitet, um Sakralität zu erzeugen. In einigen architektonischen Strömungen des 20. Jahrhunderts haben die Architekten ihre Kirchen ähnlich skulptural wie Bildhauer aufgefasst. Ein bekannter Sonderfall aus dem deutschsprachigen Raum, wo ein Bildhauer eine ganze Kirche wie eine riesige raumhaltige abstrakte Skulptur entworfen hat, ist die 1974–1976 erbaute Pfarrkirche zur Heiligsten Dreifaltigkeit in Wien-Mauer von Fritz Wotruba.

Allerdings finden sich bereits ab den späteren 1950er Jahren ähnliche plastische Ansätze bei einigen renommierten Architekten. Zu den wichtigsten Wegbereitern gehörte zweifellos Le Corbusier mit seiner vielbeachteten Wallfahrtskirche im ostfranzösischen Ronchamp, die – entgegen den sonst für den Architekten meist charakteristischen Rationalisierungstendenzen im Profanbau – hier mit vollkommen anderen Mitteln arbeitete und ganz ähnlich wie der Expressionismus auf eine besondere sakrale Lichtstimmung setzte.

Beispiele für stark skulpturale Raumschöpfungen sind auch die Kirchen von Gottfried Böhm, darunter als prominenteste die monumentale Wallfahrtskirche im rheinischen Neviges; mit einer anderen Handschrift trifft dies aber auch auf die Pfarrkirche zur Göttlichen Vorsehung von Justus Dahinden in Königsbrunn (Nr. 17) zu. Entsprechend fügen sich die bildhauerischen Ausstattungsstücke dem Gesamtkonzept ein. In Königsbrunn war es der Architekt selbst, der neben vielen baulichen Details auch die liturgischen Orte entworfen hat. In diesen Fällen entspricht der moderne Kirchenbau in seinem ganzheitlichen Ansatz dem, was die Kunstgeschichte des mittleren 20. Jahrhunderts in Anlehnung an den von Richard Wagner geprägten Begriff vom „Gesamtkunstwerk" über Sakralbauten des Barock und Rokoko formuliert hat. Bei diesen skulptural gedachten Kirchen, die sich in der zweiten Hälfte der 1960er Jahre vermehrt finden, spielen schalungsraue Wandoberflächen oft eine ganz wesentliche Rolle. Als Sonderform wurden auch ornamentale oder figürlich abstrahierte Betonreliefs einbezogen. Gehäuft findet sich diese Gestaltungsform am Oberrhein und im Rheinland. Ein spätes Beispiel hierfür aus der Diözese Augsburg bietet St. Hedwig in Kempten von Dieter Heiler, die 1984–1986 in Zusammenarbeit mit dem einheimischen Bildhauer Hans Wachter (1931–2005) entsprechend aufwendig gestaltet wurde (Nr. 34).

Schon der expressionistische Kirchenbau der 1920er Jahre war dadurch gekennzeichnet, dass die Architektur in ihrer stark plastischen, gewissermaßen selbst skulpturalen Gestaltung nur wenig Möglichkeiten zur Entfaltung von raumprägender Ausstattung bot. Im Bistum Augsburg sind dafür vor allem die beiden Meisterwerke der Epoche zu nennen, St. Johannes Baptist in Neu-Ulm von Dominikus Böhm und St. Anton in Augsburg von Michael

Altarbezirk (Malerei im ursprünglichen Zustand), Georg Bernhard; Bildhauerarbeiten Friedrich Koller (um 1968); Krumbach-Hürben, Maria Hilf

Kurz. Malerei konnte hier – abgesehen von Glasmalerei – kaum raumprägend wirken, allenfalls mit einer Farbtönung; allerdings ist der Anteil von Skulptur an Portalen und Altären zumindest bei St. Anton nicht unbedeutend. Der bildhauerische Anteil wurde aber im Expressionismus eindeutig der Architektur untergeordnet. Ähnliche Phänomene lassen sich auch schon in der Gotik beobachten und entsprechend im 19. Jahrhundert in der Neugotik.

Mit dem neusachlichen Trend zu strengeren, rechteckigen Grund- und Aufrissformen Ende der 1920er Jahre erhielten auch großformatige Wandmalereien wieder einen Entfaltungsraum, sofern es die knappen Geldmittel zuließen. Dabei kann man allerdings nicht mehr in jedem Fall sicher beantworten, ob die Architekten sich dem neuen Bauen so konsequent verschrieben hatten, dass sie einen überwiegend „weißen Raum" suchten, in dem zumeist noch unterschiedlich getönte Grisaillefenster ein leichtes Lichtspiel auf den Wänden bewirken sollten, oder ob ein Bemalen der großen Altarwände an sich gewollt war. In der Diözese Augsburg gibt es aus der Zeit um 1930–1950 mehrere prominente Beispiele von Michael Kurz, wo mehr oder weniger modern stilisierte figürliche Malerei die ganze Altarwand einer Kirche beherrscht.[11] Insbesondere die Zusammenarbeit mit dem bekannten oberschwäbischen Maler Albert Burkart (1898–1982) war offenbar ganz im Sinn von Kurz, wie das wiederholte Auftreten im Werk des Architekten belegt.[12] Auch viele andere traditionell konzipierte Wege-Kirchen der 1950er Jahre laufen auf Wandbilder[13] in Fresko[14] oder Mosaik zu. Beliebt seit den Anfängen um 1930 ist auch die Variante als Sgraffito, die eine stark ornamentale und leicht abstrahierte Eigenwirkung entfalten konnte.

Eine entsprechende raumprägende Rolle können auch monumentale Wandteppiche mit stilisierten figürlichen Darstellungen spielen.[15] Eine andere klassische Möglichkeit, eine bildhauerische Lösung in raumfüllendem Format, wurde als kostspieligste in der Diözese Augsburg insgesamt nur selten gewählt.[16]

Umgekehrt gibt es auch einige Kirchen in der Bauhaus-Nachfolge aus den Jahren um 1960 im Bistum Augsburg, die – noch als Wege-Kirchen konzipiert – als weißer Kubus in ihrer Erscheinung klar in der Tradition der 30 Jahre zuvor erbauten Aachener Fronleichnamskirche[17] von Rudolf Schwarz stehen. Die 1962 geweihte Pfarrkirche St. Nikolaus von Flüe in Westheim bei Augsburg von Alfred Back spiegelt diesen Geist bis heute sehr deutlich, trotz einer Ausstattungsergänzung in jüngerer Zeit mit einem spätgotischen Kruzifix. Allerdings gab es schon frühzeitig Überlegungen, die Altarwand künstlerisch zu gestalten.[18]

Im Falle der fast gleichzeitig erbauten Pfarrkirche Herz Mariä in Diedorf (Nr. 5) ist bekannt, dass sich der

Architekt Josef Ruf ein Altarwandfresko wünschte, das aber bis heute nicht ausgeführt wurde. Ein 1990 gestiftetes Monumentalkruzifix vermag diesen großen Leerraum nicht ganz zu füllen, weil die übrige filigrane Textur des Bauwerks die große unstrukturierte Wand ausgerechnet in der Hauptblickachse über dem Altar wenig plausibel macht.

Herkunft und Förderer der Künstler

Nach diesem Exkurs sollen nun zumindest die wegen ihrer Funktion und ihres Werkumfangs prägenden Künstler[19] selbst kurz im Überblick vorgestellt werden. Einige waren im Raum Augsburg oder in Städten wie Kempten ansässig und konnten vor allem im Umfeld ihres Heimatorts nach und nach Spuren hinterlassen; nicht wenige lebten aber im Großraum München und wirkten über die Bistumsgrenzen hinaus. Eine ganz zentrale Rolle spielte die Akademie der Bildenden Künste München, wo es bis in die zweite Hälfte des 20. Jahrhunderts noch Lehrstühle mit einem Schwerpunkt für sakrale Malerei und Skulptur gab.[20]

Viele Aufträge kamen auf Wunsch der jeweiligen Pfarrer zustande, die ähnliche Werke schon von ihren vorigen Wirkorten als Kaplan kannten oder Künstler von Kurskollegen empfohlen bekamen. In nicht wenigen Fällen vermittelten Architekten Künstler, mit denen sie schon andernorts zusammengearbeitet hatten, nach Augsburg.[21] Vielfach entstanden klassische Werkgemeinschaften, bei denen ein freundschaftlich-wertschätzender Kontakt zwischen Baumeister und Bildhauer über Jahre gepflegt wurde.[22]

Nicht zuletzt waren es häufig der langjährige Leiter der diözesanen Kunstkommission, Bischofsvikar Martin Achter,[23] und der erste Kunstreferent der Diözese Augsburg, Monsignore Josef Kunstmann, die mit ihrem starken Engagement und Veranstaltungen zum Künstleraustausch wie den „Kamingesprächen" der 1970er Jahre im Haus St. Ulrich Bauaufgaben und Künstler zusammenbrachten. Letztlich wurde das Klima in der Diözese sicher dadurch begünstigt, dass Bischof Joseph Freundorfer zugleich Kunstreferent bei der Deutschen Bischofskonferenz war. Auch Diözesanbaudirektor Valentin Müller (tätig 1958–1981) selbst war nach Zeitzeugenberichten eine treibende Kraft und sorgte dafür, dass die künstlerische Ausstattung bei den zahlreichen Neubauprojekten den hohen Qualitätsansprüchen genügte. Mit etwas veränderten Akzenten wurde dieses Engagement von Monsignore Werner Schnell (tätig 1981–1996) als Kunstreferent und zeitweilig in Personalunion auch Bauamtsleiter weitergetragen.

Es bleibt natürlich die grundlegende Frage, wie raumprägend die Kunst in modernen Kirchen im Verhältnis zur

Altarwandbild der Werktagskapelle (um 1966), Franz Nagel, Augsburg-Haunstetten, St. Pius

Architektur wirken konnte. Im Gegensatz zum Barock, wo das fast immer der Fall war, ist das bei modernen Kirchen aus den Jahren um und bald nach dem Zweiten Vatikanischen Konzil zweifellos erheblich seltener der Fall, jedoch mit ein paar bemerkenswerten Ausnahmen.[24]

Allgemein muss man bei der Frage nach der Kunst im modernen Kirchenbau auch das verbreitete Selbstverständnis von der Freiheit der zeitgenössischen Künstler in die eigene Betrachtung einbeziehen.[25] Handelt es sich um (halbwegs) autonome Kunst im Sinne des Ideals der Moderne oder doch um künstlerisches Schaffen mit einem klaren Auftrag, also „Kunst im Dienste der Kirche", wie ein vielfach aufgelegter Ratgeber[26] im mittleren 19. Jahrhundert treffend formuliert hatte?

Die Wurzeln einer autonomen und damit modernen Kunst werden in der Kunstgeschichtsschreibung überwiegend im Zeitalter der Französischen Revolution und der frühen Romantik[27] verortet, mit wichtigen Vorstufen in der Renaissance, wobei sich diese Ideen jedoch nicht ad hoc und ohne Rückschläge verbreiten konnten. Das Ideal des modernen Künstlers, der aus eigener Inspiration und insbesondere ohne inhaltliche Vorgaben arbeitet, wurde schon in der französischen Kunstkritik des 19. Jahrhunderts mit Schlagworten wie „l'art pour l'art" thematisiert und spätestens seit dem Jugendstil verbreitet als ein Markenzeichen der Moderne verstanden. Damit stand der übliche künstlerische Prozess der Barockzeit, als Maler und Bildhauer ausgefeilte theologische Vorgaben in prachtvoller Gestalt umsetzten,[28] in einem immanenten Widerspruch zum Ideal des 20. Jahrhunderts. In früheren Epochen war die grundsätzliche Frage, ob „Auftragskunst" möglicherweise nicht ausreichend kreativ sein könnte, noch kein relevantes Problem. Bei Werken des 20. Jahrhunderts kann man sich dagegen fragen, ob Kunst im Kirchenraum nicht überwiegend eher in Bereiche gehört, die man mit „Angewandte Kunst" besser beschreiben könnte. Ist beispielsweise ein moderner Altar im Sinne des Zweiten Vatikanischen Konzils ein eigenständiges Kunstwerk oder Design? Diese Fragen muss man sicher individuell an jedem entsprechenden Beispiel beantworten. In den wenigsten Fällen wird es sich um autonome moderne Kunst ohne jede Einschränkung handeln.

Auch Kunst am Bau, ein bekannter Topos im öffentlichen Bauwesen in Deutschland insbesondere seit dem Zweiten Weltkrieg, war und ist in ihrem Grundcharakter zumeist hauptsächlich schmückendes Beiwerk. Wenn sich die Künstler zudem einem Wettbewerb stellen mussten, wie er seit über einem Jahrhundert zumindest im städtischen Raum Praxis ist und wie er sich speziell seit den 1950er Jahren auch darüber hinaus zu einem verbreiteten Modell entwickeln sollte, blieb zweifellos ebenso einiges vom Ideal des autonomen Künstlers auf der Strecke.

Altarwandbild, Georg Bernhard (um 1990), Herrsching, St. Nikolaus

Hugo Schnell sah in seinem Standardwerk zum Modernen Kirchenbau die Ausstattung – abgesehen von den Kernstücken Altar, Ambo und Taufstein – seit der Vorkriegszeit in einer schwierigen Situation: Einerseits habe man „die Notwendigkeit schöpferischen Schaffens (...) anerkannt", andererseits „propagierten die nachfolgenden Kräfte, aufgewachsen im Kampf gegen das einst überwuchernde Ornament und gegen die ehemals genrehafte Kirchenausmalung, das Eigengesetz der Wand und der Fläche, der Schönheit der Steine und der Eigenart der neuen Baumaterialien, auf denen man sich zunächst keine Farbe oder Malerei vorstellen konnte".[29] Sein Blickwinkel war fraglos durch die Jahre um 1970 geprägt, als sich manche Entwicklungen zuspitzten, doch lassen sich die Tendenzen auch über die gesamte Zeit „Im Zeichen des Aufbruchs" mehr oder minder ausdehnen.

Maler, Glasmaler und Textilkünstler

Eine Entschärfung des Widerspruchs zwischen künstlerischer Freiheit und der Aufgabenstellung in einer Kirche konnte sich in der abstrakten Malerei ergeben, die ab den 1950er Jahren zunehmend auch im Kirchenraum Einzug hielt. Bei den frühen Beispielen war dabei die Figürlichkeit noch nicht völlig verdrängt, und auch später hat sich oft zumindest eine Andeutung davon in Zeichen oder Chiffren gehalten.

Eine Schlüsselrolle kommt dem weit über die Diözese Augsburg hinaus gefragten gebürtigen Günzburger Künstler *Franz Nagel* (1907–1976)[30] zu. Seine Decken- und Apsismalereien in der Augsburger Pfarrkirche St. Maximilian waren hierbei richtungsweisend. Nagel konnte schon vor Übernahme der Professur für sakrale Malerei an der Münchner Akademie der Bildenden Künste über seine freundschaftlichen Kontakte zum Augsburger Kunstreferenten Josef Kunstmann und zum zeitweiligen Regens des Priesterseminars und nachmaligen Bischofsvikar Martin Achter im Bistum wirken.[31] Bereits um 1960 war Nagel einer der gefragtesten Maler im katholischen Kirchenraum in ganz Süddeutschland, der insbesondere monumentale Aufgaben wie Deckengestaltungen im Einklang mit der Architektur und in modern abstrahierter christlicher Zeichensprache bewältigen konnte.[32] Ab Mitte der 1960er Jahre erprobte Nagel immer experimentellere Stilmittel. Sein Kreuzweg für die um 1970 vollkommen umgestaltete Dorfkirche in Weilach[33] und die Altartafel in Schongau (Nr. 6) erinnern in ihrer Komposition fast schon an Comic-Strips. Dagegen ging er in Hl. Geist in Günzburg (Nr. 26) unter dem hierfür dankbaren Thema „Wirken des Hl. Geistes" ganz in die Abstraktion über, allerdings mit Ausnahme eines Abendmahl-Bilds am Ort des Tabernakels, wo er eine stilisierte Figürlichkeit beibehielt.

Von Nagels Stil der 1950er Jahre ist auch das Apsisfresko seines Schülers *Helmut Kästl* (geb. 1934) aus Schongau in der neuen Pfarrkirche von Rott am Lech geprägt.

Als Nachfolger am Münchner Lehrstuhl mit Schwerpunkt auf christlicher Malerei wirkte Nagels Schüler *Franz Bernhard Weißhaar* (geb. 1933), der in der künstlerischen Sprache bei figürlich-ornamental aufgefassten Malereien Anknüpfungspunkte an Nagels Stil aus der Phase seiner Ausmalung von St. Maximilian erkennen lässt. Auch die 1965/1966 durchgeführte künstlerische Innenrenovierung der nach dem Zweiten Weltkrieg in äußerst karger Gestalt wiederaufgebauten Augsburger Abteikirche St. Stephan ist ein Werk von Weißhaar. Allgemein wirkte er seltener bei der Ausgestaltung von Neubauten mit – als ein Hauptwerk sind die Deckenbilder im Langhaus-Neubau der Kirche in Bonstetten anzusprechen –, sondern öfter bei liturgischen Neugestaltungen historischer Kirchen oder künstlerischen Redaktionen purifizierter Kirchen wie in Oberstaufen, wo er auch Glasmalereien gestaltete.

Batik (Madonna), um 1960, Sr. Regina Holzhauser

Die Kunstform der Glasmalerei wurde auch von einem weiteren Nagel-Schüler umfangreich gepflegt, der jedoch in katholischen Kirchen der Diözese Augsburg nur ausnahmsweise tätig war,[34] *Hubert Distler* (1919–2004). Auch er hatte in der katholischen Stadtpfarrkirche St. Maximilian in Augsburg mitgewirkt, sollte aber später vor allem zahlreiche evangelische moderne Kirchen in Bayern mit Wand-, Decken- oder Glasmalereien gestalten. Seine Arbeiten sind fast durchwegs abstrakt und werden meist von einem erdfarbenen Spektrum mit wesentlichem Anteil von Gold-Ocker geprägt.

Am umfangreichsten konnte sich rein abstrakte Malerei ab den 1960er Jahren im Kirchenraum im Bereich der Glasmalerei entwickeln, die sich – ähnlich wie ornamentale Scheiben in der Gotik – überwiegend der Architektur unterordnet. Auch Nagel pflegte diesen Bereich. Um die Glasmalerei nicht nur als dekorativen Raumschmuck einzusetzen, wurden häufig zeichenhafte Symbole in die abstrakte Gesamtkomposition einbezogen.[35] Entsprechendes gilt für eine hauptsächlich in den 1950er Jahren besonders beliebte Mosaikform aus gemischten Materialien und unterschiedlich großen Steinformaten.[36] Ein überregional gefragter Künstler, der noch bis in die Mitte der 1990er Jahre moderne Kirchen wie Freienried oder Marktoberdorf in dieser Technik und Stilistik nachträglich ausstattete, war der Salesianerpater *Benedict Schmitz* (1935–2015), der zahlreiche Glasgemälde und Paramente gestaltete.

Künstler, die vor allem als Glasmaler in Bayern aktiv waren, sind außerdem *Erich Schickling*[37] (1924–2012) und *Erich Horndasch*[38] (1926–2011). Auch der in der Regel kleinformatig figürlich arbeitende Ulmer Meister *Wilhelm Geyer* (1900–1968) als Vertreter einer älteren Generation, der selbst noch in den 1920er Jahren an der Stuttgarter Kunstakademie studiert hatte, ist mit seinen Werken für Diedorf und Senden in der Diözese Augsburg vertreten.

Speziell in den 1960er Jahren finden sich verbreitet auch Betonglasfenster, eine zeittypische Sonderform, bei der Glaskunst und Architektur aufs Engste verbunden sind. *Georg Meistermann* (1911–1990), der vielleicht bekannteste deutsche Glaskünstler des 20. Jahrhunderts, war dagegen nur ausnahmsweise mit Chorfenstern in der in den 1960er Jahren umgestalteten Stadtpfarrkirche St. Moritz in der Diözese Augsburg tätig. Der um zwei Jahrzehnte jüngere *Johannes Schreiter* (geb. 1930), der nach Meistermanns Tod wohl als bedeutendster Repräsentant dieser Kunstrichtung in Deutschland gelten darf, ist hauptsächlich seit der Jahrtausendwende mit mehreren Werken im Bistum vertreten,[39] darunter als Ergänzung neben dem Ursprungsbestand von Nagel und der Fortsetzung von Weißhaar in St. Pius in Augsburg-Haunstetten (Nr. 2) oder im Haus der Begegnung in Buchloe (Nr. 39). Ein Hauptwerk stellen die 2010 vollendeten Parusie-Fenster im gotischen Westchor des Augsburger Doms dar.

Eine wichtige Rolle für die kirchliche Glasmalerei spielte der Oberpfälzer *Josef Oberberger* (1905–1994),[40] der vor und nach dem Zweiten Weltkrieg an der Münchner Kunstakademie lehrte. Oberberger setzte sich intensiv mit Anregungen aus Romanik bis Hochgotik auseinander, die er – ohne zu kopieren – in seine eigene Sprache übertrug. Dennoch ist es sicher kein Zufall, dass der Künstler zwar in den 1930er Jahren auch für Kirchenneubauten wie Christkönig in Weßling Fenster entwarf, in der Phase um 1950–1975 jedoch hauptsächlich für gotische Sakralbauten arbeitete, von denen neben dem Donauwörther Münster (unter Mitwirkung von Schülern) die Dome in Augsburg und Regensburg hervorgehoben seien. Erst im hohen Alter finden sich auch wieder vermehrt Glasgemälde für Kirchenneubauten wie in Schnuttenbach, wo die Architektur eher postmodern konzipiert war.

Zu den bekanntesten Oberberger-Schülern zählt *Hilda Sandtner*[41] (1919–2006), die in den 1950er Jahren

Tabernakel, Josef Henselmann (um 1968), Schongau, Verklärung Christi

selbst Glasgemälde, Mosaiken und Paramente entwarf, die stark von ihrem Lehrer beeinflusst waren. Ab den 1960er Jahren fand Sandtner zu einer individuelleren Sprache, von der das Chorwandmosaik in St. Elisabeth (1960) in Augsburg und die Glasgemälde der Kirche in Munzingen (1991) zeugen.

Mit kleineren Glasgemälden und farbigen Raumgestaltungen wirkte *Johannes Segieth* (1922–2007) aus München, der sich später vor allem als gefragter Ausstellungsdesigner einen Namen machen sollte, beispielsweise an Kirchenausstattungen in Nördlingen und Weidach-Oberkottern mit.

Unter den Malern im Bistum, die immer an Figürlichkeit festgehalten haben und daher – trotz eines sehr umfangreichen Werks zwischen circa 1950 und 1990 – fast nie in modernen Kirchen tätig waren, seien *Michael Paul Weingartner*[42] (1917–1996) aus Pfaffenhofen a. d. Ilm und *Karl Manninger*[43] (1912–2002) aus Pöcking genannt. Auch der Augsburger *Karl Radinger*[44] (1912–1966) ist in diesem Rahmen zu erwähnen.

Aus der Münchner Akademieklasse von Hermann Kaspar stammt der Allgäuer *Arnulf Heimhofer* (geb. 1930), der die noch aus der Zeit von Bischof Freundorfer stammenden Kirchen in Hegge und Bellenberg in den 1970er Jahren respektvoll gegenüber den architektonischen Grundlinien, aber mit kraftvoller Stilistik in der direkten Nachfolge seines Lehrers ausstattete.

Der Augsburger Künstler *Karl Denzner* (1929–2014), dessen druckgrafische Arbeiten wie der Kreuzweg in St. Maximilian an den deutschen Expressionismus der 1920er Jahre erinnern, wirkte vereinzelt auch als Entwerfer für Glasmalerei mit, etwa für die neue Kirche in Derching.

In Augsburg selbst war auch *Alfons (Fons) Dörschug* (1926–2016) ansässig, der neben zahlreichen Aufgaben im Bereich Kunst am Bau auch an qualitätvollen künstlerischen Ausstattungen von Kirchen seinen Anteil hatte, wie bei Farbkonzepten für die vorkonziliaren Kirchenneubauten in Straßberg und Stettenhofen oder bei der Wandmalerei im Eingangsbereich der Hauskapelle von Don Bosco in Augsburg (Nr. 1). Kennzeichnend für seine Kunst ist ein grafisch-konstruktiver Grundzug. Hervorzuheben ist ein Abendmahl-Wandbild in der Kirche in Schopfloch am Nordrand der Diözese. Auch für die Filialkirche in Walchshofen bei Aichach war Dörschug mit seiner grafisch aufgefassten Malerei in Form biblischer Szenen tätig, ebenso wie für St. Christoph in Sonthofen mit einem Kreuzweg.

Ein vergleichbar prägender Stellenwert für die Gestaltung moderner Kirchen im Bistumsgebiet wie Franz Nagel kommt jedoch von allen Künstlern nur dem Augsburger *Georg Bernhard* (geb. 1929) mit seinem umfangreichen Werk zu. Obwohl Hermann-Kaspar-Schüler, zeigen die Frühwerke wie die Wandgemälde in den Wechs-Kirchen von Schwabmünchen und Lindau-Zech mehr Berührungspunkte zu Nagel. Ab den späteren 1960er Jahren arbeitete Bernhard in einer charakteristischen Abstraktion mit einbezogener Symbolik, die in der Auffassung Parallelen zu Hubert Distler aufweist, beziehungsweise um 1980 auch wieder vermehrt mit integrierten figürlichen Vignetten. Seine erdfarbenen Wand-, Decken- und Glasmalereien haben jedoch auch einige asketisch-strenge Architekturschöpfungen wie St. Josef in Lindau-Reutin, ein Thomas-Wechs-Frühwerk, komplett im Raumcharakter verändert und bisweilen auch verfremdet. Sehr gut zur klassisch-modernen Architektur von einigen bedeutenden Wechs-Kirchen der 1950er Jahre passen dagegen seine bauzeitlichen Malereien der Altarwand von St. Maria in Lindau-Zech oder die Wandmosaiken in den zeittypischen Materialwechseln mit größeren farbigen Steinplatten in der Stadtpfarrkirche von Neugablonz, in der Marienkapelle von Don Bosco in Augsburg (Nr. 1) und der großen Kapelle im Exerzitienhaus in Leitershofen. Alle diese frühen Bernhard-Werke stehen in ihrer Komposition in Einklang mit den Raumgesetzen der Architektur und wollen diese nicht wie viele der späteren Werke mehr oder minder eigensinnig aufbrechen.

Die Stilistik Bernhards aus den 1980er Jahren spiegelt sich auch im Werk seiner bekanntesten Schülerin, *Anita Rist-Geiger* (geb. 1956). Bei Kirchenneubauten wirkte sie in Dillingen (Nr. 35) und Untermaxfeld (Nr. 36) mit

Tabernakelstele, Max Faller (1967), Ottmarshausen, St. Vitus

Kreuzwegreliefs, Friedrich Koller (1979), Dinkelscherben, St. Simpert

ihren Glasgemälde-Entwürfen raumprägend mit. Auch in bestehenden Sakralbauten finden sich zahlreiche Spuren ihres Schaffens.[45]

An dieser Stelle sei noch eine Nagel-Schülerin erwähnt, die sich nicht mit Wandmalerei, sondern als künstlerische Leiterin der großen Textilwerkstätte bei Regens Wagner in Dillingen in der Gestaltung von Paramenten und raumprägenden Wandteppichen über die Diözese hinaus einen Namen gemacht hat, die Franziskanerin *Sr. Animata Probst*[46] (geb. 1931). Die Kirchen Don Bosco in Augsburg (Nr. 1) oder Zu den Hl. Engeln in Landsberg (Nr. 12) mit ihren Stickteppichen seien beispielhaft für Animatas Kunst genannt.

Schon früher hatte die Augsburger Bildstickerin *Lisel Lechner* (1899–1980), die erste Lehrerin von Sr. Animata, den Weg für den wachsenden Stellenwert moderner Paramentik und speziell von Wandteppichen in der Diözese und darüber hinaus bereitet. Eine im Rang ebenbürtige Zeitgenossin war die Augsburger Dominikanerin *Sr. Regina Holzhauser* (1908–2001), die als ein Hauptwerk 1965 für die Wechs-Kirche St. Ägidius in Neusäß einen monumentalen Altarwandteppich geschaffen hat.[47]

Allgemein gehört die moderne Paramentik, die durch die liturgischen Neuerungen und die endgültige Abkehr von der traditionellen barocken Bassgeigen-Form mit dem Schwenk hin zu Glockenkaseln Auftrieb erhalten hatte, zu den besonders reich im Bistum vertretenen Kunstgattungen dieser Zeit. Auch in zahlreichen alten Pfarreien, wo sonst keine größeren baulichen Modernisierungen erfolgten, finden sich Beispiele dafür.

Bildhauer in Kirchen der Diözese Augsburg

Der mit Abstand größte Kunst-Themenkreis im oder am modernen Kirchenbau betrifft Bildhauer. Entsprechend kann ein Überblick kaum vollständig sein. Selbst Kirchen, die weitgehend „ornamentfrei" in ihrer Architekturkonzeption angelegt waren, benötigten zumindest für die zentralen liturgischen Orte die Mitwirkung von Bildhauern. Altar und Leuchter, Ambo, Tabernakel – oft auf einer Stele freigestellt –, Ewiges Licht, Taufstein und nicht zuletzt Priestersitz und Sedilien waren einheitlich zu gestalten. Behauener Stein – in den 1960er Jahren oft Muschelkalk, später eher Sandstein oder Jurastein –, dazu Anteile aus Bronze oder anderen Metallen wie Messing sind dabei die klassischen Mittel der Zeit gewesen. Allerdings wurden, wie bereits erwähnt, manche Ausstattungen mehr oder minder komplett vom Architekten entworfen und dann lediglich von Steinmetzen umgesetzt. Zudem fanden nicht selten mittelalterliche Madonnen oder Kruzifixe, teils aus der zu klein gewordenen alten Dorfkirche,[48] teils aus dem Kunsthandel,[49] ihren Platz in modernen Kirchen, sodass auch diese potenzielle Aufgabenstellung wegfallen konnte. Auch Kopien gotischer Madonnen sind nicht selten zu finden.

Architekten wie Alexander Freiherr von Branca arbeiteten über Jahrzehnte bevorzugt mit einem Bildhauer ihres Vertrauens zusammen, in diesem Fall *Hans Kreuz* (1924–2001) aus Herrsching, der im Wesentlichen ihre Ideen im Sinne von angewandter Kunst in strenger Gestalt umsetzte. Auch Justus Dahinden hat für die Pfarrkirche Zur

Göttlichen Vorsehung in Königsbrunn (Nr. 17) die gesamte Ausstattung mit Ausnahme des Kreuzwegs selbst entworfen, wofür es letztlich in erster Linie eines Bildhauers bedurfte, der sie in entsprechend hoher handwerkstechnischer Meisterschaft ausführte.

Die Bildhauer, die in den Kirchen der Diözese zu finden sind, waren – abgesehen von Besuchen der Schnitzschulen in Oberammergau und Partenkirchen – zum allergrößten Teil Schüler der Münchner Kunstakademie. Dort unterrichteten in den Jahren nach 1945 bekannte Künstler wie *Toni Stadler* (1888–1982), *Anton Hiller* (1893–1985), *Georg Brenninger*[50] (1909–1988) und *Heinrich Kirchner*[51] (1902–1984), bei denen einige der im Kirchenbau tätigen jungen Bildhauer ihre künstlerische Prägung erhalten hatten.

Die zentrale Gestalt war jedoch *Josef Henselmann*[52] (1898–1987). Nach Anfängen bei Karl Killer[53] (1873–1948) an der Münchner Westenriederschule war er bis 1924 Schüler von Balthasar Schmitt (1858–1942), dem Professor mit Schwerpunkt für christliche Plastik an der Münchner Akademie der Bildenden Künste, dessen Lehrstuhl Henselmann schließlich selbst bis 1966 innehaben sollte, zeitweilig zugleich in der Funktion als Akademiepräsident. Sein eigenes reiches Kunstschaffen blieb im Grunde immer figürlich mit erkennbarer eigener Handschrift und zeigt einen deutlichen sakralen Schwerpunkt, sodass Henselmann bald schon die führende Gestalt bei repräsentativen Aufgaben in süddeutschen Kirchen und speziell Domen werden konnte. Neben dem viel beachteten, aber auch umstrittenen Hochaltar im Passauer Dom und dem Monumentalkruzifix in der Münchner Frauenkirche schuf Henselmann die neue Hochaltargruppe im Augsburger Dom (1962, 1985 ergänzt), die Cathedra (1962) und als Spätwerk den Brunnen der Bistumspatrone (1986) am Vorplatz. Neben einem Kreuzwegzyklus in der romanischen Basilika von Altenstadt ist Henselmann zudem in neuen Kirchen wie Mariä Himmelfahrt in Memmingen oder Verklärung Christi in Schongau mit charakteristischen Bildwerken vertreten.

Ein Großteil der Bildhauer, die seit den 1950er Jahren an der bildhauerischen Ausstattung der neuen Kirchen der Diözese Augsburg mitwirkten, waren Henselmann-Schüler. Gut erkennbar ist diese Prägung etwa bei *Klaus Backmund* (geb. 1929) aus München, der für nahezu die gesamte Ausstattung in der neuen Pfarrkirche in Geltendorf (Nr. 19) verantwortlich zeichnete und in der Auffassung seines Lehrers eine raumprägende bronzene Figurengruppe über dem Altar platzierte. Außerdem birgt die Pfarrkirche von Feuchtwangen ein monumentales Kruzifix von Backmund; daneben schuf er die Altarraumgestaltung im Lauinger Münster sowie eine Ulrichsplastik vor dem Augsburger Haus St. Ulrich. Auch an der liturgischen Zweitausstattung des neuen Gemeindezentrums in Donauwörth-Riedlingen war der Künstler beteiligt.

Taufstein und Madonna, Reinhold A. Grübl (um 1970), Gersthofen, Maria, Königin des Friedens

Altarinsel, Blasius Gerg (1970/1971), Augsburg-Pfersee, Herz Jesu

Nahezu ausschließlich auf kirchliche Arbeiten konzentriert ist das umfangreiche Œuvre von *Max Faller* (1927–2012), der an der Ausstattung von St. Ulrich in seiner Geburtsstadt Neuburg a. d. Donau mitwirkte und insgesamt reich mit Werken im Augsburger Bistum vertreten ist. Einen großen Stellenwert nehmen dabei Vasa Sacra, Medaillen und kirchliche Insignien ein, darunter als Spätwerk Krümme und Ring für den Augsburger Bischof Konrad Zdarsa (2010). Fallers figürliches Werk leitet sich zwar unverkennbar von Henselmanns Stil ab, dennoch entwickelte er zweifellos seine eigene Handschrift. Bei den Kirchen aus der Konzilszeit ist Faller unter anderem mit einem Tabernakel in Jettingen (Nr. 40), einem Sakramentshaus in Ottmarshausen (Nr. 13) und Kreuz und Tabernakel in Senden vertreten. An jüngeren Arbeiten sind eine szenische Bronzesäule für das Exerzitienhaus in Leitershofen und schließlich das 2001 eingesetzte figurenreiche Bronzeportal für den Augsburger Dom hervorzuheben.

Zu den Henselmann-Schülern, die sich besonders auf sakrale Bronzefiguren und Reliefs spezialisierten, gehört der gebürtige Schweinfurter *Anton Rückel* (1919–1990). Auch sein Stil ist erkennbar durch seinen Lehrer geprägt worden. Rückel war eher selten schon von Anfang an oder über Künstlerwettbewerbe bei der Ausstattung eines Neubaus dabei, sondern wurde oft mit einigen Jahren Verzögerung gerufen, wenn man die Kirchen nach und nach noch figürlich ausstatten wollte – so 15 Jahre nach Kirchenweihe beim Reliefkreuzweg für Bellenberg oder bei seinen Arbeiten im Rahmen der 60er-Jahre-Renovierung für St. Moritz in Augsburg, wovon das Bronzeportal auch nach den jüngsten Umgestaltungen in situ verblieben ist. Auch ein monumentales Kruzifix für die Wechs-Kirche in Stadtbergen gehört zu seinen Arbeiten im Bistum.

Neben dem bereits genannten Kemptener *Hans Wachter*, der sich in seiner Bildwelt stärkere Eigenständigkeit gegenüber Henselmann erarbeitete und der nicht zuletzt mit seinen erwähnten Betonreliefs in der Hedwigskirche in Kempten (Nr. 34) ein umfangreiches Werk hinterlassen hat, darf der Augsburger *Josef (Sepp) Mastaller* (1915–2004) in dieser Schüler-Reihe nicht fehlen. Von ihm stammen etwa die Büste des Kirchenpatrons in Don Bosco in Augsburg (Nr. 1), die Ulrichs- und Afrasäule in der Pfarrkirche von Feuchtwangen, Ambo und Taufstein in Hegge oder die Skulptur des Heiligen Ulrich in Nersingen und der Altar in St. Bernhard in Kissing – zumeist jedoch noch Kirchen aus der unmittelbar vorkonziliaren Zeit.

Eine besondere Stellung haben zwei jüngere Henselmann Schüler, die zahlreiche komplette Altarraumgestaltungen in neuen wie historischen Kirchen der Diözese ausführen konnten. *Friedrich Koller* (geb. 1939) aus Froschham bei Laufen a. d. Salzach ist weit über Augsburg hinaus in großen Teilen Süddeutschlands mit Werken vertreten. Seine frühesten Arbeiten sind bevorzugt aus Savonnière-Kalkstein und von expressiver freier Gestaltung geprägt wie die Altarausstattungen für Diedorf (Nr. 5), Krumbach-Hürben (Nr. 13) oder – bereits eingeschränkter – die um 1970 modernisierte Dorfkirche in Ebershausen. Figürliches steht allerdings in Kollers Werk vom Umfang her nicht an erster Stelle. Dennoch sind gerade seine künstlerisch bemerkenswerten Kreuzwegreliefs in Zusammenklang mit der Architektur wie in Krumbach-Hürben oder Dinkelscherben (Nr. 44) hervorzuheben. Um 1970 treten Altartische und Ambonen in Metall hinzu, nicht selten in den damals neuen unkonventionellen Materialvarianten wie etwa Aluminium,[54] seit den 1980er Jahren wieder vermehrt in klassischeren Metallen wie Bronze oder Messing. Speziell in den 1970er bis 1990er Jahren nahm Koller eine führende Rolle ein mit Altarensembles in Altenstadt a. d. Iller (liturgische Neugestaltung der 1964 geweihten modernen und der alten Kirche), bei den neuen Kirchenzentren in Neu-Ulm-Ludwigsfeld (Nr. 16), Pfuhl (Nr. 28), Thalfingen, Sonthofen (Nr. 37) und Königsbrunn (Nr. 38), schließlich auch beim Wiederaufbau der 1983 abgebrannten modernen Kirche in Zellerberg, hier mit hohem Anteil an figürlichem Reliefschmuck. In den 1980er Jahren finden sich Berührungspunkte zur Postmoderne mit vermehrten dekorativen Elementen. Einheitliche und sensibel eingefügte Altarraumgestaltungen nach den Idealen des Konzils schuf Koller für St. Ulrich und Afra in Augsburg und die Stadtpfarrkirche in Weißenhorn.

Ähnlich prägend war *Reinhold Alexander Grübl* (1928–1994) aus Ebenhausen im Isartal. Als zeitweiliges Mitglied der diözesanen Kunstkommission und dank guter Kontakte zu Architekten konnte er an zahlreichen Altarausstattungen in der Diözese mitwirken. Allerdings stehen am Anfang seiner Augsburger Tätigkeit gerade auch eigenwillige skulpturale Werke wie die expressiven, durch eine ungewöhnliche Fassung geprägten Apostelfiguren für St. Elisabeth in Augsburg-Lechhausen. Ähnlich wie bei Koller gab es auch bei Grübl mehrjährige Schaffensphasen, die neue Ideale des Zeitgeists aufgriffen. Schon frühzeitig schuf der Künstler architektonisch strenge Entwürfe für liturgische Orte, so in der Filialkirche von Walchshofen. Auffällig ist eine technisch klare, teils vom Bauhaus beeinflusste Sprache bei Gemeindezentren um 1970. Neben verchromten Rohrkonstruktionen bei herausragenden Objekten wie Altar und Ambo häufen sich farbig gebeizte Einzelbestuhlungen mit Nadelfilz als Gestaltungsmerkmal. Typisch hierfür sind seine Ausstattungen in Kempten-Freudental (Nr. 18) oder Au bei Illertissen (beide um 2016/2017 verändert), weitgehend einheitlich erhalten in Günzburg, Heilig Geist (Nr. 26) und Lauben (Nr. 23). Diese nicht zuletzt vom Gebot der Sparsamkeit geprägte Phase ließ er jedoch im Laufe der 1970er Jahre hinter sich, zugunsten gestalterisch reicherer, jedoch nicht immer einheitlicher Entwürfe. Von den zahlreichen Orten, an denen Grübl in der Diözese wirkte, seien die Kirchenneubauten in Gersthofen (Nr. 10) und Klingsmoos oder die Renovierungskonzepte für die romanische Basilika in Altenstadt bei Schongau und die expressionistische Böhm-Kirche in Neu-Ulm hervorgehoben. Sein vielfach umgeplanter – und erst posthum von seiner Frau Linde Mötz-Grübl (1939–2014) mit manchen Kompromissen und zahlreichen einbezogenen Spolien anderer Epochen abgeschlossener – Sakramentsaltar im Augsburger Dom (1991–1995) war seit jeher umstritten und wurde 2016 durch eine formal klar reduzierte architektonische Neugestaltung in Zusammenarbeit des Architekten Wilhelm Huber aus Betzigau mit der Künstlerin Sabine Straub aus München ersetzt.

Ebenfalls reich vertreten im Augsburger Bistum ist *Blasius Gerg* (1927–2007) aus Haslach bei Glonn, der jedoch stärker als die meisten Zeitgenossen eine überwiegend architektonische Formbildung für seine Altarausstattungen wählte und nur selten figürlich arbeitete wie bei einem Relief an Don Bosco in Augsburg (Nr. 1), wo er sich aber ebenfalls dem Bauwerk unterordnete. Häufig sind seine Altäre und Taufbecken klassisch-streng aus Stein und alle zugeordneten Kleinobjekte wie Altarkreuz, Leuchter oder Ewig Licht aus Bronze. Gerg zeigt eine größere Konstanz in seiner Formensprache und hat unter anderem die Altarensembles in Donauwörth-Parkstadt (Nr. 8), Lagerlechfeld, Leitershofen (Nr. 22), Memmingen (Nr. 31), Mühlried (Nr. 20), Seifriedsberg und Weidach-Oberkottern geschaffen, als eines der spätesten jenes in Dillingen (Nr. 35). Zu seinen umfangreichen Ensembles gehören ferner Breitbrunn (Nr. 9) und die Wiedemann-Kirchen in Landsberg (Nr. 12) und Windach (Nr. 14).

Eine bis heute in ihrer überzeitlich-modernen Klarheit anerkannte Lösung fand Gerg 1971 bei der Gestaltung des Altarraums im Hochchor des Augsburger Doms.

Einige Bildhauer, die in der Diözese ansässig waren und verschiedentlich an der Ausstattung moderner Kirchen mitwirkten, sollen nun im Überblick genannt werden:

Der gebürtige Berliner *Christian Angerbauer* (1925–2008) wirkte nach dem Zweiten Weltkrieg an seinem neuen Wohnort Augsburg mit zahlreichen Plastiken im Bereich Kunst am Bau. Sakrale Ausstattungen sind in den Haunstetter Kirchen St. Albert und St. Pius zu finden und in Gestalt der Bronzeportale an der nach Kriegszerstörung wiederaufgebauten Kirche St. Peter und Paul im Stadtteil Oberhausen.

Ebenfalls in Augsburg lebte der gebürtige Immenstädter *Theo Bechteler* (1903–1993), der neben zahlreichen

Denkmälern und Kunst am Bau auch an Kirchenausstattungen wie den Reliefs in Lindau-Zech mitwirkte. Traditionell in der Figurenbildung war der Allgäuer Karl-Killer-Schüler *Fidelis Bentele* (1905–1987), der mit Skulpturen in Kaufbeuren (St. Ulrich) und Stettenhofen vertreten ist. *Otto Kobel* (1919–2002), der auch als Maler und nicht zuletzt als Passionsspielleiter in Waal wirkte, hinterließ als Bildhauer einige Werke in bisweilen etwas volkstümlich-moderner Auffassung im Allgäu. St. Magnus in Marktoberdorf (Nr. 15) besitzt neben einigen Dorfkirchen der Region Holzskulpturen von ihm.

Der Murnauer Henselmann-Schüler *Willy Guglhör* (geb. 1929) ist unter anderem mit Seitenaltarreliefs in der noch vorkonziliaren Neubaukirche in Burlafingen und mit einem Monumentalkreuz in Kaufering vertreten.

Stefan Geiger (1925–1998) aus Westheim bei Neusäß, der in den 1950er und 1960er Jahren an modernen Kirchenausstattungen wie Augsburg, St. Maximilian, Lindau-Zech, Senden oder Westheim mitwirkte, ist ein typischer Vertreter der seinerzeitigen modernen Strömungen. In späteren Jahren konzentrierte sich Geiger jedoch auf sein neues Spezialgebiet, die Herstellung aufwendiger Stadtmodelle.

Der häufig in Zusammenarbeit mit Alexander von Branca (wie in Greifenberg, Rohrbach und Jettingen) sowie in seiner Heimatpfarrkirche selbst zu findende Herrschinger Bildhauer *Hans Kreuz* (1924–2001), Schüler von Toni Stadler, arbeitete, wie erwähnt, offenbar häufiger als andere Kollegen auch nach Architektenentwürfen. *Matthias Bayer* (1911–1990), Schüler von Karl Knappe[55] in München, stammte zwar aus Augsburg, wirkte aber abgesehen von der qualitätvollen einheitlichen Kirchenausstattung für Fessenheim im Ries und der liturgischen Neuausstattung der 1964 modernisierten Barockkirche in Hilgertshausen, hauptsächlich im Raum München. Der Bildhauer *Konrad Ledermann* (1905–1983) aus Bad Wörishofen hat Anfang der 1960er Jahre den Großteil der figürlichen Ausstattung der Pfarrkirche in Stettenhofen als sein kirchliches Hauptwerk geschaffen. Vor allem in ihrer Heimatregion um Lindau wirkten die Bildhauer *Willi (Wilhelm) Veit* (1904–1980) und sein nachmals in München lebender Sohn *Michael* (geb. 1941) an Kirchenausstattungen mit, der Vater etwa in St. Ludwig in Lindau oder in Wohmbrechts. Überregional ist er mit einem Taufstein in der Böhm-Kirche in Neu-Ulm vertreten; Michael Veit war beispielsweise bei Umgestaltungen in Hl. Geist in Augsburg-Hochzoll maßgeblich beteiligt.

Kelch, Walter Dochtermann (1969/1970)

Kelch-Modell, Walter Dochtermann (1970er Jahre)

Martin Wank (1928–2000) aus Oberthingau, Schüler von Toni Stadler, hat einige sakrale Bronzeplastiken in charakteristischer Stilisierung geschaffen, darunter ein Christophorus und eine Madonna für die Pfarrkirche in Nonnenhorn oder der Ulrichsbrunnen vor der gleichnamigen Pfarrkirche in Kempten. Zwischen 1962 und 1998 betrieb Wank, der bis 1980 auch als Pädagoge tätig war, eine eigene Bronzegusswerkstatt in seinem Heimatort.

Ebenfalls schwerpunktmäßig in seiner Allgäuer Heimatregion ist der Maler und Bildhauer *Maximilian Rueß* (1925–1990) mit Bronzeplastiken vertreten, darunter eine Krankenhaus- und eine Altenheimkapelle in Sonthofen; ein Spätwerk ist die Pietà in der Krypta des Augsburger Doms.

Rund um seinen langjährigen Wohnort Füssen und speziell in der Pfarrkirche Zu den acht Seligkeiten finden sich kirchliche Arbeiten von *Hans Arnold Beckert* (1902–1986), der in Alsfeld in Hessen geboren wurde und in den 1920er–1930er Jahren Bildhauerei in München studierte.

Egon Stöckle (geb. 1936), zunächst in Oberfinning und später in Hohenfurch ansässig, war Schüler von Heinrich Kirchner. Sein Werk umfasst neben Aufträgen wie Brunnenanlagen auch Altargestaltungen, aber insbesondere finden sich nicht wenige Bildwerke in Bronze oder Holz von hoher Qualität. Neben der Pfarrkirche Zur Heiligen Familie in seiner Geburtsstadt Kaufbeuren bergen auch St. Thomas Morus in Neusäß (Nr. 27) und Zu den Hl. Engeln in Landsberg (Nr. 12) figürliche Arbeiten von Stöckle.

Franz Hämmerle (geb. 1949) aus Windach wirkte Ende der 1980er Jahre an der liturgischen Ausstattung der neuen Kirche in Untermaxfeld (Nr. 36) mit. Neben Altarentwürfen in leicht expressiv-abstraktem Gestus finden sich viele figürliche Arbeiten in seinem Werk. Die meisten seiner Altäre ergänzen jedoch ältere Kirchenbauten wie St. Pankratius in Augsburg-Lechhausen oder Mariä Himmelfahrt in Kempten.

Sebastian Fink (1933–2010) aus Wallerstein war vor allem im Ries bei zahlreichen Ausstattungsergänzungen beteiligt, teils mit einzelnen Skulpturen wie für St. Josef

der Arbeiter in Nördlingen, teils mit Altären im Rahmen einer liturgischen Neugestaltung wie für seine Heimatpfarrei. Bereits zur Konzilszeit entstand sein Taufstein für die neue Filialkirche in Löpsingen.
In derselben Region (Nördlingen und Löpsingen) finden sich Werke eines expressiv-figürlichen Bildhauers aus der benachbarten Diözese Eichstätt, von *Ernst Steinacker* (1919–2008) aus Wemding, einem Schüler der Stuttgarter Kunstakademie. Darüber hinaus wirkte er maßgeblich an der Altar- und Skulpturenausstattung der Kirche in Derching mit und schuf Skulpturen für Ronsberg.

Monstranz, Erhard Hößle (1968), Augsburg, Hl. Kreuz

Von der großen Zahl an süddeutschen Bildhauern mit Wohnsitz außerhalb des Bistumsgebiets, die hier mit einzelnen qualitätvollen Werken vertreten sind, sollen wenigstens die bekanntesten abschließend kurz genannt werden.
Um 1960 entstanden die beiden Branca-Kirchen in Greifenberg und Rohrbach als Gesamtkunstwerke aus Architektur und Ausstattung, die offenbar ganz bewusst in einem Miteinander mehrerer bedeutender Akademie-Bildhauer ausgestattet wurden. In Rohrbach war neben Heinrich Kirchner noch ein weiterer, heute überregional berühmter Meister beteiligt, der Saarländer *Leo Kornbrust* (geb. 1929). Der international erfolgreiche Landshuter Bildhauer *Fritz Koenig* (1924–2017) wirkte dagegen mit Betonreliefs an St. Pius in Augsburg-Haunstetten (Nr. 2) mit.
Johannes Dumanski (1919–1990) schuf Bronzeplastiken in ähnlich eigenwilliger Stilisierung wie sein Lehrer Kirchner, etwa eine (heute dislozierte) Madonna für Wörthsee (Nr. 3). In Greifenberg war er am Taufbecken beteiligt.
Aus den 1960er Jahren sind mehrere Arbeiten der Münchner Künstler *Andreas Bindl*[56] (1928–2010) und *Sonja Lorenz*[57] (1928–2011) in Kirchen der Diözese Augsburg vertreten.
Etwas traditioneller in der Figurenauffassung waren der gebürtige Südtiroler *Siegfried Moroder*[58] (1911–1989) aus Söllhuben im Chiemgau und *Hermann Schilcher sen.*[59] (1909–2003) aus Oberammergau.
Der Niederbayer *Karl Reidel* (1927–2006), Schüler von Anton Hiller, ist überwiegend in Ostbayern mit Werken vertreten. Für die Augsburger Kirche Don Bosco (Nr. 1) schuf er den markanten Taufstein und die Mariensäule am Vorplatz. Ebenfalls in Zusammenarbeit mit Thomas Wechs entstand sein Kreuzweg für das Exerzitienhaus in Leitershofen.
Stärker in den altbayerischen Regionen im Osten Bayerns präsent sind auch die Werke des Bildhauerehepaars *Thomas Munz* (1929–2011) und *Maria Munz-Natterer* (1928–2008), beide Schüler der Münchner Kunstakademie. Insbesondere Maria Munz-Natterer hinterließ neben architektonischen Arbeiten wie Altären zahlreiche charakteristische figürliche Werke. In der Diözese Augsburg schufen sie die Altarausstattungen in den neuen Pfarrkirchen von Füssen und Steibis. Maria Munz-Natterer hat außerdem Mosaik-Kreuze für Greifenberg entworfen.
Einen großen Stellenwert im modernen Kirchenbau nehmen in der Regel hochwertige Kunstschmiedearbeiten ein, die ein breites Spektrum von Portalgriffen, Trenngittern bis hin zu Vortragekreuzen umfassen können. In Zusammenarbeit mit Alexander von Branca finden sich häufig Beispiele aus der Werkstatt von *Paul Fuchs* (geb. 1936) in München. Eine führende Stellung in Süddeutschland kommt der 1954 gegründeten Kunst-

schmiede von *Manfred Bergmeister* (geb. 1927) in Ebersberg zu, die vielfach auch bei Augsburger Neubaukirchen beteiligt war. Die Werkstätte arbeitete teils nach eigenen Entwürfen, teils nach Vorgaben von Bildhauern. Aus dem Bereich der Goldschmiede und Schmuckgestalter sind zunächst zwei Künstler zu nennen, die mit leichten metallischen Tisch-Altären, Sedilien, Leuchtern und ähnlichen Ausstattungsstücken in der Diözese mehrfach präsent sind. Als Akademieprofessor weit überregional bekannt ist *Hermann Jünger* (1928–2005), der für St. Thomas Morus in Neusäß (Nr. 27) alle zentralen nicht-figürlichen Ausstattungsstücke schuf und zuvor schon in der Branca-Kirche in Rohrbach mitgewirkt hatte. Bereits 1971/1972 entstand sein Altar *versus populum* für die Barockkirche St. Mang in Füssen aus Metall und Glas – eine auch im Rückblick sehr modern wirkende Lösung. Sein Altersgenosse *Hans Berchtenbreiter* (1929–2011) war in Augsburg selbst ansässig und ist mit seinen anspruchsvollen Arbeiten in den Wechs-Kirchen von Augsburg-Hochzoll und Stadtbergen ebenso vertreten wie im Dom. Sie können sicher ebenbürtig neben den Werken von Jünger genannt werden.

Eine besondere Stellung nimmt die bereits 1869 gegründete Goldschmiedewerkstatt *Ulrich Dochtermann* in Augsburg ein, die ab etwa 1960 zunehmend eine eigenständige moderne Stilistik entwickelte. Zahlreiche Pfarreien in der Diözese besitzen zumindest Hostienschalen oder andere Vasa Sacra mit der charakteristischen Meistermarke UD von Dochtermann. Die Werkstätte führte jedoch auch Tabernakel oder Ambonen in Metall aus und hat die Diözese durch ihr Wirken maßgeblich mitgeprägt. In einigen Pfarreien finden sich Arbeiten der deutschlandweit tätigen Sakralkünstler *Egino Weinert* (1920–2012) aus Köln und *Lioba Munz* (1913–1997) aus Fulda. Ebenso waren die renommierten Münchner Goldschmiede *Erhard Hößle* (geb. 1929) und seine Frau *Therese* (geb. 1929) seit den 1950er Jahren wiederholt für Kirchen der Diözese Augsburg tätig, darunter für die Wechs-Kirchen Don Bosco in Augsburg und Göggingen.

Versucht man ein Resümee zu ziehen, scheinen vor allem die Jahre zwischen ca. 1957 und 1965 besonders günstig für anspruchsvolle Gesamtausstattungen von neuen Kirchen gewesen zu sein. Zuvor war neben der wirtschaftlichen Not der frühen Nachkriegsjahre auch eine allgemein eher zaghafte Haltung gegenüber der modernen Kunst im Kirchenraum vorherrschend, sieht man von den großen Vorreitern wie St. Maximilian in Augsburg ab. Besonders bei Thomas Wechs und Alexander von Branca waren immer wieder renommierte Künstler beteiligt, viele aus dem Umfeld der Münchner Kunstakademie. Stilistisch reichen die Wurzeln dieser Kunstschöpfungen der Jahre um 1960 meist bis in die Zeit um 1920/1930 zurück, als sich die kirchliche Moderne bereits weit entwickelt hatte. Speziell im Bereich der Goldschmiedekunst sind in der Regel keine nennenswerten Brüche erkennbar im Vergleich zur damaligen Zeit. Viele Künstler und nicht zuletzt die führenden Kirchenarchitekten selbst hatten in der Zeit um 1930 studiert beziehungsweise ihre kunstgewerbliche Ausbildung erfahren. Die Jahre direkt nach dem Konzil scheinen zunächst eine leichte Verunsicherung über das Wesen eines zeitgemäßen Kirchenraums gebracht zu haben, sodass man die Ausstattungen anfangs oft eher auf die Hauptelemente beschränkte, um mitunter erst Jahre später noch künstlerische Akzente zu setzen. Zugleich wurde um 1970 aber in den Fällen, wo man trotz aller finanziellen Bedenken doch Kunst für Kirchen schuf, die eine oder andere kühne Lösung entwickelt. Viele der späteren Beispiele, vor allem aus dem Bereich der Skulptur, knüpfen dagegen eher wieder an den stilistischen Stand der Zeit um 1960 an.

Der Kunstbestand in den modernen Kirchen der Diözese bietet für alle diese Facetten interessante Beispiele, die es zweifellos lohnen, genauer beachtet zu werden.

1 Vgl. auch die Beiträge von Winfried Haunerland und Walter Zahner in diesem Buch. Die theologischen/liturgischen Wurzeln werden dort näher beleuchtet.

2 Einen (trotz der fehlenden zeitlichen Distanz) noch immer bemerkenswerten Überblick mit vielschichtigen Analysen unter Einbeziehung der Kunst bietet Schnell 1973. Auf Einzelverweise bei den bekannten klassischen Beispielen sei hier verzichtet.

3 In einem Bericht (Ulrichsblatt Nr. 40/7.10.1973) heißt es zu den Kirchen in Mühlried und Riedlingen: „Beiden Bauten war durch den Zwang zur Senkung der Baukosten und durch die Ausweitung der Bauprogramme zu Pfarrzentren klar erkennbare Ziele gesetzt. Und in den fertigen Konstruktionen läßt sich die Verwirklichung dieses Zieles in der raumintensiven, materialsparenden Bauweise, in der bescheidenen, fast kargen Ausstattung des Gotteshauses (…) erkennen…"

4 Im Aktenbestand des KBK befinden sich beispielsweise Schreiben von Diözesanbaudirektor Müller aus der Zeit um 1970, der bei Künstler-Bewerbungen auf die schwierigen finanziellen Zeitumstände verwies und daher immer wieder Hoffnungen dämpfen musste.

5 Vgl. die ursprüngliche Ausstattung des Kirchenzentrums Christi Himmelfahrt in Kempten (Nr. 18) von Reinhold A. Grübl, die besonders beim Ambo eng an Marcel Breuers Bauhaus-Stuhl orientiert ist. In diesen Jahren feierten die Bauhaus-Möbel auch allgemein in der Profanarchitektur ihre Wiederentdeckung.

6 Der umfangreiche Themenkreis sei hier nur mit wenigen Schlagworten wie dem bekannten Essay „Die Unwirtlichkeit unserer Städte" von Alexander Mitscherlich oder der Bewegung, die Anfang der 1970er Jahre flächendeckend zur Verabschiedung schlagkräftiger Denkmalschutzgesetze (in Bayern 1973) führte, knapp angedeutet.

7 Vgl. dazu auch den Beitrag von Sabine Klotz in diesem Buch.

8 In einem Gespräch mit Architekt Robert Gerum (2016) wurde dieser Eindruck aus seiner Sicht bestätigt; siehe dazu das Interview in diesem Buch.

9 Zu den aufwendigsten Beispielen in ganz Deutschland zählt etwa die 1904 erbaute Pfarrkirche in Nesselwang mit ihren umfangreichen Decken- und Altargemälden von Waldemar Kolmsperger (1852–1943).

[10] Vgl. auch die Beiträge von Sabine Klotz und Walter Zahner in diesem Buch (und umfassende ältere Literatur wie Schnell 1973, Kahle 1990).

[11] Nach dem Zweiten Weltkrieg wurde die auffallend konservativ konzipierte Kurz-Kirche Unsere Liebe Frau in Augsburg-Lechhausen mit einer monumentalen Chorwandmalerei geschmückt. Sie stammt von dem sonst hauptsächlich in älteren Kirchen tätigen Maler Franz Hummel (1896–1974) aus Augsburg-Göggingen, der den Stil des seit 1926 an der Münchner Kunstakademie wirkenden Professors Franz Klemmer (1879–1964) aufgriff. Als Schüler des Jugendstil-Malers Carl Johann Becker-Gundahl (1856–1925) hatte Klemmer dessen symbolistisch-monumentalen Ansatz weiterentwickelt. Auch Franz Klemmer hat selbst mehrfach in historischen Kirchen der Diözese gearbeitet, wovon die Pfarrkirchen in Legau und Wertingen hervorgehoben seien. Nicht unproblematisch war allerdings sein sehr dominanter Umgang mit der bedeutenden Barockkirche in Pfaffenhofen a. d. Zusam, die durch unbarocke Altarfassungen und Gemälde überprägt wurde. Auch sein Kuppelfresko in der spätbarocken Donauwörther Hl.-Kreuz-Kirche wirkt eher als Fremdkörper. Neben Klemmer, der die Professur mit dem Schwerpunkt für christliche Malerei innehatte, wirkte fast zeitgleich auch der heute erheblich bekanntere Maler Karl Caspar (1879–1956) an der Münchner Akademie. Durch sein großes Interesse an christlichen Themen konnte er ebenso eine größere Anzahl an Schülern für die expressive figürliche Malerei begeistern, die bis in die Jahre um 1980 tätig waren. Allerdings finden sich Werke von klassischen Caspar-Schülern, die seinen Stil erkennbar weitertrugen, nur selten in Kirchenbauten der 1960er/70er Jahre.

[12] Ein Hauptwerk von Burkart stellt die Chorausmalung von St. Joseph in Memmingen dar, die allerdings erst über ein Jahrzehnt nach der baulichen Fertigstellung ausgeführt wurde. Burkart hat u. a. schon in den 1920er Jahren in Langensendelbach in Franken und bald darauf in Augsburg-St. Anton in Kurz-Kirchen gearbeitet, weshalb man bei ihm von einer Ausstattung ganz im Sinn des Architekten ausgehen darf. In den 1950er Jahren öffnete sich Burkart zur Abstraktion, speziell bei seinen Glasgemälden. Ein noch teilweise figürlich aufgefasstes Spätwerk von ihm ist das Altarwandbild in St. Ulrich in Bad Wörishofen-Parkstadt. Ob die seinerzeit von der Stadt Starnberg gestiftete, vom pathetischen Zeitstil der 1930er Jahre stark infizierte Wandmalerei des ortsansässigen Theo Geyr für die örtliche neue Pfarrkirche St. Maria noch im Sinne des Architekten Michael Kurz war, ist jedoch sehr fraglich.

[13] Beispielsweise von Thomas Wechs die 1950 vollendete Stadtpfarrkirche in Schwabmünchen (Wandbild von Georg Bernhard, 1958, zu seinem Werk s. u.), von Anton Wenzel die 1954 vollendete Pfarrkirche in Nersingen (Wandgemälde 1966 von Matthias Kronwitter, 1907–1988), von Werner Schneider die 1960 vollendete Pfarrkirche in Burlafingen (Wandmosaik von Georg Bernhard aus der Bauzeit) oder von Franz Hartberger die ebenfalls 1960 konsekrierte Pfarrkirche in Leipheim (bauzeitliches Wandgemälde von Albert Botzenhard, 1926–2004).

[14] Der Begriff „Fresko" wird hier stellvertretend für alle üblichen Techniken der Wandmalerei verwendet. In der Regel dürfte es sich nur selten um klassisches Fresko, sondern überwiegend um Malerei in Kasein, Keimfarben oder in anderen modernen Mischtechniken handeln.

[15] St. Ägidius in Neusäß von Thomas Wechs (1953 geweiht) wurde ein Jahrzehnt später mit einem entsprechenden Monumentalwandteppich der Dominikanerin Sr. Regina Holzhauser geschmückt.

[16] Die baukünstlerisch anspruchsvolle, aber liturgisch noch sehr traditionell angelegte Pfarrkirche in Söcking von Georg Werner erhielt schon bald nach Fertigstellung eine riesige steinerne Reliefwand von Georg Brenninger (1909–1988) aus München, bei der stilisierte Inschriften und kleine figürliche Reliefelemente verwoben sind.

[17] Vgl. Pantle 2005, hier S. 136–141.

[18] Vgl. Würmseher 2007, S. 643.

[19] Der größere Teil der Künstler ist bislang nicht monografisch aufgearbeitet. Einen wichtigen Einstieg bietet das Register bei Würmseher 2007, wobei die Namensschreibungen insbesondere bei Vornamen bisweilen abweichen können. Daher ist es in diesem Rahmen kaum leistbar, über den bloßen Überblick hinaus weiter in die Tiefe zu gehen. Manche grundlegenden Informationen wie Lebensdaten können häufig zumindest über Internet-Quellen wie Wikipedia erschlossen werden. Einige Informationen zu bislang kaum dokumentierten Künstlern wie Stephan Geiger oder Sonja Lorenz werden örtlichen Archiven verdankt, zu anderen Künstlern wie Hans Kreuz, Johannes Segieth und Martin Wank sei den Nachkommen für ihre freundlichen Auskünfte gedankt. In einigen Fällen mögen Ausstellungsbroschüren oder Typoskripte mit Werklisten oder Fotodokumentationen in den Familien der Künstler vorliegen, die jedoch eine eigene Erforschung voraussetzen, was den hier angelegten Rahmen deutlich übersteigen würde. Die Auswahl erfasst Künstler, die zumindest auch in Kirchenneubauten vertreten sind, reicht etwa in die Mitte der 1990er Jahre, als die letzten Neubauten in der Diözese erbaut wurden. Wenn Künstler auch später noch umfangreichere Werke für prominente Kirchen der Region geschaffen haben, werden diese auch angesprochen. Der biografische Anhang umfasst dagegen nur diejenigen Künstler, die in den ausführlich vorgestellten Kirchenneubauten tätig waren.

[20] Nach der Ära des Malers Martin Feuerstein (1856–1931), der seinen um 1880 geformten Stil fast unverändert weit ins 20. Jahrhundert weitertrug, von dem aber vor allem Maler mit denkmalpflegerisch motivierten Aufgaben in historischen Kirchen profitieren konnten, prägte Franz Klemmer (1879–1964) ab den späten 1920er Jahren eine weitere Generation mit seiner Auffassung (zu seinen Nachfolgern Franz Nagel und Franz Bernhard Weißhaar s. u.). Die religiöse Skulptur wurde von Balthasar Schmitt (1858–1942) und schließlich vor allem von Josef Henselmann vertreten (zu ihm s. u.).

[21] Ein sprechendes Beispiel ist die vom international bekannten österreichischen Architekten Clemens Holzmeister erbaute Pfarrkirche in Augsburg-Hochzoll (Nr. 4), wo Künstler wie Susana Polac (zunächst in Wien, später in Madrid ansässig) oder der Klagenfurter Giselbert Hoke mitwirkten, die sonst allein schon aufgrund der räumlichen Distanz in Bayern kaum vertreten sind.

[22] Als ein Beispiel sei die langjährige Zusammenarbeit zwischen Robert Gerum und Reinhold Alexander Grübl genannt.

[23] Achter hatte noch in seiner Zeit als Pfarrer den künstlerisch anspruchsvollsten Kirchenbau der frühen Nachkriegszeit in der Diözese initiiert, St. Maximilian in Augsburg (Bau: Dominikus Böhm; Ausmalung: Franz Nagel und Schüler; Bildhauerarbeiten: u. a. Karl Knappe). Insbesondere mit Franz Nagel verband ihn eine lebenslange Freundschaft.

[24] Beispiele von Kirchen aus den Jahren des Konzils mit besonders raumprägendem Anteil der bildenden Kunst (Malerei/Mosaik): Günzburg, Hl. Geist (Nr. 26) (Franz Nagel, siehe oben); Bad Wörishofen-Parkstadt, St. Ulrich (Albert Burkart, 1898–1980); Ichenhausen (Leo Schmitt, 1935–2005); Oberstimm (Otto Michael Schmitt, 1904–1992).

[25] Vgl. dazu z. B. Lehmann/Maier 1995.

[26] Jakob 1857.

[27] Idealtypisch verkörpert wird dieser Anspruch bereits kurz nach 1800 von Malern wie Caspar David Friedrich.

[28] In Extremfällen wie bei der Klosterkirche in Niederaltaich wurden dem Künstler (Andreas Heindl aus Wels) sogar ungelenke Skizzen der Auftraggeber vorgelegt mit Benennung aller Inhalte und Figuren, die im Programm vorkommen sollten.

[29] Schnell 1973, S. 219. Allgemein ist bei Schnell ein bedauernder Unterton deutlich, dass für ihn bildliche Kunst im Kirchenraum aus dem Glauben heraus offenbar kaum mehr möglich schien.

[30] Grundlegend zu Nagel (mit Werkverzeichnis für die Kirchen): AK Augsburg 1979.

[31] Seine Frühwerke aus den 1930er Jahren in Dürrwangen und Großohrenbronn im äußersten Norden der Diözese stehen noch stark

unter dem Eindruck seines Lehrers Franz Klemmer. Bereits die Chorwandfresken in Schopflohe von 1948 zeigen aber eine Auseinandersetzung mit der internationalen Klassischen Moderne wie mit Henri Matisse.

[32] Hervorzuheben wären neben St. Jakob am Anger in München insbesondere St. Josef in Schweinfurt und der wiederaufgebaute Würzburger Dom.

[33] Der Kreuzweg ist aktuell im Depot des Augsburger Diözesanmuseums St. Afra archiviert.

[34] Mit den Glasgemälden im Chor von Kath. Hl. Kreuz in Augsburg, die in den 1970er Jahren zusammen mit der Umgestaltung des Altarraums durch den Bildhauer Hans Ladner entstanden, sowie Fenstern und Deckenfassung für St. Peter und Paul in Augsburg-Oberhausen.

[35] Beispielsweise 1967 in Augsburg-Hochzoll, Zwölf Apostel (Nr. 4) (Giselbert Hoke) oder in jüngster Zeit im Augsburger Dom bei Johannes Schreiter (2010).

[36] Besonders charakteristisch sind die entsprechenden Arbeiten von Elisabeth Hoffmann-Lacher (vgl. München, Maria zum guten Rat, daneben in kleinerem Umfang auch in Neusäß, St. Ägidius bzw. Neugablonz).

[37] Werke u. a. für die Kirche in Memmingerberg.

[38] Betonglasfenster für Krumbach-Hürben (Nr. 11).

[39] Fenster für die Pfarrkirche in Untermeitingen (in einem wenige Jahre vorher angelegten Raumkonzept von Georg Bernhard, das 2015 durch Tobias Kammerer künstlerisch ergänzt wurde); Fenster für zwei Nebenkapellen in St. Ulrich und Afra in Augsburg und für den Chor von St. Salvator in Nördlingen.

[40] Karnehm 2005.

[41] Vgl. Hofgärtner 2017. Um den künstlerischen Nachlass kümmert sich der Förderverein Gempfinger Pfarrhof, wo auch Oberberger-Werke gesammelt werden. Zahlreiche textile Arbeiten Sandtners entstanden seinerzeit in Zusammenarbeit mit Sr. Constantia Östreicher, Leiterin der Paramentenwerkstätte im Kloster Wettenhausen.

[42] Weingartners eigenwillig herber Stil war offenbar von Kriegserlebnissen geprägt worden. Zahlreiche historische Dorfkirchen v. a. im weiten Umkreis seiner Heimatstadt erhielten zwischen ca. 1955 und 1980 Deckenbilder, Altar- oder Kreuzweggemälde von ihm, die nicht selten in spannungsreichem Kontrast zum übrigen Bestand stehen.

[43] Manninger war in Unserer Lieben Frau von Wladimir in Penzberg und St. Joachim in München in einer moderat modernen Stilisierung der 1950er Jahre in entsprechend konzipierten neuen Kirchen tätig. Die meisten Werke entstanden nach barocken Vorbildern für historische Kirchen (in der Diözese z. B. für Augsburg, Maria Stern, Bidingen oder Grafertshofen) und insbesondere ab 1970 im süddeutschen Raum als angestrebte Rekonstruktion kriegszerstörter Barockfresken (etwa für Schloss Bruchsal, die Münchner Kirchen St. Anna im Lehel und St. Peter, in Mainz St. Peter und einige weitere).

[44] Besonders umfangreich ist Radinger in der expressionistischen Pfarrkirche in Meitingen und seiner nach dem Zweiten Weltkrieg wiederaufgebauten Heimatpfarrkirche Hl. Dreifaltigkeit in Augsburg-Kriegshaber vertreten.

[45] Die Künstlerin war neben raumkünstlerischen Konzepten für zumeist bereits mehrfach veränderte historische Kirchen (ein Hauptwerk in dieser Richtung dürfte die Raumschale für die Pfarrkirche in Heimenkirch darstellen) auch bei Kirchenneu- oder -umbauten immer wieder beteiligt, z. B. mit ergänzenden Glasmalereien für Krumbach-Hürben (Nr. 11) oder mit einem großen Deckengemälde in der zum Großteil neugebauten Filialkirche in Mitterfischen am Ammersee. Für die 60er-Jahre-Kirche in Ottmarshausen (Nr. 13) gestaltete sie 2005 die Altarwand neu. Zu ihren frühen Werken: AK Regensburg 1988, S.102 106.

[46] Vgl. AK Augsburg 2001.

[47] Lochner und Holzhauser waren bereits auf der vielbeachteten Schau „Arte Liturgica in Germania 1945/1955“ in Rom vertreten.

[48] In Ottmarshausen (Nr. 13) hatte man die in Teilen noch mittelalterliche Dorfkirche nach Vollendung des Neubaus abgebrochen und daraus die spätgotische Madonna und eine barocke Kreuzigungsgruppe als wertvollste Skulpturen in den Neubau übernommen. In Derching blieb die alte, kunsthistorisch wertvolle Kirche zwar (ungenutzt) stehen, doch wurden die meisten Skulpturen in den Neubau übertragen. Ein Kruzifix wurde zum Zentrum eines vom damaligen Pfarrer Anton Moser selbst gemalten großen Altarwandbilds.

[49] Für Windach (Nr. 14) konnte z. B. eine thronende Madonna aus dem 13. Jahrhundert erworben werden. Für die neue Pfarrkirche in Herrsching wurde eine spätgotische Nikolausskulptur gekauft. Die meisten Ankäufe aus dem Kunsthandel erfolgten unter dem Augsburger Kunstreferenten Werner Schnell (tätig 1981–1996).

[50] Ein Hauptwerk im sakralen Raum des fast ausschließlich profan arbeitenden Künstlers ist das bereits genannte riesige Steinretabel in St. Ulrich in Söcking.

[51] Kirchner selbst hat um 1960 an der Ausstattung der baukünstlerisch anspruchsvollen Branca-Kirchen in Greifenberg und Rohrbach mitgewirkt. Seine figürlichen Werke tragen bisweilen in ihrer Deformation eigenwillig naive Züge, weshalb er wohl nicht zu einem unumstrittenen Hauptmeister im kirchlichen Fach werden konnte, wenn er es je beabsichtigt hätte.

[52] Vgl. Henselmann 2011.

[53] Killer war seit den 1920er Jahren eine wichtige Gestalt in München für angehende Künstler im kirchlichen Fach, die eine neue, nicht-historistische Figurenauffassung ohne Extreme suchten. Zwei bedeutende Werke schuf er in der Diözese Augsburg, 1938 die Hochaltargruppe der Kreuzigung für die Pfarrkirche in Weiler, die in der Grundidee Parallelen mit vielen späteren Henselmann-Werken aufweist, und 1946 die Marmorkanzel für den Augsburger Dom.

[54] Beispielsweise für St. Simpert in Augsburg oder die Erstausstattung des Kirchenzentrums in Donauwörth-Riedlingen.

[55] Karl Knappe (1884–1970) stammte zwar aus Kempten, kann aber als Münchner Künstler gelten. Obwohl eigentlich Bildhauer, hat er auch als Entwerfer moderner Mosaiken oder Glasgemälde überregionale Bedeutung erlangt. Seine Arbeiten in Kirchen der Diözese Augsburg (z. B. Taufstein und Tabernakelgehäuse für St. Maximilian in Augsburg; Glasgemälde-Entwürfe für die Holzmeister-Kirche in Walchensee) liegen noch einige Jahre vor dem Konzil.

[56] Darunter Skulpturen für die Wechs-Kirchen in Göggingen und Neugablonz und die Altarausstattung von St. Michael in Kempten.

[57] Darunter das raumprägende Kreuz für die neue Pfarrkirche in Feldafing und kleinformatige Arbeiten für Rott, den Tabernakel für Benediktbeuern sowie die meisten Metallarbeiten der Pfarrkirche in Ichenhausen. Sonja Lorenz hatte eigentlich in erster Linie Malerei an der Münchner Kunstakademie studiert, ist jedoch in dieser Gattung nach bisherigem Kenntnisstand nicht für Kirchen tätig gewesen.

[58] Siegfried Moroder gehört einer weitverzweigten Bildhauerfamilie aus St. Ulrich im Südtiroler Grödnertal an. Seine Erstausstattung der Kirche in Zellerberg wurde 1983 beim Kirchenbrand zerstört. Erhalten ist dagegen die Ausstattung in Bad Wörishofen (Parkstadt). Beispiele für seine Monumentalkruzifixe finden sich in Kaufbeuren (Hl. Familie) und Nördlingen (St. Joseph der Arbeiter).

[59] Zusammen mit seinem gleichnamigen Sohn (1935–2010) schuf er Betonreliefs in der Pfarrkirche von Rott am Lech. Die offenbar stilistisch v. a. von seinem Sohn geprägte Altargestaltung in Weidorf entspricht dem Zeitstil um 1970.

Elke Hamacher

„Roh und unbearbeitet" – Von der Schwierigkeit denkmalgerechter Betoninstandsetzung

Ansicht von Süden, Senden, St. Josef der Arbeiter, Arch. Thomas Wechs (1958–1960, Aufnahme 1960)

Beton und Nachkriegsarchitektur: Das Wortpaar wird fast als Synonym verwendet, so allgegenwärtig ist das Material Beton dieser Epoche. In den ersten Nachkriegsjahren kam Sichtbeton noch sehr zaghaft zur Erzielung eines ästhetischen Effekts zum Einsatz – etwa als sichtbare Dachuntersicht oder als Betonskelett in Verbindung mit Putz- oder Glasflächen. Man schätzte an dem Material vor allem die Möglichkeit, Bauteile sehr schlank zu dimensionieren. Viele Betonbauten geben sich nicht unmittelbar als solche zu erkennen.

Mit der aufkommenden Architekturbewegung des Brutalismus ab den 1960er Jahren setzte sich verstärkt der Gedanke der Materialgerechtigkeit durch; das bewirkte eine massive Aufwertung des Baustoffes Beton. „Baustoffe müssen roh und unbearbeitet verwendet werden – sie dürfen nachträglich weder verkleidet noch verschönt, weder vergipst noch übertüncht werden", forderte die britische Architektengruppe „Team X" in einer Art „brutalis-

Blick nach oben in den Turm, Donauwörth-Parkstadt, Christi Himmelfahrt, Arch. Werner Schneider (1965–1968) tischem Manifest" im Jahre 1957[1] – der Sichtbeton wurde fortan zum neuen Lieblingsmaterial der Architekten. Trotz der vehementen Ablehnung jeder Art von Dekoration entwickelte sich im Laufe der nächsten zwei Jahrzehnte auch auf dem „rohen, unbearbeiteten" Beton eine neue Art des Zierrats: kunstvolle Oberflächengestaltungen, die sich aus der bewussten Anordnung der Schalbretter und Befestigungselemente ergaben. Man versuchte, besondere Oberflächenstrukturen zu erzeugen, etwa durch in die Schaltafeln eingelassene Matrizen oder Materialien wie Schilfmatten. Oder man legte unmittelbar nach dem Ausschalen die Kiesel des Zuschlags durch Auswaschen der obersten Zementschicht frei und erhielt den grob strukturierten und in späteren Jahren verschrienen Waschbeton.

Insbesondere bei den frühen Betonbauten traten schon recht bald nach der Herstellung Betonschäden in Form der typischen Rostabsprengungen mit freiliegender Bewehrung auf. Ursache hierfür war die teilweise sehr geringe Überdeckung der Bewehrung mit Beton, der innerhalb weniger Jahre durch die Aufnahme von CO_2 aus der Luft „durchkarbonatisierte" und so keinen Schutz des Stahls vor Rost bot. Die Technologie – Schutz des Stahls durch Alkalität des Frischbetons – war durchaus bekannt, aber ein optimales, nachhaltiges Ergebnis war in der Baupraxis oft nur schwierig erreichbar: Wo händisch mit Baustellenmischungen betoniert wurde, war der Beton von wechselnder Qualität; eine geregelte Überwachung gab es in den 1950er und 1960er Jahren noch nicht. Neben der zu geringen Überdeckung der Bewehrungseisen war das Material mitunter porös und mit Kiesnestern durchsetzt. Die Bewehrung wurde ebenfalls händisch „geflochten", und gerade bei skulptural geformten Betonbauten sorgte die schwierige Geometrie dafür, dass trotz guter Betonqualität und grundsätzlich ausreichender Überdeckung einzelne Bewehrungseisen „verrutschten" und nahe an der Oberfläche zum Liegen kamen. Auch eine mangelhafte Nachbehandlung nach dem Ausschalen wirkte sich auf die Betonqualität aus. Oft ist zu beobachten, dass je nach Bauaufgabe und statischen Anforderungen unterschiedliche Betonqualitäten erreicht wurden – so kann es vorkommen, dass im selben Kirchenkomplex der Beton eines Glockenturms heute sehr fest und kaum karbonatisiert ist, während die Kirche eine akzeptable Karbonatisierungstiefe aufweist, der zugehörige Kindergarten aber vollkommen „durchkarbonatisiert" und schadhaft ist.

Der Bauboom der 1960/1970er Jahre bedeutete zugleich einen „Betonboom" – es wurde damals schnell und viel produziert. Obwohl dies in vielen Fällen durchaus auf Kosten der Betonqualität ging – wegen der zuvor genannten Betonierfehler –, so herrschte ab den 1960er Jahren insgesamt ein hohes handwerkliches Niveau in der Be-

links: Musterfläche Oberflächenschutzsystem, rechts: abgestrahlte Oberfläche, Senden, St. Josef der Arbeiter, Arch. Thomas Wechs (1958–1960, Aufnahme 2013)

tonherstellung. In den Folgejahren nahm die Qualität sogar zu. Mit der Überarbeitung der DIN 1045 im Jahre 1972 wurde die Grundlage für eine geregelte Herstellung von Beton gelegt: Diese Norm regelte unter anderem die Überdeckung, die Betonqualität und die Überwachung. Die Betonherstellung wurde zunehmend industrialisiert, so dass Fertigbeton und Betonfertigteile geliefert werden konnten, und der „Betonbauer" etablierte sich als Ausbildungsberuf. So entstanden in diesen Jahren nicht nur künstlerisch, sondern auch technisch hochwertige Betone, die sich heute teilweise in einem erstaunlich guten Erhaltungszustand präsentieren.

Parallel zum Bauboom setzte eine gegenläufige Entwicklung ein: Dem Modezyklus folgend, möglicherweise aber auch bedingt durch die Allgegenwärtigkeit von Beton, entstand ein Unbehagen an dem Material, das von vielen als zu schwer und grau empfunden wurde.

Bauten wurden verputzt, gestrichen, teilweise verkleidet. Diese Art Oberflächenbehandlung war eher „kosmetisch" als technisch motiviert. Produktehersteller warben bewusst in diese Richtung und boten „Bunte Farben gegen das Graue Einerlei" an. Weder Putz noch Farbe stellten jedoch einen wirksamen, systematischen Betonschutz dar.

Als das Ausmaß der Betonschäden an den Nachkriegsbauten sichtbar wurde, etablierte sich ein Markt für Produkte zur Betoninstandsetzung und zum Betonschutz. Die zu Beginn der 1980er Jahre herrschende Angst vor Luftschadstoffen und saurem Regen weckte zugleich Sorgen um den Gebäudebestand. Hersteller malten eine schwarze Zukunft für Betonbauten im Bestand aus: Fortan sei ein besonderer Schutz vor „vorzeitiger Karbonatisierung durch Luftschadstoffe und sauren Regen" nötig. In Wirklichkeit war der Effekt dieser Schadstoffe weitaus geringer als damals befürchtet – die Ursachen der Betonschäden liegen vielmehr im Beton selbst.

Frühe Betonschutzsysteme waren kunststoffbasierte Anstriche, die in hoher Schichtstärke aufzutragen waren, kombiniert mit mineralischen oder kunststoffbasierten Spachtelmassen. Beide – Anstrich und Spachtel – waren mitunter faserverstärkt. Von der Funktionsweise sind diese Systeme mit den heutigen „Oberflächenschutzsystemen" vergleichbar.

In vielen Fällen schützte das Aufbringen der ersten Generation „Oberflächenschutzsystem" das Gebäude durchaus – verhinderte es doch mehr oder weniger wirksam den Zutritt von Luft und somit eine weitergehende Karbonatisierung durch das darin enthaltene Kohlendioxid. Problematisch sind diese Systeme aus heutiger Sicht, wenn sie versprödeten und sich Fehlstellen bildeten. Eindringendes Wasser kann durch den dichten Schichtaufbau nur schlecht abtrocknen, während gleichzeitig die Anfälligkeit für Bewehrungskorrosion steigt. Schadhafte Oberflächenschutzsysteme und Beschichtungen müssen vor einer neuen Instandsetzungsmaßnahme entfernt werden.

Bis 1990 war oft schwer zu unterscheiden, ob eine Maßnahme eher kosmetischen Zielen oder dem Betonschutz dienen sollte. Das änderte sich mit Einführung der Richtlinien des Deutschen Ausschusses für Stahlbeton (DAfStb) im Jahr 1990. Die Richtlinien beschreiben Schadensprozesse und geben Instandsetzungs- und Schutzprinzipien vor. Vom Bundesministerium für Verkehr, Bau- und Wohnungswesen wurden, auf seine Bauwerke zugeschnitten, konkrete Systemaufbauten vorgeschrieben. Diese wurden in der ZTV-SIB 90, den „Zusätzlichen Technischen Vertragsbedingungen und Richtlinien für Schutz und Instandsetzung von Betonbauteilen", festgehalten. Diese Vereinbarung – ab 2011 überarbeitet und Teil der ZTV-ING – gilt heute als „Anerkannte Regel der Technik". Sie bildet die vertragsmäßige Grundlage jeder Betoninstandsetzung – auch für Vorhaben außerhalb des Zuständigkeitsbereichs des genannten Ministeriums.

So wertvoll der Ersatz des Konglomerats an Irrmeinungen und Werbeaussagen durch technisch fundierte Leitlinien auch gewesen sein mag: Für die Denkmalpflege stellt die Anwendung der ZTV-ING insgesamt bis heute einen Missstand dar. Der Erhalt der Oberfläche von Betonbauwerken ist bei einer Instandsetzung nach ZTV-ING schlichtweg nicht vorgesehen. Nach einer Betoninstandsetzung – und sei es auch nur von lokalen Schäden – ist es nach dieser Richtlinie erforderlich, dass die Oberfläche des gesamten Bauteils eine ganzflächige Spachtelung und mindestens einen zweifachen Anstrich – je nach Erfordernis durch Faserzusätze rissüberbrückend ausgeführt – in einem kunstharzbasierten System erhält. Ziel ist die gasdichte Ausbildung der Oberfläche, um weitere Karbonatisierung zu vermeiden. Das Ergebnis annulliert jegliche Oberflächengestaltung. Gerade in Hinblick auf künstlerisch gestaltete Oberflächen der 1960er und 1970er Jahre stellt die Anwendung von Oberflächenschutzsystemen einen herben Verlust dar, der mitunter in der Beurteilung der Denkmalwürdigkeit eine Rolle spielt.

Vermeiden lässt sich die Anwendung der ZTV-ING nur gegen Widerstände. Da sie als „Anerkannte Regel der Technik" gilt, schulden Planer und Handwerker die hierbei vereinbarte Leistung, sofern nicht explizit ein Verzicht auf die Einhaltung dieser Regeln festgelegt wurde. Es gibt zwar mittlerweile alternative Instandsetzungsmethoden, allerdings ohne eine geregelte Vorgehensweise. Dass Kirchengemeinden als Bauherr zögern, im rechtlich ungeregelten Rahmen zu agieren, ist nachvollziehbar. Aus Sicht der Denkmalpflege ist es daher unbedingt nötig, dass die denkmalgerechte Betoninstandsetzung formell geregelt wird – eine „Anerkannte Regel der Technik" für die denkmalgerechte Instandsetzung von Sichtbeton ist ein dringendes Desiderat!

Mittlerweile ist die Instandsetzung von Denkmälern aus Beton nicht mehr so ungewöhnlich. Dennoch: Neben der Schwierigkeit der ungeregelten Vorgehensweise fehlen derzeit noch Betoninstandsetzungsfirmen und Ingenieurbüros mit Erfahrung, die in Hinblick auf eine denkmalgerechte Betoninstandsetzung beraten können. Grundsätzlich empfiehlt sich eine ähnliche Herangehensweise wie für Putz- oder Steinfassaden: Vor der Ausschreibung sind durch Voruntersuchungen Art und Umfang der Schäden zu erfassen. Zusätzlich sind Informationen über Betonfestigkeit, Lage der Bewehrung und Karbonatisierung wichtig. Das auf diesen Ergebnissen basierende Instandsetzungskonzept sollte mit der Denkmalpflege abgestimmt werden; mit Hilfe von Musterflächen kann die endgültige Vorgehensweise festgelegt werden. Eine Besonderheit des Baustoffs Beton scheint es jedoch leider zu sein, dass die gesamte Planungskompetenz gerne direkt an Produkthersteller abgegeben wird; diese sind wiederum eng mit Instandsetzungsfirmen verbunden. Voruntersuchungen werden dann zwar im Rahmen der Vorgaben der Richtlinien durchgeführt, diese reichen aber keinesfalls für die Erfordernisse der Denkmalpflege aus. In der Praxis passiert es daher oft, dass zum Zeitpunkt erster Abstimmungsgespräche mit der Denkmalpflege bereits das Konzept feststeht – Produkthersteller und ausführende Firmen ebenso. Der Denkmalpflege wird die ehrenvolle Aufgabe übertragen, einen Farbton für das Oberflächensystem auszusuchen.

Angesichts der vielen Betonbauten, die in den letzten Jahren als Denkmal erfasst und in der Folgezeit instand gesetzt wurden, kann die Denkmalpflege mittlerweile auf reichlich Erfahrung zurückblicken. Den Beton gleichzeitig vor Bewehrungskorrosion zu schützen und die Oberfläche zu erhalten, ist meist eine technische Herausforderung. Die Methoden im Umgang mit denkmalgeschützten Sichtbetonoberflächen und ihre denkmalfachliche Bewertung seien im Folgenden vorgestellt.

Spritzbeton

Eine Möglichkeit der Betoninstandsetzung, die den Wert der „unbearbeiteten" Oberfläche in den Vordergrund stellt, ist der Spritzbetonauftrag. Diese Methode wurde am Goetheanum in Dornach und bei der St.-Antonius-Kirche in Basel[2] angewandt – beides sehr frühe Beispiele für die bewusste Verwendung von Sichtbeton und den denkmalpflegerischen Umgang damit.
Vor Auftragen des Spritzbetons werden lokale Schäden instand gesetzt; aber auch der intakte Beton muss der besseren Haftung wegen aufgeraut werden. Auf die Spritzbetonschicht kann eine vergütete Feinspachtelschicht aufgebracht werden, in die mit eingedrückten Matrizen oder Brettern die ehemals vorhandene Oberfläche nachgebildet werden kann.

Oberflächenimitation durch Reprofilierung, München, St. Matthäus, Arch. Gustav Gsaenger (1953 1955)

Es ist eine technisch sichere Lösung – schützt doch die Alkalität des Frischbetons den darunterliegenden Altbeton langfristig vor Korrosion. Durch den Aufprall des Betons ist hierfür eine ausreichende Dichte gegeben. Hält man eine Stärke von mindestens vier Zentimetern Spritzbetonauftrag ein, so agiert man sogar innerhalb der Vorgaben der Richtlinien.
Denkmalfachlich hat die Methode jedoch einige Nachteile: Die Proportionen des Baus werden je nach Dicke des Spritzbetonauftrags verändert; die ursprüngliche Materialität der Originaloberfläche – die Farbigkeit des Betons und dessen Zuschläge – ist nicht mehr nachvollziehbar und kann höchstens innerhalb der Grenzen, die der Spritzbeton oder der Feinspachtel erlaubt, nachgebildet werden.
Eine Oberflächen(komplett-)rekonstruktion bei Beton muss strenger bewertet werden als etwa eine Putzerneuerung bei Mauerwerk: Bei Letzterer ist die Oberfläche eine additiv, zeitversetzt aufgetragene Schicht und wäre grundsätzlich mit den bauzeitlich verwendeten Materialien und Techniken erneuerbar. Sichtbetonbauten dagegen sind von monolithischer Bauweise; der Prozess des Gießens ist quasi in einer Momentaufnahme an der Oberfläche festgehalten. Die Gestalt der Oberfläche wird von der Schalung bestimmt – die jedoch nach dem Ausschalen entsorgt wird. Die Erneuerung einer Betonoberfläche in Anlehnung an die historische Herstellungstechnik ist daher unmöglich!
Von Reversibilität kann bei der Anwendung von Spritzbeton keine Rede sein. Über die vielen denkmalfachlichen Nachteile tröstet sich der Denkmalpfleger dadurch hinweg, dass mit der Oberflächenrekonstruktion durch Spritzbetonauftrag – wenn sie geschickt gemacht wurde – wenigstens ein überzeugendes Erscheinungsbild erreicht werden kann und die Oberfläche langfristig keine weitere Beschichtung oder Behandlung benötigt. Sie bietet sich da an, wo der Anteil der Schäden, bezogen auf die Gesamtfläche der Fassade, hoch ist.

Partielle Instandsetzung und Realkalisierung

Bereits seit Beginn der 1990er Jahre werden Betondenkmäler instand gesetzt, deren Bewehrungslage auf Grund durchkarbonatisierter Oberflächen zwar korrosionsgefährdet ist, bei denen aber mit Rücksicht auf die Originaloberfläche bewusst auf ein Oberflächenschutzsystem verzichtet wird. Nach der an der Stuttgarter Liederhalle angewandten und veröffentlichten Methode wird hierfür gerne der Begriff der „behutsamen Betoninstandsetzung" gebraucht[34]. Die Instandsetzung der Schadstellen wird mit Betonersatzmörtel vorgenommen, der auch die Realkalisierung des Stahls übernimmt. Die Reparaturstellen können mit speziellen Mörtelrezepturen an die Umgebung angepasst werden, sie bleiben nach der Maßnahme mehr oder weniger sichtbar. Es spricht nichts dagegen, dass eine gealterte Betonfassade auch sichtbare Instandsetzungsspuren aufweisen darf – bei Steinfassaden werden sie gemeinhin ja auch akzeptiert. Die Fassade könnte aber – wenn Wert auf ein einheitlicheres Bild gelegt wird – mit weiteren betonkosmetischen Maßnahmen wie einer silikatischen Lasur behandelt werden.

Schutz durch Trockenhalten des Betons mittels Hydrophobierung

Ein Fortschreiten des Schadensbildes an der restlichen Fassade durch Rosten der Bewehrungseisen muss durch das Fernhalten von Wasser verhindert werden. Dies ist mit einer Hydrophobierung möglich. Nach der partiellen Instandsetzung und Realkalisierung des Betons im Bereich der Schadstellen wird die Hydrophobierung flächendeckend aufgetragen. Während Oberflächenschutzsysteme zwar auch erfolgreich vor Wassereintrag schützen, sind sie doch durch ihre gasdichte Ausbildung hauptsächlich auf die Verhinderung von CO_2-Eintrag ausgelegt – eine Maßnahme, die bei bereits „durchkarbonatisierter" Oberfläche zu spät kommt!
Grundsätzlich ist ein gut verdichteter Beton geeignet, um eine Hydrophobierung erfolgreich anzuwenden. Wie alle hydrophobierten Oberflächen sind auch solchermaßen behandelte Betonoberflächen zu kontrollieren und zu warten, um Hinterfeuchtung durch in Risse und Fehlstellen eindringendes Wasser zu vermeiden. Es empfiehlt sich ein regelmäßiger Pflege- und Wartungsplan. Der Erfolg dieser Maßnahme ist umso gewisser, je einfacher zugänglich und daher wartungsfreundlicher ein Denkmal ist. Die Erneuerung der Hydrophobierung nach einer gewissen Standzeit ist ebenfalls zu berücksichtigen. Auch wenn Bauherren lieber „ein für alle Mal Ruhe" haben möchten: Selbst bei einem Kirchturm ist es möglich, dass trotz kürzerer Renovierungsintervalle und Kosten des Pflege- und Wartungsplans die denkmalgerechte Maßnahme im Vergleich zur richtlinienkonformen Betoninstandsetzung wirtschaftlicher ist,[5] da Materialien für Oberflächenschutzsysteme sehr hochpreisig sind. Die Einsparung macht sich erst recht bemerkbar, wenn die Erneuerung eines Oberflächenschutzsystems notwendig wird, das durch Versprödung und Hinterfeuchtung unwirksam geworden ist. Die Erfahrungen mit Oberflächenschutzsystemen der ersten Generation zeigen, dass das Entfernen äußerst arbeits- und kostenintensiv ist.
Die Hydrophobierung wirkt sich auf das Erscheinungsbild insofern aus, als – vor allem in den ersten Jahren – ein „Abperleffekt" zu beobachten ist, der die mineralische

Betonsanierung, links ungereinigt, rechts hydrophobiert und mit flächiger Lasur versehen, Kongresshalle Augsburg, Arch. Max Speidel (1968–1972, Aufnahme um 2011)

Oberfläche des Betons etwas verfremdet. Aus denkmalfachlicher Sicht handelt es sich außerdem um einen irreversiblen Eingriff in die Substanz. Dennoch: Bei „durchkarbonatisiertem" Beton ist „Trockenhalten" eine absolute Notwendigkeit, und die Hydrophobierung ist die am wenigsten invasive Methode, dies zu erreichen.

Partielle Instandsetzung und Realkalisierung ohne Betonschutz (bei geringer Karbonatisierungstiefe)

Der Verzicht auf Hydrophobierung ist nur dann möglich, wenn der Beton grundsätzlich eine geringe Karbonatisierungstiefe hat und daher ausreichend „Eigenschutz" aufbringt. Es empfiehlt sich eine ausgiebige Voruntersuchung, um gefährdete und möglicherweise doch tiefer karbonatisierte Bereiche festzustellen – etwa anhand einer Kartierung. Diese sollten dann engmaschig kontrolliert und die auftretenden Schäden regelmäßig instand gesetzt werden. Störend für das Gesamtbild wird es, wenn sich über die Jahre verschiedene Bearbeiter einer Fassade widmen, unterschiedliche Instandsetzungsmaterialien und unterschiedlich ausgeprägte handwerkliche Sorgfalt einen „Flickenteppich" entstehen lassen – hier wird schnell seitens des Bauherrn doch der Ruf nach einer vereinheitlichenden Behandlung laut. Daher empfiehlt es sich, die genauen Instandsetzungsmethoden und -materialien festzuschreiben.

Partielle Betoninstandsetzung ohne weiteren Oberflächenschutz, Velbert-Neviges, Pilgerhäuser am Mariendom, Arch. Gottfried Böhm (1969-1973, Aufnahme 2017)

Schutzbeschichtung ohne Spachtel

Da die Schwierigkeit der Betoninstandsetzung meist in der Überzeugung aller Beteiligten liegt, abseits der Richtlinien zu agieren, ist eine Kompromisslösung oft der einzige von allen akzeptierte Weg. Das Instandsetzungskonzept basiert in diesem Fall grundsätzlich auf den Vorgaben der Richtlinie, verzichtet aber auf die in der ZTV-ING vorgeschriebene ganzflächige Spachtelung. Die Spachtelung hat eigentlich die Aufgabe, erst die gasdichte Beschichtung zu ermöglichen, da sie die Poren und Lunker in der Betonoberfläche verschließt. Ein Anstrich ohne Spachtelung birgt daher das Risiko, dass keine sichere Gasdichtigkeit ausgeführt werden kann. Aus technischer Sicht ist das ein akzeptables Manko, da die Karbonatisierung nach einigen Jahren zum Stillstand kommt und bei Beton im „Denkmalalter" meist abgeschlossen ist – im Guten oder Schlechten.

Für Sichtbetonoberflächen ist eine farblose Beschichtung möglich, die allerdings wegen der gasdichten Ausbildung eine recht hohe Schichtstärke hat. Das Ergebnis kann dann etwas „speckig" wirken; die mineralische Haptik der Oberfläche geht verloren. Es bleibt abzuwarten, wie sich diese Anstriche bewähren: Es besteht – stärker als bei hydrophobierten Oberflächen, die diffusionsoffen bleiben – die Gefahr der Hinterfeuchtung. Den Anstrich im Falle einer notwendigen Überarbeitung ohne starke Eingriffe in die Substanz abstrahlen oder abbeizen zu können, ist voraussichtlich schwierig.

Betonbauten mit bereits vorhandenem Oberflächenschutzsystem

Die Instandsetzung von Oberflächenschutzsystemen „in zweiter Generation“ ist eine Aufgabe, mit der die Denkmalpflege in Zukunft zunehmend konfrontiert werden wird. Ob ein „Rückbau“ von Oberflächenschutzsystemen und eine Rückführung auf die betonsichtige Oberfläche sich als Methode durchsetzt, wird abzuwarten sein.
Bisherige Erfahrungen zeigen, dass das Abbeizen von Altbeschichtungen durchaus möglich ist. Auch präsentieren sich die Oberflächen nach dem Abstrahlen eines Oberflächenschutzsystems – bisher immer nur als Zwischenschritt während der klassischen Betoninstandsetzung zu beobachten – oft in einem optisch durchaus akzeptablen Zustand, wenn auch geglättet und mit weniger Konturen als ursprünglich. Ursache für die Glättung ist nicht nur die abrasive Entfernung der jüngsten Spachtelschicht, sondern vielmehr die Tatsache, dass bereits im Vorfeld des Aufbringens eines Oberflächenschutzsystems die Betonoberfläche grundsätzlich gestrahlt wird – ein nötiger Schritt, um Poren und Lunker zu öffnen, was erst das fehlstellenfreie Aufbringen der Spachtelschicht ermöglicht.
Die Behandlung von Sichtbetondenkmälern ist kein Neuland mehr für die Denkmalpflege, wenn auch weitere Erfahrungen gemacht werden müssen und sich die angewandten Methoden noch bewähren müssen. Die größte Herausforderung auf dem Weg zu einer denkmalgerechten Instandsetzung liegt meist weniger im Schadensbild des Betons selbst als in der Überwindung äußerer Hindernisse in Form der Richtlinien und damit des Gewährleistungsrechts. Es bleibt zu hoffen, dass mit steigender Zahl an guten und bewährten Instandsetzungsbeispielen die Skepsis gegenüber den alternativen Vorgehensweisen abnimmt, die Methoden zur denkmalgerechten Instandsetzung von Sichtbeton weiterentwickelt werden und dass diese eines Tages ganz selbstverständlich ihren Platz im Instrumentarium der Denkmalpflege einnehmen.

Entfernung eines Beschichtungssystems und Rückführung auf Sichtbeton, München, ehem. Ordenshaus der Jesuiten, Arch. Paul Schneider-Esleben (1961–1965, Aufnahme 2013)

1 Brutalismus 1967, S. 188 ff.
2 Schmidt 2010, S. 106 ff.
3 Schneider 2004, S. 107 ff.
4 Pörtner.
5 Günter 2010, S. 137 ff.

KATH. KIRCHE
CHRISTI
HIMMELFAHRT

„Wir sahen uns ganz klar als Avantgarde“
Gespräche mit Robert Gerum

Herr Gerum, Sie haben in den 1960er Jahren mit Ihren Kirchenbauten in der Diözese Augsburg und in München neue Wege beschritten. Wie kamen Sie zu der Bauaufgabe Sakralarchitektur?
In den späten 1950er Jahren war ich freier Mitarbeiter bei Alexander von Branca und habe dort seine Planungen für die Kirchen in Greifenberg, Forstenried und Rohrbach bearbeitet. Wenig später suchte Adolf Kreutzer, ein Studienkollege von mir, einen Architekten mit Erfahrungen im Kirchenbau. Und so beschlossen wir damals, als Architektengemeinschaft den Auftrag für den Bau der neuen Pfarrkirche in Nordendorf zu übernehmen.

Woran war Ihr Verständnis von Kirchenbau geschult?
Sehr beeindruckt haben mich die Bauten von Richard Neutra, Ludwig Mies van der Rohe und der ganzen Bauhausgeneration, der Däne Arne Jacobsen, aber auch die Schweizer Architekten. Und natürlich war ich beeinflusst von Branca. Im Kirchenbau hat man damals sehr auf Rudolf Schwarz und Emil Steffann geschaut, die ganze liturgische Bewegung mit dem Andachtsraum auf Burg Rothenfels, die Fronleichnamskirche in Aachen und Steffanns Scheunenkirche in Lothringen.

Wie erlebten Sie den Aufbruch in den Jahren um 1965?
Die Neuerungen kamen nicht abrupt, sondern eher als fließender Übergang. Die *celebratio versus populum* und der Gebrauch der deutschen Sprache im Gottesdienst wurden ja schon länger gehandhabt. Aber es war tatsächlich eine Aufbruchsstimmung ersten Ranges, diese Weltoffenheit der Kirche. Es gab einen Ausspruch des Papstes Johannes XXIII., der die Zeit charakterisiert. Er sagte, der Vatikan öffne die Fenster, um frische Luft hereinzulassen. Unserer polykulturellen Zeit kann die Kirche nur mit Offenheit antworten. Es gibt da auch dieses Bibelzitat „Kommt alle zu mir, die ihr mühselig und beladen seid“ (Matthäus 11, 28). Das spätere Zurückdrehen dieser Positionen macht mich umso mehr betroffen. Paul VI., den Nachfolger von Johannes XXIII., hat Josef Kunstmann[1] als „den Zerrissenen“ bezeichnet. Zwar hat er die Konzilsbeschlüsse weiter verfolgt, war dabei aber hin- und hergerissen. Und dann kam bald Johannes Paul II., in dessen Hintergrund bereits Kardinal Ratzinger stand. Man sagt, Ratzinger – zusammen mit Hans Küng einer der Konzilstheologen – hätte in Tübingen sein Schlüsselerlebnis gehabt, als Studenten seine Vorlesungen massiv störten und er in der Folgezeit zur Position überschwenkte, dass sich die Kirche abkapseln müsse von den Problemen der Welt und sich der reinen Seelsorge widmen müsse. Dahinter steht die Angst vor dem Verlust der traditionellen Werte. Später, bei seinem Besuch in Deutschland 2011, hat er als Papst Benedikt XVI. in Freiburg den Begriff der „Entweltlichung“ der Kirche gebracht. Heute besteht keine Chance, die Architektur von damals zu verwirklichen.

Fassadendetail, Kempten, Christi Himmelfahrt, Arch. Robert Gerum und Karl Rubner (1969–1971), plastische Gestaltung Reinhold A. Grübl

Einer der meistbeachteten neuen Sakralbauten ist die Kirche Herz Jesu des Architekturbüros Allmann Sattler Wappner in München (1997–2000).
Herz Jesu ist ein alter Hut, ein traditionell gerichteter Bau, eine Wege-Kirche mit strenger Ausrichtung der Gemeinde gegenüber der bühnenartigen Anlage der liturgischen Orte. Sie ist sicher kein Ausdruck der teilnehmenden Gemeinde und der Versammlung um den Tisch des Herrn. Sie hat eine sehr mystische Stimmung mit ihren transluzenten Wänden, ist darin aber viel mehr einer Klosterkirche oder einem Meditationsraum angemessen und sicherlich keiner Gemeindekirche. Verstanden habe ich daran auch nicht, wozu diese riesigen Portalflügel vorhanden sind, wenn man dann vor einer Holzwand steht.

Sie haben mit Ihrem Werk die Architekturlandschaft der Diözese Augsburg ganz entscheidend mitgeprägt. Verstanden Sie und Ihre Bauherren sich als Avantgarde, oder waren Sie eher angepasst an den Zeitgeist?
Wir sahen uns ganz klar als Avantgarde. Der Austausch untereinander über die Fragen der Zeit und des Kirchenbaus war sehr intensiv. Man besprach häufig mit Valentin Müller[2] im Diözesanbauamt diese Gedanken. In den 1970er Jahren gab es dann die Kamingespräche im Haus St. Ulrich, zu denen Josef Kunstmann, Martin Achter,[3] Valentin Müller, Reinhold Grübl[4] und ich als fester Kern gehörten; je nachdem waren noch weitere Teilnehmer als wechselnde Besetzung dabei, auch

Gemeindekirche, Au, Pfarrzentrum Mariä Himmelfahrt, Arch. Robert Gerum und Karl Rubner (1969–1971, Aufnahme 1972)

Hermann Öttl[5] kam dazu. Diese für jeden Interessierten offenen Gesprächsrunden hatten Kunstmann und Müller auf einem Künstleraschermittwoch beschlossen und initiiert. Wir haben dort ganz intensive Gespräche geführt über liturgisch-theologische Grundfragen, die sich aus dem Zweiten Vatikanischen Konzil ergaben, und welche Auswirkungen diese auf die Architektur einer Kirche haben.

Der Bau ökumenischer Gemeindezentren spielte im Bistum Augsburg offenbar keine Rolle?

Ökumene war für uns damals ein Nebenthema, es spielte bei den Gesprächen nie eine wichtige Rolle. Grübl sagte damals im Zusammenhang mit dem Wettbewerb für ein ökumenisches Gemeindezentrum in Neuperlach, dass zwei Kirchenräume noch keine Ökumene machten, weil sich die Wege darin trennten; sinnvoller wäre es, aus verschiedenen Richtungen zu kommen, um sich zu vereinen.

Zwischen den Weihen Ihrer Kirchen in Bobingen und Kempten, für die Sie damals den BDA-Preis Bayern erhielten, scheinen nicht nur dreieinhalb Jahre zu liegen, sondern Welten.

Zu Bobingen habe ich heute ein zwiespältiges Verhältnis. Diese bauliche Lösung ist noch im alten Denken verhaftet. In den oberen Wandzonen beginnt schon die Öffnung – gerade im Vergleich zum abgeschlossenen Raum bei von Branca –, der Altar rückt für die tätige Teilnahme in die Mitte, aber insgesamt ist das ein festgemauerter Bau in der Erde. Die offene, wandelbare Architektur gab es dann in Kempten. In Neuforstenried, einer Trabantensiedlung in München, wollte der Pfarrer so etwas Ähnliches wie in Kempten. Wir planten damals ein Kirchenzentrum mit Hochhaus. In den unteren Etagen waren Pfarramt, Sozialzentrum, Wohnungen für Pfarrer und Bedienstete vorgesehen. Die oberen Stockwerke sollten frei vermietet werden. Der Gedanke kam aber nicht zur Ausführung; die Diözese fürchtete, dass Pfarreien durch die Mieteinnahmen zu unabhängig würden.

In Kempten wie in Neuforstenried wurde, wie vielfach in dieser Zeit, auf einen Kirchturm verzichtet. Wollte man ein Herrschaftszeichen eliminieren?

Früher war die Kirche mit Turm über die niedrigere Bebauung eines Ortes erhaben. Sie stand da wie eine Glucke mit ihren Küken. Heute wird die Silhouette einer Stadt geprägt von Hochhäusern. Wie hoch müssen Sie hinaus, um mit dem Kirchturm ein Zeichen setzen zu können, dass da eine Kirche ist? Je höher Sie hinaufbauen, desto weniger Zusammenhang ist gegeben, umso mehr entfernen Sie sich von der Gemeinschaft, die sich unten abspielt.

Damals wie heute nehmen Laien wie Theologen, aber auch Architekten bisweilen Anstoß an der Vielfalt und den experimentellen Bauformen der modernen Kirchenbauten.

Nach dem Konzil gab es keinen einheitlichen Weg im Kirchenbau. Wie denn auch? Das ist eine Parallele zur gesellschaftlichen Entwicklung. Wo gibt's denn noch eine einheitliche Entwicklung in der Gesellschaft? Die Kirche heute ist zerrissen in internen Richtungskämpfen; wie soll sie dann überhaupt wissen, wie man eine Kirche baut? Der Vorwurf der Neuerungssucht drückt die Angst der Traditionalisten vor Veränderungen und damit ihre Angst vor Verlusten aus. Reinhold Grübl sagte einmal, in modernen Kirchenräumen sei der Priester ohne Talar zurückgeworfen aufs Menschsein. Man bewegt sich anders in diesen Räumen. Einmal nahmen wir an einer Besichtigungstour zu Münchner Kirchenneubauten teil, zusammen mit Theologen, Architekten und Künstlern. Dabei fiel dem Münchner Weihbischof Ernst Tewes auf, dass in allen Kirchen Stille und Schweigen herrschten. Nur in Neuforstenried wurde frei und lebhaft diskutiert.

Welche Wirkung ist einem kirchlichen Raum angemessen?

Wir haben nächtelang in den Kamingesprächen darüber diskutiert, wie Sakralität erzeugt werden kann. Ein Satz von Kunstmann dazu ist mir noch gut im Sinn; er sagte: „Sakralität kann man nicht bauen, Sakralität ereignet sich." Und es galt, für dieses Ereignis der Sakralität einen Raum zu schaffen, es sichtbar zu machen. Die Sakralität findet in der Liturgiefeier statt.

Deshalb ist der Kirchenraum auf seine Grundsatzstimmung festgelegt. In Neuforstenried geschah das durch die Bilder und Bibelstellen auf den Fototafeln der Fassade und des Innenraums; das künstlerische Konzept hat Grübl entwickelt. Die Sakramentskapelle ist die Ergänzung eines Kirchenraums und gleichzeitig das Herzstück des Gesamtkomplexes. Sie ist kein Gemeinderaum, sondern durch Farbgebung und Ausstattung ein introvertierter Raum für das persönliche Gebet. Der Rückzug ist nicht der Sinn der gemeinsamen Liturgiefeier.

Zahlreiche um 1965 gebaute Kirchen verzichteten auf Kniebänke.

Knien ist ein Zeichen der Verehrung, der persönlichen Versenkung. Die adäquate Haltung in der Liturgiefeier ist das Stehen. Die Gläubigen stehen, um das Evangelium zu hören. Wort und Mahl sind in der Messfeier gleichbedeutend. Außerdem signalisiert diese Haltung die Bereitschaft zum Aufbruch.

Was bedeutet es, einen kirchlichen Raum zu gestalten? Wie geht man als Architekt an diese Aufgabe?

Es gibt bestimmte Grundkriterien für den Kirchenbau. Das sind erstens die tätige Teilnahme der Gläubigen und die Versammlung um den Altar. Bei einer Bergmesse scharen sich die Menschen ganz selbstverständlich in konzentrischen Kreisen um den Altar im Zentrum. Gebaut bedeutet dies, dass die Versammlung zum Gottesdienst einen quergelagerten Raum bedingt. Zweitens die Öffnung zur Welt. Drittens: Das Gemeindeleben ist nicht nur auf die Liturgie begrenzt, sondern wirkt in den sozialen, gesellschaftlichen Raum hinaus. Das vierte Kriterium ist die Unsicherheit in der Zukunft. Festgefügtes löst sich auf, Flexibilität ist gefordert, im weltlichen wie kirchlichen Leben. Die Kirche soll Sicherheit bieten durch Verdeutlichung ihrer Präsenz in der Welt, nicht durch Entweltlichung.

In unseren Entwürfen haben wir nie als Erstes nach einer neuen Form gesucht; ob Kuppel, Flachdach, Zelt, rund, polygonal war nicht wichtig. Von zentraler Bedeutung war dagegen die Frage: Was bedeutet Kirche in der Welt? Nicht das Formale war der Ausgangspunkt, sondern der Inhalt, der dann zur Form führte.

Damit wären wir bei den multifunktionalen Kirchenräumen, die so heftige Abwehr erregten.

Polyfunktionale Räume stehen zur Liturgie nicht im Widerspruch. Die extremen Bestrebungen aus Holland und aus der Schweiz waren uns aber fremd. Der Schweizer Architekt Walter Förderer meinte einmal, man müsse nach der Messe am Altar ein Würstel essen können. Diese Art von Allzweckraum war uns suspekt. Wir wollten die Kirche öffnen für alle möglichen Veranstaltungen, die der Würde des Raumes entsprechen; das konnten Konzerte sein, Vorträge, Lesungen oder szenische Aufführungen. Mit dem Pfarrer Janssen in Au gerieten Grübl und ich deswegen über Kreuz. Er wollte einen Kirchenraum wie einen Gemeindesaal mit Stühlen von der Stange und einem herausnehmbaren Altar. Das war nicht unsere Vorstellung. Wir wollten Bauten schaffen, mit denen man auf Veränderungen der Zukunft reagieren kann, ohne gleich das ganze Gebäude abreißen und Neues dazu bauen zu müssen. Alle Funktionen einer lebendigen Gemeinde sollten unter einem Dach möglich sein. Das Stahlbetonskelett war wirtschaftlich und als Tragkonstruktion flexibel. Mit nur wenigen Bauteilen ließen sich innerhalb dieses Traggerüstes vielfältige Strukturen für alle möglichen Funktionen schaffen. Das Tragwerk besteht aus Stützen und Bindern, die Ausfachung – etwa aus Stahl und Glas oder Holz – ist herausnehmbar, die Zwischendecke ist aus Beton-, das Dach aus Holzfertigteilen.

Gemeindekirche, Au, Pfarrzentrum Mariä Himmelfahrt, Arch. Robert Gerum und Karl Rubner, Ausstattung von Reinhold A. Grübl (1969–1971, Aufnahme 1972)

Fertigteilkirchen waren in den 1960er Jahren ein großes Thema, und Sie selbst haben sich in einer Arbeitsgruppe damit auseinandergesetzt.

Es ging uns dabei darum, Konstruktion und raumbildenden Ausbau vollständig voneinander zu trennen, denn dies war preiswerter, durch die fabrikmäßige Herstellung qualitativ besser und ermöglichte eben unter Bewahrung der baulichen Struktur die Anpassung an neue Bedürfnisse. Es ging uns nicht um die Entwicklung eines Prototyps, der überall auf- und wiederabgebaut werden kann; wir haben davor gewarnt, dass eine Kirche so ausschaut wie die andere.

Ein großer emotionaler Kritikpunkt an moderner Sakralarchitektur ist ihre oftmals sehr profane Erscheinung. Diese Kirchenbauten werden dann gern mit Schulen, Turnhallen oder Schwimmbädern verglichen.

Kirchenarchitektur hat immer den Stil der jeweiligen, sie zeitlich umgebenden Profanarchitektur aufgegriffen beziehungsweise sie geprägt. Gotische Kirchen und Rathäuser, barocke Festsäle und kirchliche Innenräume haben die gleiche Struktur und Formensprache. Die Übernahme der Formensprache geht einher mit der Stellung der Kirche in der Gesellschaft. Interessant ist, dass es vergleichsweise wenige Renaissancekirchen gibt. Auch damals herrschte eine Umbruchszeit, in der die Kirche erst ihre Antworten finden musste. Dies war ebenfalls in unseren Kamingesprächen ein wichtiger Diskussionspunkt, dass die Kirche keine architektonische Sonderform darstellt, sondern ihre architektonischen Elemente aus dem Jetzt schöpft. Glasfronten signalisieren Offenheit nach außen, beziehen die Umwelt ein und haben eine einladende Geste. Die großen Kirchenmodelle haben wir im Atelier von Reinhold Grübl gebaut. Einmal kam ein junger Mann und meinte zu einem der Modelle: „Das schaut gar nicht aus wie eine Kirche.“ Aber, so sagte er, auf diese Weise könne er wieder Anschluss an die Kirche finden. Das ist das, was wir mit unserer Architektur auch erreichen wollten.

War die oftmals karge Ausstattung ein Ausdruck künstlerischen Wollens oder eher der Finanzlage geschuldet?

Selbstverständlich war die Ausstattungsfrage eine Finanzfrage, aber nur zum Teil. Ein Kirchenraum muss wachsen, jede Gemeinde hat ihre Bedürfnisse, da darf man kein Stoppschild aufstellen. Andererseits ist das natürlich auch ein Spiegelbild unserer Gesellschaft, was an Zumutungen auftaucht.

Stark verändert wurde die äußere Erscheinung betonsichtiger Baukörper in den 1980er Jahren durch das Auftragen von Spritzbeton.

Beton galt als Baustoff für die Ewigkeit. Niemand hat damals an ein solches Ausmaß der Luftverschmutzung gedacht, an eine Karbonatisierung mit derartigen Eindringtiefen. Unwissend hatten wir mit Fertigteilen eine bessere Qualität verbaut, da bei der vorfabrizierten Herstellung im Werk andere Betongüten verwendet wurden.

Wie beurteilen Sie die Veränderungen, die Ihre Kirchen in Au und Kempten derzeit erfahren?

Mit den Vorstellungen für Au war ich gar nicht zufrieden; auch die Diözese wehrte sich gegen diese Umbaupläne. Dort wollte man aus dem Kirchenraum einen Pfarrsaal schaffen, in dem man bei Bedarf den Altarbereich durch eine Schiebewand abtrennt, der aber auch für gottesdienstliche Zwecke genutzt werden sollte. Die Proportionen stimmen nicht mehr, und man kann doch den Herrgott nicht gleichsam aussperren. In Kempten entspricht die Lösung, die derzeit umgesetzt wird, durchaus dem ursprünglichen Konzept. Ohne große Eingriffe wird der heute zu große Kirchenraum verkleinert, der Kindergarten im Erdgeschoss vergrößert, Sozialräume werden eingebaut. Das Gebäude bleibt, wie es ist, verändert seinen Charakter nicht und passt sich doch an die jetzigen Erfordernisse an. Ein anderer Entwurf für die Nutzungserweiterung in Kempten war voll auf den Kirchenraum konzentriert und hätte den Bau durch den Abriss der Sakramentskapelle grundsätzlich verändert; Formen wurden hineinkomponiert, die Resträume bewirkt und nichts gebracht hätten als einen anderen Kirchenraum. Damit war ich nicht einverstanden, denn das war nicht das, was wir damals wollten.

Worin sehen Sie die Zukunft des Kirchenbaus?

Ganz klar in der Umnutzung und Umgestaltung zu großer und zu vieler Kirchen.

Die Gespräche führte Sabine Klotz am 16. Februar 2016 und 3. Juli 2017.

1 Josef Kunstmann, bis 1952 Sekretär von Bischof Josef Freundorfer und später, ab 1966, Bischöflicher Referent für sakrale Kunst in der Diözese Augsburg.

2 Valentin Müller, zwischen 1958 und 1981 leitender Diözesanbaudirektor in der Diözese Augsburg.

3 Martin Achter, ab 1963 Generalvikar und ab 1984 Bischofsvikar der Diözese Augsburg.

4 Reinhold Grübl, Bildhauer.

5 Hermann Öttl, Architekt.

Vorhalle, Au, Pfarrzentrum Mariä Himmelfahrt, Arch. Robert Gerum und Karl Rubner (1969–1971, Aufnahme 1972)

„Heute braucht es wieder Räume mit Mystik“
Gespräch mit Eugen Kleindienst

Herr Dr. Kleindienst, von 1982 bis 2003 waren Sie in verschiedenen Funktionen für die Diözese Augsburg tätig, von 1982 bis 1984 als Sekretär von Bischof Josef Stimpfle, dann als Generalvikar und zwischen 1993 und 2003 als Bischofsvikar für wirtschaftliche Angelegenheiten. Anschließend waren Sie bis 2015 Botschaftsrat I. Klasse und kirchlicher Berater an der Deutschen Botschaft beim Heiligen Stuhl. Über 20 Jahre konnten Sie die Bautätigkeit in der Diözese Augsburg aus nächster Nähe verfolgen. Gibt es besondere Projekte, die Sie gerne verwirklicht hätten?

Mich haben immer sakrale Bauten fasziniert, die über die bloße Funktionalität hinaus durch ihre starke Symbolik Manifestationen von Sinn und Bedeutung sind. Natürlich muss ein Kirchenbau auch machbar und zweckmäßig sein. Das reicht aber nicht aus. Ein sakraler Bau ist mehr. Dafür gibt es bei uns und im Ausland gelungene Beispiele. In Frankreich etwa gab es zwar nur wenige zeitgenössische Kirchenneubauten, dafür aber in der von Mario Botta geschaffenen neuen Kathedrale von Évry (1991–1995) ein erstklassiges Beispiel zeitgemäßer Formsprache und sakraler Qualität. Im Bistum Augsburg waren auch einige bedeutende international tätige Architekten am Werk wie Justus Dahinden (Königsbrunn, Nr. 17) und Alexander von Branca (Greifenberg, Maria Immaculata, 1958/1959, St. Thomas Morus, Neusäß, Nr. 27). Spannend wäre gewesen, wie ein Mario Botta in unserer Region die Bauaufgabe Kirche gelöst hätte. Ein anderes Beispiel ist die Pfarrkirche Dio Padre Misericordioso des amerikanischen Architekten Richard Meier in einem römischen Vorort (2003). Sie ragt in dem Wohnviertel auf wie Segel eines Schiffes, das an das Bild vom Schiff der Kirche erinnert. Jedem wird klar, dass da mehr ist als nur ein zweckmäßiger Raum. Diese Architektur versteht es, einen Anspruch auszudrücken. Ohne dominant zu sein, steht sie unübersehbar und einladend für einen Sinn, der den Passanten anspricht. Man wird neugierig, will nicht vorbei-, sondern hineingehen.

Detail der Apsis hinter der Altaranlage, Sonthofen, Maria Heimsuchung, Arch. Hans Spieß und Hermann Seltmann, Ausstattung von Friedrich Koller (1987–1992)

Wer war der Personenkreis, der in Augsburg das Baugeschehen lenkte?

Ein starker Motor für die Organisation jedes Projektes war seit den 1960er Jahren Finanzdirektor Helmut Weber. Der Promotor von neuen Wegen des Kirchenbaus nach dem Zweiten Vatikanischen Konzil war aber der damalige Generalvikar und spätere Bischofsvikar Martin Achter.[1] Die späten 1960er und frühen 1970er Jahren bilden einen Schwerpunkt für neue Formen des Kirchenbaus, der die Erneuerung des Kirchenbildes und der Liturgie durch das Zweite Vatikanische Konzil umzusetzen suchte. Achter ließ dabei der Kreativität Raum und fand inspirierte Architekten und Künstler. So konnte etwa in der neuen Kirche Christi Himmelfahrt in Kempten (Nr. 18) das Gemeindebild, das das gemeinsame Priestertum aller betont, eine architektonische Form finden. Es gab keinen eigentlichen Chorraum, auch keine erhöhten Priestersitze. Nach den Vorstellungen der Jahre nach dem Konzil war die Gemeinde das Subjekt des Handelns. Es gab keine verbindlichen Vorstellungen mehr für den Kirchenraum, der ehedem aus einer auch kosmisch vorgegebenen Ausrichtung *(ad orientem)* bestand, mit Chorraum, Schiff und Prozessionsweg. Der Kirchenraum stand jetzt gewissermaßen nicht mehr für sich; er kam erst zu sich, wenn sich die Gemeinde zum Gottesdienst versammelte. Im leeren Kirchenraum konnte man jedoch auch das Gefühl haben, in einem sehr auf die Zweckmäßigkeit reduzierten Raum zu stehen, weshalb für die private Andacht notwendig kleine Nebenräume entstanden, in die dann oft auch der Tabernakel rückte. Die kurzzeitig aufgekommene Vorstellung vom Mehrzweckraum fand aber kein nachhaltiges Echo und wäre auch ein Bruch mit der Tradition des katholischen Sakralbaus gewesen. Besser gelungen und auch ohne Gemeinde als eigenständiger Sakralraum erlebbar ist Heilig Geist in Günzburg (Nr. 26). Bischof Josef Stimpfle (1963–1992) hat den Verantwortlichen Raum gelassen, auch wenn er sich mit manchen neuen Bauten persönlich nicht identifiziert hat. Er griff aber nicht intensiv in die Diskussionen ein. Er hat sich nicht in architektonischen Fragen verloren. Wichtig waren ihm das ausgewählte Patrozinium und die Stärkung der jeweiligen Gemeinde. Ulrichspatrozinien wurden auch außerhalb der Diözese gefördert. Sein Wunsch nach einer dem heiligen Maximilian Kolbe gewidmeten Kirche blieb

Altaranlage von Friedrich Koller, Thalfingen, Kirchenraum im neuen Pfarrzentrum St. Laurentius, Arch. Hans-Dieter Sailer und Hugo Fischer (1983/1984, Aufnahme 1985)

allerdings offen. Die bischöfliche Hauskapelle mit den Ikonen, dem zentralen Altar und Tabernakel und den Fresken des Augsburger Malers Georg Bernhard lassen in authentischer Weise erkennen, wie er sich einen sakralen Kirchenraum vorstellte. Das gilt dann vor allem für die Renovierung des Altarraums im Dom (Blasius Gerg 1971) und die große Domrenovierung ab 1983/1984, an der sich Bischof Dr. Josef Stimpfle intensiv beteiligte. Er hinterließ damit auch ein wertvolles Erbe einer geglückten Einwohnung der erneuerten Liturgie und ihrer Formen in ein tausendjähriges Gotteshaus.

Die Kirchenbautätigkeit im Bistumsgebiet ging seit den späten 1970er Jahren deutlich zurück. War der Bedarf an Gottesdiensträumen bis zu diesem Zeitpunkt gedeckt oder hatte die Entwicklung finanzielle Gründe?

Bis in die 1960er Jahre baute man nach bewährten Mustern, meist große Kirchen. Neue Materialien – vor allem Sichtbeton – machten weite Räume möglich, und man meinte, mit dem Material auch zeitgemäße Nüchternheit gefunden zu haben und zugleich unverwüstlich zu bauen. Beides wurde bald widerlegt. Nicht vergessen darf man, dass ja nicht nur Kirchen gebaut wurden, sondern ganze Zentren für das Gemeindeleben und die Daseinsfürsorge (Pfarrheime wie Vereinsheime, Kindergärten, soziale Einrichtungen). Sie wurden sehr bald zu groß, zu teuer und, was die Kirchen selbst angeht, nicht selten auch als zu nüchtern empfunden. Es war also ein Bündel an Gründen, das letztlich dazu führte, dass Neubauprojekte reduziert wurden, verkleinert und bescheidener ausgeführt. Auch die aufkommenden Sanierungskosten für die mit neuen Materialien ausgeführten Neubauten belasteten das Budget. Es setzte sich zudem langsam die Erkenntnis durch, dass die zahlreichen Ausgründungen von neuen Gemeinden zu viel waren. Ein (Über-)Angebot von Infrastruktur war entstanden, während die Zahl der Priester und der am kirchlichen Leben teilnehmenden Gläubigen schwand. Binnen 30 Jahren waren die herkömmlichen pastoralen Muster und deren baulicher und organisatorischer Ausdruck in Frage gestellt, ja überholt. Die Geschichte kennt kaum einen so raschen Epochenwechsel kirchlichen Lebens. Heute erleben wir ja gerade die Forcierung dieser Entwicklung: Die damaligen Neugründungen werden oftmals wieder in Pfarrverbände zusammengeführt und in die älteren Strukturen eingebettet. Man wollte also von den 1980er Jahren an möglichst keine neuen Gemeindestrukturen mehr schaffen. Ausgeführt wurde nur noch, was bis zu diesem Zeitpunkt planerisch schon weit gediehen war. Zu den letzten Neugründungen gehörten Königsbrunn (Nr. 38) und Sonthofen (Nr. 37).

Haben nicht auch die Wellen der Kirchenaustritte einen Gutteil zu dieser Entwicklung beigetragen?

Die Gemeinden wurden kleiner. Der Einbruch in der Teilnahme an den Gottesdiensten ist aber viel größer als die Zahl der Austritte. Die letzte Statistik für 2014 nennt circa 200.000 Kirchenbesucher bei etwa 1,3 Millionen Katholiken im Bistum. Diese Entwicklung war ab den 1970er Jahren klar gewesen, sie hat sich jedoch in einer dramatisch zu nennenden Weise im letzten Jahrzehnt beschleunigt. In diesem Transformationsprozess einer Volkskirche liegt der Hauptgrund auch für Veränderungen im Kirchenbau. Es gab kaum noch große Architekturwettbewerbe. Die Pfarrheime sahen Ende der 1980er Jahre ganz anders aus als in früheren Jahren. Sie waren kleiner, bescheidener und in den Betriebskosten günstiger. Sie waren auf die tatsächlichen Gemeindebedürfnisse zugeschnitten und keine Vereinsheime. Gerade die in den 1950er und 1960er Jahren gebauten Kirchen waren zu groß; sie mussten kleiner und überschaubarer werden. Schon in den späten 1990er Jahren stellte sich deshalb das Problem des Abbruchs, des Rückbaus oder des Einbaus kleinerer Räume in die größere Hülle.

Wie der Baubestand für unsere heutigen Bedürfnisse sinnvoll weitergeführt werden kann, ist eine anspruchsvolle und höchst kreative Herausforderung.
Ja, natürlich. Denn der Raum hat an sich einen architektonischen Anspruch, und der darf nicht zerstört werden. Abbruch kann aber kein Tabu sein. St. Ulrich in Kempten (1963) beispielsweise sollte abgebrochen werden. Die Erben des Architekten Willy Hornung hatten aber mittels des Urheberrechtes erreicht, dass die Kirche bleibt, obwohl sie viel zu groß war. Die Hülle wurde dann doch saniert, und Bernhard Weißhaar hat dort mit textilen Mitteln eine kleinere Kirche eingebaut, einen an den tatsächlichen Bedarf angepassten Kirchenraum. Es wird noch manche weitere Versuche dieser Art geben, jedenfalls mehr als Neubauten.

Besonders im Vergleich zu den Bauten der experimentierfreudigen vorrangegangenen Jahre erscheinen viele im späten Zeitraum – in den 1980er Jahren – neu errichtete Kirchen schlicht, um nicht zu sagen erwartbar.
Es gibt in der Tat einen Unterschied zwischen den von Ihnen genannten Phasen. Einige wesentliche Gründe dafür sind schon genannt worden. Das „Pendel“ der Theologie hatte die Gemeinde, das allgemeine Priestertum stark betont und fand sich wieder ein in Vorstellungen, die nach mehr eucharistischer Frömmigkeit, nach dem Zurückholen des Tabernakels aus Nebenräumen in den Altarraum, nach einem akzentuierten Chor-/Altarraum mit Plätzen für die Liturgen und Sitz- und nicht zuletzt Kniebänken für die Gemeinde verlangten. Die späteren Neubauten entwickeln deshalb ruhigere Lösungen und zitieren traditionelle Muster. Es wäre aber nicht richtig, deren künstlerischen Anspruch generell in Frage zu stellen. Alexander von Branca hat einmal über die Funktion des Kirchenbaus gesagt, er müsse es leisten, „Menschen aus der Zerstreuung in die Sammlung zu führen“. Dafür muss der Kirchenraum aber nicht erst mit der fei-

Ecknach, Kirchenerweiterung St. Peter und Paul, Arch. Adolf Zach (1971–1972, Aufnahme 1983)

ernden Gemeinde leben, sondern in sich stehen. Es liegt nicht an irgendwelchen Verboten, dass sich Bauten wie Christi Himmelfahrt in Kempten nicht wiederholten. Es gab schlicht kein Verlangen danach. Sie hatten bestimmte Defizite, und die Entwicklung führte zu Korrekturen. Die Neubauten in Dillingen (Nr. 35) und in Sonthofen (Nr. 37) erfüllten die veränderten Erwartungen. Dillingen St. Ulrich ist ein wunderschöner heller Raum mit interessantem Gebälk; es war das Ergebnis vieler Diskussionen unter reger Beteiligung der Menschen. Maria Heimsuchung in Sonthofen wurde von Pfarrer Franz Wolf theologisch geprägt und gerade aus der Perspektive der Sammlung gedacht. Es entstand ein Raum, der in die Sammlung führt, in dem im spirituellen und physischen Sinn Kirche Sammlung aus der Zerstreuung ist.

In der Mehrzahl wurden die Kirchen tatsächlich einfacher. Künstlerische Kreativität entfaltete sich mehr in Ausstattung und Innenraum. Die finanziellen Möglichkeiten der Diözese und der Gemeinden waren eng. Es war auch nicht mehr die Zeit, in der teure und dominante Kirchenbauten akzeptiert worden wären. Das kirchliche Leben wandte sich zunehmend Themen globaler Solidarität zu, in denen der Sinn für Armut und Bescheidenheit aufwuchs. Große Bauten standen schnell im Verdacht, „protzig“ zu sein. Heute unter Papst Franziskus wird diese Entwicklung noch verstärkt. Interessant ist ja, dass die Neubauten von Moscheen oder auch Synagogen oft geradezu prächtig ausfallen und weniger nach Bedarf und Funktion konzipiert scheinen als nach dem Anspruch, Zeichen zu setzen. Ob das auch einmal Rückwirkungen auf den katholischen Sakralbau haben wird?

Im Detail kann man unterschiedlicher Meinung sein, ob ein Zentralbau nach dem Muster des römischen Santo Stefano Rotondo besser sei als ein Gegenüber von Chorraum und Gemeinde. Es haben sich gemischte Formen entwickelt, in denen meist auf eine Gruppierung der Gemeinde um den Altar geachtet wurde. Der Altar als Mitte der Kirche ist Ausdruck der Christologie, denn Christus ist das Zentrum. Um diese Funktion zu erfüllen, muss der Altar nicht physisch in der Mitte stehen, jedoch vom Raumerlebnis her die Mitte bilden. Dank des Kunstreferenten und späteren Leiters des Diözesanbauamtes Monsignore Werner Schnell wurde mit hohem Qualitätsanspruch gerade auf die Gestaltung der Altäre großer Wert gelegt. Diese Altar- und Altarraumgestaltungen wurden nie in Zweifel gezogen, sie sind Gemeingut geworden. Die Wege-Kirche, wie sie Thomas Wechs und Willy Hornung nach dem Krieg gebaut haben, ist überwunden. Ob nun über dem Altar die Decke abfällt wie in St. Raphael in Neusäß oder ob sich über dem Altar ein Raum nach oben öffnet, mag unterschiedlich empfunden werden. In jedem Fall ist der Altar zur „Mitte“ des Raumes geworden. Das ist sicher eine bleibende Errungenschaft.

Hatten also diese dezidiert modernen Kirchen, wie wir sie beispielsweise mit Christi Himmelfahrt in Kempten oder Hl. Geist in Günzburg auch in unserem Bistumsgebiet finden, nicht funktioniert?

Doch, diese Kirchen haben auch ihre Vorzüge. Die Leute haben sie durchaus angenommen, vielleicht auch wegen der bequemeren Bestuhlung und der anfänglichen Neuheit des Raum- und Gemeinde-Erlebnisses. Aus eigener Erfahrung weiß ich: Der Gottesdienst in einem solchen Raum ist ein wirkliches Erlebnis. Leer und ohne Gottesdienst allerdings wirken sie anders. Sie leben von der Interaktion, dienen weniger der Sammlung und erfassen daher auch nur einen Teil der Dimension der liturgischen Feier. Durchsetzen konnten sie sich jedenfalls nicht.

War denn diese Kargheit nicht auch den finanziellen Möglichkeiten geschuldet?

Nein, das wäre zu kurz gedacht. Selbst in schwierigen Zeiten haben die Menschen viel in Gotteshäuser investiert. Am Geld lag es nicht vorrangig. Schlichtheit war, wie ich schon sagte, ein Konzept. Eine Parallelität ist auch in den liturgischen Gewändern und den Vasa sacra zu beobachten, die in Materialien und Form – gewiss nicht immer sehr glücklich – reduziert wurden, und es gab eine Bewegung gegen opulente Orchestermessen. Auch das Liedgut wurde anders. Der Choral, eines der wertvollsten kulturellen Erbstücke liturgischer Musik des Abendlandes, blieb auf der Strecke. Leider waren die neuen Formen streckenweise auch sehr schlicht, um nicht zu sagen banal. Ganz abwegig sind die Klagen über die „Häresie der Formlosigkeit“, die der Schriftsteller Martin Mosebach anstimmt,[2] also nicht. Kultus hat auch etwas mit Kultur zu tun. Der Kirchenbau und die Liturgie sind nicht zuletzt Ausdruck der Kultur beziehungsweise eines lebendigen oder auch weniger lebendigen Verhältnisses zwischen Kirche und Kultur.

Was aber hat dann die Abkehr von den progressiven „Konzilskirchen“ bewirkt? In der Folgezeit wurden wieder verstärkt Kniebänke eingerichtet, und man maß der Stellung des Tabernakels im Kirchenraum, nach Möglichkeit wieder in der Blickachse, erneut eine besondere Bedeutung bei.

Viele theologische Fragen haben sich geklärt. Das führte auch zu einer Beruhigung und Klärung des Verständnisses von der Rolle des besonderen und des gemeinsamen Priestertums, dem Zueinander von Priester und Gemeinde, der Liturgie als Akt der Gottesverehrung und der eucharistischen Frömmigkeit. Der Altar als Symbol für Christus und Zentrum des Kirchenraums wurde schon erwähnt.

Die gewandelte Haltung zu Kniebänken und Tabernakel im Bezug zum Altar gründet in einer ausgewogenen Re-

Steppach, St. Raphael, Arch. Robert Gerum und Karl Rubner, Chorraumgestaltung von Reinhold A. Grübl (1982–1983, Aufnahme 1985)

vision manch zurückliegender Formen. Der Akt der Anbetung mit seiner besonderen Körperhaltung ist Zeichen einer Frömmigkeit, die zum Katholizismus gehört. Er ist übrigens Teil des religionsphänomenologischen Erbes, auch im Islam und andernorts nicht unbekannt. Seit Mitte der 1980er Jahre rückt ferner der Tabernakel aus kleineren Andachtsräumen wieder in den Kontext des Altars, in den er als Teil des eucharistischen Geheimnisses auch gehört. Die klassischen Sakramentshäuser waren immer im Altarraum zu finden. Kirchen werden wieder mehr Orte der Sammlung, nicht nur der Versammlung. Man kann diese bis in die liturgische Kleidung hineinreichende Entwicklung als Konsolidierung bezeichnen. Mit zahlreichen Schriften beeinflusste Kardinal Joseph Ratzinger diese auf Kontinuität bauende Erneuerung und stellte sie als Papst Benedikt XVI. der ganzen Kirche mit der Absicht des alten Sprichwortes vor, „Verba docent, exempla trahunt" („Ein Beispiel ersetzt tausend Worte").

Was bedeutet das für die Architektur der katholischen Kirche?

Die Kirche lebt immer im Kontext einer Zeit und unter deren gesellschaftlichen Bedingungen. Im Busch genügt eine Hütte als Kirche. In unserem Kontext braucht es andere Lösungen. Früher waren die Kirchenbauten Mittelpunkte und Sinnzentren einer Stadt. Heute sind das Banken und Einkaufszentren. Der gesellschaftliche Standort der Kirche – auch der evangelischen – ändert sich. Dennoch ist sie nicht marginal. Wie eh und je muss ein Kirchenbau mehr sein als nur ein funktionales Gebäude, er muss den Sinn ausstrahlen, um dessentwillen er errichtet wird. Er darf nicht protzig sein, aber auch nicht banal. Er sollte einladen, gerade in einer sehr mobilen Gesellschaft Sammlung und Verortung anbieten. Der Kirchenraum wird immer der Ort sein für die Versammlung der Gemeinde, muss aber mehr denn je den oft ortlosen Wanderer und Suchenden aus der Zerstreuung in die Sammlung bringen. Ich denke, dass das in einer bestimmten Phase vorherrschende gemeinde- und funktionsorientierte Konzept vorbei ist. Heute braucht es wieder Räume mit etwas mehr Mystik.

Das Gespräch führte Sabine Klotz am 17. Juni 2016.

1 Martin Achter 1963–1972 Generalvikar, dann bis 1981 Bischofsvikar für Seelsorgs- und Raumplanung und Vorsitzender der Bischöflichen Kommission für Sakrale Kunst.

2 Mosebach, Martin: Die Häresie der Formlosigkeit, Wien 2002.

Katalog

Sabine Klotz

Neubau (1–39)

Bauen im Bestand (40–47)

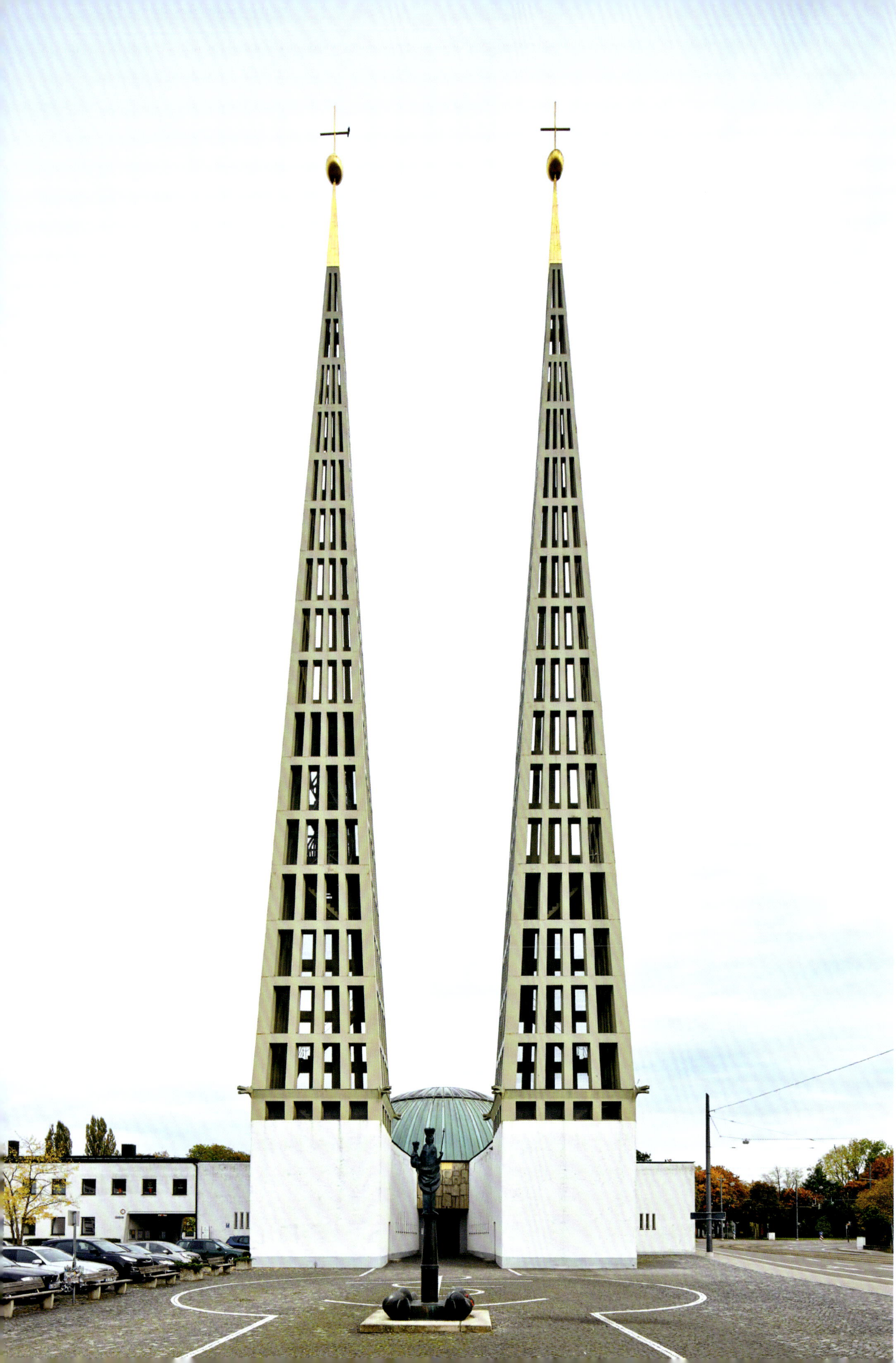

1 St. Don Bosco
Augsburg – Herrenbach

Entwurf 1959/1960, erster Spatenstich 3. November 1960, Grundsteinlegung 7. Mai 1961, Richtfest 21. Juli 1961, Weihe 7. Oktober 1962

Architekten: Thomas Wechs sen., Augsburg; Thomas Wechs jun., Augsburg (Schüler-, Pfarr- und Schwesternheim, Kindertagesstätte)
Ausstattung: Blasius Gerg, Glonn (Altarkreuz, Entwurf Rosette und Maßwerk hinter dem Altar, Portalrelief); Karl Reidel, Obergangkofen (Taufstein); Georg Bernhard, Augsburg (Entwürfe für Kirchenportale, Chorfenster und Ausmalung der Marienkapelle); Ernst Göhlert, Augsburg (Entwurf Turmportale); Erhard und Therese Hößle, München (Tabernakel, Altarleuchter, Vortragekreuz, Hängekreuz, Ewig-Licht, Reliquiar); Herlinde Dennhöfer, München (Entwurf Buntverglasung über und an den Beichtstühlen)
Archivalien: KBK, Baumappen; DBA 5.665, 5.666, 6.582, 6.583, 6.594-6.596, 6.598; AMS, Nachlass Thomas Wechs sen.
Literatur: Festschrift St. Don Bosco 1962. – Lill 1963, S. 396–399. – Kirchenführer St. Don Bosco 1964. – Müller 1966, S. 274 und 294–297. – Festschrift St. Don Bosco 1967. – Maier 1967, S. 13 und 44–46. – Kirchenführer St. Don Bosco 1974. – Laible 2005, S. 40–44. – Lutz 2005, S. 319–323. – Würmseher 2007, S. 222–228. – Pfarrkirche St. Don Bosco.

Inmitten von Augsburgs größtem Neubaugebiet nach dem Zweiten Weltkrieg, im vielschichtigen und kinderreichen Herrenbachviertel, war von Anfang an ein neuer Pfarrbezirk eingeplant, dessen seelsorgerische Betreuung 1959 den Salesianern übertragen wurde. Im Dezember 1961 wurde die von der Pfarrei St. Simpert abgetrennte Kuratie St. Don Bosco in den Rang einer Stadtpfarrei erhoben. Für Entwurf und Ausführung der neuen Kirche war der überregional anerkannte Thomas Wechs verantwortlich, der damit sein Hauptwerk schuf.

Die umfangreiche Gesamtanlage mit Kirche, Pfarrhaus, Schwesternheim, Pfarrheim mit Pfarrsaal, Bühne, Versammlungs- und Gruppenräumen, Mesnerwohnung, Schülerheim, Sportanlage, Kindertagesstätte und Bücherei wurde ab 1959 geplant und zwischen 1960 und 1966 in fünf Bauabschnitten, später auch unter Beteiligung seines Sohnes Thomas Wechs jun., realisiert. Als „Stadt in der Stadt“ (Lutz 2005, S. 322) behauptet sich das neue Pfarrzentrum für vielfältige seelsorgerische, soziale und kulturelle Aufgaben innerhalb der umgebenden Stadtlandschaft. Die miteinander verbundenen Gebäudeteile des maximal zweigeschossigen, flach gedeckten Pfarrzentrums wurden durch die Anlage von Höfen und Plätzen aufgelockert. Stolz war man auf den großen Parkplatz im Norden, der mehr als 100 Autos aufnehmen konnte.

Die Kirche selbst bildet innerhalb dieser Gruppierung eine städtebauliche Dominante, die durch ihre Isolierung auf dem Vorplatz und ihre architektonische Form erreicht wird. Denn eine Kirche als „Haus Gottes“ sollte sich nach den Vorstellungen des Architekten ausdrücklich von der umgebenden, zumeist mehrgeschossigen Profanbebauung unterscheiden. In großer Geste laufen in der Pflasterung die angedeuteten Kolonnaden des Petersdoms auf die Kirche zu, deren Kuppel, Doppeltürme und Symmetrie die Würdezeichen eines Sakralbaus schlechthin sind. Die Wahl der architektonischen Mittel ist daher mehr als eine Reminiszenz an die nur wenige Jahre früher errichtete Basilica di San Giovanni Bosco in Rom. Der Zug zum Monumentalen im modifizierten traditionellen Kirchenbauschema mit kosmologischem Sinngehalt und sichtbare Ingenieurleistung durch die Verwendung moderner Baumaterialien und Techniken – Sichtbeton, Fertigbauteile, Plexiglas – stellen für Thomas Wechs keinen Widerspruch dar.

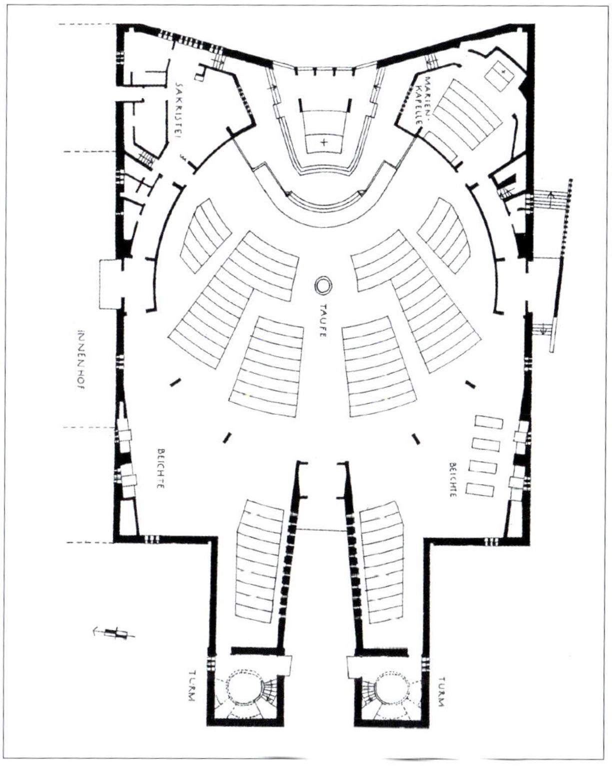

Grundriss, Bestandsplan

Vorplatz mit Hauptfassade im Westen

Innenraum mit Lichtöffnung in der Betonkuppel

Der mit Kupfer eingedeckte Kuppelraum ist in das Rechteck der weiß gekalkten Umfassungsmauern eingepasst. Zu einem Wahrzeichen wurden die hohen, filigranen Türme aus Stahlbetonfertigteilen, die sich flankierend neben dem Hauptportal 72 Meter hoch in den Himmel erheben und in der sichtbaren Präsenz des Christentums einen Gegenpart zu den damals noch rauchenden Fabrikschloten der Industrieviertel bilden. Ihre offene Konstruktion aus auf der Baustelle vorfabrizierten Teilen ist der Durchsetzungskraft des Stadtbaurats Walther Schmid und dem Diözesanbauamt zu verdanken, denn Wechs hätte deren Öffnungen lieber mit Plexiglas verkleidet.
Im von der Öffentlichkeit des Straßenraumes abgeschiedenen Kirchenraum soll sich der Gläubige, nachdem er den sogartig wirkenden, sich verjüngenden Hofraum zwischen den Türmen und dem gedämpftem rückwärtigen Innenraum durchschritten hat, ganz in das religiöse Geheimnis versenken können, geborgen in „einer anderen Welt“ (Festschrift St. Don Bosco 1962, S. 11). Der reine,

Blick nach oben in den Stahlbetonturm (Aufnahme um 1962)

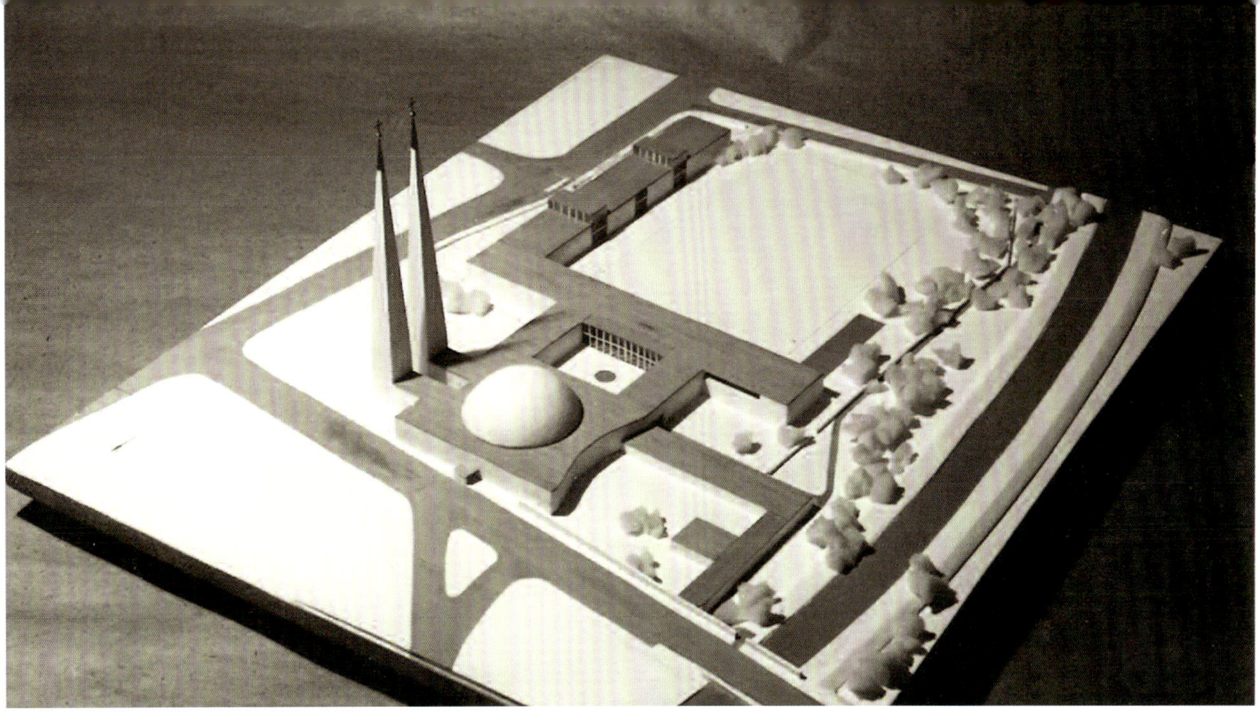

Modell der Gesamtanlage von Thomas Wechs sen., um 1960

sichtbar belassene Stahlbeton der auf Wandscheiben ruhenden Kuppel, dessen Schalung nach Zeichnung des Architekten ausgeführt wurde, bestimmt die Architektur des Innenraums mit ihrem Wechselspiel von geöffneten und geschlossenen Wandflächen. In den östlichen Zwickelräumen sind Sakristei und Marienkapelle untergebracht, im Westen die Beichtstühle und zu dem Turmpaar hin zwei weitere Kapellen. Die Kuppel mit oberem Umgang, der gleichzeitig als Orgelempore fungiert, steigt direkt vom Boden auf und ist oben im Scheitel mit einer verglasten Lichtöffnung versehen.

Don Bosco ist der erste kreisförmige, reine Zentralbau unter den Pfarrkirchen der Diözese Augsburg. Ursprünglich dachte der Architekt wohl daran, den Altar als liturgische Mitte unter dem Zenit der Kuppel aufzustellen – eine sehr fortschrittliche Lösung, die damals aber für die Ausführung noch nicht in Betracht kam; stattdessen rückte der Taufstein ins Zentrum der konzentrisch in Sektoren angeordneten Bankreihen. Die 1960 noch vorgesehenen Seitenaltäre entfielen in der Ausführung, und der schlichte Blockaltar, der den Tabernakel trug, wurde auf der parabolischen Stufenanlage im Osten bereits für die *celebratio versus populum* freigestellt.

Nachtaufnahme des Schülerheims vom noch unfertigen Sportplatz aus (Aufnahme um 1964)

Die künstlerische Ausstattung spielt wirkungsvoll mit dem Spannungsbogen zwischen Zentralbau und liturgischer Longitudinalausrichtung. Zentrale Lichtquelle, die die Kuppelrotunde im Gegensatz zu den Kapellen und Nebenräumen in gleichmäßiges, aber diffuses Licht taucht, ist die Fensterrosette aus Plexiglas mit der Taube des Heiligen Geistes über dem Taufstein. Einen Gegenpart erhält sie in der starkfarbigen Glaswand mit dem brennenden Dornbusch, die die Altarstätte wirkungsvoll inszeniert. Gegenständlich und den Gläubigen sofort verständlich ist die weitere Ausstattung. Den Taufstein zieren Bronzereliefs, die sich auf die drei theologischen und die vier Kardinaltugenden beziehen. Das Mosaik der Rosenkranzkönigin in der Marienkapelle lädt zur persönlichen Andacht. Über dem Hauptportal empfängt das Steinrelief mit dem Kirchenpatron inmitten der Jugend die Gläubigen.

Eine Orgel erhielt die Kirche 1968, und in den Folgejahren wurde die Ausstattung um einige Bildwerke ergänzt: Der rechte Ambo erhielt die Bronzebüste des Kirchenpatrons, der Kreuzweg wurde 1976 geweiht, die Mariensäule schuf 1977 Karl Reidel (Obergangkofen), die Don-Bosco-Figur Sepp Mastaller (Augsburg) und den Wandbehang für die Marienkapelle 1979 Sr. Regina Holzhauser OP (Augsburg).

Wegen baulicher Mängel wurde 1987 der Kindergarten abgerissen und durch einen Neubau ersetzt (1989 eröffnet), 1990 musste das Turmpaar saniert werden.

Die Gesamtanlage ist als Einzeldenkmal in die bayerische Denkmalliste eingetragen.

ER
IST MITTEN
UNTER UNS

2 St. Pius X.
Augsburg – Haunstetten

Wettbewerb 1960, Eingabepläne Juli 1962, Baubeginn 8. Juni 1964, Grundsteinlegung 21. Januar 1964, Weihe 4. September 1966

Architekten: Hans Schädel, Friedrich Ebert und Andreas Marquart, Würzburg
Ausstattung: Friedrich Ebert, Würzburg (Entwurf Tabernakel und Chorkreuz); Franz Nagel, München (Glasmalerei hinter Altar, Fresko in der Seitenkapelle); Fritz Koenig, Landshut (Eingangsplastiken, Grundstein)
Archivalien: KBK, Baumappen; DBA 226, 227, 230, 233, 234.
Literatur: Kirche und Gemeinde St. Pius. – Festschrift St. Pius 1966. – Müller 1966, S. 314. – Kunstmann/Nagel 1971, S. 142–143. – Würmseher 2007, S. 219–222. – Pfarrkirche St. Pius.

Westansicht

Gegenüber der unmittelbaren Nachkriegszeit hatte sich bis 1966 die Einwohnerzahl Haunstettens verdreifacht, weswegen in den neuen ausgedehnten Wohngebieten des ehemaligen Bauern- und Fabrikdorfes südlich von Augsburg ein neues kirchliches Zentrum als religiöser Mittelpunkt geplant war. Bereits 1956 hatte die damals für das Areal zuständige Pfarrei St. Georg ein Grundstück für den künftigen Kirchenbau erworben und 1959 einen Kirchenbauverein gegründet. Eine Schule (heute Albert-Einstein-Schule) existierte schon seit 1958 in unmittelbarer Nachbarschaft. 1960, bald nach dem Eucharistischen Weltkongress in München, wurde der Neubau einer Kirche mit der Auslobung eines beschränkten Wettbewerbs für ein Kirchenzentrum mit Pfarrhof, Pfarrheim (1980 fertiggestellt) und Kindergarten (1971 eröffnet) angegangen, 1961 die Expositur St. Pius errichtet.

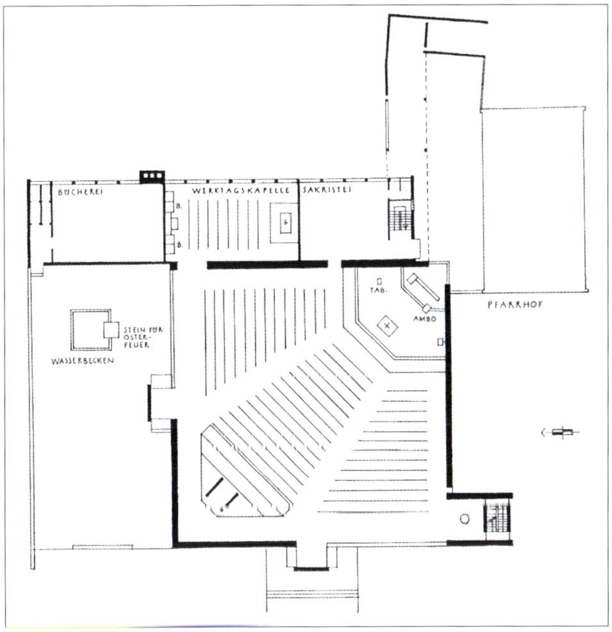

Grundriss, Bestandsplan

Das Bauprogramm der Kirche war noch stark in der Tradition verankert. Sie sollte einen Turm, eine Empore für Orgel, Chor und Instrumentalisten, eine Taufkapelle und eine räumlich getrennte Werktagskapelle erhalten. Der Altar musste „möglichst nahe an das Volk" rücken, doch durften „die Kirchenstühle nicht auf beiden Seiten des Altars stehen". Bei der Planung war außerdem zu berücksichtigen, dass daran gedacht war, hinter dem Altar einen großen Wandteppich mit einer bildlichen Darstellung anzubringen (Bauprogramm, DBA 226). Trotz dieser Vorgaben entschieden sich die Wettbewerbsteilnehmer – unter ihnen auch Clemens Holzmeister – offenbar noch unter dem Eindruck des Eucharistischen Weltkongresses und aufgrund des gewählten Patroziniums mehrheitlich für eine Zentralbauform, die jedoch nicht in allen Fällen wirklich überzeugte.

Die Architektengemeinschaft des Würzburger Dombaumeisters Hans Schädel mit Friedrich Ebert und Andreas Marquardt, die aus dem Wettbewerb als Sieger hervor-

Kirchenraum mit Altarraum und farbigem Glasfenster von Franz Nagel

Blick vom Altarraum zur Orgel mit den Glasgemälden von Franz Bernhard Weißhaar (1988/1997)

ging, konnte ihr Projekt bis auf wenige Änderungen verwirklichen; optimiert wurden die Raumanordnung der Nebentrakte und die Altaranlage in der Kirche, auch wich der vorgesehene Nebenaltar dem Taufstein. Sie setzten mit der neu errichteten Kirche und ihrem an der Straßenkreuzung nur mäßig aufragenden Turm einen städtebaulichen Akzent. Abgerückt durch einen Vorhof mit ursprünglich geplantem Wasserbecken und Stein für das Osterfeuer, sollte sich der Sakralbau in außen ablesbarer Funktion in Form und Material von der umgebenden Bebauung, dem Schulhaus und den mehrstöckigen Wohnhäusern, unterscheiden – und nicht durch einen „Wettlauf um relative Höhe“ (Erläuterung Hans Schädels; KBK, Baumappe). Die Kirche ist ein geschlossener, kubischer Block auf quadratischem Grundriss, an den sich ein niederer, längsrechteckiger Bauriegel für Sakristei, nur durch den Hauptraum zugänglicher Werktagskapelle für das persönliche Gebet und das Sakrament der Beichte sowie für die Pfarrbücherei anschließt, der eine sanfte Barriere gegen das Schulgebäude im Osten bildet. Im angefügten offenen Turmuntergeschoss ist die Taufkapelle eingerichtet. Das Pfarrhaus liegt als separater Kubus an der Straße, abgerückt von den Hauptansichten der Kirche.

Im Gegensatz zu den Putzbauten der Umgebung sind sämtliche Wandflächen der Kirche innen und außen aus handgestrichenen, sorgfältig verfugten Ziegeln hergestellt, „einer auf den anderen gesetzt bis zur Vollendung des Baues: Symbol der Christengemeinde selbst“ (Erläuterung Hans Schädels; KBK, Baumappe). Sichtbeton ist mit gliedernder Wirkung auf die Vorzeichen, die geschlossenen Flächen über den riesigen Glasflächen und die Schallöffnungen reduziert. Die mit Kupfer eingedeckte Dachkonstruktion besteht aus Stahlbetonfertigbindern und hat die leichte Neigung eines Satteldachs, die durch hochgezogene Mauerscheiben kaschiert wird.

Der Besucher wird beim Eintritt in den Kirchenraum durch die Gänge zwischen den drei Gestühlsblöcken direkt zum Altarbezirk in der Diagonalen geleitet – ein

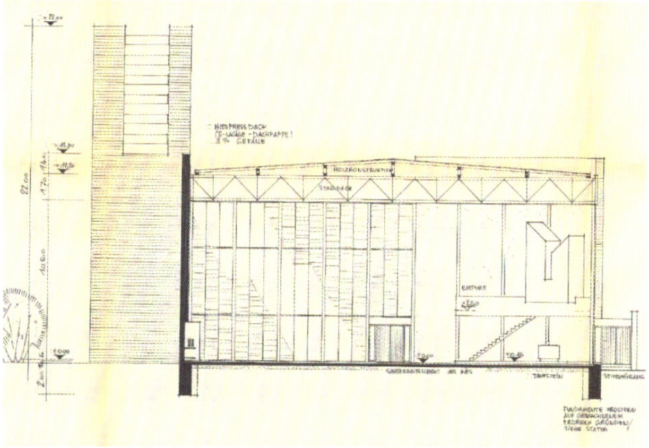

Schnitt mit Dachkonstruktion, Arch. Hans Schädel, Friedrich Ebert, Andreas Marquart, 1962

Grundrisskonzept, das Schädel 1958 in der Kirche St. Anna in Braunfels und der Augsburger Architekt Georg Barnert 1959 in St. Ulrich und Afra in Feuchtwangen angewandt hatten. Bereits für den Wettbewerb hatten die Architekten im Einklang mit den neuen liturgischen Strömungen geplant; eine Kommunionbank als Trennung zwischen Altar und Gemeinde war nie vorgesehen. Der frei umschreitbare Altar und die Tabernakelstele stehen im südöstlichen Raumdreieck auf der um drei Stufen erhöhten Altarinsel, die im rückwärtigen Teil mit dem Ambo und der Priesterbank um weitere zwei Stufen ansteigt. Der heilige Bezirk, der die wesentlichen Bestandteile der Messe – Wortgottesdienst und Eucharistiefeier – veranschaulicht, wurde in zur Architektur passenden schlichten geometrischen Formen aus Treuchtlinger Marmor gefertigt. Hinter dem Altar, dort, wo die Ziegelwände aufeinander zustreben, lässt ein senkrechtes Lichtband das „göttliche Licht" ein (Erläuterung Hans Schädels; KBK, Baumappe) und entfaltet eine zusätzliche Raumsteigerung zum Altar hin. Raumästhetisch unterbindet es den Eindruck, dass der Altar in die Ecke gerückt erscheint. Es wurde von Franz Nagel gestaltet und zeigt in kraftvollen Farben, die störendes Gegenlicht verhindern, „in apokalyptischer Schau das Lamm Gottes" über der himmlischen Stadt Jerusalem (Erläuterung Hans Schädels und Franz Nagels; KBK, Baumappe).

Im gegenüberliegenden Raumdreieck, zwischen den Eingängen, finden Orgel und Chor als sichtbarer Teil der Gemeinde im Sinne des Konzils ihren Platz. Die im Bauprogramm dafür vorgesehene Empore machte den Architekten die meisten Probleme. Noch 1965, lange nach Baubeginn, wurde an ihrer Form und ihrem Aufgang gearbeitet, ohne jedoch zu einer raumästhetisch befriedigenden Lösung zu kommen, bis man schließlich ganz auf sie verzichtete. Wie eine große Plastik wirkt nun dort die 1970 aufgestellte Orgel mit dem nach einem Farbkonzept von Franz Nagel gestalteten Prospekt.

Die gewaltigen Fensterflächen zwischen Altarbereich und Orgel bestanden ursprünglich aus Weißglas und tauchten den Raum in ein helles Licht. Die künstliche Beleuchtung ist dezent in die Decke aus gewöhnlichen Fichtenbrettern eingelassen. Nur wenige Kunstwerke zierten zu Beginn den Kirchenraum: Ein gotischer Auferstehungschristus aus Schwaben stand in einer Wandnische in der Taufkapelle, eine spätgotische Marienfigur und ein Christusbild von Franz Nagel boten sich in der Nebenkapelle den Gläubigen zur persönlichen Andacht an. Die Betonscheiben der beiden Eingänge sind mit einem Relief geschmückt, das daran erinnert, dass nur wenige hundert Meter nördlich der Kirche das Außenlager des KZ Dachau stand. Denn die griechischen Buchstaben des Reliefs nehmen Bezug auf Schnitzereien eines darin inhaftierten Bischofs (Festschrift St. Pius 1966, S. 23).

Taufkapelle im offenen Erdgeschoss des Turms
(Aufnahme um 1966)

Im Laufe der Jahre wurde die Kirche mit weiteren Kunstwerken ausgestattet. Ein Marienteppich schmückte bald die Wand im Altarbereich; er wurde wie auch der textile Grabchristus, die Apostelbilder und der Kreuzweg aus Keramik von Schwester Regina Holzhauser OP (Augsburg) gestaltet. 1989 ersetzte das von Franz Bernhard Weißhaar (Landsberg) entworfene Glasfenster mit der chiffrenhaften Darstellung der Passion und Auferstehung Christi die großflächige Weißverglasung im Westen und 1998 das Pfingstthema diejenige im Norden, was die Lichtverhältnisse im Raum stark veränderte. 2007 schuf Johannes Schreiter für die Nebenkapelle einen sechsteiligen Fensterzyklus, dem das Johannesevangelium zugrunde liegt. Das Chorpodest wurde in den 1980er Jahren umgestaltet.

3 Zum Heiligen Abendmahl
Wörthsee

Wettbewerb 1960, Eingabepläne 1961, Baubeginn 1962, Grundsteinlegung 25. Mai 1963, Weihe 24. Oktober 1964

Architekt: Siegfried Östreicher, München
Ausstattung: Blasius Gerg, Glonn (Hauptaltar); Fritz Wegmann, Steinebach (Altar der Unterkirche, Osterleuchter, Ambo); Michael Veit, München (Sakramentshäuschen); Johannes Dumanski, Achmühle (Eingangsportal, Taufstein, Altarleuchter, Vortragekreuz, Marien- und Prophetenfigur); Paul Fuchs, Peterskirchen (Apostelleuchter und -kreuze)
Archivalien: KBK, Baumappen; DBA 738, 2.070–2.077.
Literatur: Müller 1966, S. 312–313 und 327. – Rombold 1966, S. 5. – Maier 1967, S. 15 und 54–55. – Schnell 1973, S. 215. – Karnapp 1996, S. 164. – Würmseher 2007, S. 654–658. – Kirchenführer Zum Hl. Abendmahl 2014.

Hauptansicht, Wettbewerbsprojekt, Arch. Siegfried Östreicher, 1960

Über 20 Jahre vor der politischen Gebietsreform wurden die seit dem Ende des Zweiten Weltkriegs stark gewachsenen Dörfer Etterschlag, Walchstadt und Steinebach zu einer Pfarrgemeinde zusammengeschlossen. 1960 wurde ein Grundstück für die Errichtung einer neuen, geräumigen Kirche erworben, deren programmatischen Titel Zum Heiligen Abendmahl der Ortspfarrer Schnitzler in der Hoffnung ausgewählt hatte, noch im Jahr des Eucharistischen Weltkongresses den ersten Spatenstich vornehmen zu können. Der von ihm geschätzte Architekt Siegfried Östreicher sollte den Bau entwerfen. Anstelle der gewünschten direkten Beauftragung jedoch lud die Diözese vier Architekten ein, Vorprojekte für eine Kirche mit Turm und Pfarrhaus sowie für ein Pfarrheim und einen Kindergarten in weiteren Bauabschnitten zu entwerfen. Das 1960 formulierte Bauprogramm spiegelt die Umbruchsituation und Modernisierungstendenzen im Vorfeld des Zweiten Vatikanischen Konzils und legte Wert darauf, „daß die Verkündigung des Gotteswortes in die Feier der Eucharistie miteingeschlossen ist". „Die Kirche soll den heute gültigen liturgischen Forderungen entsprechen, muß sich aber an die in der Diözese Augsburg bestehenden Anordnungen halten." Sie sollte einen Haupt- und einen Seitenaltar erhalten (eventuell in einer Unterkirche oder einem Seitenschiff), einen Ambo, eine Taufkapelle, eine Empore für Orgel, Kirchenmusiker und Sänger und zwei Beichtstühle. Der Turm durfte weder als Campanile noch mit offener Glockenstube ausgeführt werden, musste also traditionell in baulicher Verbindung zur Kirche stehen.

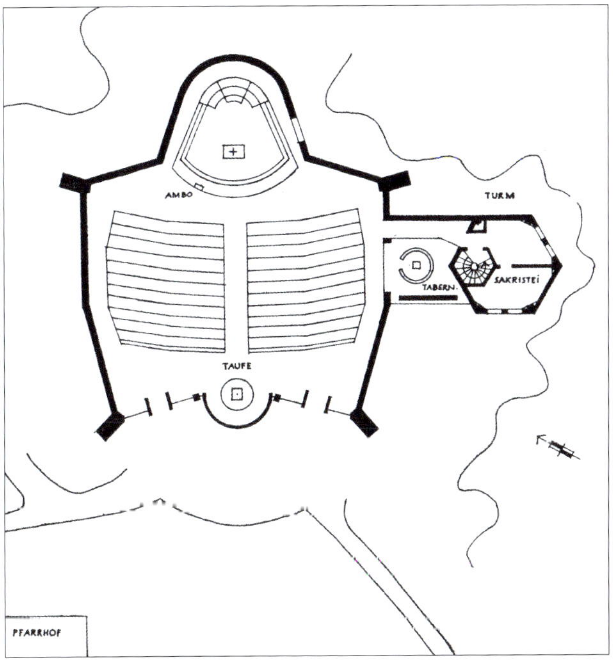

Grundriss, Bestandsplan

Aus der Konkurrenzierung ging Alexander von Branca mit seiner Vorstellung von einer Gottesburg vor den Fachpreisrichtern als Sieger hervor. Das Laiengremium dagegen votierte ausnahmslos für den Entwurf Östreichers. Es

Ansicht von Nordwesten

Blick durch den Kirchenraum vom Taufort zur Apsis

Blick vom Altar zur Glasfassade mit Taufort und Eingängen

lehnte Brancas kreuzförmigen Bau mit dem „ungeeigneten“ und „sehr italienischen Stil“ auch deshalb ab, weil es befürchtete, dass die dreigeteilten Bankblöcke jeweils getrennt von den drei Pfarrdörfern besetzt würden und ein schlichter, geschlossener Raum besser geeignet wäre, eine neue Gemeinde zu formen (Urteil des Preisgerichts und weitere Schriftstücke; DBA 2.074).

Tatsächlich setzte der Pfarrer den Entwurf Östreichers durch, der mit einigen Veränderungen ausgeführt wurde. Einer der Hauptkritikpunkte an seinem Wettbewerbsbeitrag war die völlig in Glas geöffnete Eingangsfassade, die für die Realisierung zwar variiert, im Grundgedanken aber beibehalten wurde. Durch die Änderungen gewann der Ausführungsentwurf gegenüber dem Vorprojekt eindeutig an künstlerischer Raffinesse. Das Baugelände in Hanglage machte sich Östreicher zunutze, indem er die Hügelkuppe abtragen und den Abraum auf dem benachbarten Gelände für den Kindergarten anplanieren ließ, der zusammen mit der Kirche gebaut und eingeweiht werden konnte. Auf diese Weise kam die neue Kirche exponiert und landschaftsbeherrschend auf der Hügelkuppe zu liegen.

Als Solitär mit abgerückten Nebengebäuden ist das Bauwerk aus einem im Kern polygonalen Grundriss entwickelt, aber trotzdem ist ihm in seiner Symmetrie und Axialität eine klare Richtung gegeben. Der Altar wird von einer parabolischen Apsis würdig hinterfangen. Korrespondierend nimmt ihr gegenüber eine Sichtbetonkonche den Taufstein auf – als Sinnbild des christlichen Weges von der Taufe bis zum Abendmahl. Im Ausführungsentwurf waren durch die Abwalmung der Dachfläche aus der komplett verglasten Giebelfassade eine verkleinerte, durch Betonfertigteile und Glasflächen strukturierte Eingangsfassade und ein zeltartiges Bauwerk geworden, das der aktuellen theologischen Aussage vom wandernden Gottesvolk viel näher kam; zusätzlich evozieren die geböschten Eckpfeiler Abspannseile eines Zelts. Der weithin sichtbare, etwas abgerückte Turm mit hohem Spitzhelm steht mit der Kirche über die angefügte Sakramentskapelle, die im Vorprojekt noch als Taufkapelle gedacht war, in Verbindung. Im Untergeschoss wurde unter Ausnutzung der Höhenunterschiede eine Werktagskirche eingerichtet.

Heimatverbundene, handwerkliche wie industrielle Materialien prägen den organisch aufgeladenen Baukörper. Pfeiler und Ringanker wurden als Stahlbetonskelett in Sichtbeton ausgeführt. Die Ausmauerung erfolgte in bruchrauem Muschelkalk und geschlämmtem Ziegelmauerwerk. Ziegel bedeckt den Boden und holzsichtige Fichte die steil geneigten Deckenflächen, die optisch losgelöst durch ein umlaufendes Lichtband über der Mauerkrone zu schweben scheinen. Außen sind die Dächer von Kirche und Turm mit Kupferbahnen eingedeckt.

Die anfangs umstrittene, beinahe komplette Verglasung der aus Fertigteilen gebildeten Eingangsfront ist wohl das auffallendste Merkmal der Kirche. Die sich weit in die Ferne erstreckende Landschaft wird auf diese Weise direkt in die Baugruppe einbezogen und stellt gleichzeitig symbolisch die Öffnung der Kirche zur säkularen Welt dar.

Die bauzeitliche Ausstattung wurde in den folgenden Jahrzehnten ergänzt und in Teilen auch ersetzt. Die Wachscollage im Apsisscheitel schuf 1988 Renate Gier (Grafrath), auch der Ambo im Chor wurde erneuert. Die Marienstatue als Ersatz für die eigenwillige ältere Figur von Dumanski, ein ganz zentrales Bildwerk der Erstausstattung (heute disloziert), sowie Tabernakel, Ambo, Sedilien in der Unterkirche und weitere Ausstattungsstücke sind Werke Anton Rückels (München) und stammen aus einem anderen Zusammenhang. Sie standen bis zur Neugestaltung nach dem Konzept von John Pawson in St. Moritz in Augsburg. Die Leuchterbank zum erneuerten Marienort gestaltete Carola Heine (München). Erst 2013 erhielt die Kirche eine Orgel, die sich in den Dimensionen dem Raumgefüge unterordnet. Den Kindergarten ließ man 1982–1984 erweitern und umbauen.

Sakramentskapelle

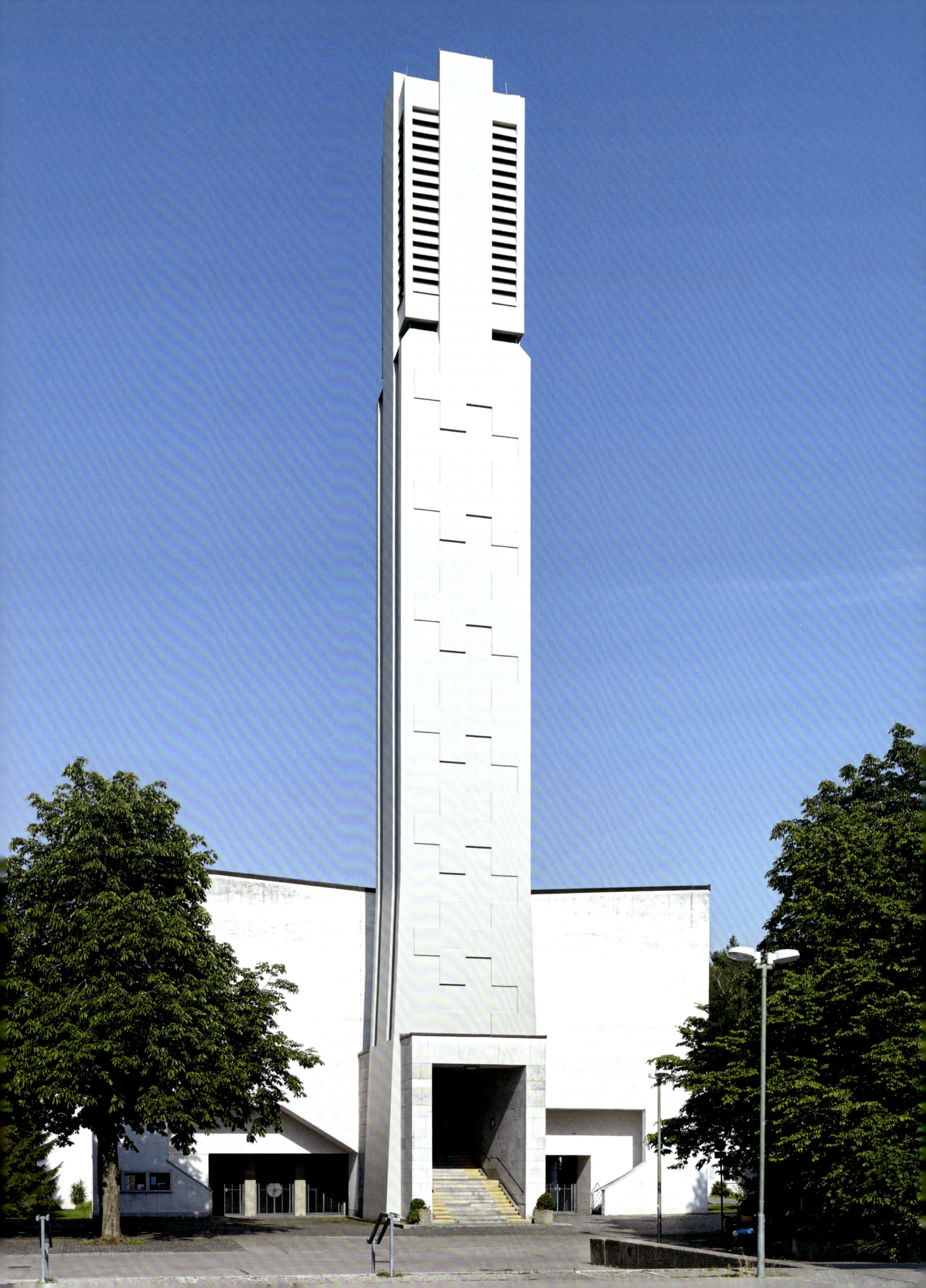

4 Zu den Zwölf Aposteln
Augsburg – Hochzoll

Entwurf 1962, Eingabepläne März 1963, Erster Spatenstich 19. September 1964, Grundsteinlegung 6. August 1965, Weihe 9. Juli 1967

Architekt: Clemens Holzmeister, Wien
Ausstattung: Entwurf Clemens Holzmeister, Wien (Altarraum); Stefan Geiger, Westheim (Ausführung Altar, Tabernakel, Ambo, Sedilien, Ewig-Licht in der Unterkirche); Giselbert Hoke, Klagenfurt (Glasfenster, Symbolische Malereien); Susana Polac, Madrid (Bronzekreuz über dem Altar, Tabernakel, Marienstatue); Georg Bernhard, Augsburg (Glasfenster und Mosaik in der Unterkirche)
Archivalien: KBK, Baumappen; DBA 178, 5.319–5.322, 5.324.
Literatur: Müller 1966, S. 319 und 329. – Festschrift Zu den zwölf Aposteln 1967. – Kirchenführer Zu den Zwölf Aposteln 1992. – Würmseher 2007, S. 232–234.

Nach dem Zweiten Weltkrieg etablierte sich südlich der Bahnlinie von Augsburg nach München mit der Ansiedlung von Heimatvertriebenen und der Eigenheimbewegung ein geschlossenes Wohngebiet mit zunehmender Verdichtung. Ein bereits 1953, etwa gleichzeitig mit der Heilig-Geist-Kirche in Hochzoll-Nord ausgeschriebener Ideenwettbewerb für den Neubau einer Pfarrkirche in Hochzoll-Süd wurde damals nicht realisiert. Die 1961 eingerichtete Pfarrkirchenstiftung Zwölf Apostel übernahmen die Pallottiner; sie feierten ihre Gottesdienste zunächst in der Aula der Volksschule und dann in einer Notkirche. Das Stadtplanungsamt disponierte für das neue Stadtviertel ein städtebauliches und kulturelles Zentrum mit Platzanlage und Nahversorgung, wobei der östliche Teil dieses Areals für die Aufnahme kirchlicher Baulichkeiten vorgesehen war. Es war der Wunsch Bischof Joseph Freundorfers, den Wiener Architekten und Stadtplaner Clemens Holzmeister mit dem Entwurf des neuen Pfarrzentrums mit Kirche, Pfarrhaus, Pfarrheim und Kindergarten zu beauftragen (Festschrift Zu den zwölf Aposteln 1967, S. 23 und S. 47). Die im Neubauviertel dringend benötigte Kindertagesstätte, eine zukunftsweisende Ganztageseinrichtung mit Küche, auf die man besonders stolz war, wurde in einiger Entfernung nördlich des öffentlichen Platzraumes errichtet.

Ursprünglich sah Holzmeister auch für Hochzoll eine Anlage mit Konchen neben dem Chorraum vor, wie er sie ähnlich bereits für St. Ulrich am Walchensee (1957–1960) konzipiert hatte, seinen ersten Auftrag im Augsburger Bistumsgebiet. Mehrfach musste jedoch die Altarsituation umgeplant werden, um den sich im Fluss befindenden liturgischen Neuerungen Rechnung zu tragen. Zunächst waren im eingezogenen Rechteckchor mit Kommuniongitter noch ein Hochaltar mit Tabernakel, Chorschranken, zwei Seitenaltäre und eine Kanzel geplant, außerdem eine kleine Krypta mit Zelebrationsaltar in der Unterkirche. Anfang 1963 war die Altarinsel vergrößert und durch einen konvexen Schwung ohne Abschrankung in das Kirchenschiff hineingezogen und die Kanzel zu einem kleineren Ambo geworden. Nachdem

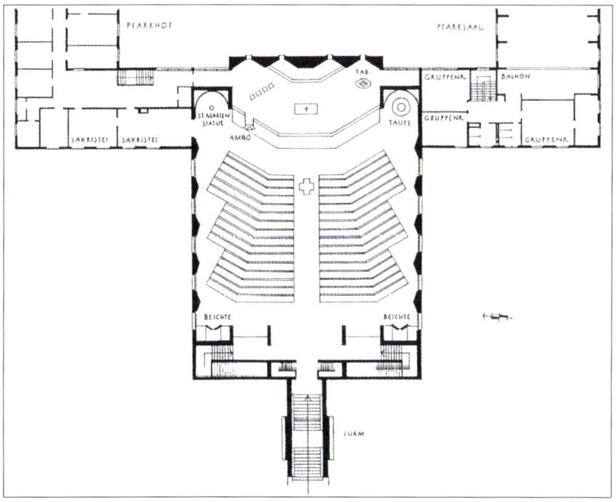

Grundriss, Bestandsplan

Eingangshalle der Unterkirche

Westfassade mit hoch aufragendem, plastisch durchgebildetem Betonturm

Blick von der Empore zum Altar

Josef Stimpfle im Herbst 1963 als neuer Bischof eingesetzt worden war, veränderte man noch nach der Baueingabe die Pläne abermals entsprechend seinen neuen Anregungen, indem das Altarpodium für eine beidseitige Zelebration ein weiteres Mal ausgeweitet wurde und die nun auch im Osten übereck gestellten Wandelemente dem Innenraum einen einheitlichen Rhythmus verliehen. Im Mai 1965 erhielt dann die Altarsituation ihre endgültige Gestalt. Auf Anregung des Bischofsvikars Martin Achter wurde annähernd ein Einheitsraum ohne Abschrankungen im Chorraum und mit weit vorgezogenem Altarpodium geschaffen und die Krypta zur Werktagskirche erweitert.

Kirche, Pfarrhaus und Pfarrheim bilden einen geschlossenen Gebäudekomplex, der als annähernd symmetrische Anlage öffentlichen von eher privatem Raum scheidet. Von der Kirche ausgreifende Gebäudeflügel, die Pfarrhaus, Pfarrbüro und Pfarrzentrum beherbergen, fassen einen rückwärtigen Hofraum ein. Weil sich die Hauptkirche drei Meter über dem Straßenniveau befindet, hat die Anlage eine monumentale Wirkung. Ein hoher, städtebaulich dominierender Turm in Sichtbeton mit plastisch-reliefhaften kreuzförmigen Flächen markiert die Mitte der Platzfläche und dient gleichzeitig als Eingangsportal zur anschließenden Wege-Kirche. Nicht unproblematische Treppenstufen führen durch sein Portal zum Haupteingang des Heiligtums empor. Die Grundidee des Kirchenbaus ist das Apostolat als „mächtige Gewalt zwischen Himmel und Erde", worauf der in den Himmel ragende Glockenturm als transzendente Verbindung verweist. In dieser Zeichenhaftigkeit ist die neue Kirche eine Manifestation ihrer Gegenwart und ein „Repräsentationsakt" inmitten der profanen Umgebung (Festschrift Zu den zwölf Aposteln 1967, S. 23).

Entsprechend des Patroziniums tragen im Vorraum der in enger Verbindung zum Pfarrhaus stehenden Krypta zwölf Stahlbetonpfeiler symbolträchtig den eigentlichen Kirchenraum. Darüber entwickelte Holzmeister in der Spätphase seines Schaffens einen gemäßigt modernen, gleichwohl aber durch die künstlerische Gestaltung eindrucksvollen, großen und hellen Saalraum.

Die Zweiteilung von Schiff und eingezogenem erhöhten Rechteckchor ist in Grund- und Aufriss zwar nicht konsequent überwunden, jedoch durch die quadratische Dimensionierung des Laienraumes verschliffen. Bewegung und Plastizität bringt Holzmeister in den breit gelagerten, aber dennoch klar strukturierten Richtungsbau mit verhältnismäßig geringer Höhe durch das zum Altar hin orientierte, seitlich abgewinkelte Laiengestühl und die Gestaltung der Oberflächen, wobei die gewählten Materialien zur Differenzierung der Raumteile beitragen. Das Altarpodium mit den liturgischen Zentren ist in weißem Marmor gestaltet, wohingegen den Boden im Kirchenschiff Solnhofer Kalksteinplatten und Holzriemen unter dem Gestühl bedecken. Übereck gestellte Wandelemente mit ornamentaler Ziegelverblendung zwischen den zwölf Fenstern im Schiff und den zwölf Fenstern in der Chorstirnwand wechseln sich mit Flächen in Putz, Sichtbeton und Ziegel ab. Altarfront, Ambo, Tabernakelstele und Taufstein nehmen das Prisma als geometrisches Leitmotiv ebenso auf wie die vor der plan verlaufenden Westwand aufgestellten Beichtkammern direkt gegenüber den Rundnischen im Osten. Einen starken Kontrast zu Ziegelmauerwerk und Betonflächen entfaltet die Holzdecke mit ihrem markanten, reliefartig gefalteten Profil. Kein Echo im Inneren findet allerdings das charakteristische, entlang der Firstlinie geknickte Kirchdach.

Lichtführung und Gestaltung der Fenster waren bei der relativ geringen Raumhöhe von besonderer Bedeutung. Die weiß geputzten Deckenuntersichten entlang der seitlichen Umfassungsmauern reflektieren das einfallende Tageslicht. Holzmeister hatte sich Fenster vorgestellt, „die aus dunkler Farbigkeit gegen die Decke hell würden". Für deren Gestaltung gelang es ihm, Giselbert Hoke zu gewinnen, der 1956 mit seinen an der Formensprache Picassos geschulten Wandfresken im damals neu erbauten Klagenfurter Hauptbahnhof einen Kunstskandal ausgelöst hatte. Die symbolischen Darstellungen mit Samenkorn und Engelsflügeln auf den zwölf Fenstern des Gemeinderaumes kreisen um das Wirken der zwölf Apostel zwischen Erde und Himmel, ohne dass die jeweiligen Fenster bestimmten Aposteln, den „Sämännern des göttlichen Wortes", zugeordnet werden können (Festschrift Zu den zwölf Aposteln 1967, S. 20 ff.). Die zwölf kleinen Öffnungen im Chorraum leuchten glühend rot und sollen die Gegenwart der zwölf Apostel noch einmal betonen.

Ansicht von Südosten (Aufnahme 1968)

Blick durch den Kirchenraum zur Orgelempore

In der erdgeschossigen Unterkirche schafft der Fußbodenbelag aus Granitwürfeln einen fließenden Übergang von außen nach innen. Naturstein ummantelt die Stützpfeiler der Vorhalle und ist auch das Material des blockhaften, grob behauenen Altars und des Tabernakels in der Werktagskirche. Die Rückwand bedeckt ein Mosaik aus Naturstein und rotem Glas mit der Darstellung des von den zwölf Aposteln flankierten Lamm Gottes. Eine Säule mit der griechischen Aufschrift des Trisagion, des Lobhymnus an die göttliche Dreieinigkeit („Heiliger Gott! Heiliger starker Gott! Heiliger unsterblicher Gott! Erbarme Dich unser!"), trägt den kubischen Bronzetabernakel. Farbige Glasfenster schaffen einen dämmrigen Raum in intimen Maßen für das Stille Gebet.

Außenarchitektur und die beiden Kirchenräume sind vollständig erhalten. Der Taufstein wurde in den 1990er Jahren aufgestellt. 2006 schuf Hans Berchtenbreiter (Augsburg) das neue Vortragekreuz aus Acrylglas und Tombak, 2009 Franziska Rath (Breitbrunn am Ammersee) den Kreuzweg. Der Kreuzweg in der Unterkirche stammt von Lorenz Carstensen (Augsburg) und wurde aus der Pfarrkirche in Trugenhofen hierher verbracht.

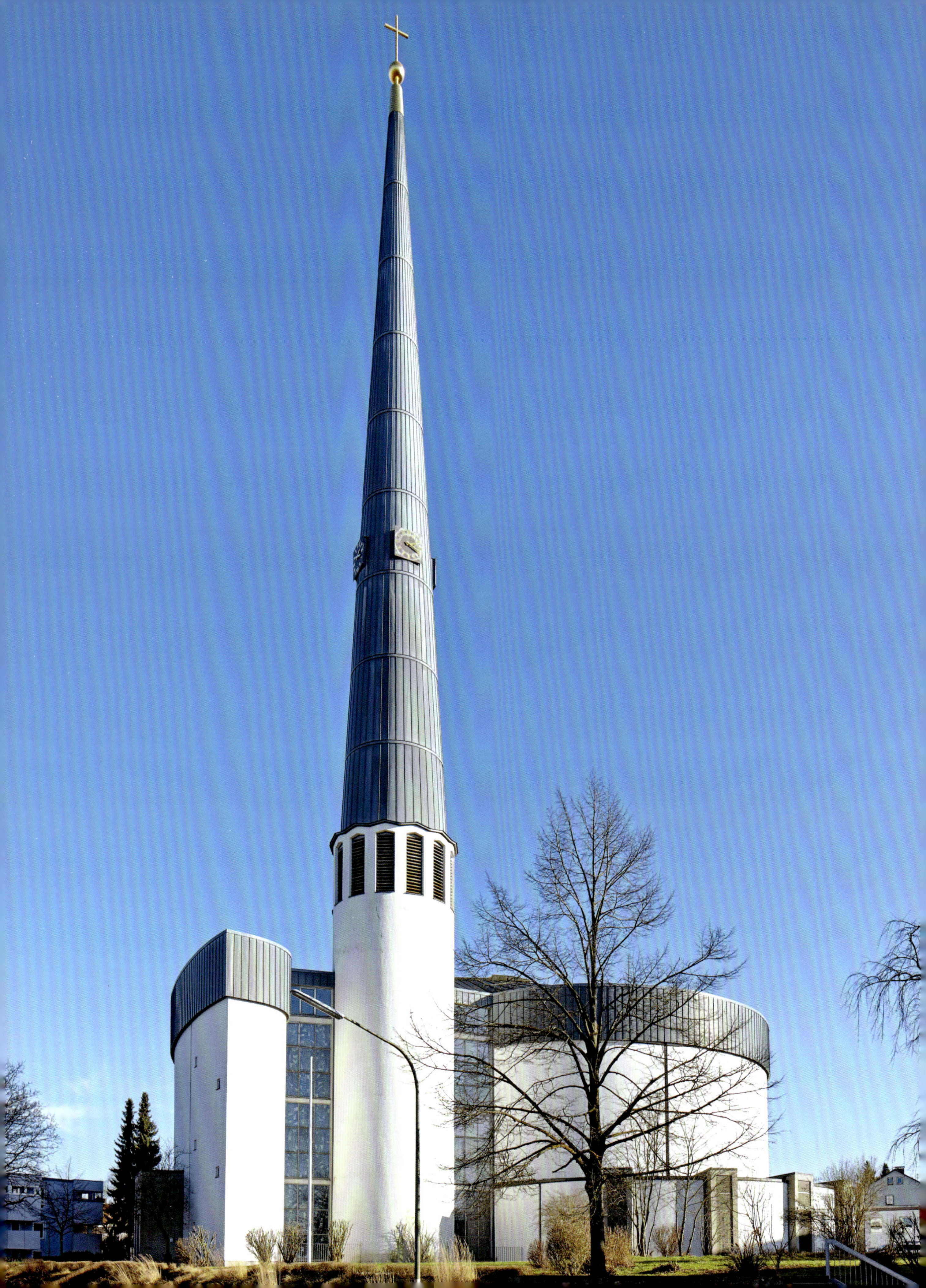

5 Herz Mariä
Diedorf

Wettbewerb 1963/1964, Baubeginn 1965, Grundsteinlegung 11. September 1965, Weihe 8. Oktober 1967

Architekt: Josef Ruf, Mindelheim
Ausstattung: Friedrich Koller, Laufen (Altar, Sakramentshaus, Ambo, Sedilien, Kredenztisch, Vortragekreuz, Leuchter, Taufstein, Osterleuchter, Weihwasserbecken); Wilhelm Geyer, Ulm (Entwurf Fenster); Stefan Geiger, Westheim (Apostelleuchter)
Archivalien: KBK, Baumappen; DBA 4.702–4.704, 8.725.
Literatur: Kirchenführer Herz Mariä 2007. – Würmseher 2007, S. 305–308.

Betonmaßwerkfenster von außen

Seit den frühen 1950er Jahren wurde in Diedorf wegen der stetig ansteigenden Einwohnerzahl die Erweiterung der barocken Ortskirche oder deren Ersatz angestrebt. Sowohl aus Platzgründen wie auch wegen ihrer inneren und äußeren Gesamtproportionen war dieses Vorhaben jedoch kritisch aufgenommen und ihr Abriss vom Denkmalamt nicht genehmigt worden. Nachdem 1963 die Wahl endgültig auf den Bau einer neuen Pfarrkirche mit Pfarrhof gefallen war, wurden fünf Architekten eingeladen, Entwürfe für ein Vorprojekt abzugeben. In zwei Bauabschnitten sollten in einem Neubaugebiet östlich des alten Ortskerns zuerst die neue Pfarrkirche mit Turm und Pfarrhof und später auch ein Pfarrheim und der dringend benötigte Kindergarten (1972 eingeweiht, Karl Häußler) errichtet werden.

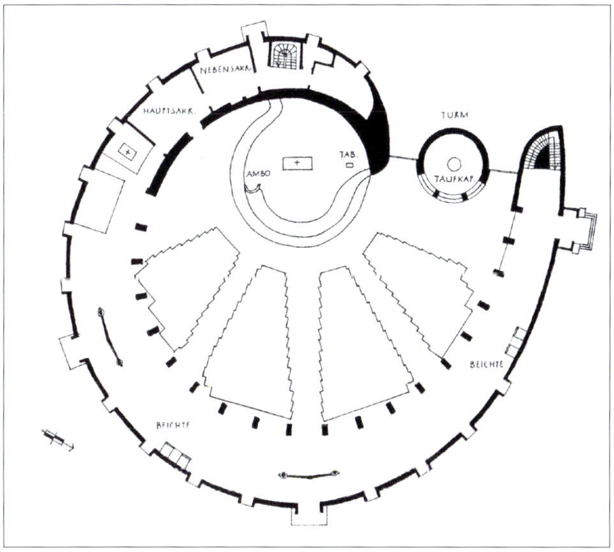

Grundriss, Bestandsplan

Der Ausschreibungstext für das Raumprogramm der neuen Kirche markiert den fließenden Übergang zur modernen Liturgie, für die wenig später, ab August 1964, in der Diözese Augsburg verbindliche Anweisungen den Wettbewerbsunterlagen beigelegt wurden. Laut Bauprogramm war der Altar als Mitte der Eucharistiefeier, zu der „räumlich alles hin geordnet" sein sollte, zu gestalten. Gleichzeitig aber war er so zu stellen, „daß der Priester auch gegen das Volk gewandt zelebrieren" konnte. Für den Tabernakel musste ein separater Aufstellungsort gefunden werden, „etwa in der Art der früheren Sakramentshäuschen, zweckmäßig auf der Epistelseite, während der Ambo auf der Evangelienseite vorzusehen" war. Orgel, Sänger und Instrumentalensemble sollten ihren Platz auf einer Empore finden, der Taufort war in einer eigenen Nische oder kleinen Kapelle einzurichten.

Ansicht von Westen

Blick durch den Kirchenraum nach Osten

Die Fachpreisrichter votierten für die Ausführung des Entwurfs von Robert Gerum, der jedoch nicht zum Zuge kam, da die Vertreter der Kirchen- und Gemeindeverwaltung in Diedorf das Vorprojekt des Mindelheimer Architekten Josef Ruf favorisierten, zu dem bereits seit mindestens 1952 Kontakt bestand, als die Erweiterung der historischen Dorfkirche diskutiert worden war. Dessen Vorschlagsvariante konnte mit der Unterstützung des Bischofs auch schon bald realisiert werden.

Ruf wollte mit seiner Kirche eine „Fliehburg für den Christen unserer Zeit" schaffen. Gerade das, was die Wettbewerbsjury bemängelt hatte, nämlich, dass sich die „eigenartige" Lösung „weder als solche noch mit den regellos aufgestellten Nebengebäuden in das vorhandene Ortsbild" einfügt, war vom Architekten beabsichtigt. Die neue Kirche sollte sich von den Erscheinungsformen des profanen Alltags abheben, vom Verkehr und von den in der Umgebung ständig aus dem Boden wachsenden neuen Eigenheimen, damit der moderne Mensch dort zur Ruhe kommen und Gott begegnen könne. Der Entwurfsgedanke, der dem Baukörper zugrunde liegt, ist die im Bauprogramm geforderte „besondere Sorgfalt" bei der Grundkomposition einer Kirche mit dem Weihetitel Herz Mariä (Erläuterung Josef Rufs, 1964; KBK, Baumappe). Rufs Lösungsvorschlag ließ das Preisgericht zu Unrecht eine „mehr kunstgewerbliche Haltung" befürchten, die „den sakralen Charakter" herabwürdigen könnte (Urteil des Preisgerichts, 1964; KBK, Baumappe). Im organisch-spiralförmig geschwungenem Grundriss des Zentralbaus bildet Ruf das unbefleckte Herz Mariens nach dem menschlichen Herzen ab; die eine Kammer steht für die Gemeindekirche, die andere für die Taufkapelle.

Die Anlage ist gewestet, sodass der Priester, wenn er zum Volk zelebriert, nach wie vor den Blick gen Osten richtet. Ein filigran wirkendes konstruktives, ehemals auch außen materialsichtiges Gerüst aus schlanken Stahlbetonpfeilern und -bindern mit weiß verputzten Ziegelausmauerungen formt einen niedrigeren Umgang, der sich ringförmig um einen höheren inneren Körper legt. Der Umgang mit durch gekurvte Betonscheiben abgetrennten Windfängen dient als Vorraum für die eintretenden Kirchenbesucher, enthält die Beichtstühle und nimmt nahe der Altarinsel Sakristei und Nebenräume auf; auf einer darüber liegenden Empore steht die Orgel. Radial angesetzte Betonkuben für die Eingänge und die vorgezogenen Fensterrahmungen gliedern den Außenbau des Umgangs. Zusätzlich formte ein unter der Traufe des inneren Zentralraums umlaufender Betonrelieffries einen starken formalen Wandabschluss. Die an den Altarraum nach Norden anschließende Wand ist auf zwei riesigen Flächen raumhoch verglast und nimmt in ihrer Mitte den schlanken, aus der Umrisslinie der Kirche hochstrebenden und spitz zulaufenden Kirchturm aus Sichtbeton auf. Als „Seelenbohrer für alle Passanten" wurde er bezeichnet, „der auch Nichtchristen zu einem Gedanken an die Kirche Gottes ermahnen wird" (Ulrichsblatt, 21. Jg., Nr. 32, 7.8.1966, S. 12). Zum Kirchenraum hin ist der Turmunterbau bis auf zwei schlanke Stützen geöffnet und bietet Raum für die um drei Stufen tiefer gelegene Taufkapelle.

In Fortsetzung der grundrisslichen Spiralform ist die um drei Stufen erhöhte Altarinsel aus italienischem Marmor als christozentrischer Mittelpunkt für das pilgernde Gottesvolk weit in den Raum hineingerückt und von vier Banksektoren auf dem mit schlichten Ziegelplatten belegten Fußboden umgeben. Die Holzdeckenschalung mit ihren konzentrischen Kreisen und die Lichtführung verstärken die Raumdynamik in ihrer Sogwirkung, die den Besucher förmlich zum Altar und Allerheiligsten hinzieht. Materialverwendung, organische Formen, die schlanken Proportionen der Stützen sowie Ausstattungsdetails sind noch der Ästhetik der 1950er Jahre verpflichtet, ohne jedoch rückwärtsgewandt zu wirken.

Altar, Ambo, Tabernakel, Sedilien und Taufbecken sind in beinahe archaischen, blockhaften Formen mit zurückgenommener stilisierter Ornamentik – Samenkörner oder Wasserläufe darstellend – aus französischem Kalkstein gefertigt. Der halbrunde, wuchtige Ambo erinnert an den Korb einer Kanzel, die damals im Vorprojekt noch eingeplant war. Die Ausstattung der Diedorfer Kirche war Friedrich Kollers erstes Werk im Augsburger Bistumsgebiet. Für die Apsiswand hatte sich Josef Ruf ein breitgelagertes Bild, etwa mit der Darstellung des Letzten Abendmahls mit einem Kreuz Christi darüber, vorgestellt, das jedoch nie ausgeführt wurde.

Kirchenraum mit Altarinsel, Taufkapelle und Orgelempore

Ornamentaler Wandabschluss am Außenbau vor der Verblechung (Aufnahme 1987)

Im Lauf der Jahre wurde die Ausstattung entsprechend der ursprünglichen Intention vervollständigt, in Teilen auch durch neue und historische Bildwerke ergänzt. Die Glasmalereien, die wesentlich zur Raumstimmung beitragen, wurden 1968 von Wilhelm Geyer (Ulm) entworfen und bis 1982 ausgeführt. Die hohen schmalen, ornamentalen Betonglasfenster, die die zwölf Stämme Israels, die zwölf Apostel und zwölf Sterne zum Inhalt haben, tauchen den Umgang in ein dämmriges Licht, das den Eintretenden auf die Sakralität des Raumes vorbereitet. Der hohe Gemeinderaum selbst hat im Osten eine Reihe großer, mit Blautönen gestalteter Fenster, durch die von oben herab das Morgenlicht auf den Altar gegenüber fällt. Die großen Glasflächen neben der Altarinsel waren über einen längeren Zeitraum mit Weißglas geschlossen, aber schon immer farbig gestaltet geplant. Die Fenster mit Motiven aus dem göttlichen Heilsplan wurden zwischen 1979 und 1982 ausgeführt. Das monumentale Kruzifix, der seit 1991 an der Altarrückwand hängt, ist ein Werk Claus Moroders (Salzburg). 2004 gestaltete Luzia Wiedemann (Höchstädt) den schon in der Planung als kleine Nebenkapelle vorgesehenen Ort vor der Sakristei mit Ambo und Altar.

Im Zug einer umfangreichen Dachsanierung, die 1990 wegen eindringender Feuchtigkeit notwendig war, erhielten Kirche und Turm eine Verblechung aus Titanzink, die die Außenarchitektur stark veränderte.

Herz Mariä ist als Einzeldenkmal in der bayerischen Denkmalliste geführt.

6 Verklärung Christi
Schongau

Wettbewerb 1963, Baueingabe 19. August 1964, Baubeginn 18. April 1966, Grundsteinlegung 24. Juli 1966, Weihe 3. März 1968

Architekt: Friedrich Haindl, München
Ausstattung: Franz Nagel, München (Altarbild); Josef Henselmann, München (Altar, Ambo, Tabernakel, Sakramentshaus, Taufstein, Vortragekreuz, Ewig-Licht, Madonna, Entwurf Turmbekrönung)
Archivalien: KBK, Baumappen; DBA 716, 4.914, 4.917, 4.918, 4.920.
Literatur: Müller 1966, S. 276, 318 und 330. – Festschrift Verklärung Christi 1968. – Kirchenführer Verklärung Christi 1969.

Schongaus Einwohnerschaft hatte sich seit dem Ende des Zweiten Weltkriegs vervierfacht, die überbaute Fläche gar versechsfacht; weiterführende Schulen wurden eingerichtet. Dieser Entwicklung trug das Ordinariat mit der Errichtung einer zweiten Stadtpfarrei Rechnung. Da im Pfarrsprengel eine Bundeswehrsiedlung mit vielen Bundeswehrangehörigen liegt, bewilligte der Bund einen Zuschuss aus Mitteln des Bundesverteidigungsministeriums zu den Baukosten von Kindergarten und Kirche.
Die neue Stadtpfarrkirche war von Anfang an als städtebauliche Dominante mit gut sichtbarem Turm gegenüber dem Stadthügel der Altstadt geplant; ein abgerückter Kampanile allerdings war ebenso unerwünscht wie ein offener Glockenstuhl. Zu den Planungsvorgaben zählten ferner die Errichtung eines Seitenaltars, eine Kanzel oder ein Ambo und eine Empore. Weil sich das Laiengestühl möglichst nicht gegenüberstehen durfte, war ein konventioneller hierarchischer Raumaufbau mit klarer Längsausrichtung vorgegeben.

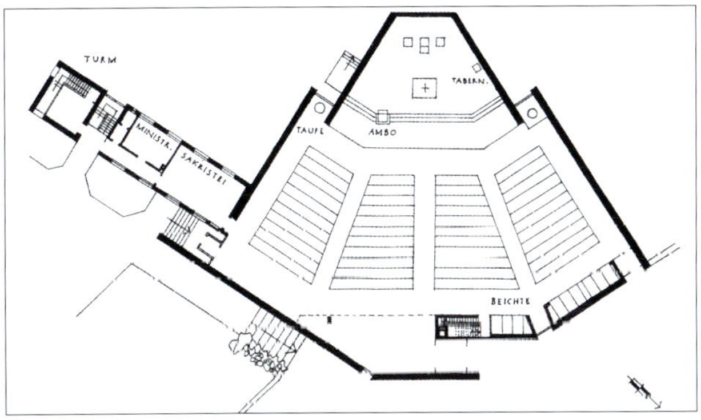

Grundriss, Bestandsplan

Ansicht von Südwesten

In einem beschränkten Ideenwettbewerb wurden 1963 sechs Architekten aufgefordert, Vorentwürfe abzugeben. Als Jurymitglied konnte der Würzburger Dombaumeister Hans Schädel gewonnen werden, der 1960 den Wettbewerb um den Neubau einer Pfarrkirche in Augsburg-Haunstetten gewonnen hatte. Friedrich Haindls Vorprojekt galt dem Preisgericht als „städtebaulich und architektonisch reifste und erfreulichste" Lösung (Urteil des Preisgerichts, 1963, DBA 4.914), die mit wenigen Veränderungen auch realisiert wurde.
Unterhalb der neuen Pfarrkirche, die am höchsten Punkt des durch eine reizvolle Stufenanlage gegliederten bewegten Geländes liegt, ließ man nach Haindls Planung gleichzeitig das Pfarrzentrum mit Pfarrheim, Pfarrsaal, Pfarrhof und Kindergarten errichten, wofür ein historischer Brauereikeller und ein Offiziersbau umgestaltet wurden. Auf diese Weise entstand ein von Kirche, Sakristeianbau und Turm sowie dem Pfarrzentrum eingefasster Kirchenbezirk mit großer Grünfläche.
Ein zweigeschossiger, flachgedeckter Nebentrakt, der die Sakristeien aufnimmt, verbindet die mit einem Zeltdach gedeckte Kirche mit dem abgerückten, hoch aufstrebenden und schlanken Turm in Form einer extrem spitzen Pyramide mit hoch gereckten Händen an der Spitze nach

Tabernakelstele von Josef Henselmann

Blick durch den Kirchenraum zur Altarwand

dem Entwurf Josef Henselmanns, dessen angeblich geringe Massenwirkung das Preisgericht moniert hatte. Haindl löste die Aufgabe der Fokussierung auf den Altar bei gleichzeitiger Konzentration der Bankreihen, indem er den vieleckigen Kirchenraum mit der durch den First betonten Längsachse aus einem gleichschenkligen Dreieck in die Breite entwickelte. Der freistehende Altar liegt in der Mittelachse vor der geknickten Altarrückwand und gegenüber dem Haupteingang. Mehrfach gebrochen zueinanderstehende, geschlossene Mauerflächen wechseln sich mit vertikalen schmalen Glaswandstücken ab, abgeschleppte Satteldächer über Kirchenschiff und Altarbereich betonen ebenfalls die Richtung des Bauwerks. Das Dreieck als architektonisches Grundprinzip wird außen im aufstrebenden Turm aus Sichtbeton wieder aufgegriffen. Die außen weiß verputzte Kirche selbst ist aus einem konstruktiven Gerüst aus Stahlbeton mit aus Ziegeln aufgemauerten Wänden errichtet, wobei sich ursprünglich die Betonkränze am Chorraum abzeichneten. Innen sind die Ziegelwände weiß geschlämmt; Sichtbetonelemente bilden die Wandscheiben im Westen und die Orgelempore. Das dunkle Holz der Deckenschalung, der Orgel und Emporenbrüstung, des Gestühls und der Beichtkammern sowie der rotbraune Klinkerboden unterstreichen die architektonisch nüchterne Hülle des Saalraums, in die sich die aus Stein gefertigte Ausstattung harmonisch eingliedert.

Die entscheidendste Änderung gegenüber dem Wettbewerbsbeitrag erfuhr die Bauausführung in den seitlich des Altarbereichs eingefügten raumhohen Fensterschlitzen, die die Belichtungssituation entschieden verbesserten. Das seitlich und von oben durch eine für die Gottesdienstteilnehmer nicht sichtbare Lichtquelle einfallende Tageslicht erhellt den Altar und verleiht gleichzeitig der geknickten Altarrückwand durch die Verschattung eine höhere Plastizität, was die sakrale Würde des Raumes erheblich steigert.

Die an konventionellen Mustern orientierte Ausstattung fördert den sakralen und anschaulichen Stimmungswert. An einer Orgelempore hatte man ebenso festgehalten wie an der Errichtung einer Steinplastik der Maria mit Kind als menschliches Abbild, die ein optisches Gegengewicht zum Tabernakel bildet. Der noch im Ausschreibungstext geforderte Seitenaltar war in der Ausführung der wirkungsvoll vor der Lichtöffnung aufgestellten, nach oben strebenden Tabernakelstele gewichen. Traditionell in Ort

Blick zur Orgelempore

und Format ist auch die Bilderwand von Franz Nagel, Professor für Malerei und Graphik an der Kunstakademie in München, der schon mehrfach Kirchenarchitekturen von Haindl mit Gemälden an der Altarwand ausgeschmückt hatte. Gleich einem Triptychon als Retabel oder einem Flügelaltar breitet sich in Schongau auf der Tafel ein Bilderbogen mit der Verklärung Christi und alt- wie neutestamentlichen Errettungsbildern aus, wie sie seit der altchristlichen Kunst und in der Gebetspraxis der Sterbelitanei lebendig sind. Bei aller herkömmlichen Ikonografie löste jedoch die Art der verfremdeten Darstellung heftige Irritationen aus. Als „Schultafel", „Plakatwand" oder „Comic Strip" (Schreiben Josef Kunstmanns, 18.6.1968; KBK, Baumappen) wurde das Werk geschmäht, und die Spendenfreudigkeit der Gemeindemitglieder ließ nach der Anschaffung des Kunstwerks merklich nach.

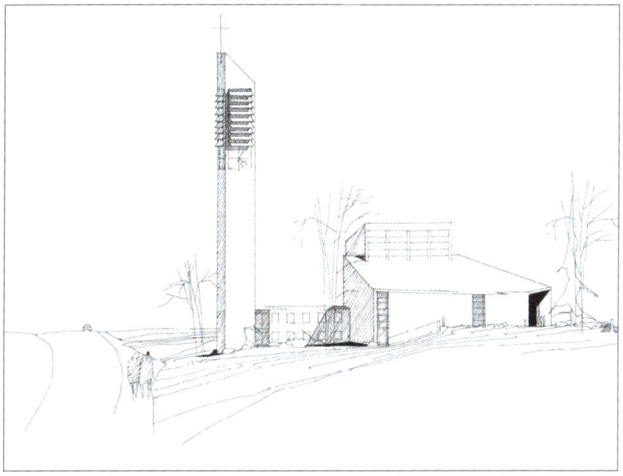

Variante der Ostansicht, Wettbewerbsentwurf, Friedrich Haindl, 1963

Zur Behebung von Bauschäden erhielt 1989 der Chorraum außen eine Fassadenverkleidung aus Kalkplatten und der betonsichtige Turm einen Schutzanstrich. Den Tondo mit der Verklärung Christi schuf 1996 Josef Lang (Denklingen) nach einem Entwurf von Reinhold A. Grübl (Ebenhausen). Auch der Kreuzweg ist nicht Teil der ursprünglichen Ausstattung.
Die Pfarrkirche Verklärung Christi ist als Einzeldenkmal in die bayerische Denkmalliste aufgenommen.

7 Heilige Familie
Bobingen – Siedlung

Bauprogramm und Entwürfe 1964, Baueingabe August 1965, Baubeginn März 1966, Weihe 8. Dezember 1968

Architekt: Robert Gerum, Augsburg
Ausstattung: Reinhold A. Grübl, Ebenhausen (Ambo, Leuchter, Vortragekreuz, Sedilien, Kredenz, Ewig-Licht, Taufstein, Osterleuchter, Sakramentshaus, Altar, Kreuz, Weihwasserbecken, Eingangsplastik Hl. Familie, Marienstatue, Türgriffe)
Archivalien: KBK, Baumappen; DBA 284, 7.364, 19.224; AMS, Nachlass Robert Gerum.
Literatur: Lenski 1994, S. 794–795. – Würmseher 2007, S. 286–288.

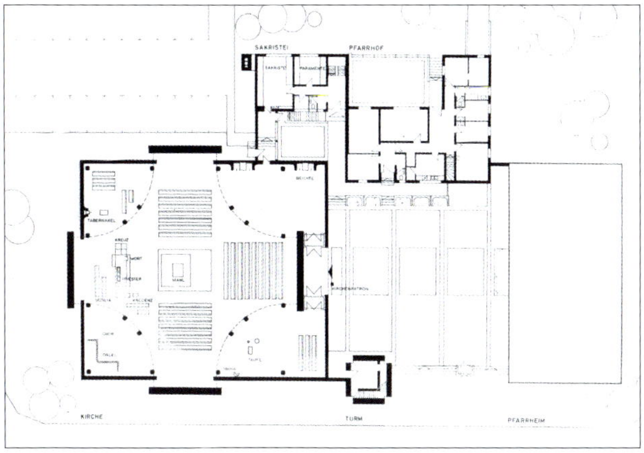

Grundriss, Robert Gerum, 1968

Der Baukomplex der neuen Pfarrkirche Heilige Familie mit Sakristei und Pfarrhof, der in der Planungs- und Bauphase noch in Randlage der Siedlung lag, hatte einen wesentlichen Anteil an einer Zentrumsbildung mit Schulhausgebäude und Ladengeschäften in dem stetig wachsenden Wohngebiet. Bobingen-Siedlung war ab 1937 als Siedlung für politisch zuverlässige und „erbgesunde" Arbeiter der zur I. G. Farben gehörenden Kunstseideproduktion und der Dynamit-AG, die hier ein Zweigwerk zur Kriegsvorbereitung unterhielt, entstanden. Nach der Entflechtung der I. G. Farben, der Weiterführung der Textil- und Faserproduktion als Höchst Werk Bobingen und der Ansiedlung Heimatvertriebener wuchs die Siedlung zwischen dem expandierenden Ortskern von Bobingen und dem Dorf Straßberg nach Süden weiter. Dem Bedarf an

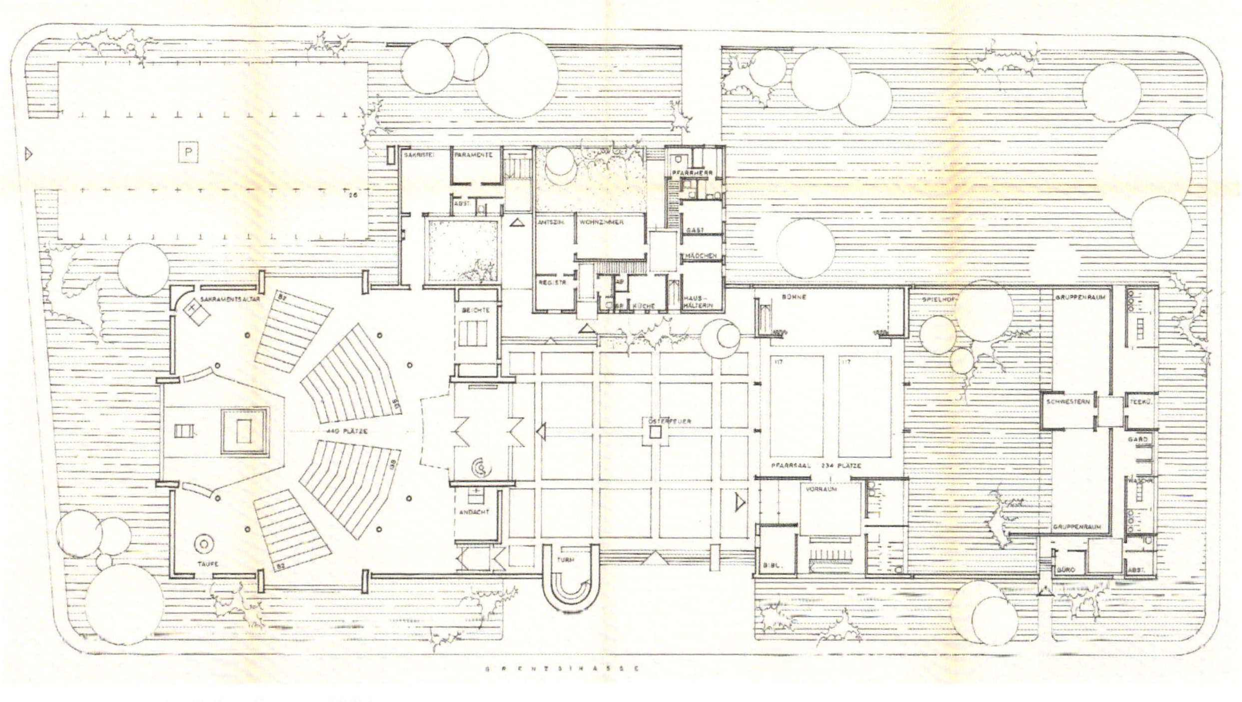

Grundriss, Vorprojekt, Robert Gerum, 1964

Ansicht von Norden

Blick durch den Innenraum zur Altarinsel

einer eigenen Kirche trug die Diözese 1964 mit der Beauftragung Robert Gerums Rechnung, der in Diedorf trotz Preisgerichtsurteil nicht zum Zuge gekommen war.
Städtebaulich hob Gerum die Kirche als von allen Seiten gleichermaßen ansichtigen Solitär mit abgerücktem dominantem Turm aus der anstehenden Bebauung heraus. Kirchengebäude, Turm, südwestlich in einem Winkel anschließender Sakristeitrakt und Pfarrhof formen einen Kirchvorplatz als Übergang von der profanen in die sakrale Welt, der die Baugruppe nach Norden zur Schule hin öffnet. Die Hofmauer im Westen war ursprünglich als Umfassungsmauer des künftigen Pfarrheims mit Jugendräumen gedacht, das aber wegen des beengten Bauplatzes dort nie errichtet wurde; auf dem Gelände entstand später lediglich der Kindergarten.
Zu Planungsbeginn im Juli 1964 war die neue Kirche noch mit Empore über einer Werktagskapelle, einer Seitenkapelle mit Sakramentsaltar und mit einem im Chorraum freistehenden Opferaltar gedacht (Erläuterung Robert Gerums, 1964, DBA 7.364). Erst in der Diskussion des Vorentwurfes wurde überlegt, die geschlossenen Seitenkapellen beiderseits des Chorraums zu öffnen und auf die Empore zu verzichten. Der Gedanke, die konkaven Wandflächen mit Formsteinen als Lichtwände zu gestalten, kam im Frühjahr 1965 auf.
In seinem Ausführungsprojekt kleidete Gerum dann den Baugedanken des Zweiten Vatikanischen Konzils in eine Außenhaut, die er aus der Form des in ein Rechteck einbeschriebenen griechischen Kreuzes entwickelte. In die Ecken des niedrigen Unterbaus situierte er den Tabernakel, die Taufkapelle, Chor und Orgel als sichtbarere Teile der Gemeinde sowie einen Raum für die Beichte, gemäß den modernen Forderungen nach der räumlichen Differenzierung der verschiedenen Funktionsorte. Die Kreuzform war prädestiniert dafür, den Altar in die Raummitte zu rücken und als tatsächliche liturgische Mitte von Zelebranten und Gemeinde auszubilden. Die obere Raumzone ist nicht nur mit den konkav eingezogenen Wandflächen plastisch geformt, sondern mit der gleichmäßigen Reihung der horizontalen Lichtschlitze zusätzlich als dynamischer, grafisch wirkender Lichtraum aufgefasst, der sich je nach Lichteinfall verändert.
Hinter dem Bobinger Raumkonzept steht Alexander von Brancas 1964 geweihte Heilig-Kreuz-Kirche in Weißenburg. Während Branca seinen Bau jedoch außen wie innen mit Ziegel und Kalkstein verblendete, setzte der

ehemalige Branca-Mitarbeiter Gerum auf die Ästhetik des schalungsgerechten Sichtbetons. Selbst die Fichtenholzdecke ist in einem sich dem Sichtbeton annähernden Grau lasiert. Die Ziegelwände der unteren Raumecken wie auch der erdgeschossigen Pfarrbauten sind hingegen weiß geschlämmt. Das Raumkonzept und die bis ins kleinste Detail gestaltete Ausstattung wurden in enger Zusammenarbeit mit Reinhold Grübl entwickelt, der schon früh, wenigstens seit Frühjahr 1965, in die Planung eingebunden war. Für die Materialwahl und Formgebung waren Einfachheit und die Konzentration auf die Einheit mit der Architektur ausschlaggebend. Der Boden und die zweistufige Altarinsel mit Betonschwellen sind mit hellem Kleinsteinpflaster belegt. Doch Sichtbeton wurde nicht nur für alle tragenden Bauteile verwendet, sondern auch für den Unterbau der liturgischen Orte – Zelebrationsaltar, Ambo, Taufstein, Osterkerze und Nebenaltar – und die Sockel des Gestühls. Grübls Marienfigur war zu Beginn das einzige Bildwerk im Kirchenraum.
1992–1994 wurde das Bauwerk mit einer schützenden Spritzbetonhülle überzogen. Im Anschluss daran wurde die Ausstattung durch ein Kruzifix, vier Evangelistenfiguren, die Kreuzwegstationen und anderes ergänzt. Die textilen Wandbehänge von Andrea Dresely (Pöttmes-Wiesenbach) kamen ab dem Jahr 2000 hinzu.

Taufort (Aufnahme 1968)

Ursprünglich betonsichtige Fassade (Aufnahme 1968)

8 Christi Himmelfahrt
Donauwörth – Parkstadt

Wettbewerb 1964, Eingabepläne 1965, Baubeginn 15. April 1966, Grundsteinlegung 18. September 1966, Richtfest 31. März 1967, Weihe 23. Mai 1968

Architekt: Werner Schneider, Augsburg
Ausstattung: Blasius Gerg, Glonn (Altar, Tabernakel, Leuchter); Gottfried Stampfer, Donauwörth (Taufstein, Phantom für Kreuz über dem Altar); Ernst Schickling, Ottobeuren (Triumphkreuz)
Archivalien: KBK, Baumappe; DBA 651, 6.103, 8.181–8.182; AMS, Nachlass Werner Schneider.
Literatur: Müller 1966, S. 316. – Böswald 2005. – Würmseher 2007, S. 312–315.

Ansicht des Pfarrzentrums (Aufnahme 1972)

Für den neuen, seit 1958 nordöstlich des historischen Donauwörths auf dem Schellenberg in mehreren Bauabschnitten entstandenen Stadtteil, der wegen seiner Lage in ehemaligem Waldgebiet den Namen Parkstadt erhielt, war schon früh auf dem höchsten Punkt des Geländes der Bau einer Kirche als städtebauliches und geistiges Zentrum vorgesehen. Gleichzeitig hatte die neue Stadtpfarrkirche die Aufgabe einer Garnisonskirche für die seit 1959 südlich der Parkstadt stationierten Dienststellen der Bundeswehr mit 1.000 bis 1.500 ansässigen Soldaten zu erfüllen, weswegen für ihren Neubau auch Mittel aus der Bundesfinanzhilfe gewährt wurden.

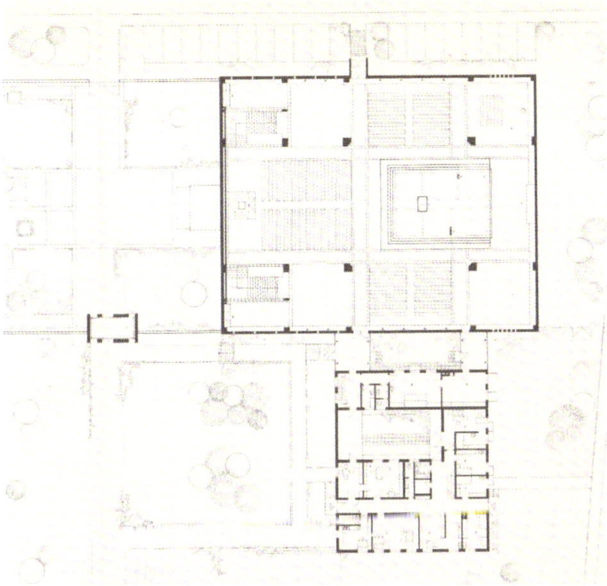

Grundriss, Werner Schneider, 1965/1966

Fünf Architekten aus Augsburg und München wurden 1964 eingeladen, den Neubau eines Pfarrzentrums mit Kirche, Turm, Sakristei und Pfarrhaus für einen ersten Bauabschnitt sowie Kindergarten und Pfarrheim für einen zweiten zu entwickeln. Das zuständige Pfarramt stellte sich vor, „dass der Gedanke Christi Himmelfahrt bei diesem Kirchenbau auf dem höchsten Punkt der Stadt Donauwörth in feiner Weise zum sichtbaren Ausdruck kommen und Himmelszeiger werden soll. Leuchtturmartig sollte die neue Kirche mit ihrem Turm weit hinaus ins Donau-Lech- und Wörnitztal grüßen“ (Bauprogramm, 1964; DBA 6.103).
Typischerweise für die Planungsphase in den Jahren 1963/1964 waren die liturgischen Anforderungen noch unentschieden formuliert. Der Raum sollte einen Hauptaltar erhalten, zu dem als eigentliche Mitte der Eucharistiefeier alles räumlich zugeordnet ist, an dem aber gleichzeitig auch noch die Messe gegen das Volk zelebriert werden kann, und eventuell auch einen Seitenaltar. Für die Aufstellung des Tabernakels war ein gesonderter, aber optisch mit dem Hauptschiff in Verbindung stehender Ort zu planen, etwa als Sakramentsaltärchen auf der Epistelseite oder in einem Seitenschiff. Für den Taufstein war eine Nische oder eigene Kapelle vorgesehen, für Orgel und Sänger eine Empore, die aber versuchsweise auch in die Nähe des Altars rücken durfte.

Blick durch den Kirchenraum nach Osten

Werner Schneider, der sich in Donauwörth bereits mit seiner Mitwirkung an der Planung der Kasernenanlage auf dem Schellenberg einen Namen gemacht hatte, konnte sich in dem Kirchenbauwettbewerb gegenüber der Konkurrenz durchsetzen. Städtebaulich bildet die von ihm konzipierte, streng rektanguläre Baugruppe um den großen, terrassiert leicht ansteigenden Vorplatz das Gelenk zwischen der bereits bestehenden südlichen und der nördlich davon weiter wachsenden Parkstadt. Der Kirchenbaukörper selbst ist in Korrespondenz zu den modernen Neubauten der Umgebung ein einfacher, flacher, weiß verputzter Kubus, der in Stahlbetonbauweise mit vorgesetztem und verputztem Ziegelmauerwerk errichtet ist. Mit dem aus dem geometrischen Baukörper erwach-

West- und Ostansicht, Wettbewerbsprojekt, Werner Schneider, 1965

senden hoch aufragenden Turm in Form einer schlanken, gestreckten Pyramide schuf Schneider einen weithin sichtbaren Kontrapunkt zu den Türmen der historischen Kirchen der Stadt und zugleich ein Symbol für die im Patrozinium ausgesprochene Aufwärtsbewegung der Himmelfahrt Christi. Entgegen der ursprünglichen Planung wurden wegen statischer Bedenken die Glocken jedoch nicht in diesem Turm aufgehängt, sondern in einem eigenständigen, niedrigen Glockenträger, der den Kirchenbesucher am Eingang zum mit Waschbetonmauern und Betonplatten, Grünflächen und altem Baubestand als Kommunikationszone gestalteten Hof empfängt.
Sakristei und Pfarrhof mit Wohn- und Amtsräumen sind in einem separaten Kubus untergebracht, der der Kirche südlich vorgelagert und dem ansteigenden Geländeverlauf entsprechend auf ein bis zwei Geschossen um Lichthöfe gruppiert ist. Auf der Westseite des Kirchhofs entstanden ab 1969 in einem eigenen Architektenwettbewerb ein Kindergarten, der erst vor wenigen Jahren saniert und erweitert wurde, und ein in den Bau integriertes Pfarrheim.
Von der Eingangshalle mit verglaster Front führen zwei Treppen zum Kirchenraum empor, dessen äußere wie innere Architektur ganz auf den Altar konzentriert ist. Unter der Pyramide liegt hell erleuchtet durch die dreieckigen Fensterflächen die Altarinsel mit Mensa, Ambo, Tabernakelstele und Priesterbank. Die weiteren Lichtquellen ordnen sich als schmale Schlitze an Ost- und Westwand dieser Inszenierung unter. Das Stützensystem des Turmaufbaus aus vier Pfeilern bot dem Raum ein Ordnungssystem für die verschiedenen Funktionsbereiche an, die im Lauf der Zeit allerdings verändert wurden. Dreiseitig um den Altar sind die Bankblöcke angeordnet. Die Zwickel zwischen den Kreuzarmen im Westen waren dem Taufstein und der Beichte zugedacht, diejenigen im Osten einer Werktagskapelle und den Musikern; auf die im Bauprogramm geforderte Empore hatte Schneider verzichtet. Die Tragkonstruktion blieb in schalungsrauem Sichtbeton belassen, die Abmauerung zu den Treppenhäusern ist mit ornamentalen Betonformsteinen gestaltet, die Deckenflächen sind mit Holz verkleidet, alle Wände waren weiß verputzt. Der Bodenbelag besteht aus einem Raster aus Natursteinbändern mit roter Tonplattenfüllung. Grauer, teils polierter Kalkstein ist auch das Material, das die um vier Stufen erhöhte Altarinsel bedeckt und aus dem ganz blockhaft Altar, Tabernakel und der später nach vorne versetzte Ambo gestaltet sind. Ergänzt wird der Materialkanon durch das Metall der Leuchter. Lediglich das hölzerne Triumphkreuz mit Emaileinsätzen sowie der Taufstein aus ineinander verschränkten geometrischen Körpern, die von anderen Künstlern geschaffen wurden, nahmen eine formale Sonderstellung ein.

Altarinsel von Blasius Gerg mit 1977 aufgestellter Orgel im Hintergrund

Die annähernd 30 Jahre währende, größtenteils von Blasius Gerg geschaffene schlichte und auf das notwendigste beschränkte Ausstattung, die die architektonische Raumästhetik unterstützte, war auch dem engen Kostenrahmen geschuldet. Eine für die Eingangshalle vorgesehene plastische Gestaltung mit der Verklärung Christi, für die man auf der Basis eines Künstlerwettbewerbs Friedrich Koller als ausführenden Künstler vorgesehen hatte, wurde aus finanziellen Gründen verworfen. Aus diesen Überlegungen hatte man auch auf die ursprünglich vorgesehene Kalksteinvormauerung verzichtet.
Der Taufort befindet sich heute im Westen, von den Treppenaufgängen eingefasst, in einer Achse mit dem Altar. Im östlichen Zwickelraum ist eine Marienstatue zur Verehrung aufgestellt, die 1977 angeschaffte Orgel steht direkt hinter dem Altartisch. Der gebatikte Kreuzweg von 1980 ist ein Werk von Irene Schleer (Neuburg). 1995/1996 erfuhr der Kirchenraum eine deutliche Veränderung durch Anita Rist-Geiger (Zusmarshausen): Die Freiflächen neben der Altarinsel wurden mit Glasmalerei an den Seitenfenstern und Farbkompositionen an den Stirnseiten zu Kapellen umgestaltet und dadurch aufgewertet.

9 Heilig Geist
Breitbrunn a. Ammersee

Wettbewerb 1964, Baueingabe Mai 1968, erster Spatenstich 20. März 1970, Grundsteinlegung 10. Oktober 1970, Weihe 24. Oktober 1971

Architekt: Theo Wieland, Weilheim
Ausstattung: Blasius Gerg, Glonn (Altarinsel, Altar, Ambo, Sedilien, Taufstein, Leuchter, Vortragekreuz, Tabernakel); Fritz Winter, Herrsching (Betongestaltung Altarwand)
Archivalien: KBK, Baumappen; DBA 570–577, 579, 581.
Literatur: Festschrift Heilig Geist 1971. – Festschrift Heilig Geist 1996. – Wir vom Bau 1970. – Wir vom Bau 1971. – Würmseher 2007, S. 289–292. – Pfarrkirche Heilig Geist, Breitbrunn.

Ostansicht

Der 1978 nach Herrsching politisch eingemeindete Ort Breitbrunn besitzt eine alte, bis in romanische Zeit zurückreichende kleine Filialkirche, die höchstens 100 Kirchenbesuchern Platz bietet. Nach der Schenkung eines Baugrundes konnte das seit den späten 1950er Jahren gehegte Bauvorhaben einer neuen Kirche mit Pfarrhof konkret geplant werden, denn Abbruch oder Erweiterung der alten Kirche, die weiterhin für den Werktagsgottesdienst genutzt werden sollte, waren aus Gründen des Denkmalschutzes nicht möglich. Bald nach der *Konstitution über die heilige Liturgie* auf dem Zweiten Vatikanischen Konzil (Dezember 1963) entschieden sich Gemeinde und Bistumsleitung für die Annahme der liturgischen Neuerungen und verankerten die dafür notwendigen architektonischen Bedingungen in dem Bauprogramm: Zum Altar, der eigentlichen Mitte der Eucharistiefeier, soll alles räumlich hingeordnet werden. Er war so zu stellen, dass der Priester auch zum Volk gewandt zelebrieren kann. Für die Aufstellung des Tabernakels wurde die Errichtung eines kleinen Sakramentsaltars in einem Seitenschiff auf der Epistelseite in Erwägung gezogen, die Orgel- und Musikerempore durfte in die Nähe des Altars rücken. Wenn auch in kleinerem Maßstab, so war diese Anlage ebenfalls als Pfarrzentrum mit Jugendraum, Bibliothek und Pfarrhof geplant, als Mittelpunkt des gesellschaftlichen Lebens und nicht nur als Sakralbau für die gottesdienstlichen Feiern.

Grundriss, um 1968

Die Mehrheit der eingereichten Vorentwürfe setzte sich mit einer zentralräumlichen Baufigur auseinander, in der die Altarinsel in unterschiedlichem Maß in den Gemeinderaum hineinragt; die traditionelle, längs gerichtete Wege-Kirche blieb in der Minderzahl. Das Preisgericht, dem auch Josef Wiedemann angehörte, empfahl das Vorprojekt Theo Wielands, der zuvor Bauleiter des Kirchenneubaus in Wörthsee (Nr. 3) war. Er plante die neue Kirche im Mittelpunkt einer schmalen, langgestreckten Anlage als Zelt Gottes, das sich mit einer Pyramide hoch über die eingeschossigen, profanen Nebenbauten des Kirchenzentrums erhebt, die beidseitig atriumsähnliche Höfe formen. Um die architektonische Aussage des Altars als Mitte der Gemeinde zu unterstreichen, reduzierte er den im Bauprogramm geforderten Turm als Glockenträger auf seine reine Funktion, was gleichzeitig eine nicht unwesentliche finanzielle Entlastung mit sich brachte. Ein Ambo für den Wortgottesdienst war ebenso eingeplant wie die ebenerdige Gruppierung der Sänger und der Orgel

Nordwestansicht mit Hofmauer und Eingangsbereich

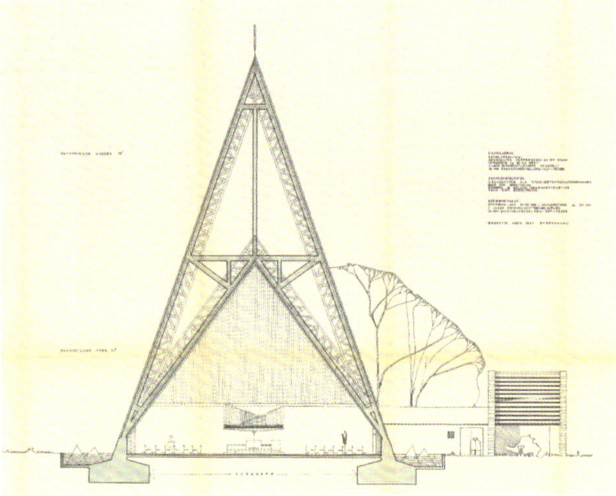

Schnitt durch die Kirche mit Dachaufbau, Vorprojekt, Theo Wieland, 1965

als gleichwertige Gemeindemitglieder um den Altar. Gleichwohl war in diesem Entwurfsstadium noch die Möglichkeit gegeben, eine Kommunionbank einzubauen, die man aber später problemlos wieder hätte entfernen können. Die Einrichtung einer Taufkapelle und die Aufstellung von Beichtstühlen waren im Untergeschoss vorgesehen.

Bis zur baulichen Umsetzung musste der Entwurf jedoch mehrmals umgearbeitet werden. Zum einen war die Planung einem neuen Baugrundstück anzupassen, zum anderen das Bauvolumen zu reduzieren, um Kosten einzusparen; entscheidend für die architektonische Grundidee waren diese Veränderungen allerdings nicht. Für die erste Planeingabe entfiel die Unterkirche, dann wurde die beträchtliche Höhe der Pyramide deutlich reduziert, doch kamen gleichzeitig eine eigene Sakramentskapelle und ein Pfarrsaal im Kellergeschoss hinzu. Im vierten Plansatz von 1967 ist auf das Pfarrhaus und den Pfarrsaal verzichtet sowie die Dachhöhe weiter reduziert. Dafür aber sollte auf Wunsch des Bischofs die Gemeindekirche im Sinne einer Funktionserweiterung auch als Pfarrsaal genutzt werden können, was wiederum eine neuerliche Beschäftigung mit der Sakramentskapelle nach sich zog.

Zusätzlich entspann sich ein zähes Ringen um die endgültige Baugestalt. Im Planungsverlauf musste die Höhe des Zeltdachs von den im Vorprojekt geplanten 40 auf gut 22 Meter abgesenkt werden, um die Genehmigung der Baubehörden zu erlangen. Vor allem aber ist die Breitbrunner Kirche auch deshalb bemerkenswert, weil sich an ihr ein heftiger Streit um die angemessene Form eines Sakralbaus entzündete, unabhängig von der Gebäudehöhe. Was anderenorts wie in Benediktbeuern (Marienkirche, Fritz Hierl, 1963–1965) als Zelt Gottes, als architektonische Behauptung gegenüber der Dorfarchitektur oder als gebaute Analogie zur Voralpenlandschaft akzeptiert war, wurde in Breitbrunn aufgrund einer ganz besonderen, tief im völkischen Gedankengut des Nationalsozialismus verwurzelten Personenkonstellation zum Stein des Anstoßes. Der Streit, der 1965 als heftiger Widerstand einiger weniger im Ort begonnen hatte, kulminierte 1967 in einer breiten Abwehrhaltung inklusive einer Unterschriftenaktion gegen den geplanten Kirchenbau, die sogar in die überregionale Presse Eingang fand und wohl das Klima im Dorf durch Diffamierung der Baubefürworter vergiftete. Die Planungsgegner wollten neben Zwiebeltürmen sowie Andechs und Dießen gegenüber am anderen Ufer des Ammersees kein „Klein-Ägypten" mit „pyramidaler Attraktion", und diese Pyramide, fast schlimmer noch als ihre Form, sollte aus Beton errichtet werden. Von einer Ablehnung „aus normalem Instinkt" war dabei die Rede, davon, dass die „Kirche in einem Doppelsalto in die moderne (...) entartete Kunst" hineinspränge und dass der Maßstab der Seenlandschaft, der „in mehr als zehntausend Jahren natürlichen Wachstums und fast dreitausend Jahren sinnvollen Bauens" entstanden sei, mutwillig zerschlagen würde (Münchner Merkur, 10./11.6.1967). Zu den Wortführern der Baugegner zählten neben dem Direktor der Bauernschule in Herrsching auch Otto Kraus, von 1949 bis 1967 Leiter der Landesstelle für Naturschutz in Bayern und als Naturschützer im Dritten Reich um die „Erhaltung von Volk und Rasse" bemüht (O. Kraus: Versuch einer Naturschutzplanung für Oberbayern, in: BfN 23, 1940, S. 98 f.), und Alwin Seifert, seinerzeit unter anderem Reichslandschaftsanwalt, landschaftlicher Berater der Organisation Fritz Todt sowie Gebietsarchitekt für die Ostmark und das Protektorat, der in seiner gutachterlichen Stellungnahme das Schaffen des von Adolf Hitler geschätzten Architekten Roderich Fick als vorbildhaft lobte (Gutachten Alwin Seiferts, 1966; DBA 570).

Obgleich im Lauf der konfliktreichen Planungsjahre Raumprogramm und Gebäudehöhe wesentlich reduziert wurden, verdoppelten sich wegen der langen Verzögerun-

Taufort neben der Eingangsfassade (Aufnahme von 1972)

Blick durch den Kirchenraum zur Altarinsel von Blasius Gerg

gen die Baukosten. Die Gemeinderäume wurden in den Flügelbauten eingerichtet, deren Pultdächer über den einzelnen aneinandergereihten Räumen in ihrer Neigung in einer interessanten Reliefstruktur gegeneinander versetzt sind. In der Materialwahl und Detailgestaltung ging die realisierte Kirche dann weit über den Wettbewerbsbeitrag hinaus, der als traditioneller Putzbau aus Ziegelmauerwerk mit einer nicht sichtbaren Dachkonstruktion aus Stahl gedacht war (Erläuterung Theo Wielands, 1964, DBA 570). Die Kirche selbst ist keine schlichte Pyramide, sondern ein differenziert gestalteter geometrischer Körper auf hexagonalem Grundriss, dessen aufragendes, innen holzverschaltes Zeltdach über einem Lichtband zu schweben scheint. Es ist in seiner Mitte zu den Hofseiten hin weit herabgezogen und auf einen wuchtigen Betonsockel aufgelegt. Diese beiden Seitenwände sind komplett verglast mit eingeschobenen Betonkuben für die Eingänge. Die Verschränkung von innen und außen unterstreichen auch die geschlossenen Wandflächen, die über den Grundriss hinaus verlängert sind und als Mauerzungen die Hofräume definieren oder die Wände der Nebentrakte bilden.

In hohem Maße wurden die gestalterischen Möglichkeiten des Betons ausgeschöpft. Außen wie innen sind die Betonmauern, wo sie nicht als Waschbeton ausgeführt sind, in eine komplizierte Schalung gegossen, die eine reliefhafte, stark linear-waagrecht strukturierte Oberfläche hervorbrachte. An der Stirnwand hinter der Altarinsel wurden Kreuzsymbole als Positivformen in die Schalung eingearbeitet, sodass sich die sakralen Ornamente als vertiefte Reliefs abzeichnen. An einer Mauer im westlichen Hof wurde auf diese Weise die stark plastische Inschrift („DURCH CHRISTI TOD UND AUFERSTEHUNG ERSCHAFFT DER HEILIGE GEIST DEN ERDKREIS") gestaltet. Eine Reliefwirkung durch unterschiedliche Schalungsstrukturen erhielt ebenso der niedrige Glockenträger mit den verschiedenartig gestalteten geometrischen Flächen. Beton ist auch für die Ausstattung das wichtigste Material. Auf dem ursprünglich mit großen Betonplatten belegten Kirchenboden ist die zweistufige Altarinsel aus übereinander gelegten Betonscheiben nicht ganz unter den Zenit des Daches hineingerückt und an drei Seiten von loser Bestuhlung umgeben, um Nutzungsvarianten zuzulassen. Die schlichten, blockhaften Kuben von Altar, Ambo und Taufstein, Kredenz, Priesterbank sowie Weihwasserbecken sind ebenfalls aus Beton gegossen. Der Tabernakel ist in eine Wandscheibe integriert, die die Gemeindekirche von der kleinen Andachtskapelle mit zusätzlichem Eingang trennt. Die Materialauswahl ist auf Glas, Holz, Beton und Edelstahl beschränkt. Einzig eine Gestaltung durch den in Herrsching ansässigen ehemaligen Bauhausschüler Fritz Winter, der unter den Nationalsozialisten unter einem Malverbot zu leiden hatte, sollte nach den Vorstellungen Wielands, des Pfarrers und des Diözesanbauamts eine bedeutungsmäßige Steigerung des Hauptraumes bewirken. Diese farbige Gestaltung der Kreuzreliefs und ein abstraktes rotes Signal konnten wegen des Widerstands des Kirchenbauvereins nicht ausgeführt werden.

In den 1980er Jahren wurde der Plattenboden der Gemeindekirche mit orangem Teppich ausgelegt, 1995/1996 ließ man von Franz Höchstötter (Köngetried) die ursprüngliche Ausstattung überarbeiten. Die Kreuzreliefs der Betonwände und die liturgische Einrichtung erhielten eine stark farbige Gestaltung; die kräftig leuchtenden Glasfenster fertigte die Glasmalerei Sattler (Scheuring).

wenn der herr einst wieder kommt
dann lass mich auch

10 Maria, Königin des Friedens
Gersthofen

Wettbewerb 1964, erster Spatenstich 27. September 1966, Grundsteinlegung 9. Juli 1967, Weihe 6. Oktober 1968

Architekt: Hermann Öttl, Gersthofen
Ausstattung: Reinhold A. Grübl, Ebenhausen (Altarinsel, Altar, Ambo, Tabernakel, Priestersitz, Kreuz, Taufbrunnen, Vortragekreuz, Osterleuchter, Wandmalereien)
Archivalien: KBK, Baumappen; DBA 437, 4.062.
Literatur: Festschrift Maria, Königin des Friedens 1978. – Reitmayer 1997, S. 413–415. – Würmseher 2007, S. 348–351. – Mühlbauer.

Zwischen 1946 und 1962 hatte die ehemalige Landgemeinde Gersthofen ihre Einwohnerzahl nahezu verdoppelt und von Nord nach Süd eine Ausdehnung von annähernd fünf Kilometern erreicht. In einem neuen Siedlungsgebiet, für das eine Schule und eine evangelische Kirche in Planung waren, sollte in leichter Hanglage auch ein katholisches Gotteshaus mit Pfarrhof entstehen, das als Pfarr- und wegen seiner unmittelbaren Nähe zur Autobahnausfahrt auch als Autobahnkirche dienen und dementsprechend einen weithin sichtbaren hohen Turm erhalten sollte. Für einen späteren Bauabschnitt war ein Pfarrheim geplant, seit 1970 ist der angrenzende Kindergarten in Betrieb.

Noch 1964, vor dem Ende des Zweiten Vatikanischen Konzils geplant, forderte das Raumprogramm, das dem Architektenwettbewerb zugrunde lag, einen Altar, dem als eigentliche Mitte der Eucharistiefeier alles räumlich zugeordnet ist, an dem aber gleichzeitig auch noch die Messe zum Volk gelesen werden kann. Auch in anderen

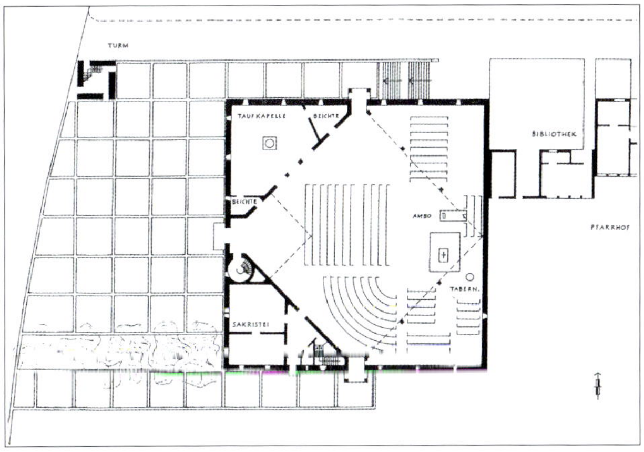

Grundriss, Bestandsplan

Punkten ist zeitbedingt noch eine gewisse Unentschiedenheit in der liturgischen und räumlichen Ausprägung festzustellen: So war für Orgel und Sänger eine Empore vorgesehen, die aber versuchsweise in die Nähe des Altars rücken durfte. Der Tabernakel sollte in einem eigenen Sakramentsaltar auf der Epistelseite oder in einem Seitenschiff stehen.

Das Preisgericht votierte knapp für den Entwurf des in Gersthofen ansässigen Architekten Hermann Öttl, obgleich dessen Konzept in Grundrissanordnung, Lichtführung und Bestuhlung nicht restlos überzeugen konnte. Josef Wiedemann, der mit seinem Wettbewerbsbeitrag nicht zum Zuge kam, fand es sehr betrüblich, „wenn die mit Abstand schlechteste Lösung nun gebaut werden soll“, die in liturgischer und gestalterischer Hinsicht „ganz ungenügend“ sei (Würmseher 2007, S. 349). Er hatte einen Rundbau mit gefalteter Außenhaut und einem transparenten Turm ersonnen, dessen Lichtführung und liturgische Durchbildung die Jury besonders lobte.

Hermann Öttls ausgeführter Kirchenbau dagegen ist ein auffälliger geometrischer Körper, dem ein Rastermodul von fünf Metern zugrunde liegt. In einen quadratischen, niedrigen Unterbau ist eine weitere quadratische, um 90 Grad gedrehte hohe kubische Figur eingestellt. Das ungewöhnlich über die Diagonale ansteigende Dach und der schlanke Turm boten in den frühen Jahren von der Autobahn her eine markante Silhouette. Außen ist der Kirchenbaukörper rau verputzt und weiß gekalkt. Ursprünglich sah Öttl am Erdgeschoss eine Natursteinverblendung vor, von der man aber offenbar aus finanziellen Überlegungen Abstand genommen hatte. Der freistehende, dem Vorplatz architektonischen Halt gebende Turm ist in Sichtbeton belassen und auf einer Seite farbig gefasst. Die Gestaltung des Platzes mit einer geplanten, in das Pflaster eingelassenen Brunnenanlage soll vom Profanen zum Sakralen überleiten und dabei zum Verweilen und Kommunizieren einladen, um das Miteinander innerhalb der Gemeinde zu befördern.

Die Betonflächen im Kircheninneren sind materialsichtig und schalungsrau belassen. Im Nord- und Südosten durchbrechen Stahlbetonlamellenfensterwände in strenger vertikaler Reihung die Außenwände des Obergeschosses. Die durch diese Öffnungen einströmende Lichtfülle, die im Laufe des Tages wandernde Lichtstreifen auf den

Tabernakel mit Wandmalereien von Reinhold A. Grübl

Blick durch den Kirchenraum zur Altarinsel

Boden zeichnet und die das Preisgericht wegen seiner Blendwirkung als planerischen Mangel eingestuft hatte, war auch als Kunde von der Offenheit der Kirche und Gottes gedacht.
Der auf die östliche Ecke des innenliegenden Quadrats in die Zone der stärksten Belichtung gerückte Altarraum erhebt sich als Zeichen des Miteinanders mit nur zwei flachen Stufen über das Bodenniveau des Gemeinderaumes, denn, wie Pfarrer Trettenbach formulierte, „in der Kirche soll es keine Über- und Unterordnung geben, hier soll kein Triumphalismus dargestellt werden". Die um den Altar gruppierte freie Stahlrohrbestuhlung unterstrich nach damaliger Auffassung „das Anliegen von der einladenden Kirche" (Festschrift Maria, Königin des Friedens 1978, S. 17). Durch das Stützensystem, auf dem der innere Kubus ruht, entstanden niedrigere Zwickelräume, die als zum Kirchenraum offene Taufkapelle mit geschickt eingepassten Beichträumen und als abgeschlossene Sakristei fungieren. Die beiden östlichen sind Teil des Kirchenraums, besitzen aber aufgrund ihrer Ausgeschiedenheit aus dem Grundrissquadrat und der niedrigeren Decken einen eigenen, intimen Raumcharakter, der insbesondere auf der Seite des Tabernakels einer Andachtskapelle gleichkommt. Hier gibt es auch mobile Kniebänke für die demutsvolle Versenkung.
Die Oberflächen des Kirchenraums sind schlicht. Den Boden strukturieren je nach Wertigkeit der Raumfunktionen und Wegführung Hirnholzparkett, Beton und weißes Marmorpflaster. Die unregelmäßig gebretterte Fichtenholzdecke ist zart farbig lasiert; durch die Rundung der Emporenrückwand erhält sie an dieser Stelle einen beinahe textilen Charakter und wirkt wie eine durchhän-

Kirchenraum nach Westen zur Orgelempore

Südostansicht (Aufnahme 1968)

gende, nicht straff gespannte Zeltplane. Die liturgische Ausstattung wurde von Reinhold A. Grübl entworfen, der durch seine Arbeit der strengen Architektur Lebendigkeit verlieh. Auf und vor den sich überlagernden Stufen der Altarinsel stehen ein einfacher Tischaltar und ein ebenso schlichter Ambo mit Stahlrohrfüßen und weißer Marmorplatte, unter einer Lichtöffnung die Tabernakelstele mit einem Gehäuse aus zusammengefügten Glasstücken auf Metallfüßen. Das Kreuz aus kunstvoll arrangierten Rund- und Kanteisen steht in einiger Entfernung zur Altarinsel „mitten unter den lebenden Menschen" (Festschrift Maria, Königin des Friedens 1978, S. 17). In der Taufkapelle wurde der Taufstein zu einem Ort, in dessen Innerem Wasser fließt.

Einen wesentlichen Anteil an der Raumbildung haben die von Grübl gestalteten Wandmalereien, die sich auf einer riesigen Fläche entwickeln, ohne dabei mit der Architektur und der anderen Ausstattung in Konkurrenz zu treten, sondern vielmehr die Raumteile zusammenschließen. Auf rauer, stellenweise nahezu plastisch geformter Wandfläche sind in dezenten Farben direkt auf einer Höhe mit dem Betrachter und in etwa lebensgroß Themen der Passion Christi in freier Variation dargestellt. Die Kreuzwegstationen beginnen in der Taufkapelle mit der Salbung in Bethanien, ziehen sich über die Nord- und Nordostwand bis zur Kreuzabnahme und schließen hinter dem Altar mit einer in Schablonentechnik ausgeführten umrisshaften Menschenmenge, die das himmlische Jerusalem verkörpert. Die darüber liegende Schrift bittet darum, dass die große Tischgemeinschaft Gottes mit den Menschen gelingen möge (Festschrift Maria, Königin des Friedens 1978, S. 18). Kunst im Raum war für Pfarrer Trettenbach, als aufgeschlossener Pfarrherr ein wichtiger Motor des Bauvorhabens, an sich ein Mittel der Verkündigung, denn „Das Leben verarmt, wenn es nur mehr sachlich verstanden wird" (Festschrift Maria, Königin des Friedens 1978, S. 66). Nur wenige der damals gebauten Kirchen gründen auf eine so ausgereifte philosophisch-theologisch reflektierte Haltung wie diejenige in Gersthofen.

Architektur und Ausstattung haben gegenüber dem Ursprungskonzept nur geringfügige Veränderungen erfahren, weil Architekt und Künstler in die späteren Maßnahmen einbezogen wurden und die Kirchengemeinde ihr Gotteshaus schätzt. Den Prospekt der 1974 geweihten Orgel gestalteten Öttl und Grübl gemeinsam in Architektur und Farbkonzept. Neben Grübls Kreuz stand lange Zeit die Holzmadonna mit Kind, die wegen ihrer modernen Erscheinung nicht von allen Seiten Beifall erhielt; später wurde sie in die Taufkapelle transferiert und im Hauptraum durch eine barocke Marienskulptur ersetzt. Die Veränderung der Emporenbrüstung durch in Metallrohre eingespannte Holzgitter erfolgte 1984, 1985–1988 wurden Fassade und Dach saniert.

Taufkapelle mit Wandmalereien von Reinhold A. Grübl

11 Maria, Hilfe der Christen
Krumbach – Hürben

Wettbewerb 1964, Baubeginn 2. August 1966, Grundsteinlegung 10. Dezember 1967, Weihe 22. September 1968

Architekten: Manfred Wacker und Erich Niederbacher, Ulm
Ausstattung: Friedrich Koller, Laufen (Altar, Ambo, Tabernakel, Sedilien, Leuchter, Weihwasserbecken, Aluminiumguss- und Bronzearbeiten, Schallwände); Georg Bernhard, Augsburg (Mosaike und Malerei an der Altarwand)
Archivalien: KBK, Baumappen; DBA 484, 1.572, 1.575, 1.577, 8.089.
Literatur: Müller 1966, S. 317–318 und 320. – Kirchenführer Maria, Hilfe der Christen 1974. – Festschrift Maria, Hilfe der Christen 1978. – Gschwind 1991, S. 58–60. – Würmseher 2007, S. 420–423. – Pfarrkirche Maria Hilf.

Das neue Pfarrzentrum im östlichen Teil Krumbachs, dem ehemaligen Dorf Hürben, entstand in zwei Bauabschnitten. Die Kirche, die in ihrer Größe auch künftigem Anwachsen der Gemeinde durch die Erschließung neuer Baugebiete im Süden genügen sollte, wurde 1968 geweiht. Der beschränkte Wettbewerb für eine neue Kirche mit Turm und Sakristei sowie Kindergarten und Pfarrheim in einem zweiten Bauabschnitt wurde 1964 ausgelobt. Das Raumprogramm für die Kirche spiegelt die Auseinandersetzung mit den neuen liturgischen Tendenzen, die aber zu diesem Zeitpunkt räumlich noch nicht gefestigt

Nordansicht

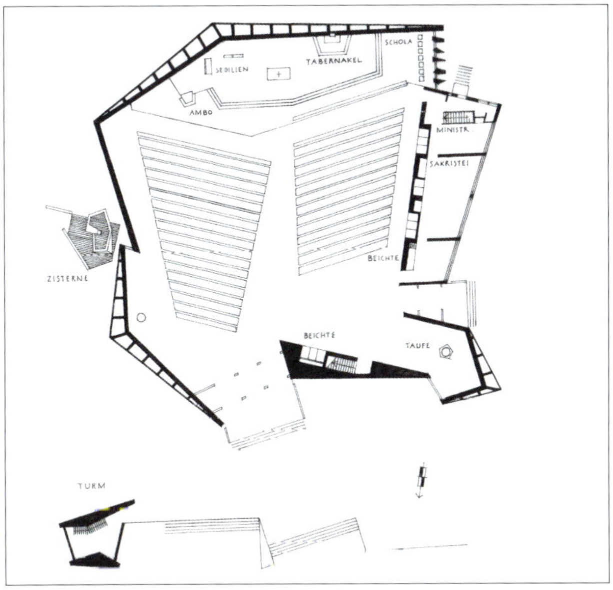

Grundriss, Bestandsplan

waren. Zum Altar, der eigentlichen Mitte der Eucharistiefeier, musste „räumlich alles hingeordnet sein". Die Messe sollte auch zum Volk zelebriert werden können und deshalb der Tabernakel nicht auf dem Altar, sondern in seiner Nähe aufgestellt werden, „etwa nach der Art der früheren Sakramentshäuschen", und zusammen mit Altar und Ambo eine „gegenseitige, künstlerische, harmonische Zuordnung erfahren". Die Einplanung eines Seitenaltars war kein Muss, für Orgel, Sänger und Instrumentalmusiker war eine Empore vorgesehen.

Am Entwurf der Architektengemeinschaft Wacker und Niederbacher, der mit nur geringfügigen Änderungen realisiert werden konnte, überzeugte die Preisrichter der „ungewöhnliche Baukörper" in seiner konsequenten „Vermeidung rechter Winkel", wodurch im Kirchenraum verschiedene Bezirke entstanden, die jeweils „für sich und doch in enger Beziehung zueinander stehen" (Urteil des Preisgerichts, 1964; KBK, Baumappe).

Die wuchtig-massiv gestaltete Architektur soll in ihrer Introvertiertheit „wie eine feste Burg" den modernen Menschen aufnehmen, „der unter der Last des vielschichtigen Daseins leidet und in der Veräußerlichung des industriellen Lebens kaum zu sich selbst finden kann", und ihn zur inneren Sammlung führen. Für die Raumstimmung wurde der künftigen Farbgebung der Glaselemente eine

Eingangssituation mit Aluminiumportal

Innenansicht zur Altarinsel

entscheidende Bedeutung beigemessen. Dabei sollte aber der Sakralbau „mit den architektonischen Mitteln und den technischen Möglichkeiten der Gegenwart gestaltet und symbolisiert werden", denn „die Kirche ist keine Institution der Vergangenheit, sondern eine lebendige Gemeinschaft der Gläubigen in der gegenwärtigen Welt" (Erläuterung der Architekten, 1964; KBK, Baumappe).

Als städtebauliche Dominante ist die Kirche mit abgerücktem hohen, betonsichtigen Turm derart in die westliche Grundstückshälfte gerückt, dass vor den beiden Portalen im Westen und Norden zwei ineinanderfließende Platzräume entstanden. Der eine an der Hauptstraße fungiert als öffentlicher Kirchhof, der in seiner einladenden Geste den Sendungsauftrag der Kirche unterstreicht, der andere an der Nebenstraße als Gemeindeplatz, der an das Areal grenzt, auf dem wenig später Kindergarten und Pfarrheim (1972) sowie ein Pfründehaus (1975) entstanden, maßstäblich angepasst an die Wohnbebauung der Umgebung.

In der Konzeption des Kirchenraums halten die Architekten trotz seiner Weite am Prinzip der traditionellen Wege-Kirche mit Empore für Orgel und Kirchenchor fest, wobei

Blick durch den Kirchenraum mit Taufkapelle im Hintergrund

beabsichtigt war, durch die Asymmetrie der beiden Bankblöcke die Gemeinde zur tätigen Teilnahme zu aktivieren. Auch die künstlerische Chorraumgestaltung diente dazu, eine allzu große „Duplizität zwischen Volk und Priester" zu vermeiden (Aktennotiz, 25.9.67; DBA 8.090). Eingangsbereich, Gemeinderaum, Taufkapelle und Andachtsraum setzen sich mit fließenden Raumgrenzen zu

einem Gesamtkirchenraum ohne fassbare Eingrenzung zusammen.
In Grund- und Aufriss ist die Kirche mit den sich gegenseitig durchdringenden, unterschiedlich dimensionierten Körpern aus doppelten Betonschalen, die außen großteils verputzt und innen betonsichtig belassen wurden, ein eigenwilliger Baukörper. Vertikale Lamellen mit schmalen Fensterschlitzen lösen die entsprechenden Wandabschnitte in ihrer Massivität auf und konzentrieren den Lichteinfall auf den weiten Chor. An den Portalen aus Aluminium – als unedles Leichtmetall ein Statement – symbolisiert die abstrakte Flächenaufteilung den brennenden Dornbusch. Den weiten stützenlosen Kirchenraum bedeckt eine Spannbetondecke. Eine plastisch-reliefhafte Fichtenverbretterung nach dem Entwurf Kollers verkleidet die Umfassungsmauern, optimiert dabei die Raumakustik und ist auch optisch von großem Reiz. Die Böden sind mit einfachen Materialien belegt, mit Waschbetonplatten in den Gängen und auf dem Altarpodium und mit Stirnholzpflaster unter dem Gestühl. Altarstufen, Altarstein, Ambo mit drei Kreisen als Sinnbild der Heiligen Dreifaltigkeit, aber auch des sich verbreitenden Wortes, Priesterbank, Weihwasserbecken sowie den Taufstein fertigte Friedrich Koller aus Muschelkalk, wobei er das architektonische Prinzip der ineinander verschränkten Körper fortsetzte. Das hoch aufragende Sakramentshaus aus Bronze stellt in Kombination von offenen und geschlossenen Flächen eine Feuersäule dar. Lediglich ein Bronzekreuz ohne Corpus, das die Zerrissenheit der Welt symbolisiert, und vertikale Mosaikbänder schmückten anfänglich den Altarbereich. Das einzige Bildwerk blieb zunächst die Kirchenpatronin, die den Gläubigen im Halbdunkel unter der Empore empfängt und von vier farbigen Glasbetonfenstern mit Christus- und Mariensymbolen umstrahlt wird.

Einige Jahre rang die Gemeinde damit, ob die Chorraumrückwand überhaupt einer künstlerischen Ausgestaltung bedarf oder ob eine Verbesserung der für manche erdrückenden Betonfläche nicht auch mit handwerklichen Mitteln zu erreichen wäre und die Gelder lieber in soziale Belange, konkret in den Kindergarten, investiert werden sollten.
1970 wurde der von der Pfarrei angeregte Kreuzwegfries auf den bereits in den Bau eingebrachten Kalkplatten unterhalb der hölzernen Akustikwand an der rechten Kirchenschiffseite von Friedrich Koller ausgeführt; er ist die Weiterentwicklung seines Beitrags zum Wettbewerb für den „Erlöserweg“ in der neuen Stadtpfarrkirche, den die Diözese 1969 ausgelobt hatte. Räumlich und inhaltlich verbindet er die Altarzone mit der Taufkapelle. 1971 folgte die Altarrückwandbemalung nach dem Entwurf Georg Bernhards, deren System aus farbigen Kreisen und Linien die Heilige Dreifaltigkeit, das Eingreifen Gottes und die Gnade der Erlösung darstellten.
Im Zuge der wegen Schäden an Außenputz und Dach notwendigen Instandsetzung unterzog Bernhard 1985 sein Wandgemälde einer neuen Redaktion, die nun den Tabernakel einbezog, die Verbindung nach oben zur Decke kappte und die grafisch-signalhafte Wirkung der abstrakten Farbflächen zugunsten einer detaillierten Binnengestaltung mit gegenständlichen Bildzeichen veränderte. Aus Kostengründen hatte die Gemeinde auf ihr Vorhaben verzichten müssen, von Anfang an farbige Glasbetonfenster einbauen zu lassen. Erst 1997 erhielten die Fensterschlitze neben dem Chor eine farbige Verglasung nach dem Entwurf von Anita Rist-Geiger (Zusmarshausen).

Relief des Erlöserwegs unter der akustischen Holzwand von Friedrich Koller

12 Zu den Heiligen Engeln
Landsberg a. Lech

Wettbewerb 1962/1963, Eingabepläne 1964, Baubeginn 1966, Richtfest 28. Oktober 1966, Weihe 24. September 1967

Architekten: Josef Wiedemann und Rudolf Ehrmann (Mitarbeit), München
Ausstattung: Blasius Gerg, Glonn (Altäre, Ambo, Sedilien, Kredenz, Ewig-Licht, Tabernakel, Taufstein, Weihwasserbecken, Apostelkreuze, Leuchter, Opferstöcke); Hans Schwaighofer, Oberammergau (Marienstatue)
Archivalien: KBK, Baumappen; DBA 561, 1.607–1.609, 1.620–1.622; A. M., Nachlass Josef Wiedemann.
Literatur: Müller 1966, S. 317 und 330. – Festschrift Zu den Heiligen Engeln 1967. – AK München 1981, S. 12–13. – Festschrift Zu den Heiligen Engeln 1997. – Backmeister-Collacott 2006, S. 160–163 und 203. – Würmseher 2007, S. 427–432. – Gattinger/Suhr 2014, S. 433–434. – Tiefert-Reckermann.

Seit wenigstens 1960 konkretisierte sich der Bau einer Kirche für die Neubaugebiete im Westen Landsbergs. Bei der Planung der neuen Pfarr- und Garnisonskirche mit Pfarrheim und Pfarrhof für das Stadterweiterungsgebiet in Hanglage besonders gefordert war die städtebauliche Rücksichtnahme auf die Silhouette der Altstadt und die Sichtbeziehung zu der über dem anderen Flussufer gegenüberliegenden ehemaligen Jesuitenkirche Heilig Kreuz. Die Annäherung an die Bauaufgabe war ein schwieriger und langwieriger Prozess. Zwischen Planungsbeginn und Baubeginn lagen vier Jahre, ein zweistufiger Wettbewerb, eine Ausführungsempfehlung, ein Bischofswechsel, und keines der Vorprojekte bildete die Grundlage für die spätere Bauausführung.

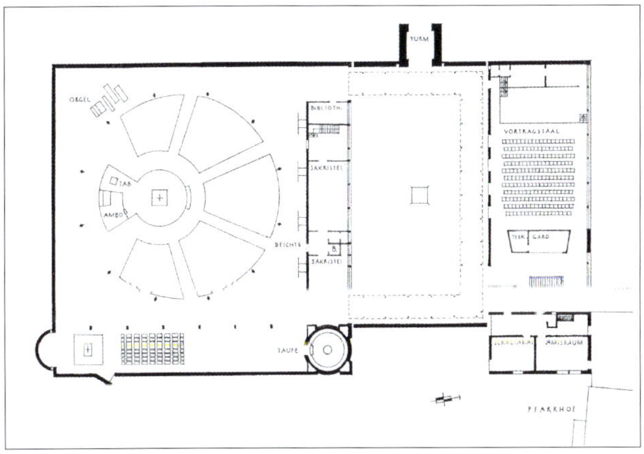

Grundriss, Bestandsplan

Baustelle, Errichtung des Faltdachs, 1966/1967

Beim ersten Wettbewerb kam das Preisgericht, dem auch der Würzburger Dombaumeister Hans Schädel angehörte, zum Ergebnis, dass die eingereichten Arbeiten von Alexander von Branca, Josef Wiedemann und Irmingard Kergl (alle München) nach einer weiteren Überarbeitung einer neuen Beurteilung unterzogen werden sollten. Diese Entwürfe haben gemeinsam, dass sie – obgleich noch ein Seitenaltar, eine Empore, ein Ambo oder Kanzel gefordert waren – als Zentralräume den neuen liturgischen Vorstellungen entgegenkamen, doch galten sie allesamt als zu aufwendig. Josef Wiedemann versuchte, mit einer Kirche mit sternenförmiger Umrisslinie und einer Deckenkonstruktion aus innen sichtbarem Stahlrohr zu überzeugen, die das Preisgericht jedoch vehement ablehnte. Alexander von Branca hatte in einer strengen, rechteckigen Anlage Pfarrzentrum und Kirche um Höfe gruppiert und die Kir-

Blick durch den Kirchenraum

Sakramentskapelle mit der neuen Tabernakelstele von Egon Stöckle, 1993

che selbst als Zentralraum mit einem in ein Quadrat einbeschriebenen Oktogon auf Stützen ausgebildet. In beiden Fällen war der Altar noch nicht in das Zentrum des Raumes gerückt.

Auch der zweite Wettbewerb konnte die Jury nicht restlos überzeugen, was zeigt, wie schwierig es in diesen Jahren war, eine Kirche zu planen. Branca reichte diesmal den Entwurf einer Kirchenburg auf kreuzförmigem Grundriss mit annähernd zentriertem Altar ein, deren städtebauliche Wirkung, Stimmungswert und sakrale Ausdruckskraft hoch gelobt wurden. Wiedemann hingegen war von seinem Zentralbaukonzept abgerückt und präsentierte einen breit gelagerten Longitudinalraum mit geschlossenen Stirnseiten, in Betonmaßwerk aufgelösten Seiten und einem Faltdach aus aneinandergereihten Satteldächern, der jedoch weder in ästhetischer noch praktikabler Hinsicht befriedigte. Als Ausgangspunkt für die weitere Planung und Bauausführung wurde schließlich das Vorprojekt Kergls empfohlen, doch Bischof Freundorfer, der in seiner Entscheidung nicht an das Begutachtergremium gebunden war, favorisierte tatsächlich den Entwurf Wiedemanns – nicht zuletzt wegen der Turmlösung. Auch Bischof Stimpfle, der seinem Amtsvorgänger im September 1963 nachfolgte, wollte sich dem Preisgerichtsurteil nicht anschließen. Er wiederum bevorzugte den ersten Entwurf Wiedemanns, den er sich noch besser mit mittigem Altar unter dem höchsten Punkt des Daches vorstellen konnte (Aktennotiz, 4.11.1963; DBA 1.607). Für die neue Liturgie würde dieses Projekt „die feierlichste Einstimmung und Atmosphäre" geben (DBA an Kergl, 4.12.1963; DBA 1.607).

Südansicht

Dementsprechend griff Wiedemann seine Sternenkirche wieder auf und legte eine Alternative vor, die in einer weiteren Überarbeitung dann im April 1964 als Ausführungsentwurf vorlag: Auf die besondere urbane Situation in Landsberg antwortete ein auf Fernwirkung angelegter schlanker Glockenturm und das auffällige Faltdach über dem Kirchenraum, das der Architekt als Zelt Gottes verstand und das die Öffentlichkeit als Engelsflügel oder Krone interpretierte. Die statische Machbarkeit der Dachkonstruktion in räumlichem Stabfachwerk aus Kanthölzern mit Stahllaschen und -schuhen an den Knotenpunkten war lange umstritten. Ein weiterer Diskussionspunkt war die Behandlung des großflächigen Sichtziegelmauerwerks am Außenbau, das in seiner lebendigen Oberfläche den Bezug zur Altstadt herstellen sollte.

In Gotteshaus und Nebengebäuden hatte der Architekt seinen Kirchen- und Konventbau Zur Heiligen Dreifaltigkeit in München (1960–1964) formal weiterentwickelt. Hier wie dort umschließen Kirche, Kloster beziehungsweise Pfarrsaal und Umfassungsmauer in einer geschlossenen, rechteckigen Anlage einen atriumartigen Innenhof, als Stätte der Sammlung, als Mittler zwischen profaner und sakraler Welt und als Raumverteiler. Beide Male ist die Kirche als in ein Quadrat einbeschriebener Kreis ausgebildet, deren Faltdach sich hoch über die flache, erd- und zweigeschossige Bebauung erhebt. In Landsberg ist das Pfarrhaus aus der Anlage und der Achse herausgeschoben und erhielt auf seiner Talseite eine komplett aufgebrochene Fensterfront.

Der Zugang erfolgt von der Straße her durch den Turm auf der Hangseite, der als Portal fungiert. Zur Flussseite hin ist die Anlage, die aus einem Grundmaß von drei Metern entwickelt ist, geschlossen, bietet aber über die Brüstungsmauer des Hofes einen weiten Panoramablick auf den historischen Stadtkern und die darüber thronende ehemalige Jesuitenkirche. Ein in den Hof hufeisenförmig eingestelltes Pultdach deckt die Hauptzugänge zu Kirche, Saalbau mit Neben- und Jugendräumen und Amtsräumen. In der Mitte des Hofes ist das Steinpflaster zu einer Feuerstelle für die Osternacht aufgemauert. Der Kirchenraum selbst ist ein kreisrunder, in ein flachgedecktes Quadrat einbeschriebener Zentralbau mit beinahe mittig platziertem Altar, zu dem hin sich das Bodenniveau leicht absenkt. Zwölf Stahlbetonstützen mit den Zwölfapostelleuchtern und -kreuzen hinter den kreisförmig angeordneten Bankreihen tragen die hölzerne Dachkonstruktion, die auf dem Unterbau nur mit den Spitzen aufliegt und darüber zu schweben scheint. Das steile, gefaltete Zelt ist mit Fichtenbrettern geschalt und außen mit Kupferbahnen eingedeckt. Zwischen Ring und Faltung kommt in dreieckigen Flächen Tageslicht in den Raum. Die Werktagskapelle mit halbkreisförmiger Konche hinter dem Sakramentsaltar sowie die kreisrunde Taufstätte zeichnen

Blick in die Taufkapelle

sich am Außenbau ab und sind mit Sichtbeziehungen als separate Funktionsbereiche im erdgeschossigen, quadratischen Unterbau untergebracht.

Abgesehen von der unsichtbaren und höchst komplizierten Dachkonstruktion, waren die Materialien von Bau und Ausstattung wie auch die architektonische Gliederung sehr einfach und schlicht gewählt: Die sichtbaren, konstruktiven Betonelemente blieben unbehandelt, alle Mauern bestehen aus hellroten Hartbrandziegeln im Kreuzverband, der Boden ist mit Ziegeln belegt, Granit ist bei der liturgischen Ausstattung verwendet, Weißglas, Edelstahl und Holz ergänzen den Materialkanon.

Das großflächige, sichtbare Ziegelmauerwerk am Außenbau bestand jedoch nur wenige Jahre und musste aufgrund von Bauschäden durch Witterungseinflüsse und Materialschwächen bald verputzt werden. 1979 stand eine erste Turminstandsetzung an. Ursprünglich war die Kirche nur mit einer bronzenen Marienstatue nach einem Entwurf von Blasius Gerg bildlich geschmückt. 1968 kam eine hölzerne Marienstatue hinzu, 1977 ein Kreuzweg und 1983 ein Wandteppich von Sr. Animata Probst (Augsburg) sowie 1984 eine Orgel. Das Kreuz über dem Altar, eine vergrößerte Nachbildung des Ulrichskreuzes, gelangte 1993 in die Kirche; das ursprüngliche Altarkreuz von Gerg wurde in die Sakramentskapelle versetzt. Ebenfalls 1993 schuf der Bildhauer Egon Stöckle (Hohenfurch) den neuen Tabernakel für die Sakramentskapelle. Die Kirche Zu den Heiligen Engeln ist als Einzeldenkmal in die bayerische Denkmalliste eingetragen.

UM CRUCS
können · vorausahnen · Am ende sein · bloßstellen
schweigen · · trauern · · · · tot

13 St. Vitus
Ottmarshausen

Pläne 1964, Baubeginn 21. Mai 1965, Grundsteinlegung 12. September 1965, Weihe 17. Juni 1967

Architekt: Karl Sendlinger, Westheim
Ausstattung: Hubert Zimmermann, Stuttgart (Altar, Taufstein, Priesterbank, Leuchter); Willy Schönfeld, Stuttgart (Relief am Altar); Max Faller, München (Sakramentsaltar, Tabernakel, Ewig-Licht, Portaltürgriffe)
Archivalien: KBK, Baumappe; DBA 3.321, 3.322, 3.324, 3.325, 3.327.
Literatur: Müller 1966, S. 276 und 329. – Kirchenführer St. Vitus. – Würmseher 2007, S. 526–530. – Pfarrkirche St. Vitus.

Südwestansicht

Die neue Pfarrkirche St. Vitus ersetzte eine im Kern hochmittelalterliche Kirche, die 1962 zum Abbruch freigegeben und 1970 tatsächlich gesprengt wurde. Aus dem Vorgängerbau, der südlich der heutigen Kirche am südlichen Ende des Friedhofs stand, wurden ausgewählte Ausstattungsobjekte übernommen. Karl Sendlinger erhielt 1964 den Auftrag für die Planung der neuen Kirche.

Das Raumprogramm schrieb für die Aufstellung des Tabernakels keine genaue Lage vor, er sollte jedoch nicht auf dem Hauptaltar stehen. Die Sedilien waren als Bank mit erhöhtem Mittelsitz an der Altarrückwand zu planen, der Sängerchor in der Nähe des Altars, aber nicht im Blickfeld des Volkes.

In seiner klaren kubischen Struktur mit einem mehrfach gefalteten Dach und winklig angeschlossenem Pfarrhaus fügt sich Sendlingers Gebäudegruppe in das Straßenraster und die Bebauungsstruktur des neueren Ortsteils unaufdringlich ein. Dabei wurden Sakralraum und Pfarrzentrum in dem geschlossenen Baublock untergebracht, ohne nach außen hin die verschiedenen Funktionsbereiche zu kennzeichnen. Richtungsweisend für die Gläubigen ist nur der aufragende freistehende und offene Glockenturm mit steilem Satteldach aus Sichtbeton. Die Umfassungsmauern der Kirche sind traditionell aus Ziegeln aufgemauert, die Dachkonstruktion besteht aus Holzbindern. Nur wenige konstruktive oder räumlich untergeordnete Bauteile sind aus grau gefasstem Beton. Natürliche Materialien wie Holz und Stein dominieren die Innenausstattung.

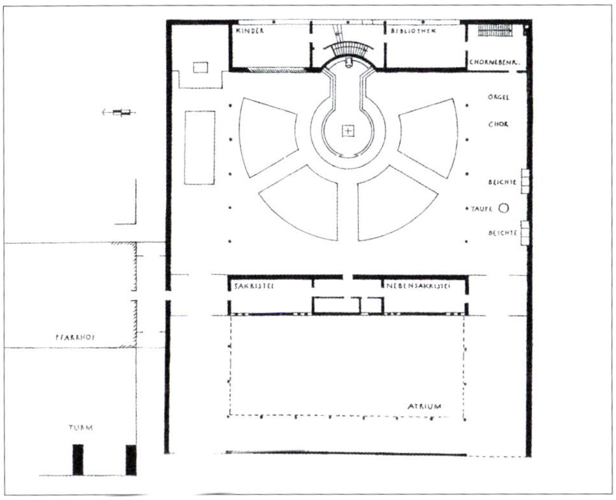

Grundriss; Bestandsplan

Der querrechteckige Hauptraum ist in einen flachen Kubus mit allseitig in gleicher Höhe verlaufenden Außenmauern integriert. Er formt mit den vorgelagerten, an drei Seiten verlaufenden und offenen, von zwölf schlanken Stützen getragenen Gängen ein von der Öffentlichkeit des Straßenraumes separiertes Atrium als Stätte der Sammlung. Die Flucht der Säulen und die Betonrippendecke der Umgänge sind nach innen hinter die breiten Bronzeportale fortgesetzt und definieren auf diese Weise einen dreischiffigen Kirchenraum, der das Ordnungssystem für die liturgische Einrichtung abgibt. Das Dach des Hauptraumes ist in zwölf Giebel mit verglasten Dreiecksfenstern

Atrium mit Turm und dem von Anita Rist-Geiger 2010 gestalteten Kreuzweg

Blick durch den Kirchenraum

gefaltet. Die kreisrunde, weit in den Raum hineingeschobene Altarinsel wird im Osten von einer Konche hinterfangen, die die Priesterbank aufnimmt, und an den anderen Seiten von den Kreissektoren der Bankreihen umgeben. Der Altar als Mahltisch ist mit einem Flachrelief des apokalyptischen Lamms geschmückt. In den seitlichen Raumabschnitten sind jeweils unter einer kreisförmigen Lichtöffnung links der Tabernakel und rechts der Taufstein untergebracht, darüber hinaus die Beichtstühle. Der östliche Raumteil des rechten Schiffs war ursprünglich für Chor und Orgel als sichtbarer Teil der Gemeinde gedacht, degradierte aber seit 1978 mit der räumlich abschrankenden Aufstellung der hohen Orgel an der Stirnwand vor dem Seitenschiff zur Abstellfläche. Die Ausstattung mit Holz und Stein ließ den architektonisch schlichten, hellen und weiten, kaum gegliederten Kirchenraum von Anfang an eine Geborgenheit ausstrahlen.
In dem Bauriegel zwischen Atrium und Kirche sind die Sakristei und die Bibliothek eingerichtet. Im Querriegel östlich hinter dem Kirchenschiff liegt auf zwei Ebenen das Pfarrzentrum mit Küche, Gruppen- und Proberäumen. Links der Konche befand sich früher hinter einer verglasten, schalldichten Lamellenwand mit Sichtverbindung

Bau der Nebenräume im Osten, 1965/1966

Altarinsel mit Apsisgestaltung von 2010

zum Altar ein eigener Raum für Mütter, die mit Kleinkindern den Gottesdienst besuchten. Dieses auch anderswo praktizierte räumliche Experiment, das streng genommen die Ausgrenzung einer Gruppe von Gemeindemitgliedern aus dem Gottesdienst bedeutete, wurde aber nicht angenommen und bald zugunsten eines weiteren Gruppenraumes aufgegeben.

Die Kirche hat ohne tiefgreifende bauliche Veränderungen überdauert; lediglich im Pfarrzentrum wurde die Binnenaufteilung gewandelten Bedürfnissen angepasst, und den leeren Raum hinter dem Tabernakel ließ man für eine Abstellkammer schließen. Eine Außeninstandsetzung wurde 1982–1986 durchgeführt. Die ehemals karge Ausstattung erfuhr jedoch im Laufe der Zeit einige Veränderungen. Die barocke Kreuzigungsgruppe aus der alten Pfarrkirche wurde von der Vorhalle in den Kirchenraum versetzt und ein ebenfalls barockes Engelspaar dem Tabernakel zugeordnet. 2001 wurde der Ort mit dem Allerheiligsten durch Altar und Ambo zu einer Sakramentskapelle aufgewertet. 2005 ließ man von Anita Rist-Geiger (Zusmarshausen) die Apsis figürlich mit dem Motiv Christkönigs und weitere Wandflächen farbig gestalten, 2010 nach Entwurf derselben Künstlerin den Kreuzweg im Atrium. Die Wandnische, die der an die Nordwand versetzte Beichtstuhl hinterließ, machte die Künstlerin zu einem Ort der Erinnerung.

St. Vitus ist als Einzeldenkmal in die bayerische Denkmalliste aufgenommen.

14 Maria am Wege
Windach

Entwurf 1965, Eingabepläne 1966, Baubeginn 1969, Weihe 27. Juni 1971

Architekt: Josef Wiedemann, München
Ausstattung: Blasius Gerg, Glonn (Altäre, Tabernakel, Ambo, Sedilien, Hängekreuz, Taufstein, Leuchter); Max Raffler, Greifenberg (Kreuzweg)
Archivalien: KBK, Baumappen; DBA 14, 4.163, 4.167–4.169, 4.173, 4.175, 18.179; A. M., Nachlass Josef Wiedmann.
Literatur: Müller 1966, S. 276. – AK München 1973, S. 198–199. – AK München 1981, S. 14–16. – AK München 1983, S. 85–87. – Karnapp 1996, S. 224. – Backmeister-Collacott 2006, S. 167–170 und 207. – Würmseher 2007, S. 647–650. – Gattinger/Suhr 2014, S. 852.

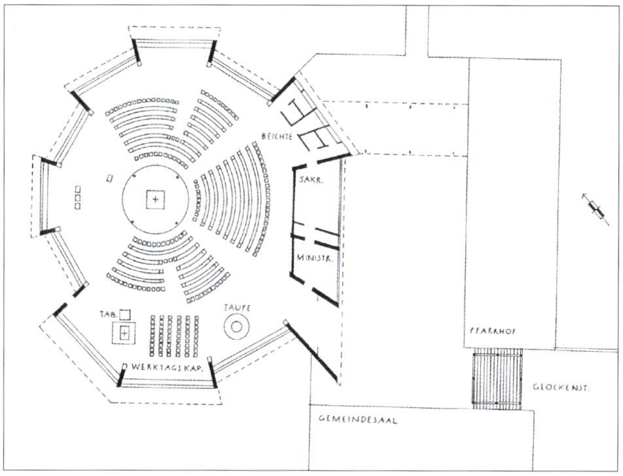

Grundriss, Bestandsplan

Mit dem Bau einer neuen Kirche mit Gemeindezentrum wurde Josef Wiedemann 1965 auf Wunsch des Gemeindepfarrers Heinrich Winterholler direkt beauftragt, den dessen Kirche Zur Heiligen Dreifaltigkeit in München tief beeindruckt hatte. Die Aufgabe bestand darin, eine Gemeindekirche außerhalb des historischen Ortskerns zu planen, die gleichzeitig wegen ihrer Lage direkt an der Bundesstraße (heute A 96) Reisenden ein Ort für die religiöse Einkehr sein sollte. Wegen finanzieller Engpässe im diözesanen Haushalt konnten die Bauarbeiten jedoch erst 1969 in Angriff genommen werden.
Zusammen mit dem Gotteshaus waren Gemeindesaal mit Bibliothek und Gruppenräumen, Pfarrhaus, Kindergarten

Nordwestansicht mit offenem Stahlglockenträger

Modellfoto, 1965/1966

und im Auftrag der politischen Gemeinde auch eine Schule zu planen, wodurch tatsächlich eine architektonische Einheit aus einer Hand geschaffen werden konnte. Wiedemann löste die Bauaufgabe, indem er die Kirche mit Vorplatz auf den höchsten Punkt des Geländes stellte und die anderen Funktionsbereiche entlang eines in flachen Rampenstufen ansteigenden Weges als „Rückgrat der Anlage" aneinanderfädelte. Sämtliche Nebengebäude sind als erd- beziehungsweise zweigeschossige Putzbauten mit flachem Pultdach ausgeführt und auf einer Seite durch Holz-Glas-Elemente geöffnet. Für die Kirche selbst variiert Wiedemann zum zweiten Mal nach Landsberg das für München entwickelte Zeltmotiv. Der Zentralraum erhebt sich auf einem unregelmäßigen Zwölfeck. Annähernd im Zentrum, in einer leichten Senke unter der größten Raumhöhe steht der Altar, den keine Stufe von

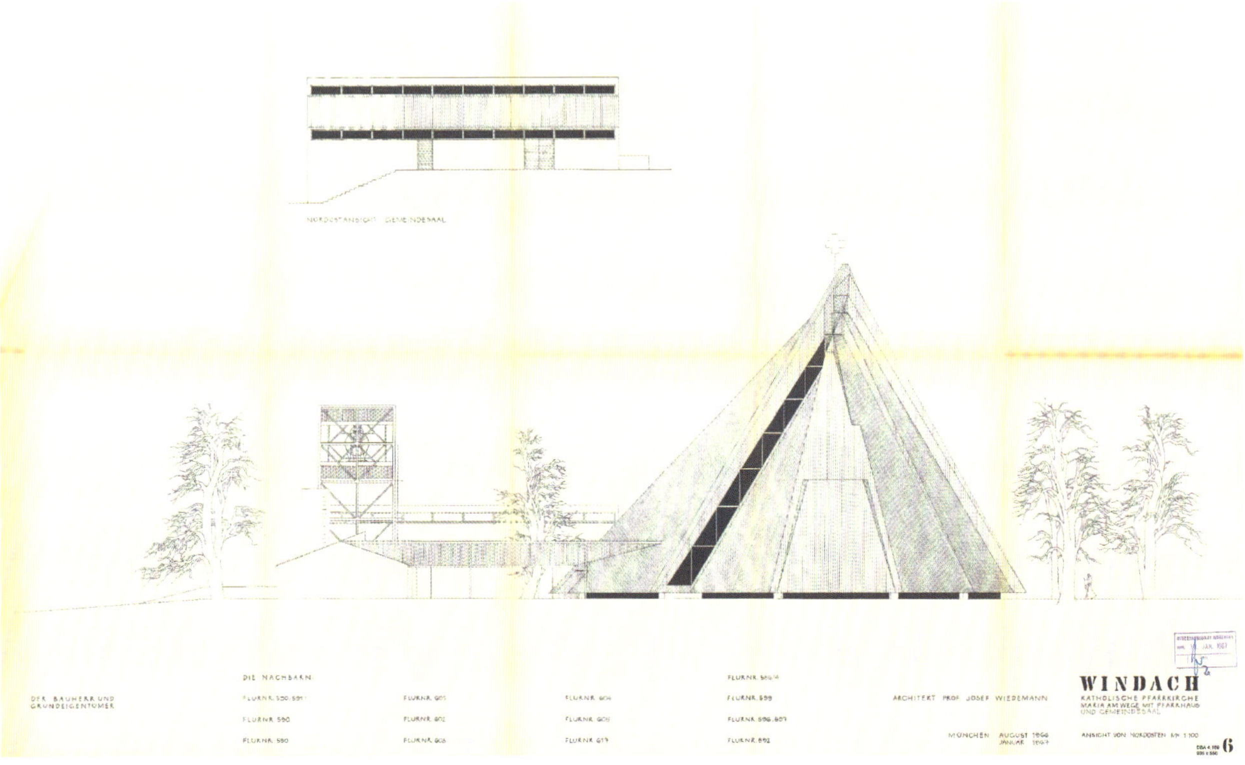

Ansicht von Nordosten, Josef Wiedemann, 1966/1967

Nebenaltar mit Tabernakelstele von Blasius Gerg

der Gemeinde trennt. Chor, Sakramentskapelle und Sakristei sind durch geschickte Flächenaufteilung innerhalb des Polygons ohne Annexbauten untergebracht. Das Dach mit seinen verschieden geneigten Flächen schwebt optisch über einem Lichtstreifen über dem niedrigen Unterbau; Lichtstufen in verschiedenen Höhen ermöglichen ein wirkungsvolles Spiel mit Licht und Schatten. Das komplizierte Tragwerk, in das die axial gegeneinander verschobenen Holzflächen eingespannt sind, wird aus spiralförmig angeordneten Holzbindern gebildet. Formale Anregungen für diese komplizierte Dachform holte sich Wiedemann nachweislich bei historischen Pferdegöpeln, also frühen Industriebauten des 18. Jahrhunderts. In beeindruckender Fernwirkung kommuniziert der Kirchenbau in seiner Form mit der Gebirgskette am Horizont. Der niedrige, offene Glockenträger aus Stahl fungiert nicht als bauliche Dominante, sondern als Eingangsportal zum Kirchplatz.

Die künstlerische Ausgestaltung des Inneren ist völlig unprätentiös und erteilt jeglicher Repräsentation eine Absage. Boden und Wände zwischen den Stahlbetonstützen sind in Ziegel gestaltet, Holz verkleidet die Deckenflächen. Blasius Gerg verwendete für die Altäre in einfacher Tischform, die Tabernakelstele und den Taufstein Granit; Leuchter und Sedilien sind dagegen aus Metall gefertigt. Materielle Akzente setzen hauptsächlich der vergoldete Tabernakel aus Bronze und die große, über dem Zelebrationsaltar abgehängte Messingscheibe mit durchbrochenem Kreuzzeichen.

1974 wurde nach Planung Wiedemanns die thronende Muttergottes aus dem 13. Jahrhundert als Hauptschmuck des Raumes aufgestellt, 1976 kam die Orgel hinzu. Der Ambo, der aus zwei romanischen Steinplatten mit den Reliefs zweier Propheten zusammengefügt ist, gehört ebenfalls nicht zur Erstausstattung; außerdem steht heute ein Südtiroler Kruzifix aus dem 18. Jahrhundert im Altarbereich.

Das Pfarrzentrum Maria am Wege ist als Einzeldenkmal in die bayerische Denkmalliste aufgenommen, in den Denkmalatlas allerdings ohne den dazugehörigen Gemeindesaal.

15 St. Magnus
Marktoberdorf

Wettbewerb 1965, Grundsteinlegung 30. April 1966, Weihe 15. Dezember 1968

Architekt: Adolf Kreutzer, Augsburg
Ausstattung: Blasius Gerg, Glonn (Altarinsel, Altar, Tabernakel, Betonelemente der Fenster, Vortragekreuz, Ewig-Licht, Altarleuchter); Otto Kobel (Taufstein, Osterleuchter)
Archivalien: KBK, Baumappen; DBA 5.519, 5.520, 5.523.
Literatur: Würmseher 2007, S. 454–457. – Kirchenführer St. Magnus 2008. – Würmseher 2013.

Orgelempore im östlichen Kreuzarm

Die seit 1953 mit dem Stadtrecht ausgestattete Gemeinde Marktoberdorf, die sich nach dem Zweiten Weltkrieg zum Industriestand- und Erholungsort entwickelte, wuchs vor allem durch die Ansiedlung Heimatvertriebener. In einem Neubaugebiet, das damals noch durch einen Grüngürtel vom historischen Ortskern im Süden getrennt war, entstand die neue, nach dem „Apostel des Allgäus" benannte Stadtpfarrkirche, für die das Diözesanbauamt ursprünglich Thomas Wechs sen. als Architekt vorgesehen hatte. Nachdem die Kirchenverwaltung sein Vorprojekt jedoch abgelehnt hatte, wurde ein beschränkter Ideenwettbewerb ausgelobt, zu dem sechs schwäbische Architekturbüros Entwürfe einreichten. In einem ersten Bauabschnitt sollten Kirche und Pfarrhaus entstehen, in späteren Jahren das Pfarrheim mit Saal, Jugendräumen und Bibliothek. Für den Bau der Kirche war ein Grundstück erworben worden, auf dessen südlichem Teil weitere öffentliche Gebäude vorgesehen waren; somit war eine städtebauliche Anlage zu schaffen, die die Funktion eines neuen Ortskerns zu erfüllen hatte.

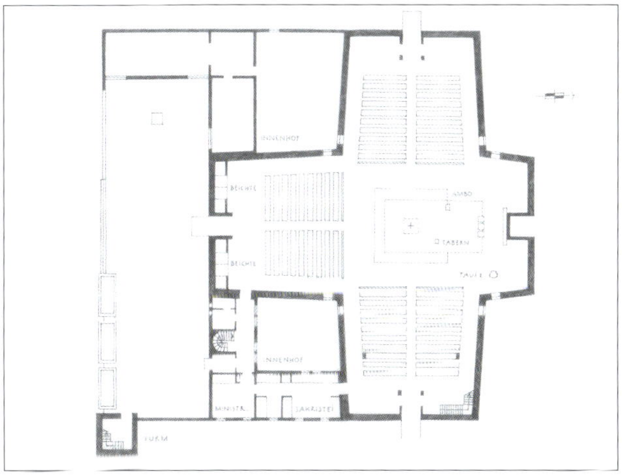

Grundriss; Bestandsplan

Als Gestaltungsrichtlinie für den Chorraum war in den Wettbewerbsunterlagen die *Instruktion zur ordnungsgemäßen Durchführung der Konstitution über die heilige Liturgie* zitiert. Dementsprechend schied das Preisgericht eine unentschlossene, selbst durch eine in den Raum geschobene Altarinsel kaum zentralisierte Wege-Kirche und zwei traditionsverhaftete Vorschläge mit breitem Versammlungsraum, aber räumlich ausgeschiedenem Chor sofort aus. Zwei weitere Entwürfe variierten jeweils das Schema des diagonal ausgerichteten Kubus auf nahezu quadratischer Grundfigur. Zur Ausführung empfohlen wurde der Wettbewerbsbeitrag von Adolf Kreutzer, der sich in der Diözese bereits mit Kirchenbauten in Nordendorf, Bellenberg und Rott a. Lech etabliert hatte. Gleichwohl musste Stadtpfarrer Bergler erst noch von dem Bauplan überzeugt werden, da er wegen des Wasserablaufs vom Flachdach und der Belichtungsverhältnisse Bedenken hatte.
Über einem kreuzförmigen Grundriss mit drei annähernd gleich großen Armen, der wie selbstverständlich am Kreuzungspunkt die mittige Stellung des Altars betont und dadurch den modernen liturgischen Anforderungen entgegenkommt, erhebt sich ein mehrgliedriger, geschlossener Baukörper ohne ausgebildete Hauptfassade, der gegen-

Altarinsel mit Altar, Tabernakel (Blasius Gerg) und Wandmosaik (Benedict Schmitz)

Blick durch den Kirchenraum

über der kleinteiligen Wohnbebauung nicht zu mächtig wirken sollte. Es ist der abgerückte, stark plastisch wirkende Turm in Sichtbeton, der weithin sichtbar den Kirchenbezirk markiert. Um einen kleinen Innenhof arrangierte Sakristeiräume schließen den Kreuzwinkel im Südosten; gegenüber nimmt ein niedriger, winklig angefügter Baukörper die weiteren Nebenräume auf und formuliert zusammen mit dem abgerückten Turm zur Stadtseite hin einen Vorplatz.

Wie im Ausschreibungstext gefordert, ist die Baukonstruktion des geschlossenen Kirchenbaukörpers, der in seiner Introvertiertheit an die Kirchenburgen Alexander von Brancas erinnert, in einfacher Weise als sichtbares Stahlbetonskelett mit Ziegelmauerwerksscheiben ausgeführt, die außen verputzt und innen in materialsichtiger Ornamentik mit hellen Fugen belassen sind. Die Gemeinde hatte nach Besichtigungsfahrten zu neuen Kirchenbauten in der Region ausdrücklich keine Sichtbetonkirche gewollt. Während sich die Deckenflächen in den Gemeindebereichen zum Altar hin absenken und den Blick auf die geistige Mitte konzentrieren, erhebt sich über diesem ein zeltförmiges Dach, das – von außen kaum sichtbar – im Inneren die Vierung betont und durch ein Oberlicht die Altarinsel beleuchtet. Durch vertikale Fensterschlitze erhält das Presbyterium eine zusätzliche Betonung. Traditionell ist der Einbau einer Empore für Organist und Sängerchor, die im Bauprogramm nicht ausdrücklich gefordert war.

Die Farben und Materialien des Betons, Ziegelsteins, Holzes der Decken und des Gestühls, der Türen und Beichtstühle bestimmen die Atmosphäre des Kirchenraums. Schlicht und kraftvoll präsentiert sich auch die Altarinsel, die Blasius Gerg in weißem Juramarmor gestaltete. Intensiv diskutiert wurde der Aufstellungsort des Tabernakels. Die Mitglieder der bischöflichen Kunstkommission favorisierten eine Platzierung an einer Seitenwand, der Stadtpfarrer im zentralen Raum, woraufhin man sich auf die Altarinsel einigte.

Der Taufstein kam 1972 zur Ausstattung hinzu. Ab 1971 wurde der Kirchenraum mit verschiedenen geschnitzten Bildwerken ausgestattet. Die Stirnwand hinter dem Altar war von Anfang an für eine Gestaltung reserviert und blieb lange Zeit nur mittels eines provisorischen Vorhangs gegliedert; im Entwurfsmodell hatte Kreutzer mit einem großformatigen Relief experimentiert. Ein Arrangement aus Betonplatten war damals wegen vermeintlich erman-

Südwestansicht

gelnder künstlerischer Leistung durchgefallen; der Stadtpfarrer hatte eher eine aus der Romanik schöpfende Darstellung des überhöhten Heilands gewollt.
Das 1996 nach einem Entwurf von Br. Benedict Schmitz (Ingolstadt, Fertigung Mayer'sche Hofkunstanstalt München) zusammengesetzte Mosaik zeigt die Wiederkunft Christi und folgte damit in Format und Bildvorstellung der Idee von 1967. 1998 kamen die schmalen Mosaikbänder mit den Kreuzwegstationen hinzu.
Bautechnisch hatte sich die Dachkonstruktion schon bald als undichte Fehlkonstruktion erwiesen, die viel Aufmerksamkeit erforderte. Im Zuge der umfassenden Außen- und Inneninstandsetzung in den Jahren um 1985 wurde durch die Verschindelung der Dachzone und den grauen Anstrich der Sichtbetonflächen die Ästhetik des Bauwerks verändert. Lediglich der Glockenturm blieb in seiner Betonsichtigkeit bestehen.

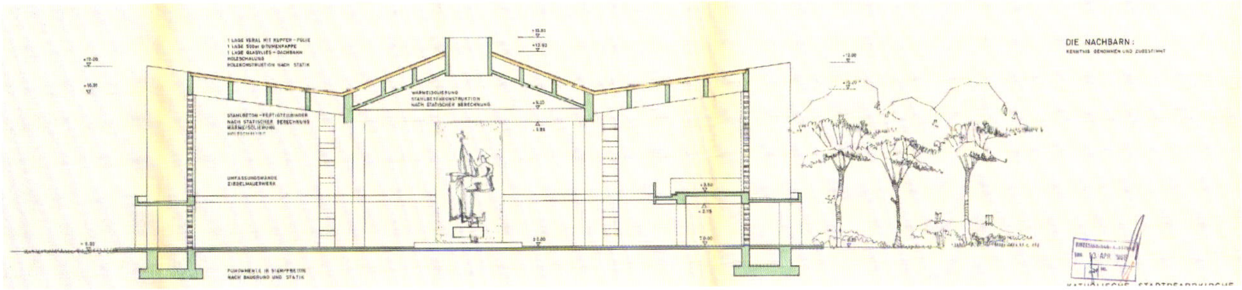

Schnitt mit Dachaufbau, Adolf Kreutzer, 1966

16 Christus, unser Friede
Neu-Ulm – Ludwigsfeld

Wettbewerb 1965, Eingabepläne 1967, Grundsteinlegung 1969, Weihe 16. Mai 1971

Architekt: Othmar Lehner, München
Ausstattung: Friedrich Koller, Laufen (Altarinsel, Altäre, Ambo, Sedilien, Ewig-Licht, Vortragekreuz, Leuchter, Weihwasserschalen, Reliefwand der Sakramentskapelle, Tabernakel, Taufbrunnen)
Archivalien: KBK, Baumappen; DBA 3.500, 3.501, 3.505.
Literatur: Innenausstattung 1971, S. 323. – Festschrift Ludwigsfeld 1987. – Würmseher 2007, S. 499–501. – Pfarrkirche Christus, unser Friede.

Die neue Stadtpfarrkirche mit Gemeindezentrum im Neu-Ulmer Ortsteil Ludwigsfeld entstand auf einem freien Gelände, auf dem ein neues Ortszentrum mit Schule und katholischem Gemeindezentrum geplant war. Als Baugebiet 1862 erschlossen, begann in den späten 1960er Jahren eine gravierende Erweiterung und städtische Überformung des bis dahin ländlich geprägten Straßendorfs, das 1952 eine Notkirche als katholisches Gotteshaus erhalten hatte.
Das Bauprogramm des 1965 ausgeschriebenen beschränkten Wettbewerbs für das neue Pfarrzentrum hatte vorgesehen, zuerst Kirche und Pfarrhaus und dann in einem zweiten Abschnitt Kindergarten und Pfarrheim zu errichten. Vier Vorprojekte hatte das Preisgericht, dem Josef Wiedemann vorsaß, zu beurteilen. Tatsächlich begann man dann aber 1968 mit dem dringend notwendigen Kindergarten, und die anderen Gebäude wurden zwischen 1969 und 1971 realisiert.

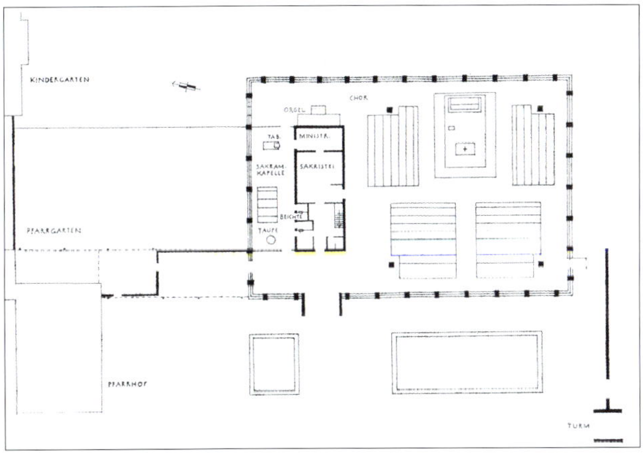

Grundriss, Bestandsplan

Südansicht

Mit dem neuen Kirchenzentrum musste ein städtebauliches Scharnier zwischen der aufgelockerten Bebauung mit Siedlungshäusern, der nordöstlich des Bauplatzes aufragenden Blockbebauung und achtgeschossigen Hochhäusern – den ersten in Neu-Ulm – sowie einem neuen Schulgebäude geschaffen werden. Manfred Wacker und Erich Niederbacher stellten einen im Grundriss mehrfach gebrochenen Baukörper vor, wie sie ihn kurz zuvor erfolgreich für die neue Pfarrkirche in Krumbach entwickelt hatten, den die Jury in Neu-Ulm aber als eher „willkürlich" denn „eigenwillig" bezeichnete. Willy Hornungs Vorschlag einer Kirche auf organisch geschwungenem Grundriss mit plastischer Lichtöffnung auf dem Flachdach über dem Altar konnte als in die städtebauliche Umgebung wenig eingebundenes Konglomerat einzelner Architekturmotive ebenso wenig überzeugen.
Othmar Lehner, dessen Vorprojekt mit wenigen Veränderungen zur Ausführung empfohlen wurde, löste die Aufgabe durch die Wahl in Höhe und Volumen bescheidener, aber ebenso konzentrierter und klarer Baumassen, die sich einerseits schlicht in die Umgebung einfügen und andererseits durch die kristalline Form des Kirchdachs

Sakramentskapelle mit Tabernakelwand von Friedrich Koller

Kirchenraum mit Neugestaltung von 1985/1986

ein eigenes, in der Funktion verständliches, aber dennoch bescheidenes Gewicht erhielten. Auf einen hohen Glockenturm wurde verzichtet. Kindergarten, Pfarrheim und Pfarrhaus sind in flachgedeckten Kuben untergebracht, die durch ihre Anordnung lebendige Außenräume für Pfarrgarten, Kinderspielplatz, Hofraum am Pfarrheim und einen Kirchvorplatz mit niedrigem Glockenträger formen. Im Vorentwurf waren die Gemeindebauten mit flachgeneigten Satteldächern gedeckt, die dann im Ausführungsentwurf zugunsten einer Straffung und Klärung der Baugruppe sowie zur besseren Einfügung in die Umgebung Flachdächern wichen.

Der Kirchenraum selbst erfuhr in seiner inneren Aufteilung einige Änderungen. Ursprünglich war er als Einheitsraum entworfen mit in den flachgedeckten Bereich wie in eine Kapellenzone oder in ein niedrigeres Seitenschiff hineingerücktem Sakramentsaltar mit dazugehörigen Bankreihen. Für die Bauausführung wurde er dann in deutlich voneinander getrennte Funktionsorte aufgeteilt. Die Gemeindekirche ist nun unter dem Faltdach eingerichtet, daran grenzt ein innenliegender Kubus mit Sakristeien und Beichtkammern an, und erst dahinter liegt die nun völlig separierte Sakraments- und Werktagskapelle mit Tabernakel und Taufstein. Die vom Architekten ursprünglich intendierte, im ganzen Raum spürbare Anwesenheit des Allerheiligsten wurde in der gebauten Kirche nicht liturgisches Konzept. Die kleine Werktags- und Sakramentskapelle ist durch eine Glaswand aus dem Vorraum ausgegliedert und gleichzeitig wiederum mit ihm verbunden. Das Allerheiligste selbst wird hinter einem Bronzegitter in einer mächtigen Kalksteinwand mit Schuppenrelief aufbewahrt, die über ein Oberlicht beinahe wie eine Erscheinung hell erleuchtet und plastisch betont ist.

Die Gemeindekirche ist ein großer, lichtdurchfluteter, nach oben aufbrechender Raum, der sein Licht durch die verglasten Giebelflächen des von vier Stützen getragenen und mit Holz verkleideten Faltdachs erhält. Auf die von Lehner eigentlich eingeplante farbige Verglasung hatte man wegen einer schon von der Wettbewerbsjury befürchteten Störung des Innenraums verzichtet. Für die notwendige Beschattung der großen Glasflächen in dem sonst introvertierten Raum sorgt die Bepflanzung der Außenanlage, die dadurch gleichzeitig die Umgebung in den Sakralraum einbindet, ein Effekt, den auch ein in der Sockelzone umlaufendes Lichtband erzielt, durch das der

Baustelle, 1970

Baukörper einen leichten und über dem Boden schwebenden Charakter erhält. Im Vorprojekt war noch eine Natursteinverkleidung vorgesehen, die aber des Budgets wegen verworfen wurde. Stattdessen sind nun außen und innen die aufgehenden Ortbetonwände in Anlehnung an die ursprünglich intendierten Steinquader lebendig strukturiert.

Aus den vielfachen gestalterischen Möglichkeiten des Betons schöpfte auch Friedrich Koller bei der Ausstattung der neuen Pfarrkirche. Annähernd in der Mitte, auf der weit in den Raum gezogenen Altarinsel, die auf drei Seiten von Bankblöcken umschlossen wird, liegt der Altar. Weder er noch Ambo und Sedilien sind, wie damals vielfach üblich, als leichtes, verrückbares Mobiliar konzipiert, sondern, ganz im Gegenteil, als eine in einer organisch fließenden Bewegung „aus dem Boden wachsende monolithische Landschaft aus Beton“ (Ulrichsblatt, 26. Jg., Nr. 20, 16.5.1971). Auch der originelle Taufbrunnen am Eingang zur Sakramentskapelle, der mit fließendem Wasser gespeist werden sollte, ist aus Beton gestaltet. Neben Sichtbeton waren Ziegelplatten, Holz und Glas die Materialien, die in ihrer Schlichtheit und mit ihrem Farbklang den Kirchenraum beherrschten. Metallische Akzente setzten nur das Vortragekreuz und die Altar- wie Apostelleuchter.

In den späteren 1980er Jahren wurde der zurückhaltende, in Material und Ausstattung bescheidene Kirchenraum in seiner farblichen und dekorativen Gestaltung entscheidend verändert. Die Pfarrei hatte eine künstlerische Bereicherung angestrebt und für diesen Zweck vier Künstler eingeladen, Entwürfe zu entwickeln, die sich in Anlehnung an das Patrozinium mit dem himmlischen Jerusalem auseinandersetzen sollten. Die Wahl fiel auf den Entwurf von Peter Burkart (München), der lediglich mit einem Farbkonzept arbeitete und die Architektur als solche nicht antastete. Die konstruktiven Glieder wurden durch kräftigen Farbauftrag betont, der Betonfries unterhalb der Giebelverglasung als Brüstung gestaltet und goldene Akzente an der Architektur sowie mit dem neuen Lichtsystem geschaffen. Die marode Betonoberfläche der Altarinsel ließ man im Zuge der Innenraumgestaltung durch Friedrich Koller überarbeiten und mit goldschimmernden Intarsien dekorieren, die in einem feinen Gespinst, Wellenbewegungen und Fische darstellend, Wegebeziehungen zwischen dem Mobiliar schaffen.

Altarinsel von Friedrich Koller (Aufnahme 1972)

17 Zur Göttlichen Vorsehung
Königsbrunn

Wettbewerb 1966, Eingabeplan Februar 1967, Baubeginn 15. Juli 1968, Rohbau September 1969, Weihe 14. März 1971

Architekt: Justus Dahinden, Zürich
Ausstattung: Entwurf Justus Dahinden, Zürich; Ausführung Franz Berz, Wettringen (Altäre, Tabernakel, Ambo, Taufbrunnen, Orgelprospekt)
Archivalien: KBK, Baumappen; DBA 288, 4.714–4.716, 4.723, 4.729, 4.731.
Literatur: Festschrift Zur Göttlichen Vorsehung 1971. – AK München 1973, S. 70–71. – Reitmayer 1997, S. 415–417. – AK München 1974 1984, S. 54. – Würmseher 2007, S. 413–416. – Pfarrkirche Zur Göttlichen Vorsehung.

Blick durch den Kirchenraum zu Orgel, Altarinsel und Tabernakel

Das neue Pfarrzentrum Zur Göttlichen Vorsehung war die zweite katholische Pfarrei in Königsbrunn, einer rasch wachsenden Gemeinde im Großraum Augsburg. Noch vor der Verleihung des Stadtrechts im Jahr 1967 war das Patrozinium gewählt worden, ein Titel, den es in Augsburg noch nicht gab und der im Falle einer Eingemeindung Verwechslungen vorgebeugt hätte. Pfarrkirche mit Pfarrhaus, kleinem Pfarrheim und Kindergarten waren als städtebauliches und soziales Zentrum einer zukünftigen „Satellitenstadt“ (Festschrift Zur Göttlichen Vorsehung 1971, o. S.) geplant, nach dem sich die weitere umliegende Bebauung einschließlich der neuen Schule richten sollte. Sechs Architekten lud das Bistum Augsburg ein, Vorprojekte einzureichen, darunter fünf zumeist weniger bekannte lokale Büros und auf Wunsch Bischof Stimpfles auch Justus Dahinden aus Zürich, zu dem er über die Mission in Verbindung stand.

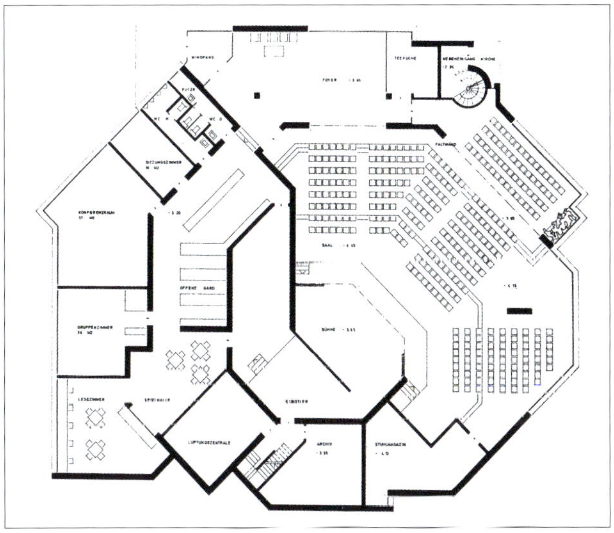
Grundriss, Justus Dahinden, 1967

Gemäß dem Bauprogramm konnte ein stattlicher Glockenturm schon von Weitem von der Kirche künden. Das Pfarrheim dagegen sollte bescheiden dimensioniert sein, mit Gruppenräumen und Bibliothekszimmer, da beabsichtigt war, zu einem späteren Zeitpunkt ein großes gemeinsames Zentrum für alle Pfarreien Königsbrunns zu bauen. Für die liturgische Planung war die *Instruktion zur ordnungsgemäßen Durchführung der Konstitution über die heilige Liturgie* maßgebend.
Von allen Vorprojekten war der Entwurf von Justus Dahinden, den er außer Konkurrenz eingereicht hatte, der künstlerisch-eigenwilligste und theologisch wie liturgisch-funktional am besten durchdachte, der sich fundamental von den anderen Sattel- und Flachdachbauten mit Kirchturm unterschied. Mit wenigen Änderungen kam sein Vorprojekt zur Ausführung. Um Kosten zu sparen, reduzierte man den Turmaufbau um sechs Meter, nachdem ein überraschender Baustopp in der ganzen Diözese erfolgt war.
Die leicht erhöht liegende Kirche bildet den Schwerpunkt der Anlage, die in freier und aufgelockerter Grundrisslösung aus einem Achteck entwickelt ist. Im Süden grup-

Tabernakel und Ewig-Licht im Turmunterbau

Südwestansicht mit heutigem Spritzbetonüberzug

pieren sich in einem polygonalem Arrangement Pfarrhof und Kindergarten und bilden auf diese Weise einen Hof als Stätte der inneren Sammlung, über den auch sämtliche Gebäudeteile erschlossen werden. Von der Kirche führt eine großzügige Stufenanlage hinab zum Straßenniveau. Im Sockelgeschoss sind Pfarrsaal, Bibliothek, Gruppen- und weitere Nebenräume untergebracht. Gesteigert wird die solitäre Wirkung der Baumassen durch die umgebenden Grünstreifen, die einerseits die umgebenden Straßenzüge und Bauten auf Abstand halten und andererseits der künftigen Bebauung keine Verpflichtungen auferlegen.

Außen bestand das Bauwerk ursprünglich aus Sichtbeton mit Kupferabdeckungen und Glas. Die kubisch verschachtelten Baumassen der kristallinen Großplastik steigern sich vom niedrigen Umgang bis zum Turmaufbau stufenweise und gipfeln entsprechend der Differenzierung nach Raumbedeutungen im Choraufbau und im turmartig bekrönenden Glockenträger, der den Tabernakelstandort bezeichnet. Innen bestimmen Sichtbeton mit Schalungsstruktur an den aufgehenden Wänden und versiegelter Hartbeton auf den Bodenflächen, Holz und schwarz gefasstes Metall den Material- und Farbkanon. Zeltartig überspannt die hölzerne Kirchendecke aus Stegträgern, die auf den Außenwänden aufliegen, den Kirchenraum, dessen Belichtung blendungsfrei ausschließlich über Oberlichte geführt ist.

Durch sinnhafte Akzentsetzung erhalten die liturgischen Orte ihre Verständlichkeit und gemeinschaftsstiftende Wirkung. Der frei umschreitbare Mahltisch als „liturgisches Zentrum der Actio" markiert die Mitte des Kirchenraumes „mit bester Übersichtlichkeit von allen Plätzen". Der Ambo als Ort des Wortes ist „als sichtbare Verkündigungsstelle" nochmals ein wenig erhöht und mit den Sedilien zusammengeführt (Erläuterung Dahindens, KBK, Baumappen). Eine besonders wirkungsvolle Inszenierung erhält die Tabernakelstele aus Metall und Panzerglas als Ort der Realpräsenz Christi durch den sie umgebenden Unterbau des Turmes; seine durchbrochenen Wandflächen umfangen sie baldachinartig und bündeln das durch einen Schacht einfallende Tageslicht an dieser Stelle. In den Raumbezügen ist sie sowohl dem Chorzentrum und damit dem Hauptgottesdienst zugeordnet als auch der Andachtskapelle für die private Versenkung, die durch eine Säulengalerie mit tragender Funktion vom Kirchenraum abgetrennt ist. Sängerchor, Orchesterplätze und Orgel sind auf einer nur leicht gestuften Estrade in engste Verbindung zu Altarstätte und Gemeinderaum ge-

Taufkapelle

bracht. Der Ort der Taufe ist in einer separaten Nische gleichzeitig nahe dem Haupteingang und dem Chor eingerichtet, die Orte für die Beichte in den niedrigen Raumabschnitten im Hintergrund.

Dadurch, dass sich Justus Dahinden zu seinen Bauten mehrfach publizistisch äußerte, sind auch seine Architekturpositionen zum Kirchenbau unmittelbar nachvollziehbar. Zeitgemäße Kirchenbauten sollten, so schreibt er, „nicht mehr allein stehen. Sie sind Bestandteil von Aktivzentren", die neben der Funktion des Gottesdienstes als Stätte der Begegnung, der Diskussionen, Versammlungen, Gruppenarbeit und des Unterrichts fungieren. „Alle diese Räume sollen miteinander kommunizieren, damit das ganze kirchliche Zentrum im Sinne des Gemeindewerkes lebendig werden kann." Die Kirche ist ein Bauwerk, das „eine spezifische Aufgabe erfüllt". Jedoch soll sie nicht als bauliche Dominante in Konkurrenz zur Umgebung treten, sondern „sich völlig in das Geschehen der gemeinschaftlichen Aktivitäten des Menschen" einfügen. Die komplizierte bauliche Struktur in Königsbrunn ist als Spiegelung der „pluralistischen Sozietät" der „modernen Gesellschaft" zu lesen, gleichzeitig der „ebenso wenig überschaubaren und ebenso wenig begreifbaren Formen des inneren Verhältnisses, welches der Mensch und die Gemeinde zu den übernatürlichen Werten heute in sich fühlt", aber auch als Sinnbild von prozessualem Wachstum und Lebendigkeit einer Gemeinde. Beton ist für Dahinden alles andere als ein „kaltes" Baumaterial. Vielmehr ist er gerade in seiner Ehrlichkeit unverfälschte Naturform und in seiner rauen Holzstruktur der Schalung eine echt handwerkliche Bauart. Die gottesdienstliche Handlung blieb für Dahinden die spezifische Aufgabe der Kirche, und dieser Symbolgehalt musste „auch auf die tektonischen Verhältnisse jeder räumlichen Konzeption ausstrahlen. Wenn dies nicht der Fall ist, steht das Raumgeschehen im Widerspruch zum funktionalen Geschehen" (sämtliche Zitate aus Dahindens Schriften zum Kirchenbau).

Trotz der zurückhaltenden, einfachen und flexiblen Möblierung des Kirchenraums – die Stühle waren übrigens die gleichen wie im Pfarrsaal – war die Königsbrunner Gemeindekirche noch kein Mehrzweckraum, wie ihn Dahinden wenig später (Pfarrkirche Bruder Klaus, Spiez) realisiert hat. Angeregt durch die aktuellen Diskussionen um Gestalt und Funktion des Kirchenbaus, plante er in Königsbrunn noch 1968, kurz vor Baubeginn, eine großzügige Rampenverbindung zwischen Kirche und darunterliegendem Pfarrsaal mit Bühne ein, um in den fließenden Raumgrenzen neue Möglichkeiten des Gebrauchs zu erwirken. Dabei dachte er etwa an die gleichzeitige Feier des Wortgottesdiensts für die Kinder im Saal und des Mahlgottesdiensts für die Erwachsenen in der Kirche oder an vorliturgische Feiern mit anschließender Andacht.

Innen wurde der Kirchenraum im Lauf der Jahre kaum verändert. Der 1982 aufgehängte Kreuzweg ist ein Werk des Münchner Künstlers Claus Bastian, der 1933 als erster Häftling im KZ Dachau registriert wurde. 1983 wurden die Fassaden aus konservatorischen Gründen mit Spritzbeton überzogen, was den Charakter des Bauwerks entschieden veränderte. Bei einer weiteren Sanierung ließ man ab 1998 das Gemeindezentrum vollständig entkernen.

Ursprüngliche betonsichtige Nordwestansicht (Aufnahme 1972)

KATH. KIRCHE
CHRISTI
HIMMELFAHRT

18 Christi Himmelfahrt
Kempten

Wettbewerb 1966, neuer Vorentwurf Juni 1968, Baubeginn Juni 1969, Weihe 20. Mai 1971

Architekten: Robert Gerum und Karl Rubner, Augsburg
Ausstattung: Reinhold A. Grübl, Ebenhausen (Altarpodeste, Altar, Ambo, Weihwasserbecken, Tabernakel, Kredenz, Ewig-Licht, Leuchter, Farbgestaltung, Gestaltung der Außenwand)
Archivalien: KBK, Baumappen; AMS, Nachlass Robert Gerum; DBA 1.402, 1.407.
Literatur: Festschrift Christi Himmelfahrt 1971. – Neue Kirchen 1972, S. 32. – AK München 1973, S. 94–95. – AK München 1983, S. 88. – AK München 1984, S. 52–53. – Kahle 1990, S. 116 und 145. – Würmseher 2007, S. 398–401. – Festschrift Christi Himmelfahrt 2011.

Die Kemptener Stadtpfarrei Christi Himmelfahrt war seit 1926 auf eine Notkirche angewiesen. Das am westlichen Fuß der Burghalde gelegene Grundstück für den Neubau stellte mit seiner gegenüber dem Straßenniveau vertieften Senke besondere planerische Aufgaben an eine Kirche. Bereits im Ausschreibungstext des 1966 durchgeführten Architekturwettbewerbs wurde die Zweigeschossigkeit des neuen Pfarrzentrums mit einer „Art Gartengeschoss“ für das Pfarrheim angeregt. Dieses sollte Raum für alle Bedürfnisse der Kirchengemeinde bieten und einen Pfarrsaal, Gruppenräume, eine Bibliothek, einen Pfarrhof und ein Wohngebäude für die Bediensteten der Pfarrei enthalten. Für die Gestaltung der Gemeindekirche selbst war die *Instruktion zur ordnungsgemäßen Durchführung der Konstitution über die heilige Liturgie* maßgebend. Weder von einem Mehrzweckraum noch von einer gesonderten Sakramentskapelle war damals die Rede. Der Kemptener Pfarrer Max Knorr wollte von Anfang an eine eher quadratische Kirche, die es ermöglichte, die Gemeinde um den Altar zu versammeln, was jedoch keinen Eingang in die Wettbewerbsunterlagen fand.

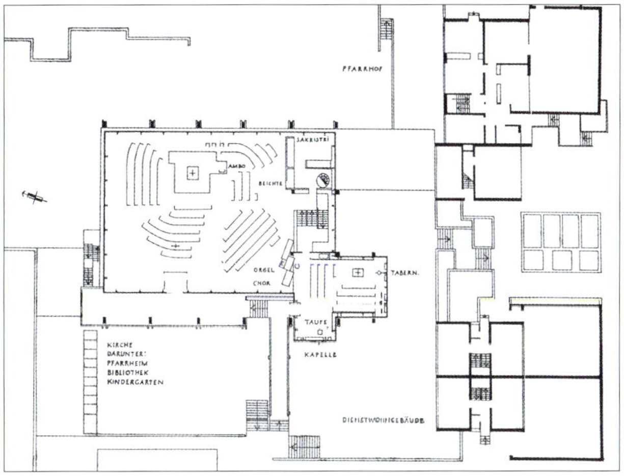

Grundriss, Bestandsplan

Mehrzweckraum im Tiefgeschoss (Aufnahme 1978)

Die Vorprojekte zeigen eine große Bandbreite an Konzepten: herkömmliche Wege-Kirchen mit ausgeschiedenem Chor, geweitete und quadratische Gemeinderäume, Steil- und Flachdächer sowie Anlagen mit und ohne Turm. Robert Gerums und Karl Rubners Entwurf eines geschlossenen Kubus wurden zwar viele Vorteile zuerkannt, er schied aber aus, da das Preisgericht in Teilen eine so auffallende Ähnlichkeit mit der Piuskirche in Arzl in Tirol (Josef Lackner, 1959/1960) sah, dass man ihn „so nicht mit gutem Gewissen ausführen könne“. Allerdings traf der Plagiatsvorwurf wenig später auch das zur Ausführung empfohlene Projekt von Jens-Peter Weigelt, hinter dem die Bergkapelle auf der Fräkmüntegg in der Schweiz (Otto Schärli, 1960/1961) stand. Nachdem deshalb keines der weiteren eingereichten Projekte zur Realisierung empfohlen werden konnte, wurde ein neuer Ausführungsentwurf in Auftrag gegeben, bei dem dann doch Gerum zum Zuge kam, was er dem Hochbaureferenten der Regierung von Schwaben, Anton Recknagel, sowie dem Kemptener

Fassadengestaltung an der Sakramentskapelle von Reinhold A. Grübl

Westansicht

Pfarrer und seinem Mut zum Experiment verdankte, der diesen Architekten von Anfang an bevorzugte.
Für das Ausführungsprojekt überarbeiteten Gerum und Rubner ihren Wettbewerbsbeitrag entschieden. So wurde schließlich aus dem zweigeschossigen, symmetrisch angelegten und geschlossenen Kubus mit ausgeschnittenen Lichtöffnungen an den Kanten ein äußerst innovativer, nahezu völlig geöffneter, jegliche Art von Hierarchie und Achsenbezug vermeidender gläserner Kasten. Lediglich das Flachrelief einer stilisierten Menschenmenge als Sinnbild der Christengemeinde und das Kreuzsymbol an der Sakramentskapelle, dem Herzstück der Anlage, weisen an der Hauptfassade auf die Bestimmung des Gebäudes hin. Überschwänglich lobte die Lokalpresse, dass das neue Pfarrzentrum zum damaligen Zeitpunkt ohne Beispiel in der Bundesrepublik wäre – was zwar nicht korrekt ist, aber die Besonderheit des Bauwerks zum Ausdruck bringt. Zumindest innerhalb der Diözese Augsburg war dieses eines der ersten Projekte der neuen Entwicklung. „Die ungewöhnliche Gemeindekirche atmet befrei-

Raum der Gemeindekirche (Zustand bis 2016)

ende Aufgeschlossenheit", urteilte ein Architekturkritiker (AK Zeit im Aufriss, S. 88). 1971 erhielt das Gebäudeensemble den BDA-Preis Bayern.
Eine Skelettkonstruktion umspannt zwei Geschosse, in die die einzelnen Raumzonen eingefügt sind. Das Obergeschoss, zu dem von der Straße her eine Brücke führt, nahmen der lichtdurchflutete Gemeinde- und Eucharistieraum und die Sakristei ein. Die auch am Außenbau hervorgehobene Sakramentskapelle liegt ein Halbgeschoss tiefer und vermittelt mit ihren größtenteils geschlossenen Wänden Geborgenheit. Im voll belichteten Untergeschoss waren der Kindergarten, der bei der Neuplanung hinzugekommen war, Bibliothek, Nebenräume und ein kleiner Pfarrsaal sowie Gruppenräume untergebracht, die durch flexible Wände bei Bedarf zu einem größeren Mehrzweckraum zusammengeschlossen werden konnten. Ein Foyer mit großzügiger Treppenhalle verbindet die beiden Ebenen. Vor dem Gebäude ergab sich durch die Senke ein vom Straßenraum abgeschirmter Freiplatz mit Sitzgelegenheiten und Kinderspielplatz. Pfarramt und Wohnungen für Chorleiter, Mesner und Pfarrhelferin waren in eigenen Reihen- und Doppelhäusern untergebracht, die mit dem Gesamtkomplex über Wegbeziehungen in Verbindung standen.
Die Verschränkung von Öffentlichkeit und sämtlichen Facetten des Gemeindelebens erhielt in der Wahl der architektonischen Mittel einen ganz besonderen Ausdruck. Sie zeigt sich äußerlich in der Transparenz der Glasfronten und in der inneren Gestaltung in der Vermeidung starrer Raumfestlegungen sowohl in Bezug auf die flexible Einrichtung des Kirchenraums als auch auf die Schaffung von einem Komplex von Räumen, die miteinander in Verbindung stehen. Dafür wurde der Kirchenraum mit Teppichboden ausgelegt, mit loser Bestuhlung in satter roter Farbe und verschiebbaren Podesten um den einfachen, aber fixen Tischaltar sowie mit einem mobilen Lesepult eingerichtet. Religiöse Vorträge, Gespräche und Diskussionen, Kirchenkonzerte, Jugendarbeit und vieles mehr sollte im Pfarrzentrum stattfinden können. Der Zweck des Kirchenraums war für den Architekten „die Erfahrung der Gemeinschaft der Gläubigen" auch außerhalb der Liturgie. Nur die Sakramentskapelle als Ort der persönlichen Andacht und der Taufe erhielt mit ihrer Außengestaltung, dem Tabernakel, dem gotischem Altarretabel und dem Kreuz sichtbare und festgelegte Zeichen ihrer Bestimmung. Im Erläuterungsbericht zum Bauwerk und auch später beschrieb Gerum detailliert seine „Gedanken zur Planung": Es galt, die zwei grundlegenden Konzilsaussagen – die tätige Teilnahme der Gläubigen und die Öffnung der Kirche für die Welt – in Architektur umzusetzen. Das Pfarrzentrum sollte dabei eben nicht „beton tote Fassade einer christlichen Gemeinde sein, sondern (...) Sammlungsstätte (...) für eine Gemeinschaft, die eng mit Zeitgeist und Lebensfragen zusammensteht" (Festschrift 1971, S. 11).

Sakramentskapelle mit Tabernakel und spätgotischem Flügelaltar

Reinhold A. Grübl war von Anfang an als bildhauerischer Künstler am neuen Entwurfsprozess beteiligt. Seine künstlerische Ausgestaltung umfasste den Altarbereich, die Sakramentskapelle, die plastischen Wandgestaltungen, Mobiliar und Farbkonzept. Ganz so nüchtern, wie sich der Kircheninnenraum präsentiert, war er ursprünglich jedoch nicht gedacht, denn die Rückwand des Kirchenraums hinter der Altarzone sollte eigentlich künstlerischen Schmuck erhalten, der jedoch offenbar aus finanziellen Gründen zurückgestellt wurde. Nicht jeder konnte diesem gestalterischen Ansatz folgen, und auch heute noch erzeugt das Bauwerk in seiner betont profanen Erscheinung heftige Reaktionen. Der Augsburger Bischof Josef Stimpfle hatte sich damals geweigert, die neue Kemptener Kirche zu weihen; zur Konsekration reiste Bischof Carl Joseph Leiprecht aus Rottenburg an.
Von einer Störung des ursprünglichen Raumeindrucks durch nachträgliche Veränderungen und Installationen hervorstechender Bildwerke blieb die schlichte Gemeindekirche relativ verschont. Viel mehr verfälschte der verblasste rote Farbton der Stühle die ursprüngliche Raumwirkung. Außen sichtbar wurden gegen 1983–1988 die Sakramentskapelle erweitert und ein Aufzug angebaut. Nach der Inkorporation von Christi Himmelfahrt in die Pfarrei St. Lorenz im Jahr 2011 brauchte man die Räume nicht mehr in ihrer vorhandenen Größe. Rückbau und neue Nutzungen für ein kirchlich-soziales Zentrum wurden 2017 unter Wahrung des ursprünglichen Entwurfsgedankens durchgeführt.
Die Pfarrkirche Christi Himmelfahrt ist als Einzeldenkmal in die bayerische Denkmalliste eingetragen.

19 Zu den Heiligen Engeln
Geltendorf

Wettbewerb 1966, Ausführungsplan März 1969, Baubeginn Juli 1969, Grundsteinlegung 12. Oktober 1969, Weihe 13. Dezember 1970

Architekt: Fritz Strunz, Bad Tölz
Ausstattung: Klaus Backmund, München (Gnadenstuhl mit Engeln, Altar, Ambo, Apostelkreuze, Taufstelle, Tabernakel, Ewig-Licht, Leuchter, Türgriffe, Marienfigur, Kreuzweg)
Archivalien: KBK, Baumappen; DBA 1.034, 1.036, 1.040, 1.041, 1.043.
Literatur: Karnapp 1996, S. 219. – Kirchenführer Zu den Heiligen Engeln 1998. – Würmseher 2007, S. 341–344. – Pfarrkirche Zu den Heiligen Engeln.

Südwestansicht des Hofes und der Kirche

Zwischen zwei Ortsteilen des Altdorfs Geltendorf und der vor allem nach dem Zweiten Weltkrieg rasch wachsenden Siedlung beim Bahnhof entstand ab 1962 ein neues städtebauliches Zentrum mit Schule und Rathaus; ab 1965 konnte auf dem erworbenen Baugrund die neue Kirche geplant werden. Diese sollte zusammen mit einem Pfarrhof, Pfarrheim und Kindergarten den städtebaulichen Kristallisationspunkt komplettieren und gleichzeitig den Charakter des „mitten im Walde“ gelegenen Grundstücks bewahren; kostspielige Konstruktionen waren zu vermeiden (Bauprogramm, 1966). Nachdem der Wettbewerb, zu dem Anfang 1966 fünf Architekten geladen waren, ergebnislos verlaufen war, wurde von zwei im Juli 1966 erneut eingeholten Vorentwürfen derjenige von Fritz Strunz zur Ausführung bestimmt und ab 1969 mit neuerlichen Veränderungen, die den Baukörper vereinfachten, in seiner Form klärten und die Lichtverhältnisse verbesserten,

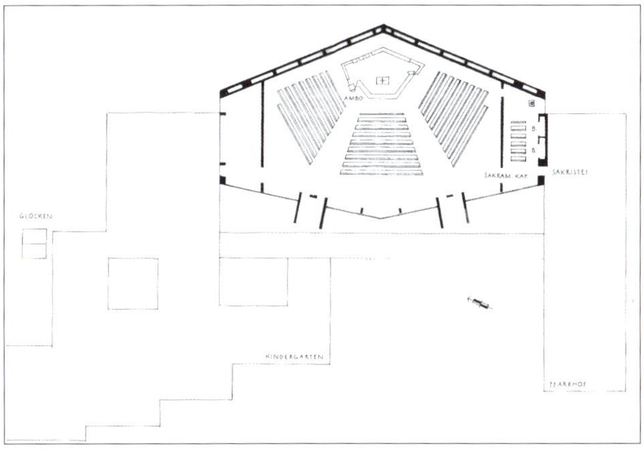

Grundriss; Bestandsplan

umgesetzt. Im letzten Planungsstand wurde der Kirchenraum auch dahingehend verändert, dass er ein Foyer und eine separate Sakramentskapelle erhielt, auf Wunsch des Bischofs aber auch ein festes Gestühl. Alles an dem Entwurf für das neue Pfarrzentrum hatte der Jury „angenehme Bescheidenheit“ signalisiert und versprochen, wirtschaftlich in den gegebenen Grenzen zu bleiben.
Die Baugruppe ordnet sich in ihrer architektonischen und materiellen Schlichtheit den landschaftlichen Gegebenheiten unter. Bei der Kirche handelt sich um einen konventionell gemauerten und verputzten Ziegelbau mit wenigen Sichtbetonelementen auf der Westseite und einem unprätentiösen Sparrendach über verleimten Holzbindern, der die umgebenden Bäume nicht überragt. Seine schlichte Zeltform nimmt einerseits die traditionellen Satteldächer des Dorfes auf und bezieht sich andererseits auf die irdische Pilgerschaft der Christen und das Zelt Gottes. Die nach Westen ausgreifenden, locker platzierten Flügelbauten, die Sakristei und Pfarrhof sowie Pfarrzentrum und Kindergarten (1973 vollendet) auf der gegenüberliegenden Seite aufnehmen, ordnen sich in ihrer flachgedeckten, erdgeschossigen Anlage dem Kirchenbau unter und sind durch gedeckte Gänge miteinander verbunden. Fensterfronten und die schlanken Stützen der Pergolen lassen die Architektur in ihrer Wirkung hinter die Natur zurücktreten und binden diese mit Durchbli-

Betonwand zwischen Gemeindekirche und Sakramentskapelle

Sakramentskapelle

Blick durch den Kirchenraum zur Altarinsel

Innenraum nach Nordwesten (Aufnahme 1971)

cken gleichzeitig in die Anlage ein. Ein niedriger, offener und schlichter Glockenträger mit Satteldach in Sichtbeton empfängt seit 1973 den Besucher am Hauptzugang an der Schulstraße und leitet ihn in einen intimen, begrünten Innenhof als Ort der Begegnung.

Der breitgelagerte, nach den Vorgaben der *Instruktion zur ordnungsgemäßen Durchführung der Konstitution über die heilige Liturgie* konzipierte Kirchenbau selbst erhebt sich auf hexagonalem Grundriss. Er ist als Einheitsraum gestaltet mit an den Schmalseiten anschließender Sakramentskapelle beziehungsweise dem Foyer zum Pfarrzentrum, die beide durch gefaltete Sichtbetonwände und ein Glasband unter der Decke zwar abgetrennt, doch gleichzeitig als Bestandteil des Raumes erfahrbar sind. Das in den stumpfen östlichen Winkel geschobene zweistufige Podest mit Altar, Ambo und Taufstelle erhält sein Licht durch drei Firstöffnungen in der einfachen Fichtenholzdecke. Die Eingangsfront ist im unteren Bereich zum Innenhof komplett in Glas geöffnet. Die Ausstattung, die komplett aus der Hand des Bildhauers Klaus Backmund stammt, folgte konsequent der bewussten Einfachheit der Architektur; aus Holz, Klinker, Naturstein und Bronze besteht ihr Materialkanon von der Altarinsel bis zu den Türgriffen. Auf den Gesteinsblock reduzierte Formen in Verbindung mit figürlich gestalteten Bronzearbeiten bestimmen die liturgische Einrichtung. Eine für die Entstehungszeit vergleichsweise reiche bildliche, aber dezent hinter die Architektur zurücktretende Ausstattung schmückt den Kirchenraum.

Der hohe Luftraum über der Altarinsel wird im Verweis auf das Patrozinium von der hölzernen, in Silber gefassten Großplastik des Gnadenstuhls gefüllt, dem an den Seiten vier Engel zustreben. Dieses bereits während der Bauzeit geplante Arrangement wurde 1973 installiert. An der Stirnwand hinter dem Taufstein ist eine Terrakottamadonna mit dem Jesuskind aufgestellt und von fünf Bronzeleuchtern mit der Darstellung des freudenreichen Rosenkranzes umgeben. In die gefalteten Sichtbetonwände sind Kreuzwegstationen eingelassen.

2004 erhielt die hohe weiße Ostwand hinter dem Altar einen von Hanns Herpich (Nürnberg) gefertigten Behang aus starkfarbigen, unterschiedlich rot eingefärbten Einzelfäden, dessen intensive Farbkomposition je nach Lichteinfall und Betrachterstandort variiert. 2012 wurde die Sakramentskapelle um einen Corpus bereichert.

Die Kirche mit dem Pfarrzentrum ist als Einzeldenkmal in der bayerischen Denkmalliste geführt.

20 Heilig Geist
Schrobenhausen – Mühlried

Pläne 1966 und 1968, erster Spatenstich 24. Mai 1970, Grundsteinlegung 3. Oktober 1971, Weihe 23. September 1973

Architekten: Reinhard Brockel und Erich Müller, Augsburg
Ausstattung: Blasius Gerg, Glonn (Altar, Ambo, Sedilien, Tabernakel, Leuchter, Osterleuchter, Ewig-Licht, Kreuze); Georg Bernhard, Augsburg (Farbkonzept, farbige Fensterverglasung)
Archivalien: KBK, Baumappen; DBA 74, 6.298, 6.303, 6.306; AMS, Nachlass Reinhard Brockel und Erich Müller.
Literatur: Festschrift Heilig Geist 1973 b. – Würmseher 2007, S. 477–480. – Pfarrkirche Heilig Geist, Mühlried.

Nordostansicht der Kirche mit Pfarrheim im Untergeschoss (Aufnahme 1974)

Für den Bau eines eigenständigen Pfarrzentrums in der nach dem Zweiten Weltkrieg stark angewachsenen Gemeinde Mühlried entwickelten Erich Müller und Reinhard Brockel seit 1966 in einem Direktauftrag ihre Entwürfe. Der erste Spatenstich konnte auf dem bereits 1965 erworbenen Baugrund erst im Mai 1970 stattfinden. Zwei Mal verzögerten die im gesamten Bistumsgebiet verhängten Baustopps den Fortgang der Arbeiten; zuerst musste der Baubeginn mehrmals verschoben werden, später konnte die Kuratiegemeinde durch freiwillige Arbeitsleistungen wenigstens teilweise den Zeitverlust abfangen.
Von Anfang an war der Kirchenbaukörper mit einem weit herab gezogenen Satteldach als „Zelt Gottes unter den Menschen" konzipiert, erhielt aber im Laufe der Projektierungsphase eine weitergehende Differenzierung. Der hohe Turm wich einem niedrigen Glockenträger, und die frühe Grundrissplanung in klar umrissener Rechtecksform wurde zu einer kreuzförmigen Umrisslinie, die auch im Aufriss eine lebendigere Gestaltung nach sich zog.
Das Raumprogramm – Kirche mit Pfarrsaal, Jugendräume, Pfarrhof und Kindergarten – konzentrierten die Architekten unter Ausnutzung einer vorhandenen Geländestufe in einer zweigeschossigen Anlage. Das Hauptgeschoss wird von der Kirche mit Sakristei ausgefüllt. Seitlich des Gottesdienstraums führen zwei Treppenabgänge in die untere Gartenebene hinunter, in der Pfarrsaal mit Bühne, Gruppen- und Jugendräume sowie Bibliothek und der Kindergarten untergebracht sind. Der geostete Bau ist von der Straße etwas zurückgesetzt, wodurch zusammen mit dem südwestlich in einem Winkel anschließenden Pfarrhaus und der abschirmenden Baumbepflanzung ein Hof als Stätte der Begegnung und der Sammlung geschaffen wurde. Gedeckte Gänge vom Hauptbau zum Glockenträger auf der einen und zum Pfarrhaus auf der anderen Seite betonen die Geschlossenheit der Anlage innerhalb des städtebaulich wenig geprägten Umfelds.
Bereits äußerlich zeichnet sich das Bauwerk durch den Verzicht auf Selbstdarstellung aus: Form, Konstruktion und Ausstattung sind bewusst schlicht gehalten, Beton,

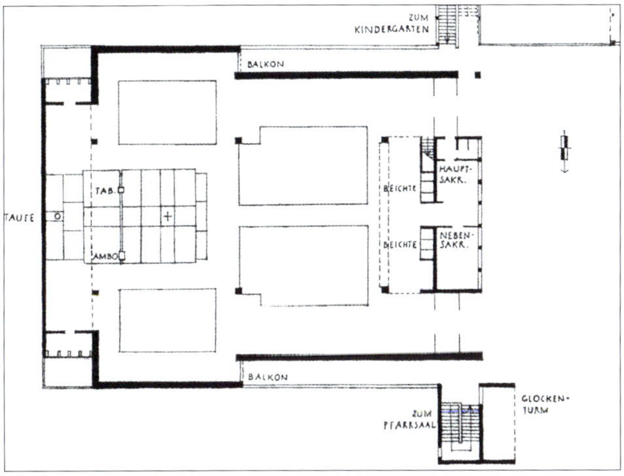

Grundriss, Bestandsplan

Taufort hinter der Altarinsel

Blick durch den Kirchenraum zur Altarinsel

Blick durch den Kirchenraum zur Eingangssituation und Orgelempore

Westansicht

Glas, Holz und Eternit die hauptsächlichen Baumaterialien. Lediglich die Größe des Baukörpers mit seinem mächtigen, höhengestaffelten Satteldach und den steilen Pultdächern – auch der separate Glockenturm endet unterhalb der Firsthöhe des Kirchdachs – hebt das Gebäude seiner Bedeutung gemäß über die umgebende Dachlandschaft der anstehenden Wohnbauten.
Ziel der Planung war es, einen ganz nach innen gerichteten, auf den Altar bezogenen Raum zu schaffen. Die fensterlosen Seitenwände formen ein geschlossenes System, das sein Tageslicht durch die Firstöffnung über der Altarinsel, die gläsernen Stirnwände der abgestuften Dachflächen, den verglasten Eingangsbereich und durch die niedrigen Fenster an der Orgelempore erhält. Auf diese Weise fällt das Licht konsequent von Westen ein, was selbst bei hellster Sonneneinstrahlung eine Blendwirkung ausschließt.
Der Grundriss in Form eines lateinischen Kreuzes erhielt seine Höhenentwicklung nach Raumbedeutungen. Sie steigert sich vom Eingangsbereich, der unter der Orgelempore Sakristeien und Beichtstühle aufnimmt, über das Kirchenschiff bis zum Altarbereich mit den verkürzten Querarmen. Innen wird der Raumeindruck von schalungsrau belassenem Sichtbeton und dem aus der Konstruktion abgeleiteten Stützsystem aus Betonpfeilern beherrscht, das die mit Fichtenholz verkleideten Deckenflächen trägt und den Altarbereich beinahe baldachinartig umfängt.
Die Ausstattung ist ebenfalls ein deutliches Bekenntnis zur Einfachheit. Aus dem grauen Teppichboden ragt eine zweistufige, an drei Seiten von Gestühlsblöcken eingerahmte Altarinsel aus Eichenholz heraus, deren Mobiliar ebenfalls aus Eiche gefertigt ist. Edelstahl wurde für die Tabernakeltür, Leuchter, Tauf- und Weihwasserbecken verwendet. Ein zweifarbiges, gelb-oranges Band unterhalb der ansteigenden Dachschräge schloss die Umfassungsmauern des voluminösen Raumes gestalterisch zusammen und band die ursprünglich wenigen, an der Wand fixierten Skulpturen – die Heilig-Geist-Taube an der östlichen Stirnwand und die Marienfigur im Süden – ein. Dabei handelt es sich nicht nur um eine farbliche Akzentuierung, sondern um ein Ornament, das bereits in der architektonischen Oberfläche der Betonwände im Wechsel der Schalungsstruktur vorgezeichnet ist.
Die Kreuzwegbildertafel wurde bereits 1974 angekauft, das spätgotische Relief mit dem Marientod stammt aus der alten Mühlrieder Kirche St. Ursula. Christa und Karl-Heinz Torge (Schrobenhausen) schufen die Figur des Auferstandenen und die Gedenkwand außen unter dem Glockenträger. 1978 war mit der Orgelaufstellung die Einrichtung vervollständigt. Die von Anfang an farbig gedachte Verglasung der Fenster an der östlichen Giebelfläche konnte 1980 nach Entwurf von Georg Bernhard (Augsburg) ausgeführt werden. Die stark farbige und gegenständliche Darstellung der Schöpfungsgeschichte konkurrierte allerdings sehr mit dem entlang der Umfassungsmauern verlaufenden farbigen Band, das deshalb in seinem Graubraun stark zurückgenommen und hinter dem Altar entsprechend des Patroziniums mit Worten aus dem Pfingsthymnus in weißer Lasur beschriftet wurde. Seit 1998, zum 25-jährigen Patrozinium in die Kirche gelangt, ziert ein Bronzerelief mit dem Thema „Das Wirken des Heiligen Geistes in der heutigen Zeit" von Dominique Dollé (Frankreich) eine Seitenwand.

21 Heilig Geist
Oberjoch

Planungsbeginn 1962, Eingabeplan 1968, Baubeginn 12. August 1968, Grundsteinlegung 3. November 1968, Weihe 13. September 1969

Architekt: Thomas Wechs sen., Mitarbeit Thomas Wechs jun., Augsburg
Ausstattung: Blasius Gerg, Glonn (Altarinsel, Altäre, Ambo, Sedilien, Tabernakel, Leuchter); Blasius Pfiffner und Adolf Meier, Augsburg (Schmiedearbeiten)
Archivalien: KBK, Baumappe; DBA 2.151, 2.152, 2.158; AMS, Nachlass Thomas Wechs sen.
Literatur: Müller 1966, S. 276. – Lutz 2005, S. 329–331. – Würmseher 2007, S. 521–523. – Kirchenführer Heilig Geist 2009, S. 34–36. – Heilig-Geist-Kirche.

Für den prosperierenden Fremdenverkehrsort Oberjoch wurde seit 1956 über eine Erweiterung der bestehenden Kapelle St. Jakob und seit 1959 über den Bau einer neuen Kirche nachgedacht, für die 1962 der Bauplatz erworben wurde. Thomas Wechs, gebürtig aus Bad Oberndorf bei Hindelang, bat damals das Bischöfliche Ordinariat um den Auftrag für seine Heimatgemeinde, der sein letzter Kirchenbau werden sollte. Es galt, eine Gemeindekirche zu entwickeln, die gleichzeitig als Autobahnkirche sowie für die Fremden- und Sportseelsorge dienen sollte. In der sich von 1962 bis 1968 hinziehenden Planungsphase änderten sich mehrfach die Grundlagen. Zunächst war bei dem Kirchenkonzept die Gottesdienstteilnahme zahlreicher Kinder aus einem nahegelegenen Kin-

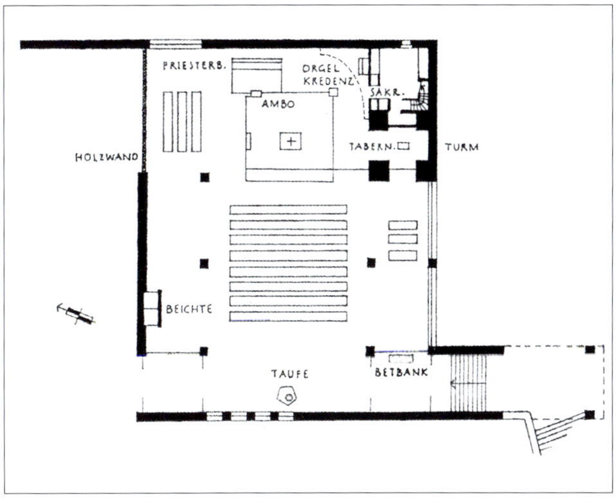

Grundriss, Bestandsplan

Ansicht und Grundriss, Vorprojekt, neue Kirche in Oberjoch, Thomas Wechs sen., 1966

Tabernakel im Turmunterbau

Südwestansicht

derheim zu berücksichtigen – was sich bald mit dem Bau einer eigenen Anstaltskapelle erübrigte –, dann wären auf Wunsch des Ortspfarrers der Bau eines eigenen Pfarrhofs und eines Mesnerhauses einzuplanen gewesen, und ferner machten Unklarheiten in der Straßenplanung einen Realisierungsentwurf schwierig. Denn als Standort für die Filialkirche Heilig Geist war ein sanfter Südhang unmittelbar an der geplanten B 310, der Deutschen Alpenstraße, ausgewählt, um die Erreichbarkeit und Zugänglichkeit für Autofahrer zu gewährleisten.

In mehreren Varianten entwickelte Wechs über die Jahre sich teils durchdringende Räume für Gemeinde und Touristen und einen schlichten Saalbau auf rechteckigem Grundriss, der schließlich in den Ausführungsentwurf mündete. Im Frühjahr 1966 legte er einen Entwurf mit einem von einem offenen Säulengang umschlossenen gläsernen Kirchenraum vor, bei dem umgebende Landschaft und Gotteshaus verschmelzen sollten. Dieses Konzept wurde vom Ortspfarrer jedoch aus mehreren Gründen abgelehnt: Der Säulengang würde ein „zugiges Loch", Wanderer würden den Ort als Rastplatz nutzen und verschmutzen, und außerdem lade „der offene überdachte Säulengang mitten in der herrlichen Landschaft (...) ja geradezu ein, nicht in die Kirche hineinzugehen" (Schreiben des Pfarrers, 18.8.1966; DBA 2.152). Die Durchdringung von Innen- und Außenraum zu einer Atmosphäre der Bergpredigt versuchte Wechs dann auch im Ausführungsentwurf durch den Einbau von Schiebetüren zu erreichen, was jedoch ebenso wenig die Zustimmung des Pfarrers fand.

Altarinsel von Blasius Gerg

Geblieben sind die großen Glasflächen an den seitlichen Umfassungsmauern. Die Einbindung der Heilig-Geist-Kirche in den alpenländischen Landschaftsraum war durch schlichte Formgebung und Materialauswahl besonders gelungen und führt damit vor, wie sich moderne liturgische Anforderungen mit traditionellen Bauformen und Materialien zu einer keineswegs rückwärtsgewandten Architektur verbinden. Wechs hatte – obwohl er zu den Pionieren der Neuen Sachlichkeit in Süddeutschland zählte – zu keiner Zeit zu modischem Formalismus geneigt und war als Kirchenbaumeister zeit seines Schaffens einer die Umgebung berücksichtigenden Architektur verpflichtet; im ländlichen Umfeld waren dies für ihn die Besinnung auf die Tradition, im städtischen die Herausarbeitung von Monumentalität. Kirchen blieben für Wechs Bauwerke zur Verherrlichung Gottes – und hier „gelten andere Prinzipien als die menschlicher Sparsamkeit" (Ulrichsblatt Nr. 45, 23. Jg., 10.11.1968). Die in Bad Hindelang ebenfalls

von Thomas Wechs errichtete Filialkirche St. Jodok und Heiligste Dreifaltigkeit (1936–1938) gab für Oberjoch in Raumkonzept, Lichtführung und Materialverwendung so manchen Planungsgedanken vor.
Die Kirche Heilig Geist setzt mit ihrem flach geneigten und kupfergedeckten Satteldach und der Freitreppe die Bewegung des Geländes fort. Dabei ragt der Turm nur wenig aus dem niedrig und parallel zur Höhenlinie ausgerichteten Baukörper empor. Unter Ausnutzung der Hanglage plante Wechs nach Süden ein Untergeschoss für einen kleinen Jugendraum, ein Pfarrbüro und sanitäre Anlagen ein.
Regionaltypische Materialien und Werktechniken wie geschlämmtes Ziegelmauerwerk, Naturstein, Kleinpflaster und Holz dominieren Konstruktion und Ausstattung. Beton wurde für konstruktive Elemente und die Gestühlswangen eingesetzt, ist aber als Baumaterial nirgends sichtbar. Betont rustikal wirken die äußere Verkleidung mit bruchrauem Grüntenstein und der offene Dachstuhl, der von mit Holz verkleideten und Dreischiffigkeit suggerierenden Stahlbetonstützen getragen wird.
Grundlage der Grundrissplanung war die Liturgiereform. Die großzügige, weit herausgezogene schlicht und blockhaft gestaltete Altarinsel dominiert den lichten, längsrechteckigen, annähernd quadratischen Einheitsraum, dem die beiden nur durch zwei Stützen markierten Seitenschiffe eine breite Dimension verleihen. Im südlichen Seitenschiff sollte noch nach dem Eingabeplan der Tabernakel stehen, den man jedoch in der Ausführung in das Turmerdgeschoss gerückt hatte. Dazu hatte man dort, wo zunächst ein Abstellraum geplant war, die Wände der Turmmauern geöffnet und diesem Arrangement – ein großer Gewinn für den Raumeindruck – den Charakter eines eigenen Andachtsraums und Sakramentshäuschens verliehen. Das nördliche Seitenschiff nimmt einen Gestühlsblock und den Beichtstuhl auf. Die großzügige Fensterfront an der Südseite, die bodentiefe Verglasung nordöstlich der Altarinsel und die Fensterschlitze im Westen verbinden den Raum mit der Natur. Die in früheren Planungsphasen weiter reichenden Vorstellungen von fließenden Raumgrenzen hatte Wechs jedoch nie ganz aufgegeben; das nördliche Seitenschiff sollte zu einem späteren Zeitpunkt eine Öffnung ins Freie erhalten, und der Einbau von Glasschiebetüren war jederzeit möglich, was jedoch beides nie realisiert wurde. Nur die bereits 1970 aus praktischen Gründen erfolgte Verlängerung des Dachüberstandes am Südportal mit Schaffung einer Vorhalle veränderte die Architektur geringfügig.
Die ebenso schlichte Ausstattung wurde zuerst 1972 abgewandelt, ohne jedoch die Ästhetik des Kirchenraums zu beeinträchtigen. Das ursprünglich schlichte Holzkreuz über dem Altar wurde durch das Kruzifix an der Chorstirnwand ersetzt und später mit den Assistenzfiguren ergänzt. Heinrich Kirchner (München) schuf die Bronzefiguren des Guten Hirten und der heiligen Maria, Bruno Lipp (Alkoven) den Kreuzweg. 1987 wurde die Orgel im nördlichen Seitenschiff aufgestellt, wo sie vom Architekten nie vorgesehen war.
Die Filialkirche Heilig Geist ist als Einzeldenkmal in die bayerische Denkmalliste aufgenommen.

Blick vom Seitenschiff durch den Kirchenraum

22 Zum Auferstandenen Herrn
Leitershofen

Eingabeplan August 1968, Baubeginn 3. März 1969, Grundsteinlegung 12. Juli 1969, erster Gottesdienst Ostern 1970, Weihe 3. Mai 1970

Architekt: Adolf Zach, Diözesanbauamt Augsburg
Ausstattung: Blasius Gerg, Glonn (Altarinsel, Altar, Ambo, Sedilien, Leuchten, Taufstein); Georg Bernhard, Augsburg (Farbkonzept, Bildteppiche, Tabernakelrückwand)
Archivalien: KBK, Baumappen; DBA 3.767, 3.769, 3.770.
Literatur: Würmseher 2007, S. 439–442. – Pfarrkirche zum Auferstandenen Herrn.

Ursprünglich betonsichtige Außenwände (Aufnahme 1970)

Eines der wenigen in diesen Jahren vom Diözesanbauamt selbst durchgeführten Kirchenbauprojekte ist zugleich eines der spannendsten. Denn in der „Mehrzweck-Montage-Kirche" in Leitershofen, wie Adolf Zach sein Bausystem selbst benannte, sollte eine Vorlage für ähnliche Kirchenzentren in der Diözese erprobt werden. Der Neubau eines Pfarrzentrums für die stark gewachsene Stadtrandgemeinde Leitershofen mit Kirche, Pfarrsaal, Jugend- und Beratungszimmer, Bibliothek, Kindergarten und Pfarrhof mit Amtsräumen für die moderne Seelsorge erfuhr mehrere Planänderungen. Schließlich entstand gegen den Widerstand der Traditionalisten im neuen Siedlungsgebiet eine Anlage mit einem geschlossenen Kubus als Kirchen- und Versammlungsraum. Es war der erste Kirchenbau auf dem Gebiet der Diözese Augsburg, der dem Gedanken der *Mehrzweckkirche* eine bauliche Form gab, denn „die Kirche soll sich der Welt öffnen und die Welt der Kirche. Das Gotteshaus soll nicht nur Haus Gottes in der Liturgie, sondern auch Versammlungsort der Gläubigen und Heimat der Pfarrgemeinde sein" (Ulrichsblatt Jg. 24, Nr. 34, 24.8.1969).

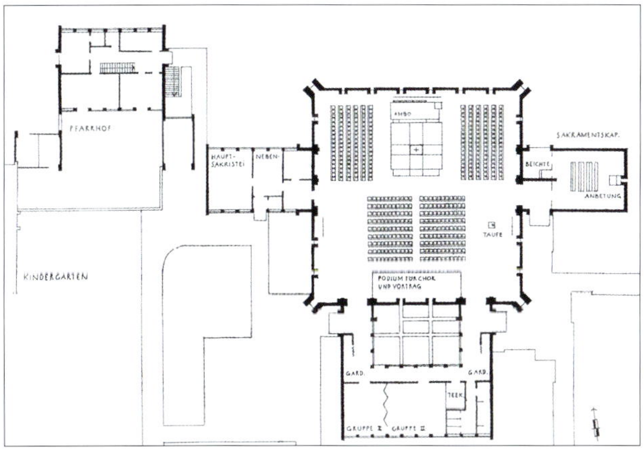

Grundriss, Bestandsplan

Die angestrebte Mehrfachnutzung führte in eine Trennung von Gemeinderaum und additiv angeschlossener Sakramentskapelle als persönlicher Andachts- und Gebetsraum. Den Altar im Hauptraum umgeben an drei Seiten mobile Einzelsitze, durch deren Drehung um 180 Grad sich die Kirche für Gemeindeversammlungen umgestalten ließ, wodurch auf die Errichtung eines separaten Pfarrsaals verzichtet werden konnte; das Podium für Chor und Orgel wurde dann zur Bühne. Nach dem Erläuterungsbericht konnte der Altarbereich zusätzlich durch mannshohe leichte Stellwände mit Steckhülsen im Boden abgetrennt werden. Die im Süden an den Kirchenbaukörper angeschlossenen und um ein Atrium gruppierten Garderoben-, Jugend- und Clubräume mit Teeküche konnten bei Bedarf in die Gesamtfunktion einbezogen werden. Sakristei und Sakramentskapelle greifen nach Westen und Osten aus.

Auf einen eigenen Turm hatte man bewusst verzichtet, um die auf diese Weise eingesparten Kosten in den Bau des Kindergartens zu investieren, aber auch, weil man überzeugt war, dass der Kirchturm seine ursprüngliche Funktion weitgehend verloren hatte. Die Glocken fanden stattdessen an der westlichen Außenwand ihren Platz.

Das Innere der introvertierten Baugruppe wird durch raumhohe schmale Fensterschlitze beleuchtet. Sie entwickelt sich über einem quadratischen Raster, dem Le Corbusiers Modulor zugrunde liegt: Der Abstand der Fensterschlitze zueinander beträgt 3,66 Meter, was einer Ver-

Sakramentskapelle mit Tabernakel und Wandgestaltung von Georg Bernhard

Südostansicht mit Schutzanstrich von 2002/2003

Blick durch den Kirchenraum

doppelung von dessen menschlichem Maß von 1,83 Metern entspricht. Baumaterial und Technik bestimmten die äußere wie innere Gestalt der neuen Kirche. Eine riesige, kreuzförmige Trägerkonstruktion auf vier Pfeilern ist das tragende Element des Kirchenraums. Horizontale Sichtbetonelemente schließen sich lamellenartig zu vielfach gegliederter und durchbrochener Wandung zusammen, ohne materialfremde Steine mitverbauen zu müssen. Auf dem Boden der Gemeindekirche ist einfaches Holzstöckelpflaster verlegt, das schon immer gerne für stark genutzte Arbeitsräume wie Fabriken und Werkstätten genutzt wurde. Chromfarben-weiße Einzelsitze waren ursprünglich in drei Blöcken um die von Blasius Gerg gestaltete Altarinsel gruppiert. Die Decke ist dunkel mit einer Sternenbemalung in Schwarz und Rot gefasst, leuchtende Teppiche in Rot, Gelb, Grün und Blau bilden einen zusätzlichen starkfarbigen Kontrast zum grauen Sichtbeton, zum für Ausstattungselemente verwendeten Naturstein und zum Edelstahl der Leuchter. Die durch Glastüren abgetrennte Sakramentskapelle als Ort der Anbetung ist als kleiner, in die Höhe strebender Kubus mit flach geneigtem Pultdach als höchste Erhebung der Baugruppe ausgebildet, mit einem Kreuzsymbol als Verweis auf ihre Bestimmung. Innen birgt sie in einem Fensterschlitz den kreisrunden Tabernakel. Ein metallisch schimmerndes Ornament entwickelt sich ausgehend vom Allerheiligsten über die Wandfläche im ansonsten kargen Raum.

Die Vorgabe, die Baukosten möglichst gering zu halten, hatte Zach zur Entwicklung eines Baukastensystems aus vorfabrizierten, aneinandergefügten Teilen geführt, das als variabler, kostensparender Serienbau im Kirchenbau zum Einsatz kommen sollte. Eine merkliche Kostenminderung durch Fertigbauteile war aber nur durch zusätzliche Einsparungen zu erreichen, zu denen auch die Berücksichtigung bauphysikalischer Gegebenheiten bereits in der Entwurfsphase zählte. In neuartiger Fertigbauweise wurden alle Bauelemente aus einem Gemisch aus Blähton und Leichtbeton auf der Baustelle hergestellt; die Verwendung von Tonbruch statt Kies verband die Vorzüge der Ziegelbauweise mit den Eigenschaften des Betons. Material und Konstruktion verbilligten den Kirchenbau um rund zwanzig Prozent.

Einfachheit der Materialien und rationelle Bauweise standen für Zach nicht im Widerspruch zu einer sakralen Gestaltung. Ein Raum, der auch gottesdienstlichen Zwecken zu dienen hat, sollte sich nach seiner Überzeugung sehr wohl von der profanen Erscheinung abheben. Dies geschah jedoch nicht durch Monumentalität und Kostspieligkeit, sondern durch die einheitliche Materialwahl und die Belichtung, denn durch die farblose Verglasung der Fensterschlitze und Oberlichte werden die Wände nach oben hin lichter und sphärischer.

Große Veränderungen erfuhr das Bauwerk in den 1980er Jahren, als die Einzelsitze durch Bankblöcke ersetzt und das Allerheiligste auf der Altarinsel errichtet wurden. 2002/2003 wurde wegen erheblicher Bauschäden eine schützende Beschichtung auf die Außenmauern aufgetragen.

Taufstein von Blasius Gerg

23 St. Ulrich
Lauben

Wettbewerb 1968, Eingabepläne Mai 1969, Baubeginn Juli 1970, Richtfest 17. September 1971, Weihe 25. Juni 1972

Architekten: Margot und Max Lorenz, Ottobeuren
Ausstattung: Reinhold A. Grübl, Ebenhausen (Altar, Ambo, Sedilien, Taufstein, Leuchter, Farbkonzept)
Archivalien: KBK, Baumappe; DBA 4.003, 4.004, 4.009, 4.017.

Nordwestansicht

Das Pfarrzentrum St. Ulrich, das als Treffpunkt für die Christengemeinde der drei verstreut liegenden und nach dem Zweiten Weltkrieg stark gewachsenen Ortsteile Lauben, Heising und Moos dient, liegt weithin sichtbar, geografisch in erhabener Lage auf einer Hügelkuppe südöstlich von Lauben.
Das Wettbewerbsprogramm stellte die damals üblichen Forderungen an den Neubau eines katholischen Pfarrzentrums und an die *geistige Haltung des Kirchenraums.* Der Verzicht auf Herrschaftsanspruch, das Verständnis von Kirche als Dienerin der Menschheit, die Durchdringung von sakralem und profanem Leben, Mehrfachnutzung der Gemeindekirche, Vermeidung kostspieliger Materialien und Konstruktionen sowie der Einsatz von Fertigbauteilen waren festgeschrieben. Das Raumprogramm umfasste neben dem wandelbaren Hauptraum mit Sakristei eine Sakramentskapelle, einen kleinen Glockenträger, Tauf- und Beichtraum, wandelbare Gruppenräume, Bibliothek, Garderobe, Foyer und weitere Nebenräume. Auch ein neues Pfarrhaus mit Amtsräumen, eine Wohnung für die Dorfhelferin und ein Kindergarten (eingeweiht im Februar 1973) mussten geplant werden. Dabei war die Eingliederung des Baukörpers in die landschaftlich reizvolle Umgebung dem Preisgericht ein wichtiges Beurteilungskriterium. Strenge und feierliche oder unwirtschaftliche Anlagen kritisierte das Preisgericht ebenso wie Raumkonzepte, in denen der Hauptraum zu wenig in Beziehung zu den nichtkultischen Räumen gesetzt ist. Das Vorprojekt der Architekten Margot und Max Lorenz, die bis zu diesem Zeitpunkt noch keine Kirche gebaut hatten, überzeugte die Jury so sehr, dass es mit wenigen Änderungen verwirklicht wurde. Lediglich der fehlende Glockenturm hatte innerhalb der Gemeinde zunächst für Unmut gesorgt.
Eine einheitliche, differenziert gegliederte, turmlose Baugruppe mit dominierender Hauptkirche, die sich durch ihre ansteigenden Pultdächer in das bewegte Gelände einfügt, bekrönt den Hügel, ohne dabei Monumentalität zur Schau zu stellen. Im Gegenteil, die Funktion des Bauwerks ist in seiner Erscheinung ohne Glockenträger nicht ablesbar; lediglich ein schlichtes Kreuz am Dach weist auf seine Funktion hin. Dem Gesamtentwurf liegt ein Raster von 1,25 mal 1,25 Metern zugrunde. Zwei ineinandergeschobene Quadrate für Gemeinderaum und

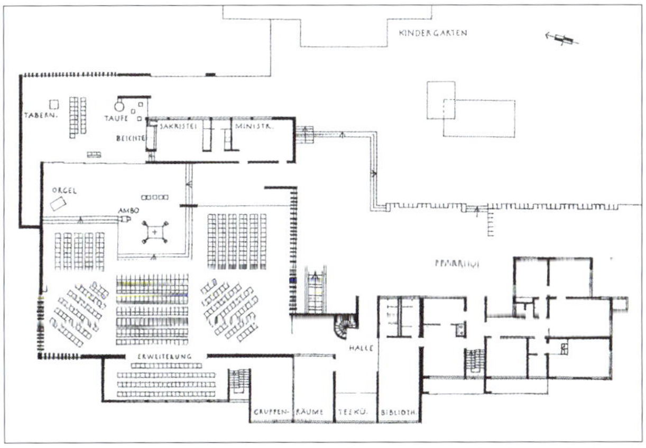

Grundriss, Bestandsplan

Taufbecken von Reinhold A. Grübl

Blick durch den Kirchenraum zur Altarinsel

Blick von der Altarinsel nach Westen

Sakramentskapelle bilden das Zentrum, Flügelbauten für die Jugendräume, Bibliothek, Pfarrhof und Kindergarten definieren einen Hofraum, der sich zum Alpenpanorama öffnet; auf der anderen Seite ist die Anlage dem Ort durch ansteigende Dachflächen und Fensterfronten zugewandt. Innen schufen die Architekten einen eher introvertierten Kirchenraum, der nur durch das schmale, unter dem Dach liegende Fensterband aus farbigem Dickglas und die hohen und schmalen, lamellenartigen Fensterschlitze an einzelnen Wandpartien aufgebrochen ist. Die ursprünglich geplante und vom Preisgericht kritisierte Diagonalausrichtung des Kirchenraums wurde im Ausführungsentwurf verändert. Da der Altar nun fast zentral im niedrigeren Teil der Deckenzone steht, erhält der Raum durch die Aufwärtsbewegung, die sich von der Sakramentskapelle bis zur dominierenden Westwand erstreckt, ein deutliches Spannungsmoment. Sie „hat das sich steigernde Bittgebet zum Thema" (Ulrichsblatt Nr. 26, 27. Jg., 25.6.72). Je nach Bedarf kann die Sakramentskapelle, in der die Taufsteinschale steht, durch schiebbare Holzblenden abgetrennt oder zum Kirchenraum hinzugenommen werden. Der Übergang von Kirche zu Foyer, Versammlungs-, Gruppen- und Nebenräumen, Bibliothek und schließlich zu den Amtsräumen des Pfarrhofs erfolgt ebenfalls nahtlos. Der Hauptkörper der Kirche besteht aus tragenden Betonwandscheiben, die außen mit vorgehängten Betonplatten verkleidet sind. Die Dachflächen sind mit dunklem Eternitschiefer eingedeckt. Die Leimbinder der Dachkonstruktion führen auf die Altarinsel zu, die sich auf drei Stufen über das Holzstöckelpflaster des Laienraumes erhebt. Altarraum und Sakramentskapelle sind mit rotem Klinker ausgelegt. Träger und Wandscheiben aus Beton markieren die Raumquadrate von Altarinsel und Sakramentskapelle, in der die Binder wiederum quer zum Hauptraum in Richtung des Tabernakels verlaufen. Das Holz der benachbarten Fichten und Kies aus der Iller waren die wichtigsten Baustoffe. Fichte ist das Material der Eckenverschalung und kam auch an Altar und Ambo zum Einsatz. Die Bildhauerarbeiten wurden aus heimischem Grüntenstein gefertigt. Die Bestuhlung der Gemeindekirche ist ein Kompromiss zwischen mobiler Bestuhlung und Gestühlsblöcken, indem hölzerne Einzelstühle mit Kniebänken zu Reihen verbunden werden können. Der schlichte Innenraum wurde von Anfang an mit Bildwerken ausgestattet, die aus der alten, zur Friedhofskirche umgewidmeten Pfarrkirche stammten.

Im Laufe der Jahre kamen die Kreuzwegstationen und anderes hinzu. Der Tabernakel ist heute an eine gut sichtbare Stelle auf der Altarinsel gerückt.

Hofansicht von Südosten

24 St. Simpert
Augsburg

Wettbewerb 1969/1970, Baubeginn März 1973, Grundsteinlegung 15. Juni 1973, Weihe 13. Oktober 1974

Architekten: Gerhard Knopp (München), Adolf Kreutzer (Augsburg)
Ausstattung: Friedrich Koller, Laufen (Altaranlage, Altar, Ambo, Tabernakel, Kreuz); Georg Bernhard, Augsburg (Farbgestaltung, Wandmalerei Sakramentskapelle, künstlerische Beratung)
Archivalien: KBK, Baumappen; DBA 350, 5.079, 5.085, 5.086.
Literatur: Festschrift St. Simpert 1974. – Ateliers und Werkstätten 1977, S. 46–49. – Festschrift St. Simpert 1999.

Westansicht

Die 1924 eingerichtete und 1926 zur Stadtpfarrei erhobene Pfarrgemeinde St. Simpert besaß eine kleine Notkirche, die man bis zum 50-jährigen Jubiläum der Gemeinde durch einen neuen, den zeitgemäßen Verhältnissen und liturgischen Forderungen angepassten Bau ersetzen wollte. Knapp 4.000 Katholiken zählte die Pfarrei in den späten 1960er Jahren. Bis in die 1980er Jahre war das ab der Mitte des 19. Jahrhunderts östlich vor den Toren der Stadt entstandene Textilviertel der Hauptstandort der Augsburger Textilproduktion. Religiöse und soziale Gründe hatten das Ordinariat damals bewogen, in dem Industrieviertel eine eigene Kirchengemeinde zu errichten, und aus denselben Überlegungen heraus wollte man später ein neues Pfarrzentrum, zumal der bauliche Zustand der Notkirche ein Handeln erforderte.
1969, sieben Jahre nachdem Bischof Freundorfer die Anregung zu einem Neubau gegeben hatte, schrieb die Diözese einen beschränkten Architekturwettbewerb aus. Schon die Einladung an den Schweizer Architekten und Bildhauer Walter Förderer, der 1965 einen Ruf als Professor für kooperatives Gestalten an die Staatliche Akademie der Bildenden Künste in Karlsruhe erhalten hatte, und die Berufung Alexander von Brancas ins Preisgericht – nachdem er wegen hoher Arbeitsbelastung seine Teilnahme an der Ausschreibung abgesagt hatte – machen die architektonische und formalästhetische Tendenz von Ordinariat und Kirchengemeinde deutlich, denn inzwischen war Justus Dahindens neue Kirche in Königsbrunn zum Qualitätsmaßstab für Augsburg geworden. Auch Förderers Sichtbetonkirchen der 1960er Jahre zeichnen sich aus durch die stark plastische Wirkung ineinander verschränkter Körper auf polygonalen Grundrissen mit indirekter Lichtführung.

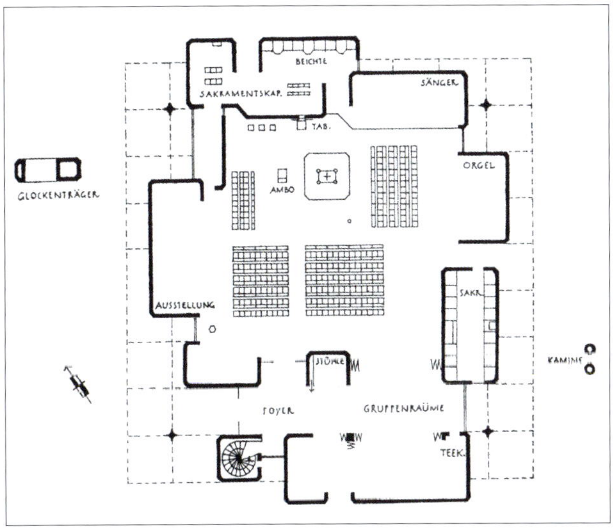

Grundriss, Bestandsplan

Das Bauprogramm umfasste einen großen Kirchenraum mit Glockenträger, Sakramentskapelle, Sakristei, einer kleinen Halle als Verteiler, Gruppenräumen, Bibliothek und weitere Nebenräume; hinzu kamen in einem zweiten Bauabschnitt zwei Wohnungen für Pfarrangestellte. Berücksichtigen musste die Bauplanung auch ein auf dem Areal bestehendes Kindergartengebäude und das Pfarrhaus, das mit wenigen Eingriffen der neuen Kirche anzupassen war; zudem war eine geplante aufgeständerte Hochstraße einzubeziehen (heute Amagasaki-Allee).
Interessant ist, dass man die am Wettbewerb teilnehmenden Architekten ausdrücklich darauf hinwies, dass die

Blick durch den Kirchenraum mit Glaswand zum Pfarrsaal im Obergeschoss

Altarinsel

zum größten Teil in der Arbeiter- und Industriewelt verwurzelten Gemeindemitglieder eine „aufwendige und monumentale Lösung nicht verstehen könnten und deshalb größter Wert auf einfache und gediegene Gestaltung gelegt" wurde (Wettbewerbsprogramm, 1969; KBK, Baumappe). Für die architektonische und liturgische Gestaltung der Gemeindekirche waren die Erläuterungen zur *geistigen Haltung des Kirchenraumes* maßgebend. Beinahe alle eingegangenen Entwürfe folgten im selben Duktus dem geforderten Verzicht auf Monumentalität durch die Vermeidung höhengestaffelter Baumassen; der einfache, flachgedeckte Flachbau war die Regel. Nur in einem Projekt wurde der Versuch unternommen, nach Raumteilen differenzierte Kuben zu einer bewegten Gesamterscheinung zu kombinieren, die das Preisgericht jedoch als Bruch mit dem Großformat der nächstliegenden Industriebauten empfand.

Die Architekten Kreutzer und Knopp platzierten in zwei Entwurfsvarianten das als Kommunikationszentrum verstandene neue Pfarrzentrum frei auf dem Kirchplatz. In mehreren Studien erprobten sie verschiedene Nutzungsmöglichkeiten des Kirchenraums. Dieses mit nur einer Stimmenthaltung zur Ausführung empfohlene Projekt wurde mit wenigen Änderungen innerhalb einer Bauzeit

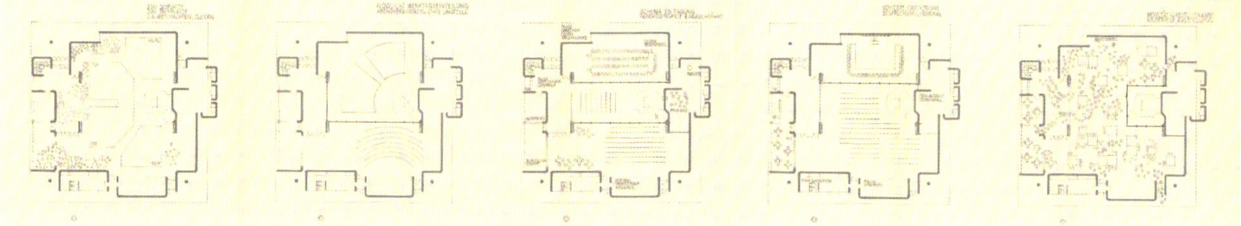

Bestuhlungsvariante, Wettbewerbsprojekt, Gerhard Knopp und Adolf Kreutzer, 1969/1970

Kirchenraum nach Osten

von nur gut einem Jahr realisiert. Besonders gelungen fand die Jury die im Bauprogramm angeregte Verwendung von Fertigbauteilen, die in diesem Entwurf neben wirtschaftlichen Vorteilen auch eine gestalterisch-architektonische Aussage ermöglicht. Von außen sehr sachlich und schlicht, betonten ursprünglich nur der Glockenträger und die Kreuzsymbole am Eingang die sakrale Funktion des Bauwerks.

Auf vier enormen Stützen schwebt das 40 mal 40 Meter große quadratische Flachdach über dem in sich durch frei aufgestellte Mauerscheiben gegliederten Baukörper, der liturgische Funktion und Gemeindezentrum zusammenfasst. Vermeintliche Schwerelosigkeit durch das unter dem Dach umlaufende Oberlichtband und die Unterbrechung der massiven Leichtbetonfertigteile durch großzügige Glasflächen ohne tragende Funktion verleihen der geschlossenen Kubatur des Baukörpers Plastizität, die aus einem ablesbaren horizontalen und vertikalen Raster heraus entwickelt ist. Vor- und Rücksprünge des Wandverlaufs unter dem Dachvorstand sollen „Freiplätze für Diskussion und Spiel" schaffen (Erläuterung Gerhard Knopps und Adolf Kreutzers, 1969; KBK, Baumappe). Ein kleines Foyer erschließt den Kirchenraum, den teilbaren Gruppenraum, die Bibliothek, den großen Versammlungsraum im Ober- und das Untergeschoss mit weiteren Gemeindeeinrichtungen. Eingangshalle und Gruppenraum können mit dem Kirchenraum zusammengelegt werden. Für den Kirchenraum selbst war eine platzräumliche Gestaltung die Entwurfsidee. Um den Hauptraum herum wurden jeder sakralen Handlung eigene Räume und Plätze zugewiesen. Diese kleineren, eigenständigen Baukörper für Privatandacht, Sänger, Orgel, Beichte, Jugendgruppen und Ausstellungen konnten je nach Raumbedarf bei Veranstaltungen – Gottesdienst, Versammlungen, musikalischen Darbietungen – zum in der Höhe gesteigerten Hauptraum geöffnet oder durch flexible Faltwände geschlossen werden. Alle diese „Einzelhäuser" (Erläuterung Gerhard Knopps und Adolf Kreutzers, 1974; KBK, Baumappe) haben einen eigenen Deckenabschluss in unterschiedlicher Höhe, aber immer unter dem Niveau des Kirchraumdachs, Sakristei und Sakramentskapelle zusätzlich auch eigene Zugänge von außen.

Beton, Glas und rot gefasstes Holz für die Bestuhlung sind die hauptsächlich verwendeten Materialien. Freundliche, lichtdurchflutete Räume und eine wohnliche Atmosphäre – auch durch den verlegten Teppichboden – sollten Hemmschwellen und Berührungsängste abbauen und zum Kirchgang animieren. Die von Friedrich Koller geschaffene formreduzierte liturgische Einrichtung setzte sich mit ihren metallischen Oberflächen davon wirkungsvoll ab. Anders als viele zeitgleiche Mehrzweckkirchen erhielt St. Simpert jedoch einen sichtbaren, in die Wand hinter dem Altar eingelassenen Tabernakel, dessen Flächenaufteilung auf das Raster der Architektur antwortet. Für die ursprünglich mobil gedachte Bestuhlung, die der Bischof ablehnte, konnte ein Kompromiss gefunden werden, wobei die nicht fest installierten und frei arrangierbaren Zweierbänke auf Wunsch des Bischofs noch vor der Einweihung mit Kniebänken versehen werden mussten.

Nach der Sanierung des Flachdachs und der Betonschäden steht das Gebäude weitgehend unverfälscht da; eine eigentümliche, turmartige Aufwertung erhielten die Kaminrohre im Süden durch die Anbringung eines Kreuzes. In einem der Gruppenräume ist heute eine Werktagskapelle eingerichtet. Von Anfang an wurde der Kirchenraum laufend mit teils von Pfarrer Birkle selbst gestalteten Bildwerken bestückt (Rosenkranztafeln, Bild des Kirchenpatrons, Orgelprospekt, Kreuzweg); die neue Tabernakelrahmung stört dabei das ursprüngliche Konzept empfindlich.

25 St. Johannes der Täufer
Bodolz

Wettbewerb 1969, Planeingabe Juli 1969, erster Spatenstich April 1970, Grundsteinlegung 23. Mai 1971, Weihe 17. Oktober 1971

Architekt: Willy Hornung, Ottobeuren
Ausstattung: Michael Veit, München (Altartisch, Ambo, Sakramentshaus, Holztüren, Altarleuchter, Glockenträger); Herbert Bessel, Rasch (Fensterwände Sakramentskapelle)
Archivalien: KBK, Baumappen; DBA 270, 4.583, 4.587, 4.599.
Literatur: Burmeister 2010, S. 426–428.

Planung und Bau des Pfarrzentrums für die im Herbst 1969 neu eingerichtete Pfarrei St. Johannes der Täufer fielen in die Jahre zwischen 1969 und 1971, als bistumsweite Baustopps wegen der kritischen Finanzlage überall zu Verzögerungen führten. Trotzdem konnten innerhalb von eineinhalb Jahren Kirche und Pfarrhof, der Kindergarten und das Personalwohngebäude für Mesner, Organist, Kindergärtnerinnen und erholungssuchende Geistliche realisiert werden.
Ein unter sechs ausgewählten Architekten ausgeschriebener Wettbewerb sollte Klarheit über das künftige Gemeindezentrum bringen. Das Bauprogramm entsprach dem damals üblichen Umfang mit auch außerkultisch nutzbarer Hauptkirche, Glockenträger, Sakristei, Sakramentskapelle, Raum für Taufe und Beichte, Teeküche, Bibliothek, Foyer, Jugend- und Gruppenräumen sowie

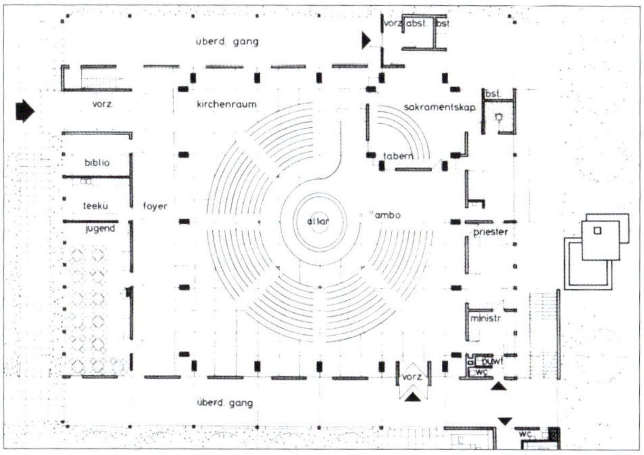

Grundriss, Willy Hornung, 1972

einem Pfarrhaus mit kleinem Pfarrgarten. Ein erweiterungsfähiger Kindergarten und eine Wohnung für Pfarrangestellte waren für den zweiten Bauabschnitt geplant. Der Gestaltung des Kirchenraums und seiner liturgischen Orte lagen die Erläuterungen zur *geistigen Haltung des Kirchenraums* zugrunde. Die Hälfte der eingereichten Vorprojekte konnte mit einer Verortung des Altars in einer Raumecke oder in Gegenüberstellung zur versammelten Gemeinde in geistig-pastoraler Hinsicht nicht mehr befriedigen. Denn die Pfarrei hatte sich ausdrücklich für ein

Inneres der Gemeindekirche

Tabernakel in der Sakramentskapelle von Willy Veit

Fensterwände in der Sakramentskapelle von Herbert Bessel

Gemeindezentrum entschieden, „das in moderner sinnvoller Architektur über den sakralen Raum hinaus alle Möglichkeiten zur Begegnung von Christen aller Altersstufen zu Gespräch, Feier und Fröhlichkeit" schafft (Ulrichsblatt, 28 Jg., Nr. 41, 14.10.1973).

Der junge Ortsteil Ebnet, in dem die neue Kirche entstand, ist erst im Zuge einer immer dichter werdenden Besiedlung des Gebiets zwischen Wasserburg und Lindau-Aeschach entstanden und weist eine indifferente Wohnbebauung auf. Die Hanglage des Grundstücks ermöglichte die Ausbildung einer gewissen städtebaulichen Dominante, die Willy Hornung mit seinem zur Ausführung empfohlenen Wettbewerbsbeitrag nutzte, indem er den Kirchenbau am höchsten Punkt platzierte und den Kindergarten etwas tiefer und näher an der vorhandenen Ortsbebauung. Grünflächen und zwei Platzräume, einer im Süden und einer im Norden, scheiden das Gebäude von der umgebenden Bebauung und lassen es autonom in sich ruhen. Wie eine expressive Betonplastik steht der markante, nur wenig über das Kirchdach ragende Glockenträger aus aufeinandergestapelten, vierseitig-geometrischen Körpern in der Senke auf dem Hof zwischen Kirche und Kindergarten. Das gesamte Ensemble wurde gemäß dem Bauprogramm in bescheidenen, der Zeit entnommenen Architekturformen unter Einsatz von Fertigbauteilen gestaltet.

Außenansicht der Sakramentskapelle (Aufnahme 1973)

In einer annähernd geschlossenen rechteckigen Grundrissfigur mit winklig angefügtem und durch einen gedeckten Gang angebundenem Pfarrhaus sind sämtliche Funktionen des Pfarrzentrums vereint. Gegenüber dem Vorprojekt wurden in der Ausführung die Räume für das Gemeindeleben – Bibliothek, Teeküche, Gruppenraum –

nach Süden an die Straßenseite versetzt, wodurch der zuvor nahezu quadratische Baukörper eine gestreckte Gestalt erhielt. Nach Norden ist das Gebäude wegen der Hanglage zweigeschossig und beherbergt dort weitere Räume des Pfarrzentrums.

Erhöhte, aus dem Kubus ragende Dachflächen bezeichnen die Lage des quadratischen Kirchenraums und der ihm einbeschriebenen, ebenfalls quadratischen Sakramentskapelle. Das Flachdach schwebt scheinbar über einem hoch gelegenen Lichtband über den Räumen. Die Stellung des Altars auf einem einstufigen, halbrund geschwungenen Podest, das von gekurvter, loser Bestuhlung eingefasst ist, bezeichnet die exakte Mitte der Gemeindekirche, die wie die Sakramentskapelle auch ganz nach innen konzentriert ist und nur wenige Sichtbeziehungen zur begrünten Umgebung zulässt. Hinter dem Altarpodest stößt die mit Mauerscheiben separierte Sakramentskapelle mit gleichzeitiger Tauf- und Beichtfunktion quadratisch-diagonal in den Kirchenraum vor und nimmt in der geöffneten Kante den Tabernakel auf, der nach zwei Seiten, gleichzeitig in die Andachtskapelle wie zur Gemeindekirche, orientiert und inszeniert ist; durch eine Türe kann er weggeschlossen werden. Die weitere liturgische Ausstattung hätte nach der ursprünglichen Planung nicht fest installiert sein sollen, um konfliktfrei auch außerkultische Nutzung zu ermöglichen, erhielt aber dann doch ein würdiges, unverrückbares Gewicht. Schalungsrau belassener Sichtbeton, Stein für den Bodenbelag und Holz bestimmen die Materialauswahl. Die Verwendung von Bronze verleiht dem Altar, Tabernakel oder den Leuchtern eine höhere, nicht rein funktionale Wertigkeit. Die Außenwände der Sakramentskapelle sind raumhoch in Glas aufgelöst, die man zugunsten einer introvertierten Raumatmosphäre von Herbert Bessel farbig gestalten ließ.

Trotz des Mehrzweckcharakters der Anlage und der geforderten Kosteneinsparung vermied der Architekt nach eigenen Angaben Bauelemente, die bewusst an Industriebauten erinnern. So ist die Deckenkonstruktion aus Holzleimbindern mit einer hölzernen Kassettendecke verkleidet und der im Kirchenraum ursprünglich vorgesehene Waschbeton durch höherwertigen Naturstein ersetzt.

Gleichwohl aber lässt die Architektur des Gebäudes in ihrer Stahlbetonkonstruktion und formalen Erscheinung nicht selbsterklärend auf einen Sakralbau schließen, sondern eher auf einen Schul- oder Verwaltungsbau. „In einer neuen und ungewohnten Form erbaut – aber wie seit je bleibt, daß Gott darin seine Wohnung genommen hat“, sagte der Bischof bei der Weihe (Ulrichsblatt, 26. Jg., Nr. 44, 31.10.1971).

Bau und Ausstattung sind weitgehend unverfälscht erhalten; die größere Orgel konnte erst später angeschafft werden.

Südwestansicht

26 Heilig Geist
Günzburg

Wettbewerb 1968/1969, Baubeginn 1970, Weihe 21. Oktober 1973

Architekt: Hermann Öttl, Gersthofen
Ausstattung: Franz Nagel, München (Farbkonzept, Wandmalereien); Reinhold A. Grübl, Ebenhausen (Altar, Ambo, Tabernakel, Sedilien, Standkreuz, Leuchter, Gestühl, Taufort)
Archivalien: KBK, Baumappen; DBA 6.260, 6.261, 6.269, 6.270.
Literatur: Festschrift Zum Heiligen Geist 1973 a. – Ateliers und Werkstätten 1977, S. 49–51. – AK Augsburg 1979, o. S. – Reißenauer/ Schretzenmayr 1991, S. 68–69. – Kirchenführer Zum Heiligen Geist 2006.

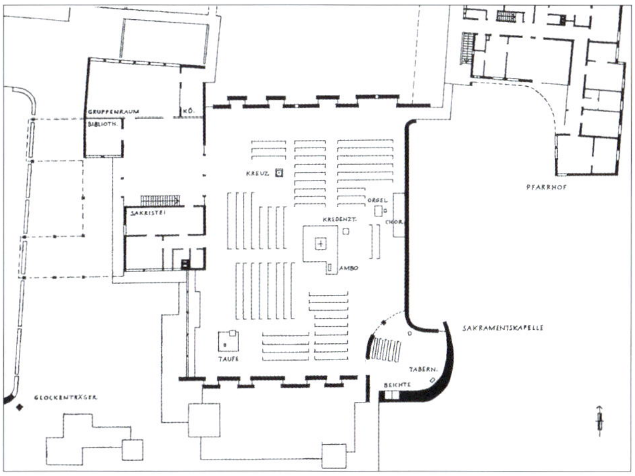

Grundriss, Bestandsplan

Das neue Stadtpfarrzentrum Heilig Geist im Süden der historischen Stadt, für das die Diözese einen beschränkten Wettbewerb ausschrieb, ist an drei Seiten von einem Gröngürtel umfasst, von dem sich dessen weiße Wand- und Glasflächen wirkungsvoll absetzen. Das Bauprogramm sah neben der Kirche mit Sakramentskapelle und Sakristei auch Gruppen-, Vortrags- und Jugendräume, eine Bibliothek und einen Pfarrhof vor. In einem zweiten Bauabschnitt wurde der Kindergarten östlich des Pfarrzentrums errichtet. Planungsgrundlage waren die Erläuterungen zur *geistigen Haltung des Kirchenraums*, die Bescheidenheit der äußeren Gestaltung, Durchdringung sakraler und profaner Welt, Mehrfachnutzung und die liturgische Gestaltung im Sinne des Zweiten Vatikanischen Konzils einforderten. Eine künstlerische Herausforderung bestand darin, den Neubau mit dem benachbarten, 1967 erweiterten Schulzentrum und der anstehenden Wohnbebauung in größtmöglichen Einklang zu bringen und dabei den Charakter eines Kirchenbaukörpers zu wahren. Der aus dem Wettbewerb hervorgegangene Ausführungsentwurf von Hermann Öttl, der gegenüber dem Vorprojekt in einzelnen Punkten verändert wurde, ist in seinem betont profanen Charakter ein sichtbares Zeichen des neuen kirchlichen Selbstverständnisses. Eine große Fensterfront an der Westseite ermöglicht dem vorbeieilenden Passanten einen Blick in den Innenraum. „Diese Beziehung von innen und außen ist bewusst angestrebt" (Erläuterungen Hermann Öttls, DBA 6.269). Die Erschließung der Kir-

Kirchenraum nach Osten mit Wandgemälden von Franz Nagel

Außenansicht der Sakramentskapelle

Inneres der Gemeindekirche nach Norden

che, des „Herzstücks der Gesamtanlage" (Öttl in Festschrift Zum Heiligen Geist 1973), erfolgt über einen Vorplatz mit niedrigem, aus der Hofmauer herauswachsendem offenen Glockenträger an der Straßenkreuzung, der eine bauliche Beziehung zu den gegenüberliegenden Schulen herstellt. Zwei ineinandergeschobene, flachgedeckte Kuben und eine Hofmauer umschließen den Bezirk. Der niedrigere mit anschließender Überdachung nimmt Foyer, Sakristei, Gruppenräume und Bibliothek sowie Jugendräume im Untergeschoss auf; durch seine Höhe ausgezeichnet ist ausschließlich der Kirchenraum mit der Sakramentskapelle, die sich nach außen durch den gekurvten und zu einem Kreuz ansteigenden Mauerverlauf darstellt. Der erdgeschossige Pfarrhof ist mit eigenem Garten in die nordöstliche Grundstücksecke geschoben.

Einzig der niedrige Glockenträger und der Kreuzaufsatz an der Sakramentskapelle weisen dezent auf die Funktion des Gebäudes hin. Deutliche Abweichung von der bestehenden Bebauungsstruktur in Form einer aufwendigen Plastizität der Baukörper durch polygonale Grundrissfiguren oder geneigte Dachflächen hatte das Preisgericht abgelehnt. Freistehende und gegeneinander versetzte Stahlbetonfertigteile umschließen den breitgelagerten Kirchenraum von Heilig Geist, große Fensterfronten und -bänder stellen die Beziehung zur Außenwelt her. Die Wand hinter der Altarinsel ist zur Vermeidung von Blendwirkung vollständig geschlossen, endet aber unterhalb der Decke, um sie vom Morgenlicht umfluten zu lassen. Das räumliche

Blick vom Kirchenraum in die Sakramentskapelle

Südwestansicht

Tragwerk der Flachdecke besteht aus einer sichtbaren Stahlfachwerkkonstruktion – im Vorprojekt war noch eine untergehängte Holzdecke vorgesehen –, die erlaubte, den weiten Raum ohne weitere Betonstützen zu überspannen; grauer Teppichboden sollte für Behaglichkeit sorgen und lose Stahlrohrbestuhlung für die Wandlungsfähigkeit des Raums. Die durch die Geschlossenheit der Rundung intime Sakramentskapelle, die einen eigenen Nebeneingang besitzt, wird nur von Oberlichten belichtet; hier ist vor dem Tabernakel Kirchengestühl mit Kniebänken aufgestellt.

Wohl auch im Werben um die Akzeptanz des nüchternen Architektur- und Raumkonzepts begründeten Architekt und Bauherr die Wahl der Baumaterialien und Konstruktionen auch mit der Kosteneinsparung. Noch in jüngerer Zeit wurde die Baugruppe mit maghrebinischen Bauformen assoziiert (Reißenauer/Schretzenmayr 1991, S. 68), ein Topos, mit dem die völkische Architekturkritik bereits in den 1920er Jahren gearbeitet hatte. Bei aller baulichen Strenge durchbrechen der Verlauf der Umfassungsmauern, die organische Kurvatur oder gegeneinander versetzte Wandscheiben das Schema starrer Rechtwinkligkeit.

Mehr als in anderen zeitgenössischen Kirchen spielt die Wandgestaltung innerhalb des künstlerisch hochwertigen Kirchenraums eine ganz entscheidende Rolle. Es gelang der Pfarrei, den gebürtigen Günzburger Franz Nagel für die Wandbilder zu gewinnen. „Um den Sinn einer Pfarrkirche, nämlich ‚Kultraum' zu sein, deutlich zu machen", zog er „ein Band vielfältiger farbiger Bewegungen um die Wände". „Es umschließt die um den Altar versammelten Gläubigen" und formt auf diese Weise einen heiligen Bezirk (Nagel in Festschrift Zum Heiligen Geist 1973). In seiner Malerei führt Nagel die konsequente Abstraktion des Raumes fort, die entsprechend des Patroziniums die Sendung des Heiligen Geistes zum Thema hat. Ein glühender Feuerball, Feuerzungen, dynamische Strahlenkräfte, Weltkugel und Universum in starken Farbkontrasten drücken das Brausen des Himmels und das nicht wirklich darstellbare Wirken Gottes aus. In der Sakramentskapelle hingegen animiert die gegenständliche Darstellung des Letzten Abendmahls den Gläubigen zum intimen Gebet.

Alle anderen Ausstattungselemente treten hinter die Wandmalerei zurück, was den Raum künstlerisch zusätzlich aufwertet. Die Gestaltung der Altarinsel mit verschiebbaren Podesten um den fest verankerten Altar, der Sakramentskapelle und des Taufortes lag in den Händen von Reinhold A. Grübl, der in nobler Zurückhaltung die unterschiedlichen Funktionsbereiche in wertigen Materialien – Carraramarmor, Messing und Bronze – formte. Am Taufort tragen schlichte Stelen den Tauftisch und die Osterkreuze; aus einer sprudelt das Wasser des Lebens, um als Zeichen des Schöpfungskreislaufs wieder im Boden zu verschwinden. Grübl war im Sinne des Gesamtkonzepts auch für die Bestuhlung verantwortlich und darüber hinaus für die farbliche Abstimmung des Kindergartens östlich der Hölderlinstraße.

Gesamtanlage wie Kirchenraum konnten bis heute ihren Charakter bewahren; die Ausstattung erfuhr nur wenige Veränderungen, die dem Bildbedürfnis der Gemeinde entgegenkommen. 1975 wurde der nach historischen Vorlagen geschnitzte Kruzifixus von den Außenanlagen ins Innere verbracht, 1991 das Astkreuz vor der Altarwand aufgestellt, und 1992 kam die gotische Madonna aus dem Kunsthandel hinzu.

27 St. Thomas Morus
Neusäß

Wettbewerb 1969, Vorentwurf Juli 1969, Baubeginn 20. Juli 1970, Grundsteinlegung 27. Juni 1971, Weihe 9. Juli 1972

Architekt: Alexander Freiherr von Branca, München
Ausstattung: Hermann Jünger, Pöring (Altar, Ambo, Tabernakel); Egon Stöckle, Hohenfurch (Standkreuz, Thomas-Morus-Figur); Manfred Bergmeister, Ebersberg (Apostelleuchter, Opferstock, Kapellengitter, Weihwasserbecken); Ernst Steinacker, Wemding (Marienfigur)
Archivalien: KBK, Baumappen; DBA 1.948, 1.952, 1.953, 1.957; A. M., Nachlass Alexander von Branca.
Literatur: AK München 1973, S. 50–51. – AK München 1979, S. 114–119. – Festschrift St. Thomas Morus 1990. – Kahle 1990, S. 164. – Reitmayer 1997, S. 417–418. – Würmseher 2007, S. 489–494.

Südansicht mit Spritzbetonauftrag

Das ehemalige Dorf Neusäß erfuhr vor allem seit dem Ende des Zweiten Weltkriegs eine rasante Entwicklung; gegenüber 1933 hatte sich die Bevölkerung bis 1961 verachtfacht und bis 1970 nahezu verfünfzehnfacht. Neue Wohngebiete wurden ausgewiesen und Industrie- und Gewerbebetriebe angesiedelt, Alt-Neusäß erhielt seit den 1950er Jahren erstmals einen eigenen Friedhof und mit St. Ägidius (Thomas Wechs sen.) seine erste Pfarrkirche, einen Kindergarten und neue Schulhäuser. Die zweite katholische Pfarrei St. Thomas Morus konnte 1967 ihren ersten Gottesdienst in einer Notkirche abhalten.

Anfang 1969 hatte die Diözese einen beschränkten Wettbewerb für den Neubau eines modernen Pfarrzentrums im Nordwesten am äußersten Ende des Pfarrgemeinde- und Siedlungsbereichs ausgeschrieben, dessen Erweiterung man für die Zukunft erwartete. Auch wenn für den ersten Bauabschnitt nur das Pfarrhaus und die Kirche mit Nebenräumen und kleinem Glockenträger geplant waren, mussten die Vorprojekte die spätere Gesamtsituation mit Kindergarten und Wohnhaus für die Pfarrangestellten klären. Da das Baugelände vom Westen her stark dem Wind ausgesetzt ist, sahen alle Entwürfe eine geschützte, von Gebäuden umgebene Platzsituation vor.

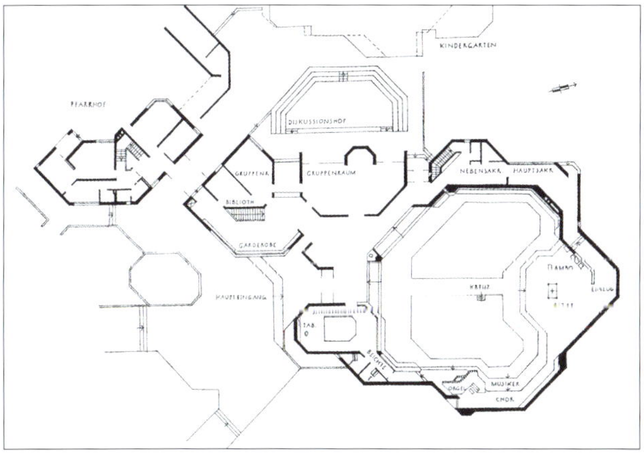

Grundriss, Bestandsplan

Eine gegenseitige Durchdringung von sakralem und profanem Leben war ausdrücklich im Ausschreibungstext verankert. Über die allgemeingültigen *Instruktionen zur ordnungsgemäßen Durchführung der Konstitution über die heilige Liturgie* gingen die programmatischen Forderungen deutlich hinaus. Das Bauprogramm betonte den Verzicht auf Machtanspruch und Repräsentation und verstand Kirche als „Dienerin der Menschheit", weshalb man mit dem Pfarrzentrum die baulichen Voraussetzungen für die neue Form des Gemeindelebens schaffen wollte. Nicht nur die Nebenräume wie Bibliothek, Gruppenräume oder Teeküche und ein Pfarrhaus auch mit Wohnungen für die Pfarreiangestellten sollten gemeinschaftsbildend wirken. Bei der Planung des Kirchenraums selbst war zu berücksichtigen, dass er nicht nur für die Eucharistiefeier, sondern ebenso für außerkultische Veranstaltungen genutzt werden kann und der Ort für die Sänger

Ort der Marienverehrung seitlich des Altarraums mit Figur von Ernst Steinacker

Altarraum mit Wandgestaltung von Georg Bernhard, 1988

Blick zur Sakramentskapelle

dabei auch als Bühne. Eine wenigstens teilweise flexible Bestuhlung und die Bestückung der liturgischen Orte nur mit dem nötigsten Mobiliar sollten dieser Forderung Rechnung tragen. Wandlungsfähigkeit bei gleichzeitiger Sichtbarkeit des „allerhöchsten Zwecks", ein „neuer Stil" als Ausdruck der „neuen geistigen Haltung" war die Gestaltungsanweisung. Für das Allerheiligste war in unmittelbarer Verbindung zum Hauptraum eine separate, für Bedürfnisse der persönlichen Anbetung eingerichtete Sakramentskapelle zu schaffen (Bauprogramm, 1969; KBK, Baumappen).

Aus den vier eingereichten Vorschlägen wählte die Jury den Entwurf des prominentesten Architekten aus. Alexander von Branca gestaltete Kirche und Pfarrzentrum auf der Grundlage der Wabenstruktur, die freie, aufgelockerte und beliebig erweiterbare Grundrisslösungen zuließ, andererseits aber auch durch die Biegung der Baukörper eine zusätzliche Geschlossenheit von Räumen und Gesamtanlage. Nachdem die Realisierung seines Entwurfs beschlossen war, wurde das prägnante Motiv der Wabe auch zum Briefkopf des Pfarramts St. Thomas Morus.

Die flach gedeckten Gebäude sind in einer geschlossenen Gesamtform um einen Innenhof gruppiert, den der Architekt als Diskussionshof bezeichnete, mit verkürzten Verkehrswegen und flexiblen Raumgrenzen. Durch die Gebäudehöhe und die Geschlossenheit der Wandflächen ist die Kirche, obgleich in den Nordosten des Grundstücks gerückt, als mehrfach gestaffelter Baukörper optisch als wichtigstes Bauteil hervorgehoben; dabei überragt die Sakramentskapelle wie ein Turmstumpf die anderen Gebäude. Der organisatorische Kern der Anlage ist das

Foyer, von dem aus sowohl die Gruppen- und Nebenräume des Pfarrzentrums als auch die Kirche erschlossen werden; außerdem konnte es bei Bedarf dem Hauptraum, zu dem man zwei Stufen herabsteigen muss, angegliedert werden. Für Branca war eine gestalterische Herausforderung, den Kirchenraum einerseits für mehrere Formen der Verwendung zu planen und ihm andererseits dennoch eine „architektonische Eindeutigkeit" und „Würde" zu verleihen (Erläuterung Alexander von Brancas, 1969; KBK, Baumappe). Mit der Platzierung des Altars in der östlichen Hälfte des Polygons gibt der Architekt der zentralen Bauform eine klare Richtung. Außerdem nutzt er die additiven Möglichkeiten der Grundrissstruktur, indem er die Sakramentskapelle mit dem Tabernakel als separaten Raumteil an den Kirchenraum anfügt. Zuerst war daran gedacht worden, den Chorraum im Sinne der Mehrfachnutzung flexibel zu gestalten, was man dann aber in dieser Konsequenz nicht umsetzen wollte. Gleichwohl aber sind Ambo und Altar als leichte und schlichte Möbel aus Edelstahl und Holz gefertigt. Für Andacht und Gottesdienst schuf Branca introvertierte Räume, die durch Oberlichte zwischen aufgehendem Mauerwerk und gleichsam schwebender Holzdecke und vereinzelte Lichtschlitze belichtet werden, wobei die effektvolle Inszenierung in der Altarinsel als hellstem Ort gipfelt; in der Sakramentskapelle ist die Führung des Tageslichts auf den ursprünglich an der Stirnwand befestigten Kruzifixus und den Tabernakel fokussiert, eine unverrückbare Betonstele mit einem Gehäuse aus Stahl und Glas. Die Lichtführung und die Grafik der horizontal strukturierten Sichtbetonwände sowie der Holzdecke sind der Hauptschmuck der Räume. Edelstahl ist das vorherrschende Material für Sedilien und Leuchter. Alles scheint innen beweglich und geht doch eine harmonische, untrennbare Verbindung zur architektonischen Hülle ein, denn die Einfachheit der Ausstattung ist die konsequente Fortführung der schlichten, auf das Wesentliche konzentrierten Architektur.
Ursprünglich war die Bauausführung in weiß verputztem Mauerwerk oder in zweischaligem Sichtziegelmauerwerk vorgesehen. Ausgeführt wurde jedoch aus konstruktiven Erfordernissen ein außen wie innen schalungsrau belassener Sichtbetonbau, der im Laufe der Jahre vor allem zur Straße hin stark eingegrünt und von Rankenwerk überzogen werden sollte. Der sichtbare Einsatz von Fertigbauteilen aus Beton signalisierte dabei Bescheidenheit – ebenso wie der Verzicht auf einen Kirchturm zugunsten der raschen Bauausführung des projektierten Kindergartens, der bereits ein Jahr vor dem Kirchenneubau bezugsfertig war.
Lediglich die Marienfigur befriedigte zunächst den Wunsch nach Bildhaftigkeit; sie wurde später seitlich der Altarinsel wie an einer Chorschulter angebracht. 1988 wurde die Bronzefigur des Kirchenpatrons (Egon Stöckle) aufgestellt und zu einem späteren Zeitpunkt dessen Nischenrückwand rot gefasst; den Titelheiligen als Plastik oder Glasfenster in die Ausstattung einzubeziehen, war schon in der Planungsphase überlegt worden. Etwa gleichzeitig kam der Kreuzweg von Georg Bernhard (Augsburg) in die Sakramentskapelle. Für ein gestalterisches Gleichgewicht war nun auch die Ausschmückung des Altarraums notwendig geworden, für die Bernhard eine schlichte und feierliche Lösung entwarf: Auf der ebenfalls rot gefassten Rückwand ist in goldenen Lettern ein Textausschnitt aus der Offenbarung des Johannes zu lesen; das davor abgehängte Medaillon mit dem Lamm Gottes konzentriert den Blick der Gläubigen bereits beim Eintreten auf Tod und Auferstehung.
Wegen gravierender Betonschäden musste die Gebäudehülle 1989–1991 einer Generalsanierung unterzogen werden, wobei der schadhafte Beton durch Hochdruckwasserstrahlen abgetragen und eine neue Spritzbetonschicht aufgetragen wurde. Damit war die Schalungsstruktur unwiederbringlich verloren. Der Glockenturm wurde 1994/1995 errichtet.

Sakramentskapelle (Aufnahme 1972)

28 Heilig Kreuz
Neu-Ulm – Pfuhl

Wettbewerb 1969, erster Spatenstich 12. September 1970, Grundsteinlegung 18. Juni 1972, Richtfest 29. Oktober 1972, Weihe 23. Dezember 1973

Architekt: Manfred Wacker, Ulm
Ausstattung: Friedrich Koller, Laufen (Altarwand, Altar, Ambo, Sedilien, Tabernakel, Leuchter, Vortragekreuz, Taufstein, Marienfigur, Weihwasserbecken)
Archivalien: KBK, Baumappen; DBA 6.403–6.406, 6.408, 6.410.
Literatur: Festschrift Heilig Kreuz 1973.

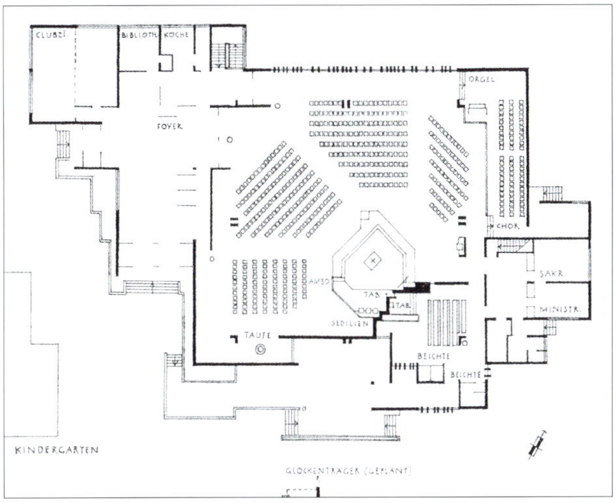

Grundriss, Bestandsplan

1933 wurde für die Diasporagemeinden in Offenhausen und Pfuhl in Offenhausen eine katholische Kirche eingeweiht, denn erst nach dem Ersten Weltkrieg hatten sich katholische Familien im seit 1531 evangelischen Pfuhl niedergelassen. Einen regelmäßigen katholischen Sonntagsgottesdienst gab es in Pfuhl seit 1967. Ein Jahr später wurde ein Baugrundstück für ein eigenes Pfarrzentrum erworben, 1969 ein beschränkter Wettbewerb unter fünf eingeladenen Architekten entschieden und 1970 mit dem Neubau begonnen. Der Kindergarten mit Gemeinderäumen im Untergeschoss wurde als erster Bauabschnitt ausgeführt, das Pfarrhaus konnte als Nächstes bezogen werden, und erst an dritter Stelle wurde das Gotteshaus errichtet; etwa 3.000 Katholiken gab es inzwischen am Ort.

Das Bauprogramm für das ausgeschriebene Gemeindezentrum bewegt sich in dem damals üblichen Rahmen.

Ostansicht

Altarinsel mit gestufter und farbig gestalteter Betonrückwand von Friedrich Koller

Sakramentskapelle mit Tabernakel

Kirche mit Sakramentskapelle und variablen Nutzungsmöglichkeiten, Haupt- und Nebensakristei, kleiner Glockenträger, zwei Gruppenräume, Bibliothek, Teeküche, kleines Foyer sowie die Versorgungsräume waren möglichst kostensparend und unter Verwendung von Fertigteilen zu errichten. Das Vorprojekt des Pfarrzentrums war Teil einer städtebaulichen Neuerschließung nach Westen und gleichzeitig einer neuen Ortskernplanung mit politischem Gemeindezentrum mit Rathaus, Wohn- und Ladenbauten, die in dem Entwurf zu einer Einheit mit gemeinsamer Platzanlage zu verbinden waren. Umgesetzt wurde dieses Gesamtkonzept jedoch nicht; 1977 verlor Pfuhl im Zuge der Gemeindegebietsreform seine Eigenständigkeit und wurde ein Ortsteil von Neu-Ulm.

Für die Planung der Gemeindekirche galten die damals gängigen Vorstellungen von der Kirche als Dienerin der Menschheit, vom Durchdringen des sakralen und profanen Lebens und die liturgischen Anweisungen, die das Diözesanbauamt den Bauprogrammen beigelegt hatte. Zu weit gegen die Wand oder gar in eine Nische gerückte Altäre ließ die Jury nicht gelten. Manfred Wacker wiederholte in seiner Einsendung den Planungsgedanken, den er wenige Jahre zuvor in Krumbach verwirklichen konnte, überzeugte das Preisgericht aber mit seinem Alternativentwurf, einer strengen rechtwinkligen, aus dem Grundraster von 1 mal 1 Meter entwickelten, aber in sich reich gegliederten Komposition aus je nach Raumbedeutung höhen- und tiefengestaffelten Baukörpern und Freiflächen. Innerhalb des neuen Ortskerns sollte die Kirche als etwas höher gelegener Mittelpunkt stehen. „Nicht gewaltige Baumassen, sondern die Gestaltung“ und die Gliederung der Baukörper sollen auf die besondere Baufunktion hinweisen (Erläuterung Manfred Wackers, 1969, DBA 6.403).

Ein großzügiges Foyer dient als Raumverteiler zu variierbaren Jugendräumen, Teeküche und Bibliothek beziehungsweise zur Kirche, die durch großzügige Türöffnungen zur Eingangshalle hin geöffnet werden kann. Werk-, Spiel- und sonstige Nebenräume befinden sich im Untergeschoss. Trotz dieses fließenden Raumgefüges ist der Gottesdienstraum maßgeblich durch die Lichtführung über hoch liegende, schmale Fensterbänder ganz nach innen konzentriert. Ein außen wie innen sichtbarer, dem Patrozinium entsprechender kreuzförmiger Träger überspannt den lose bestuhlten Kirchenraum, der als konstruktives Element das Patrozinium visualisiert. Annähernd unter dem Kreuzungspunkt war ursprünglich am

Altarrückwand mit Tabernakel

Blick durch den Kirchenraum

Fuß der Altarinsel die Taufstelle konzipiert, die aber dann in den südöstlichen Raumabschnitt verlegt wurde. Aus der im Vorentwurf schlichten Abschrägung der südöstlichen Raumecke hinter dem Altarpodest wurde in Zusammenarbeit mit Friedrich Koller ein differenziertes, abgestuftes und plastisch wie farbig gegliedertes Raumgebilde, das aus der Altarzone heraus „wie ein Fels" in die Höhe wächst (Erläuterung Manfred Wackers, DBA 6.403). Diese Betonrückwand, die im oberen Bereich ganz in Glas aufgelöst ist, bildet gleichzeitig die Trennung von und Verbindung zur dahinterliegenden Sakramentskapelle. Mit ihren starkfarbigen Akzenten in Rot, Weiß, Schwarz, Gold und Grau setzt sie sich deutlich vom Holz und weißen Putz ab und lenkt, unterstützt durch die Lichtführung, die Aufmerksamkeit der Gläubigen zwangsläufig zum Geschehen am Altar. Das Allerheiligste ist in dieser Wand so aufbewahrt, dass es sowohl vom Hauptraum aus als auch in der Sakramentskapelle, wo es mit einem goldenen, sich in die Höhe rankenden Objekt bezeichnet ist, verehrt werden kann.
Im Zuge einer Instandsetzung zwischen 1987 und 1992 wurden zwar die Fassadenflächen mit dem Schutzanstrich der Sichtbetonflächen überarbeitet, blieben aber weitgehend in ihrer Struktur erhalten. Ein hoch aufragendes Kreuz auf dem Dach kündet heute von der Funktion des Gebäudes.

29 St. Wolfgang
Syrgenstein

Wettbewerb 1963, neue Bauvorlagen Dezember 1969, erster Spatenstich 1. Dezember 1969, Baubeginn April 1970, Weihe 15. Dezember 1974

Architekt: Hubert Schmidtler, Stadtbergen
Ausstattung: Reinhold A. Grübl, Eberhausen (Altar, Ambo, Sakramentshaus, Kreuz, Taufstein, Weihwasserbecken)
Archivalien: KBK, Baumappen; DBA 2.788–2.791.
Literatur: Pfarrbrief St. Wolfgang 1988. – Festschrift St. Wolfgang 2014.

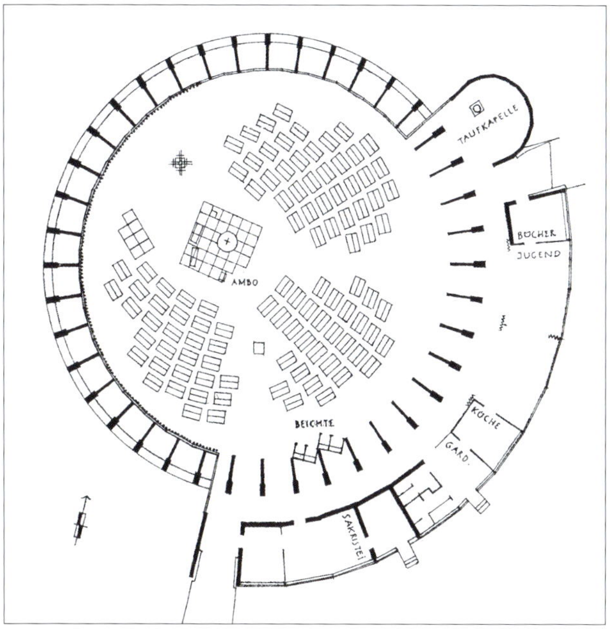

Grundriss, Bestandsplan

Planungs- und Bauzeit der neuen und markanten Kirche für die an der Grenze zum Bistum Rottenburg-Stuttgart gelegene Gemeinde zog sich über elf Jahre hin. Bereits 1963 hatte das Diözesanbauamt Augsburg sechs Architekten zur Abgabe eines Vorentwurfs für eine neue Kirche mit dem Patrozinium Joseph der Arbeiter an der südlichen Gemarkungsgrenze von Altenberg eingeladen, denn Abriss oder Erweiterung der viel zu klein gewordenen barocken Dorfkirche kamen aus Gründen des Denkmalschutzes nicht in Betracht. Das Bauprogramm hatte damals einen Richtungsbau mit nach Möglichkeit sich nicht gegenüberliegenden Bankreihen gefordert. Das Allerheiligste musste auf dem Hauptaltar untergebracht werden. Ferner waren ein Seitenaltar, eine Orgelempore, eine Kan-

Ostansicht

Blick durch den Kirchenraum zur Altarinsel

Gruppenräume mit Schiebetüren (Aufnahme 1982)

meinde Syrgenstein durch die Zusammenlegung der Dörfer Altenberg und Ballhausen; zum Seelsorgebezirk gehörte ferner der Ort Staufen, der dann im Jahr 1978 im Zuge der Gebietsreformen zusammen mit Landshausen zur politischen Gemeinde hinzukommen sollte.
1967 war der neue Kirchenbauplatz erworben und die Planung der Schule der architektonischen Einheitlichkeit wegen ebenfalls an Schmidtler übertragen. 1968 legte er einen neuen Kirchenentwurf vor, in dem er seinen früheren Wettbewerbsbeitrag als Rundbau variierte, der jedoch als „Zirkuszelt" oder „Kläranlage", jedenfalls als gefühlter „ewiger Fremdkörper" in der „idyllischen Landschaft" den Unmut des inzwischen neuen Pfarrherren und der Gemeindemitglieder erregte. Diözesanbauamt und Regierung von Schwaben dagegen versprachen sich von dem Projekt eine „eindrucksvolle Wirkung". Um die Wogen zu glätten und das Bauvorhaben den örtlichen Entschei-

zel und ein Taufstein in einer Nische oder in einer kleinen Kapelle vorgesehen. Die Kirche sollte einen „schönen Turm" erhalten und zu einem späteren Zeitpunkt auch einen Pfarrhof.
Alexander von Branca sagte seine Teilnahme aus Zeitgründen ab, ebenso Hermann Mayer aus Heidenheim. Keiner der verbliebenen Konkurrenten reichte jedoch ein restlos befriedigendes Vorprojekt ein. Als die „brauchbarste Lösung" sah das Preisgericht die Grundkonzeption von Hubert Schmidtler an, der als ehemaliger Mitarbeiter von Siegried Östreicher die im Vergleich zu den anderen Einsendungen fortschrittlichste liturgisch-räumliche Idee in Form eines fünfeckigen Zentralbaukörpers mit Zeltdach und Firstlaterne vorlegte.
Realisiert wurde jedoch dieser, 1966 zur Baugenehmigung eingereichte Entwurf nicht, obwohl der Architekt seinen Wettbewerbsbeitrag wie gefordert liturgisch fortentwickelt und die Altarinsel noch weiter in den Raum hineingerückt hatte. Denn inzwischen hatten sich auf verschiedenen Ebenen die Planungsgrundlagen verändert. Im bis dato kaum bebauten Bachtal zwischen Altenberg und Ballhausen war mittlerweile die Errichtung einer neuen Schule in Planung, und es wurde deshalb überlegt, an dieser Stelle mit einer Gruppe öffentlicher Bauten – Schule, Kindergarten und Kirche – ein neues kulturelles Zentrum zu schaffen, wobei nun die beiden Gemeinden stritten, wer für den Kirchgang wessen Gemarkungsgrenze zumutbar zu überschreiten hätte. Die Zukunftsentwicklung aber gab der angestrebten Verlegung des Bauplatzes Recht. 1970 entstand die neue Ge-

Altar und Tabernakel in der Umgestaltung von 1988

dungsträgern zu vermitteln, lud der diözesane Bauausschuss im Frühjahr 1969 unter Beteiligung der damaligen Wettbewerbsjury zu einer Informationsveranstaltung, die jedoch weder Vorurteile noch Vorwürfe zerstreuen konnte, sondern lediglich zu bekundeter Resignation des Ortspfarrers führte, da seiner Meinung nach „das Ergebnis von vornherein feststand" und bei der Veranstaltung niemand anwesend gewesen sei, der „dem Denken und Fühlen des kleinen Volkes" nahestand (mehrere Schriftstücke; DBA 2.788). Auf seine Bitte hin wurde in den Planungen die Sakramentskapelle zu einem Glockenträger erhöht und zur Wahrung eines kirchlichen Charakters mit einem Kreuz geschmückt.

Die neue Kirche ist gegenüber den flachgedeckten Bauten der 1970/1971 errichteten Grundschule, des Pfarrhauses und des später hinzugekommenen Kindergartens als städtebauliche Dominante hervorgehoben. Das hohe, mit dunklem Asbestzementschiefer eingedeckte Kirchdach in der ungewöhnlichen Form eines 40-seitigen, aufragenden Pyramidenstumpfes antwortet dabei auf den steil ansteigenden Schlossberg von Altenburg. Zur Straße hin ist der polygonale Baukörper der Kirche von niedrigen Anbauten ringförmig umgeben, die zwei Sakristeien, Garderobe, Küche, Jugendraum, Bücherei und Versorgungsräume aufnehmen. Ein wenig abgerückt und durch die ebenfalls polygonale Umrisslinie als besonderer Raumteil ausgezeichnet ist die angeschlossene Taufkapelle. Strahlen, die von einem Zentrum radial ausgreifen, bilden das Grundrissschema, in das der niedrige, offene Glockenträger eingepasst ist.

Der annähernd kreisrunde Kirchenraum selbst wird durch 40 vorgefertigte radiale Stahlbetonstreben gebildet, die oben zentral in einem offenen Ring mit flachem Glasdach zusammentreffen, durch das der Raum belichtet wird, und unten an den vorgefertigten Bodenteilen angeformt sind. Konstruktion, Form und Raum der Kirche entsprechen sich auf diese Weise. Wie durch Abspannseile eines Rundzeltes ist der Bau im Boden verankert. Innen sind die Zwischenräume zwischen den betongrauen Sparren auf halber Höhe mit vier konzentrischen Ringen aus eingespannten weißen Platten zur Schallregulierung gestaltet. Auf die noch in den Eingabeplänen von 1966 mitgeplante Sakramentskapelle hatte man in dem Ausführungsentwurf zugunsten einer sichtbaren Inszenierung des Tabernakels in der Gemeindekirche verzichtet. Die liturgische Ausstattung wurde von Reinhold A. Grübl entworfen. Altar und Ambo ruhen in schlichten Formen auf ihren Granitsockeln, die von den variablen, mit Teppich überzogenen Podestelementen der Altarinsel umgeben sind; deren mögliche Umgruppierung erhöhte die Raumflexibilität. Auch die Tabernakelstele war ursprünglich eine einfache Konstruktion aus einem Granitpfeiler, der ein schlichtes Gehäuse aus Messing und ein dreidimen-

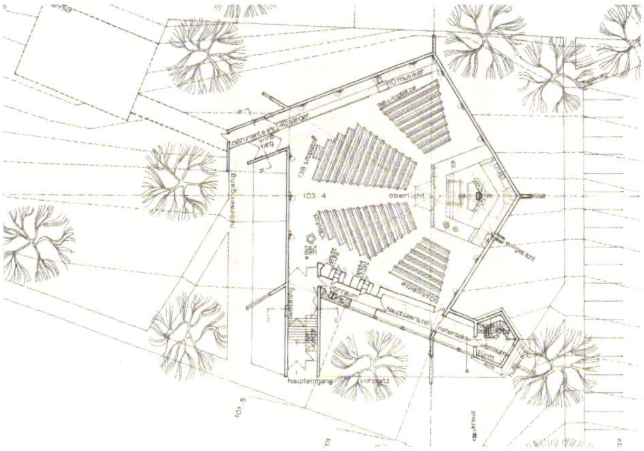

Grundriss, Vorprojekt, Hubert Schmidtler, 1968

sionales Gebilde aus Plexiglas in Form einer auf der Spitze stehenden Pyramide trug.

Variable Raumgrenzen lassen Außen- und Innenraum sowie die verschiedenen Funktionsbereiche bei Bedarf ineinandergreifen. Die Wände der Pyramide sind nach Westen zum unbebauten Bachtal hin mit bodentiefen Fenstern geschlossen, zum umgebenden Pfarrzentrum mit weiten, weiß und hellblau gefassten Falttüren; zwischen zwei Streben sind Beichtstühle eingepasst. Die restlichen Flächen sind mit roten Rundhölzern verkleidet. Hölzerne, ebenfalls rot lackierte Laienbänke und Sedilien sind nicht fest im Boden verankert, sondern können flexibel aufgestellt werden.

Unmittelbar erinnern der annähernd kreisrunde Raum mit zentraler Lichtöffnung und die Deckenfläche aus Sichtbeton auch bei ihrer steilen Neigung an St. Don Bosco in Augsburg. In ihrer nahezu unveränderten Architektur und Ausstattung strahlt St. Wolfgang eine ganz besondere Wirkung aus. Das konstruktive Gerüst aus Sichtbeton in seiner stark grafischen Wirkung und die Farbgestaltung der Einrichtung mit kräftigem Rot, Grün und zartem Hellblau lassen die Ästhetik der 1970er Jahre lebendig werden. Die ungewohnte äußere Form erinnert an das Gemeindezentrum Maria Regina in Fellbach (1965–1967, Klaus Franz) oder an Hans Schädels spätere St.-Dominikus-Kirche in Berlin (1975–1977).

1988 wurden Orgel und Apostelleuchter versetzt und der neu gestaltete Tabernakel als neuer Gebetsmittelpunkt in die Mittelachse hinter den Zelebrationsaltar gerückt. Der Kirchenraum erhielt damals ein neues Altarkreuz. Dazu wurde die bestehende Tabernakelstele mit einem Astkreuz als Lebensbaum, einem aus dem Kunsthandel erworbenen Corpus aus dem 16. Jahrhundert und 24 Kerzen als Sinnbild des Auferstandenen verbunden. 2008 ließ man den Taufstein überarbeiten und von der Seitenkapelle ins Kircheninnere versetzen.

Christi

30 Verklärung Christi
Oy-Mittelberg

Wettbewerb 1970, Baubeginn Mai 1973, Grundsteinlegung 14. Oktober 1973, Weihe 28. September 1974

Architekt: Erhard Fischer, München
Ausstattung: Friedrich Koller, Laufen (Altar, Ambo, Tabernakel, Taufbecken, Leuchter, Ewig-Licht, Kreuz, Weihwasserbecken, Opferstöcke)
Archivalien: KBK, Baumappen; DBA 4.444, 4.446, 4.447, 4.452, 6.176.
Literatur: Festschrift Verklärung Christi 1974.

Nachdem auch das Dorf Oy nach dem Zweiten Weltkrieg durch den Zuzug von Heimatvertriebenen stark angewachsen war und der Kurbetrieb stark zugenommen hatte, wurde im Ort eine eigenständige neue Pfarrei eingerichtet. Unweit der barocken Filialkirche St. Anna sollte am nördlichen Ortsrand in Hanglage die neue Pfarrkirche entstehen, für die 1970 ein beschränkter Wettbewerb unter fünf Architekten ausgelobt wurde. Das Bauprogramm umfasste eine Kirche mit Glockenturm, deren liturgische Einrichtung nach den Anweisungen zur *geistigen Haltung des Kirchenraums* zu planen war, Sakristeien, Foyer, Gruppenräume, Bibliothek und weitere Nebenräume sowie die Errichtung eines Pfarrhauses und Wohnungen für Pfarrangestellte in einem zweiten Bauabschnitt.
Fast alle eingereichten Wettbewerbsentwürfe arbeiteten mit steil oder flach geneigten Dächern, um den künftigen

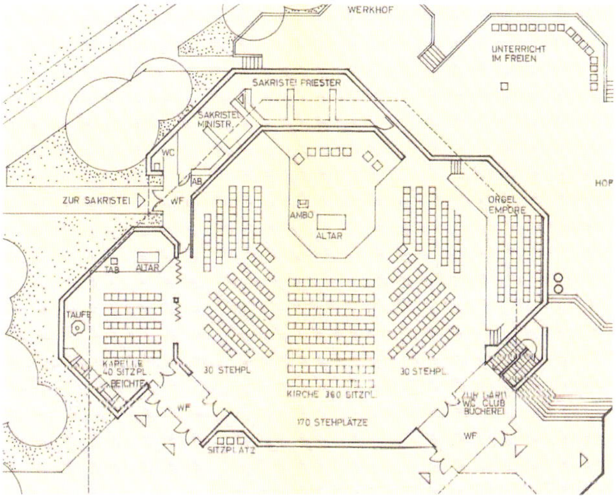

Grundriss, Wettbewerbsprojekt, Erhard Fischer, 1970

Nordostansicht mit Gruppenräumen im Gartengeschoss

Bau in die bewegte Landschaft des Voralpenlandes einzubinden. Aus den Urteilen des Preisgerichts lassen sich neben den liturgisch-funktionalen auch die ästhetischen Bewertungskriterien der Jury herauslesen. Gewünscht war bei aller Wirtschaftlichkeit und Mehrfachnutzung der Räume, beim Verzicht auf Monumentalität und der gegenseitigen Durchdringung von profanem und sakralem Leben ein Bau, der seiner sakralen Bestimmung Ausdruck verleiht und sich von weltlichen Anlagen deutlich unterscheidet.
Das zur Ausführung empfohlene Vorprojekt von Erhard Fischer bot dabei eine Variation des Zelt-Themas an. Gegenüber dem Wettbewerbsentwurf wurden für die Realisierung kleine Veränderungen am Grundriss vorgenommen und vor allem die Gebäudehöhe im Sinne einer sichtbaren Dominante gesteigert. Über polygonalem Grundriss, der mit seiner Wabenstruktur vielfältige Erweiterungsmöglichkeiten für die künftigen Gebäude von Pfarrhof und Kindergarten sowie weitere Wohnungen zulässt, erhebt sich in Hanglage eine in Einzelbereiche unterteilte kompakte, zweigeschossige Anlage mit effektvoller, hoch aufragender und abwechslungsreicher Dachlandschaft aus verschieden geneigten und mit schwarzen Asbestzementplatten gedeckten Flächen. Dabei ist die Dachform über einem Fensterband von den Umfassungsmauern gelöst und von diesen formal und funktional un-

Südwestansicht

Kirchenraum in der Umgestaltung von 1990

Altarinsel und Tabernakel von Friedrich Koller in der Umgestaltung von 1990

abhängig entwickelt. Wie bei einem Gebirgszug steigen die Flächen zum höchsten Punkt an, der jedoch nicht die Stelle des innen liegenden Altars markiert, sondern die Spitze des in den Dachstuhl integrierten Glockenturms ist. Kirche und Räume für das gesellschaftliche Leben der Pfarrgemeinde werden über denselben Zugang erschlossen und dadurch in unmittelbare Verbindung zueinander gesetzt. Ein mächtiger Betonpfeiler stützt den steil aufragenden und weit vorkragenden Dachaufbau des Glockenträgers, wodurch ein geschützter, überdachter Vorplatz entsteht. Im unteren Geschoss sind die erweiterbaren Gruppenräume, Bücherei und Teeküche aufgenommen und mit großen Fensterfronten zur freien Landschaft hin orientiert. In die Freiflächen hinein war eine Fortsetzung der polygonalen Grundrissstruktur geplant, die in Höfen und auf Terrassen differenzierte Bereiche für unterschiedliche Nutzungsmöglichkeiten geboten hätte. Die Gestaltung der Außenanlagen wurde jedoch ebenso wenig verwirklicht wie die damals projektierte bauliche Erweiterung. Wie ein kristalliner Solitär ragt die Kirche heute aus dem Grund.

Das Hauptgeschoss wird fast vollständig vom Kirchenraum ausgefüllt. Die außen so lebendige Dachlandschaft findet jedoch keinen Widerhall im Inneren; wie ein Deckel liegt die flach ansteigende Decke über der Gemeindekirche, die durch ein Oberlicht über der Altarinsel und das umlaufende Fensterband ziemlich gleichmäßig belichtet ist. In einer grundrisslich bewegten Anordnung schmiegen sich Sakristei, Orgel und Chor sowie Sakramentskapelle mit Taufstelle an die Gemeindekirche. Durch wenige Veränderungen sollten darin auch außerkultische Verwendungen möglich werden: Die Sakramentskapelle und Werktagskirche kann durch Faltwände abgetrennt und die Orgel- und Sängerempore in eine bühnenartige Anlage umgewandelt werden. Fixierte Bankreihen anstelle der ursprünglich projektierten losen Bestuhlung setzen aber den Nutzungsvarianten Grenzen. Die dominierenden Werkstoffe sind Beton, Eternit und Holz. Außen setzte das leuchtend gelbe Eingangsportal einen starkfarbigen Akzent. Innen bildete die reiche Verwendung von Holz einen warmen Kontrapunkt zum schalungsrauen Sichtbeton der Wandflächen. In der liturgischen Ausstattung nahm Friedrich Koller die dem architektonischen Konzept zugrundeliegende Grundfigur des Oktogons auf. Wie graue Basaltsäulen ragen Altar, Ambo, Tabernakelstele und Osterleuchter auf der Altarinsel empor, wobei die christliche Zahlensymbolik eine wichtige Rolle spielt. Die Altarmensa wird von zwölf Säulen getragen (zwölf Stämme Israels, zwölf Apostel), der Ambo von den vier Säulen des Evangeliums, das Taufbecken von einem Ring aus acht Säulen (Grundriss der Taufkirchen, himmlische Zahl). Hinter dem Altar an der Wand symbolisiert ein Netz aus 72 oktogonalen Metall-

Werktagskapelle (Aufnahme 1975)

scheiben die Verklärung Christi (72 ausgesandte Jünger, Vollständigkeit der Völker). Blauviolette Markierungen stellten darauf die vier um den Thron Gottes versammelten Wesen dar, zwölf mittelblaue Markierungen das Siegeskreuz und gleichzeitig die zwölf Apostel und die hellblauen die 24 Ältesten der Apokalypse.

Diese abstrakten Verweise dominierten für einige Jahre den Schmuck im Kirchenraum. Das Bedürfnis nach bildhaften Darstellungen stillten wenige historische Schnitzfiguren. Der Kreuzweg von Peter Burkart kam 1977 hinzu.

Eine Innenraumrenovierung von 1990 veränderte den ursprünglichen, ganz aus den materialgerecht belassenen Oberflächen und abstrakter Symbolik gespeisten Charakter der Kirche radikal. Die betonsichtigen Wände wurden weiß gefasst und die Frieszone unterhalb des Fensterbandes davon grau abgesetzt. Eine Skulptur der Maria Himmelskönigin steht nun vor einer bogenförmigen roten Hintergrundfläche an der Altarwand. Auch der Metallscheibenteppich wurde in seiner farbigen Behandlung verändert und auf einer wiederum bogenförmigen roten Wandfläche fixiert, über der der Pantokrator, durch ein Spruchfeld damit verbunden, segnend seine Arme ausbreitet.

ICH BIN DIE
AUFERSTEHUNG
UND DAS
LEBEN

31 Christi Auferstehung
Memmingen

Wettbewerb 1970, Planeingabe Oktober 1971, erster Spatenstich 3. November 1973, Grundsteinlegung 17. Juni 1974, Richtfest 15. November 1974, Weihe 1. September 1975

Architekten: Hans Kammerer und Walter Belz, Stuttgart
Ausstattung: Blasius Gerg, Glonn (Altäre, Tabernakel, Ambo, Sedilien, Kredenz, Hängekreuzscheibe, Taufort, Leuchter, Apostelkreuze)
Archivalien: KBK, Baumappen; DBA 3.396, 3.398, 3.407, 3.415.
Literatur: Festschrift Christi Auferstehung 1975. – Festschrift Christi Auferstehung 1985. – Pfarrkirche Christi Auferstehung.

Das neue Pfarrzentrum, dessen Planungsgeschichte bis 1961 zurückreicht, entstand in einem völlig neuen Siedlungsgebiet im Westen der Memminger Altstadt, innerhalb einer Mischung beziehungslos zueinanderstehender Einzel-, Doppel- und Reihenhäuser auf der einen Seite und mehrgeschossigen Wohnblöcken auf der anderen. Im Norden des 1968 für eine Kirche erworbenen Grundstücks wurde 1971 eine neue Schule eröffnet. Im Vorfeld des Kirchenneubaus hatte die junge Gemeinde, die seit 1968 unter dem Namen Christi Auferstehung in einer Notkirche zusammenkam, ernsthafte Überlegungen angestellt, den Kirchenneubau als gemeinsames Gotteshaus für beide christliche Konfessionen errichten zu lassen, was allerdings wegen nicht näher benannter vielfältiger Probleme nicht realisiert werden konnte; umgesetzt wurde jedoch eine intensive ökumenische Gemeindearbeit mit Familienkreis, gemeinsamem Bibelforum und ökumenischen Besinnungen.

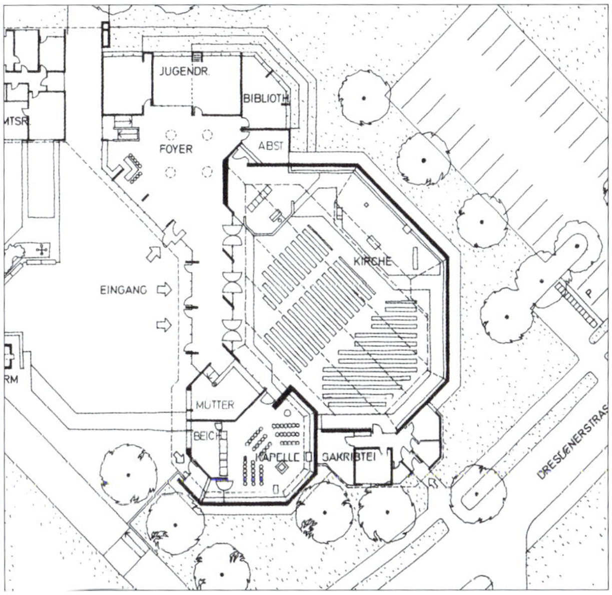

Lageplan, Hans Kammerer und Walter Belz, o. D.

Nordwestansicht mit Glockenträger

Das Bauprogramm umfasste das übliche Raumprogramm mit großem Kirchenraum, Sakramentskapelle, Sakristei, Gruppenräumen, Bibliothek, Teeküche und dergleichen; ein Glockenträger war ausdrücklich gewünscht. Ein Pfarrhaus mit Kaplanwohnung sollte ebenfalls im ersten Bauabschnitt errichtet werden, ein Wohnhaus für Mesner und Pfarrhelferin im zweiten. Außerdem war auf dem Kirchenbaugrundstück ein Teilgelände für einen kircheneigenen Kindergarten freizuhalten, der allerdings an dieser Stelle nie gebaut wurde. Nähere Erläuterungen zur *geistigen Haltung des Kirchenraumes* und dem „neuen Stil im Leben unserer katholischen Gemeinden“ waren, wie in diesen Jahren üblich, den Wettbewerbsunterlagen beigelegt. Die Sakramentskapelle sollte ganz für die Bedürfnisse der persönlichen Anbetung konzeptioniert und als „das eigentliche Heiligtum (…) ihrer Bedeutung nach be-

Zelebrationsaltar mit Hängekreuzscheibe von Blasius Gerg

Südansicht

reits von außen als solche besonders gekennzeichnet" sein. Ein spezieller Wunsch der Kirchengemeinde war die Einrichtung eines gesonderten, zum Hauptraum hin orientierten Raumes für Mütter mit Kleinkindern, der zu diesem Zeitpunkt anderenorts mangels Akzeptanz bereits wieder aufgegeben worden war.
Fünf Architekten reichten auf Einladung der Diözese ihre Vorentwürfe ein. Sowohl der vom Preisgericht einstimmig zur Ausführung bestimmte Entwurf von Hans Kammerer und Walter Belz als auch der zweitplatzierte des Murnauer Architekten Robert Reutter – der sich stark an Brancas Konzept in Neusäß anlehnte – zeichneten sich dadurch aus, dass sie durch eine polygonale Grundrissstruktur das orthogonale und kubische Siedlungssystem durchbrachen und dadurch der Anlage als städtebaulichem Zentrum ein eigenes architektonisches Gewicht verliehen – ein Effekt, den Kammerer und Belz durch den Aufbau geböschter, nach innen geneigter Umfassungs-

Blick durch den Kirchenraum

Werktagskapelle

mauern aus zweischaligem Sichtbeton verstärkten, die bodentief mit schwarzem Eternit verkleidet sind. Kirchenbau und Gruppenräume wurden halbmondförmig und in der Höhenentwicklung entsprechend ihrer Raumbedeutung differenziert um einen Hof gruppiert, der innerhalb der umgebenden anonymen Wohnbebauung einen offenen Kirchplatz und gleichzeitig – abgeschirmt durch eine Baumreihe – auch einen intimen Versammlungsort für die Gemeinde bot. Dabei hätte der projektierte Kindergarten die geometrische Figur im Nordwesten vervollständigen können. Der auf dem Vorhof frei stehende Glockenträger ist ein schlichter kubischer Betonstumpf, deutlich niedriger als der Kirchenbau selbst.

Die gesamte Anlage des Pfarrzentrums ist aus der Forderung nach multifunktionaler Nutzung heraus entwickelt. Außen schließen überdachte Gänge Kirche, Gemeinderäume und Pfarrhaus zu einer baulichen Einheit zusammen; innen hängen Gemeinderäume und Kirche über ein Foyer zusammen, das den mehrfach gebrochenen Kirchenraum gewissermaßen umfließt und durch die Öffnung der Faltwände um die Jugend- und Gruppenräume zu einem festlichen Raum erweitert werden kann. Die Vermeidung von Monumentalität setzt sich auch in der Wahl der Bau- und Oberflächenmaterialien fort. Im Kircheninneren sind die Betonwände rau verputzt und weiß getüncht. Einfache Klinker, kombiniert mit dämpfendem Teppichboden, bedecken Podeste und Böden in Kirche, angeschlossener Kapelle und Gemeindezentrum; die Dachkonstruktion besteht aus sichtbaren Bindern aus Nadelholz, die in der Sakramentskapelle mit einer abgehängten Holzdecke kaschiert sind. Nur über die innerhalb der Dachkonstruktion umlaufenden Fensterbänder beziehungsweise durch ein Oberlicht erhalten der introvertierte Kirchenraum und die Andachtskapelle ihr Tageslicht.

Schlicht ist auch die Gestaltung der Ausstattung; Kosteneinsparung und die Schaffung einer Atmosphäre der Ruhe und Geborgenheit waren durch die einfachen Materialien angestrebt. Nicht nur die Laienbänke und das lose Gestühl der Andachtskapelle sind aus Holz gefertigt, auch Altar, Ambo und Tabernakelstele, die in ihrer handwerklichen Ausführung trotz ihrer Wertigkeit kaum vom restlichen Mobiliar abgesetzt sind. Aus Metall ist die aus vier Kreissegmenten bestehende und ein Kreuz ergebende Scheibe über dem Altar. In der ursprünglich zur Aufbewahrung des Sakraments geplanten, aber dann als reiner Andachtsraum ausgeführten Kapelle wurde aus den Beständen des Bayerischen Nationalmuseums als Dauerleihgabe eine spätgotische Maria mit Kind aus der Werkstatt der Memminger Künstlerfamilie Strigel aufgestellt. Zwischen Wettbewerb und Kirchweihe waren fünfeinhalb Jahre vergangen, in denen die liturgischen Anforderungen an einen Kirchenraum entscheidenden Wandlungen unterworfen waren.

Erst 1985 erhielt der Glockenträger ein goldenes Kreuz als Aufsatz, das seine Gesamthöhe mehr als verdoppelt. Das ursprünglich schmucklose Tabernakelgehäuse war, wie die Leuchter auch, aus Edelstahl gefertigt. Es erfuhr ebenfalls 1985 anlässlich des zehnjährigen Jubiläums seine bildkünstlerische Gestaltung durch Maria Klee (Ottobeuren).

32 Herz Jesu und Mariä
Wigratzbad

Entwurf 1972, erster Spatenstich 3. November 1972, erster Gottesdienst 20. Oktober 1974, Weihe 30. Mai 1976

Architekt: Gottfried Böhm, Köln
Ausstattung: Teile nach dem Entwurf Gottfried Böhms, Köln
Archivalien: KBK, Baumappen; DBA 1.063, 3.537, 21.116.
Literatur: Schneider 1974, S. 202–205. – Schnell 1977, S. 1–9. – Pehnt 1999, S. 90–91. – Kirchenführer Herz Jesu und Mariä 2006. – Voigt 2006, S. 125. – Festschrift Gebetsstätte Wigratzbad 2014. – Gebetsstätte Wigratzbad.

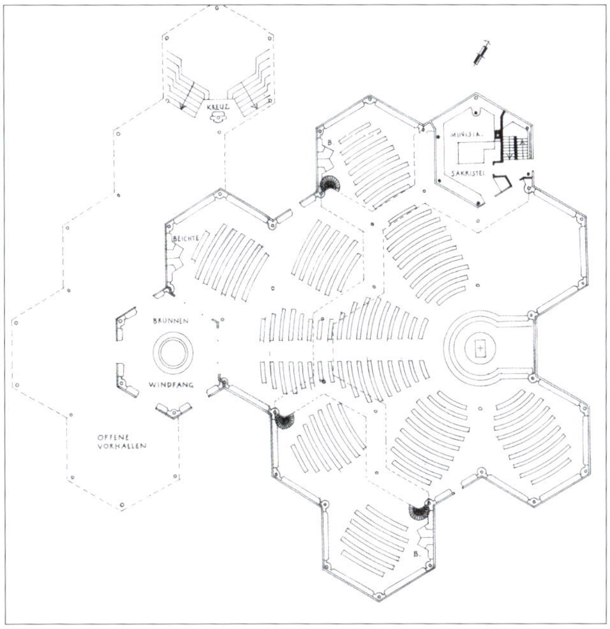

Grundriss, Bestandsplan

Das Marienheiligtum im Dreiländereck Deutschland – Österreich – Schweiz geht auf die Errichtung einer privaten Lourdes-Grotte und ein mysteriöses Erlebnis der Gründerin im Jahr 1936 zurück, konnte aber bis heute nicht den Status eines Wallfahrtsortes erlangen. Von Jahr zu Jahr steigende Besucherzahlen machten anstelle der bestehenden Kapelle den Bau einer geräumigen Kirche notwendig. Mehrere seit 1971 von dem Verein Maria vom Sieg e. V. eingeholte Entwürfe für einen großen Gottesdienstraum für 1.000 bis 1.200 Beter wurden von den Baubehörden abgelehnt. Erst als man den für seine stark plastischen Arbeiten bekannten Gottfried Böhm für das Projekt gewinnen konnte, gelang es, das Vorhaben zügig umzusetzen. Sein Entwurf, der in künstlerischer Freiheit ohne detaillierte Vorgaben entstehen konnte, stellte eine außergewöhnliche Kirche in Stahlbauweise dar, die sich aus aneinandergefügten regelmäßigen Sechsecken zusammensetzt. Der ursprünglich dazugehörige eigentümliche Glockenturm mit Zwiebelhaube nach Art barocker Kirchtürme, aber aus Stahlfachwerk, wurde aus Kostengründen nicht ausgeführt und 1979 endgültig aufgege-

Blick zur Altarinsel

Vorhalle

ben. Allerdings war die künstlerische, vor allem aber die liturgische Ausstattung der Kirche so umstritten, dass ihre Weihe zeitweilig in Frage stand.
Böhms Bauidee war – gemäß den Vorstellungen des Zweiten Vatikanischen Konzils – eine einladende Offenheit und Zeltstadt für das pilgernde Gottesvolk mit dem Zelt Gottes unter den Menschen. Diesen Gedanken hatte er bereits der Wallfahrtskirche Maria, Königin des Friedens in Neviges und der Ludwigskirche in Saarlouis zugrunde gelegt, die jedoch als Betonskulptur eine völlig andere bautechnische und materielle Ausformung erhalten hatten. Außerdem war in Wigratzbad angestrebt, mit der Dachlandschaft die Kirchenanlage in die kuppenreiche Landschaft des Allgäus zu integrieren.
Auf einer hexagonalen Wabenstruktur und einem Modulmaß von sechs Metern für die Seitenlänge und Höhe setzt sich der Kirchenbau aus einem Hauptzelt mit steil aufragendem Dach über dem Altarraum und zwölf niedrigeren Zelten mit flach geneigten Dachflächen zusammen, denen sechs weitere Zelte mit halb so hoher Wandhöhe vorgelagert sind, die als Windfang, offene Vorhallen und Brunnenhaus mit verehrter Quelle dienen und gleichzeitig als Erweiterungsmöglichkeit des Kirchenraums. Ein kleines Spitztürmchen auf dem vordersten Sechseck trägt zwei Glocken.
Der farbintensive, grün-rot leuchtende Komplex ist von einer architektonischen Leichtigkeit und Transparenz, die nur mit einem Stahlmontagebau zu erreichen waren. Industriell vorgefertigte Elemente für die Trägerkonstruktion, Wand- und Dachflächen wurden zu einem räumlichen Gebilde zusammengefügt, bei dem Beton nur noch zur Verankerung in der Bodenplatte und in der Sockelzone eingesetzt wurde. Die Außenwände und Dachflächen bestehen aus großflächiger Verglasung, farbbeschichteten Stahl- und Aluminiumblechen auf einer dämmenden Kunststoffschicht und schlanken Säulen, die nicht nur als Stützelemente der Zeltdächer mit ihren verglasten, motorisch beweglichen Lüftungsöffnungen dienen, sondern auch der Ableitung des Dachwassers und der Stromversorgung, so dass sämtliche Installationsleitungen dem Blick entzogen sind. Die meisten Stützen stehen neben den Umfassungswänden, nur dreizehn hingegen in dem 1.250 Quadratmeter großen Raum, und zwar derart, dass sie den Blick auf den Altar nicht behindern. Alle haben die gleichen Außenabmessungen, aber unterschiedliche Wandstärken nach innen, je nachdem, wie viele Dachpyramiden auf ihnen lasten. Eine Empore verbindet einzelne Sechseckräume um den Altarraum und bietet Platz für Orgel und Chor. Das Ornament der offenen Stahlfachwerkkonstruktion der Dachträger unterstreicht gleichzeitig die Feingliedrigkeit und Verwobenheit der offenen Räume. Die Montage der einzelnen Stahlbauteile erfolgte so weit wie möglich am Boden, und die größeren Einheiten wurden dann mit Autokränen aufgerichtet.
Über den Zeltgedanken hinaus steckt die rhythmische Architekturkomposition voller Symbolik. Der Grundriss in Form von Bienenwaben spielt auf das alte Sinnbild des Bienenvolks für die Kirche an. Zwölf Zelte, die für die zwölf Apostel stehen, gruppieren sich in Anspielung auf den Titel der Kirche in Herzform um den Altarraum. Die-

Südansicht

ser steht dabei jedoch nicht im Zentrum des Kirchenraums, sondern liegt, im Halbkreis von den Sektoren der Bankreihen umgeben, am Ende der Achse. Von den Vorhallen kommend, muss der Besucher eine Wendung vollziehen, bis er auf „geradem Weg zum Altar Christi geführt" (Schnell 1977, S. 4) wird – ein körperliches und spirituelles Bewegungsmotiv, das Böhm unter anderem bereits in Neviges erprobt hatte. Entgegen Böhms Planung erhob sich dann auf der dreistufigen runden Altarinsel eine zusätzliche Stufe mit einem Altar, an dem die Messe mit dem Rücken zur Gemeinde gelesen wurde. Ein an dieser Stelle sehr starkes Fundament sollte sogar einen nicht gebauten Hochaltar tragen. Seitlich des Hauptzeltes nehmen die beiden Sechsecke den Herz-Jesu- und den Marienaltar wie Seitenkapellen auf. Zunehmende Unstimmigkeiten zwischen dem Architekten und der Gebetsstättenleitung führten dazu, dass die Innenausstattung uneinheitlich blieb. Von entscheidender Bedeutung für das künstlerische Erscheinungsbild und die Raumwirkung ist die ornamental-farbige Beschichtung der Oberlichter. Auch die Rosa Mystica war in Wigratzbad wie zuvor schon in Neviges als Fensterschmuck geplant, wurde jedoch zunächst nicht ausgeführt.

Böhm strebte in seinem gesamten Schaffen danach, auch aus neuen Konstruktionen feierliche Räume zu schaffen. In Wigratzbad kam noch die Besonderheit hinzu, dass nicht klar war, ob sich die Pilgerstätte auf Dauer behaupten würde. Deshalb ersann Böhm eine Fertigbauweise, die bei Bedarf demontiert und anderswo wieder aufgebaut werden konnte, also das Gegenteil des unverrückbaren Monolithen von Neviges.

Eindringende Feuchtigkeit, undichte Fenster und Fassadenelemente, Korrosionsschäden und damit statische Probleme machten 36 Jahre nach der Konsekration die umfangreiche Sanierung der gesamten Gebäudehülle unumgänglich (März 2012 bis Juli 2014). Im Zuge dieser Arbeiten wurden auch die Steinbeläge restauriert, in den Vorzelten eine Kerzenkapelle und eine WC-Anlage eingebaut sowie die Brunnenanlage modernisiert und gestalterisch aufgewertet, da die Quelle eines der Hauptmotive des Pilgerortes darstellt. Die aus doppeltem Plexiglas gefertigten Lichtkuppeln, die rasch ihre Farbigkeit verloren hatten, wurden mit neuen Glasscheiben mit transluzentem Siebdruck nach den Bestandsvorlagen versehen und die zuvor erneuerten und teils blinden Fenstergläser der Umfassungswände durch neue mit höherem Wärmedämmwert nach einem Entwurf von Paul Böhm und Heike Deus-Böhm ersetzt, die nun grafisch-stilisierte Rosenblüten zeigen, die das Gebäude wie ein Rosenkranz zieren. Die Altarinsel erfuhr eine tiefgreifende Veränderung, die, ausgeführt von Erwin Wiegerling (Gaißach), vielmehr eine Fertigstellung im Sinne Gottfried Böhms und Bischof Stimpfles war. Die oberste Stufe wurde abgetragen, der Altar unter das Zentrum des Zeltdachs gerückt und zusammen mit dem neuen Ambo, der neuen Tabernakelrückwand und den Sedilien zu einer gestalterischen wie räumlichen Einheit.

Nordansicht

33 St. Franziskus
Kempten – Steufzgen

Wettbewerb 1971, Ausführungsentwurf 1974, Eingabeplan August 1975, Baubeginn Anfang 1977, Weihe 1. Oktober 1978

Architekten: Architekturbüro Zwerch und Zwerch, Kempten
Ausstattung: Paul Brandenburg, Berlin (Tabernakel, Altar, Ambo, Leuchter, Taufstein, Weihwasserbecken, Betonreliefs, Standkreuz, Leuchter, Entwurf Kreuzweg)
Archivalien: KBK, Baumappen; DBA 4.644, 4.646, 4.647, 4.651, 4.652, 4.656, 17.700.
Literatur: Kirchenführer St. Franziskus 1979.

Blick durch den Kirchenraum

Das neue Pfarrzentrum in Kempten-Steufzgen wurde für ein völlig neues Bebauungsgebiet geplant, das an ein siebengeschossiges Wohnhochhaus grenzt. Seit etwa 1968 stand auf dem Baugrund eine Baracke als Notkirche, die von Augsburg-Hammerschmiede hierher umgesetzt worden war. In drei Bauabschnitten sollten zuerst ein Kindergarten, dann die Kirche mit Nebenräumen, Amtsräume und Pfarrwohnung entstehen und schließlich noch Wohnungen für den Diakon und Mesner.
Die sechs eingereichten Vorprojekte – zwei schieden die Preisrichter wegen städtebaulicher und architektonischer Mängel sofort aus – zeigen jeweils eine Gruppierung von Flachbauten mit flachen oder nur wenig geneigten Dachflächen und mäßig hohem Glockenträger, die in keinerlei Höhenkonkurrenz zu dem Wohnhochhaus traten. Die Kirchenbaukörper selbst entwickeln sich fast durchgängig auf quadratischem oder rechteckigem Grundriss, wobei sie durch Schiebe- oder Faltwände zu Sakramentskapelle, Vorhalle und Gruppenräumen erweiterbar gedacht waren. Die Jury war von dem Entwurf der im Kirchenbau erfahrenen Bürogemeinschaft Zwerch und Zwerch aus Kempten in städtebaulicher, architektonischer, liturgischer und wirtschaftlicher Hinsicht so überzeugt, dass sie diesen zur Ausführung empfahl. In der Verteilung der Baumassen unterteilten die Architekten die große Freifläche in differenzierte Bezirke für Gottesdienst, Pfarrzentrum, Pfarrhaus und Kindergarten, deren architektonischen wie geistigen Mittelpunkt die Kirche trotz ihrer vergleichsweise geringen Höhenentwicklung markiert. Sie war als Stahlbetonskelett mit großzügigen Glasflächen – der einzige Kritikpunkt der Jury – geplant. Ganz offensichtlich wollte man damals ein modernes Kirchenzentrum mit Mehrzweckkirche wie das wenige Monate zuvor in Kempten geweihte Pfarrzentrum Christi Himmelfahrt oder die damals noch nicht konsekrierte Kirche St. Johannes der Täufer in Bodolz.

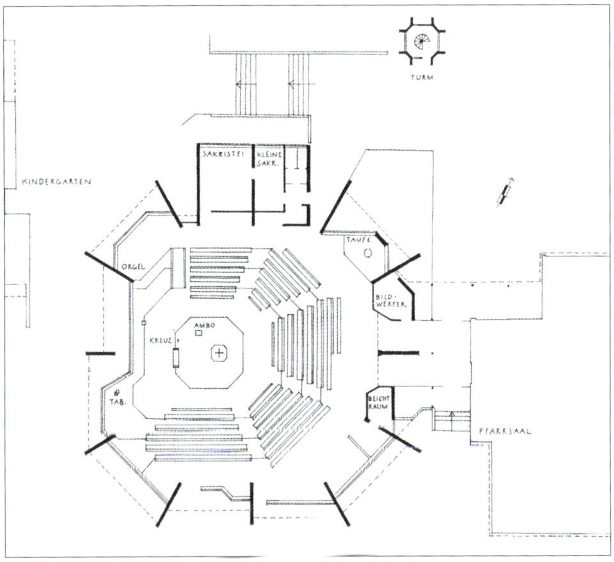

Grundriss, Bestandsplan

Nordostansicht

Altarinsel von Paul Brandenburg

In den sieben Jahren, die wegen Finanzierungsschwierigkeiten zwischen Vorprojekt und Fertigstellung des Kirchengebäudes lagen, traten in Entwurfshaltung und Anforderungen an einen Kirchenbau bedeutende Veränderungen ein, die nur zum Teil darin begründet sind, dass der Gesamtkomplex zunächst für eine Kuratie und nicht für eine eigenständige Pfarrei geplant war. Der Kindergarten wurde 1975 als Erstes fertig, der Bau des Pfarrhofs stand 1978 nach der Vollendung der Kirche an, 1982 war die Gesamtbaumaßnahme abgeschlossen.
Aus einer im Wettbewerbsprogramm geforderten und zur Ausführung empfohlenen Kirche mit flexiblen Raumbereichen auch für außergottesdienstliche Funktionen wurde 1974 ein eindeutig definierter festgefügter Sakralbau. Der zuständige Kurat Erich Renz wünschte, mit der neuen Kirche als Zelt einen architektonischen Akzent zu setzen, „der von der Bevölkerung positiv aufgenommen" würde, nachdem die drei neuen Kemptener Kirchen „fast reine Beton- und Zweckbauten" seien und Christi Himmelfahrt „in seinem äußeren Gesicht (...) in der Bevölkerung umstritten" war. In Berücksichtigung der Wünsche des Bischofs plädierte er für einen Kirchenraum „als reinen Gottesdienstraum (...), der für keine anderen Veranstaltungen verwendet wird. Ich würde mir einen sympathischen, ansprechenden, das Wesentliche in der Gemeindeversammlung sichtbar ausdrückenden Raum vorstellen, in dem die Plätze der Gläubigen halbkreisförmig um die Altarinsel gruppiert sind, in dem Altar, Ambo, Kreuz, Sedilien und Taufstätte aus dem gleichen Naturstein (...) sind, in dem Orgel und der Platz der Sänger vorne rechts, Tabernakel und Ort des Beichtgesprächs und der Buße vorne links angeordnet sind; eine eigene Sakramentskapelle würde sich dann erübrigen", ein Pfarrsaal aber dafür zusätzlich notwendig werden (Renz an DBA, 8.3.1974; Renz, Vorüberlegungen, 19.6.1974; DBA 4.647).
Für die Bauausführung der Kirche legte Peter Zwerch 1974 ein völlig neues Projekt vor, bei dem lediglich der Grundgedanke der losen Gruppierung der Baumassen erhalten blieb, wobei die Raumfunktionen anders über das Gelände verteilt wurden und ein separater Pfarrsaal mit feststehenden Wänden ohne Erweiterungsmöglichkeit für

Taufort, Gestaltung von Paul Brandenburg

die Kirche zu den Planungsvorgaben hinzukam. Erst nach dem Richtfest entschied die Gemeinde, auf den Glockenturm zu verzichten.
Für die Kirche selbst stand jetzt Josef Wiedemanns Pfarr- und Autobahnkirche in Windach (Nr. 14) Pate. Aus dem flachgedeckten Kirchenbaukörper des Vorprojekts wurde eine aufstrebende Zeltkonstruktion aus Holzleimbindern mit steil geneigten und dabei gegeneinander verschobenen Dachflächen, die ein unregelmäßiges Achteck überdecken. Zwischen den außen an Abspannseile erinnernden Mauerzungen wurden Raumnischen für Chor und Orgel geschaffen, um eine Konkurrenzsituation zum Altargeschehen zu vermeiden, sowie Areale für die persönliche Marienverehrung, Taufe und Beichte, Kreuzweg und Tabernakel. Aus der noch im Wettbewerb obligatorischen Sakramentskapelle wurde ein gut sichtbares Sakramentshaus im Altarbereich, und die flexible Bestuhlung wich fixierten Bankreihen mit Kniebänken; nur vor der Tabernakelstele blieb die lose Bestuhlung. Zur gegen die Raummitte gerückten, einstufig erhöhten Altarinsel senkt sich das in fünf Sektoren angeordnete Gestühl in mehreren Stufen ab. Die schalungsrau belassene Betonwand hinter dem Altar ist durch ein ornamentales System eingetiefter horizontaler, geknickter Linien strukturiert.
Mit der künstlerischen Ausgestaltung wurde auf Wunsch der Kirchenverwaltung der Berliner Bildhauer Paul Brandenburg beauftragt, woraufhin sich ein Ringen um die künstlerische Einheit von Architektur und plastischer Ausstattung entspann. In enger Verzahnung mit dem Architekten wurde dann die realisierte Lösung entwickelt. Tabernakel, Mensa, Ambo, Sedilien und Taufstein wachsen, mit Klinker verkleidet, unverrückbar aus dem Boden, wobei gegenständliche Darstellungen auf den Muschelkalkblöcken von Altar, Ambo und Taufstein – Dornenkrone, Flammen des Pfingstfestes und Wasserlinien – Leid und Erlösung, Schmerz und Läuterung veranschaulichen sollen. In der Vorhalle empfängt das Relief des Kirchenpatrons den Besucher.
Der später ergänzte Wandfries hinter der Altarinsel stellt mit den Blumen und Fischen Teile aus dem Sonnengesang des heiligen Franziskus dar. Der Rückgriff auf konventionelle Bildformeln und allgemein verständliche Motive galt als geeignetes Mittel, um die Sakralität des Raumes zu befördern. Die Orgel kam 1980 in den Kirchenraum.

Modellfoto, Wettbewerbsprojekt, Peter und Fabian Zwerch, 1971

Zentrales Pfarrbüro

34 St. Hedwig
Kempten – Thingers

Wettbewerb 1976, Vorentwurf September 1977, Baubeginn 1984, Weihe 18. Oktober 1986

Architekt: Dieter Heiler, Kempten
Ausstattung: Hans Wachter, Kempten (Altar, Ambo, Sedilien, Standkreuz, Reliefs)
Archivalien: KBK, Baumappen; DBA 9.789, 9.790.
Literatur: M. W. 1988, S. 16–21. – Kirchenführer St. Hedwig 1995.

Blick durch den Kirchenraum

In dem rasch wachsenden und 1972 eingemeindeten Kemptener Stadtteil Thingers – 1961 hatte der Ort noch keine 100 Einwohner gezählt – wurden innerhalb weniger Jahre in Zeilenbebauung und Punkthochhäusern Wohnungen für mehrere tausend Menschen geschaffen. Seit 1971 trieb man den Bau einer neuen katholischen Kirche voran, 1975 wurde die neue Pfarrkuratie eingerichtet und 1976 ein Ideenwettbewerb unter den freischaffenden bayerischen und katholischen Architekten ausgeschrieben. Weder Schulen noch sonstige öffentliche Einrichtungen waren für dieses Gebiet in Planung, weshalb dem Bau eines Pfarrzentrums in topografisch exponierter Lage am höchsten Punkt einer Anhöhe auch die Bedeutung eines sozialen, kulturellen und städtebaulichen Kristallisationspunkts zukam. In zwei Bauabschnitten sollten Kirche und Pfarrheim sowie Wohnungen für Pfarrer, Pfarrangestellte und Amtsräume errichtet werden. Bis zur Weihe des Neubaus vergingen allerdings zehn Jahre; juristische Auseinandersetzungen mit den umliegenden Anwohnern wegen einer befürchteten Störung des Fernsehempfangs und unangenehmen Geräuschentwicklung aus der Heizungsanlage des Pfarrzentrums blockierten das Bauvorhaben jahrelang und wurden bis vor den Verwaltungsgerichtshof in München getragen.

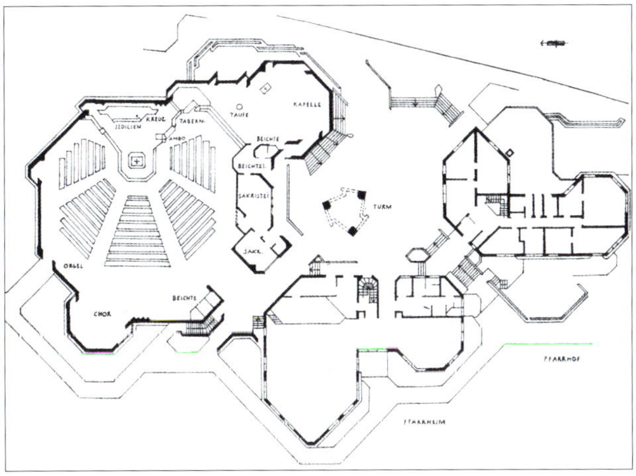

Grundriss, Bestandsplan

Das Bauprogramm des Wettbewerbs offenbart den Paradigmenwechsel, der zu Beginn der 1970er Jahre in den Vorstellungen vom Kirchenbau stattgefunden hat. War in einem frühen Konzeptentwurf noch von einer angestrebten Mehrfachnutzung des Kirchenraums, der flexiblen Zuordnung des Foyers zu Kirche und Gemeinschaftsraum sowie von der Förderung der Kommunikation die Rede, sollte nach dem endgültigen Ausschreibungstext bereits „die äußere Gestaltung der Gesamtanlage (…) die kirchliche Bedeutung sichtbar machen". Ausschließlich die Liturgiefeier bildete nun die Entwurfsgrundlage. „Daraus ergibt sich", dass der Hauptraum „durch seine Gestalt im ganzen wie im einzelnen dieser Funktion dienen und dies auch äußerlich zeigen soll" und der Tabernakel im Haupt-

Südansicht mit Pfarrhof im Vordergrund

Südostansicht mit Turm und Kapelle

raum anzuordnen ist. Ebenso sollte „die Gestaltung des Pfarrzentrums und dessen Räume (...) in bewußter Abhebung als Kontrapunkt zu der reinen Wohnbebauung der Umgebung wirken", wobei auch ein Glockenturm zur Kennzeichnung der baulichen Anlage als Pfarrzentrum vorgesehen war. Zu der Schwerpunktverschiebung zählt ferner, dass „wieder neu der Meditation wachsende Bedeutung zugemessen" wurde, die nun „von der Werktagskapelle übernommen werden soll" (Bauprogramm, 1976; DBA 9.789).

Zwölf Architekten hatten sich an der Konkurrenz beteiligt und experimentierten mit Zelt- oder Faltdächern, um den Baukörper in die Geländestruktur des Voralpenlandes einzufügen. Der drittplatzierte Entwurf Dieter Heilers – ein erster Preis war nicht vergeben worden – wurde schließlich realisiert und zeichnet sich durch eine stark plastische Durchgliederung der Gesamtanlage mit höhengestaffelten, unterschiedlich steil und flacher geneigten Dachflächen aus. Im Grundriss sind die einzelnen Baukörper aus der beliebten Polygonalstruktur entwickelt und schaffen durch das freie, winklige Arrangement von Pfarrheim und Pfarrhof mit Amtsräumen und Wohnungen separate Hofräume. Die beiden über einem Lichtband schwebenden Zeltdächer aus einem räumlichen Tragwerk aus Holz der Haupt- und der ihr räumlich angeschlossenen Werktagskirche heben sich in der Form und mit ihren christlichen Symbolen an der Spitze explizit von der umgebenden Wohnbebauung ab. Im Zentrum der Anlage

Altarinsel und Rückwand von Hans Wachter

steht der 42 Meter hohe und freistehende Glockenturm auf drei torartigen Stützen, durch die man zum kupferbeschlagenen Hauptportal der Kirche gelangt. Die einzelnen Gebäudefunktionen sind in Hanglage so um einen Hof gruppiert, dass die Kirche auf dem höchsten Punkt der Geländekuppe zu liegen kommt. Die Werktagskapelle ruht auf acht Stützen und erscheint als zierlicher Kapellenanbau. Ihr Bezirk wird außen von einer symbolischen Friedhofsmauer mit in der Mauer geformten Kreuzen umschlossen und bezeichnet als „Grabbezirk" den Ort der Hedwigsreliquien. Die Hauptkirche ist zur Altarinsel hin leicht abgesenkt. Die Ausstattung erhielt in St. Hedwig ein ganz besonderes Gewicht und wurde in enger Zusammenarbeit zwischen dem Architekten und dem Kemptener Bildhauer Hans Wachter entwickelt, der selbst Mitglied der Hedwiggemeinde war.

Um der gefühlten Leere der Sichtbetonflächen entgegenzuwirken, wurden die Wände mit vielfältig gegliederter Brettverschalung und integrierter Plastik gestaltet. Beinahe die gesamte Oberfläche mit ihrer grafischen wie figürlichen Reliefstruktur wurde zusammen mit den aufgehenden Wänden aus einem Guss hergestellt. Für den Turm wurde hochwertiger Beton verwendet, wärmedämmender Leichtbeton für die Wände und normaler für die in verlorene Styroporschalen gegossenen Reliefs, Symbole und Ornamente. Unterschiedlich profilierte Brettbreiten und -stärken der komplizierten, zimmermannsmäßig hergestellten Schalung definierten die Horizontal-, Vertikal- und Diagonalstreifung, die innen in der Struktur der hell lasierten Weißtannendecke ihre Fortsetzung findet.

Das Bildprogramm, das nicht nur die einzelnen liturgischen Orte, sondern die gesamte Raumschale umfasst, greift nicht zufällig auf den Fundus der gotischen Kathedralplastik, traditionellen Bildmotive und Ornamentformen zurück. Es beginnt an den drei mächtigen Turmpfeilern als Symbolen der Heiligen Dreifaltigkeit mit den Propheten als Vertretern des Alten Testaments, von denen einzig der heilige Johannes der Täufer als letzter Zeuge des Alten und erster des Neuen Bundes in französischem Kalkstein gestaltet ist. Die schräg verlaufenden, die Turmwandung akzentuierenden Regenrinnen erhielten stilisierte Wasserspeier. Außen an der Werktagskapelle findet sich eine Darstellung der Arche Noah als Symbol der Zuflucht. Am Kirchportal sind es die vier Evangelisten, die die Gläubigen empfangen. Innenseitig sind ein Wellenfries mit Schiff und Anker – Bilder der Zuversicht und der Hoffnung – angebracht, die frühchristlichen Symbole des Pfaus und des Rebhuhns und in der Nähe von Chor und Orgel die Büsten von David und Cäcilia als traditionelle Heilige der Kirchenmusik. Ein Blattfries mit der Darstellung des Teufels und des Kreuzes sowie Fisch und Brot als Symbole der Eucharistie zieren die Sakristeiwand, der Baum der Erkenntnis den Zugang zur Sakristei. In einem

Blick zum Tabernakel und in die Kapelle

blumengeschmückten Tabernakel ist eine Holzfigur der heiligen Maria platziert. Die zwölf Apostel als Zeugen des Neuen Bundes wurden separat gegossen, mit goldenen Akzenten versehen und wie Gewändefiguren in die prismenartig gefalteten Mauern des Altarraums eingefügt. Das bronzene Altarkruzifix zitiert die expressiven Leidensmerkmale von Pestkreuzen. Prismen bestimmen auch die Formen von Altar, Ambo, Tabernakel und des Taufsteins in der Werktagskapelle. Hier verweisen Hirsch und Taube auf den Funktionsort der Taufe. Ihr Hauptschmuck aber sind die Kreuzwegstationen, die aus Schalungselementen, Schriftbändern und aus Zement gegossenen Halbfiguren bestehen, die in ausgesparte Nischen eingefügt wurden. Das Bronzebildwerk der Kirchenpatronin mit Monstranz und Kirchenmodell steht in einem mit Blattornamenten verzierten Figurentabernakel. Des Weiteren sind Blattfriese oder an Rocaillen gemahnende Spiralformen als Schmuckmotive eingesetzt.

Die Kirche St. Hedwig ist im Bistum Augsburg das einzige Beispiel von Kirchenkunst, das mit den zitathaften Verweisen auf die christliche Kunst von zwei Jahrtausenden in postmodernem Verständnis Tradition als Sammlung von Möglichkeiten begriff.

35 St. Ulrich
Dillingen a. d. Donau

Wettbewerb 1984/1985, Eingabepläne Oktober 1988, erster Spatenstich 25. Juli 1991, Richtfest 4. Dezember 1992, Weihe 21. November 1993

Architekten: Siegfried Seidel, Köln (Entwurf); Alfred Schwendtner und Heinz-Peter Scherz, Augsburg (Ausführung)
Ausstattung: Blasius Gerg, Glonn (Altarinsel mit Tabernakel, Taufschale, Leuchter, Sedilien und Kirchenbänke); Anita Rist-Geiger, Zusmarshausen (Entwurf Glasmalereien, Wandbemalung in der Beichtkapelle)
Archivalien: KBK, Baumappen; DBA 9.762, 9.763, 10.484, 16.048, 16.049, 16.051, 16.068, 16.070, 16.074, 16.075.
Literatur: Fellner/Häring 1996, S. 30–31. – Pfarrkirche St. Ulrich a.

Südostansicht

Der Expansion des Stadtgebiets von Dillingen nach Norden trug das Bistum 1974 mit der Neugründung der Pfarrei St. Ulrich, 1977 mit dem Bau einer Notkirche und 1982 mit der Planung einer dauerhaften Kirche Rechnung. Ein städtebaulicher Ideenwettbewerb zur Erschließung neuer Baugebiete war 1980 der Kirchenplanung vorangegangen. In Dillingen-West sollte damals eine weitere Kirche entstehen, doch wurde dieses Vorhaben 1986 endgültig zugunsten von St. Ulrich zurückgestellt. Die Dillinger Kirchenbaukonkurrenz für St. Ulrich war einer der selten gewordenen und letzten von der Diözese ausgeschriebenen Ideen- und Realisierungswettbewerbe für ein neues Pfarrzentrum und zog dementsprechend viele Teilnehmer aus dem Zulassungsbereich an. Zwischen 60 wettbewerbsfähigen Einsendungen aus dem Bistumsgebiet und benachbarten schwäbischen Landkreisen hatte die Jury zu entscheiden.

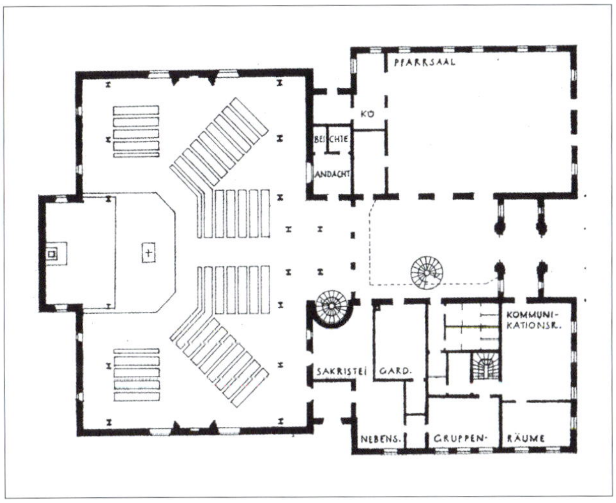

Grundriss, Bestandsplan

Die liturgischen Anforderungen an die neue Kirche entsprachen der *Instruktion zur ordnungsgemäßen Durchführung der Konstitution über die heilige Liturgie,* die den Bauprogrammen seit 1965 beigelegt wurde, gaben aber zusätzlich die Situierung des Allerheiligsten im Altarbereich vor. Als Gelenk zwischen Kirche und Pfarrheim mit teilbarem Saal, Bibliothek, Teeküchen und Jugendbereich war ein Foyer gefordert, das beiden Gebäudeteilen als Erweiterungsfläche zur Verfügung stehen kann. Pfarramt und Dienstwohnungen vervollständigten das Raumprogramm.
Ein ganz wichtiges Entscheidungskriterium für das Preisgericht war, dass die Kirche in einem baulichen Steigerungseffekt als architektonischer und geistiger Mittelpunkt des Gemeindelebens herausgearbeitet würde und ihre Gestalt die besondere liturgische Funktion des Gebäudes auch äußerlich zeigen sollte. Obgleich Gottesdienst und pfarrliches Leben eng miteinander verbunden sein würden, erteilte der Ausschreibungstext einer baulich-ästhetischen Verschränkung von profanem und sakralem Leben eine klare Absage. Es blieb den teilnehmenden Ar-

Blick zur Altarinsel von Blasius Gerg

Blick durch den Kirchenraum

Foyer mit Kirchenportal

chitekten überlassen, Vorschläge für eine weitere Bebauung des Areals mit Wohnungen und Ladenflächen zu unterbreiten. Beinahe alle mit Preisen ausgezeichneten oder angekauften Vorprojekte schufen einen Platzraum, um den sich im nördlichen Teil Wohn- und Geschäftshäuser gruppieren und der im südlichen vom Kirchenzentrum begrenzt wird, dementsprechend Kirch- und Dorfplatz ineinandergreifen.

In vielen Diskussionen unter reger Beteiligung der Gemeindemitglieder hatte sich die Kirchenverwaltung an das Bauvorhaben herangetastet und entschieden, den mit dem 4. Preis ausgezeichneten Kirchenentwurf des in Köln ansässigen Architekten Siegfried Seidel ausführen zu lassen, obgleich dieser die Wettbewerbsrichter in funktionaler wie formaler Hinsicht nicht restlos befriedigen konnte. Das Vorprojekt wurde denn auch in entscheidenden Punkten verändert; so entfiel der gesamte Keller, und Umplanungen der Jugend- und Gruppenräume wurden vorgenommen. Das Bauvorhaben gestaltete sich ohnehin kompliziert, da wegen des hohen Grundwasserspiegels der Baugrund nicht ausreichend tragfähig war und Kirche, Pfarrzentrum und Turm auf Bohrpfählen gelagert werden mussten. 1993, zur tausendsten Wiederkehr der Heiligsprechung des heiligen Ulrichs, konnte die neue Kirche geweiht werden.

Die noch im Wettbewerbsentwurf vorgesehene, sehr dichte Zeilenbebauung des Areals wurde zugunsten einer polygonalen Randbebauung mit zentraler Freifläche aufgegeben, womit Ideen anderer Entwürfe einflossen. Kir-

Blick von der Altarinsel nach Osten

che und Pfarrheim schmiegen sich wie bereits im Vorentwurf auf rechteckiger Grundfläche nahtlos aneinander, sind aber gespiegelt auf der anderen Seite des Grundstücks gegenüber errichtet, was zu einer Westung des Kirchenraums führte. Die gleichförmige Aneinanderreihung der Satteldächer und Giebelflächen, bei der sich Seidel auf die Christkönigkirche in Oeffingen berief (Emil Steffan, 1968), hatte die Jury skeptisch gesehen: „Der Zwang zur einheitlichen Form wird besonders bei der Behandlung von Pfarrheim und Kirchzugang problematisch" (Urteil des Preisgerichts, 1985; KBK, Baumappen). Der Besucher wird auf Pfarrheimseite von einem Turm mit historisierender Lisenengliederung über dem mittig durch das Pfarrheim gesteckten hellen Foyer empfangen, das er bis zum eigentlichen Kirchenportal durchschreiten muss. Für den Architekten war die ungewöhnliche Verbindung des Kirchenraums mit den übrigen Gemeinderäumen der bauliche Ausdruck für „ein offenes Haus", das sämtlichen Aspekten des Gemeindelebens eine Heimat bieten sollte (Seidel an Monsignore Schnell, 1.12.1986; DBA 16.048).

In der Phase der Ausführungsplanung wurde um einen klaren architektonischen Ausdruck der Kirche gerungen. Ihre Dachaufsicht wurde deshalb zu einem kreuzförmigen Grundriss ausgeweitet, dem eine hohe symbolische Bedeutung zukam. Die Firstausrichtung und die Aufglasung der Altarwand wurden verändert, die Fassadengestaltungselemente von Pfarrheim und Kirche differenziert und der Sakralraum bereits durch die Fensterformen – Rosetten und schmale hohe Öffnungen – als solcher zweifelsfrei gekennzeichnet. Auf keinen Fall wollte man einen Saalbau, der dem Anschein nach auch profaner Nutzung dienen konnte. „Eine Kirche wie eine Kathedrale" lobte folgerichtig die regionale Presse nach der Fertigstellung.

Insgesamt zwölf Stufen führen vom untersten Teil des Vorplatzes zur Kirche empor. Im Inneren tragen zwölf Säulen gleich den zwölf Aposteln den aus Sparren, Pfetten, Streben, Bügen, Grat- und Kehlsparren filigran konstruierten hölzernen Dachstuhl, der als umgekehrte Arche mit Geborgenheit assoziiert wird. Je zwölf Fenster belichten im unteren Teil die Kirche. Annähernd im Schnittpunkt der Kreuzarme steht die halbrunde, halbkreisförmig von den Kirchenbänken umfasste, von Blasius Gerg gestaltete Altarinsel mit Zelebrationsaltar, Ambo, Sedilien und dem dahinter axial an der Rückwand in einer neoromanischen Baldachinarchitektur aufgestellten Tabernakel. Der weite Kirchenraum ist in Raumschale und Ausstattung fast ganz in Weiß gehalten, wie es der Ästhetik dieser Jahre entsprach. Farbige Akzente bringen die von Anita Rist-Geiger künstlerisch gestalteten Fenster. Von ihr stammt auch die Wandbemalung in der Beichtkapelle. Die Skulpturenausstattung kam als Leihgabe der Diözese in den Kirchenraum und befand sich zuvor in den bischöflichen Studienseminaren in Dillingen und Kempten.

36 St. Joseph
Untermaxfeld

Pläne 1984/1985, Baubeginn April 1987, Richtfest 18. August 1987, Grundsteinlegung 24. Oktober 1987, Weihe 16. Oktober 1988

Architekt: Hans Engel, Augsburg
Ausstattung: Franz Hämmerle, Windach (Altar, Ambo, Taufstein); Anita Rist-Geiger, Zusmarshausen (Farbgestaltung, Entwurf Fenster)
Archivalien: KBK, Baumappe; DBA 8.254, 17.263, 17.301, 17.305.
Literatur: Festschrift St. Josef 1988. – Arno Buchegger Stiftung 2016, S. 68–69. – Braun 2013.

Nordostansicht

Untermaxfeld ist eines jener Straßendörfer, die im Zuge der Kultivierung und Kolonisierung des Donaumooses südlich von Neuburg, des größten Niedermoorgebiets Süddeutschlands, entstanden. 1802 gegründet, bitterarm die Einwohner, konnte erst 1868 eine katholische Kirche am Ort eingeweiht werden. Dieser einfache Saalbau im Rundbogenstil mit Turm an der Giebelfassade über dem Eingang zeigte 1979 wegen der Absenkung des Grundes erhebliche Bauschäden; seit Juni 1983 war die Kirche für Besucher gesperrt. Die Ausgangslage war somit eine ganz ähnliche wie in Utting (Nr. 47). Nachdem ein erster Restaurierungsversuch mit Stabilisierung des Untergrundes gescheitert war und die Kosten einer Instandsetzung auf 1,5 Millionen Mark geschätzt wurden – und das für eine Kirche, deren Platzangebot bei Weitem nicht mehr ausreichte –, beschloss die Kirchenverwaltung Ende 1982 deren Abbruch und einen zeitgemäßen Neubau am bisherigen Standort. In einer verhältnismäßig denkmalarmen Gegend wie dem Donaumoos konnte das Landesamt für Denkmalpflege aber dem Abbruch nicht zustimmen, zumal erst wenige Jahre zuvor die historische Kirche in Klingsmoos preisgegeben worden war. Eine Verwaltungsvereinfachung beim Denkmalschutz kam der Pfarrgemeinde schließlich 1984 zupass, nach der den Landratsämtern auch Abweichungen von der Stellungnahme des Denkmalamts erlaubt waren, wenn es sich nicht um herausragende Bauwerke von überregionaler Bedeutung handelte. Als die Finanzierung des Neubaus gesichert war, wurde die alte Kirche 1986 abgebrochen. Der direkt beauftragte Architekt Hans Engel, an dessen Kirchenbau in Bonstetten sich die Untermaxfelder Gemeinde annähern wollte, hatte bei der Planung der neuen Kirche außer den liturgischen Bedürfnissen und den Vorgaben des Landratsamtes auch konkrete Vorstellungen der Gemeinde zu berücksichtigen, die „eine helle und gemütswarme Kirche" wünschte, „ohne sichtbaren Beton" und „möglichst mit wenig sichtbarem Holz" (Festschrift

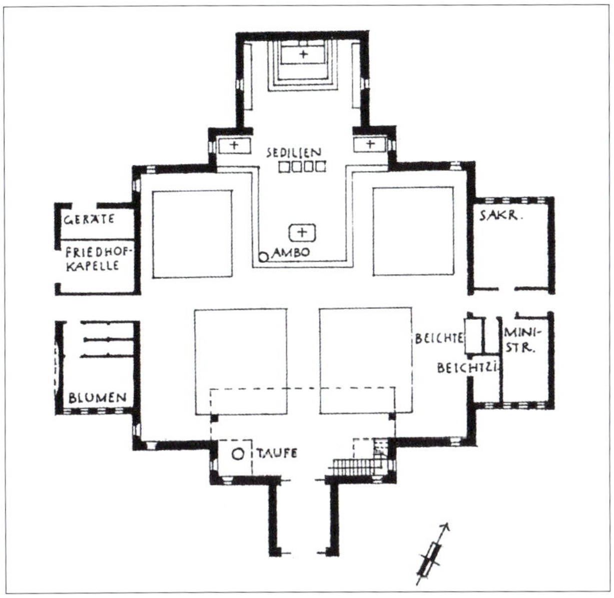

Grundriss, Bestandsplan

Hauptfassade mit Turm über dem Portal

Kirchenraum

St. Josef 1988, S. 42). Zu den Planungsvorgaben zählten die städtebauliche Orientierung an der alten Kirche und an deren Erscheinungsbild sowie die Integration von Teilen des Altbaus in den Neubau. Auch der Umgriff des Sakralbaus mit der großzügigen parkartig gestalteten Freifläche blieb und steigerte die Dimensionen des strahlend weißen Baukörpers ins Monumentale. Es handelt sich um einen verputzten Ziegelbau, bei dem lediglich die Stützen, Unterzüge, Ringanker, Emporendecke und Turmzwischendecken in Stahlbeton ausgeführt, aber verputzt wurden. In Untermaxfeld gelang die seltene Leistung, die angesetzten Baukosten um 30 Prozent zu unterschreiten, woran auch die Eigenleistung der Pfarrgemeinde erheblichen Anteil hatte.

Äußerlich hat die neue Kirche die Form einer klassischen Basilika mit erhöhtem Haupt- und niedrigeren Seitenschiffen, ortsüblichen Sattel- und Pultdächern, deren Neigung ursprünglich flacher geplant war, eingezogenem Rechteckschor, seitlich angesetzten Anbauten und mit hohem schlankem Turm über dem Hauptzugang. Dabei nimmt, der Ästhetik der Postmoderne folgend, der offene Glockenstuhl Formelemente des späten geometrischen Jugendstils etwa in der Art von Peter Behrens oder des späteren Art déco auf. In der frühen Planungsphase war noch der Rundbogenstil der alten Kirche für die Neubauplanung die Richtschnur gewesen, von der sich der Architekt dann jedoch löste.

Die höhen- und tiefengestaffelten Baumassen, bei denen man sich an Otto Bartnings evangelische Gustav-Adolf-Kirche in Berlin (1934) erinnert fühlen mag, entwickeln sich auf einem Grundriss in Form eines gestuften Kreuzes. Die innere Raumaufteilung löst jedoch die architektonische Ordnung des Außenbaus auf und folgt anderen Prämissen. Ziel war eine nach den Vorgaben des Zweiten Vatikanischen Konzils funktionierende Gemeindekirche, die eine zentralräumliche Anlage erfordert. Diese Bestimmung kommt dem annähernd quadratischen Kreuzungspunkt zu, der Haupt- und Seitenschiffe als stützenfreien Einheitsraum behandelt, mit weit in den Raum geschobener Altarinsel und an drei Seiten um sie gruppierten Gestühlsblöcken. Vermeintlicher Rechteckschor und Chorschultern dienen der Aufnahme der historischen Altarausstattung und simulieren dabei eine historische Raumordnung, wie sie in anderen Fällen existiert, wo das alte Presbyterium neben den neuen Kirchenschiffen stehen blieb.

Für die Gestaltung des Innenraums zeichnete Anita Rist-Geiger verantwortlich, die das Farbkonzept mit der graublau lasierten Holzdecke, die das Tageslicht milde reflektiert, entwickelte. Die schlanken, die Aufwärtsbewegung des Gebäudes betonenden vertikalen wie auch horizontalen Fensterschlitze wurden ebenfalls nach ihren Entwürfen gefertigt. Die Motive der farbigen Bleiverglasung sind rein ornamental und grenzen den Raum nach außen hin ab. Sie kreisen um die Themen der Eucharistie und der Verbindung von Himmel und Erde. Die liturgischen Orte sind Werke von Franz Hämmerle. Die Säule als formales Pendent zu den historischen Säulenretabeln und als Symbol für die Verbundenheit mit Gott ist das Grundthema der Bildhauerarbeiten.
Die in den Kirchenneubau übernommene historische Ausstattung steht unter Denkmalschutz.

Blick von der Altarinsel zur Orgelempore

Untermaxfeld, Vorgängerkirche St. Joseph (Aufnahme 1981)

37 Maria Heimsuchung
Sonthofen

Wettbewerb 1986/1987, erster Spatenstich 6. Juli 1989, Grundsteinlegung 14. Oktober 1990, Weihe 18. Oktober 1992

Architekten: Hans Spieß, Kempten, und Hermann Seltmann, Immenstadt
Ausstattung: Friedrich Koller, Laufen (Altarinsel, Taufort, Kreuz mit Kreuzstab, Apostelfenster, Heilig Grab)
Archivalien: KBK, Baumappen; DBA 1.527, 1.528, 9.956, 9.957, 13.981, 14.310, 14.313, 14.314, 13.320.
Literatur: Kirchenführer Maria Heimsuchung 2000. – Pfarrkirche Maria Heimsuchung.

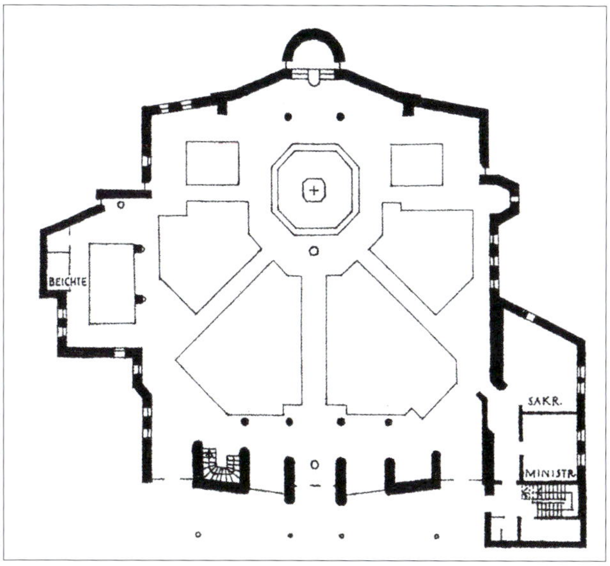

Grundriss, Bestandsplan

Die 1980 neu eingerichtete Stadtpfarrei Maria Heimsuchung am Ostrand des stark gewachsenen Sonthofen hatte elf Jahre eine einfache Behelfskirche als geistliche Heimat. Südlich dieses Gebäudes sollte ein dauerhaftes Pfarrzentrum entstehen, für das Kirchenstiftung und Diözesanbauamt einen Realisierungswettbewerb auslobten, dessen Vorplanungen bis ins Jahr 1970 zurückreichten. Es war eines der letzten großen Wettbewerbs- und Bauprojekte im Bistumsgebiet und markiert deshalb eine Art Schlusspunkt der baulichen Entwicklung.
Der eigentliche Kirchenraum war als Mittelpunkt der zur Liturgiefeier versammelten Gemeinde auch äußerlich in dieser Funktion zu gestalten. Die Pfarrei wünschte eine Pfarrkirche, die „ein Zeichen für Gottes Größe und Verheißung“ sein soll, gleichzeitig aber auch einfach und zweckmäßig. Ein differenziertes, Geborgenheit vermittelndes Raumerlebnis mit Nischen und Ecken sollte auch zum stillen Gebet anregen und eine besondere Verbin-

Blick durch den Kirchenraum

Apsis hinter der Altaranlage mit Tabernakel und Wasserlauf von Friedrich Koller

Hofansicht mit Pfarrhof, Kirche, Turm und Pfarrheim

dung zum Tabernakel im Zentrum des Kirchenraums herstellen. Nicht nur die liturgischen Orte mussten im Vorprojekt bereits genau geplant und in Beziehung zueinander gesetzt werden, sondern auch die Integration von vier bereits für die neue Kirche erworbenen Barockskulpturen aus dem ehemaligen Hochaltar der 1864 abgebrochenen Pfarrkirche im benachbarten Hindelang. Kirche, Kirchturm, Pfarrheim und Pfarrhof mit Dienstwohnung waren zu einer Einheit, idealerweise einladend und offen um einen Kirchvorplatz, zusammenzuschließen.

Die 38 eingereichten Entwürfe rekapitulierten die ganze Bandbreite der Kirchenbauvorstellungen seit den 1960er Jahren. Flachbau- und Zentralbaugedanken mit kreisrunden, quadratischen oder mehreckigen Grundrissen, asymmetrische oder aufgefächerte Grundrissfiguren sowie Kreissektoren und geschwungene Formen wurden eingesetzt. Der Wettbewerb verlief allerdings ohne klares Ergebnis. Auf Wunsch der Kirchenverwaltung erhielten die Träger der zweiten und dritten Preise die Gelegenheit, ihre Entwürfe zu überarbeiten. Aus dieser zweiten Runde ging im Juli 1987 die weiterentwickelte, zuvor drittplatzierte Arbeit der Allgäuer Architekten Hans Spieß und Hermann Seltmann mit der Ausführungsempfehlung hervor.

Ihr realisiertes Projekt stellt sich mit hohem Turm, Satteldach, Apsisnische und Orgelempore als konventionelle architektonische Hülle mit klar ablesbarer Funktion dar. Die Kirche mit Turm bildet zusammen mit den flankierenden Gebäuden von Pfarrhof und Pfarrheim eine u-förmige Baugruppe in konventionellen und gemäßigt ländlichen Bauformen, die zuerst eine offene Grünanlage und dann einen Kirchplatz einfasst.

Das in Zusammenarbeit mit Friedrich Koller entwickelte Ausstattungsprogramm nimmt eine Reihe fein aufeinander abgestimmter geistlicher Überlegungen auf. Direkt auf das Hauptportal läuft eine Wasserrinne zu, die innen fortgeführt ist; das Wasser hat seinen Ursprung in der Kirche und verdeutlicht die Sendung und das Wirken Gottes in der Welt. Am Portal wird der Gläubige mit dem Text des Magnificat in Bronzeguss empfangen. Im Inneren des Richtungsbaus mit Orgelempore über dem Haupteingang gestaltete Friedrich Koller einen zentralisierten Raum, in dem sich nach der Vorstellung der modernen Liturgie die Gemeinde auf drei Seiten um den marmornen Altar auf oktogonalem Podest versammelt. Originelle Fensterrahmungen mit vollplastischen Apostelköpfen vor einer Alabasterverglasung umfassen die Gläubigen. In der axialen Nische hinter der Altaranlage ist der Tabernakel in Form einer lebensspendenden Frucht gestaltet, die von orbitalen Kurven umgeben ist. Heiliggeisttaube und die Hand Gottes senken sich in Anlehnung an Motive aus der romanischen Buchmalerei aus dem goldenen Himmel von oben herab. Die Durchbrechung des Dachfirsts durch Glas zeigt den Himmel, der sich über die Gemeinde breitet. Das von oben einströmende Tageslicht beziehungsweise die künstliche Beleuchtung bei Dunkelheit wird von den an der Lichtöffnung eingebauten Edelstahlscheiben gebrochen und vielfach reflektiert. An der Schwelle zum Tabernakel plätschert die Quelle aus dem Boden, an der das Sakrament der Taufe gespendet wird und deren Wasser die gesamte Altaranlage umfließt, bevor es durch den Mittelgang hinaus in den Kirchhof strömt. Die Kreuzwegstationen sind nicht, wie sonst üblich, an den Wänden befestigt, sondern freistehend im Fußboden verankert und führen zum Heiligen Grab, das an der Ostseite der Kirche in einer kleinen Konche steht. Eine Beicht- und Marienkapelle für die persönliche Andacht ist dem Kirchenraum im Westen angeschlossen.

Fensterrahmung mit dem Kopf des Apostels Jakobus d. Ä. vor einer Alabasterverglasung von Friedrich Koller

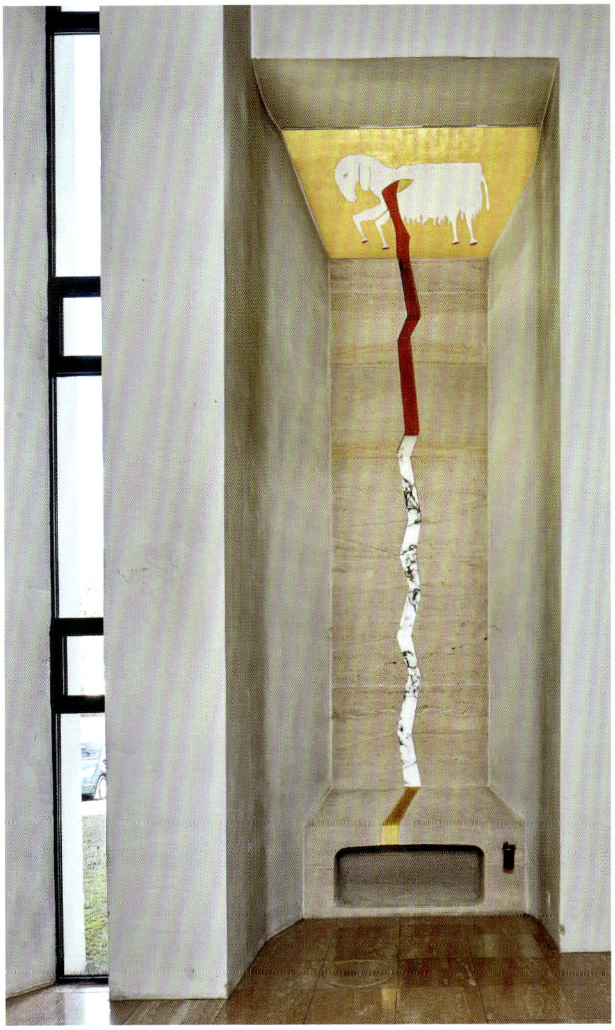
Heilig-Grab-Nische von Friedrich Koller

Das neue Pfarrzentrum mit der Kirche als Mittelpunkt und dem für einen späteren Zeitpunkt anvisierten Kindergarten zielte auf eine „Sozialarbeit der kurzen Wege“ ab, auf überschaubare Bereiche, „in denen auch Helferkreise und Nachbarschaftshilfe bestens gedeihen“ (OA Nr. 234, 11.10.1990), denn „Kirchenbau ist (...) Gemeindebau!“ (OA, Nr. 29, 4.2.1991). Dementsprechend standen zuerst das Pfarrheim mit Saal, Jugendräumen, Bibliothek und Musikproberaum sowie das Pfarrbüro mit Wohnungen für Pfarrer und Pfarrangestellte im Rohbau. Der Kindergarten (Architekt Hans König, Sonthofen), auf dessen Gelände bis zu diesem Zeitpunkt die Notkirche stand, wurde 1993 im letzten Bauabschnitt nach der Fertigstellung der neuen Pfarrkirche errichtet. Zusammen mit dem Bau der Kirche erfuhr das anliegende Wohnquartier, an das wiederum ein Kasernengelände der Bundeswehr anschließt, eine deutliche Aufwertung durch den Rückbau und die Bepflanzung der anliegenden Straße, die die Baukommission bei der Auswertung des Architekturwettbewerbs ins Gespräch gebracht hatte.
Die Orgel wurde 1995 aus der abgebrochenen Kollegskirche in Bad Wurzach übernommen.

38 Maria unterm Kreuz
Königsbrunn

Wettbewerb 1986/1987, Baubeginn 17. November 1990, Weihe 28. November 1993, Fertigstellung Sommer 1994

Architekten: Oswald Schmid und Ulrich Zahn, Augsburg (Entwurf); Hugo Fischer, Königsbrunn, und Harald Lachenmayer, Augsburg (Planung und Ausführung)
Ausstattung: Friedrich Koller, Laufen (Altarinsel, Taufstelle, Lichtsegel und Kreuzkrone der Kuppel, Weihwasserbecken, Leuchter, Apostelkreuze, Stern im Boden, Figur Maria mit Kinde, Portal)
Archivalien: KBK, Baumappen; DBA 1.510, 11.547, 11.548, 12.697, 13.017, 13.021, 13.740, 13.745-13.748, 14.762, 17.739, 17.749.
Literatur: Realisierungswettbewerb 1987, S. 531–538. – Festschrift Maria unterm Kreuz 1993. – Kirchenführer Maria unterm Kreuz 1996. – Pfarrkirche Maria unterm Kreuz.

Im innerhalb von 40 Jahren von 4.000 auf 20.000 Anwohner angewachsenen Königsbrunn wurde 1985 mit Maria unterm Kreuz die dritte katholische Pfarrei errichtet, die wegen zusätzlicher erschlossener Baugebiete weiteren Zuzug erwarten ließ. Ein Kirchenbauverein existierte bereits seit 1983. Das künftige Pfarrzentrum sollte inmitten des teils siebengeschossig bebauten Wohngebiets einen städtebaulichen wie gestalterischen Akzent setzen und sinnvolle Bezüge zum angrenzenden Schulzentrum herstellen, das von der Stadt Königsbrunn etwa gleichzeitig errichtet wurde. Das Raumprogramm gliederte sich in Kirche mit Turm, Sakristei, Pfarrheim mit Jugendräumen und Bibliothek sowie Pfarrhaus mit Amtsräumen, Pfarr- und Mesnerwohnung, wobei das Pfarrheim zuerst in Angriff genommen werden sollte. Die neue katholische Stadtpfarrei wollte mit ihrem neuen Pfarrzentrum ein Zeichen setzen. Es sollte Mittelpunkt des Gemeindelebens sein und der Kirchenraum der erkennbare Mittelpunkt der Anlage. Die Aufgabe der Architekten bestand darin, mit zeitgenössischen Gestaltungsmitteln „für die Größe Gottes und für die Verheißung“ und gleichzeitig „für ein Abbild lebendigen und offenen Gemeindelebens“ einen architektonischen Ausdruck zu finden. Es wurde im Ausschreibungstext großer Wert darauf gelegt, dass der Kirchenraum der Liturgie und dem gesamten religiösen Leben der Gemeinde dienen werde und dies in seiner Gestalt auch zum Ausdruck bringen sollte, weil er eben „kein nuchterner Versammlungsraum“ sei. Ein gegliedertes, differenziertes Raumgebilde könne den „verschiedenen Möglichkeiten christlicher Gotteserfahrung“ Orte bieten,

Apsis mit Taufstein, Altarinsel und Tabernakel in der Kreuzigungsgruppe von Friedrich Koller

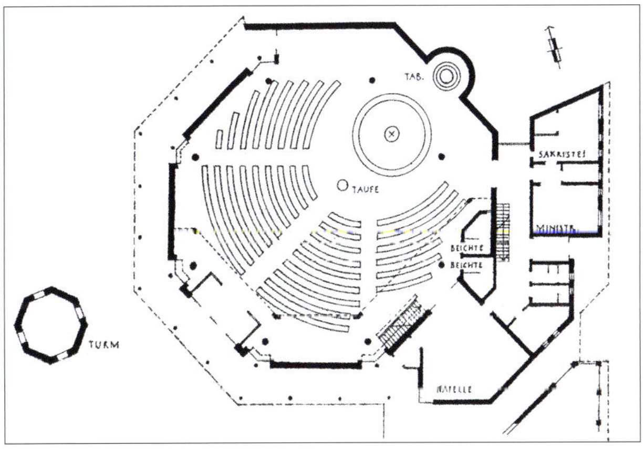

Grundriss, Bestandsplan

Nordwestansicht mit Turm, Kirche, Pfarrheim und Pfarrhof

dem stillen Gebet, der Eucharistiefeier, dem Kindergottesdienst, der Anbetung in besonderer Beziehung zum Tabernakel, der im Zentrum des Kirchenraums stehen musste, und dem Gottesdienst in kleineren Gruppen. Der Ort für die Kirchenmusiker war so zu wählen, dass er nicht vom Gottesdienstgeschehen ablenkte; auch die Errichtung einer Empore war gestattet (Bauprogramm 1986, DBA 13740).

21 Arbeiten waren in dem 1986 ausgelobten Wettbewerb eingegangen, der sich an katholische Architekten richtete; zusätzlich ausdrücklich eingeladen waren Gottfried Böhm, Alexander von Branca, Franz Kießling und das Büro Kammerer und Belz. Beinahe sämtliche preisgekronte und angekaufte Projekte machen einen stark konzentrierten Gemeinderaum auch von außen als Zentralbaukörper kenntlich, da eine klare architektonische Hierarchie, das heißt Steigerung der Baumassen bis zur Kirche, vom Bauherrn ausdrücklich gewünscht war. Wo dies nicht der Fall war, wurde kritisiert, dass „das Erscheinungsbild (...) nicht zwingend auf eine Nutzung als Kirche bzw. Pfarrzentrum schließen“ ließe (Urteil des Preisgerichts 1987, DBA 1.3740).

Altarstütze mit Ährenrelief und Samenkorn

Für die Bauausführung wurde der mit dem ersten Preis ausgezeichnete Entwurf von Oswald Schmid und Ulrich Zahn ausgewählt. Nach internen Differenzen endete jedoch die Bürogemeinschaft, und die weitere Ausführungsplanung sowie die Bauaufsicht wurden Hugo Fischer und Harald Lachenmayer übertragen. In einer sich zur künftigen Schule hin programmatisch öffnenden Anlage dominieren die Kirche in ihrer Achteckform und die aufragende Spitze des freistehenden Kirchturms. Pfarrheim und Pfarrhaus schließen sich als winkliger, deutlich niedriger gehaltener Zweiflügelbau an, wobei ein überdachter Gang die einzelnen Gebäude verklammert und wie ein Kreuzgang den Innenhof als Stätte der Begegnung umschließt. Der noch im Entwurf ebenfalls als Oktogon gedachte Pfarrsaal wurde in der Ausführungsplanung unter durchgehenden Dachflächen in den Baukörper integriert und somit auch optisch dem Kirchenbau untergeordnet. Außerdem wurde in der Bauausführung die Laterne über dem Kirchenraum niedriger gestaltet und der Turm dafür um acht Meter erhöht.
Die oktogonale Grundrissfigur der Kirche ist ein ganz bewusster Rückgriff auf den Kirchenbau der frühen christlichen Gemeinden, die schon der liturgischen Bewegung vorbildhaft und wegen ihrer beliebigen Erweiterungsmöglichkeiten ganz allgemein seit den 1960er Jahren besonders geschätzt war. Übrigens bediente sich in Königsbrunn beinahe zeitgleich auch eine nahe gelegene Badeanstalt dieses Grundrissschemas. Bei der neuen Kirche handelt es sich um einen traditionellen Ziegelbau unter Verwendung einer sichtbaren Stahlkonstruktion. Acht Stahlsäulen tragen das flach geneigte Zeltdach aus Streben und Spannelementen. Weiß gestrichene Wände mit dunklen Steinbändern, hellgraue Bänke sowie sparsame goldene Akzente dort, wo sie das Thema der Göttlichkeit betonen, schaffen einen hellen Raum, der jedoch nicht gleichmäßig lichtdurchflutet ist, sondern durch den Einsatz von Glas eine Modulation der Helligkeitswerte erhält: Aufgeglaste Wandflächen am Portal und an den Kanten belichten den Gemeindebereich. Ein Lichtband über der Traufe lässt über dem Altarbereich die geschlossenen Dachflächen schweben, eine weitere Verglasung über der Altarinsel erhellt die liturgische Mitte.
Das Zentrum des Achtecks markiert ein Davidstern als Zeichen für die Ankunft Gottes auf Erden, auf den durch die Laterne direkt darüber das Tageslicht fällt. Die kreisrunde Altarinsel ist leicht aus der geometrischen Mitte nach Nordosten gerückt und wird von den Bänken in gekurvten Sektoren umringt. Altar, Ambo und Taufbecken nehmen das Kreismotiv auf und wachsen organisch aus dem Grund; die Ähre als Symbol der Eucharistie beziehungsweise die vier Paradiesflüsse sind darauf in Flachreliefs dargestellt. Entsprechend des Patroziniums ist die Lobpreisung Christi in Maria das Thema der Ausstattung.

Blick durch das geöffnete Hauptportal in den Kirchenraum

Zwei Bildwerke komprimieren den gesamten göttlichen Heilsplan: Der Eintretende folgt dem Weg von der Weihnachts- zur Osterzeit; er wird am Eingang von einem Pfeiler mit Maria und dem Kind empfangen, ganz in der Tradition mittelalterlicher Trumeaumadonnen, und zur Kreuzigungsgruppe hinter der Altarinsel geführt, die den Tabernakel birgt, der wiederum in eine Konche mit vergoldetem, die göttliche Dreifaltigkeit symbolisierendem Dreiecksschluss eingestellt ist. Umschlossen wird die Gemeinde durch ein steinernes Schriftband, das sich rings um den Raum zieht und wie in Keilschrift die Worte des Magnificat zeigt, des Lobgesangs Marias. Die Anordnung der Orgel- und Sängerempore durchbricht die axiale Ausrichtung des Gebäudes auf den Tabernakel hin, wie überhaupt die Gesamtanlage durch kleine Unregelmäßigkeiten im Grundriss oder in der Bestuhlung eine starre, hierarchische Symmetrie meidet.
Die neugegründete Pfarrgemeinde hatte bereits Jahre vor dem Kirchenneubau von Friedrich Koller ein Vortragekreuz fertigen lassen, womit ihre intensive Zusammenarbeit begonnen hatte. Schon im frühen Planungsstadium wurde er einbezogen, und seine Vorstellungen mussten dann in die gestalterische und technische Planung eingearbeitet werden, weswegen die Königsbrunner Kirche nach ihrer Fertigstellung nicht einfach mit Kunstwerken ausgeschmückt wurde, sondern sich sämtliche Details in ein Gesamtkonzept einfügen.
Der Ort der persönlichen Versenkung ist die angrenzende Kapelle unter dem Dach des Pfarrzentrums, deren Fehlen im Wettbewerbsentwurf bemängelt wurde. 2007 wurde der schmucklose Raum unter Beteiligung von Friedrich Koller künstlerisch ausgestattet.

39 Haus der Begegnung
Buchloe

Entwürfe 1999, Baubeginn Juni 2000, erster Spatenstich 13. Juni 2001, Weihe 3. November 2002

Architekten: Peter M. Gradl, Schondorf; Projektleiter Thomas Dahmen, Mitarbeiter Barbara Gradl-Dahmen und Karl Dorst
Ausstattung: Johannes Schreiter, Langen (Glasfenster); Joerg Maxzin, Augsburg (Andachtsbild)
Archivalien: DBA 20.644, 20.646, 20.647.
Literatur: Festschrift Haus der Begegnung 2002. – Haus der Begegnung.

25 Jahre lang, seit 1977, traf sich im seit den Nachkriegsjahren stark entwickelten Stadtteil Buchloe-West die stetig wachsende Zahl der Katholiken zur sonntäglichen Eucharistiefeier in den Räumen des Don-Bosco-Kindergartens. Seit 1994 wurde das Projekt eines Kirchenneubaus verstärkt vorangetrieben, da die Stadtpfarrkirche über zwei Kilometer entfernt liegt. Das Raumkonzept einer Kirche mit integriertem Gemeindezentrum, das ein neuer architektonischer und kommunikativer Mittelpunkt werden sollte, wurde 1996 entwickelt. Die Pfarrei dachte zunächst in größeren Dimensionen, doch sollte nach den Vorstellungen des Bischöflichen Ordinariats kein neues kirchliches Pfarrzentrum entstehen, sondern eine als ausreichend erachtete „Substruktur", „für die damit nur ein sehr reduzierter Baukörper in Betracht kommt" (Aktennotiz Bau- und Finanzausschuss, o. D. (Oktober 1998); DBA 20.644). Aus diesen Gründen waren die Mehrfachnutzung von Räumen und ein flexibles Foyer unstreitig sofort anerkannt, wobei für den „Sakralraum (…) feste Gesetze wie Zuordnung des Altars, des Allerheiligsten, der Lichtführung usw." galten (Besprechungsnotiz, 2.12.1998; DBA 20.644). Als „Haus der Begegnung" sollte es einladend und gemeinschaftsfördernd Menschen allen Alters offen stehen, auch Gruppen, die keine unmittelbare Verbindung zur Pfarrgemeinde haben, Christen und Andersgläubigen, Buchloern und Auswärtigen.
Peter Gradl, der mit seinen Entwürfen überzeugen konnte, wurde auf Wunsch der Kirchenverwaltung mit dem Bau beauftragt. Das Haus der Begegnung knüpft innerhalb der Gebäudetypologie der Diözese an die Kirchenzentren der Jahre um 1968/1970 an. Es handelt sich nicht um einen Kirchenbau, sondern um ein Gebäude mit Kirchenraum, der neben dem Gottesdienst flexibel auch für andere Veranstaltungen wie Vorträge, Seminare, Konzerte oder private Feiern genutzt werden kann. Im Laufe des Planungsprozesses verzichtete man auch auf einen festen Altar und einen würdig gestalteten Altarhintergrund.

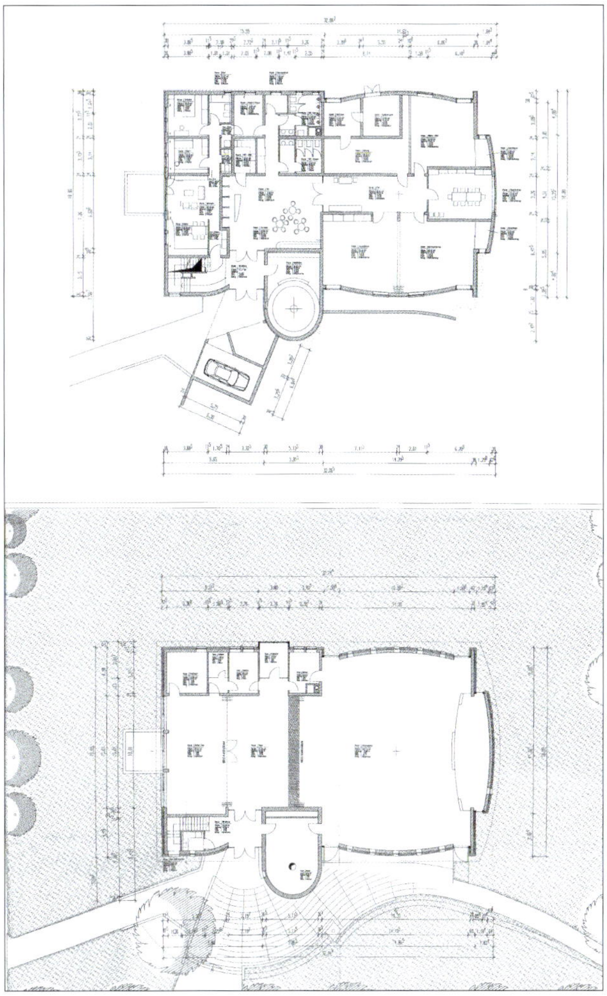

Grundrisse Erdgeschoss und Untergeschoss, Peter M. Gradl, 2001

Eine Treppenanlage, die vom begrünten und gestalteten Gelände zum Haupteingang emporführt, und ein erhöht angelegter Kirchvorplatz setzen das Gemeindezentrum in spannungsvolle Beziehung zum südlich gegenüberliegenden Kindergarten und der angrenzenden Wohnbebauung. Der Wasserlauf einer Brunnenanlage als Sinnbild des Lebens begleitet den Aufgang zur Kirche. Das Baugrund-

Glasfenster aus dem zwölfteiligen Zyklus von Johannes Schreiter

Südansicht

Kirchenraum

stück liegt unter Straßenniveau, was anbot, den Geländevorsprung für belichtete Funktionsräume im Untergeschoss zu nutzen. Garderobe, Cafeteria, ein Besprechungszimmer, Gruppen- und Jugendräume, die zu einem Raum zusammengelegt werden können, und eine Dienstwohnung für den Hausmeister wurden hier untergebracht. Das Obergeschoss war einem Foyer, einem kleinen Saal, der Kirche und einer Andachtskapelle vorbehalten. Foyer, Saal und Kirche sind je nach Nutzung und Raumbedarf durch versetzbare Glaswände erweiter- und abtrennbar. Um Konflikten zu entgehen, die sich aus der Mehrfachnutzung ergeben könnten, wurde eine separate Sakramentskapelle mit dem Tabernakel eingerichtet. Sie liegt direkt neben dem Eingang, um unabhängig von den anderen Räumen jederzeit zugänglich zu sein. Innerhalb einer annähernd symmetrischen Grundrissfigur wurden die Räume entlang der Achse arrangiert; Kapelle, Sakristei, Beichtzimmer und Nebenräume schmiegen sich seitlich des Foyers an die Seitenwände, der Kirchenraum nimmt fast die Hälfte der Grundfläche ein. Dabei sind die Flächen und aufgehenden Wände organisch geschwungen und passen sich den unterschiedlichen Raumhöhen an, weswegen sich das Dach als Welle entwickelt und dem Baukörper ein unverwechselbares Erscheinungsbild gibt. Die Kapelle als spirituelle Mitte zeichnet sich durch die weißen Putzflächen, ihr turmartiges Aufragen und die schlichte Kreuzbekrönung aus Metall deutlich am Außenbau ab; sie ist entsprechend ihrer Raumbedeutung hervorgehoben und bietet gleichzeitig einen stadträumlichen wie geistigen Orientierungspunkt. Die anderen Mauerflächen des Hauptgeschosses sind mit hartgebrannten Klinkern verkleidet, in bewusster Beziehung zur Mutterkirche Mariä Himmelfahrt mit ihrem gotischen Sichtziegelmauerwerk. Im ersten Entwurf waren sie auch unter dem Gedanken passiver Energienutzung großflächig verglast, wurden dann aber bis auf die Lichtbänder durch Mauerscheiben ersetzt, um dem Gebäude nicht das Aussehen etwa einer „Schwimmhalle“ zu verleihen (Festschrift Haus der Begegnung 2002, S. 12 f.).

Innen bestimmen die Holzdecke mit ihren sichtbaren Bindern, der großformatige Schieferboden und die lasierten Betonwände den Raumeindruck. Der Kirchenraum mit bühnenartigem zweistufigen Altarpodest ist lose bestuhlt, ebenso mobil sind Altar und Ambo aus Edelstahl und geräucherter Eiche sowie die hölzernen Sedilien. Der von Johannes Schreiter geschaffene zwölfteilige Glasfensterzyklus, der sich mit biblischen und menschlichen Begegnungen befasst, verleiht dem Kirchen- und Mehrzweckraum eine introvertierte Atmosphäre. Die Andachts- und Sakramentskapelle ist mit dem gläsernen Altar, Tabernakel und Kreuz ebenfalls schlicht ausgestattet und durch eine verglaste Öffnung im Boden mit dem direkt darunter liegenden Meditationsraum verbunden. Was ihr aber die besondere Raumwirkung verleiht, die in ihrer sakralen Würde zu persönlicher Versenkung einlädt, sind die große Höhe des Innenraums, das bewusst reduzierte Tageslicht und die den Besucher geborgen umfassende Kurvatur.

Barrierefreie Gestaltung war ein wichtiges Entwurfskriterium. Große Bedeutung bei der Planung kam ferner dem Energiekonzept zu, das durch den hohen Wärmedämmstandard, Solarthermie, Photovoltaik und eine Hackschnitzelheizung den Verbrauch fossiler Brennstoffe so weit wie möglich begrenzen sollte.

Sakraments- und Andachtskapelle

40 St. Martin
Jettingen-Scheppach

Entwurfsbeginn 1963, Vorentwurf 1965, Eingabepläne 1966, Baubeginn 10. Oktober 1966, Weihe 17. Dezember 1967

Architekt: Alexander Freiherr von Branca, München, Mitarbeit Volker Hagen
Ausstattung: Hans Kreuz, Herrsching (Hauptaltar, Tabernakelsäule, Ambo, Priesterbank, Taufstein, Nebenaltar, Steinreliquiar, Weihwasserbecken, Osterleuchter); Max Faller, München (Tabernakel, Apostel- und Altarleuchter, Ewig-Licht, Sakristeiglocke); Paul Fuchs, Peterskirchen (Menorah, Pflanzbecken, Weihwasserbehälter, Gitter für Reliquiar, Taufgeräte und Windfang, Taufgeräte, Votivkerzenleuchter, Geländer, Türgriffe); Hermann Jünger, Pöring (Vortragekreuz)
Archivalien: KBK, Baumappen; KBK, Ordner Durchschläge von Msgr. Kunstmann H-R; DBA 5.960, 5.962; A. M., Nachlass Alexander von Branca.
Literatur: Kirchenführer St. Martin 1975. – Festschrift St. Martin 1978. – Burmeister/Caspari 1979, S. 90–95. – Hagen/Wegener-Hüssen 2004, S. 203–207. – Würmseher 2007, S. 379–383.

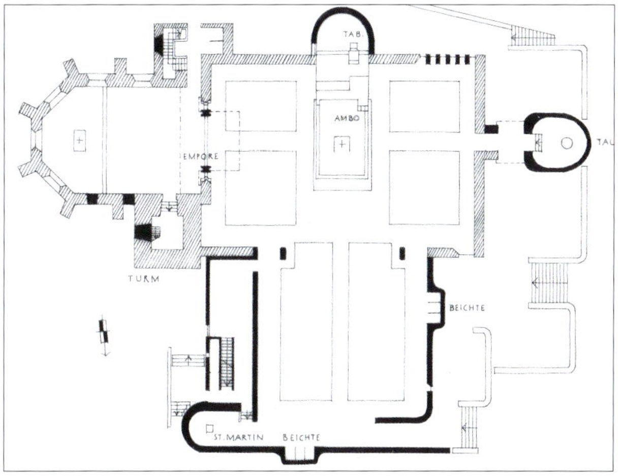

Grundriss, Bestandsplan

In der Marktgemeinde Jettingen, deren Pfarrkirche wegen des Siedlungsdrucks nach der Mitte des 20. Jahrhunderts zu klein geworden war, errichtete man keinen Neubau in Ortsrandlage. Man hatte stattdessen entschieden, die stattliche spätgotische, später barockisierte und im 19. Jahrhundert neugotisch ausgestattete Kirche mit ortsbildprägendem Turm im Bestand zu restaurieren, zu erweitern und im Sinne der neuen Liturgie umzugestalten. Alexander von Branca entwickelte in einem Direktauftrag und in engem Austausch mit dem Diözesanbauamt, dem Denkmalamt und dem örtlichen Pfarrer einen Baukörper, der „die wirkliche Moderne mit dem verantworteten Be-

Blick durch das erweiterte Kirchenschiff zum ehemaligen Chorbogen und der neuen Apsis

Ansicht von Nordwesten

wahren“ verbinden sollte (Hagen/Wegener-Hüssen 2004, S. 204). Dabei war die neugotische Ausstattung nach damaligem Verständnis nicht erhaltenswert und wurde radikal eliminiert. Zumindest Chor und Turm mussten stehen bleiben, der Erweiterung weichen musste aber auch das alte Benefiziatenhaus.
Den früheren, 1963 vom Denkmalamt favorisierten Gedanken, das Kirchenschiff nach Westen zu verlängern, hatte man zugunsten des realisierten Entwurfs aufgegeben. Auf diese Weise wurde aus dem längsgerichteten Bauwerk durch Anbauten ein Zentralraum auf kreuzförmigem Grundriss mit geöffneter ehemaliger nördlicher Traufseite und um 90 Grad gedrehter Gebetsrichtung. Eine neue Apsis im Süden nahm von Anfang an den Tabernakel auf. Davor ist der Zelebrationsaltar weit in die Mitte des alten Kirchenschiffs hineingerückt, auf den Schnittpunkt der historischen und der modernen Mittelachse, so dass sich die Gemeinde auf drei Seiten um die Altarinsel versammeln kann. Der spätgotische Chorraum wurde zur Werktagskirche und Andachtskapelle für die Aufnahme der Heilig-Blut-Reliquie umfunktioniert. Sie ist durch die in den historischen Chorbogen eingestellte Orgelempore von der Hauptkirche getrennt, blieb aber dennoch in Sichtverbindung. Genau über dem Zelebrationsaltar liegt der First der abgehängten, flach geneigten Holzdecke, die das gesamte Innere zu einem Einheitsraum

Altarinsel mit Ambo, Priesterbank und Tabernakel von Hans Kreuz

Ehemaliger Chor mit Orgelempore

zusammenschließt, eine Homogenität, die der reduzierte Farb- und Materialklang befördert: Rote, tönerne Platten bedecken den Boden, Decke und Gestühl sind aus gebeiztem Fichten- und Föhrenholz, in Grautönen war der Sichtbeton für tragende Elemente, die Farbfassung des alten Chorbogens und der Muschelkalk der Altarinsel gehalten. Die Fensteröffnungen im ehemaligen Kirchenschiff wurden geschlossen. Stattdessen setzen schmale Lichtschlitze in der Tabernakelnische und in der südwestlichen Umfassungsmauer sowie indirektes, von oben an den Rändern der Holzdecke einfallendes Licht Beleuchtungsakzente.

Dem neuen Haupteingang gegenüber wurde als erster Zielpunkt in einer Ausbuchtung eine Kapelle mit der frühbarocken Holzfigur des heiligen Martin vom alten barocken Hochaltar eingerichtet. Von der ehemals reichen skulpturalen Ausstattung integrierte man wertvolle Stücke in den neuen Sakralraum, die man dabei allerdings ihres ursprünglichen Kontextes und ihres Verwendungszweckes beraubte. Der Grabchristus aus dem 16. Jahrhundert beispielsweise findet sich im früheren Chor wieder und die geschnitzte Grablegung, ebenfalls aus dem 16. Jahrhundert und einst ein Mittelstück des ehemaligen Blutsaltars, in einer Wandnische. Die hochwertigen historischen Epitaphien hatte man im gotischen Chor als Brücke zur Vergangenheit konzentriert.

Im Westen wurde der alten aufragenden Giebelfassade ein separater, gekurvter Baukörper für die Taufkapelle vorgesetzt, wie überhaupt gerundet aufsteigende Elemente den historischen Ecklösungen gegenüberstehen. Auch die Mauerzüge, die den in Teilbereiche gegliederten Vorplatz von der Straße abschirmen, verlaufen in Kurvaturen. Insgesamt verlieh Branca dem Anbau mit den weitgehend geschlossenen Mauerflächen einen trutzigen, burgähnlichen Charakter, wie er für seine Sakralbauten schon früh typisch war.

Die tragenden Betonelemente im Innenraum waren ursprünglich in Sichtbeton ausgeführt.

Die Pfarrkirche St. Martin ist als Einzeldenkmal in die Bayerische Denkmalliste eingetragen.

Taufkapelle vor der historischen Kirchenfassade im Westen

41 St. Hippolyt
Weilheim

Entwurf 1965, Grundsteinlegung 16. Juli 1967, Richtfest 20. Oktober 1967, Weihe 29. September 1968

Architekt: Hans Strobel, Söcking
Ausstattung: Friedrich Koller, Laufen (Altar, Ambo, Apostelleuchter, Sedilien, Weihwasserbecken); Max Faller, München (Tabernakel); Rudolf Pfefferer, Weilheim (überlebensgroßer Kruzifixus); Werner Peltzer, Söcking (Kreuz)
Archivalien: KBK, Baumappen; DBA 5.702, 5.703, 5.705, 5.715.
Literatur: Festschrift St. Hippolyt 1968. – Kirchenführer St. Pölten 1983, S. 12–15. – AK Weilheim 1991, S. 99–105. – Helm 1991, S. 99–105. – Paula/Berg-Hobohm 2003, S. 592–597. – Würmseher 2007, S. 636–640. – Pfarrkirche St. Hippolyt.

Ansicht von Südosten

Die Stadtpfarrkirche St. Hippolyt, die auf das 12. Jahrhundert zurückgeht, ist die älteste Kirche Weilheims, und man wollte sie wohl zu keinem Zeitpunkt für die dringend notwendige Vergrößerung aufgeben. Es handelt sich um einen langgestreckten Saalbau mit dreiseitig geschlossenem Chor und reicher Ausstattung, die in spätgotischer wie spätbarocker Zeit grundlegend erneuert worden war. Innerhalb der barocken Umfriedung ist der Nordosten des Kirchhofs von der Kapelle St. Agatha beansprucht. Ein neuer, in jeder Hinsicht befriedigender Bauplatz stand nicht zur Verfügung, weswegen nur die Erweiterung der bestehenden, infrastrukturell günstig gelegenen Anlage in Frage kam. Die alte Kirche sollte nahezu unangetastet als Werktagskirche und für die Spendung der Tauf- und Bußsakramente weiterbenutzt werden; auch Turm und Pfarrhaus wollte man in kostensparendem Gebrauch belassen. Auf Hans Strobel, ehemals Amtsleiter des Landbauamts Weilheim, den die Pfarrei für das Bauvorhaben gewinnen konnte, kam also die Aufgabe zu, bei der alten Kirche eine Erweiterung zu planen, die bei einem viermal größeren Raumbedarf die Anforderungen der neuen Liturgie zu erfüllen hatte, ohne dabei die alte Kirche und das Ortsbild zu beeinträchtigen. Der Bauplatz erlaubte lediglich einen Anbau im Westen, was in Anbetracht des ohnehin schon verhältnismäßig langen Schiffs eine anspruchsvolle Aufgabe war.

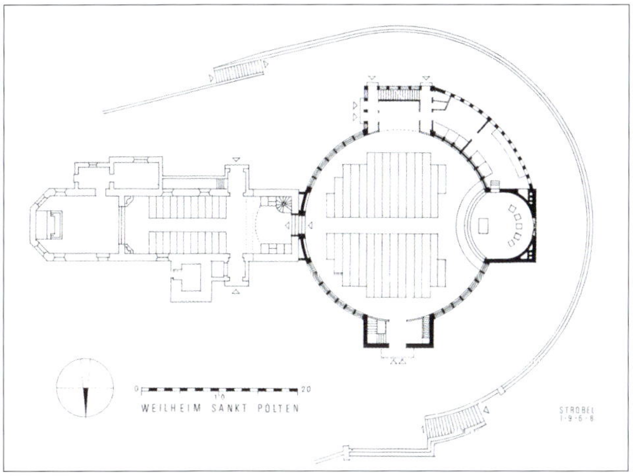

Grundriss, Bestandsplan

Das Bauvorhaben war nicht unumstritten, doch die Befürchtung, dass die altehrwürdige Kirche durch den Neubau förmlich erdrückt würde, wandelte sich bald in Begeisterung über das „Zeichen der Ehrfurcht vor der Geschichte und zugleich Sinnbild einer gelebten Gläubigkeit“ (Zeitungsausschnitt, 18.7.1969; KBK, Baumappen). Die alte Pfarrkirche ließ man im Anschluss an die Neubautätigkeit aufwendig instandsetzen.
Der Erweiterungsbau, der die bestehende Kirche zu einer Doppelkirche ergänzt, ist eine klassische Rotunde mit Kegeldach und formaler Orientierung an der Ästhetik der späten 1950er Jahre, allerdings ohne dabei die raumgestalterischen Möglichkeiten im Hinblick auf die moderne Liturgie auszuschöpfen.
Der an die alte Kirche angefügte kreisrunde, stark durchfensterte Zylinder mit Apsis und rechteckigen Erweiterun-

Ansicht von Westen

Neuer Kirchenraum nach Osten

Blick vom Altarraum der neuen Kirche nach Westen

gen an den freien Hauptachsen bildet einen eigenständigen Raum, der nur über eine Tür in der ehemaligen Westfassade und eine Stufenanlage mit dem historischen Bestand verbunden ist. Die über der Empore liegenden Fenster wurden zugesetzt und in der Übergangszone Taufstein und Beichtstuhl aufgestellt. Trauf- und Firsthöhe sowie Giebelform und -breite des Neubaus sind der alten Kirche angeglichen, der neue Holzdachstuhl ist mit farblich an die Verblechung des Turms angepassten Eternitschindeln eingedeckt.

Um dabei die Raumhöhe dem Durchmesser der Rotunde maßstäblich anzupassen, wurde das Niveau des neuen Kirchenbodens entsprechend des fallenden Geländes um 60 Zentimeter abgesenkt. Raumsteigernd wirken zusätzlich die kegelförmige Holzdecke mit ihrem radialen, konisch zugeschnittenen Bretterverlauf und die schmalen Fenstergruppen mit den extrem schlanken Stahlbetonpfeilern zwischen den Giebelbauten, die durch einen Sichtbetongürtel ringförmig zusammengeschlossen werden. Füllwände und Giebelhäuser sind in verputztem Ziegelmauerwerk ausgeführt, mit Betonung der vertieften Lagerfugen. Für das elegante Stützsystem mit dichter Bewehrung war erstmals in Bayern Blähton statt Kies zugelassen, ohne die sonst nötige Verkleidung mit Dämm- und Sichtschalen. Echtantikgläser verschiedener Graustufen verhindern die Blendung durch einfallendes Tageslicht. Im Westen bezeichnet ein Radfenster in Form einer Sonne in der apsidial ausgerundeten Giebelwand den Ort des Altars, der trotz der perfekten, dafür prädestinierten Kreisform des Gemeinderaumes nicht in die Raummitte, aber während des Planungsverlaufs wenigstens innerhalb der Altarinsel ein Stück weiter zur Gemeinde hinrückte. Das geplante, in Kreissektoren gekurvte Gestühl musste einer achsialen Reihung in zwei Blöcken mit Mittelgang weichen, die den Zentralraum in keiner Weise zur Geltung kommen lässt. Der Kreisform blieb lediglich der Symbolwert, nach dem sie die zusammengeschlossene Gemeinde versinnbildlicht; in der liturgischen Praxis waren die Gläubigen frontal dem Geschehen am Altar und in der Predigt zugewandt. In den nördlichen Giebelraum ist eine Empore eingezogen, die eine Orgel mit nach Plänen des Architekten entworfenem Prospekt trägt; der südliche nimmt den Eingang zur Rotunde auf. Die Sakristei ist in einem erdgeschossigen, zwischen die Giebelhäuser eingepassten Anbau südwestlich des Chores untergebracht.

In seiner Baubeschreibung erläuterte der Architekt noch im Entwurfsstadium, wie er sich den künstlerischen Schmuck vorstellte. Eine Heiliggeisttaube war direkt unter der mit Soffittenröhren beleuchteten Mittelöffnung der Holzdecke vorgesehen und in den Pfeilerzwischenräumen eine Kreuzwegdarstellung. Das wertvollste Kunstwerk im Neubau ist die annähernd lebensgroße, frühbarocke Madonnenfigur, die man damals Hans Degler zuschrieb und die heute als Werk des aus Weilheim gebürtigen Münchner Hofbildhauers Christoph Angermair angesehen wird. Der Altarraum selbst sollte aus schlichtem Marmor gefertigt werden, das Kirchengestühl aus einfachen Holzbohlen auf Formeisenstützen. Friedrich Koller, der den Auftrag der Diözese erhielt, gestaltete die bildhauerischen Arbeiten in römischem Travertin. Der Tabernakel ist eine Arbeit Max Fallers, der kupferne, überlebensgroße Kruzifixus stammt von Rudolf Pfefferer, das keramische Kreuz von Werner Peltzer. Weitere historische Skulpturen kamen im Laufe der Jahre hinzu. Architektur und Raumwirkung blieben aber in ursprünglichem Sinn erhalten.

Alt- und Neubau von St. Hippolyt sind als Einzeldenkmal in die bayerische Denkmalliste eingetragen.

St. Hippolyt vor der Erweiterung (Aufnahme um 1964)

42 St. Peter und Paul
Tandern

Wettbewerb 1968, Ausführungspläne Juli 1969, Baubeginn 30. Oktober 1970, Weihe 16. Juni 1974

Architekt: Adolf Kreutzer, Augsburg, und Gerhard Knopp, München
Ausstattung: Fons Dörschug, Augsburg (Altarinsel)
Archivalien: KBK, Baumappen; DBA 2.818, 2.820-2.822, 6.308.
Literatur: Eberl 2017.

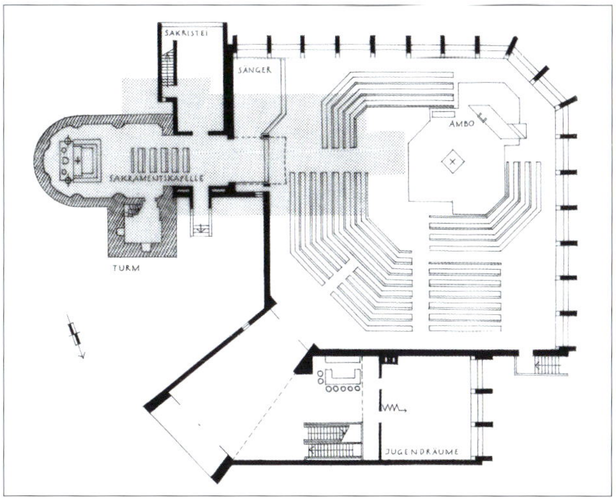

Grundriss, Bestandsplan mit Schraffur der alten Kirche

Als man 1967 die notwendige Erweiterung der historischen Dorfkirche in Tandern anging, sprach sich das Denkmalamt gegen einen Abbruch des Kirchenschiffs aus, weil es die im Kern spätgotische, um 1730 spätbarock überformte, reich mit Stuck und Malereien ausgestattete ehemalige Hofmarkskirche als erhaltenswürdig einstufte. Zuerst war überlegt worden, entweder ein Querhaus mit Altar im Westen anzubauen oder eine separate Sonntagskirche auf dem Gelände des historischen Pfarr-

Ansicht von Südwesten

Blick aus dem alten Chor zu eingezogener Orgelempore und neuem Kirchenschiff

Neues Kirchenschiff mit Altarinsel

stadels zu errichten, was die Beibehaltung des alten Chores beziehungsweise der ganzen Kirche für Werktagsgottesdienste ermöglicht hätte.
Gewölbeschub und daraus resultierende Schäden am mehrfach durch den Einbau von Hölzern vermeintlich verstärkten, tatsächlich aber gänzlich verbauten, doch stabilen Dachstuhl wären durch den Einbau von Stahlbetonrahmen an den Gurtbögen und eines Zugbandes am Chorbogen nach Einschätzung des Statikers in den Griff zu bekommen gewesen. So entschloss sich die Diözese, über einen beschränkten Wettbewerb Vorprojekte für die Errichtung einer Sonntagskirche neben der alten Pfarrkirche einzuholen, mit der Vorgabe, die alte Pfarrkirche zur Sakramentskapelle umzuwidmen und dem Entwurf „eine einfache gediegene Gestaltung (…), die dem Geist der Kirche unserer Zeit entspricht" zugrunde zu legen (Bauprogramm 1968; KBK, Baumappen). Der Einsatz kostensparender Fertigteile, Mehrfachnutzung, Nebenräume für Jugend und Freizeitgestaltung, der Verzicht auf Monumentalität, wenigstens zum Teil bewegliches Gestühl und die liturgischen Anforderungen der Liturgiereform waren die Planungsgrundlagen.
Das Diözesanbauamt favorisierte den Vorschlag der Bürogemeinschaft von Adolf Kreutzer und Gerhard Knopp, die für einen Bautyp zwei unterschiedliche Standorte zur Wahl gestellt hatte. Die Architekten versuchten, für die

Blick vom Altarraum nach Westen zum alten Chor

Sonntagskirche einen „würdigen Mehrzweckraum“ zu entwickeln, „der allein durch Proportionierung, durch die Konstruktion und die Auswahl der Materialien überzeugt“ und der auch bei der Verwendung von Fertigteilen und einem ordnenden Rastersystem sowohl auf die alte Kirche als auch auf das Dorfbild Rücksicht nimmt (Erläuterung der Architekten, 1968, DBA 2.818). Bei beiden Entwurfsvarianten handelt es sich um eine Stahlbetonbinderkonstruktion mit bewegten und geneigten Wand- und Dachflächen, die für die Errichtung der horizontalen Basis wie auch für die Dachzone Fertigteile und Verkleidungsmaterialien unterschiedlicher Art zuließ.

Bald nach der Beurteilung der eingereichten Vorprojekte kam es jedoch zu einer völligen Konzeptänderung. Noch im Herbst 1968 stellte das Pfarramt, das mit Unterstützung der Bischöflichen Finanzdirektion die Abtragung des Kirchenschiffs favorisiert hatte, bei der Regierung von Oberbayern einen Antrag auf Abbruch des baupolizeilich gesperrten Kirchenschiffs und des Pfarrstadels. Chor und Turm hingegen wollte man als Wahrzeichen erhalten und instand setzen. Denn innerhalb der Pfarrei und des bischöflichen Ordinariats war die Befürchtung groß, dass der Neubau einer großen Gemeindekirche, die Sanierung der alten Filialkirche sowie deren weiterer Unterhalt die finanziellen Kapazitäten der Landgemeinde sprengen würden. Bald lagen deshalb neue Pläne der Architekten Kreutzer und Knopp vor, die diese Sorgen berücksichtigten. Das Landesamt für Denkmalpflege opponierte zwar entschieden gegen das Vorhaben, das es zudem für die dörfliche Situation als „zu städtisch“ bewertete, fügte sich aber letztlich den Neubauwünschen.

Nach diesem Konzept ist die neue, annähernd quadratische Gemeindekirche über einen Zwischenbau mit separatem Eingang und südlich angefügter Sakristei mit dem historischen Chor verbunden. Im Nordosten auf der Dorfseite empfängt ein geräumiges Foyer mit Falttüren den Besucher. Der barocke Chor fungiert seither als neue Sakramentskapelle, die nur über einen niedrigen, bogenförmigen Durchgang mit eingestellter Orgelempore vom Neubau mehr abgegrenzt als mit diesem verbunden ist. Organist und Chor hatten darauf bestanden, ihre Tätigkeit auf einer Empore auszuüben, und den dafür ursprünglich vom Architekten im Gemeinderaum vorgesehenen Platz nicht angenommen.

Die historischen, gemauerten Bauteile sind hell verputzt und zeitgleich mit dem Neubau restauriert worden. Die hinzugefügten Bauten sind hauptsächlich aus Beton und Holz hergestellt, deren Materialcharakter sichtbar blieb und einen bewussten Gegensatz zur prachtvollen historischen Chorausstattung bilden sollte. Seitlich des ehemaligen Chorbogens stellte man die beiden alten Seitenaltäre auf, die nun an der Rückwand der neuen Kirche optisch und funktional ihrer ursprünglichen Bestimmung beraubt sind. Die zweistufige Altarinsel ist gegen die Raummitte gerückt und von einem einfachen hölzernen Gestühl mit Kniebänken als geistige Mitte umgeben. Ihren Hintergrund bildet eine abgeschrägte Ecke, die dem Podest optischen Halt bietet. Steil aufragende, mit hell lasiertem Holz verkleidete Deckenflächen überspannen die Gemeindekirche zeltartig. Im Süden und Westen nach außen geneigte wuchtige Stahlbetonpfeiler, auf denen Stahlbetonbinder und der Dachstuhl aufliegen, wurden mit einem fast bodentiefen Fensterkranz ausgefacht, der den Innenraum in Blickrichtung der versammelten Pfarrgemeinde mit der umgebenden Landschaft in Beziehung setzt. Diese erst auskragende und dann nach oben hin wieder zusammengeführte Konstruktion entfaltet eine Dynamik, die über dem Altar kulminiert, im Schnittpunkt der beiden Firstlinien und der diagonalen Eingangsachse. Die kräftige Blaufassung der Bankreihen und an Altar und Ambo sowie Teppiche, Fenster- und Türrahmen in Rot setzen in dem hellen und schlichten betongrauen Kirchenraum starkfarbige Akzente.

Pfarrbücherei (Aufnahme um 1975)

Außen schließen große, riesig anmutende Dachflächen die Anbauten zusammen, die entgegen dem Ausschreibungstext durch ihre Geschlossenheit und die massigen Strebepfeiler eine ausgesprochen monumentale Wirkung erzielen. Vor allem vom unverbauten Süden und Südwesten her erinnern sie weniger an ein Zelt als an eine wehrhafte Burganlage. Eigentlich war beabsichtigt, durch Dachneigungen und die Konstruktion als Sparrendach den Neubau in die historische Dachlandschaft zu integrieren, doch tritt die historische Bausubstanz tatsächlich deutlich in den Hintergrund.

Historischer Chor und Kirchturm stehen als Baudenkmäler unter Schutz.

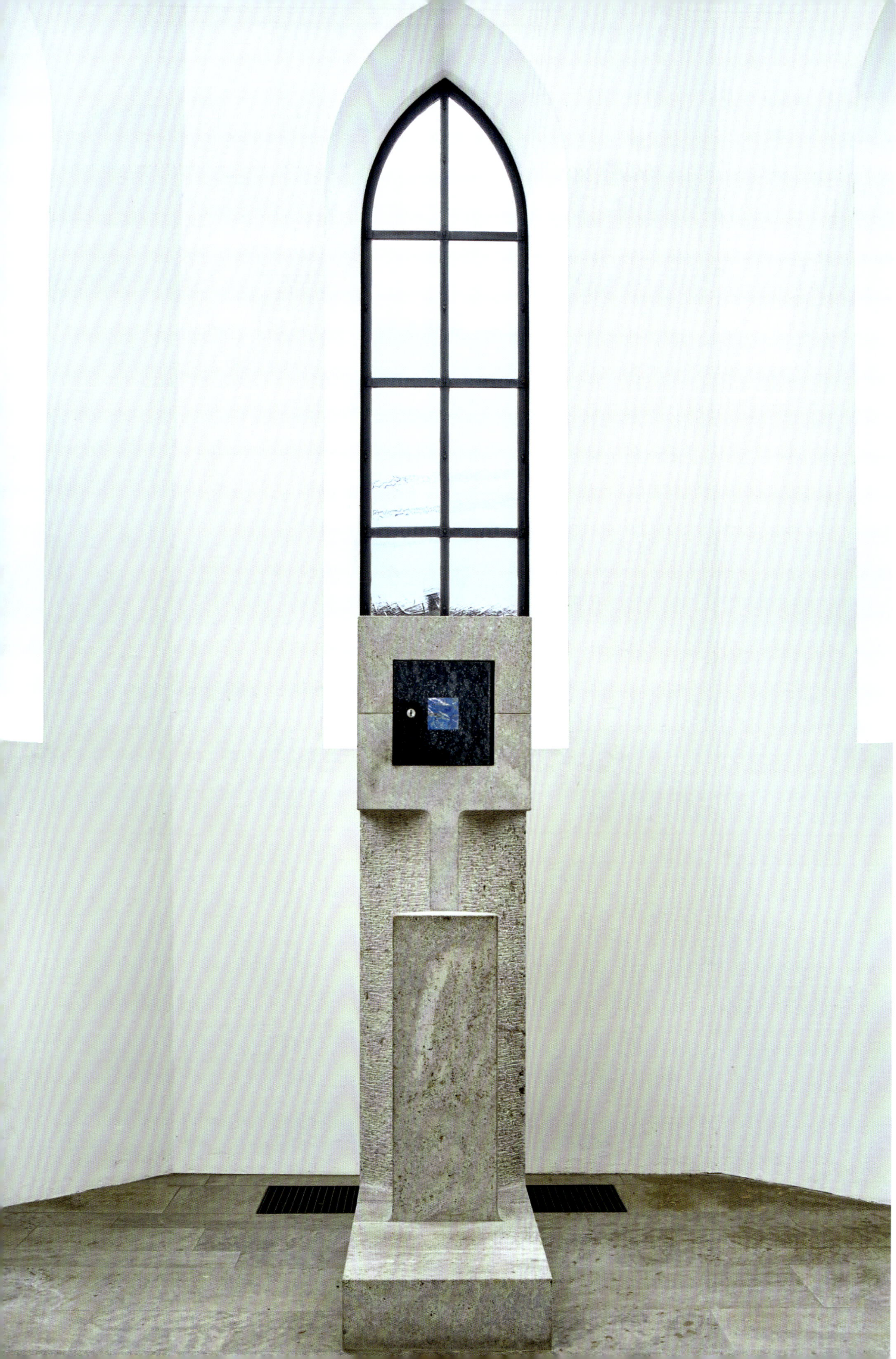

43 St. Peter
Wielenbach

Vorentwurf 1968, Eingabepläne Januar 1969, Baubeginn Oktober 1970, Weihe 8. Oktober 1972

Architekten: Theo Wieland und Fritz Wegmann, Weilheim
Ausstattung: Blasius Gerg, Glonn (Tabernakel, Altar, Kreuzauflage, Ambo, Sedilien, Altarleuchter, Apostelleuchter und -kreuze, Taufstein); Manfred Bergmeister, Ebersberg (Kunstschmiedearbeiten); Helmut Knorr, Grafing (Vergoldungen)
Archivalien: KBK, Baumappen, DBA 263, 4.418–4.420, 4.422.
Literatur: Festschrift St. Peter 1972. – Paula/Berg-Hobohm 2003, S. 653–654.

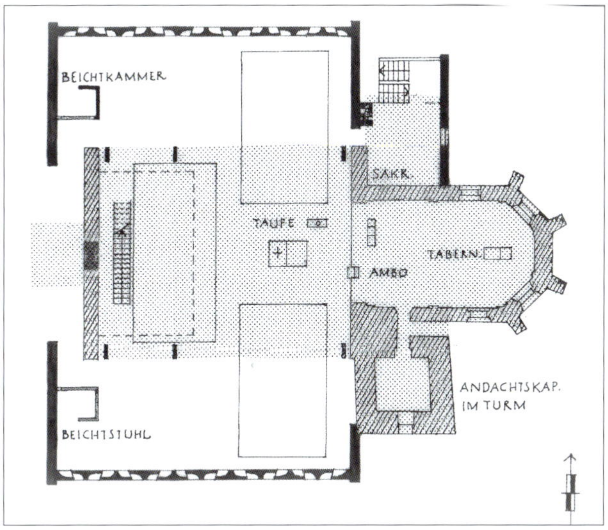

Grundriss, Bestandsplan mit Schraffur des historischen Bestands

Wielenbach besaß eine schlichte Dorfkirche mit spätgotischem Chor und einem 1723 von Joseph Schmuzer erhöhten Kirchenschiff, die mit Stichkappengewölben gedeckt waren. Der immense Bevölkerungsanstieg in der Nachkriegszeit – zwischen 1939 und 1964 hatte sich die Bevölkerungszahl annähernd verdoppelt – veranlasste auch diese Pfarrgemeinde zu einer Vergrößerung ihrer

Umfassungsmauer aus Betonformsteinen mit Kreuzwegstationen

Tabernakelstele von Blasius Gerg im alten Chor

Blick durch das Kirchenschiff in den historischen Chorraum

räumlichen Kapazitäten. Einen Kirchenneubau hatte man jedoch als unwirtschaftlich eingestuft und stattdessen von Anfang an Erweiterungspläne geprüft. Der Erhalt historischer Bausubstanz bei gleichzeitiger Neudefinition eines Raumes, der den liturgischen Anforderungen gerecht wird, war die Aufgabe der mit der Planung betrauten Bürogemeinschaft Wieland und Wegmann. Anders als etwa im benachbarten Weilheim beließ man den Altbestand jedoch nicht in seiner historischen Überlieferung, sondern bezog auch den Teil, der denkmalrechtlich geschützt blieb, in die tiefgreifende Umgestaltung ein.
Vorstellbar war für das Denkmalamt zunächst lediglich eine Verlängerung der Kirche um ein bis zwei Joche mit einer der alten Kirche angeglichenen Oberflächenbearbeitung und die Entfernung nachträglicher Ausstattung – Orgelempore, neuromanische Altäre und Kommuniongitter; die untere Emporenbrüstung, Kanzel, qualitätvolle Altarbilder und Skulpturen sollten im Original erhalten bleiben. Das Raumkonzept, das man nach diesen Vorgaben erhalten würde, konnte allerdings dem neuen Verständnis einer Mahlgemeinschaft nicht genügen. Mehrfach mussten die Erweiterungsentwürfe überarbeitet werden, bis ein für Kirche und Denkmalpflege akzeptabler Plan vorlag, der sich dann jedoch von der ursprünglich gewünschten Bestandsbewahrung weit entfernt hatte.
Die Erweiterungsarbeiten begannen mit den Entfeuchtungs- und Restaurierungsarbeiten an Chor und Turm der alten Kirche. Um einen modernen, zentralen, quergelagerten Raum zu erhalten, wurden dem Kirchenschiff zwei Seitenschiffe angegliedert – eines davon für Neben- und Technikräume voll unterkellert –, deren Dachflächen sich zum ehemaligen satteldachgedeckten Saalbau hin mit einem Pultdach absenken. Diese dynamische Dachlandschaft sollte die wuchtig-kompakte Baumasse abgeschleppter Dachflächen vermeiden. Die seitlichen Umfassungsmauern des alten Kirchenschiffs wurden dafür komplett abgetragen, ein Unterzug über die gesamte Länge eingebaut, das Dach aufgesattelt und das barocke Gewölbe durch eine Flachdecke ersetzt. Das neu entstandene Feld zwischen Unterzug und Kirchdach wurde in Beton erstellt und hat die Wirkung eines Obergadens mit schmalen Fensterbändern. Dadurch konnte – anders als bei stückweiser Unterfangung von Mauerwerk – auf ein Stützensystem, das der Zentrierung des Raumes entgegengewirkt hätte, verzichtet werden. Die gesamte Westwand hingegen blieb erhalten.

Ansicht von Südosten

Ursprünglich waren die nach außen gerückten Seitenwände offen mit verglasten Stahlsprossen und die geschlossenen Mauerzüge im Osten und Westen mit Bruchsteinmauerwerk geplant. Zusammen mit dem ebenfalls unverputzten Turm hätte das Arrangement eine rustikale Ästhetik wie etwa in Wörthsee erhalten. Die Ausführung mit plastisch geformten Betonformsteinwänden, die die Baukosten merklich erhöhte, war eine ausdrückliche Forderung der Genehmigungsbehörden. Durch die Lichtöffnungen und konkaven Einbuchtungen entfalten sie eine effektvolle, stark plastische Wirkung. Auch innen wählte man dann als Material und Konstruktion für die Erweiterung schalungsrauen Sichtbeton. Der purifizierte Chorraum der alten Kirche erhielt eine betongraue Fassung im Stichkappengewölbe und wurde zur Sakramentskapelle, das Erdgeschoss des im Unterbau spätromanischen Turmes zu einer Andachtskapelle. Dessen Tuffquadermauerwerk wie auch die während der Abbrucharbeiten entdeckten und daraufhin freigelegten spätgotischen Wandmalereien im Chor ließ man materialsichtig als Brücke zur Vergangenheit des Bauwerks inszenieren. Aus rein ästhetischen Gründen wurden die barocken Rundbogenfenster des Chores zu gotischen Spitzbögen rückgebaut, um die Aussagekraft des Mittelalters zu unterstreichen. Zeitfenster schaffen wollte man auch mit der Versetzung der Epitaphien in den Chor und mit der freien Verteilung historischer, aus der Vorgängerkirche stammender Kunstwerke im Raum.

Die funktionale Klarheit der Architektur wiederholt sich in der künstlerischen Ausgestaltung der neuen Gemeindekirche. Der auf einem grauen Podest stehende Mahltisch und der Taufstein sind schlichte Blöcke aus Muschelkalk. Die Tabernakelstele ist ebenso blockhaftschlicht, aber ihrer Funktion der Aufbewahrung des Allerheiligsten entsprechend differenzierter gestaltet. In die vorherrschenden Grauabstufungen fügen sich auch die Apostelleuchter und Weihwasserbecken aus Edelstahl ein. Eine natürlich-warme Note in den Raum bringen der Fußbodenbelag und die Verwendung von Holz für Gestühl und Flachdecke.

Die in die Betonformsteinwand eingefügten Kreuzwegreliefs aus Keramik schuf 1978/1979 Egon Graé (Dießen). Heute präsentiert sich die Raumschale des historischen Chores in strahlendem Weiß ohne betongraues Stichkappengewölbe. Das Kreuzornament am Betonriegel des Chores wurde entfernt und der barocke Kruzifixus als Triumphkreuz mit der trauernden Maria Magdalena direkt im Chorbogen abgehängt.

St. Peter und Paul ist wegen der historischen Bestandteile des Neubaus komplett als Einzeldenkmal in die bayerische Denkmalliste eingetragen.

St. Peter und Paul vor der Erweiterung (Aufnahme um 1965)

44 St. Simpert
Dinkelscherben

Wettbewerb 1974/1975, neue Entwürfe 1976,
Baubeginn 5. April 1978, Grundsteinlegung 13. Oktober 1978,
Weihe 16. Dezember 1979

Architekten: Reinhard Brockel und Erich Müller, Augsburg
Ausstattung: Friedrich Koller, Laufen (Altarinsel, Altar, Ambo, Tabernakel, Steinreliefs, Leuchter, Weihwasserbecken, künstlerische Beratung)
Archivalien: KBK, Baumappen; DBA 1.972-1.976, 1.979; AMS, Nachlass Reinhard Brockel und Erich Müller.
Literatur: Festschrift St. Simpert 1979. – Fischer 2015. – Pfarrkirche St. Simpert.

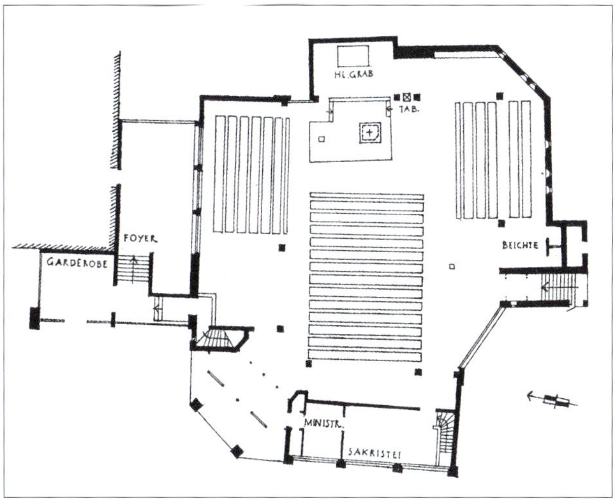

Grundriss, Bestandsplan

Seitdem die Eröffnung der Bahnstrecke von Augsburg nach Ulm in der Mitte des 19. Jahrhunderts den Anstoß zur wirtschaftlichen und räumlichen Entwicklung Dinkelscherbens gegeben hatte, wurde die Raumnot der katholischen Kirche St. Anna beklagt. Bis 1970 war die Einwohnerzahl gegenüber den Vorkriegsjahren um über 50 Prozent angestiegen. Die Planungsgeschichte für einen der Anzahl der Gläubigen angemessenen Kirchenraum zog sich mit etlichen Konzeptänderungen über viele Jahre hin. Das Besondere am Bauergebnis in Dinkelscherben ist, dass man hier schließlich weder die alte Kirche dem Neubau opferte, noch an diese einen die Überlieferung stark verändernden Anbau anschloss, sondern ein eigenständiges, von der historischen Kirche völlig unabhängiges Gebäude errichten ließ.

Blick aus der neuen Sonntagskirche zur historischen Pfarrkirche St. Anna

Steinrelief einer Fensterlaibung, Ausschnitt aus den Kreuzwegstationen von Friedrich Koller

Altarinsel mit Tabernakel von Friedrich Koller

Nachdem schon 1954 Thomas Wechs mit einem Vorprojekt für die Erweiterung der Stadtpfarrkirche in Dinkelscherben und 1963 Hermann Leitensdorfer mit einer Lösung beschäftigt waren, ließ man 1965 erneut von sechs namhaften Architekten die künftige städtebauliche Situation untersuchen, und nach dem ergebnislos verlaufenen Wettbewerb sollte Hansjakob Lill in einem Direktauftrag eine neue Kirche auf einem alternativen Bauplatz planen. Bis es zur Ausschreibung eines erneuten Architektenwettbewerbs im Herbst 1974 kam, war schon die Entscheidung gefallen, die 1972 außen wie innen instandgesetzte historische Dorfkirche und damit auch das Ortsbild vom Süden her zu bewahren und die neue Sonntagskirche zwischen St. Anna und dem künftigem Pfarrheim zu situieren.

Die Gestaltung von Reinhard Brockel und Erich Müller überzeugte das Preisgericht wegen der städtebaulich geschickt gruppierten Baumassen und der Gestaltung der Geländeunterschiede, die Alt- und Neubauten zu einer zusammengehörigen Baugruppe zusammenfügen, und konnte schließlich mit kleinen Änderungen ausgeführt werden. Über eine gemeinsame Terrasse im Nordwesten werden Sonntagskirche und Pfarrheim mit Saal, Bibliothek, Gruppenräumen und Jugendbereich erschlossen; der Kindergarten ist im Gartengeschoss in direkter Verbindung zu den Außenanlagen untergebracht; ein großzügiges Foyer verbindet Pfarrheim und neue Kirche und kann in den Sakralraum einbezogen werden. Eine Treppenanlage führt zum Vorplatz vor der historischen Pfarrkirche St. Anna herab.

Die beiden Architekten lieferten den einzigen Entwurf, der die historische Kirche als Baudenkmal architektonisch völlig unangetastet lässt. Durch die räumliche Freistellung mit einer Platzsituation und den zu ihr abgewinkelt stehenden Neubauten behält sie ihre architektonische

Blick durch den Kirchenraum

Autonomie und örtliche Dominante. Einen großen Gewinn bringt dabei auch die Blickbeziehung von der Sonntagskirche zur Apsis von St. Anna, wofür die Südwestecke des Kirchenraums abgeschrägt und raumhoch verglast wurde.

Der von 1978 bis 1979 ausgeführte Bau ist Ergebnis einer überarbeiteten Planung des Wettbewerbsentwurfs. In verständlicher Formensprache, Bauweise und Materialauswahl war die Einfügung des Neubaus in eine ländliche Gemeinde angestrebt. Der Neubau ist außen ein ruhiges und kompaktes, weiß verputztes Gebäude mit Pultdächern, die ein Flachdach zwischen den geneigten und mit Ziegeln eingedeckten Schrägen kaschieren. Innen ist die Sonntagskirche ein auf vor- und zurückspringender, aus dem Quadrat entwickelter Grundrisslinie aufgehender differenzierter Baukörper mit unterschiedlichen Raumhöhen, seitlichen Ausnischungen, raumgreifender Orgel- und Sängerempore, gliedernden Stützen und reizvoller Lichtführung über Fensterfronten, kleine Fensteröffnungen und Oberlichte.

Bemerkenswert ist ihre künstlerische Ausstattung, die bis in die gestalterischen Einzelheiten in enger Zusammenarbeit zwischen Architekten, Bauherren und dem Bildhauer Friedrich Koller entwickelt wurde. Alle Einrichtungsdetails sind aufeinander abgestimmt. Das Rastersystem der Fenstersprossen etwa wiederholt sich in der Form der Bankwangen und der Deckenleuchten. Unter einer hell eingelassenen Holzdecke sind auf rotbraunen Klinkerplatten drei Bankblöcke zur Altarinsel orientiert, die sich auf dem gepflasterten heiligen Bezirk in weißen Muschelkalkstufen erhebt und durch ein großes Oberlicht erhellt wird. Schlichte, wuchtige Kalksteinblöcke bezeichnen Altar und Ambo, die ebenfalls steinernen Sedilien fungieren gleichzeitig als Raumteiler. Der Tabernakel, ein nüchterner Bronzekubus, ist neben der Altarinsel zwischen zwei tragenden Pfeilern eingespannt; Bronze ist auch das Material der schlichten Apostelleuchter. Das große Steinrelief hinter dem Altar zeigt die zwölf Tore des himmlischen Jerusalems, des Ziels der irdischen Gemeinde. Vor ihm liegt in den Boden eingebettet das offene Grab Jesu mit einem Abdruck vom Leib Christi. Zu ihm führen die im Streiflicht ablesbaren Steinreliefs des Kreuzwegs hin, der in die abgeschrägten Fensterlaibungen der kleinen Lichtöffnungen eingelassen ist.

Die Verbindung zur Überlieferung stellte von Beginn an die Bestückung des modernen Kirchenraums mit historischen, zumeist barocken Skulpturen her, die von der Marktgemeinde und Pfarrer Tremmel aus seiner eigenen Sammlung zur Verfügung gestellt wurden.

Im Lauf der Zeit wurde die Figurenausstattung ergänzt, inzwischen sind aber einige der Skulpturen wieder in die alte Kirche und das örtliche Heimatmuseum rückgeführt worden. Die Kreuzigungsgruppe erhielt einen wirkungsvolleren Aufstellungsort an der größeren Wandfläche links hinter dem Altar. Der Einbau der neuen Orgel, deren kunstgewerblich-kleinteilig gestalteter Prospekt die Brüstungsfläche überlappt, führte 1983 zu einer veränderten Raumwirkung. In jüngerer Zeit wurden bei den Apostelleuchtern die Apostelnamen ergänzt.

Nordostansicht von St. Simpert mit der alten Kirche St. Anna

45 St. Stephan
Dießen a. Ammersee

Vorentwürfe 1978, Baubeginn Oktober 1979, Weihe 21. Juni 1981, Fertigstellung Pfarrsaal 1982, Fertigstellung Pfarrhof 1983

Architekt: Josef Wiedemann, München
Ausstattung: Blasius Gerg, Glonn (Altar, Tabernakel, Ambo, Taufbecken, Apostelleuchter, Kreuz)
Archivalien: KBK, Baumappen; DBA 246, 9.417, 9.419, 9.422, 9.423, 9.425; A. M., Nachlass Josef Wiedemann.
Literatur: Kirchenführer St. Stephan. – Freudling 1974. – Informationsbericht 1980. – Festschrift St. Stephan 1981. – Festschrift St. Stephan 1982. – Backmeister-Collacott 2006, S. 219. – Gattinger/Suhr 2014, S. 72–73.

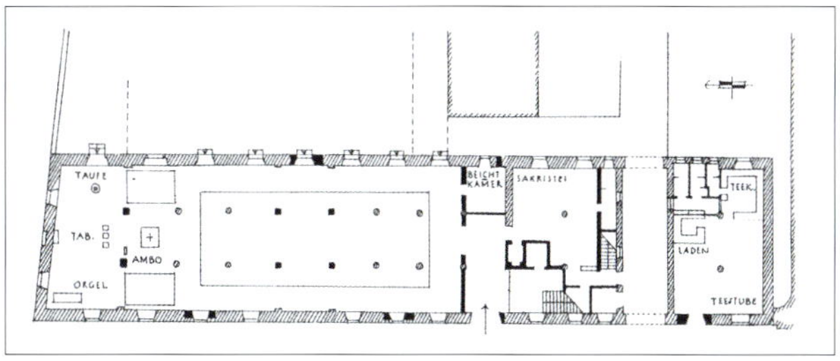

Grundriss, Bestandsplan

Mit dem Bau eines modernen Pfarrzentrums in Dießen wurde Josef Wiedemann 1978 von Monsignore Winterholler, der wenige Jahre zuvor als Gemeindepfarrer in Windach für den Bau der Kirche Maria am Wege verantwortlich gewesen war, direkt beauftragt. Gestalterisch und denkmalpflegerisch stellte dieses Projekt eine ganz besondere Herausforderung dar, denn der möglichst originalen Bewahrung des historischen Bestands stand die Funktionsfähigkeit für den neuen Zweck gegenüber. Nachdem das 1627 errichtete Marstall- und Ökonomiegebäude links neben der Schaufassade der barocken Pfarr- und ehemaligen Klosterkirche Mariä Himmelfahrt 1974 seine Funktion als Stallung, Einlage und Gesindehaus verloren hatte, sollte es nach den Vorstellungen des

Altaranlage von Blasius Gerg

Taufort in der Winterkirche

Blick durch den Kirchenraum zum Altar

Eigentümers – der Kongregation der Barmherzigen Schwestern vom heiligen Vinzenz von Paul – für den Neubau eines Wohnhauses abgebrochen werden, was allerdings die 1973 durch das Inkrafttreten des bayerischen Denkmalschutzgesetzes gestärkte Denkmalbehörde verhindern konnte. Verschiedene Nutzungsvarianten wurden daraufhin diskutiert, die die Besonderheiten des Gebäudes, nämlich die stimmungsvollen Gewölbe und die mächtige Konstruktion des Dachstuhls, erhalten konnten. Zur Debatte stand der Einbau von Großwohnungen mit Gewerbeflächen, eines physiotherapeutischen Reitzentrums, eines Heimatmuseums und von Gastronomie.

Den Anstoß dafür, die alte Klosterökonomie zu einer Winterkirche umzunutzen, gab das Landesamt für Denkmalpflege, das für diesen Zweck einen erheblichen Zuschuss in Aussicht stellte. Die barocke Pfarrkirche nämlich durfte aus konservatorischen Gründen nicht mehr beheizt werden, und die umliegenden Kirchen St. Georg und St. Johann zeichnen sich ebenfalls durch ungemütliche Kälte in den Wintermonaten aus.

Die Realisierung des von Wiedemann geplanten Konzepts eines modernen Pfarrzentrums in der historischen Gebäudestruktur verlief dennoch nicht ohne Konflikte mit der Denkmalschutzbehörde und war sehr aufwendig und kostenintensiv. Durch die jahrhundertelange Nutzung als Stallgebäude war das Mauerwerk stark durchfeuchtet und mit Nitraten aus den Exkrementen der Tiere getränkt. Ein späterer Stall- und Scheunenanbau sowie sämtliche Einbauten wurden abgebrochen. Alle Ziegelwände mussten durchtrennt und isoliert werden, der Putz abgeschlagen

Innenhof von Nordosten

und die Fugen ausgekratzt, der verseuchte Boden ausgehoben, die Fundamente gesichert, die Säulen und Außenmauern mit Rundstahl und Stahlbolzen ausgesteift und stabilisiert werden, ein Stahlbetonskelett für Brandmauern und Windaussteifung eingezogen, Holzschädlinge bekämpft und die marode Substanz gefestigt werden. Sämtliches Sichtmauerwerk wurde mit Abbruchsteinen ausgebessert.

Das Erdgeschoss des ehemaligen Ökonomiegebäudes wurde für die sakrale Nutzung mit Fußbodenheizung hergerichtet. Im historischen Dachraum mit dem dreigeschossigen offenen Dachstuhl, dem ehemaligen Getreide- und Heuboden, entstand ein Pfarrsaal für 200 Personen mit Bühne, Küche, Garderobe und Nebenräumen, der 1982 seiner Bestimmung übergeben wurde. Die weiteren Bauteile wurden mit Änderungen in reduziertem Raumprogramm und Bauvolumen 1983 vollendet. Der neu errichtete Pfarrhof liegt im Osten der Anlage in der Sichtachse der Tordurchfahrt des ehemaligen Ökonomiegebäudes und ist über einen gedeckten Gang in der Art von Kreuzgängen im gestalteten Innenhof mit der Kirche und dem darüber liegenden Gemeindesaal verbunden. Das südlich am Hofraum geplante Jugendzentrum wurde zu einem Zwischentrakt mit Garagen und Werkstatt, die Jugendräume fanden dafür ihren Platz im Westflügel. Zur kirchlichen Großbaustelle gehörte damals auch die parallel verlaufende Restaurierung der ehemaligen Klosterkirche.

Die frühere Klosterökonomie erhielt einen neuen Haupteingang im Westen, der sowohl Kirche als auch Gastronomie erschließt. Durch die Zusammenlegung zweier ehemaliger Stallhallen entstand ein langgestreckter Kirchenraum, dem die vorhandene Säulenstellung und Gewölbestruktur eine Dreischiffigkeit verleihen, die für die sakrale Nutzung prädestiniert schien. Der Tabernakel an der nördlichen Stirnwand bildet den Abschluss der Raumachse. Den ausgesprochenen Längsraum brachte Wiedemann dadurch mit der neuen Liturgie zusammen, dass er in der Zone, in der der schlichte Altar aus Kelheimer Marmor steht, die Bestuhlung auch seitlich einander zugewandt orientierte, wodurch er eine räumliche Konzentration erreichte. Zusätzlich läuft die neue, mit handgeschlagenen Ziegelplatten ausgelegte Bodenplatte mit einem Gefälle von 20 Zentimetern auf die Altarstufe zu, und die großen Fenstertüren anstelle der ehemaligen Stalltüren weiten den Raum optisch. Das schlichte, bronzene Taufbecken fand seinen Platz auf einer weißen Steinplatte im nordöstlichen Joch. Ambo und Priestersitz mit aus Bronze geschmiedeten Gestellen waren beweglich und konnten entsprechend ausgerichtet werden.

Die Materialästhetik des unverputzten Ziegelsteins – auch eine bauphysikalische Notwendigkeit – verleiht dem Raum eine archaische Monumentalität bei gleichzeitiger

Stalltrakt vor der Umgestaltung (Aufnahme um 1978)

Schlicht- und Bescheidenheit, die zu Meditation und Gebet einlädt und dem Gedanken an die Geburt Christi in einem Stall einen einzigartigen Ausdruck verleiht. Die Mitglieder der Bischöflichen Kunstkommission waren sich darin einig, dass die für sich wirkenden Sichtziegelflächen auch künftig ohne weitere Zutat und frei von Bildern bleiben sollten. Die Ausstattung aus der Hand von Blasius Gerg ist einfach und ursprünglich gestaltet und fügt sich in die romanisierende Wucht mit dem Eindruck einer großen Krypta ein. Inspiriert wurde Wiedemann offensichtlich durch Antoni Gaudís Unterkirche in der Colònia Güell, von der ein Foto in seinem Nachlass erhalten ist. Vor- und Kirchenraum wurden nur mit ausgewählten romanischen und gotischen Statuen bestückt, um die „Urform des Raumes" (Festschrift St. Stephan 1981, S. 14) zu unterstreichen.

1989 eröffnete der Pfarrer und Kunstsammler Winterholler im oberen Geschoss des mächtigen Dachstuhls ein Pfarrmuseum, dessen wertvollster Bestand die Krippensammlung ist. Es war Wiedemann, der 1984 sogar die Einrichtung eines Diözesanmuseums in den leerstehenden Klostertrakten vorgeschlagen hatte.

St. Stephan ist zusammen mit dem gesamten historischen Gebäudekomplex als Einzeldenkmal in die bayerische Denkmalliste eingetragen.

46 Geburt Christi
Aichach – Oberbernbach

Entwurf 1977, Eingabepläne Februar 1980, Richtfest 16. Oktober 1981, Weihe 12. Dezember 1982

Architekten: Robert Gerum und Karl Rubner, Augsburg
Ausstattung: Reinhold A. Grübl, Ebenhausen (Giebelkreuz, Altar, Tabernakel, Ambo, Taufstein, Weihwasserstein, Apostelleuchter)
Archivalien: KBK, Baumappen; DBA 9.269-9.273, 9.275-9.278; AMS, Nachlass Robert Gerum.
Literatur: Paula/Bollacher 2012, S. 85–86.

Eine der Dießener Situation ganz ähnliche Metamorphose vom Stall zur Kirche erfuhr ein altes Ökonomiegebäude in Oberbernbach. Der Ort besitzt eine barocke, im Kern mittelalterliche Pfarrkirche und einen stattlichen Pfarrhof gegenüber, eine große Dreiseitanlage mit einem Pfarrhaus von 1778 und zwei Ökonomiegebäuden von 1848, die sich um eine mächtige Linde im Hof gruppieren. Seit dem Weggang des letzten Pfarrherrn 1958 standen diese leer und verfielen zunehmend; Stall und Stadel konnten bis etwa 1970 von den umliegenden Landwirten als Lager

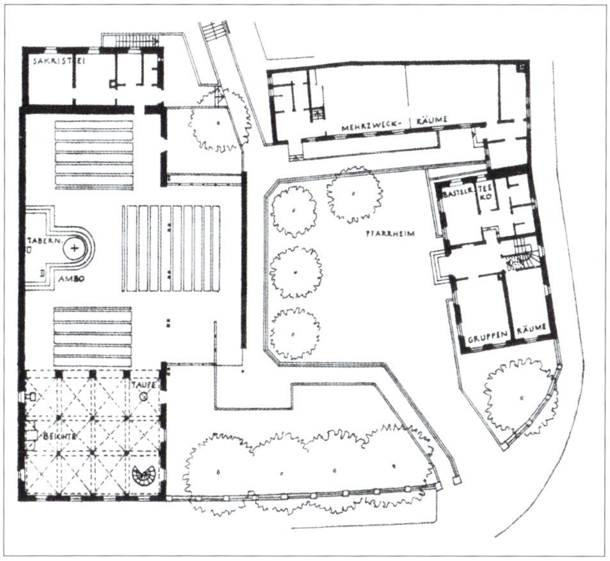

Grundriss, Bestandsplan

Innenraum mit Blick nach Osten

Ansicht der neuen Sonntagskirche von Osten

Zugang zum neuen Kirchenraum

benutzt werden. Am Erhalt der historischen, schon damals unter Denkmalschutz stehenden Baugruppe in ortsbildprägender Lage waren Denkmalamt, Diözese und politische Gemeinde gleichermaßen interessiert. Da die bis in das 12. Jahrhundert zurückgehende, mehrfach veränderte und 1863/1864 erweiterte Pfarrkirche auch in diesem Dorf zu klein geworden war, wurde nach ersten Abrissplänen ein Nutzungskonzept entwickelt, nach dem das alte Pfarrhaus und die beiden Wirtschaftsgebäude für Gemeindezwecke umgestaltet werden konnten. 1967 war die Verwendbarkeit des Pfarrstadels als Sonntagskirche positiv beurteilt worden, zum Leidwesen sowohl des Pfarramts als auch der Gemeindemitglieder, die große Kosten scheuten. Man tastete sich in ersten, gestalterisch wie liturgisch-funktional noch unausgereiften Planungen an die Umsetzung des Vorhabens heran. Aber erst unter Pfarrer Johann Sosnik, der zuvor bereits in Ecknach ein neues Pfarrzentrum hatte errichten lassen, wurden die Überlegungen konkret.

Robert Gerum und Karl Rubner wurden 1977 mit der Vorplanung beauftragt. Danach sollte das große Stallstadelgebäude zu einer Sonntagskirche und das Pfarrhaus zu einem Pfarr- und Jugendheim umgebaut, der zwischen den Gebäuden liegende Stall hingegen abgebrochen werden. Der beabsichtigte Einbau eines Pfarrsaals in das Pfarrhaus erwies sich jedoch wegen der großen baulichen Eingriffe als denkmalpflegerisch nicht vertretbar, so dass man stattdessen überlegte, anstelle des ehemaligen Stallgebäudes einen Pfarrsaal als Zwischenbau zwischen Sonntagskirche und Pfarrhaus einzufügen. Weitere funktionelle Änderungen führten dann dazu, dass das Obergeschoss des alten Pfarrhauses eine Wohnung für einen Mesner oder Hausmeister erhalten sollte und die Versammlungsräume des Pfarr- und Jugendheims in dem neuen Zwischentrakt geplant waren.

Die Bauarbeiten gestalteten sich aufwendiger als zunächst angenommen. Die Außenwände und Gewölbekeller waren so stark durchfeuchtet und mürbe, dass der eingeschossige Anbau im Westen durch einen kubaturgleichen und im Endeffekt kostengünstigeren Neubau ersetzt wurde. Im großen Stallstadel mit seinen markanten Treppengiebeln fand nun eine geräumige Pfarrkirche ihren Platz, deren Patrozinium von der Geburt Christi auf die ursprüngliche Stallfunktion des Gebäudes verweist. Ein großes Kreuz an der Giebelfläche zur Straße hin kündet von der neuen Bestimmung des Bauwerks.

Die vorhandene Gebäudestruktur wurde dabei in zwei Bereiche unterteilt: Der ehemalige Stallteil mit den imposanten und dreischiffigen, auf Säulen aus Granit lastenden Kreuzgewölben wurde zu einer Vorhalle mit Beicht-

Blick von der Vorhalle in den Kirchenraum

kammer und gewendeltem Treppenaufgang zur tiefen Empore, die ehemalige Scheune mit dem sichtbar belassenen und seltenen zweigeschossigen Andreaskreuzdachstuhl zur Gemeindekirche. An der nördlichen Längsseite erweiterte man den Baukörper mit einem abgeschleppten Dach, wodurch zum einen der gestreckten Längsrichtung des Gebäudes entgegengewirkt und ein liturgisch gewünschter, zentrierter Raum geschaffen werden konnte, und zum anderen sich die Lichtverhältnisse deutlich verbesserten. Der neue Betraum ist quer zum Dachfirst ausgerichtet, mit einer annähernd bis zur Längsachse geschobenen zweistufigen Altarinsel. Ihre Rundung nimmt als Grundmotiv die Bogenstellungen der Vorhalle und der vermauerten Wandöffnungen wieder auf. In einer der so entstandenen Blendnischen ist in der Mittelachse hinter dem Altar der Tabernakel aufgestellt, an den sich seitlich jeweils sechs Apostelleuchter aneinander reihen.
Die beiden zugesetzten Bögen links des Tabernakels erhielten zu einem späteren Zeitpunkt eine Bemalung mit einer Heiligendarstellung und der Geburt Christi, die in traditionellen, seit dem Mittelalter tradierten Bildmotiven gestaltet ist. Die Lichtschlitze über der Tabernakelnische wurden verschlossen, um die Blendwirkung zu reduzieren.

Kirche, Pfarrhof und Gemeindezentrum sind als Einzeldenkmäler in die bayerische Denkmalliste eingetragen. Die historische Kirche, die mit dem Neubau entgegen der ursprünglichen Planung aus der Nutzung genommen wurde, harrt einer dringend notwendigen Innenrenovierung.

Ansicht von Südosten

47 Mariä Heimsuchung
Utting a. Ammersee

Wettbewerb 1979/1980, neuer Entwurf 1984, Baubeginn Juni 1986, Grundsteinlegung Mai 1987, Weihe 25. September 1988

Architekt: Leonhard Riemerschmid, Landsberg
Ausstattung: Reinhold A. Grübl, Ebenhausen (Volksaltar)
Archivalien: KBK, Baumappen; DBA 15.690, 15.700, 15.702, 15.704-15.707.
Literatur: Festschrift Mariä Heimsuchung 1987. – Festschrift Mariä Heimsuchung 1988. – Erweiterung der Pfarrkirche 1989, S. 352–355. – Karnapp 1996, S. 298–299. – Gattinger/Suhr 2014, S. 783–785.

Modell des nicht ausgeführten Wettbewerbsprojekts, Leonhard Riemerschmid, 1979/1980

Über die notwendige Erneuerung beziehungsweise Sanierung der Uttinger Pfarrkirche Mariä Himmelfahrt entbrannte ein Rechtsstreit zwischen Bauherrn (Pfarrherr, Pfarrgemeinderat und Diözese) und Denkmalschützern (Landesamt, Kreisheimatpfleger, Aktionsgemeinschaft „Rettet die Uttinger Pfarrkirche"), der auch die Bürgerschaft gespalten hatte und erst nach vielen Jahren und einer Niederlage der Diözese Augsburg vor dem Bayerischen Verwaltungsgericht mit einem Kompromiss beigelegt werden konnte.
Die nach wie vor hauptsächlich ländliche Struktur des Ortes sowie der Fremdenverkehr als bedeutender Wirtschaftsfaktor ließen dem Erhalt des historisch gewachsenen Ortskerns mit seiner identitätsstiftenden Pfarrkirche ein besonderes Gewicht zukommen. Bereits bei Abbruch der im Kern spätgotischen, in Teilen romanischen und spätbarock überformten Vorvorgängerkirche und der Errichtung eines 1819 geweihten Neubaus war es zum Streit darüber gekommen, ob die alte Kirche durch eine bauliche Sicherung nicht doch zu halten gewesen wäre. Knapp 160 Jahre später war die Situation wieder eine ganz ähnliche. Wegen Einsturzgefahr musste die inzwischen zu klein gewordene und auf unfestem Grund errichtete Pfarrkirche im Frühjahr 1977 geschlossen werden. Grundwasser- und Fundamentabsenkung durch Drainagen im Zuge einer Friedhofssanierung, aber wohl auch bauliche Vernachlässigung hatten zu bedrohlichen Schäden geführt. Erst 1976 war am Ort damit begonnen worden, die Filialkirche St. Leonhard aufwendig zu restaurieren. Entsprechend pragmatisch entschieden Pfarrherr und Finanzdirektor über die Zukunft der Pfarrkirche: Abbruch und Neubau. Dagegen opponierte eine bald vom Bayerischen Landesamt für Denkmalpflege unterstützte Fraktion, die die alte Kirche mit ihrer hochwertigen Ausstattung auch als historisches Zeugnis für den Kirchenbau nach der Säkularisation bewahren wollte, was eine statische Untersuchung finanziell wie statisch als gut machbar einschätzte. Die Erregung vieler Einwohner entzündete sich jedoch mehr am äußeren, ungewohnten Erscheinungsbild eines künftigen Erweiterungsbaus als am Substanzverlust.
Ein 1979/1980 veranstalteter Wettbewerb zur Lösung der Bauaufgabe war jedoch nicht geeignet, die Gemüter zu

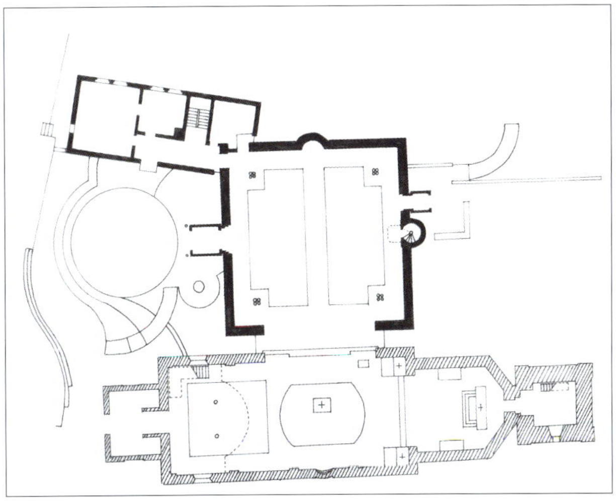

Grundriss, Bestandsplan

Westansicht von Erweiterungsbau und historischer Kirche

beruhigen. Immerhin hatten die Bauherren den Erhalt von Turm und Chor als historische Brücke zugestanden, deren Abbruch tatsächlich nicht mit den gegenüber der Denkmalpflege vorrangigen liturgischen Bedürfnissen zu rechtfertigen gewesen wäre; das Kirchenschiff stand jedoch entgegen der denkmalpflegerischen Position zur Disposition. Die wichtigsten historischen Ausstattungsstücke – drei Altäre, Kanzel, fast lebensgroße Apostelfiguren und Orgel – mussten in den neuen Raum mit Orgelempore integriert werden. Sowohl der Neubau als auch die Sanierung des vorhandenen Gebäudes erforderten eine Neufundamentierung mit Betonpfählen.

Der Architektenwettbewerb erbrachte fünfzehn Einsendungen, die sich auf drei Wegen der Aufgabe näherten: Abbruch und Neubau des Kirchenschiffs, Umklammerung des wenigstens im oberen Bereich erhaltenen Kirchenschiffs durch Erweiterungsflächen oder Erweiterung nach Norden oder Süden unter Beibehaltung wesentlicher Teile der Umfassungsmauern. Dass nun das Preisgericht den Entwurf Leonhard Riemerschmids zur Ausführung empfahl, der den kompletten, frei geplanten Neubau des Kirchenschiffs als mächtigen ungegliederten Satteldachkörper vorsah, mag aus liturgischer Sicht nachvollziehbar sein, politisch war es jedoch unglücklich. Selbst wiederholte Entwurfsüberarbeitungen bis 1983 fanden weder die Zustimmung der Genehmigungsbehörden noch der Bevölkerungsmehrheit. Trotz dieser breiten Front entschied sich die Diözese für den Gang zum Verwaltungsgericht, um ihren Anspruch auf Erteilung der Baugenehmigung durchzusetzen. Mit einem neuen Entwurf Riemerschmids zeichnete sich jedoch ab 1984 ein Kompromiss ab. Dieser Erweiterungsvorschlag, eine maßvolle, substanzschonende Vergrößerung nach Norden, die den liturgischen Anforderungen des Zweiten Vatikanischen Konzils Rechnung trug, war in anderer Form bereits 1978 zur Diskussion gestanden, aber von den Entscheidungsträgern verworfen worden. Dabei konnten auf diese Weise sowohl ein Gutteil der historischen Baubestandteile als auch das gewohnte Dorfbild von der Seeseite her gewahrt bleiben. Nach der Exhumierung auf dem für die Erweiterung vorgesehenen Friedhofsgelände und einer der finanziellen Haushaltslage geschuldeten Verzögerung konnte 1986 endlich mit dem Neubau und der Sanierung des Altbestandes begonnen werden.

Riemerschmids Projekt ist keine gängige Ausbuchtung eines bestehenden Raumes an einer aufgebrochenen Längswand, sondern ein in Material, Konstruktion und Gestaltung völlig eigenständiges Gebilde, das durch einen

Historische Pfarrkirche mit Blick in den Erweiterungsbau

verglasten Zwischenbau auf Abstand gehalten wird und auf diese Weise den Altbestand weder verunklärt noch entwertet. Seine primäre Tragkonstruktion besteht aus Stahlrohren und massiven Verbindungs- oder Übergangsstücken, die, an vier Punkten zu Pfeilerbündeln zusammengefasst, das Dach in Form einer baldachinartigen, mit Kupfer eingedeckten Flachkuppel tragen. Die Krümmung der Stahlrohre nimmt dabei Bezug auf die Formelemente der alten Kirche, die Zwiebelhaube des Turms im Äußeren sowie die Korbbögen des Chorbogens und des Stichkappengewölbes im Schiff. Außer der gestalterischen Freiheit hatte die Stahlkonstruktion noch den Vorteil des relativ geringen Gewichts auf dem Baugrund, der mit Bohrpfahlgründungen stabilisiert werden musste. Eingehüllt wird die leichte Stahlträgerkonstruktion der Kuppelschale von einer traditionell aus Ziegeln hergestellten Umfassungsmauer, die einen introvertierten, nur durch ein Oberlicht und die hoch angesetzten Bogenfenster belichteten Raum definiert. Durch eine Drehung der Gebetsrichtung schuf Riemerschmid eine Einheit der beiden Raumteile, wobei die historische Ausstattung weitgehend an ihrem Ort bleiben konnte. Der Chor der alten Kirche wurde mit dem Tabernakel im historischen Hochaltar zur Sakramentskapelle und erhielt dadurch eine bedeutsame Aufwertung. Die Orgel verblieb auf der Empore, und der östliche Teil des historischen Kirchenschiffs birgt nun die neue Altarinsel, zu der hin die Gestühlsblöcke in Alt- und Neubau ausgerichtet wurden.

Nur die alte Pfarrkirche ohne die Erweiterung von Leonhard Riemerschmid steht unter Denkmalschutz.

Untersicht des Gewölbes, Stahlkonstruktion des Neubaus

Michael Schmid

Moderner Kirchenbau im Wandel der Nutzungen

Besonders in Nordwesteuropa und in Deutschland ist der Umgang mit zu großen oder pastoral eigentlich nicht mehr benötigten Kirchen zu einem zunehmend drängenden Thema geworden. Die damit verbundene Aufgabenstellung hat bereits seit einiger Zeit ein erhebliches Echo bei der Architektenschaft gefunden, weil zweifellos einiges kreatives Potenzial darin liegen kann, aber in vielen Fällen spiegelt sich darin zunächst schlicht auch eine zunehmende Notlage bei Kirchengemeinden und Bistümern. Schon bald nach dem Ende des Zweiten Vatikanischen Konzils nahm der allgemeine Gottesdienstbesuch merklich ab, und dieser Negativtrend setzt sich bis heute fort, wobei Wellen von Kirchenaustritten und die allgemein bekannten demographischen Faktoren die Lage noch weiter zugespitzt haben.

Seit den späten 1960er Jahren ist der Neubau von Kirchen in fast allen Regionen Deutschlands und entsprechend auch im Bistum Augsburg zunächst sukzessive und seit den 1980er Jahren beschleunigt zurückgegangen. Schon um 1990 war ein sakraler Neubau zur Ausnahme geworden. Entsprechendes gilt für Kirchenerweiterungen.

Die Kirchen der Beton-Moderne sind trotz ihres vergleichsweise bescheidenen Alters nicht selten überdurchschnittlich große Sorgenkinder. Aufgrund der meist beträchtlichen Kubatur und einer kaum gedämmten Bauweise aus Zeiten kurz vor der ersten Ölkrise, als Heizkosten kaum im Blickfeld waren, bedeuten gerade die Kirchen im „Zeichen des Aufbruchs" eine besondere Herausforderung beim laufenden Unterhalt und bei der Nutzung insgesamt.

Problematisch waren häufig gerade vermeintlich kostensparende rationale neue Beton-Bauweisen, bei denen zu wenig Sorgfalt in Produktion und Verarbeitung dafür sorgte, dass schon nach gut ein oder zwei Jahrzehnten die Armierungen rosteten und Betonbrocken absprengen konnten. Mit zunehmendem Alter und genaueren statischen Analysen wächst auch das benötigte Kostenvolumen für eine möglichst nachhaltige Sanierung.

Da nur ein Teil dieser Kirchen denkmalgeschützt ist, muss man damit rechnen, dass die Fragestellungen hier schnell grundsätzlicher Natur sein können.

Bei der Pfarrkirche Zu den acht Seligkeiten in Füssen stehen in jüngster Zeit konkrete Überlegungen im Raum, das stattliche, aber unterhaltsintensive Bauwerk von 1964–1966 abzubrechen und durch ein verkleinertes pfarrliches Nebenzentrum mit Kapellenraum für die Pfarreiengemeinschaft zu ersetzen.

Der bislang größte durchgeführte Umbau einer Kirche im Bistum vor dem Hintergrund der zurückgehenden Gottesdienstnutzung betraf jedoch keine nachkonziliare Kirche, sondern eine monumentale dreischiffige Augsburger Pfarrkirche der 1920er Jahre, St. Joseph.

Das klassische Arbeiterstadtviertel hat sich in den letzten Jahrzehnten besonders stark in seiner Bevölkerungsstruktur verändert, wodurch der Anteil der Katholiken beträchtlich gesunken ist. Da das Archiv des Bistums mit seinen baulichen Kapazitäten schon länger an seine Grenzen stieß und zudem eine Generalsanierung des bisherigen Gebäudes anstand, fiel die Entscheidung, die zu große Stadtteilkirche zum neuen Archiv-Sitz zu machen. Anstelle des früheren Pfarrhauses entstand der neue Verwaltungsbau für das dort 2016 eröffnete Archiv. Das angrenzende basilikale Langhaus von St. Joseph wurde dabei zum Magazin umgestaltet, während der frühere Chorraum nach der Renovierung weiterhin dem Gottesdienst zur Verfügung steht.

In seiner Zielsetzung vergleichbar ist der projektierte Umbau der 1967 geweihten Kirche St. Martin in Lagerlechfeld, die aus heutiger Sicht zu groß konzipiert wurde. Sie soll neben einem neugestalteten Gottesdienstraum zugleich ein diözesanes Bau- und Kunstdepot aufnehmen.

Bislang sind diese Beispiele im Augsburger Bistumsgebiet noch selten, doch muss man davon ausgehen, dass sich die Zukunftsfragen in absehbarer Zeit vermehrt stellen werden.

Neben diesen Umbauten, die jeweils andere Nutzungen im Baukörper einbeziehen, sollen auch größere, liturgisch bedingte Neuordnungen in diesem Kontext exemplarisch vorgestellt werden. Sowohl St. Ulrich in Kempten als auch St. Ludwig in Lindau sind moderne Bauwerke des mittleren 20. Jahrhunderts, jedoch noch aus den Jahren vor den durchgreifenden liturgischen Änderungen aus dem Geist des Konzils konzipiert. Auch in diesen Fällen haben die relativ einfache Baugestalt und die fehlende Eintragung als Baudenkmal umfassendere Ansätze als bei einheitlichen historischen Kirchenräumen ermöglicht.

St. Ludwig in Lindau-Aeschach von Süden

Michael Schmid

St. Ludwig
Lindau – Aeschach

2001 baulich-liturgische Neugestaltung
Architekt: Thomas Neumeier, Lindau
Konzept und Ausstattung: Georg Bernhard, Augsburg

Ursprungsbau 1937/1938 von Josef Bichlmeier, Lindau
1954/1955 erweitert durch Sepp Marmon, Lindau
Ausstattung: Willi Veit, Lindau; Martin Wank, Oberthingau
Literatur: Kirchenführer St. Ludwig 2008, S. 1–13; Würmseher 2007, S. 442–445

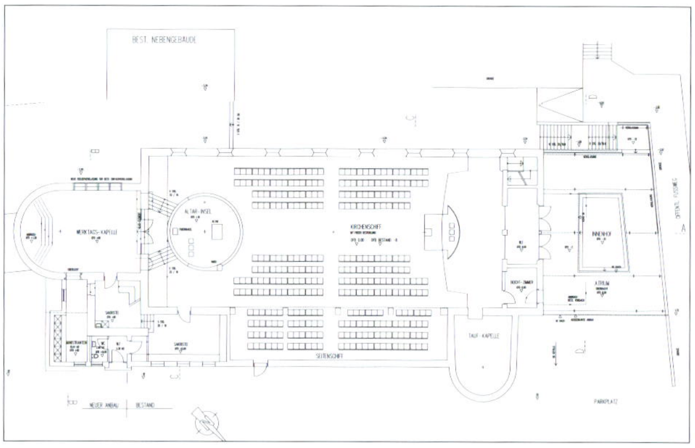

Grundriss nach der liturgischen Neuordnung als Communio-Raum

Seit dem 19. Jahrhundert stieg der Anteil der Katholiken an der weitestgehend protestantischen Bevölkerung der ehemaligen freien Reichsstadt Lindau deutlich an. 1937/1938 konnte für den Stadtteil Aeschach eine schlichte Kuratiekirche im Heimatschutzstil erbaut werden, die 1948 den Rang einer Stadtpfarrkirche erhielt. Schon 1954/1955 wurde St. Ludwig von fünf auf acht Fensterachsen verlängert, zusätzlich an der Nordseite durch ein Nebenschiff mit abgesetzter Taufkapelle erweitert und mit einem größeren Chorraum sowie einem neuen Turm versehen. Wie der Altbestand zeigen auch diese jüngeren Bauteile eine architektonisch sehr zurückhaltende Gestaltung. Schon ein Jahrzehnt später wurde ein Altarkubus auf einer Insel im Chorraum eingefügt, der Gottesdienste

Neuer Altarraum nach liturgischem Konzept von Georg Bernhard

nach der erneuerten Liturgie ermöglichen sollte. Die Verlängerung von 1954 hatte den Raum jedoch in seinen Maßverhältnissen nachteilig verändert und den vorkonziliaren Charakter als Wege-Kirche extrem betont.
Auf Initiative von Stadtpfarrer Wolfgang Bihler wurde dieser architektonisch schwierige Raum 2001 für eine erneuerte Liturgie umgestaltet. Die Gesamtkonzeption ent-

Nordwestansicht mit Kapellenanbau

Ort der Verkündigung mit Ambo und Sedilien vor der neuen Glaswand

Sakraments-, Tauf- und Werktagskapelle im ehemaligen Chorraum

wickelte der Künstler Georg Bernhard zusammen mit dem Architekturbüro Neumaier-Preis. Hier in Lindau konnte das seit den 1990er Jahren andernorts schon erprobte, maßgeblich von dem Bonner Theologen Albert Gerhards geprägte bipolare Raumkonzept der „Communio-Räume“ auch im Augsburger Bistum umgesetzt werden. Es hat 2011–2013 bei der Umgestaltung der Kirche der Pallottiner in Friedberg nach Konzeption des österreichischen Künstlers Leo Zogmayer einen Nachfolger gefunden, der gestalterisch noch reduzierter ausgefallen ist. Die Grundidee dieser Räume steht zum Teil in der Tradition der „Circumstans“, des Raumkonzepts der allseitig um den Altar versammelten Gläubigen aus dem Kreis der liturgischen Bewegung der Zwischenkriegszeit, fügt aber mit der Betonung des Ambos als anschaulich und inhaltlich gleichwertigen Gegenstücks zum Altar und einer für die unterschiedlichen Teile der Messe passenden speziellen Orientierung einen neuen wichtigen Punkt hinzu. Eine häufig gewählte geometrische Grundform für dieses liturgische Konzept ist die Ellipse, bei der ein großer Freiraum zwischen den beiden Polen Altar und Ambo entsteht. In Lindau gab der Rechteckraum jedoch eine strengere Anordnung der Sitzplätze vor.

Der lange alte Chorraum von St. Ludwig wurde beim Umbau durch eine vorangestellte Konche räumlich abgetrennt und zur Sakraments-, Werktags- und Taufkapelle umgewidmet. Der Altarkubus der 1960er Jahre fand hier in verkleinerter Gestalt seine neue Verwendung. Auch ein ehemaliges Seitenaltarrelief wurde in der alten Apsis hinter der Stele für den Tabernakel von 1962 als anschaulicher Zielpunkt angebracht. Der Rotmarmor-Taufstein von Willi Veit am Eingang zur Kapelle stammt ebenfalls aus der alten Kirchenausstattung. Gegenüber der von Georg Bernhard in kräftigem Orange-Rot mit durchkreuzten griechischen Worten für „Licht“ und „Leben“ bemalten Konche im Hauptraum, die den neuen Altar hinterfängt, haben Ambo und unmittelbar dahinter Priestersitz und Sedilien einen neuen Ort vor einer gläsernen Rückwand gefunden. Die Glaswand schafft dabei eine Abtrennung zu den Portalen an der Hauptfassade. Die frühere Taufkapelle der Pfarrkirche wurde als Marienkapelle neu definiert, und auch die Orte der Beichte fanden eine neue Gestaltung. St. Ludwig wurde dadurch im Gesamtraum verkleinert und zugleich zu einem der umfassendsten Beispiele im Augsburger Bistum, wie ein neuzeitlicher Kirchenraum für eine besonders fortschrittlich interpretierte Liturgie angepasst wurde.

Matthias Weber (Matthias Weber Architekten)

St. Ulrich
Kempten

2002/2003 baulich-liturgische Neugestaltung
Architekten: Matthias Weber Architekten, Seeg
Ausstattung: Franz Bernhard Weißhaar, Landsberg

Ursprungsbau 1961–1963 von Willy Hornung, Ottobeuren
Ausstattung: Willy Hornung, Ottobeuren; Hans Wachter, Kempten; Siegfried Moroder, München; Manfred Bergmeister, Ebersberg
Archivalien: KBK, Baumappen
Literatur: Würmseher 2007, S. 405–408; Pfarrkirche St. Ulrich b

Der Bau der katholischen Kirche St. Ulrich in Kempten nach Plänen von Willy Hornung wurde 1963 fertiggestellt. Die Kirche war als Militär- und Stadtpfarrkirche mit 800 Sitzplätzen geplant und Teil eines Gesamtensembles mit Pfarrwohnung, Pfarramt, Jugendräumen, Gemeinderäumen und Kindergarten. Noch vor dem Ende des Zweiten Vatikanischen Konzils geweiht, besaß die Kirche damals einen Hochaltar mit Tabernakelaufsatz. 1980 wurde dieser unter Mitwirkung Hornungs durch einen Zelebrationsaltar ersetzt, der Tabernakel verblieb auf einer Stele an seiner früheren Stelle.

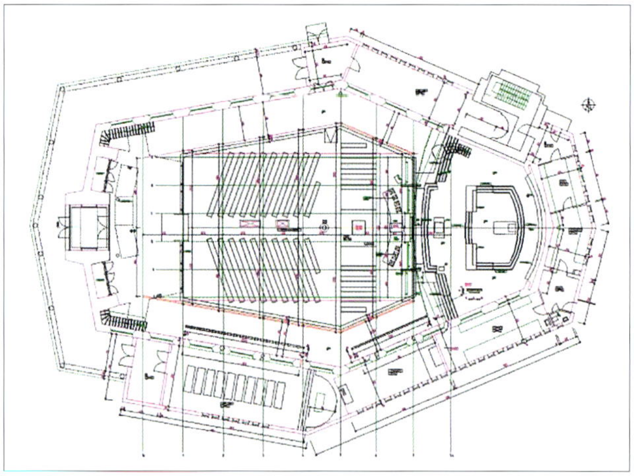

Grundriss der Kirche in der Kirche

Im Jahr 2000 waren nach 37 Jahren dringende Sanierungsarbeiten am Turm sowie am Kirchenschiff innen und außen notwendig. Zudem verlor sich die kleiner gewordene Gemeinde liturgisch im inzwischen viel zu großen Kirchenraum. Wegen enorm hoher Sanierungskosten

Ehemaliger Blick zum Altarraum (Aufnahme um 1963)

Zeltkonstruktion im Kirchenraum nach dem Konzept von Franz Bernhard Weißhaar

Verspannung der lichtdurchlässigen Textilbahnen

und der nicht mehr zeitgemäßen Größe des Gotteshauses war der Gedanke eines Abbruchs und Neubaus naheliegend; dies wurde jedoch durch die Enkelin des Architekten aus Urheberrechtsgründen gerichtlich unterbunden.
In den Jahren 2002 und 2003 wurden der Kirchturm und das Kirchenschiff innen und außen aufwendig saniert. Die Kosten für diese drei Bauabschnitte betrugen insgesamt 1.700.000 Euro.
Basierend auf einem Vorschlag von Franz Bernhard Weißhaar entwickelte das Architekturbüro Matthias Weber Architekten (Dipl.-Ing. [TU] Matthias Weber, Mitarbeit Dipl.-Ing. Rudolf Plach) in einem vierten Bauabschnitt die neue Innenraumgestaltung. Die Idee war, in den viel zu großen Innenraum einen neuen kleineren mit 400 Sitzplätzen zu integrieren, als Kirche in der Kirche.
Der neue Kirchenraum wird durch vier Elemente – ein Holzfußbodenpodest, vierzehn Stahlstützen an den Längsseiten, teils bewegliche Wandelemente zum Eingang beziehungsweise zum Chor und eine leichte Deckenkonstruktion aus Segeltuch – definiert. Das neue Podest sitzt parallel zu den Außenwänden der Bestandskirche, so dass ein Abstand von drei Metern ein Umschreiten des neuen Innenraumes ermöglicht. In dem Umgang sind vierzehn Stahlstelen mit Kreuzwegstationen aufgestellt.
Die Podestfläche wird von einer Zeltdachkonstruktion überdeckt, die aus quer von Wand zu Wand und nach unten zum Fußboden verspannten Stahlseilen besteht und mit Segeltuchstoffbahnen behängt ist. Die vierzehn, zur Abspannung der Decke notwendigen Stahlstützen entlang den Längsseiten des neuen Podestes definieren hier den neuen Raum. An zwölf von ihnen sind die Apostelleuchter angebracht. In diesen Stützen ist auch die Lautsprecheranlage integriert.
Der alte Chorraum wurde durch Schiebewandelemente aus Holzrahmen mit Plexiglasplatten vom neuen Kirchenraum abgetrennt. Bei großen Festen kann der alte Chorraum durch das Zur-Seite-Schieben der Elemente in den Gottesdienst miteinbezogen werden. Auf die gleiche Art wurde der neue Kirchenraum zum Haupteingang abgegrenzt. Hier markiert ein u-förmig eingefasstes, einstufiges Betonpodest den Eingang in den neuen Kirchenraum.

Neue Gemeindekirche mit Kreuzwegstationen im neu entstandenen Umgang

Martin Kopp (F64 Architekten)

Christi Himmelfahrt
Kempten

2016/2017 Umbau und Sanierung Kirchlich-Soziales Zentrum Christi Himmelfahrt (Wettbewerb 2013)
Architekten: F64 Architekten, Kempten
Ausstattung: Christian Hörl, Ruderatshofen

Ursprungsbau 1969–1971 von Robert Gerum und Karl Rubner, Augsburg
Ausstattung: Reinhold A. Grübl, Ebenhausen
Archivalien und Literatur: siehe vorne, Katalog Nr. 18

Nach der Eingliederung der Pfarrei Christi Himmelfahrt in die Kemptener Stadtpfarrei St. Lorenz im Jahr 2011 war die Zukunft des Kirchengebäudes mehr als fraglich. Eine Filialkirche wurde nicht gebraucht. Das Gebäude mit Kindergarten im Erdgeschoss, Sakramentskapelle neben dem Zugangssteg und dem großen Kirchenraum im Obergeschoss war sanierungsbedürftig, teuer im Unterhalt und verschwenderisch beim Energiebedarf. Der Kirchenraum für 400 Menschen fand nur wenig Verwendung, Pfarrhof und Doppelhaus wurden anderweitig genutzt.
Trotz der 2010 erfolgten Eintragung in die Denkmalliste wurde über den Abbruch der Gebäude und anderweitige Verwendung des Grundstücks spekuliert. Das ganze Ensemble musste neu überdacht werden, wenn ein Erhalt in Frage kommen sollte.

Ein wichtiges Merkmal des Hauptgebäudes ist, dass es Flexibilität zulässt und leicht weitergebaut werden kann. Es war nicht Gerums Absicht, ein unveränderliches und starres Gebäude zu schaffen, es sollte sich auch veränderten Bedürfnissen anpassen können. Wenige markante Merkmale scheinen unveränderlich: die Lage im Tiefhof, der Zugang über den Steg, die Sonderstellung der Sakramentskapelle in der Gebäudestruktur, die Fassung des Kirchenraumes mit weißen Wand-Bändern in der sonst gläsernen Hülle, die Transparenz, die strukturelle und materielle Klarheit und Bescheidenheit.
Das Kirchengebäude sollte als Kirchlich-Soziales Zentrum unter Wahrung der Entwurfsgedanken des Urhebers und der Belange des Denkmalschutzes behutsam und im Sinne des Weiterbauens wiederbelebt werden. Jugendkirche, Demenzzentrum, Jugendband und Raumangebot für weitere Gruppen stellen sinnvolle Nutzungen dar. In den 1980er Jahren hinzugefügte Baukörper wie der Aufzug und die südliche Kapellenerweiterung wurden entfernt, auch der eingeschossige Verbindungsbau zum Pfarrhof wurde abgebrochen. Das ursprüngliche Gebäudekonzept kann heute wieder klarer abgelesen werden.
Der Kindergarten belegt nun das ganze Erdgeschoss, der Eingang wurde auf die Vorderseite verlegt. Der neue

Grundriss erstes Obergeschoss

Kirchenraum nach Beginn der Umbauarbeiten

Kirchenraum nach Fertigstellung in der Gestaltung von Christian Hörl

Grundriss des Kindergartens entwickelt sich rund um einen zentralen Spielflur in der Tiefe des Gebäudes, der über die anderen Räume belichtet wird.
Von dem nun großzügiger zusammenhängenden Freibereich profitieren die Kinder. Die bisher etwas hinderliche Rampenerschließung wurde so verändert, dass optische Barrieren abgebaut sind und der Eingangshof mehr öffentlichen Charakter erhält. Erdgeschoss und Obergeschoss des Gebäudes wurden zu getrennten Nutzungseinheiten, die barrierefreie Erschließung ist neu gelöst.
Die Ansiedlung der katholischen Jugendstelle in einer der Doppelhaushälften und von Behinderten-Wohngruppen im ehemaligen Pfarrhaus sowie ein Neubau auf dem ehemaligen Parkplatz stärken die Idee des Kirchlich-Sozialen Zentrums.
Die wieder verkleinerte Sakramentskapelle am Ende des Steges bleibt ein eher introvertierter Raum mit farbiger Gestaltung. In ihr verbleiben weiterhin der Tabernakel, das ewige Licht und der spätgotische Flügelaltar. Die Kapelle erhält eine interne Verbindung zum Kirchengeschoss.
Vom Zwischenpodest bei der Kapelle aus wird auch der neue, nun ins Gebäude integrierte Aufzug erschlossen. Der Hauptzugang zum Obergeschoss erfolgt jedoch wie bisher über den bestehenden breiten Balkon. Dort trennt eine neue Stahl-Glaswand den verkleinerten Kirchenraum und den Mehrzweckraum vom Foyer ab. Kirchenraum und Mehrzweckraum lassen sich verbinden und so auch für Festgottesdienste nutzen.
Der Künstler Christian Hörl gestaltete die neue semitransparente Glastrennwand, welche als auffälliges neues Bauteil den ehemaligen Kirchenraum durchschneidet. Sie erhält als einziges neues Bauteil eine besondere farbige Gestaltung in weißlich-orangerotem Spektrum und weist mit einer Verdichtung der Grafik auf den Sakralraum hin. Der Fußboden erhält wieder den ursprünglichen Teppichboden, die noch vorhandenen Kirchenstühle – ergänzt um Kniebänke – bekommen ihre ursprüngliche leuchtend rote Farbe zurück. Die beweglichen Möbel erlauben eine flexible Bespielung des Sakralraumes durch die Jugendkirche.
Im Foyer entsteht ein niedriger Einbau mit Nebenräumen, darauf eine Terrasse. Sie ist bestimmt zur freien Aneignung durch die unterschiedlichen Nutzer und erschließt das obere von zwei Geschossen mit Gruppenräumen in der südlichen Achse. Neue Einbauten wie Aufzugturm und Nebenraumblock ordnen sich der vorhandenen Gestaltung mit weißen Wänden in einem dunklen Farbton unter. Trotz neuer Teilungen, Einbauten und Räume sind der Eindruck und die Idee des Gesamtraumes weiterhin erlebbar.
Die eigene Zurückhaltung würdigt den offenen Entwurfsansatz von Robert Gerum und Karl Rubner. Alle Maßnahmen sind reversibel und erlauben auch weiterhin Veränderung mit einem zukünftigen gesellschaftlichen Wandel.

Neu gestaltetes Foyer mit Blick in den verkleinerten Kirchenraum

Stadtmüller.Burkhardt.Graf.Architekten

St. Martin
Lagerlechfeld

2016 Wettbewerb Nutzungserweiterung und liturgische Neugestaltung
Architekten: Stadtmüller.Burkhardt.Graf.Architekten, Kaufbeuren
Ausstattung: Christian Hörl, Ruderatshofen

Ursprungsbau: 1965–1967 von Helmut Haberbosch, Lauingen
Ausstattung: Blasius Gerg, Glonn

Die Kirche St. Martin in Lagerlechfeld wurde 1967 als Filialkirche für die Gemeinde Lagerlechfeld und als Gotteshaus für die Militärseelsorge des dortigen Bundeswehrstandortes erbaut. Entworfen als moderner, lichter Kirchenraum durch den Lauinger Architekten Helmut Haberbosch, bietet sie für über 350 Personen Platz. Durch den Rückgang des Kirchenbesuches, vor allem aber durch die stark verminderte Nutzung der Kirche durch das Militär erwies sich das Gotteshaus für die aktuelle Situation als zu groß. Um dessen Erhalt auch in Zukunft zu sichern, soll der Kirchenraum verkleinert werden und freiwerdende Flächen als Kunstdepot der Diözese Augsburg Verwendung finden. Dieser Aufgabe stellten sich in einem kleinen Architektenwettbewerb, ausgelobt durch die Diözese, drei Architekturbüros.

Blick durch den Kirchenraum (Aufnahme 1966)

Modell zum Realisierungswettbewerb, Perspektive zum Altar

Modell zum Realisierungswettbewerb, Perspektive zur Rotunde im Westen

Der siegreiche Entwurf sieht eine horizontale Trennung der beiden Funktionen Depot und Gottesdienstraum vor, wobei die wesentlichen funktionalen und räumlichen Merkmale für die Verteilung der Nutzungen ausschlaggebend waren. Durch den Einbau einer Decke im Traufpunkt des großen Satteldaches erhält man eine zusammenhängende erdgeschossige Fläche mit circa 800 Quadratmetern, die für die Kunstdepot-Nutzung hervorragend geeignet ist. Das Depot wird über einen vorhandenen, nördlich angebauten Windfang angedient. Die spärliche Belichtung des Erdgeschosses durch die Oberlichtbänder und die Gliederung des Raumes über die vorhandene und

Entwurf zum Realisierungswettbewerb, Detail der Rotunde mit Kreuzwegstationen

neue Tragstruktur sind ebenfalls prädestiniert für die ebenerdige Unterbringung des Depots.
Hingegen bleibt im neu geschaffenen Obergeschoss die ursprüngliche Entwurfsidee des lichtdurchfluteten „Zelt Gottes auf Erden" vollkommen erhalten und wird durch den Wegfall der Seitenschiffe noch gestärkt. Die vertikale Erschließung des Obergeschosses erfolgt über einen runden Einbau, in dem sich die Treppe und ein Aufzug befinden. Der gewohnte Hauptzugang zur Kirche bleibt am Eingang des Ostgiebels. Der runde Einbau gliedert die Obergeschossfläche in einen nach Westen orientierten Gottesdienstraum für ca. 150 Personen und einen zweiten, rückliegenden Raum zwischen Ostfassade und neu eingebauter Rotunde. Hier findet die vorhandene Marienstatue in einer Nische des Einbaus ihre Aufstellung, wodurch ein kleiner Andachtsort zur Marienverehrung entsteht. An den Außenflächen des runden Einbaus werden die Kreuzwegstationen der bestehenden Kirche angebracht, sodass sich ein Kreuzweg rund um den Einbau ergibt. In der Rotunde selbst befindet sich auch die Sakristei. Der Entwurf kommt so ohne zusätzliche Einbauten aus, die Klarheit des bestehenden Kirchenraums wird nicht beeinträchtigt.
Im bestehenden Kirchenbau sind geometrische Grundformen wie Quadrat, Rechteck und Dreieck raum- und gestaltprägend. Durch den Einbau der horizontalen Decke wird eine vertikale Erschließung des Obergeschosses notwendig. Der Entwurf sieht hierzu einen frei stehenden innenliegenden eigenen Baukörper vor. Dem Gestaltungsprinzip der bestehenden Kirche mit geometrischen Grundformen folgend, wird ein Kreis als Grundform des Einbaues gewählt. Aus dem Kreis im Grundriss wird eine räumlich wirksame Architektur. Der Zylinder bietet dem Gottesdienstraum eine schützende Rückwand und ist zudem auch Raum für alle dienenden Nutzungen. Durch eine großzügige, sich aufweitende Treppe gelangt der Gottesdienstbesucher über den gewohnten Haupteingang zum Gottesdienstraum im neuen Obergeschoss. Der neue Gottesdienstraum erscheint durch die übernommene Ausrichtung nach Westen vertraut.
Die Orientierung zum Licht in Verbindung mit der bedruckten gläsernen Altarrückwand richtet den Fokus auf den Altar. Florale und gewachsene Strukturen aus der Natur (Blütenblätter und Weidengeflecht) zieren das Altarblatt und stehen im spannenden Kontrast zu den streng geometrischen Formen des Raumes. Die zurückhaltend gestalteten Oberflächen lassen den einmaligen prismenförmigen Raum klar zur Geltung kommen. Die sakrale Ausstattung der Bestandskirche wie Altar, Ambo und Tabernakel, gestaltet vom Haslacher Bildhauer Blasius Gerg, wird in den neuen Kirchenraum übertragen. Gegenüber dem Altar gibt es als weiteren festen sakralen Einbau den vorhandenen Taufstein. Um den verkleinerten Kirchenraum auch für freiere Liturgieformen flexibel zu halten, erfolgt die Bestuhlung in loser Form.

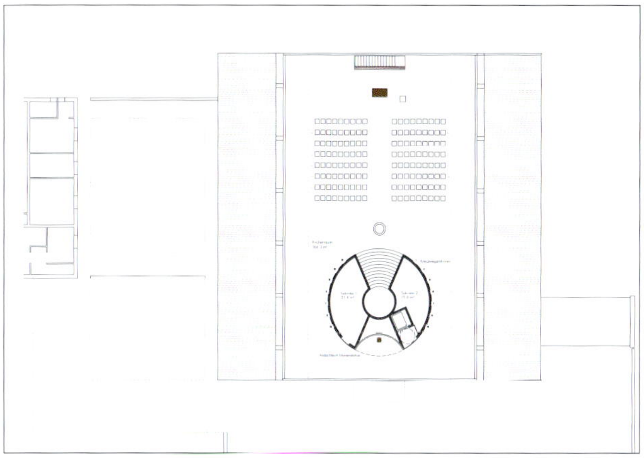

Entwurf zum Realisierungswettbewerb, Grundriss des neuen Gottesdienstraums im Obergeschoss

Erzbistum Bamberg
Zeichenerklärung
Neubauten
Bauen im Bestand
Bestand & Neubau
Feucht-wangen
Schopfloch
Wittelshofen
Bistum Eichstätt
Bistum Rottenburg-Stuttgart
Fessenheim
Munzingen
Löpsingen
Nördlingen
Möttingen
Sehensand
Straß
Neuburg a. d. Donau
Bistum Regensburg
Oberstimm
Baar-Ebenhausen
Langenbruck
Donauwörth (2)
Nordheim
Asbach-Bäumenheim
Tödting
Seibolds-dorf
Untermaxfeld
Syrgenstein
Münster
Ellgau
Weidorf
Klingsmoos
Mühlried
Dillingen a. d. Donau
Handzell
Hohenried
Walchshofen
Schnuttenbach
Zusamzell
Lützelburg
Hauns-wies
Ober-bern-bach
Hilgertshausen-Tandern
Günzburg (2)
Streitheim
Ecknach
Haldenwang
Jettingen
Bonstetten
Mühlhausen
Thalfingen
Bühl
Ichenhausen
Dinkelscherben
Pfuhl
Augsburg (13)
Holzheim
Burtenbach
Wollmets-hofen
Orte um Augsburg
Neu-Ulm (2)
Marienfried
Uttenhofen
Fischach
Ottmaring
1 Derching
2 Diedorf
3 Neusäß
4 Gersthofen
5 Aystetten
6 Deuringen
7 Bobingen
8 Leitershofen
9 Königsbrunn (2)
10 Wulfertshausen
11 Ottmarshausen
12 Steppach
13 Westheim
Bellenberg
Neuburg a. d. Kammel
Reinhartshofen
Betlins-hausen
Au
Krumbach
Oberottmarshausen
Lagerlechfeld
Altenstadt (Iller)
Winterrieden
Untermühlhausen
Kaufering
Geltendorf
Breitbrunn
Holzhausen
Wörthsee
Buchloe
Frieding
Lands-berg a. Lech
Herrsching
Memmingerberg
Bad Wörishofen
Windach
Utting
Feldafing
Memmingen (2)
Zellerberg
Dießen a. Ammersee
Mitterfischen
Erzbistum München und Freising
Ronsberg
Neugablonz
Rott a. Lech
Wielenbach
Kaufbeuren (3)
Weilheim
Lauben
Heising
Schongau
Börwang
Marktoberdorf
Kempten (6)
Penzberg
Weidach-Oberkottern
Erzbistum München/Freising
Bene-dikt-beuern
Oy-Mittelberg
Weißensberg
Hagspiel
Wertach
Bodolz
Seifriedsberg
Füssen
Steibis
Oberjoch
Sonthofen (2)
Fischen
Bistum Feldkirch
Obermaiselstein
Bistum Innsbruck

Gesamtverzeichnis Neubauten und Bauen im Bestand im Bistum Augsburg seit 1960

NEUBAUTEN

Altenstadt a. d. Iller
Pfarrzentrum Zum Guten Hirten
Architekt: Willy Hornung, Ottobeuren
Ausführung (Kirche): 1962–1964
Weihe: 19.12.1964
(eingreifende Veränderungen 1992
durch Franz Kießling)

Asbach-Bäumenheim
Pfarrzentrum Maria Immaculata
Architekt: Werner Schneider, Augsburg
Ausführung (Kirche): 1974–1976
Weihe: 26.09.1976

Augsburg
Pfarrzentrum St. Simpert
Architekten: Adolf Kreutzer und Gerhard Knopp,
Augsburg-München
Ausführung (Kirche): 1973–1974
Weihe: 13.10.1974

Augsburg – Göggingen
Kuratiekirche St. Johannes Baptist (zuvor als
Notkirche der Kuratie zum Guten Hirten in Augsburg)
Planung: Firma Christa Fertig- und Holzbau, Dillingen
Ausführung: Firma Christa Fertig- und Holzbau, Dillingen
Weihe: 1987
Erweiterung durch einen Anbau mit Sakristei,
Jugendraum und Konferenzzimmer
Architekten: Joachim + Thoma Architekten,
Memmingen
Ausführung: 2008

Augsburg – Göggingen
Mutterhaus der Barmherzigen Schwestern
mit Kirche St. Vinzenz
Architekten: Planungsgemeinschaft Gisberth
M. Hülsmann, Wachtberg, Augsburg und
3+architekten glogger.müller.blasi, Augsburg
Ausführung: 2012–2014
Weihe: 18.10.2014

Augsburg – Haunstetten
Pfarrzentrum St. Pius
Architekten: Hans Schädel, Friedrich Ebert,
Andreas Marquart, Würzburg
Ausführung (Kirche): 1964–1966
Weihe: 04.09.1966

Augsburg – Herrenbach
Pfarrzentrum St. Don Bosco
Architekten: Thomas Wechs sen. und jun., Augsburg
Ausführung (Kirche): 1960–1962
Weihe: 07.10.1962

Augsburg – Hochfeld
Priesterseminar mit Seminarkirche
St. Hieronymus
Architekt: Alexander Freiherr von Branca, München
Ausführung: 1983–1987
Weihe: 10.05.1987

Augsburg – Hochzoll
Pfarrzentrum Zu den zwölf Aposteln
Architekt: Clemens Holzmeister, Wien
Ausführung (Kirche): 1964–1967
Weihe: 09.07.1967

Augsburg – Kriegshaber
Thaddäuszentrum-Cramerton
Architekten: Meier⁺ Architekten, Augsburg
Ausführung: 2001–2003
Weihe: 01.05.2003

Augsburg – Universitätsviertel
Kuratiekirche Zum Guten Hirten
1. Phase: Notkirche
Planung: Firma Christa, Dillingen
Ausführung: 1975–1977 (siehe Augsburg-Göggingen,
St. Johannes Baptist)
2. Phase: Pfarrzentrum
Architekt: Franz Xaver Gaertner, München
Ausführung: 1982–1986
Weihe: 23.11.1986

Aystetten
Pfarrkirche St. Martin
Architekt: Philip Dreher, Ulm
Ausführung: 1964–1966
Weihe: 08.05.1966

Bad Wörishofen – Gartenstadt
Pfarrzentrum St. Ulrich
Architekt: Willy Hornung, Ottobeuren
Ausführung (Kirche): 1965–1967
Weihe: 28.10.1967

Bellenberg
Pfarrkirche und Pfarrhof
Unsere Liebe Frau vom Rosenkranz
Architekten: Adolf Kreutzer und Robert Gerum, Augsburg
Ausführung: 1961–1963
Weihe: 08.09.1963

Benediktbeuern
Werktagskirche Mariä Himmelfahrt
Architekt: Fritz Hierl, Murnau
Ausführung: 1962–1965
Weihe: 30.01.1966

Bobingen – Siedlung
Filial- und spätere Pfarrkirche
Zur Heiligen Familie
Architekt: Robert Gerum, Augsburg
Ausführung: 1966–1968
Weihe: 08.12.1968

Bodolz
Pfarrzentrum St. Johannes der Täufer
Architekt: Willy Hornung, Ottobeuren
Ausführung (Kirche): 1970–1971
Weihe: 19.10.1971

Breitbrunn (Gem. Herrsching)
Pfarrzentrum Heilig Geist
Architekt: Theo Wieland, Weilheim
Ausführung (Kirche): 1970–1971
Weihe: 24.10.1971

Buchloe
Gemeindezentrum Haus der Begegnung
mit Gottesdienstraum
Architekt: Peter M. Gradl, Schondorf
Ausführung: 2000–2002
Weihe: 03.11.2002

Burtenbach
Filialkirche St. Franziskus von Assisi
Architekten: Steim und Mühleisen, Stuttgart
Ausführung: 1975–1977
Weihe: 16.10.1977

Derching (Stadt Friedberg)
Pfarrzentrum Maria Immaculata
Architekt: Werner Schneider, Augsburg
Ausführung (Kirche): 1964–1965
Weihe: 25.04.1965

Deuringen (Stadt Stadtbergen)
Filialkirche St. Gabriel
Architekt: Josef Ruf, Mindelheim
Ausführung: 1960–1961
Weihe: 12.11.1961

Diedorf
Pfarrzentrum Herz Mariä
Architekt: Josef Ruf, Mindelheim
Ausführung (Kirche): 1965–1967
Weihe: 08.10.1967

Dillingen a. d. Donau
Pfarrzentrum St. Ulrich
Architekten: Siegfried Seidel, Köln (Entwurf);
Alfred Schwendtner und Heinz-Peter Scherz,
Augsburg (Ausführung)
Ausführung (Kirche): 1992–1993
Weihe: 21.11.1993

Donauwörth – Parkstadt
Pfarrzentrum Christi Himmelfahrt
(zugleich Garnisonskirche)
Architekt: Werner Schneider, Augsburg
Ausführung (Kirche): 1966–1968
Weihe: 23.05.1968

Donauwörth – Riedlingen
Pfarrzentrum Hl. Dreifaltigkeit
Architekt: Armin Dietrich, München
Ausführung (Kirche): 1970–1973
Weihe: 30.09.1973

Feldafing
Pfarrkirche Heilig Kreuz
Architekt: Georg Barnert, Augsburg
Ausführung: 1963–1965
Weihe: 05.09.1965

Fessenheim (Gem. Wechingen)
Filialkirche Christkönig
Architekt: Alfred Back, Augsburg
Ausführung: 1961–1963
Weihe: 15.09.1963

Feuchtwangen
Pfarrkirche St. Ulrich und Afra
Architekt: Georg Barnert, Augsburg
Ausführung: 1960–1961
Weihe: 17.12.1961

Füssen
Pfarrzentrum Zu den Acht Seligkeiten
Architekt: Oskar Wittek, Füssen
Ausführung (Kirche): 1964–1966
Weihe: 26.03.1966

Geltendorf
Pfarrzentrum Zu den Heiligen Engeln
Architekt: Fritz Strunz, Bad Tölz
Ausführung (Kirche): 1969–1970
Weihe: 13.12.1970

Gersthofen
Pfarrzentrum Maria, Königin des Friedens
Architekt: Hermann Öttl, Gersthofen
Ausführung (Kirche): 1966–1968
Weihe: 06.10.1968

Günzburg
Pfarrzentrum Heilig Geist
Architekt: Hermann Öttl, Gersthofen
Ausführung (Kirche): 1971–1973
Weihe: 21.10.1973

Hagspiel (Markt Oberstaufen)
Kapelle Bruder Klaus von der Flüe
Architekten: Valentin Müller und Alfred Hofmann (DBA)
Ausführung: 1963–1965
Benediktion: 26.09.1965

Kaufbeuren
Pfarrzentrum Heilige Familie
Architekt: Matthias Abele, Kaufbeuren
Ausführung (Kirche): 1965–1967
Weihe: 03.09.1967

Kaufbeuren
Pfarrzentrum St. Peter und Paul
Architekt: Reinhard Brockel und Erich Müller, Augsburg
Ausführung (Kirche): 1977–1978
Weihe: 21.10.1978

Kaufering
Filial- und spätere Pfarrkirche Mariä Himmelfahrt
Architekten: Wolf Zuleger, München,
und Werner Schneider, Augsburg
Ausführung: 1961–1962
Weihe: 28.07.1962

Kempten
Pfarrzentrum St. Ulrich
Architekt: Willy Hornung, Ottobeuren
Ausführung (Kirche): 1961–1963
Weihe: 22.09.1963

Kempten
Pfarrzentrum St. Michael
Architekt: Georg Bartelt, Kempten
Ausführung (Kirche): 1963–1965
Weihe: 22.05.1966

Kempten
Pfarrzentrum Christi Himmelfahrt
Architekten: Robert Gerum und Karl Rubner, Augsburg
Ausführung (Kirche): 1968–1971
Weihe: 20.05.1971

Kempten – Leubas
Filialkirche Mariä Himmelfahrt
Architekt: Adolf Zach, Augsburg
Ausführung: 1996–1997
Weihe: Oktober 1997

Kempten – Steufzgen
Pfarrzentrum St. Franziskus
Architekten: Architekturbüro Zwerch und Zwerch,
Kempten
Ausführung (Kirche): 1977–1978
Weihe: 01.10.1978

Kempten – Thingers
Pfarrzentrum St. Hedwig
Architekt: Dieter Heiler, Kempten
Ausführung (Kirche): 1984–1986
Weihe: 18.10.1986

Klingsmoos (Gem. Königsmoos)
Pfarrkirche St. Josef
Architekten: Robert Gerum und Karl Rubner, Augsburg
Ausführung: 1978–1980
Weihe: 11.05.1980

Königsbrunn
Pfarrzentrum Maria unterm Kreuz
Architekten: Hugo Fischer und
Harald Lachenmayer, Augsburg
Ausführung (Kirche): 1990–1993
Weihe: 28.11.1993

Königsbrunn
Pfarrzentrum Zur Göttlichen Vorsehung
Architekt: Justus Dahinden, Zürich
Ausführung (Kirche): 1968–1970
Weihe: 14.03.1971

Krumbach-Hürben
Pfarrzentrum Maria, Hilfe der Christen
Architekten: Manfred Wacker und
Erich Niederbacher, Ulm
Ausführung (Kirche): 1967–1968
Weihe: 22.09.1968

Lagerlechfeld (Gem. Graben)
Filial- und Garnisonskirche St. Martin
Architekt: Helmut Haberbosch, Lauingen
Ausführung: 1965–1967
Weihe: 05.03.1967

Landsberg a. Lech
Pfarrzentrum Zu den Heiligen Engeln
(zugleich Garnisonskirche)
Architekt: Josef Wiedemann, München
Ausführung (Kirche): 1965–1967
Weihe: 24.09.1967

Lauben
Pfarrzentrum St. Ulrich
Architekten: Margot und Max Lorenz, Obergünzburg
Ausführung (Kirche): 1970–1972
Weihe: 25.06.1972

Leitershofen (Stadt Stadtbergen)
Pfarrzentrum Zum Auferstandenen Herrn
Architekt: Adolf Zach (DBA)
Ausführung (Kirche): 1969–1970
Weihe: 03.05.1970

Löpsingen (Stadt Nördlingen)
Filialkirche St. Pius
Architekt: Helmut Haberbosch, Lauingen
Ausführung: 1964–1965
Weihe: 28.08.1965

Marienfried (Markt Pfaffenhofen an der Roth)
Wallfahrtskirche St. Maria, Mutter der Kirche
(auf Grundmauern der Notkirche von 1974)
Architekt: zuerst Wilhelm Hertle, Augsburg, dann
Joachim Wolf, Bibertal, mit Thomas Vees (DBA/PM)
Ausführung: 2009–2011
Weihe: 23.10.2011

Marktoberdorf
Pfarrzentrum St. Magnus
Architekt: Adolf Kreutzer, Augsburg
Ausführung (Kirche): 1967–1968
Weihe: 15.12.1968

Memmingen
Pfarrzentrum Christi Auferstehung
Architekten: Hans Kammerer und Walter Belz, Stuttgart
Ausführung (Kirche): 1973–1975
Weihe: 28.09.1975

Memmingerberg
Pfarrkirche St. Ambrosius
Architekt: Hans Kling, Krumbach
Ausführung: 1964–1966
Weihe: 27.03.1966

Möttingen
Filialkirche St. Theresia vom Kinde Jesus
Architekt: Alfred Back, Göggingen
Ausführung: 1966–1969
Weihe: 11.05.1969

Mühlried (Stadt Schrobenhausen)
Pfarrzentrum Heilig Geist
Architekten: Reinhard Brockel und
Erich Müller, Augsburg
Ausführung (Kirche): 1971–1972
Weihe: 23.09.1973

Neuburg a. d. Donau
Pfarrzentrum St. Ulrich
Architekt: Karl Sendlinger, Westheim
Ausführung (Kirche): 1962–1964
Weihe: 12.09.1964

Neusäß
Pfarrzentrum St. Thomas Morus
Architekt: Alexander Freiherr von Branca, München
Ausführung: 1970–1972
Weihe: 09.07.1972

Neu-Ulm – Ludwigsfeld
Pfarrzentrum Christus, unser Friede
Architekt: Othmar Lehner, München
Ausführung (Kirche): 1969–1971
Weihe: 16.05.1971

Nördlingen
Pfarrkirche St. Josef der Arbeiter
Architekt: Hansjakob Lill, München
Ausführung: 1960–1961
Weihe: 29.09.1962

Oberjoch (Gem. Bad Hindelang)
Filialkirche Heilig Geist
Architekt: Thomas Wechs sen., Augsburg
Ausführung: 1968–1969
Weihe: 13.09.1969

Obermaiselstein
Pfarrzentrum St. Ulrich
Architekten: Heilmeier und Zuth, Augsburg
Ausführung (Kirche): 1973–1974
Weihe: 07.07.1974

Ottmarshausen (Stadt Neusäß)
Pfarrzentrum St. Vitus
Architekt: Karl Sendlinger, Westheim
Ausführung (Kirche): 1965–1967
Weihe: 17.06.1967

Oy-Mittelberg
Pfarrzentrum Verklärung Christi
Architekt: Erhard Fischer, München
Ausführung (Kirche): 1973–1974
Weihe: 22.09.1974

Penzberg
Pfarrkirche Zu Unserer Lieben Frau
von Wladimir
Architekt: Georg Schiener, München-Gräfelfing
Ausführung: 1962–1964
Weihe: 11.09.1964

Pfuhl (Stadt Neu-Ulm)
Pfarrzentrum Hl. Kreuz
Architekt: Manfred Wacker, Ulm
Ausführung (Kirche): 1971–1973
Weihe: 23.12.1973

Ronsberg
Pfarrkirche Mariä Himmelfahrt
Architekt: Matthias Abele, Kaufbeuren
Ausführung: 1960–1962
Weihe: 05.08.1962

Rott a. Lech
Pfarrzentrum Heilige Familie
Architekten: Adolf Kreutzer und Robert Gerum, Augsburg
Ausführung (Kirche): 1963–1965
Weihe: 10.01.1965

Schongau
Pfarrzentrum Verklärung Christi
Architekt: Friedrich Haindl, München
Ausführung (Kirche): 1966–1968
Weihe: 03.03.1968

Schopfloch
Filialkirche Zum Heiligen Abendmahl
Architekten: Winfried Greser, Augsburg,
und Adolf Zach (DBA)
Ausführung: 1965–1967
Weihe: 18.03.1967

Seifriedsberg (Gem. Blaichach)
Pfarrkirche St. Georg und Mauritius
Architekt: Karl Sendlinger, Westheim
Ausführung: 1969–1971
Weihe: 21.03.1971

Sonthofen
Pfarrzentrum Mariä Heimsuchung
Architekten: Hans Spiess und
Hermann Seltmann, Kempten
Ausführung (Kirche): 1990–1992
Weihe: 18.10.1992

Sonthofen – Rieden
Pfarrzentrum St. Christoph
Architekt: Robert Reutter, Murnau
Ausführung (Kirche): 1977–1978
Weihe: 30.09.1979

Steibis
Pfarrkirche Verklärung Christi
Architekt: Julius Kozel, Kempten
Ausführung: 1969–1970
Weihe: 15.11.1970

Steppach (Stadt Neusäß)
Pfarrzentrum St. Raphael
Architekten: Robert Gerum und Karl Rubner, Augsburg
Ausführung (Kirche): 1982–1983
Weihe: 31.07.1983

Syrgenstein
Pfarrzentrum St. Wolfgang
Architekt: Hubert Schmidtler, Augsburg
Ausführung (Kirche): 1971–1974
Weihe: 16.12.1974

Untermaxfeld (Gem. Königsmoos)
Pfarrkirche St. Josef
Architekt: Hans Engel, Augsburg
Ausführung: 1985–1988
Weihe: 16.10.1988

Uttenhofen (Markt Ziemetshausen)
Filialkirche St. Josef der Arbeiter
Architekt: Josef Schwab, Thannhausen
Ausführung: 1975–1976
Weihe: 01.05.1976

Weidach-Oberkottern (Gem. Durach)
Pfarrzentrum St. Josef, der Arbeiter
Architekten: Zwerch und Zwerch, Kempten
Ausführung (Kirche): 1966–1969
Weihe: 01.05.1969

Westheim (Stadt Neusäß)
Pfarrkirche St. Nikolaus von der Flüe
Architekt: Alfred Back, Augsburg
Ausführung: 1961–1962
Weihe: 23.12.1962

Windach
Pfarrzentrum Maria am Wege
(auch Maria Heimsuchung)
Architekt: Josef Wiedemann, München
Ausführung (Kirche): 1969–1971
Weihe: 27.06.1971

Wittelshofen
Exposituirkirche Heilig Kreuz
Architekt: Klaus Obertreis (DBA)
Ausführung: 1983–1984
Weihe: Anfang November 1984

Wörthsee
Pfarrkirche Zum Heiligen Abendmahl
Architekt: Siegfried Östreicher, München
Ausführung (Kirche): 1962–1964
Weihe: 24.10.1964

Wulfertshausen (Stadt Friedberg)
Pfarrzentrum St. Radegundis
Architekt: Josef Wiedemann, München
Ausführung (Kirche): 1978–1980
Weihe: 13.04.1980

Zellerberg (Gem. Rieden, Lkr. Ostallgäu)
Pfarrzentrum St. Josef der Arbeiter
Architekten: Irmingard Kergl und Rainer Franz, München
Ausführung (Kirche): 1966–1968
Weihe: 03.11.1968
Teilneubau: Irmingard Kergl, nach Brand von 1983
Weihe: 30.05.1987

BAUEN IM BESTAND

Au (Stadt Illertissen)
Neubau Pfarrzentrum Mariä Himmelfahrt
(neben alter Kirche)
Architekten: Robert Gerum und Karl Rubner, Augsburg
Ausführung: 1969–1971
Weihe: 13.06.1971

Augsburg
Errichtung einer Krypta in St. Ulrich und Afra
Architekt: Josef Wiedemann, München
Ausführung: 1961

Augsburg – Firnhaberau
Erweiterung Kirchenschiff Pfarrkirche St. Franziskus
Architekt: Adolf Kreutzer, Augsburg
Ausführung: 1991–1993

Augsburg – Hammerschmiede
Neubau Pfarrkirche Christkönig
(unter Verwendung des alten Turms und Chors)
Architekt: Karl Sendlinger, Westheim
Ausführung: 1963–1964
Weihe: 13.12.1964

Augsburg – Oberhausen
Erweiterung Seitenschiffe, Ausbau Turm,
Chorraum Pfarrkirche St. Martin
Architekt: Fritz Kempf, Augsburg
Ausführung: 1962–1964
Weihe: 14.06.1964

Betlinshausen (Stadt Illertissen)
Neubau Sonntagskirche
St. Johannes Baptist (neben alter Filialkirche)
Architekt: Hans Engel, Augsburg
Ausführung: 1980–1982
Weihe: 20.06.1982

Börwang (Gem. Haldenwang, Lkr. Oberallgäu)
Verlängerung Kirchenschiff Filialkirche
Mater Salvatoris
Architekt: Wilhelm Huber, Betzigau
Ausführung: 2000–2002
Weihe: 05.08.2002

Bonstetten
Neubau Kirchenschiff Pfarrkirche St. Stephan
Architekt: Hans Engel, Augsburg
Ausführung: 1980–1982
Weihe: 17.10.1982

Bühl (Gem. Bibertal)
Erweiterung Kirchenschiff und Anbau Pfarrhof,
Pfarrkirche St. Margaretha
Architekt: Franz Hartberger, Neu-Ulm
Ausführung: 1964–1965
Weihe: 04.09.1965

Dießen a. Ammersee
Einbau Winterkirche und Pfarrzentrum St. Stephan
in ehem. Klosterökonomie
Architekt: Josef Wiedemann, München
Ausführung: 1979–1981
Weihe: 21.06.1981

Dinkelscherben
Neubau Pfarrzentrum St. Simpert (neben alter Kirche)
Architekten: Reinhard Brockel und
Erich Müller, Augsburg
Ausführung: 1978–1979
Weihe: 16.12.1979

Ebenhausen (Gem. Baar-Ebenhausen)
Neubau Kirchenschiff Pfarrkirche St. Martin
Architekt: Hansjakob Lill, München
Ausführung: 1963–1964
Weihe: 06.12.1964

Ecknach (Stadt Aichach)
Neubau Kirchenschiff Pfarrkirche St. Peter und Paul
Architekt: Adolf Zach, Augsburg (DBA)
Ausführung: 1971–1972
Weihe: 24.09.1972

Ellgau
Neubau Sonntagskirche St. Ulrich (neben
alter Filialkirche)
Architekten: Hugo Fischer und Harald Lachenmayer,
Augsburg
Ausführung: 1993–1994
Weihe: 13.11.1994

Fischach
Verlängerung Kirchenschiff Pfarrkirche St. Michael
Architekten: Mumm und Nigg, Augsburg
Ausführung: 1964–1965

Fischen (Lkr. Oberallgäu)
Verlängerung Kirchenschiff Pfarrkirche St. Verena
Architekt: Gerhard Sauter, Fischen
Ausführung: 1975–1976
Weihe: 04.01.1976

Frieding (Gem. Andechs)
Erweiterung Kirchenschiff Pfarrkirche St. Pankratius
Architekt: Adolf Zach, Augsburg (DBA)
Ausführung: 1975
Weihe: 21.12.1975

Günzburg
Kirchenschiffneubau und Turmerhöhung
Pfarrkirche St. Martin
Architekt: Willy Hornung, Ottobeuren
Ausführung: 1962–1965
Weihe: 07.11.1965

Haldenwang (Lkr. Günzburg)
Neubau Kirchenschiff Pfarrkirche Maria Immaculata
Architekt: Karl Sendlinger, Westheim
Ausführung: 1977–1982
Weihe: 02.05.1982

Handzell (Markt Pöttmes)
Erweiterung Kirchenschiff Pfarrkirche
St. Maria Magdalena
Architekt: DBA
Ausführung: 1983–1987
Weihe: 27.09.1987

Haunswies (Gem. Affing)
Verlängerung Kirchenschiff Pfarrkirche St. Jakobus
Architekt: Ulrich Reitmayer, Aystetten
Ausführung: 1984–1986
Weihe: 05.10.1986

Heising (Gem. Lauben)
Verlängerung Langhaus Kapelle St. Wendelin
Architektin: Hildegard Schausbreitner-Bartelt, Kempten
Ausführung: 1961–1962
Benediktion: 22.09.1963

Herrsching
Neubau Sonntagskirche St. Nikolaus
(neben alter Pfarrkirche)
Architekt: Leonhard Riemerschmid, Landsberg a. Lech
Ausführung: 1988–1990
Weihe: 17.06.1990

Hilgertshausen (Gem. Hilgertshausen-Tandern)
Verlängerung Kirchenschiff Pfarrkirche St. Stephanus
Architekt: Alfred Back, Augsburg
Ausführung: 1963–1964
Weihe: 09.05.1964

Hohenried (Gem. Petersdorf)
Neubau Kirchenschiff Filialkirche St. Georg und Gregor
Architekt: Karl Habermann, München
Ausführung: 1961–1964
Weihe: 08.09.1964

Holzhausen (Gem. Igling)
Neubau Kirchenschiff Pfarrkirche St. Johannes Baptist
(nach Teileinsturz des Barockbaus)
Architekten: Wilhelm und Norbert Gärtner, München
Ausführung: 1971–1972
Weihe: 15.10.1972

Holzheim (Lkr. Neu-Ulm)
Erweiterung Kirchenschiff Pfarrkirche St. Peter und Paul
Architekten: Reinhard Brockel und
Erich Müller, Augsburg
Ausführung: 1980–1982
Weihe: 19.09.1982

Ichenhausen
Neubau Pfarrkirche St. Johannes Baptist (unter Verwendung von historischen Umfassungsmauern)
Architekt: Hannes Rappel, Augsburg
Ausführung: 1963–1967
Weihe: 02.07.1967

Jettingen-Scheppach
Erweiterung Kirchenschiff Pfarrkirche St. Martin
Architekt: Alexander Freiherr von Branca, München
Ausführung: 1966–1967
Weihe: 17.12.1967

Kaufbeuren – Neugablonz
Anbau Werktagskapelle an Pfarrkirche
Zum Heiligsten Herzen Jesu
Architekt: Hans Schrammel, Augsburg
Ausführung: 1992
Weihe: 29.11.1992

Klingsmoos (Gem. Königsmoos)
1. Phase Neubau Kirchturm und Vorzeichenanbau
Filialkirche St. Joseph
Architekt: DBA
Ausführung: 1961–1962
2. Phase Kirchenschiffneubau
Architekten: Robert Gerum und Karl Rubner, Augsburg
Ausführung: 1978–1980
Weihe: 11.05.1980

Langenbruck (Markt Reichertshofen)
Anbau Sonntagskirche St. Katharina (an alte Pfarrkirche)
Architekt: Hans Schedl, München
Ausführung: 1987–1989
Weihe: 02.04.1989

Lützelburg (Gem. Gablingen)
Verlängerung Kirchenschiff Pfarrkirche St. Georg
Architekt: Hans Schrammel, Augsburg
Ausführung: 1991
Weihe: 15.12.1991

Memmingen
Erweiterung Pfarrkirche St. Johannes Baptist
Architekt: Willy Hornung, Ottobeuren
Ausführung: 1960–1964
Weihe: 24.10.1964

Mitterfischen (Gem. Pähl)
Teilneubau Kirchenschiff Filialkirche St. Pankratius
Architekt: Adolf Zach, Augsburg
Ausführung: 1993–1994
Weihe: 19.05.1994

Mühlhausen (Gem. Affing)
Vergrößerung Langhaus Pfarrkirche St. Johannes Baptist
Architekt: DBA
Ausführung: 1987–1988
Weihe: 18.06.1989

Münster (Lkr. Donau-Ries)
Anbau Sonntagskirche und Pfarrzentrum
St. Peter und Paul (an alte Pfarrkirche)
Architekt: Franz Xaver Gärtner, München
Ausführung: 1979–1980
Weihe: 19.10.1980

Munzingen (Markt Wallerstein)
Neubau Kirchenschiff Pfarrkirche St. Michael
(unter Verwendung des alten Turms)
Architekt: Hans Gebauer, Ottmaring
Ausführung: 1983–1984
Weihe: 28.09.1986

Neuburg a. d. Kammel
Erweiterung Kirchenschiff Pfarrkirche Mariä Himmelfahrt
Architekt: Hermann Öttl, Gersthofen
Ausführung: 1971–1975
Weihe: Oktober 1975

Neu-Ulm-Offenhausen (Stadt Neu-Ulm)
Neubau Kirchenschiff Pfarrkirche St. Albert
Architekten: Robert Gerum und Karl Rubner, Augsburg
Ausführung: 1982–1984
Weihe: November 1984

Nordheim (Stadt Donauwörth)
Verlängerung Kirchenschiff und Modernisierung
Filialkirche Maria Immaculata
Architekt: Robert Gerum, Augsburg
Ausführung: 1964–1965
Benediktion: 18.12.1965

Oberbernbach (Stadt Aichach)
Einbau Pfarrkirche Geburt Christi in ehem. Pfarrstadel
Architekten: Robert Gerum und Karl Rubner, Augsburg
Ausführung: 1980–1982
Weihe: 12.12.1982

Oberottmarshausen
Verlängerung Kirchenschiff Pfarrkirche St. Vitus
Architekt: DBA
Ausführung: 1989–1992

Oberstimm (Markt Manching)
Neubau Pfarrkirche St. Bartholomäus und Pfarrhof
(unter Verwendung des alten Turms)
Architekt: Hannes Rappel, Augsburg
Ausführung: 1963–1965
Weihe: 05.09.1965

Ottmaring (Stadt Friedberg)
Erweiterung Kirchenschiff Pfarrkirche
St. Michael und Anbau Pfarrzentrum
Architekt: Hans Gebauer, Ottmaring
Ausführung: 1982–1984
Weihe: 02.06.1984

Reinhartshofen (Gem. Großaitingen)
Neubau Sonntagskirche (neben Filialkirche St. Jakob)
Architekten: Ulrich Reitmayer, Aystetten, Entwurf Alfred Hofmann (DBA)
Ausführung: 1979–1981
Weihe: 18.10.1981?

Schnuttenbach (Markt Offingen)
Neubau Sonntagskirche St. Ursula (an alte Filialkirche)
Architekten: Kunz und Stoffels, Steppach
Ausführung: 1977–1978
Weihe: 12.03.1978

Sehensand (Stadt Neuburg a. d. Donau)
Anbau Sonntagskirche St. Stephanus (an alte Filialkirche)
Architekt: Ludwig Spaenle, München-Solln
Ausführung: 1983–1985
Weihe: 14.07.1985

Seiboldsdorf
Erweiterung Kirchenschiff Pfarrkirche St. Peter und Paul
Architekt: Karl Sendlinger, Westheim
Ausführung: 1977–1978
Weihe: 30.07.1978

Straß (Gem. Burgheim)
Verlängerung und Umbau Chorbogen
Pfarrkirche Mariä Himmelfahrt
Architekt: Hans Döllgast, München (Mitwirkung)
Ausführung: 1967–1968

Streitheim (Markt Zusmarshausen)
Erweiterung Kirchenschiff Filialkirche St. Vitus
Architekten: Reinhard Brockel und
Erich Müller, Augsburg
Ausführung: 1976–1977
Weihe: 02.10.1977

Tandern (Gem. Hilgertshausen-Tandern)
Kirchenschiffneubau Pfarrkirche St. Peter und Paul
Architekten: Adolf Kreutzer und
Gerhard Knopp, Augsburg
Ausführung: 1970–1974
Weihe: 16.06.1974

Thalfingen (Gem. Elchingen)
Neubau Pfarrzentrum St. Laurentius (neben alter Kirche)
Architekten: Hugo Fischer und Hans-Dieter Sailer, Augsburg
Ausführung: 1983–1984
Weihe: 18.11.1984

Tödting (Stadt Rain a. Lech)
Teilerneuerung Wallfahrtskirche St. Anna
Ausführung: um 1965

Untermühlhausen (Gem. Penzing)
Kreuzförmige Erweiterung Kirchenschiff Pfarrkirche St. Benedikt
Architekt: DBA
Ausführung: 1962–1965

Utting
Erweiterung Kirchenschiff Pfarrkirche Mariä Heimsuchung
Architekt: Leonhard Riemerschmid, Landsberg a. Lech
Ausführung: 1986–1988
Weihe: 25.09.1988

Walchshofen (Stadt Aichach)
Neubau Filialkirche St. Martin (unter Verwendung des alten Turms)
Architekt: Alfred Hofmann (DBA)
Ausführung: 1965–1966
Weihe: 12.12.1966

Weidorf (Gem. Ehekirchen)
Neubau Filialkirche St. Stephan und Lorenz (unter Verwendung des alten Turms)
Architekt: Karl Sendlinger, Westheim
Ausführung: 1969–1971
Weihe: 01.08.1971

Weilheim
Anbau Sonntagskirche St. Hippolyt (an alte Pfarrkirche)
Architekt: Hans Strobel, Söcking
Ausführung: 1967–1968
Weihe: 29.09.1968

Weißensberg
Erweiterung Kirchenschiff St. Markus und Anbau Pfarrzentrum
Architekt: Adolf Zach, Augsburg (DBA)
Ausführung: 1978–1979
Weihe: 28.10.1979

Wertach
Verlängerung Kirchenschiff Pfarrkirche St. Ulrich
Architekt: Hermann Ruess, Sulzberg
Ausführung: 1978–1979

Wielenbach
Erweiterung Kirchenschiff Pfarrkirche St. Peter und Paul
Architekten: Theo Wieland und Fritz Wegmann, Weilheim
Ausführung: 1970–1972
Weihe: 08.10.1972

Winterrieden
Erweiterung Kirchenschiff Pfarrkirche St. Martin
Architekten: Franz Xaver Gärtner und Peter Jenkel, Pölling
Ausführung: 1987–1988
Weihe: 26.02.1989

Wollmetshofen (Markt Fischach)
Erweiterung Kirchenschiff und Neubau Chor Filialkirche St. Jakobus d. Ä.
Architekten: Mumm und Nigg, Fischach
Ausführung: 1976–1977
Weihe: 11.09.1977

Zusamzell (Gem. Altenmünster)
Neubau Kirchenschiff Pfarrkirche St. Nikolaus
Architekt: Fidelis Brendle, Augsburg
Ausführung: 1975–1976
Weihe: 08.02.1976

Architekten- und Künstlerbiografien

Die Kurzbiografien wurden auf der Grundlage von Onlinerecherchen, der Viten in Würmseher 2007 und von zahlreichen persönlichen Gesprächen und Korrespondenz mit den Architekten, Künstlern, deren Nachkommen oder Kollegen von Barbara Lukats zusammengestellt. Die Auswahl der Biografien erfolgte nach der Nennung der Architekten/Künstler im Hauptkatalog.

ARCHITEKTEN

Belz Walter

*31.01.1927 Stuttgart
†06.03.2009 Stuttgart

- 1952–1955 Studium an der TH Stuttgart
- 1955–1964 freier Mitarbeiter im Büro Gutbier und Kammerer in Stuttgart
- 1964–2003 eigenes Architekturbüro Kammerer und Belz in Stuttgart
- 1972–1992 Ordentlicher Professor am Lehrstuhl für Entwerfen und Hochbaukonstruktion an der TH Darmstadt
- Mitglied des BDA

Böhm Gottfried

*23.01.1920 Offenbach a. M.

- 1942–1945 Architekturstudium an der TU München und Studium der Bildhauerei an der Akademie der Bildenden Künste München
- 1947–1955 Zusammenarbeit mit Dominikus Böhm (Vater)
- 1950 Mitarbeit in der Wiederaufbaugesellschaft der Stadt Köln unter Rudolf Schwarz
- 1950–1951 Bürogemeinschaft mit Paul Pott in Köln
- 1951 Mitarbeit in New Yorker Architekturbüros
- 1955–2001 Weiterführung des Architekturbüros Böhm in Köln
- 1963–1985 Professor für Stadtbereichsplanung und Werklehre an der Rheinisch-Westfälischen TH in Aachen
- 1983–1986 Lehrbeauftragter am Massachusetts Institute of Technology, Cambridge, Massachusetts
- 1983–1985 Lehrbeauftragter der University of Pennsylvania, Philadelphia, Pennsylvania
- 1983–1988 Lehrbeauftragter an der Washington University, St. Louis, Missouri
- Lehrbeauftragter in St. Louis und an der International Academy of Architecture in Sofia
- Mitglied der Deutschen Akademie für Städtebau und Landesplanung
- Mitglied des BDA

Branca Alexander Freiherr von

*11.01.1919 München
†21.03.2011 Miesbach

- 1946–1948 Studium an der TH München
- 1948–1950 Studium an der ETH Zürich
- 1951–2006 eigenes Architekturbüro in München
- 1972–1988 Kreisheimatpfleger der Stadt München
- ab 1970 Mitglied der Bayerischen Akademie der Schönen Künste
- Mitglied des Rheinisch-Westfälischen Malteser Devotions-Ritter e. V.
- Mitglied der Accademia dei Virtuosi al Pantheon in Rom
- Mitglied des Order of the Royal Knights of Malta
- Mitglied des BDA

Brockel Reinhard

*12.11.1924 Augsburg
†27.07.2012 Augsburg

- 1946–1950 Studium an der TH München
- 1948–1950 wissenschaftlicher Mitarbeiter am Lehrstuhl für Baukonstruktion der TH München
- 1950–1951 Assistententätigkeit an der TH München
- 1950–1951 Mitarbeit im Architekturbüro Strohmayr in Stadtbergen
- 1956–1999 Mitinhaber des Architekturbüros Brockel und Müller in Augsburg
- 1967 stellvertretender Vorsitzender im Baukunstbeirat Augsburg
- 1998 freiberufliche Tätigkeit im Architekturbüro Meier + Meyer, Augsburg
- Mitglied des BDA

Dahinden Justus

*18.05.1925 Zürich

- 1945–1949 Studium an der ETH Zürich
- ab 1955 eigenes Architekturbüro in Zürich
- 1956 Doktor sc. techn., Promotion an der ETH Zürich
- 1974–1996 ordentlicher Professor und Vorstand des Instituts für Raumgestaltung an der TU Wien
- 1988 Professor an der International Academy of Architecture in Sofia
- Mitglied der Groupe International d'Architecture Prospective (GIAP) Paris
- Mitglied der Société Internationale d'Artistes Chrétiens (SIAC)
- Mitglied des Colegio De Arquitectos Del Estado De Jalisco AC, Mexiko

Engel Hans

*31.03.1936 Ingoldingen

- 1950–1953 Zimmererlehre in Unteressendorf
- 1955–1958 Studium des Bauingenieurwesens an der Rudolf Diesel Bau-und Ingenieurschule der Stadt Augsburg
- 1958–1959 Mitarbeit im Architekturbüro Wurm in Ravensburg
- 1959–1962 Mitarbeit im Architekturbüro Salver in Stuttgart
- 1963 Mitarbeit im Architekturbüro John Poulson in Pontefract in England
- 1964–2001 eigenes Architekturbüro in Augsburg
- 1990–1996 Lehrbeauftragter für Entwerfen im Fachbereich Architektur an der FH Augsburg
- 1994–1998 Vorsitzender des BDA-Kreisverbands Augsburg-Schwaben
- 1970–1982 Mitglied des Baukunstbeirats der Stadt Augsburg
- Mitglied der Künstlervereinigung Die Ecke, Augsburg
- Mitglied der Bayerischen Architektenkammer
- Mitglied des BDA

Fischer Erhard

*31.08.1930 Bezdružice (dt. Weseritz), Tschechische Republik
†07.02.2016 München

- 1946–1949 Maurerlehre
- 1951 Praktikum im Architekturbüro Elfinger in Ingolstadt
- Mitarbeit im Architekturbüro Römisch/von Branca in München
- Studium am Polytechnikum in München
- ab 1960 eigenes Architekturbüro in München, von 1996 bis 2002 gemeinsam mit Sohn Florian Fischer (Fischer Architekten)
- Mitglied der Bayerischen Architektenkammer
- Mitglied des BDA

Fischer Hugo

*15.02.1942 Augsburg

- Studium am Rudolf-Diesel-Polytechnikum der Stadt Augsburg und an der FH Augsburg
- 1972 Mitarbeit im Architekturbüro Max Speidel in Augsburg
- seit 1980 freier Architekt
- freier Mitarbeiter im Architekturbüro Zwerch+Girsberger in Kempten
- freier Mitarbeiter im Architekturbüro Girsberger+Bitterli in Zürich
- freier Mitarbeiter im Architekturbüro Schulz+Girsberger in Augsburg
- Mitglied der Bayerischen Architektenkammer
- Mitglied des BDA

Gerum Robert

*03.03.1929 Augsburg

- 1948–1950 Bauschule Augsburg
- 1950 Mitarbeit im Architekturbüro Fritz Kempf
- um 1956/1957 Mitarbeit im Architekturbüro Wilhelm Wichtendahl
- 1957/1958 freier Mitarbeiter im Architekturbüro von Branca in München
- 1959–1961 Architektengemeinschaft mit Adolf Kreutzer in Augsburg
- ab 1961 eigenes Architekturbüro mit Karl Rubner in Augsburg
- Mitglied des BDA

Gradl Peter M.

*25.10.1938 München

- 1957–1962 Studium an der TH München
- 1963 Architekturbüro mit Heinz A. Musil, München
- ab 1966 eigenes Architekturbüro in Schondorf a. Ammersee
- Mitglied des BAB
- Mitglied der Bayerischen Architektenkammer

Haindl Friedrich

*27.11.1910 München
†24.11.2002

- Studium an der TH München
- Mitarbeit im Architekturbüro des gleichnamigen Vaters
- Referendariat in München
- ab 1935 freier Architekt in München
- 1938 Ernennung zum Regierungsbaumeister
- 1948–1956 Dozent für Entwurf am Polytechnikum München

Heiler Dieter

*10.02.1940 Kempten

- 1959–1960 Praktikum in Stuttgart (Garten- und Landschaftsbau) und in Kempten (Maurer und Stahlbetonbauer)
- 1960–1966 Studium an der TH München
- 1966–1968 Anstellung in der Bayerischen Staatsbauverwaltung
- 1968–1972 Anstellung als Leiter der Planungsabteilung in der Fa. Sozialbau in Kempten
- 1971–2014 selbständiger freier Architekt BDA, Regierungsbaumeister in Kempten
- Mitglied im Gutachterausschuss zur Grundstücksbegutachtung Stadt Kempten
- Mitglied der Bayerischen Architektenkammer
- Mitglied des BDA

Holzmeister Clemens

*27.03.1886 in Fulpmes i. Tirol
†12.06.1983 in Hallein

- Studium der Architektur an der TH Wien
- 1919–1924 Lehrer an der Staatsgewerbeschule mit eigenem Büro in Innsbruck
- 1924–1938 Professor an der Akademie der bildenden Künste mit eigenem Büro in Wien
- 1928–1932 Professor für Architektur an der Kunstakademie in Düsseldorf
- 1931–1933 und 1935–1937 Rektor an der Akademie der bildenden Künste in Wien
- 1940–1949 Professor an der TH in Istanbul
- 1954–1957 Professor und 1955–1957 Rektor an der Akademie der bildenden Künste in Wien
- 1958–1961 Leiter des Instituts für sakrale Kunst an der Akademie der bildenden Künste in Wien
- Mitglied der Wiener Bauhütte
- Mitglied des Österreichischen Ingenieur- und Architektenvereins
- Mitglied der Zentralvereinigung der Architekten Österreichs
- Mitglied der Genossenschaft der bildenden Künstler Wiens
- Mitglied des Österreichischen Werkbundes

Hornung Willy

*27.04.1908 Regensburg
†31.08.1980 Ottobeuren

- 1928–1933 Studium an der TH München
- 1933–1935 Baureferendar bei der Reichsbahndirektion München
- 1935–1945 Regierungsbaumeister/Regierungsbaurat/Oberbaurat bei der Luftwaffenbauverwaltung
- ab 1948 freischaffender Architekt in Ottobeuren

Kammerer Hans

*1922 Frankfurt a. M.
†17.02.2000 Stuttgart

- 1946–1950 Studium an der TH Stuttgart
- 1951–1952 Assistent an der TH Stuttgart bei Rolf Gutbier
- ab 1952 freier Architekt in Stuttgart
- 1955–1964 Architekturbüro mit Rolf Gutbier in Stuttgart
- 1964–1992 eigenes Architekturbüro Kammerer und Belz in Stuttgart
- 1952/1953 Gastdozent an der Kingston School of Art in England
- 1953–1965 Lehrbeauftragter an der TH Stuttgart
- 1965–1975 Ordentlicher Professor am Lehrstuhl für Baukonstruktionslehre und Hochbaukunde an der TH Stuttgart
- 1975–1987 Leiter des Instituts für Innenraumgestaltung und Entwerfen, Fachbereich Bauplanung, an der Universität Stuttgart
- 1978 Gastprofessor an der University of California, Berkeley
- 1982/1988/1990 Gastprofessor an der Arizona State University in Tempe

Knopp Gerhard

*17.06.1930 Opava (dt. Troppau), Tschechische Republik
†15.03.2010 München

- 1950–1956 Studium an der TH München
- 1957 Mitarbeit bei Prof. Dr. Ing. Walter Henn an der TH Braunschweig
- 1958 freier Mitarbeiter bei Prof. Wiedemann an der TH München
- 1959–1962 wissenschaftlicher Assistent am Lehrstuhl für Städtebau und Landesplanung an der TH München
- 1959–1964 Mitarbeit bei Prof. Werner für die städtebauliche Entwicklung der Stadt Schweinfurt
- 1961 eigenes Büro als Architekt und Stadtplaner
- ab 1962 freier Architekt
- 1971 Berufung an die Deutsche Akademie für Städtebau und Landesplanung
- 1996 Lehrbeauftragter an der Universität Augsburg
- Mitglied der Vereinigung für Stadt-, Regional- und Landesplanung (SRL)
- Mitglied des Deutschen Werkbundes
- Mitglied der Bayerischen Architektenkammer
- Mitglied des BDA

Kreutzer Adolf

*11.06.1921 Zwiesel
†23.02.2009 Augsburg

- 1947–1950 Bau- und Ingenieurschule Augsburg
- 1950–1955 Mitarbeit bei Anton Wenzel in Augsburg
- 1955–1996 freier Architekt in Augsburg
- 1959–1961 Bürogemeinschaft mit Robert Gerum in Augsburg
- Mitglied des BDA

Lehner Othmar

1923–2009

- Architekt in München

Lorenz Margot

*21.04.1925 Stuttgart

- 1946–1951 Studium an der TH Stuttgart
- 1951 Professur an der TH Stuttgart
- 1952–1954 Mitarbeit im Architekturbüro Geiger in Stuttgart
- ab 1954 eigenes Architekturbüro M.+M. Lorenz in Ottobeuren
- Mitglied des BDB
- Mitglied des BDA

Lorenz Max Josef

*01.04.1916 München
†13.03.2008 Ottobeuren

- 1935 Studium an der TH München
- 1946 Tätigkeit als Maurer
- 1946–1951 Studium an der TH Stuttgart
- 1951 Mitarbeit im Architekturbüro Geiger in Stuttgart
- ab 1952 freischaffender Architekt
- ab 1954 eigenes Architekturbüro M.+M. Lorenz in Ottobeuren
- Mitglied des BDB
- Mitglied des BDA

Müller Erich R.

*19.04.1925 Augsburg
†23.08.2011 Augsburg

- 1948–1952 Studium an der TH München
- 1952–1956 Mitarbeit im Architekturbüro Strohmayr in Stadtbergen
- 1956–1999 Mitinhaber des Architekturbüros Brockel und Müller in Augsburg
- Mitglied des BDA

Niederbacher Erich

*04.04.1932 Erbach

- 1953–1959 Studium an der Universität Stuttgart
- bis 1966 Bürogemeinschaft mit Manfred Wacker in Ulm
- 1966–1997 Bürogemeinschaft mit Oskar Hilfinger in Ulm
- Mitglied der Architektenkammer Baden-Württemberg

Östreicher Siegfried

*15.05.1919 München
†02.12.2003 Pullach

- 1937–1939 Studium an der TH München
- Büropraxis in der Hochbau-Abteilung der Rhein-Main-Donau A. G.
- 1945–1948 freischaffender Architekt in Schnaitsee/Obb. und München
- ab 1948 freischaffender Architekt in München
- Mitglied des BDA

Öttl Hermann

*31.03.1928 München
†04.07.1999 Saarbrücken

- 1948–1949 Maurerlehre
- 1949–1953 Studium an der TH München
- 1953 Mitarbeit im Architekturbüro Fuchshuber, Augsburg
- 1954–1965 Mitarbeit im Architekturbüro Thomas Wechs in Augsburg
- 1965–1999 freier Architekt in Gersthofen
- Mitglied der Vereinigung freischaffender Architekten (VFA), Landesvorstand Bayern
- Mitglied der Bayerischen Architektenkammer
- Mitglied des BDA

Riemerschmid Leonhard

*1928 Landsberg a. Lech
†2010 Landsberg a. Lech

- 1948–1951 Studium am Oskar-von-Miller-Polytechnikum München
- 1952–1955 Studium an den TH in Stuttgart und München
- 1955–1960 Mitarbeit im Architekturbüro Werner Eichberg in München
- 1960–1966 Assistent am Lehrstuhl für Hochbaukonstruktion an der TH München bei Werner Eichberg
- 1966–1969 Oberingenieur an der TH München bei Werner Eichberg
- 1969–1999 freischaffender Architekt in Landsberg a. Lech
- 1970–1977 Zusammenarbeit mit Ernst Haeffner

- 1970–1990 Professur am Lehrstuhl für Entwerfen und Baukonstruktion an der FH München
- 1993–1995 Universitätsprofessor, Ordinarius des Lehrstuhls für Entwerfen, Baukonstruktion und Baustoffkunde an der TU München

Ruf Josef

*08.12.1909 Bayersried
†16.10.1991 Mindelheim

- Lehre im Baugeschäft des Vaters
- Studium an der TH München
- Abteilungsleiter am Heeresbauamt in München
- 1935–1985 selbständiger Architekt in Mindelheim

Schädel Hans

*14.02.1910 Randersacker
†31.12.1996 Randersacker

- 1924–1927 Steinmetzlehre
- 1931 Meisterprüfung im Steinmetzhandwerk
- 1928–1933 Studium an der Höheren Technischen Lehranstalt Nürnberg
- 1934–1938 Anstellung im Städtischen Hochbauamt Würzburg
- 1939–1945 Stadtbaumeister in Würzburg
- 1946–1974 Diözesanbaumeister in Würzburg

Schmid Oswald

*24.10.1943 Augsburg
†16.05.2015 Augsburg

- 1984–1986 Bürogemeinschaft mit Architekt Ulrich Zahn in Augsburg
- eigenes Architekturbüro in Augsburg

Schmidtler Hubert

*22.09.1927 Augsburg

- 1947–1952 Studium an der TH München
- Anstellungen und freie Mitarbeit bei Martin Elsässer in München; Hans Döllgast in München; Siegfried Östreicher in München; Richard Schweizer in Augsburg; Julius Schweighart in Augsburg; Hochbauamt der Stadt Augsburg; Landbauamt der Stadt Augsburg
- 1972–1993 eigenes Büro Schmidtler und Strohmayr in Stadtbergen
- seit 1994 eigenes Büro Schmidtler Architekten in Stadtbergen und Karlsruhe
- Mitglied des BDA

Schneider Werner

*30.09.1922 Danzig
†27.04.2016 Augsburg

- 1946–1950 Studium an der TH München
- 1949–1950 Mitarbeit bei Karl Fendt und der MAN
- 1951–1953 Bürochef bei Thomas Wechs sen. in Augsburg
- ab 1953 freier Architekt in Augsburg
- 1970–1972 Lehrbeauftragter an der FH Augsburg
- 1972–1987 Professor an der FH Augsburg
- bis 1988 Lehrbeauftragter an der FH Augsburg
- Mitglied des BDA

Schwendtner Alfred

*26.02.1939 Unternbibert
†15.03.2011 Augsburg

- Maurerlehre
- Besuch der Berufsoberschule in Nürnberg
- Studium am Rudolf-Diesel-Polytechnikum in Augsburg
- Mitarbeit im Architekturbüro Kurt Brendle in Augsburg
- Mitarbeit im Architekturbüro Freilinger-Gruber in Augsburg
- 1967–2011 freischaffender Architekt in Augsburg
- 1975–2011 Mitglied des BAI
- 1986–2006 Mitglied des Baukunstbeirats der Stadt Augsburg
- Mitglied des BDB
- Mitglied der Bayerischen Architektenkammer
- Mitglied des BDA

Seidel Siegfried

- Architekt in Köln

Seltmann Hermann

*06.02.1938 Immenstadt
†02.03.2013 Bühl b. Immenstadt

- 1964–1966 Studium am Polytechnikum München (Elektrotechnik und Architektur)
- Anstellung im Patentamt München
- Anstellung im Architekturbüro Hans-Busso von Busse in München
- freier Architekt in Immenstadt
- Mitglied der Bayerischen Architektenkammer
- Mitglied des BDA

Sendlinger Karl

*10.11.1922 Augsburg
†04.02.1998 Westheim

- 1946–1950 Studium an der TH München
- 1950–1997 freier Architekt in Westheim

Spieß Hans

*19.10.1929 Kempten
†08.10.2000 Kempten

- Studium an der TH München
- 1954–1960 Anstellung bei Dipl.-Ing. Otto Mauler in Kempten
- Übernahme des Büros Otto Mauler in Kempten
- freier Architekt in Kempten
- Mitglied des BDA

Strobel Hans

- Söcking
- bis 1963 Leiter des Landbauamts Weilheim

Strunz Friedrich

*15.08.1927 Bamberg

- 1947–1948 Studium an der TH Karlsruhe
- 1948–1951 Studium an der TH München
- 1951 Anstellung im Bauunternehmen und Architekturbüro S. Schneider in Bad Tölz
- 1951–1953 Anstellung im Architekturbüro Alois Strohmayr in Stadtbergen
- 1953–1955 freier Mitarbeiter bei Josef Wiedemann in München
- 1955–1998 freischaffender Architekt in Wackersberg bei Bad Tölz
- 1974–1989 Professor an der FH Rosenheim, Fachbereich Innenarchitektur

Wacker Manfred

*26.09.1932 Ulm
†04.06.2012 Ulm

- Studium an der HFT Stuttgart
- Mitarbeit im Architekturbüro Strohecker in Ulm
- 1958–1998 selbständiger Architekt in Ulm
- bis 1966 Büropartnerschaft mit Erich Niederbacher
- ab 1999 Büropartnerschaft mit Rotraut Kilger
- Mitglied der Architektenkammer Baden-Württemberg

Wechs Thomas sen.

*06.03.1893 Bad Oberdorf
†21.07.1970 Augsburg

- 1907–1913 Zimmermannslehre im väterlichen Betrieb und Besuch der Augsburger Bauschule
- 1913–1914 und 1918–1921 Studium an der TH München
- 1921/22 Angestellter bei der Oberpostdirektion Augsburg
- ab 1922 freischaffender Architekt in Augsburg

Wegmann Fritz

*12.10.1937 Lindau

- abgeschlossene Schreinerlehre
- FH Detmold
- Architekturstudium
- Mitarbeit im Architekturbüro Siegfried Östreicher in München
- Mitarbeit im Architekturbüro Theo Wieland in Weilheim
- seit 1976 eigenes Architekturbüro in Herrsching
- Mitglied der Bayerischen Architektenkammer

Wiedemann Josef

*15.10.1910 München
†18.04.2001 München

- 1931–1935 Studium an der TH München
- 1936–1944 Bauleiter und Entwurfsbearbeiter im Architekturbüro Roderich Fick in Herrsching bzw. Linz
- 1948 eigenes Architekturbüro in München
- 1955–1976 Professor an der TH München für Entwerfen, Denkmalpflege und Sakralbau
- nach Emeritierung weiter freischaffend tätig
- 1956 Mitglied der Bayerischen Akademie der Schönen Künste in München
- Mitglied der Kommission zur Gestaltung der Stadt München
- Mitglied der Kunstkommission der Diözese Augsburg

Wieland Theo

*07.02.1929 Lauingen a. d. Donau

- 1948–1953 Studium an der TH München
- 1957–1962 Assistent an mehreren Lehrstühlen der TH München
- ab 1963 eigenes Büro in Weilheim/Obb.
- 1972–1980 Bürogemeinschaft mit Wilhelm Betsch in München
- 1969–1991 Professor an der Hochschule München
- Mitglied der Bayerischen Architektenkammer
- Mitglied des BDA

Zach Adolf

*16.09.1934 Weilheim/Obb.
†29.01.2009 Augsburg

- 1953–1959 Studium am Rudolf-Diesel-Polytechnikum Augsburg
- 1959 Anstellung im Diözesanbauamt Augsburg
- 1961–1963 freiberuflicher Architekt
- 1963–1985 Anstellung im Diözesanbauamt Augsburg, zuletzt stellvertretender Leiter
- ab 1985 eigenes Architekturbüro in Augsburg
- Mitglied des BDA

Zahn Ulrich

*06.02.1941 Bielsko (dt. Bielitz), Polen

- 1961–1968 Studium an der TH Aachen
- 1965–1968 Mitarbeit im Architekturbüro Fritz Jaenecke, Aachen
- 1968–1972 Mitarbeit im Architekturbüro Behnisch & Partner in München
- 1972–1973 freier Mitarbeiter im Architekturbüro E. Barth in München
- 1973–1974 freier Mitarbeiter im Architekturbüro Meta-Stadt-Planungsgesellschaft in München
- 1972–1975 eigenes Wettbewerbsbüro mit Udo Welter in München
- 1975 Mitarbeit im Architekturbüro Franz Mair in Salzburg
- 1976–1978 Projektpartner im Architekturbüro Adolf Kreutzer in Augsburg
- 1978–1980 Angestellter im Architekturbüro Kraemer, Sieverts und Partner in Braunschweig
- 1980–1986 Bürogemeinschaften mit Peter Lukats und Oswald Schmid in Augsburg
- 1989–1995 eigenes Architekturbüro in Augsburg
- Mitglied der Bayerischen Architektenkammer

Zwerch Peter

*26.05.1935 Kempten

- 1953–1957 Hochbaustudium am Oskar-von-Miller-Polytechnikum München
- 1958–1959 Mitarbeit bei Paul Schneider-Esleben in Düsseldorf
- 1959–1964 Architekturstudium an der Akademie für Bildende Künste München
- seit 1965 freischaffender Architekt in Kempten
- 1970–1978 Partnerschaft mit Hubert Schulz und Erwin Huttner in Augsburg
- 1982–1995 Partnerschaft mit Werner Girsberger in Kempten
- 2001–2003 Partnerschaft mit b2 architekten in Kaufbeuren
- Mitglied der Bayerischen Architektenkammer
- Mitglied des BDA

KÜNSTLER

Angerbauer Christian (Bildhauer)

*30.03.1925 Berlin
†29.06.2008 Augsburg

- 1939–1943 Ausbildung zum Bildhauer sowie Holz- und Fassmaler
- Tätigkeit für verschiedene Firmen
- freischaffender Bildhauer in Augsburg

Backmund Klaus (Bildhauer)

*22.05.1929 München

- 1949–1955 Bildhauerstudium an der Akademie der Bildenden Künste München bei Josef Henselmann
- 1955–1956 Staatsstipendium an der École des Beaux Arts in Paris
- 1957–1974 Lehrauftrag an der TU München
- freischaffender Bildhauer in München

Bastian Claus (Maler/Bildhauer)

*23.03.1909 Biebrich a. Rhein
†26.06.1995 München

- Studium der Rechtswissenschaften an der Universität in München
- 1929 Studium an der Sorbonne in Paris
- 1933 im KZ Dachau inhaftiert
- nach Kriegsende Tätigkeit als Rechtsanwalt
- ab 1950 künstlerische Tätigkeit

Berchtenbreiter Hans (Goldschmied)

*1929 Augsburg
†10.07.2011 Augsburg

- 1951 Meisterprüfung als Gold- und Silberschmied
- 1951–1952 Besuch der Werkschule in Münster
- 1952 Studium an der Akademie der Bildenden Künste München bei Franz Rickert
- 1959–1961 künstlerische Leitung einer Werkstätte in Wil, Kanton St. Gallen
- ab 1961 freischaffender Künstler in Landshut, München und Augsburg
- 2008 Aufnahme in die Stiftung für Konkrete Kunst und Design in Ingolstadt

Bergmeister Manfred (Kunstschmied)

*28.11.1927 Ebersberg

- 1946–1954 Ausbildung zum Kunstschmied
- 1947 Gründung einer Lehrwerkstatt für arbeitslose Jugendliche
- 1954 Gründung der Kunstschmiede Bergmeister
- 2001 Gründung des Museums Bergmeister für geschmiedete Grabkreuze in Ebersberg

Bernhard Georg (Maler/Glasmaler/Grafiker)
*25.04.1929 Augsburg
- 1948–1952 Studium an der Akademie der Bildenden Künste München bei Hermann Kaspar
- 1968–1970 Lehrer an der Werkkunstschule Augsburg
- 1971–1991 Professor an der FH Augsburg, Fachbereich Gestaltung

Bessel Herbert (Maler/Glasmaler/Grafiker)
*1921 Hamburg
†25.03.2013 Rasch b. Nürnberg
- 1946 Studium als Zeichner und Maler an der Landeskunstschule in Hamburg-Lerchenfeld bei Willem Grimm
- 1947–1954 Studium an der Akademie der Bildenden Künste Nürnberg, u. a. in der Meisterklasse für Wandmalerei und figürliche Komposition bei Otto Michael Schmitt
- 1953–1964 freischaffender Maler in Nürnberg, ab 1964 Rasch b. Nürnberg

Brandenburg Paul (Bildhauer)
*1930 Düsseldorf
- 1948 Ausbildung zum Steinbildhauer in Leipzig
- 1953–1958 Bildhauerstudium an der Meisterschule für das Kunsthandwerk in Berlin, ab 1955 an der Hochschule für Bildende Künste in Berlin bei Paul Dierkes
- freischaffender Bildhauer in Berlin-Frohnau

Burkart Peter (Maler)
*04.01.1940 in München
- 1959–1965 Studium an der Staatlichen Hochschule für bildende Künste in Frankfurt a. M. bei seinem Vater Albert Burkart und Johannes Schreiter
- Meisterschüler bei Johannes Schreiter

Dennhöfer Herlinde (Glasmalerin)
- München

Dollé Dominique (Restaurator/Bildhauer)
- Frankreich

Dörschug Fons (Maler)
*02.08.1926 Köln
†06.03.2016 Augsburg
- Besuch der Augsburger Kunstgewerbeschule
- freischaffender Maler in Augsburg

Dresely Andrea (Textilkünstlerin)
*23.04.1952 Ravensburg
- 1971–1976 Architekturstudium an der TH Stuttgart
- seit 1987 freischaffende Textilkünstlerin in Wiesenbach

Dumanski Johannes (Bildhauer)
*08.02.1919 Opaleniec (dt. Flammberg), Polen
†25.04.1990 Maierhof bei Taubenbach
- 1946–1953 Bildhauerstudium an der Akademie der Bildenden Künste München bei Toni Stadler und Heinrich Kirchner
- freischaffender Bildhauer in Maierhof

Faller Max (Bildhauer)
*07.07.1927 Neuburg a. d. Donau
†04.08.2012 München
- 1947–1954 Bildhauerstudium an der Akademie der Bildenden Künste München bei Josef Henselmann (Meisterschüler)
- freischaffender Bildhauer in München

Fuchs Paul (Bildhauer/Kunstschmied)
*29.11.1936 München
- 1951–1958 Schlosser in München, Zusammenarbeit mit Herbert Altmann und Karl Knappe
- 1958–1964 Bildhauerstudium an der Akademie der Bildenden Künste München bei Heinrich Kirchner
- 1965 zahlreiche Eisenarbeiten für die Architekten Alexander von Branca und Karljosef Schattner
- freischaffender Künstler in München

Geiger Stefan (Bildhauer)
*27.07.1925 Augsburg
†30.09.1998 Neusäß
- Besuch der Kunstschule in Augsburg
- Bildhauerstudium an der Akademie der Bildenden Künste München bei Heinrich Kirchner
- freischaffender Künstler in Neusäß

Gerg Blasius (Bildhauer)
*16.01.1927 Lenggries
†17.05.2007 Glonn
- Lehre als Holzschnitzer (Kurse)
- 1948–1955 Bildhauerstudium an der Akademie der Bildenden Künste München bei Anton Hiller
- ab 1955 freischaffender Bildhauer in Glonn

Geyer Wilhelm (Maler/Glasmaler)
*24.06.1900 Stuttgart
†05.10.1968 Ulm
- 1919–1926 Studium an der Kunstakademie Stuttgart bei Christian Landenberger (Meisterschüler)
- ab 1927 freischaffender Maler, Grafiker und Glasmaler in Ulm

Gier Renate (Malerin/Bildhauerin)
*1942 Koszalin (dt. Köslin), Polen
- 1962–1967 Studium der Kunsterziehung, Bildhauerei, Keramik und Metallgestaltung an den Kunsthochschulen in Düsseldorf und Hamburg
- Aufbaustudium Kunsttherapie in München
- Dozentin an der Fachakademie in München
- freischaffende Künstlerin in Grafrath

Graé Egon (Maler/Keramiker)
*21.03.1933
†25.06.2011 Dießen

Grübl Reinhold Alexander (Bildhauer)
*11.07.1928 München
†14.05.1994 Ebenhausen
- Ausbildung zum Holzbildhauer bei seinem Vater Max Grübl (Holzbildhauer und Stuckateur in München)
- 1949–1955 Bildhauerstudium an der Akademie der Bildenden Künste München bei Josef Oberberger und Josef Henselmann
- bis 1994 freischaffender Bildhauer in Ebershausen
- Mitglied der Kommission für sakrale Kunst in der Diözese Augsburg

Hämmerle Franz (Bildhauer)
*1949 Lengenfeld/Obb.
- 1976 Diplom-Theologe
- 1980 Bildhauerstudium an der Akademie der Bildenden Künste München bei Hans Ladner (Meisterschüler)
- seit 1987 Atelier in Windach

Heine Carola (Bildhauerin)
*1956 Krumbach
- Ausbildung als Holzbildhauerin
- Studium der Kunstgeschichte an der Akademie der Bildenden Künste München
- seit 1984 freischaffende Künstlerin in Südtirol und München

Henselmann Josef (Bildhauer)
*16.08.1898 Laiz
†19.01.1987 München
- 1914–1917 Holzbildhauerlehre in der Werkstätte Franz Marmon in Sigmaringen
- 1920–1923 Westenriederschule bei Karl Killer
- 1921–1928 Bildhauerstudium an der Akademie der Bildenden Künste München bei Balthasar Schmitt und Hermann Hahn
- 1933–1936 Leitung der Klasse für Bau- und Kirchenplastik an der Kunstgewerbeschule in München
- 1936–1946 Professor an der Kunstgewerbeschule in München
- 1946–1968 Professor für Bildhauerei an der Akademie der Bildenden Künste München
- freischaffender Bildhauer in München

Herpich Hanns (Textilkünstler)
*1934 Konradsreuth
- 1953 Studium an der Staatlichen Textilfach- und Ingenieurschule in Münchberg
- 1957 Assistent an der Staatlichen Textilfach- und Ingenieurschule in Münchberg
- 1964 Leiter der Studienwerkstätten für Färben, Weben, Textildruck an der Akademie der Bildenden Künste in Nürnberg
- 1990–1999 Professor an der Akademie der Bildenden Künste Nürnberg – Lehrstuhl für Textilkunst
- freischaffender Künstler in Nürnberg

Höchstötter Franz (Maler/Bildhauer)
*1962 Augsburg
- 1983–1990 Diplomstudium der Philosophie und Theologie in Augsburg und Brixen
- 1993–1998 Studium der Kunst und Kunstgeschichte in Augsburg und München
- seit 1998 freischaffender Künstler in Köngetried

Hoke Giselbert (Maler/Glasmaler)
*12.09.1927 Varnsdorf (dt. Warnsdorf), Tschechische Republik
†18.04.2015 Klagenfurt
- Studium an der Akademie der Bildenden Künste in Wien bei Robin Christian Andersen und Herbert Boeckl
- 1974 Professor für Künstlerische Gestaltung an der Fakultät für Architektur der TU Graz
- freischaffender Künstler in Grafenstein

Holzhauser Regina Sr. (Textilkünstlerin/Paramentenstickerin)
*12.02.1908
†12.08.2001
- Profess (Dominikanerinnen St. Ursula Augsburg) am 28.06.1931
- Kunstschule in München
- Studium der Kunstgeschichte bei Heinrich Lützeler in Bonn und Köln
- 1958–1975 Ausbilderin in der schwäbischen Handwerkskammer, goldener Meisterbrief

Hößle Erhard (Goldschmied)
*11.03.1929 Memmenhausen
- 1946–1949 Lehre in den Räumen der Akademie der Bildenden Künste München bei Franz Rickert
- 1949–1955 Studium der Gold- und Silberschmiede an der Akademie der Bildenden Künste München bei Franz Rickert
- 1953 Meisterprüfung als Silberschmied
- 1955–1969 freischaffender Künstler in München, überwiegend im Auftrag der Kirche und in Zusammenarbeit mit seiner Frau Therese Hößle
- 1969–1991 Professor für Gold- und Silberschmiede an der Akademie der Bildenden Künste in Nürnberg
- seit 1963 freischaffender Künstler in Ebenhausen/Obb.

Hößle Therese (Goldschmiedin)
*30.11.1929 Memmingen
- 1949–1955 Studium der Gold- und Silberschmiede an der Akademie der Bildenden Künste München bei Franz Rickert
- 1955-1969 freischaffende Künstlerin in München in Zusammenarbeit mit ihrem Mann Erhard Hößle
- seit 1963 freischaffende Künstlerin in Ebenhausen/Obb.

Jünger Hermann (Goldschmied)
*26.06.1928 Hanau
†06.02.2005 Pöring b. München
- 1947–1949 Staatliche Zeichenakademie in Hanau; Gesellenprüfung als Silberschmied
- 1949–1962 Arbeit in verschiedenen Werkstätten und Fabriken in Bremen, Heidelberg, Ziegelhausen, Geislingen an der Steige (WMF) und bei Wilhelm Wagenfeld
- 1953–1956 Studium an der Akademie der Bildenden Künste München bei Franz Rickert
- 1953–1957 Entwürfe in Porzellan für die Fa. Rosenthal
- 1956–1961 eigene Werkstatt in München
- 1972–1990 Professor an der Akademie der Bildenden Künste München

Kirchner Heinrich (Bildhauer)
*12.05.1902 Erlangen
†03.03.1984 Pavolding i. Chiemgau
- Bildhauerstudium an der Akademie der Bildenden Künste München bei Hermann Hahn
- Besuch der École nationale supérieure des beaux-arts und der Académie Julian in Paris
- 1932 Leiter der Werkstätte für Bronzeguss an der Akademie der Bildenden Künste München
- 1952–1970 Professor an der Akademie der Bildenden Künste München

Klee Maria (Goldschmiedin/Emailleurin)
*09.05.1924 Potsdam
†22.04.2016 Ottobeuren
- Studium für Archäologie, Byzantinistik und Theologie an den Universitäten Leipzig, Würzburg und München
- Ausbildung bei Gemma Wolters-Tiersch in Überlingen
- ab 1960 freischaffende Künstlerin in Ottobeuren

Kobel Otto (Maler/Bildhauer)
*07.10.1919 Aislingen
†04.12.2002 Luimoos
- 1934–1939 Lehre bei Kirchenmaler Hartmann in Buchloe
- Meisterschule für Wandmalerei und Studium an der Akademie der Bildenden Künste München bei Ludwig Gruber und Hermann Kaspar
- freischaffender Bildhauer und Maler in Luimoos und Passionsspielleiter in Waal

Koenig Fritz (Bildhauer)
*20.06.1924 Würzburg
†22.02.2017 Altdorf/Ndb.
- 1946–1952 Bildhauerstudium an der Akademie der Bildenden Künste München bei Anton Hiller
- 1951 Studium in Paris
- 1964–1992 Professor für Plastisches Gestalten an der TH München
- ab 1961 freischaffender Bildhauer in Ganslberg

Koller Friedrich (Bildhauer)
*13.01.1939 Salzburg
- 1956–1963 Bildhauerstudium an der Akademie der Bildenden Künste München bei Josef Henselmann (Meisterschüler)
- seit 1963 freischaffender Künstler in München, seit 1970 in Froschham bei Laufen

Kreuz Hans (Bildhauer)
*12.12.1924 Schlechtenberg
†30.03.2001 Herrsching
- 1946–1948 Staatliche Schnitzschule in Oberammergau bei Josef Blaschke
- 1949–1953 Bildhauerstudium an der Akademie der Bildenden Künste München bei Toni Stadler
- ab 1953 freischaffender Bildhauer in Herrsching
- mehrfache Zusammenarbeit mit Alexander von Branca

Lang Josef (Bildhauer)

*1947 Bad Tölz

- 1964–1977 kaufmännische Ausbildung und Tätigkeit
- 1977 Steinmetzlehre
- 1979–1986 Bildhauerstudium an der Akademie der Bildenden Künste München bei Erich Koch (Meisterschüler)
- seit 1986 freischaffender Bildhauer in München und Denklingen

Lipp Bruno

*27.08.1951 Bad Hindelang

- 1966–1970 Ausbildung Holzbildhauerei bei Rudolf Geisler-Moroder, Tirol
- Bildhauerstudium an der Kunstschule der Stadt Linz bei Walter Ritter
- 1973–1976 Studium der Bildhauerei an der Kunsthochschule Linz bei Erwin Reiter
- 1976–1978 Lehrtätigkeit an der Bildhauereischule Elbigenalp i. Tirol
- seit 1979 freischaffender Bildhauer in Alkoven/ Oberösterreich

Mastaller Josef „Sepp" (Bildhauer)

*30.09.1915 Augsburg
†26.11.2004 Stadtbergen

- ab 1929 Berufsausbildung zum Steinmetz und Bildhauer
- Besuch der Kunstschule Augsburg
- ab 1935 Kunststudium an der Staatsschule für angewandte Kunst in München bei Josef Henselmann
- ab 1948 freischaffender Künstler in Augsburg

Maxzin Joerg (Bildhauer/Medienkünstler)

*1965 Augsburg

- 1989–1992 Berufsausbildung zum Holzbildhauer in München
- 1992–1999 Studium an der Akademie der Bildenden Künste München
- 1994–1995 mehrere Studienaufenthalte in Los Angeles
- 1997 Meisterschüler bei Cristina Iglesias
- 1999–2008 Dozent an der Hochschule Augsburg
- 2005 Gastdozent (Erasmus) an der University of Ulster, Derry
- 2005 Dozent an der Mediadesign Akademie München
- 2006–2008 Dozent an der Fachhochschule Vorarlberg in Dornbirn
- seit 2008 Professor für 3D-Animation an der Technischen Hochschule Deggendorf
- lebt und arbeitet in Augsburg und Deggendorf

Moroder Claus (Bildhauer)

*1941 St. Ulrich

- freischaffender Bildhauer in Salzburg

Nagel Franz (Maler/Glasmaler)

*01.09.1907 Günzburg
†22.03.1976 am Tegernsee

- 1926–1929 Theologiestudium in Gurk
- 1929–1931 Architekturstudium an der TH München
- 1931–1939 Grafik- und Malerstudium an der Akademie der Bildenden Künste München
- 1947–1975 Professor für Malerei und Graphik an der Akademie der Bildenden Künste München
- 1960–1963 Präsident der Akademie der Bildenden Künste München

Peltzer Werner (Grafiker/Maler/Restaurator)

† Oktober 1985 Söcking

Pfefferer Rudolf (Bildhauer)

*24.08.1910 bei Gmund
† 1986 Schongau

- Lehre in einem Münchner Goldschmied-, Ziselier- und Erzgießerbetrieb
- 1931 Bildhauerstudium an der Akademie der Bildenden Künste München bei Bernhard Bleeker
- ab 1945 freischaffender Bildhauer in Murnau, später auf Gut Waitzacker bei Weilheim

Polac Susana (Bildhauerin/Malerin)

*1915 Wien
†1991 Zürich

- Studium an der Hochschule für Bildende Künste der Katholischen Universität in Peru
- freischaffende Bildhauerin in La Adrada/Àvila

Probst Animata Sr. (Textilkünstlerin/Paramentenstickerin/Malerin)

*17.09.1931 Fuchswinkel bei Breslau

- 1953 Eintritt in den Orden der Dillinger Franziskanerinnen
- 1956–1958 Ausbildung bei Lisel Lechner in Augsburg
- 1959–1965 Studium an der Akademie der Bildenden Künste München bei Franz Nagel
- seit 1965 Arbeit in der Werkstätte der Taubstummenanstalt des Regens-Wagner-Instituts in Dillingen a. Donau

Raffler Max (Maler)

*08.09.1902 Greifenberg
†1988 Greifenberg

- Landwirt, naiver Maler

Reidel Karl (Bildhauer)
*25.09.1927 Landshut
†14.01.2006 Obergangkofen
- 1945–1948 Lehre als Steinbildhauer in Landshut
- 1948–1954 Bildhauerstudium an der Akademie der Bildenden Künste München bei Anton Hiller
- freischaffender Bildhauer

Rist-Geiger Anita (Malerin/Glasmalerin)
*06.06.1956 Pfronten
- 1976–1980 Studium „Objekt-Design" an der FH Augsburg bei Georg Bernhard
- seit 1980 freischaffende Künstlerin im Bereich „Kunst am Bau"

Schickling Erich (Maler/Glasmaler)
*19.04.1924 Býkov-Lárysov (dt. Pickau), Tschechische Republik
†16.02.2012 Eggisried
- 1947–1952 Studium an der Akademie der Bildenden Künste München bei Josef Hillerbrand (Meisterschüler)
- freischaffender Künstler in Eggisried

Schleer Irene (Textilkünstlerin/Batik)
*03.10.1944 Ried b. Neuburg a. d. Donau.
- Ausbildung zur Apothekenhelferin
- seit 1975 freischaffende Künstlerin in Neuburg

Schmitz Benedict Br. (Grafiker/Glasmaler/Mosaizist)
*16.05.1935 Köln
†19.06.2015 Neuburg a. d. Donau
- Salesianer
- Von 1971 bis 2007 als Grafiker und künstlerischer Berater der KIM-Bewegung (Kreis junger Missionare) und als Künstler tätig

Schönfeld Willy (Bildhauer)
*15.05.1899 Stuttgart
†1980 Stuttgart
- Lehre als Steinbildhauer im väterlichen Betrieb Richard Schönfeld in Stuttgart
- 1934–1975 Geschäftsführer des Bildhauer- und Steinmetzbetriebs Schönfeld in Stuttgart mit Schwerpunkt Bildhauerarbeiten im öffentlichen Raum

Schreiter Johannes (Maler/Glasmaler)
*08.03.1930 Annaberg i. Erzgebirge
- 1949–1957 Studium der Bildenden Kunst an den Akademien in Münster, Mainz und Berlin
- 1960–1963 Leitung der Abteilung „Fläche" an der Staatlichen Kunsthochschule Bremen
- 1963–1987 Professor an der Staatlichen Hochschule für bildende Künste in Frankfurt a. Main
- 1971–1974 Rektor der Staatlichen Hochschule für bildende Künste in Frankfurt a. Main
- freischaffender Glaskünstler in Langen b. Frankfurt a. Main

Schwaighofer Hans (Bildhauer)
*1920 Oberammergau
†2000 Oberammergau
- 1933–1937 Besuch der Schnitzschule in Oberammergau
- anschließend Anstellung in der Schnitzwerkstatt Schauer
- Bildhauerstudium an der Akademie der Bildenden Künste München bei Josef Henselmann
- 1966–1984 Direktor der Oberammergauer Schnitzschule
- freischaffender Bildhauer in Oberammergau

Stampfer Gottfried (Bildhauer)
*06.05.1935 Aicha/Südtirol
- eigene Bildhauerwerkstatt in Donauwörth-Berg, später in Unterjoch und Rettenberg

Steinacker Ernst (Bildhauer)
*06.11.1919 Wemding
†02.03.2008 Spielberg
- 1933 Lehre als Steinbildhauer
- 1936 Kunstgewerbeschule (Holz) in München
- 1948–1953 Studium an der Staatlichen Akademie der Bildenden Künste Stuttgart
- freischaffender Bildhauer in Wemding

Stöckle Egon (Bildhauer)
*02.08.1936 Kaufbeuren
- 1954–1959 Studium der Philosophie und Theologie an der LMU München
- 1958–1963 Bildhauerstudium an der Akademie der Bildenden Künste München bei Heinrich Kirchner
- seit 1964 freischaffender Bildhauer in Oberfinning, später in Hohenfurch

Torge Christa (Bildhauerin)

*13.11.1946 Schrobenhausen

- 1966–1969 Fachschule für Holzbildhauer in München
- 1970 Tätigkeit als Restauratorin (Steinrestaurierung im sakralen Bereich)
- 1971–1972 Meisterschule für Bau- und Kunsthandwerk in München bei Ernst Maria Lang und Josef Baumgartner
- seit 1972 freischaffende Bildhauerin in Schrobenhausen

Torge Karl-Heinz (Bildhauer)

*14.01.1945 Chomutov (dt. Komotau), Tschechische Republik

- 1961–1963 Studium an der Hochschule für Bildende Künste in Dresden
- 1963–1965 Steinmetz an der Dombauhütte in Magdeburg
- 1966 Hochschule für Architektur und Bauwesen in Weimar
- 1966–1968 Mitglied der Dombauhütte in Köln
- 1968–1970 Abschluss der Meisterklasse als Steintechniker, Steinmetzmeister und Steinbildhauer an der Fachschule für Bau- und Kunsthandwerk in München bei Ernst Maria Lang
- seit 1970 freischaffender Bildhauer in Schrobenhausen

Veit Michael (Bildhauer)

*05.08.1941 Lindau a. Bodensee

- Ausbildung zum Bildhauer bei seinem Vater Willi Veit
- Studium an der Akademie der Bildenden Künste München bei Josef Henselmann
- freischaffender Bildhauer in München

Wachter Hans (Bildhauer)

*04.04.1931 Rauns
†12.11.2005 Kempten

- Lehre als Holzbildhauer in Kempten
- Weiterbildung zum Steinbildhauer in der Schweiz
- 1954–1961 Bildhauerstudium an der Akademie der Bildenden Künste München bei Josef Henselmann (Meisterschüler)
- ab 1961 freischaffender Bildhauer in Kempten

Weißhaar Franz Bernhard (Grafiker/Maler/Glasmaler)

*10.10.1933 Augsburg

- 1952–1954 Studium der Philosophie an der Philosophischen Hochschule St. Stephan in Augsburg
- 1954–1958 Studium der katholischen Theologie an der LMU München
- 1958–1963 Studium der Malerei – als Gast auch in der Metallklasse – an der Akademie der Bildenden Künste München
- 1965–1978 Kunsterzieher an Gymnasien in Augsburg, Münnerstadt und München
- 1978–2000 Professor für Christliche Kunst – Farbliches und räumliches Gestalten insbesondere an Kulträumen an der Akademie der Bildenden Künste München
- 1953–1970 Konventsmitglied der Benediktinerabtei St. Stephan in Augsburg

Wiedemann Luzia (Innenarchitektin)

*27.05.1965 Lauingen

- Studium Innenarchitektur an der FH Rosenheim
- 1993–1994 Anstellung im Architekturbüro Hans Schrammel in Augsburg
- anschließend Anstellung in den Wiedemann Werkstätten in Höchstädt
- seit 2003 Mitgeschäftsführerin in den Wiedemann Werkstätten Design & Vertrieb GmbH in Höchstädt

Wiegerling Erwin Franz (Restaurator/Künstler)

*26.05.1943 Augsburg

- 1962–1966 Studium an der Kunstgewerbeschule in München
- im gleichen Zeitraum Hospitanz an der Akademie der Bildenden Künste München bei Erich Koch
- 1972 Gründung „Werkstätten Wiegerling – Restaurierungen“
- arbeitet zeitgleich als freiberuflicher Künstler (e.lin).

Zimmermann Hubert Albert (Bildhauer)

*1928

- Designer und Bildhauer in Steißlingen

Quellenverzeichnis

ARCHIVALIEN

BO, Projektmanagement: Bauarchiv, Akten des DBA:

14, 74, 178, 226, 227, 230, 233, 234, 246, 263, 270, 284, 288, 350, 437, 484, 561, 570–577, 579, 581, 651, 716, 738,
1.034, 1.036, 1.040, 1.041, 1.043, 1.063, 1.402, 1.407, 1.510, 1.527, 1.528, 1.572, 1.575, 1.577, 1.607–1.609, 1.620–1.622, 1.948, 1.952, 1.953, 1.957, 1.972–1.976, 1.979,
2.070–2.077, 2.151, 2.152, 2.158, 2.788–2.791, 2.818, 2.820-2.822,
3.321, 3.322, 3.324, 3.325, 3.327, 3.396, 3.398, 3.407, 3.415, 3.500, 3.501, 3.505, 3.537, 3.767, 3.769, 3.770,
4.003, 4.004, 4.009, 4.017, 4.062, 4.163, 4.167–4.169, 4.173, 4.175, 4.418–4.420, 4.422, 4.444, 4.446, 4.447, 4.452, 4.583, 4.587, 4.599, 4.644, 4.646, 4.647, 4.651, 4.652, 4.656, 4.702–4.704, 4.714–4.716, 4.723, 4.729, 4.731, 4.914, 4.917, 4.918, 4.920,
5.079, 5.085, 5.086, 5.319–5.322, 5.324, 5.519, 5.520, 5.523, 5.665, 5.666, 5.702, 5.703, 5.705, 5.715, 5.960, 5.962,
6.103, 6.176, 6.260, 6.261, 6.269, 6.270, 6.298, 6.303, 6.306, 6.308, 6.403–6.406, 6.408, 6.410, 6.582, 6.583, 6.594–6.596, 6.598,
7.364,
8.089, 8.181–8.182, 8.254, 8.725,
9.269–9.273, 9.275–9.278, 9.417, 9.419, 9.422, 9.423, 9.425, 9.762, 9.763, 9.789, 9.790, 9.956, 9.957,
10.484,
11.547, 11.548,
12.697,
13.017, 13.020, 13.321, 13.740, 13.745–13.748, 13.981,
14.310, 14.313, 14.314, 14.762,
15.690, 15.700, 15.702, 15.704–15.707,
16.048, 16.049, 16.051, 16.068, 16.070, 16.074, 16.075,
17.263, 17.301, 17.305, 17.700, 17.739, 17.749,
18.179,
19.224,
20.644, 20.646, 20.647,
21.116

BO, KBK:

Baumappen; Ordner Neuer Kirchenbau; Ordner Durchschläge von Msgr. Kunstmann und Kosel A–G, H–R, S–Z; Ordner Kunst und Künstler, 6 Bde.; Ordner Akte X; Ordner Nachkonziliarer Kirchenbau im Bistum Augsburg, Bd. 1 und 2

A.M.:

Nachlass Josef Wiedemann
Nachlass Alexander von Branca

AMS:

Nachlass Thomas Wechs sen.
Nachlass Robert Gerum
Nachlass Werner Schneider
Nachlass Reinhard Brockel und Erich Müller

QUELLENEDITIONEN

Caeremoniale Episcoporum 1886

Caeremoniale Episcoporum anno MDCCLII cum variationibus anno MDCCCLXXXVI, zitiert nach: https://www.ceremoniaire.net/print/caer_ep/Caeremoniale_Ep-latin.pdf (eingesehen am 28.3.2017)

Dekret der Ritenkongregation 1957

Dekret der Ritenkongregation in Rom über Ort und Form des Tabernakels, 1.6.1957, zitiert nach: Das Münster 10, 1957, S. 379.

Dokumente zur Erneuerung der Liturgie

Rennings, Heinrich/Klöckener, Martin: Dokumente zur Erneuerung der Liturgie. Bd. 1: Dokumente des Apostolischen Stuhls 1963–1973, Kevelaer 1983.

Instruktion über die kirchliche Kunst 1952

Instruktion der römischen Kongregation des hl. Offiziums an die bischöflichen Ordinariate über die kirchliche Kunst, 30.6.1952, zitiert nach: Das Münster 7, 1954, S. 313–314.

Instruktion über Feier und Verehrung des Geheimnisses der Eucharistie 1967

Instruktion über Feier und Verehrung des Geheimnisses der Eucharistie, 25.5.1967, zitiert nach: Rennings, Heinrich/Klöckener, Martin: Dokumente zur Erneuerung der Liturgie. Bd. 1: Dokumente des Apostolischen Stuhls 1963–1973, Kevelaer 1983, S. 459–498.

Instruktion zur ordnungsgemäßen Durchführung der Konzilskonstitution 1964

Instruktion zur ordnungsgemäßen Durchführung der Konstitution über die heilige Liturgie, 26.9.1964, zitiert nach: Rennings, Heinrich/Klöckener, Martin: Dokumente zur Erneuerung der Liturgie. Bd. 1: Dokumente des Apostolischen Stuhls 1963–1973, Kevelaer 1983, S. 102–138.

Konstitution über die Heilige Liturgie 1963

Konstitution über die Heilige Liturgie. Sacrosanctum concilium, 4.12.1963, zitiert nach: Rennings, Heinrich/Klöckener, Martin: Dokumente zur Erneuerung der Liturgie. Bd. 1: Dokumente des Apostolischen Stuhls 1963–1973, Kevelaer 1983, S. 37–76.

Leitlinien 1988

Sekretariat der Deutschen Bischofskonferenz (Hg.): Leitlinien für den Bau und die Ausstattung von gottesdienstlichen Räumen. Handreichung der Liturgiekommission der Deutschen Bischofskonferenz (= Die deutschen Bischöfe – Liturgiekommission 9), Bonn 1988 (6. ergänzte Auflage Bonn 2002).

Richtlinien für die Gestaltung des Gotteshauses 1949

Klauser, Theodor: Richtlinien für die Gestaltung des Gotteshauses aus dem Geiste der römischen Liturgie. Im Auftrage und unter Mitwirkung der „Liturgischen Kommission" zusammengestellt (1949), zitiert nach: Das Münster 7, 1954, S. 314–317.

Richtlinien im Bistum Augsburg 2008

Bischöfliches Ordinariat Augsburg (Hg.): Richtlinien für die Gestaltung von Kirchenräumen im Bistum Augsburg, Augsburg 2008.

Bibliografie

Achleitner 1971
Achleitner, Friedrich: Montagebau, in: Das Münster 24, 1971, S. 21–23.

Achleitner 2006
Achleitner, Friedrich: Künstlerische Vielfalt und typologische Strenge. Kirchenbau in Österreich zwischen 1950 und 2000, in: Stock, Wolfgang Jean (Hg.): Europäischer Kirchenbau 1950–2000, München/Berlin/London/New York 2006, S. 84–93.

Aicher/Drepper 1990
Aicher, Florian/Drepper, Uwe (Hg.): Robert Vorhoelzer – Ein Architektenleben. Die klassische Moderne der Post, München 1990.

AK Augsburg 1973
Mesnerverband der Diözese Augsburg: Kirchliche Geräte und Gewänder unserer Zeit, Ausstellung anlässlich des Internationalen Kongresses der Katholischen Kirchenangestellten im Ulrichs-Jubiläumsjahr 1973, Augsburg 1973.

AK Augsburg 1979
Diözese Augsburg (Hg.): Der Monumentalmaler Franz Nagel 1907–1976. Ausstellung zum Aschermittwoch der Künstler in Augsburg, Augsburg 1979.

AK Augsburg 2001
Thierbach, Melanie (Hg.): Wolle, Leinen, Seide. Moderne liturgische Kunst der Sr. Animata Probst aus Dillingen. Ausstellung im Diözesanmuseum St. Afra in Augsburg, Augsburg 2001.

AK Frankfurt a. M. 1984
Klotz, Heinrich (Hg.): Revision der Moderne – Postmoderne Architektur 1960–1980. Ausstellung im Architekturmuseum in Frankfurt, München 1984.

AK Frankfurt a. M. 2006
Voigt, Wolfgang (Hg.): Felsen aus Beton und Glas. Die Architektur Gottfried Böhms. Ausstellung im Deutschen Architekturmuseum in Frankfurt, Berlin 2006.

AK Freising 1985
Fahr, Friedrich/Ramisch, Hans/Steiner, Peter B. (Hg.): Friedrich Koller. Bilder und Zeichen für den Gottesdienst. Ausstellung im Diözesanmuseum Freising München/Zürich 1985.

AK Hildesheim 2009
Brand, Michael/Zahner, Walter (Hg.): L'Art Sacré – Liturgische Räume. Ausstellung im Roemer- und Pelizaeus-Museum in Hildesheim, Regensburg 2009.

AK Mainz 2016
Kita, Birgit/Poschmann, Andreas (Hg.): Auf ewig – Moderne Kirchen im Bistum Mainz. Ausstellung im Bischöflichen Dom- und Diözesanmuseum Mainz (= Publikation des Bischöflichen Dom- und Diözesanmuseums Mainz, Bd. 8), Regensburg 2016.

AK München 1960 a
N. N.: Eucharistia: Deutsche eucharistische Kunst. Offizielle Ausstellung zum Eucharistischen Weltkongress München 1960 im Königsbau der Residenz, München 1960.

AK München 1960 b
Akademie der bildenden Künste in München (Hg.): Kirchenbau der Gegenwart in Deutschland. Ausstellung anlässlich des Eucharistischen Weltkongresses München 1960 in der Akademie der Bildenden Künste in München, München/Zürich 1960.

AK München 1973
Deutsche Gesellschaft für christliche Kunst (Hg.): Kirchenbau in der Diskussion. Ausstellung im Münchner Stadtmuseum, München 1973.

AK München 1979
Burmeister, Enno/Caspari, Hubert (Hg.): Alexander Freiherr von Branca. Ausstellung in der Fachhochschule München, München 1979.

AK München 1981
Lehrstuhl für Entwerfen und Denkmalpflege der TUM (Hg.): Josef Wiedemann. Bauten und Projekte, München 1981.

AK München 1983
Bayerische Architektenkammer (Hg.): Zeit im Aufriß. Architektur in Bayern nach 1945. Ausstellung in der Münchner Residenz, München 1983.

AK München 1984
Wichmann, Hans (Hg.): Kirche heute – Architektur und Gerät. Süddeutscher Raum. Ausstellung in der Neuen Sammlung, München 1984.

AK Neu-Ulm 2004
Gutbrod, Helga (Hg.): Prachtvoll und eigenartig. Dominikus Böhms Kirche St. Johann Baptist in Neu-Ulm. Ausstellung im Edwin-Scharff-Museum in Neu-Ulm, Biberach 2004.

AK Regensburg 1988
Kunstsammlungen des Bistums Regensburg/Kommission für kirchliche Kunst im Bistum Regensburg (Hg.): Moderne Kunst für den Kirchenraum. Ausstellung im Diözesanmuseum Obermünster in Regensburg (= Kunstsammlungen des Bistums Regensburg, Kataloge und Schriften, Bd. 5), München/Zürich 1988.

AK Rom 1956
Guardini, Romano/Hoster, Joseph (Hg.): Arte Liturgica in Germania 1945/1955. Ausstellung im Palazzo Pontificio Lateranense in Rom, München/Zürich 1956.

AK Weilheim 1991
Helm, Reinhardt: Weilheimer Kirchen. Pfarr- und Baugeschichte, Ausstattung. Ausstellung im Stadtmuseum Weilheim, Weilheim 1991.

Van Acken 1922
Van Acken, Johannes: Christozentrische Kirchenkunst. Ein Entwurf zum liturgischen Gesamtkunstwerk, Gladbeck 1922.

Alberigo 1997
Alberigo, Giuseppe: Die Ankündigung des Konzils. Von der Sicherheit des Sich-Verschanzens zur Faszination des Suchens, in: Alberigo, Giuseppe/Wittstadt, Klaus (Hg.): Geschichte des Zweiten Vatikanischen Konzils 1959–1965. Bd. 1: Die Katholische Kirche auf dem Weg in ein neues Zeitalter, Mainz/Leuven 1997, S. 1–60.

Anders 2014
Anders, Johanna: Neue Kirchen in der Diaspora. Eine Studie zu den Kirchenneubauten nach 1945 im nordhessischen Teil des Bistums Fulda, Kassel 2014.

Arno Buchegger Stiftung 2016
Arno Buchegger Stiftung Augsburg (Hg.): Werkschau Hans Engel, Augsburg 2016.

Artikel „Anton Recknagel" a
https://deu.archinform.net/arch/114178.htm (eingesehen am 19.6.2017)

Artikel „Anton Recknagel" b
https://de.wikipedia.org/wiki/Anton_Recknagel (eingesehen am 19.6.2017)

Artikel „Josef Stimpfle" a
http://www.stadtlexikon-augsburg.de/index.php?id=114&type=1000&tx_ttnews[tt_news]=5593&tx_ttnews[backPid]=113&cHash=90ce63e9b6 (eingesehen am 17.5.2017)

Artikel „Josef Stimpfle“ b
https://www.augsburgwiki.de/index.php/AugsburgWiki/StimpfleJosef (eingesehen am 17.5.2017)

Artikel „Josef Stimpfle“ c
https://de.wikipedia.org/wiki/Josef_Stimpfle (eingesehen am 17.5.2017)

Ateliers und Werkstätten 1977
N. N.: Aus Ateliers und Werkstätten, in: Das Münster 30, 1977, S. 37–52.

Auer/Dobras/Bihler 2008
Auer, Rosemarie/Dobras, Werner/Bihler, Wolfgang: Pfarreiengemeinschaft Lindau-Aeschach. St. Ludwig, Aeschach; St. Pelagius, Oberreitnau; St. Urban und St. Silvester, Unterreitnau, Lindenberg i. Allgäu 2008.

Backmeister-Collacott 2006
Backmeister-Collacott, Ilka: Josef Wiedemann. Leben und Werk eines Münchner Architekten 1910–2001, Tübingen 2006.

Bärsch 2003
Bärsch, Jürgen: „Von größtem Gewicht für die Liturgiefeier ist die Heilige Schrift“ (SC 24). Zur Bedeutung der Bibel im Kontext des Gottesdienstes, in: Liturgisches Jahrbuch 53, 2003, S. 222–241.

Bärsch 2015
Bärsch, Jürgen: Kleine Geschichte des christlichen Gottesdienstes, Regensburg 2015.

Bärsch/Haunerland 2010
Bärsch, Jürgen/Haunerland, Winfried (Hg.): Liturgiereform vor Ort. Zur Rezeption des Zweiten Vatikanischen Konzils in Bistum und Pfarrei (= Studien zur Pastoralliturgie, Bd. 25), Regensburg 2010.

Bellm 1976
Bellm, Richard: Alte Kirchen für die erneuerte Liturgie, in: Das Münster 29, 1976, S. 271–311.

Bentz 2009
Bentz, Udo: St. Bonifatius-Kapelle im Priesterseminar Mainz, in: Das Münster 62, 2009, S. 142–143.

Berger 2013
Berger, Rupert: Pastoralliturgisches Handlexikon, völlig überarb. Aufl. Freiburg/Basel/Wien 2013.

Bischof 2007
Bischof, Hartwig: Marie-Alain Couturier. Ein Traditionalist und Revolutionär. Eine theologische Biografie (= Ikon. Bild + Theologie), Paderborn/München/Wien/Zürich 2007.

Bischof 2009
Bischof, Hartwig: Schwierige Einfachheit. Überlegungen zu einer Grundkategorie bei Marie-Alain Couturier, in: AK Hildesheim 2009, S. 6–16.

Blum 2003
Blum, Karin (Hg.): Alexander von Branca. Architektur für Bauherren, Wolnzach o. J. (2003).

Böswald 2005
Böswald, Alfred: Die Stadt auf dem Berg. Geschichte der Pfarrei „Christi Himmelfahrt“ in der Donauwörther Parkstadt, Donauwörth 2005.

Borger-Keweloh 1986
Borger-Keweloh, Nicola: Die mittelalterlichen Dome im 19. Jahrhundert, München 1986.

Branca 2001
Branca, Alexander von: Facetten eines Lebens, Bad Tölz 2001.

Braun 2013
Braun, Karl: Kirchenführung St. Joseph Untermaxfeld, 2013, in: http://www.kgk.endlich-gesund-dv.de/index.php/st-joseph-untermaxfeld/kirchenfuehrung (eingesehen am 19.6.2017)

Brutalismus 1967
N. N.: Brutalismus. Rauh und rissig, in: Der Spiegel Nr. 47, 13.11.1967, S. 188–193.

Buchmann 1973
Buchmann, Heinz: Die mögliche christliche Aussage im künstlerisch profanen Raum, in: AK München 1973, S. 212–213.

Bunsmann 1973
Bunsmann, Walter J. M.: Die Frage nach den Kathedralen, in: AK München 1973, S. 213–214.

Burkart 1969
Burkart, Albert: Zu neuer Raumgestalt, in: Deutsche Gesellschaft für christliche Kunst (Hg.): Kirchenraum nach dem Konzil, München 1969, S. 5.

Burmeister 2010
Burmeister, Karl-Heinz:: Bodolz. Eine Gemeinde am Bayerischen Bodensee, Bodolz 2010.

Crippa/Caussé 2014
Crippa, Maria Antonietta/Caussé, Françoise: Le Corbusier – Ronchamp. Die Kapelle Notre-Dame du Haut, Regensburg 2014.

Dahinden 1966
Dahinden, Justus: Bauen für die Kirche in der Welt, Zürich 1966.

Dahinden 1970
Bergmann, Ingrid: Interview mit Architekt Justus Dahinden, Zürich, in: Das Münster 23, 1970, S. 393–395.

Dahinden 1973
Dahinden, Justus: Denken – Fühlen – Handeln, Stuttgart/Zürich 1973.

Dahinden 1984
Dahinden, Justus: Bauen wir die richtigen Kirchen?, in: AK München 1984, S. 19–23.

Dahinden 2005
Dahinden, Justus: Mensch und Raum, Stuttgart/Zürich 2005.

Dahinden 2014
Dahinden, Justus: Architektur. Form und Emotion. Stuttgart/Zürich 2014.

Debuyst 1994/1995
Debuyst, Frédéric: Des signes et des lieux dans l'oeuvre de Romano Guardini, in: Chronique d'Art sacré No. 37, 38, 39, 40 (1994), 41, 42 (1995).

Debuyst 2009
Debuyst, Frédéric: Romano Guardini. Einführung in sein liturgisches Denken, Regensburg 2009 (Paris 2008).

Deutsche Gesellschaft für christliche Kunst 1969
Deutsche Gesellschaft für christliche Kunst (Hg.): Kirchenraum nach dem Konzil, München 1969.

Eberl 2017
Eberl, Hubert: Pfarrkirche St. Peter und Paul in Tandern, 2017, in: http://kirchenundkapellen.de/kirchenpz/tandern.php (eingesehen am 19.6.2017)

Egenter 1961
Egenter, Richard (Hg.): Statio orbis. Eucharistischer Weltkongreß 1960 in München, München 1960.

Emminghaus 1990
Emminghaus, Johannes H.: Der gottesdienstliche Raum und seine Ausstattung, in: Rupert Berger u. a.: Gestalt des Gottesdienstes. Sprachliche und nichtsprachliche Ausdrucksformen (= Handbuch der Liturgiewissenschaft, Gottesdienst der Kirche, Teil 3), 2. durchgesehene und ergänzte Aufl., Regensburg 1990, S. 347–416.

Erne 2014
Erne, Thomas (Hg.): Beton. Idee und Material im Kirchenbau (= KBI 05), Marburg 2014.

Erweiterung der Pfarrkirche 1989
N. N.: Erweiterung der Pfarrkirche in Utting am Ammersee, in: Detail 1989, H. 4, S. 352–355.

Fellerer 1969
Fellerer, Johannes: Antworten des Konzils auf Fragen des Kirchenbaus, in: Deutsche Gesellschaft für christliche Kunst (Hg.): Kirchenraum nach dem Konzil. München 1969, S. 6–20.

Fellner/Häring 1996
Fellner, Gottfried/Häring, Ludwig: Dillinger Kirchen. Donauwörth 1996.

Fellner 2013
Fellner, Michael: Eucharistischer Weltkongress in München, 31. Juli bis 7. August 1960, publiziert am 23.04.2013; in: Historisches Lexikon Bayerns, URL: http://www.historisches-lexikon-bayerns.de/Lexikon/Eucharistischer Weltkongress in München, 31. Juli bis 7. August 1960 (eingesehen am 12.01.2017)

Festschrift Christi Auferstehung 1975
Pfarrgemeinderat (Hg.): Christi Auferstehung. Kath. Kirchen- und Gemeindezentrum Memmingen, Memmingen 1975.

Festschrift Christi Auferstehung 1985
Kath. Pfarrei Christi Auferstehung (Hg.): Kirche und Gemeinde „Christi Auferstehung“, Memmingen 1985.

Festschrift Christi Himmelfahrt 1971
Kath. Stadtpfarramt Christi Himmelfahrt (Hg.): Pfarrei Christi Himmelfahrt, Kempten 1971.

Festschrift Christi Himmelfahrt 2011
Stadtpfarrgemeinde Christi Himmelfahrt Kempten (Hg.): 80 Jahre Stadtpfarrei Christi Himmelfahrt, 40 Jahre Pfarrzentrum, Kempten 2011.

Festschrift Gebetsstätte Wigratzbad 2014
Gebetsstätte Wigratzbad (Hg.): Festschrift. Wiedereröffnung der Sühnekirche Herz Jesu und Mariä in Wigratzbad 12. Juli 2014, Bad Waldsee 2014 (= https://www.gebetsstaette.de/fileadmin/files/pdf/Wigratz_Festschrift.pdf (eingesehen am 19.6.2017))

Festschrift Haus der Begegnung 2002
Kath. Pfarrei Mariä Himmelfahrt, Buchloe (Hg.): Haus der Begegnung. Pfarrei Mariä Himmelfahrt Buchloe, Buchloe 2002.

Festschrift Heilig Geist 1971
Pfarrgemeinderat Breitbrunn (Hg.): Breitbrunn am Ammersee, Innsbruck 1971.

Festschrift Heilig Geist 1973 a
Kath. Stadtpfarramt Hl. Geist (Hg.): Festschrift zur Weihe des Pfarrzentrums Heilig Geist. Reisensburg 1973.

Festschrift Heilig Geist 1973 b
Kuratiegemeinde Mühlried (Hg.): Pfarrzentrum „Zum Heiligen Geist“ Mühlried, o. O. 1973.

Festschrift Heilig Geist 1996
Kath. Kirchengemeinde St. Johannes (Hg.): 25 Jahre Heilig Geist Breitbrunn, o. O. 1996.

Festschrift Heilig Kreuz 1973
Kath. Pfarramt Pfuhl (Hg.): Heilig-Kreuz-Kirche in Pfuhl. Festschrift zur Einweihung am 23. Dezember 1973, Worfelden 1973.

Festschrift Ludwigsfeld 1987
Noll, Peter (Hg.): Festschrift 125 Jahre Ludwigsfeld, o. O. 1987.

Festschrift Mariä Heimsuchung 1987
Kath. Pfarramt Mariä Heimsuchung (Hg.): Mariä Heimsuchung, Utting A., Bauphasen 1984–1987, Dießen 1987.

Festschrift Mariä Heimsuchung 1988
Pfarrei Mariä Heimsuchung, Utting (Hg.): Pfarrkirche Mariä Heimsuchung, Utting am Ammersee. Zur Einweihung im September 1988, St. Ottilien 1988.

Festschrift Maria, Hilfe der Christen 1978
Pfarrgemeinderat Maria Hilf (Hg.): Maria Hilf. Eine lebendige Gemeinde, Krumbach 1978.

Festschrift Maria, Königin des Friedens 1978
Kath. Pfarrgemeinde Maria, Königin des Friedens, Gersthofen (Hg.): Pfarrkirche Maria, Königin des Friedens Gersthofen, Augsburg 1978.

Festschrift Maria unterm Kreuz 1993
Pfarramt Maria unterm Kreuz (Hg.): Festschrift zur Weihe von Kirche und Pfarrzentrum am 28. November 1993, Augsburg 1993.

Festschrift St. Andreas 1967
Evang.-Luth. Pfarramt St Andreas (Hg.): Die Evangelisch-Lutherische St. Andreas-Kirche am Herrenbach in Augsburg, Augsburg 1967.

Festschrift St. Don Bosco 1962
Kath. Stadtpfarramt Don Bosco (Hg.): Stadtpfarrkirche Don Bosco Augsburg, Oggersheim 1962.

Festschrift St. Don Bosco 1967
Söll, Martin (Hg.): St. Don Bosco Augsburg, Wiesbaden 1967.

Festschrift St. Hippolyt 1968
N. N.: Die alte und neue Stadtpfarrkirche St. Hippolyt-Pölten Weilheim O-Bayern. Festschrift zur Kircheneinweihung am 29. September 1968, o. O. o. J. (1968).

Festschrift St. Josef 1988
Pfarrgemeinde St. Josef (Hg.): Kircheneinweihung St. Josef Untermaxfeld, o. O. 1988.

Festschrift St. Martin 2015
Kirchenverwaltung Ebershausen (Hg.): Festschrift zum Abschluss der Kirchenrenovierung St. Martin Ebershausen 2007–2015, Krumbach 2015.

Festschrift St. Peter 1972
Kath. Pfarramt St. Peter (Hg.): Kath. Pfarrkirche St. Peter in Wielenbach, o. O. o. J. (Weilheim 1972).

Festschrift St. Pius 1966
Kath. Pfarramt St. Pius (Hg.): Kirche und Gemeinde St. Pius Haunstetten, Wiesbaden 1966.

Festschrift St. Simpert 1974
Pfarrgemeinderat St. Simpert (Hg.): Festschrift 1924–1974. 50 Jahre Kath. Kirchengemeinde Augsburg-St. Simpert, Augsburg 1974.

Festschrift St. Simpert 1979
N. N.: Die neue Kirche St. Simpert, Dinkelscherben. Eine Festschrift zur Weihe am 16.12.1979, o. O. o. J. (1979).

Festschrift St. Simpert 1999
Pfarrei St. Simpert (Hg.): St. Simpert 1924–1999, Augsburg 1999.

Festschrift St. Stephan 1981
Kath. Pfarramt Dießen (Hg.): St. Stephanus zu Ehren, Augsburg 1981.

Festschrift St. Stephan 1982
N. N.: Traidtkasten Dießen/A. Kirchenzentrum, o. O. 1982.

Festschrift St. Thomas Morus 1990
Kath. Pfarramt St. Thomas Morus (Hg.): St. Thomas Morus Neusäß. Kirchenausgestaltung und Sanierung 1989/90, Neusäß 1990.

Festschrift St. Wolfgang 2014
Kath. Pfarramt St. Wolfgang, Syrgenstein (Hg.): Zum 40. Weihetag von St. Wolfgang, o. O. o. J. (2014).

Festschrift Verklärung Christi 1968
Kath. Stadtpfarramt Schongau (Hg.): Verklärung Christi, Schongau 1968.

Festschrift Verklärung Christi 1974
Kath. Pfarramt Oy-Mittelberg (Hg.): Weihe der neuen Kirche „Verklärung Christi“ in Oy, Pfronten 1974.

Festschrift Zu den Heiligen Engeln 1967
Kath. Kirchenstiftung St. Katharina und Ulrich (Hg.): Landsberg am Lech. Kirche zu den Heiligen Engeln, Landsberg a. L. 1967.

Festschrift Zu den Heiligen Engeln 1997
Kath. Kirchenstiftung St. Katharina und Ulrich (Hg.): Zu den Heiligen Engeln. Landsberg am Lech, Landsberg a. L. 1997.

Festschrift Zur Göttlichen Vorsehung 1971
Kath. Pfarrgemeinde Zur Göttlichen Vorsehung (Hg.): Gemeindezentrum „Zur Göttlichen Vorsehung“ Königsbrunn, Königsbrunn 1971.

Festschrift Zwölf Apostel 1967
Kath. Kirchenstiftung Zwölf Apostel (Hg.): Festschrift zur Einweihung der Zwölf-Apostel-Kirche Augsburg 1967, Augsburg 1967.

Fischer 2015
Fischer, Undine: Kunstinventar der Bischöflichen Finanzkammer Augsburg, Kirchliches Bauwesen und Kunst, für Dinkelscherben (Dek. Augsburg-Land). Pfarrkirchenstiftung St. Anna und neue Pfarrkirche St. Simpert, 2015 [unpubliziert].

Franz 1998
Franz, Meinrad: Zur Geschichte von St. Judas Thaddäus, in: Zahner, Walter: Katholisches Gemeindezentrum St. Judas Thaddäus Karlsruhe-Neureut, Lindenberg i. Allgäu 1998, S. 1–2.

Freudling 1974
Freudling, Tilmann: Die Klosterstallung in Dießen. Vergangenheit – Tendenzen – Projekte, Prüfungsarbeit 1974 [unpubliziert].

Gattinger/Suhr 2014
Gattinger, Karl/Suhr, Grietje: Landsberg am Lech, Stadt und Landkreis (= Denkmäler in Bayern, Bd. I.14), Regensburg 2014.

Gebetsstätte Wigratzbad
https://www.gebetsstaette.de/gebetsstaette-wigratzbad/geschichte/ (eingesehen am 19.6.2017)

Gemeindestützpunkte 1971
N. N.: Gemeindestützpunkte in flexibler Bauweise, in: Kunst und Kirche 49, 1971, Sonderdruck o. S.

Gerhards 1999
Gerhards, Albert (Hg.): In der Mitte der Versammlung. Liturgische Feierräume (= Liturgie & Gemeinde. Impulse & Perspektiven, Bd. 5), Trier 1999.

Gerhards/Sternberg/Zahner 2003
Gerhards, Albert/ Sternberg, Thomas/Zahner, Walter (Hg.): Communio-Räume. Auf der Suche nach der angemessenen Raumgestalt katholischer Liturgie (= Bild – Raum – Feier, Studien zu Kirche und Kunst, Bd. 2), Regensburg 2003.

Gerhards 2011
Gerhards, Albert: Wo Gott und Welt sich begegnen. Kirchenräume verstehen, Kevelaer 2011.

Gerhards 2015
Gerhards, Albert: „Edle Einfachheit“. Ein zentraler wie missverständlicher Begriff der Liturgiekonstitution des Zweiten Vatikanischen Konzils, in: Das Münster 68, 2015, S. 251–255.

Gerl 1985
Gerl, Hanna-Barbara: Romano Guardini 1885–1968. Leben und Werk, Mainz 1985.

Gerl-Falkovitz 2005
Gerl-Falkovitz, Hanna-Barbara: Romano Guardini. Konturen des Lebens und Spuren des Denkens, Kevelaer 2005.

Gerum/Grübl 1973
Gerum, Robert/Grübl, Reinhold A.: Kirchenbau in unserer Zeit, in: AK München 1973, S. 215–216.

Goergen 1984
Goergen, Aloys: Rothenfels und die Folgen, in: AK München 1984, S. 12–18.

Goergen 2005
Goergen, Aloys: Glaubensästhetik. Aufsätze zu Glaube, Liturgie und Kunst (= Ästhetik – Theologie – Liturgik, Bd. 34), hg. von Gerhards, Albert/Schlette, Heinz Robert, Münster 2005, S. 15–27.

Greinacher 1973
Greinacher, Norbert: Die Funktion der Kirche in den Trabantenstädten, in: AK München 1973, S. 216–219.

Grisi 2014
Grisi, Tino: „Können wir noch Kirchen bauen“? Emil Steffann und sein Atelier (= Bild – Raum – Feier. Studien zu Kirche und Kunst, Bd. 15), Regensburg 2014.

Gschwind 1991
Gschwind, Ludwig: Kirchen und Wallfahrtsorte im Dekanat Krumbach, Krumbach 1991, S. 58–60.

Guardini 1918
Guardini, Romano: Vom Geist der Liturgie, Freiburg 1918.

Guardini 1922
Guardini, Romano: Vom Sinn der Kirche. Fünf Vorträge, Mainz 1922.

Guardini 1922/1923
Guardini, Romano: Von heiligen Zeichen, zwei Hefte, Würzburg 1922.

Guardini 1923
Guardini, Romano: Liturgische Bildung, Burg Rothenfels am Main 1923.

Guardini 1931
Guardini, Romano: Die neuerbaute Fronleichnamskirche in Aachen, in: Die Schildgenossen 11, 1931, S. 266–268.

Guardini 1984
Guardini, Romano: Berichte über mein Leben. Autobiographische Aufzeichnungen (= Schriften der Katholischen Akademie in Bayern, Bd. 116), Düsseldorf [4]1985.

Guardini 2004
Guardini, Romano: Von heiligen Zeichen (= topos plus 365). Kevelaer [6]2004.

Günter 2010
Günter, Martin: Die „behutsame“ Betoninstandsetzung. Durchführung, Kosten und Dauerhaftigkeit, in: Hassler, Uta (Hg.): Was der Architekt vom Stahlbeton wissen sollte, Zürich 2010, S. 137–150.

Haepke 2013
Haepke, Nadine: Sakrale Inszenierungen in der zeitgenössischen Architektur. John Pawson – Peter Kulka – Peter Zumthor (= Architekturen, Bd. 20), Bielefeld 2013.

Hagen/Wegener-Hüssen 2004
Hagen, Bernt von/Wegener-Hüssen, Angelika: Landkreis Günzburg (= Denkmäler in Bayern, Bd. VII.91/1), München 2004.

Haunerland 2008
Haunerland, Winfried: „Bild des Herrn Jesus Christus“. Anmerkungen zu Gestalt und Symbolik des Altares, in: Jahrbuch des Vereins für christliche Kunst in München 29, 2008, S. 80–89.

Haunerland 2009
Haunerland, Winfried: Participatio actuosa. Programmwort liturgischer Erneuerung, in: Communio 38, 2009, S. 585–595.

Haunerland 2013
Haunerland, Winfried: Tätige Teilnahme aller. Liturgiereform und kirchliche Subjektwerdung, in: Stimmen der Zeit 231, 2013, S. 381–392.

Haunerland 2016
Haunerland, Winfried: Zwischenraum zwischen Kirche und Welt? Liturgiewissenschaftliche Überlegungen zur Partizipation am christlichen Gottesdienst, in: Wildt, Kim de/Kranemann, Benedikt/Odenthal, Andreas (Hg.): Zwischen-Raum Gottesdienst. Beiträge zu einer multiperspektivischen Liturgiewissenschaft (= Praktische Theologie heute, Bd. 144), Stuttgart 2016, S. 78–91.

Haus der Begegnung
https://www.katholiken-buchloe.de/buchloe/kirchen-und-kapellen/haus-der-begegnung/ (eingesehen am 19.6.2017)

Heilig-Geist-Kirche
http://www.kirche-hindelang.de/kirchen/index.htm (eingesehen am 19.6.2017)

Heimbach 1995
Heimbach, Johannes: „Quellen des menschlichen Seins und Bauens offen halten." Der Kirchenbaumeister Emil Steffann (1899–1968) (= Münsteraner Theologische Abhandlungen, Bd. 36), Altenberge 1995.

Henselmann 2011
Henselmann, Rupert (Hg.): Bildhauer Josef Henselmann 1898–1987. Sein Weg im XX. Jahrhundert, Lindenberg i. Allgäu 2011.

Höffner 1973
Höffner, Joseph: Im Kunstwerk das Eigentliche deuten, in: AK München 1973, S. 223.

Hoff 1930
Hoff, August (Einleitung): Neue Werkkunst. Dominikus Böhm – Professor an den Kölner Werkschulen, Berlin/Leipzig/Wien 1930.

Hoff/Habbel 1943
Hoff, August/Habbel, Josef (Hg.): Dominikus Böhm. Ein deutscher Baumeister – Ein Bildband, Regensburg 1943.

Hoff/Muck/Thoma 1962
Hoff, August/Muck, Herbert/Thoma, Raimund: Dominikus Böhm, München/Zürich 1962.

Hofgärtner 2017
Hofgärtner, Erich (Hg.): Hilda Sandtner. Die Zeichnerin und Glasmalerin, München 2017.

Informationsbericht 1980
Kath. Pfarramt Dießen (Hg.): Informationsbericht über die Gesamtsanierung der ehemaligen Stiftskirche der Augustiner-Chorherren „Mariä Himmelfahrt" und den Bau eines Kirchenzentrums in Dießen am Ammersee, Dießen o. J. (wohl 1980).

Innenausstattung 1971
N. N.: Innenausstattung im Kirchenraum, in: Das Münster 24, 1971, S. 323.

Jakob 1857
Jakob, Georg: Die Kunst im Dienste der Kirche, Regensburg 1857.

Jone 1952
Jone, Heribert: Gesetzbuch der lateinischen Kirche. Erklärung der Kanones. 2. Bd.: Sachenrecht. 2., verm. u. verb. Aufl., Paderborn 1952.

Kahle 1990
Kahle, Barbara: Deutsche Kirchenbaukunst des 20. Jahrhunderts, Darmstadt 1990.

Kahle 1996
Kahle, Barbara: Auf der Suche nach dem Sakralraum. Nachkonziliarer Kirchenbau im Bistum Würzburg, Würzburg 1996.

Kahlefeld 1955
Kahlefeld, Heinrich: Gottesdienst und Kirchenbau, in: Das Münster 8, 1955, S. 284–304.

Kappel 2008
Kappel, Kai: Memento 1945? Kirchenbau aus Kriegsruinen und Trümmersteinen, München/Berlin 2008.

Karnapp 1993
Karnapp, Birgit-Verena: Sakralbauten, in: Nerdinger, Winfried (Hg.): Bauen im Nationalsozialismus. Bayern 1933–1945, Ausstellung des Architekturmuseums der TU München und des Münchner Stadtmuseums im Münchner Stadtmuseum, München 1993, S. 302–329.

Karnapp 1996
Karnapp, Birgit-Verena: Kirchen. München und Umgebung nach 1945, Berlin/München 1996.

Karnehm 2005
Karnehm, Christel u. a.: Josef Oberberger. Der Glasmaler, München 2005.

Kasper 2015
Kasper, Walter: Die liturgische Erneuerung – die erste und sichtbarste Frucht des Konzils, in: Klöckner, Martin/Jeggle-Merz, Birgit/Spichtig, Peter (Hg.): „Die sichtbarste Frucht des Konzils". Beiträge zur Liturgie in der Schweiz, Fribourg 2015, S. 104–118.

Keplinger 2015
Keplinger, Josef: Der Vorstehersitz. Funktionalität und theologische Zeichenstruktur (= Pius Parsch Studien, Bd. 11), Freiburg/Basel/Wien 2015.

Kirche und Gemeinde St. Pius
N. N.: Kirche und Gemeinde St. Pius. Ein Begleiter durch die Pfarrei St. Pius, Augsburg-Haunstetten, o. O. o. J.

Kirchenbau 1962
N. N. (Hg.): Kirchenbau heute. Haus Gottes – Haus der Gemeinde, Tauberbischofsheim 1962.

Kirchenbau 1963
N. N.: Kirchenbau. Etwas überhöht, in: Der Spiegel Nr. 51, 1963, S. 77–80.

Kirchenführer Heilig Geist 2009
Seufert, Ingo: Die Kirchen und Kapellen der kath. Pfarreiengemeinschaft Bad Hindelang, Lindenberg i. Allgäu 2009, S. 34–36.

Kirchenführer Herz Jesu und Mariä 2006
Gebetsstätte Wigratzbad (Hg.): Herz-Jesu- und Mariä-Sühnekirche Wigratzbad, Lindenberg i. Allgäu 2006.

Kirchenführer Herz Mariä 2007
Fischer, Hans/Wiedemann, Elisabeth: Weg zur Mitte. Herz Mariä Diedorf, Höchstädt 2007.

Kirchenführer Maria Heimsuchung 2000
Kath. Pfarramt Maria Heimsuchung (Hg.): Sonthofen. Pfarrkirche Maria Heimsuchung und Kapellen, Passau 2000.

Kirchenführer Maria Hilf 1974
Sing, Gregor: „Maria Hilf" Krumbach, Ottobeuren 1974.

Kirchenführer Maria unterm Kreuz 1996
Pfarramt Maria unterm Kreuz (Hg.): Maria unterm Kreuz Königsbrunn, Augsburg o. J. (1996).

Kirchenführer St. Don Bosco 1964
Schnell, Hugo: St. Don Bosco Augsburg, München/Zürich 1964.

Kirchenführer St. Don Bosco 1974
Schnell, Hugo: St. Don Bosco Augsburg, München/Zürich 1974.

Kirchenführer St. Franziskus 1979
Pfarramt St. Franziskus (Hg.): St. Franziskus Kempten, Kempten 1979.

Kirchenführer St. Georg 1991
Balk, Thomas: St. Georg Augsburg-Haunstetten mit Muttergotteskapelle, München/Zürich 1991.

Kirchenführer St. Hedwig 1995
Steigelmann, Eugen: Kempten St. Hedwig, Passau 1995.

Kirchenführer St. Magnus 2008
Würmseher, Markus: Katholische Stadtpfarrkirche St. Magnus – Marktoberdorf. Lindenberg i. Allgäu 2008.

Kirchenführer St. Martin 1975
Miehle, Renate/Altmann, Lothar: St. Martin in Jettingen, München/Zürich 1975.

Kirchenführer St. Pölten 1983
Mauthe, Willi/Schmid, Reinhard: St. Pölten/Weilheim i. OB , München/Zürich 1983.

Kirchenführer St. Stephan
Kath. Pfarramt Dießen (Hg.): St. Stephan, o. O. o. J.

Kirchenführer St. Vitus
Kath. Kirchenstiftung St. Vitus (Hg.): Pfarrkirche St. Vitus Ottmarshausen und Hammel, Neusäß, o. J.

Kirchenführer Verklärung Christi 1969
Steiner, Peter: Schongau. Verklärung Christi, München/Zürich 1969.

Kirchenführer Zu den Heiligen Engeln 1998
Kath. Pfarramt zu den Hl. Engeln (Hg.): Die Kirchen der Pfarrei Geltendorf, Passau 1998, S. 16–22.

Kirchenführer Zum Heiligen Abendmahl 2014
Kath. Pfarrei Zum Heiligen Abendmahl, Wörthsee (Hg.): Katholische Pfarrkirche Zum Hl. Abendmahl, Krumbach 2014.

Kirchenführer Zum Heiligen Geist 2006
Kath. Stadtpfarramt Heilig Geist (Hg.): Pfarrkirche Heilig Geist Günzburg mit Denzingen und Deffingen, Passau 2006.

Kirchenführer Zwölf Apostel 1992
Held, Wolfgang/Vogelsang, Klaus: Kath. Pfarrkirche zu den Zwölf Aposteln, Augsburg 1992.

Kistenmacher 1977
N. N.: Kistenmacher im Büßerhemd, in: Der Spiegel Nr. 39, 19.9.1977, S. 206–223.

Klauser 1965
Klauser, Theodor: Richtlinien für die Gestaltung des Gotteshauses aus dem Geiste der römischen Liturgie. Im Auftrage und unter Mitwirkung der „Liturgischen Kommission" zusammengestellt (1949).

Klauser 2010
Klauser, Manuela: Der betende Raum. Dominikus Böhms Kirche St. Johann Baptist in Neu-Ulm. Ein Schlüsselbau der modernen Sakralarchitektur, Lindenberg i. Allgäu 2010.

Kleffner/Küppers 1966
Kleffner, Eberhard M./Küppers, Leonhard: Neue Kirchen im Bistum Essen. Essen 1966.

Klöckener/Kranemann 2002
Klöckener, Martin/Kranemann, Benedikt (Hg.): Liturgiereformen. Historische Studien zu einem bleibenden Grundzug des christlichen Gottesdienstes. Teil 2: Liturgiereformen seit der Mitte des 19. Jahrhunderts bis zur Gegenwart (= Liturgiewissenschaftliche Quellen und Forschungen. Veröffentlichungen des Abt-Herwegen-Instituts der Abtei Maria Laach, Bd. 88), Münster 2002.

Körner/Wiener 2010
Körner, Hans/Wiener, Jürgen (Hg.): „Liturgie als Bauherr"? Moderne Sakralarchitektur und ihre Ausstattung zwischen Form und Funktion, Essen 2010.

Kopp 2011
Kopp, Stefan: Der liturgische Raum in der westlichen Tradition. Fragen und Standpunkte am Beginn des 21. Jahrhunderts (= Ästhetik – Theologie – Liturgik, Bd. 54), Wien 2011.

Krämer 2001
Krämer, Johannes: Offener Raum und orientierte Versammlung, in: Gottesdienst 35, 2001, S. 81–83.

Krämer 2003
Krämer, Johannes: Gemeinschaftlich orientiert. Pfarrkirche St. Albert in Andernach, in: Gerhards, Albert/Sternberg, Thomas/Zahner, Walter (Hg.): Communio-Räume. Auf der Suche nach der angemessenen Raumgestalt katholischer Liturgie (= Bild – Raum – Feier, Studien zu Kirche und Kunst, Bd. 2), Regensburg 2003, S. 191–196.

Kranemann 2011
Kranemann, Benedikt: Rituale in Diasporasituationen. Neue Formen kirchlichen Handelns in säkularer Gesellschaft, in: Böntert, Stefan (Hg.): Objektive Feier und subjektiver Glaube? Beiträge zum Verhältnis von Liturgie und Spiritualität (= Studien zur Pastoralliturgie, Bd. 32), Regensburg 2011, S. 253–273.

Kranemann/Raschzok 2011
Kranemann, Benedikt/Raschzok, Klaus (Hg.): Gottesdienst als Feld theologischer Wissenschaft im 20. Jahrhundert. Deutschsprachige Liturgiewissenschaft in Einzelporträits, 2 Bde. (= Liturgiewissenschaftliche Quellen und Forschungen. Veröffentlichungen des Abt-Herwegen-Instituts der Abtei Maria Laach, Bd. 98), Münster 2011.

Kunstmann/Nagel 1971
Kunstmann, Josef/Nagel, Franz: Das Altarfenster in der St. Pius-Kirche Haunstetten bei Augsburg, in: Das Münster 24, 1971, S. 142–143.

Laible 2003
Laible, Ulrike: Bauen für die Kirche. Der Architekt Michael Kurz 1876–1957 (= Schriften des Architekturmuseums Schwaben, Bd. 5), Berlin 2003.

Laible 2005
Laible, Ulrike: Thomas Wechs und der Sakralbau, in: Winfried Nerdinger (Hg.), Thomas Wechs 1893–1970. Architekt der Moderne in Schwaben (= Schriften des Architekturmuseums Schwaben, Bd. 6), Berlin 2005, S. 17–47.

Langenbahn 2004
Langenbahn, Stefan K.: Jenseits und Diesseits der Zentren der liturgischen Bewegung. Materialien und Marginalien zur Frühgeschichte der „Gemeinschaftsmesse" im deutschsprachigen Raum von 1912 bis 1920, in: Archiv für Liturgiewissenschaft 46, 2004, S. 80–105.

Lätzel 2004
Lätzel, Martin: Den Fernen nahe sein. Religiöse Feiern mit Kirchendistanzierten, Regensburg 2004.

Lehmann/Maier 1995
Lehmann, Karl/Maier, Hans (Hg.): Autonomie und Verantwortung: Religion und Künstler am Ende des 20. Jahrhunderts, Regensburg 1995.

Lengeling 1981
Lengeling, Emil Joseph: Liturgie – Dialog zwischen Gott und Mensch, hg. u. bearb. v. Klemens Richter, Freiburg/Basel/Wien 1981.

Lenski 1994
Lenski, Reinhold: Ein Projekt – Siedlung Bobingen, in: Pötzl, Walter/Wüst, Wolfgang (Hg): Bobingen und seine Geschichte, Bobingen 1994, S. 789–795.

Lienhardt 1999
Lienhardt, Conrad (Hg.): Emil Steffann (1899–1968). Werk, Theorie, Wirkung, Regensburg 1999.

Lill 1963
Lill, Hansjakob: Neue Kirchenbauten in Süddeutschland, in: Das Münster 16, 1963, S. 377–416.

Lill 1973
Lill, Hansjakob: Die Antwort des Architekten auf den Anspruch der Theologie, in: AK München 1973, S. 226–229.

Lutz 2005
Lutz, Werner: Werkkatalog, in: Nerdinger, Winfried (Hg.): Thomas Wechs (1893–1970). Architekt der Moderne in Schwaben (= Schriften des Architekturmuseums Schwaben, Bd. 6), Berlin 2005, S. 105–336.

Maas-Ewerd 1969
Maas-Ewerd, Theodor: Liturgie und Pfarrei. Einfluß der Liturgischen Erneuerung auf Leben und Verständnis der Pfarrei im deutschen Sprachgebiet, Paderborn 1969.

Maier 1967
Maier, Erich: Neue Kirchen in der Diözese Augsburg, München 1967.

Marini 2010
Marini, Piero: Der Eucharistische Weltkongress in München. Erinnerung, Reflexion, Auftrag, in: Zur Debatte 6, 2010, S. 12–15.

Mehrzweckraum 1971
N. N.: Die Kirche als Mehrzweckraum?, in: Münchner Kirchenzeitung, 12.12.1971, S. 15.

Merkle 1973
Merkle, Gottlieb (Hg.): Kirchenbau im Wandel. Die Grundlagen des Kirchenbaus im 20. Jahrhundert und seine Entwicklung in der Diözese Rottenburg, Ruit bei Stuttgart 1973.

Meyer 1984
Meyer, Hans Bernhard: Was Kirchenbau bedeutet. Ein Führer zu Sinn, Geschichte und Gegenwart, Freiburg u. a. 1984.

Muck 1961
Muck, Herbert: Sakralbau heute, Aschaffenburg 1961.

Muck 1964/65
Muck, Herbert: Liturgie und Kirchenraum, in: Bibel und Liturgie 38, 1964/65, S. 413–419.

Mühlbauer
Mühlbauer, Werner: Pfarrkirche Maria, Königin des Friedens – ein bemerkenswerter Kirchenbau des 20. Jahrhunderts, in: http://www.pg-gersthofen.de/kirchen-und-raume/ (eingesehen am 19.6.2017)

Müller 1966
Müller, Valentin: Überblick über den Kirchenbau im Bistum Augsburg 1946–1966, in: Das Münster 19, 1966, S. 269–332.

M. W. 1988
M. W.: St. Hedwig in Kempten – vom Bildhauer durchgeformt, in: Steinmetz + Bildhauer 12, 1988, S. 16–21.

Nerdinger 2006
Nerdinger, Winfried: Architektur ist Bewegung. Le Corbusiers Sakralbauten, in: Stock, Wolfgang Jean (Hg.): Europäischer Kirchenbau 1950–2000, München/Berlin/London/New York 2006, S. 52–69.

Neue Kirchen 1972
N. N.: Neue Kirchen in Deutschland. Kommentierter Bildbericht, in: Das Münster 25, 1972, S. 27–42.

Neuheuser 2012
Neuheuser, Hanns Peter: Liturgie und Sakralkunst vor dem Anspruch der Religiösen Moderne. Der Fokus auf dem Jahre 1922, in: Bonnet, Anne-Marie/Cepl-Kaufmann, Gertrude/Drenker-Nagels, Klara/Grande, Jasmin (Hg.): Christus. Zur Wiederentdeckung des Sakralen in der Moderne, Düsseldorf 2012, S. 73–99.

Neureiter 1997
Neureiter, Josef: Kirchengeschichte der Pfarrei St. Georg Auchsesheim-Nordheim. Donauwörth-Auchsesheim 1997.

Nußbaum 1979
Nußbaum, Otto: Die Aufbewahrung der Eucharistie (= Theophaneia, Bd. 29), Bonn 1979.

Pantle 2005 a
Pantle, Ulrich: Leitbild Reduktion. Beiträge zum Kirchenbau in Deutschland von 1945–1950 (= Bild – Raum – Feier. Studien zu Kirche und Kunst, Bd. 4), Regensburg 2005.

Pantle 2005 b
Pantle, Ulrich: Dominikus Böhm und der Wiederaufbau von St. Moritz „im Geiste des alten Raumes", in: Das Münster 58, 2005, S. 56–61.

Pantle 2015
Pantle, Ulrich: Zur anhaltenden Aktualität von „weniger ist mehr", in: Das Münster 68, 2015, S. 263–270.

Paula/Berg-Hobohm 2003
Paula, Georg/Berg-Hobohm, Stefanie: Landkreis Weilheim-Schongau (= Denkmäler in Bayern, Bd. I.23), München 2003.

Paula/Bollacher 2012
Paul, Georg/Bollacher, Christian: Landkreis Aichach-Friedberg (= Denkmäler in Bayern, Bd. VII.87), München 2012.

Pehnt 1983
Pehnt, Wolfgang: Der Anfang der Bescheidenheit, München 1983.

Pehnt 1999
Pehnt, Wolfgang: Gottfried Böhm, Basel 1999.

Pfarrbrief St. Wolfgang 1988
Pfarrbrief St. Wolfgang Syrgenstein/St. Martin Staufen, Dezember 1988.

Pfarrgemeinde St. Martin
Pfarrgemeinde St. Martin (Hg.): Kirche und Pfarrgemeinde St. Martin Jettingen, o. O., o. J.

Pfarrkirche Christi Auferstehung
https://www.memmingen-katholisch.de/wir-ueber-uns/kirchen/christi-auferstehung/ (eingesehen am 19.6.2017)

Pfarrkirche Christus, unser Friede
http://www.nu-cuf.telebus.de/CuF_NU_Web/index.php/start-cuf-m/geschichtliches-cuf-m (eingesehen am 19.6.2017)

Pfarrkirche Heilig Geist, Breitbrunn
http://www.pfarreiengemeinschaft-herrsching-breitbrunn-widdersberg.de/pfarrei-breitbrunn/unsere-gemeinde/gotteshaeuser/hl-geist/ (eingesehen am 19.6.2017)

Pfarrkirche Heilig Geist, Mühlried
http://www.pfarrei-hlgeist.de/page-21/ (eingesehen am 19.6.2017)

Pfarrkirche Maria Heimsuchung
http://www.pfarrei-sonthofen.de/gemeinde/kirchen-kapellen/pfarrkirche-maria-heimsuchung.html (eingesehen am 19.6.2017)

Pfarrkirche Maria Hilf
http://www.mariahilf-krumbach.de//page.php/130 (eingesehen am 19.6.2017)

Pfarrkirche Maria unterm Kreuz
http://www.katholisch-in-koenigsbrunn.de/pg/index.php/muk-historie (eingesehen am 19.6.2017)

Pfarrkirche St. Don Bosco
http://www.donbosco-stwolfgang-augsburg.de./Historie-St-Don-Bosco/ (eingesehen am 19.6.2017)

Pfarrkirche St. Hippolyt
https://www.pfarreien-weilheim.de/pfarrgemeinde-st-polten/neuer-anbau-fur-pfarrkiche-st-polten/ (eingesehen am 19.6.2017)

Pfarrkirche St. Pius
http://st.pius-augsburg.de/unsere-kirche/ (eingesehen am 19.6.2017)

Pfarrkirche St. Simpert, Dinkelscherben
http://www.pfarreiengemeinschaft-dinkelscherben.de/die-pfarreien-1/die-pfarrei-dinkelscherben/kirche-st-simpert/ (eingesehen am 19.6.2017)

Pfarrkirche St. Ulrich a
http://www.pg-dillingen.de/index.php/kirchenfuehrer/10-kirchen/59-st-ulrich (eingesehen am 19.6.2017)

Pfarrkirche St. Ulrich (Kempten) b
http://www.st-magnus-ke.de (eingesehen am 5.7.2017)

Pfarrkirche St. Vitus
http://www.pgneusaess.de/index.php/pfarreien-der-pg/st-vitus-ottmarshausen/weihejubilaeum (eingesehen am 19.6.2017)

Pfarrkirche Zu den Heiligen Engeln
http://www.pfarrei-geltendorf.de/htm/5000/5100.htm bis http://www.pfarrei-geltendorf.de/htm/ 5000/5170.htm (eingesehen am 19.6.2017)

Pfarrkirche Zum auferstandenen Herrn
http://www.pg-stadtbergen.de/index.php?option=com_content&view=article&id=182&Itemid=613 (eingesehen am 19.6.2017)

Pfarrkirche Zur Göttlichen Vorsehung
http://www.katholisch-in-koenigsbrunn.de/pg/ index.php/zgv-historie (eingesehen am 19.6.2017)

Pieper, Josef 1969
Pieper, Josef: Sakralität und „Entsakralisierung", in: Hochland 61, 1969, S. 481–496.

Pius XII. 1956
Ansprache des Heiligen Vaters Papst Pius XII. vom 22. September 1956 an die Teilnehmer des Kongresses in Assisi, in: Liturgisches Jahrbuch 6, 1956, S. 234–246.

Polónyi 1966
Polónyi, V.: Flächentragwerke im Kirchenbau, in: Das Münster 19, 1966, S. 202–204.

Pörtner
Pörtner, Rudolph: Instandsetzung von Massivbauten: Architektur und Statik, http://denkmalpraxismoderne.de/untersuchen-und-instandsetzen-von-massivbauten/ (eingesehen am 15.05.2017)

Poschmann 2001
Poschmann, Andreas: Das Leipziger Oratorium. Liturgie als Mitte einer lebendigen Gemeinde (= Erfurter Theologische Studien, Bd. 81), Leipzig 2001.

Ratzinger 1973
Ratzinger, Joseph: Vom Sinn des Kirchenbaus, in: AK München 1973, o. S.

Rauterberg 2000
Rauterberg, Hanno: Enthusiast des neuen Raumes, in: Die Zeit Nr. 42, 12. Oktober 2000, S. 51.

Realisierungswettbewerb 1987
N. N.: Realisierungswettbewerb Katholisches Pfarrzentrum in Königsbrunn, in: wettbewerbe aktuell 9, 1987, S. 531–538.

Reißenauer/Schretzenmayr 1991
Reißenauer, Franz/Schretzenmayr, Heribert: Günzburg im Schwäbischen Barockwinkel, Günzburg 1991.

Reitmayer 1997
Reitmayer, Ulrich: Kirchenbau nach dem Zweiten Weltkrieg, in: Pötzl, Walter (Hg.): Der Landkreis Augsburg, Bd. 6: Kunstgeschichte, Augsburg 1997.

Richter 1998
Richter, Klemens: Kirchenräume und Kirchenträume. Die Bedeutung des Kirchenraums für eine lebendige Gemeinde, Freiburg/Basel/Wien 1998.

Rombold 1966
Rombold, Günter: Der neue Kirchenbau in Süddeutschland, in: Christliche Kunstblätter 1, 1966, S. 1–20.

Rombold 1973
Rombold, Günter: Kirchenbau – kritisch betrachtet, in: AK München 1973, S. 237–239.

Schade 1969
Schade, Herbert: Informationen zum Thema Kirche und Kunst, in: Deutsche Gesellschaft für christliche Kunst (Hg.): Kirchenraum nach dem Konzil, München 1969, S. 21–33.

Schade 1973
Schade, Herbert: Anthropologische Struktur des modernen Kirchenbaus, in: AK München 1973, S. 239–244.

Schädel/Schilling 1959
Schädel, Hans/Schilling, Walter/Weyres, Willy: Sachlexikon Kirchbau. Kirche und Städtebau, in: Weyres, Willy/Bartning, Otto: Kirchen. Handbuch für den Kirchenbau, München 1959, S. 377–426.

Schmidt 2010
Schmidt, Hartwig: Zwei Jahrzehnte denkmalgerechte Betoninstandsetzung, in: Hassler, Uta (Hg.): Was der Architekt vom Stahlbeton wissen sollte, Zürich 2010, S. 99–120.

Schneider 1974
Schneider, Max: Stahlkirche in Wigratzbad, in: Der Stahlbau 43, 1974, S. 202–205.

Schneider 2004
Schneider, Reinhard: Betoninstandsetzung am Beispiel Sudhaus Becker-Brauerei St. Ingbert, in: Institut für Steinkonservierung (Hg.): Beton in der Denkmalpflege (= Bericht Nr. 17 – 2004), [2]Mainz 2004, S. 107–114.

Schnell 1963
Schnell, Hugo: Neue Kirchenbauten in Süddeutschland, in: Das Münster 16, 1963, S. 377–432.

Schnell 1970
Schnell, Hugo: Kirchenraum nach dem Konzil, in: Das Münster 23, 1970, S. 53–56.

Schnell 1972
Schnell, Hugo: Kirchenbau im Wandel. „Was ist eine Kirche?", in: Das Münster 25, 1972, S. 1–21.

Schnell 1973
Schnell, Hugo: Der Kirchenbau des 20. Jahrhunderts in Deutschland. Dokumentation, Darstellung, Deutung, München/Zürich 1973.

Schnell 1974
Schnell, Hugo: Sankt Don Bosco Augsburg, München, Zürich [2]1974.

Schnell 1977
Schnell, Hugo: Gottfried Böhms neue Kirche in Wigratzbad im Allgäu. Ein Zeichen im gegenwärtigen Kirchenbau, in: Das Münster 30, 1977, S. 1–9.

Schwarz 1929
Schwarz, Rudolf: Die neue Burg, in: Burg Rothenfels 1919/1929. Hg. von der Burg Burg Rothenfels, o. O. o. J. (1929), S. 27–35.

Schwarz 1938
Schwarz, Rudolf: Vom Bau der Kirche, Salzburg [3]1999 (Würzburg 1938).

Schwarz 1952
Schwarz, Rudolf: Das Anliegen der Baukunst, in: Bartning, Otto (Hg.): Darmstädter Gespräch 1951. Mensch und Raum, Darmstadt 1952, S. 60–71.

Schwarz 1960
Schwarz, Rudolf: Kirchenbau. Welt vor der Schwelle, hg. von Schwarz, Maria/Gerhards, Albert/Rüenauver, Josef, Regensburg 2007 (Nachdruck der 1. Auflage Heidelberg 1960).

Hülsmann/Sundermann 1981
Hülsmann, Gisbert/Sundermann, Manfred (Hg.): Emil Steffann (= Architektur und Denkmalpflege, Schriftenreihe der Akademie der Architektenkammer Nordrhein-Westfalen und der Deutschen Unesco-Kommission, Bd. 18), Düsseldorf [2]1981.

Stock 2002
Stock, Wolfgang Jean (Hg.): Europäischer Kirchenbau 1950–2000, München/Berlin/London/New York 2002.

Stock 2006
Stock, Wolfgang Jean (Hg.): Europäischer Kirchenbau 1950–2000, München/Berlin/London/New York 2006.

Streicher 1973
Streicher, G.: Nachkonziliarer Kirchenbau im Bistum Augsburg, in: Das Münster, 26, 1973, S. 296.

Struck 2015
Struck, Martin: Einfach einfach? Unsere modernen Kirchen im Gebrauch, in: Das Münster 68, 2015, S. 271–274.

Tiefert-Reckermann
Tiefert-Reckermann, Zara: Landsberg am Lech/Zu den heiligen Engeln, in: http://www.strasse-der-moderne.de/portfolio/landsberg-am-lech-zu-den-heiligen-engeln (eingesehen am 22.8.2017)

Tzschaschel 2002
Tzschaschel, Hans-Jürgen: Le Corbusier: Die Rezeption des sakralen Werkes im deutschen Kirchenbau, Diss. Augsburg 2002 [unpubliziert].

Voigt/Flagge 2005
Voigt, Wolfgang/Flagge, Ingeborg (Hg.): Dominikus Böhm 1880–1955, Tübingen/Berlin 2005.

Werner 1968
Werner, Christoph: Sakralität – was ist das?, in: Bahr, Hans-Eckehard (Hg.): Kirchen in nachsakraler Zeit, Hamburg 1968, S. 64–80.

Weyres 1957
Weyres, Willy: Neue Kirchen im Erzbistum Köln 1945–1956, Düsseldorf 1957.

Weyres 1959
Weyres, Willy: Grundlagen der Planung katholischer Kirchenräume, in: Weyres, Willy/Bartning, Otto: Kirchen. Handbuch für den Kirchenbau, München 1959, S. 95–120.

Widder 1968
Widder, Erich: Alte Kirchen für neue Liturgie, Wien 1968.

Wiedemann 1965
Wiedemann, Josef: Gedanken über den Kirchenbau, in: Das Münster 19, 1966, S. 377.

Wiedemann 1966
Wiedemann, Josef: Diplomarbeiten an der TH in München bei Professor Wiedemann. Eine Kirche mit Gemeindezentrum, in: Das Münster 19, 1966, S. 373–377.

Wiedemann 1969
Wiedemann, Josef: Was erwarten Künstler und Architekten von der Kirche?, in: Schwarz auf Weiß 1, 1969, S. 13–22.

Wir vom Bau 1970
Wir vom Bau. Jahresbericht 1970 der Fa. Kunz & Co., Weilheim 1970.

Wir vom Bau 1971
Wir vom Bau. Jahresbericht 1971 der Fa. Kunz & Co., Weilheim 1971.

Witte 1951
Witte, Robert B.: Das katholische Gotteshaus. Sein Bau, seine Ausstattung, seine Pflege im Geiste der Liturgie, der Tradition und der Vorschrift der Kirche, Mainz ^{2}1951.

Wittmann-Englert 2006
Wittmann-Englert, Kerstin: Zelt, Schiff und Wohnung. Kirchenbauten der Nachkriegsmoderne, Lindenberg i. Allgäu 2006.

Wöhler 2005
Wöhler, Till: Neue Architektur. Sakralbauten, o. O. 2005.

Würmseher 2007
Würmseher, Markus: Kirchenbau im Bistum Augsburg 1945–1970 (= Jahrbuch des Vereins für Augsburger Bistumsgeschichte e. V., 41, 2007), Augsburg 2007.

Würmseher 2013
Würmseher, Markus: St. Magnus, Würdigung, in: http://www.pg mod.de/St-.—Magnus.htm (eingesehen am 19.6.2017).

Zahner 1998
Zahner, Walter: Rudolf Schwarz – Baumeister der Neuen Gemeinde. Ein Beitrag zum Gespräch zwischen Liturgietheologie und Architektur in der Liturgischen Bewegung (= Münsteraner Theologische Abhandlungen, Bd. 15), Altenberge ^{2}1998.

Zahner 2000
Zahner, Walter: ... in die Jahre gekommen. St. Laurentius in München-Gern, 1955, in: db – Deutsche Bauzeitung 134, 2000, Heft 7, S. 88–92.

Zahner 2012
Zahner, Walter (Hg.): Baukunst aus Raum und Licht. Sakrale Räume in der Architektur der Moderne, Lindenberg i. Allgäu 2012.

Abkürzungsverzeichnis

A.M.	Architekturmuseum der TU München
AEM	Allgemeine Einführung in das Römische Messbuch
AK	Ausstellungskatalog
AMS	Architekturmuseum Schwaben
AN	Aktennotiz
Arch.	Architekt
Art.	Artikel
AZ	Augsburger Allgemeine Zeitung
BAB	Berufsverband freischaffende Architekten und Bauingenieure
BAI	Baugewerbliche Architekten und Ingenieure
BDA	Bund Deutscher Architekten
BDB	Bund Deutscher Baumeister, Architekten und Ingenieure
BfN	Bund für Naturschutz
BN	Besprechungsnotiz
BO	Bischöfliches Ordinariat Augsburg
Br.	Bruder
Can.	Canon
CIC	Codex Iuris Canonici
d. J.	des Jahres/dieses Jahres
DBA	Diözesanbauamt Augsburg
dt.	deutsch
EG	Erdgeschoss
ETH	Eidgenössische Technische Hochschule
Fa.	Firma
FH	Fachhochschule
GORM	Grundordnung des Römischen Messbuchs
Jg.	Jahrgang
KBK	Kirchliches Bauwesen und Kunst, Bischöfliches Ordinariat Augsburg
LMU	Ludwig-Maximilians-Universität
MAN	Maschinenfabrik Augsburg-Nürnberg
Ndb.	Niederbayern
o. D.	ohne Datum
o. S.	ohne Seitenzahl
OA	Beilage aus dem Oberallgäu zur AZ
Obb.	Oberbayern
OG	Obergeschoss
OP	Ordo Praedicatorum (Orden der Dominikanerinnen)
OSB	Ordo Sancti Benedicti (Orden der Benediktiner)
P.	Pater
PM	Projektmanagement, Bischöfliches Ordinariat Augsburg
SC	Sacrosanctum Concilium
sen.	senior
Sr.	Schwester
TH	Technische Hochschule
TU	Technische Universität
VFA	Vereinigung freischaffender Architekten

Abbildungsnachweis

Siegfried Wameser, München: Umschlag, S. 6, 8, 18, 30, 32, 60, 70, 74, 77, 79, 80, 88, 96, 102, 108, 110, 112 (oben), 114, 115 (rechts), 116 (oben), 118, 120 (beide), 121, 122, 123 (rechts), 124, 125 (links), 126, 128, 129 (links), 130, 131 (rechts), 132, 133 (oben), 134, 136, 138, 140 (oben), 141, 142, 143 (rechts), 145, 146, 148 (beide), 149 (unten), 150, 151 (rechts), 152 (oben), 153, 154, 156 (beide), 157, 158, 159 (rechts), 160 (oben), 161, 162, 163 (unten), 165, 166, 167 (rechts), 168, 169 (oben), 170, 171 (rechts), 172, 174, 175 (rechts), 176, 177 (links), 178, 180 (beide), 181, 182, 183 (rechts), 184 (beide), 186, 188 (beide), 189, 190, 192 (beide), 193, 194, 196 (beide), 197, 198, 199 (rechts), 200 (beide), 201, 202, 203 (rechts), 204 (oben), 205, 206, 207 (unten), 208 (oben), 209, 210, 211 (unten), 212 (beide), 213, 214, 215 (rechts), 216 (beide), 218, 219 (unten), 220 (beide), 221, 222, 223 (unten), 224 (rechts), 226, 227 (rechts), 228 (beide), 230, 231 (rechts), 232 (beide), 233, 234, 235 (unten), 236 (beide), 237, 238, 239 (rechts), 240, 241 (oben), 242, 243 (rechts), 244 (beide), 245, 246, 247 (rechts), 248 (beide), 249, 250, 251 (rechts), 252, 253 (links), 254, 255 (unten), 256, 257 (beide), 258, 259 (rechts), 260 (beide), 261, 262, 264 (beide), 265, 266, 267 (unten), 268 (beide), 269, 270, 271 (rechts), 272 (beide), 274, 275 (unten), 276 (beide), 278, 279 (unten), 280, 281 (links), 282, 283 (unten), 284 (beide), 285, 286, 287 (unten), 288 (beide), 290, 291 (unten), 292, 293 (beide), 294, 296, 297 (beide), 343, 344

Bischöfliches Ordinariat Augsburg, KBK: S. 25, 36, 37, 38, 43 (rechts), 50, 53 (beide), 56 (oben, beide), 61, 62 (beide), 63 (oben), 64 (links), 65, 66, 67 (beide), 73, 75, 76, 78, 81, 83, 84, 89, 98, 100, 101, 104, 105, 107, 111, 113 (beide), 115 (links), 119 (links), 123 (links), 125 (rechts), 127 (beide), 129 (rechts), 131 (links), 135 (oben), 137 (beide), 139 (rechts), 144 (rechts), 147, 149 (oben), 151 (links), 152 (unten), 155 (beide), 159 (links), 160 (unten), 163 (oben), 164 (oben), 167 (links), 171 (links), 173 (beide), 175 (links), 177 (rechts), 179 (links), 183 (links), 185, 187 (beide), 191 (links), 195 (beide), 199 (links), 203 (links), 207 (oben), 208 (unten), 211 (oben), 215 (links), 217, 219 (oben), 223 (oben), 224 (links), 229, 239 (links), 241 (unten), 243 (links), 247 (links), 251 (links), 253 (rechts), 255 (oben), 259 (links), 271 (links), 273, 277, 281 (rechts), 283 (oben), 287 (oben), 289, 291 (oben), 295 (rechts), 302 (unten), 306 (links)

Bischöfliches Ordinariat Augsburg, DBA: S. 41, 42 (oben), 48, 116 (unten), 119 (rechts), 133 (unten), 135 (unten), 139 (links), 140 (unten), 143 (links), 144 (links), 164 (unten), 169 (unten), 191 (rechts), 204 (unten), 225, 227 (links), 231 (links), 235 (oben), 263, 267 (oben), 275 (oben), 279 (oben), 295 (links)

Bayerisches Landesamt für Denkmalpflege: S. 42 (unten, Foto: Sabine Klotz), 90 (Foto: Elke Hamacher), 92 (Foto: Uli Walter)

LVR – Amt für Denkmalpflege im Rheinland, Foto: Elke Hamacher: S. 94

Architekturmuseum der TU München: S. 40

Erzbischöfliches Ordinariat München, HA Kunst, Foto: Wolf-Christian von der Mülbe: S. 27

Kunstverlag Josef Fink, Lindenberg, Foto: Erwin Reiter, Haslach: S. 298, 300 (links, rechts unten), 301 (beide)

www.joachimschlosser.de: S. 47

Werner Huthmacher – Photography, Berlin: S. 15

Pfarrei St. Moritz, Augsburg, Foto: Gilbert McCarragher, London: S. 57

Klaus Kinold, München: S. 23

Matthias Weber Architekten, Seeg: S. 302 (oben), 303 (alle)

F64 Architekten, Kempten: S. 304 (links)

F64 Architekten, Kempten, Foto: Rainer Retzlaff Photographie, Waltenhofen: S. 304 (rechts), 305 (beide)

Stadtmüller.Burkhardt.Graf.Architekten, Kaufbeuren: S. 306 (rechts, beide), 307 (beide)

Franke Rössel Rieger Architekten, München: S. 95

Foto Behrbohm, Augsburg: S. 35 (beide), 112 (unten)

Foto Kuhn, Augsburg: S. 117

Foto Bachschmid, Augsburg: S. 179 (rechts)

Luftaufnahme Franz Thorbecke, Lindau-Bodolz: S. 43 (links)

KEIMFARBEN GmbH, Diedorf: S. 93

Pfarrer Wolfgang Bihler: S. 56 (rechts unten)

Vereinigung der Freunde von Burg Rothenfels: S. 20 (beide), 21

Josef Neureiter, Donauwörth – Auchsesheim: S. 63 (unten)

Fritz Spiegel, Krumbach: S. 64 (rechts), 68

Kommunikation & Presse, LMU München: S. 16

Kath. Kirchengemeinde St. Engelbert und St. Bonifatius, Köln: S. 26

Pfarrei St. Ludwig, Lindau-Aeschach: S. 300 (rechts oben)

S. 343
Barocke Kerker- und Ölbergnische an der alten Pfarrkirche St. Anna, mit Neubau St. Simpert im Hintergrund, Dinkelscherben, Arch. Reinhard Brockel und Erich Müller (1976–1979)

S. 344
Farbig gestaltetes Fenster, Breitbrunn, Heilig Geist, Arch. Theo Wieland (1968–1971)